隋唐佛教史

杨曾文／著

中国社会科学出版社

图书在版编目（CIP）数据

隋唐佛教史 / 杨曾文著 . —北京：中国社会科学出版社，2014.5

ISBN 978 – 7 – 5161 – 4198 – 4

Ⅰ.①隋… Ⅱ.①杨… Ⅲ.①佛教史—中国—隋唐时代 Ⅳ.①B949.2

中国版本图书馆 CIP 数据核字（2014）第 078108 号

出 版 人	赵剑英
责任编辑	黄燕生
责任校对	张玉霞
责任印制	戴　宽

出　　版	中国社会科学出版社
社　　址	北京鼓楼西大街甲 158 号（邮编 100720）
网　　址	http://www.csspw.cn
	中文域名:中国社科网　010 – 64070619
发 行 部	010 – 84083685
门 市 部	010 – 84029450
经　　销	新华书店及其他书店
印　　刷	北京君升印刷有限公司
装　　订	廊坊市广阳区广增装订厂
版　　次	2014 年 5 月第 1 版
印　　次	2014 年 5 月第 1 次印刷
开　　本	710×1000　1/16
印　　张	31.5
插　　页	2
字　　数	533 千字
定　　价	86.00 元

凡购买中国社会科学出版社图书，如有质量问题请与本社联系调换
电话:010 – 64009791

版权所有　侵权必究

目 录

序 ………………………………………………………………………(1)

第一编　隋朝佛教

第一章　隋朝社会和佛教………………………………………(3)
第一节　统一的隋王朝和佛教……………………………………(3)
　　一　实现南北统一的隋王朝………………………………………(3)
　　二　隋文帝兴隆佛法………………………………………………(5)
　　三　隋炀帝与佛教…………………………………………………(11)
　　四　隋朝的僧官制度………………………………………………(13)
第二节　隋朝的译经和经录………………………………………(15)
　　一　佛经翻译………………………………………………………(15)
　　二　佛教经录………………………………………………………(30)
　　　（一）法经等人编《众经目录》……………………………………(31)
　　　（二）彦琮等人编《众经目录》……………………………………(32)
　　　（三）费长房编《历代三宝记》……………………………………(34)
第三节　隋朝著名学僧及其研究和弘法活动……………………(36)
　　一　隋朝奖励佛教义学及在长安的学僧组织……………………(36)
　　二　隋朝的著名学僧及其佛学成就………………………………(39)
　　　（一）帝师昙延………………………………………………………(39)
　　　（二）地论学者净影慧远及其著作、弟子…………………………(40)
　　　（三）游历南北的摄论学者昙迁及其著作…………………………(40)
　　　（四）将南方摄论唯识学传到北方的靖嵩及其著作………………(42)

(五)宝山寺石窟的建造者灵裕 …………………………………… (43)
　　(六)彦琮及其论译经的《辩正论》和论佛儒的《通极论》 … (44)
　　(七)"三国论师"僧粲 …………………………………………… (46)
　　(八)《成实论》学者智脱 ………………………………………… (47)
　　(九)《四分律》学者洪遵 ………………………………………… (47)

第二章　隋朝的佛教宗派 …………………………………………… (50)
　第一节　天台宗的创立 …………………………………………… (50)
　　一　慧文、慧思和智𫖮在天台宗祖统说中的地位 ……………… (50)
　　二　慧文及其"一心三智"理论的提出 ………………………… (53)
　　三　慧思及其"心具染净"的心性论 …………………………… (55)
　　　(一)慧思的生平 ……………………………………………… (55)
　　　(二)慧思的著作和思想 ……………………………………… (59)
　　四　天台宗的真正创始人——智𫖮 ……………………………… (65)
　　　(一)师承北齐慧思,以隋晋王杨广为外护 ………………… (65)
　　　(二)智𫖮著述——天台三大部和五小部 …………………… (72)
　第二节　天台宗的教义 …………………………………………… (77)
　　一　天台宗的判教论 …………………………………………… (77)
　　　(一)对一切佛经教义的总评述与分类——"判教" ……… (77)
　　　(二)南北朝时期"南三北七"的判教学说 ………………… (78)
　　　(三)天台宗的判教理论——"五时八教" ………………… (80)
　　二　天台宗的真理观——中道实相论 ………………………… (84)
　　三　观心和一念三千、一心三观、一心三智 ………………… (88)
　　四　天台宗"性具善恶"的心性论 …………………………… (99)
　第三节　三论宗的创立及其教义 ………………………………… (107)
　　一　"三论"的翻译和隋以前研究概况 ……………………… (108)
　　二　吉藏的生平 ………………………………………………… (113)
　　三　吉藏的著作 ………………………………………………… (114)
　　　(一)《三论玄义》,一卷 …………………………………… (115)
　　　(二)《中观论疏》,简称《中论疏》,十卷,或析为二十卷 … (115)
　　　(三)《十二门论疏》,三卷 ………………………………… (116)
　　　(四)《百论疏》,三卷 ……………………………………… (117)

（五）《二谛义》，三卷 …………………………………… (117)
　　（六）《大乘玄论》，五卷 ………………………………… (118)
　四　以弘扬中道不二思想为主旨的三论宗教义体系 ……… (118)
　　（一）三论宗的判教学说 …………………………………… (118)
　　（二）般若空义与中道实相论 ……………………………… (122)
　　（三）二谛与所谓"四重二谛"论 …………………………… (125)
　　（四）八不中道论 …………………………………………… (129)
　　（五）二智与"无所得"境界 ………………………………… (131)

第四节　三阶教的兴起和衰亡 …………………………………… (136)
　一　信行略传 ……………………………………………………… (137)
　二　三阶教的典籍和历代遭禁情况 ……………………………… (140)
　三　三阶教的教义 ………………………………………………… (147)
　　（一）佛教的正、像、末三法和三阶教的末法观 …………… (147)
　　（二）三阶与普法 …………………………………………… (154)
　　（三）所谓"无尽藏" ………………………………………… (167)

第二编　唐朝佛教

第一章　唐朝社会和佛教
第一节　唐王朝的宗教政策和佛教 ……………………………… (175)
　一　唐王朝的盛衰及其文教政策 ………………………………… (175)
　二　唐初傅奕奏请废佛和高祖下诏沙汰僧尼 …………………… (176)
　三　唐太宗在战地立寺和超度阵亡将士 ………………………… (179)
　四　武则天称帝和佛教盛况 ……………………………………… (181)
　五　佛道先后问题 ………………………………………………… (184)
　六　国家寺院 ……………………………………………………… (185)
　七　关于沙门致敬父母、君王问题 ……………………………… (187)
　八　唐朝的僧官制度 ……………………………………………… (188)
　九　政府制定僧尼法规 …………………………………………… (190)
　十　佛骨崇拜和法门寺 …………………………………………… (193)
　十一　韩愈谏迎佛骨 ……………………………………………… (196)
　十二　唐武宗灭佛 ………………………………………………… (198)

第二节　唐朝的佛经翻译 …………………………………………（200）
　一　玄奘西行求法和佛经翻译 …………………………………（201）
　　（一）玄奘学历及其赴印求法的艰难历程 ……………………（201）
　　（二）在唐太宗、高宗直接支持下的玄奘译场 ………………（209）
　　（三）玄奘所译主要佛典介绍 …………………………………（213）
　二　义净西行求法和佛经翻译 …………………………………（226）
　　（一）出家学习佛法和渡海赴印求法 …………………………（226）
　　（二）义净的佛经翻译和著作 …………………………………（230）
　三　波颇、那提、地婆诃罗、实叉难陀和菩提流志的译经 ……（238）
　　（一）波颇 ………………………………………………………（238）
　　（二）那提 ………………………………………………………（239）
　　（三）地婆诃罗 …………………………………………………（240）
　　（四）实叉难陀 …………………………………………………（241）
　　（五）菩提流志 …………………………………………………（242）
　四　"开元三大士"善无畏、金刚智和不空的译经 ……………（245）
　　（一）善无畏 ……………………………………………………（246）
　　（二）金刚智 ……………………………………………………（249）
　　（三）不空 ………………………………………………………（251）

第三节　唐朝的佛教经录 …………………………………………（258）
　一　道宣及其《大唐内典录》 …………………………………（258）
　二　《大唐东京大爱敬寺一切经论目录》和《古今译经图纪》……（260）
　三　《大周刊定众经目录》 ……………………………………（261）
　四　智升《开元释教录》和圆照《续开元释教录》 …………（261）
　五　圆照《贞元释教录》 ………………………………………（265）

第四节　唐朝的佛教史书著作 ……………………………………（267）
　一　法琳及其《辩正论》 ………………………………………（267）
　二　道宣《广弘明集》 …………………………………………（272）
　　（一）佛、道二教的论争 ………………………………………（273）
　　（二）朝廷废佛 …………………………………………………（274）
　　（三）朝廷兴佛 …………………………………………………（275）
　　（四）灵魂是灭还是不灭 ………………………………………（276）
　三　道宣《续高僧传》 …………………………………………（276）

四　惠祥《弘赞法华传》和法藏《华严经传记》……………………（280）
　　　　（一）惠祥《弘赞法华传》………………………………………（280）
　　　　（二）法藏《华严经传记》………………………………………（281）
　　五　文谂撰《往生西方净土瑞应传》………………………………（283）
　　六　禅宗史书《宝林传》………………………………………………（283）

第二章　唐朝的佛教宗派…………………………………………………（286）
　第一节　法相宗……………………………………………………………（286）
　　一　玄奘、窥基与法相宗………………………………………………（286）
　　二　法相宗的判教论……………………………………………………（288）
　　三　法相宗的唯识理论…………………………………………………（289）
　　　　（一）阿赖耶识为中心的八识、四分和种子说………………（290）
　　　　（二）三自性、三无性的理论……………………………………（295）
　　　　（三）"唯识五位"与"转依"、转识成智的解脱论……………（298）
　　　　（四）五种姓论……………………………………………………（302）
　第二节　佛教戒律和唐代律宗……………………………………………（306）
　　一　律的传译和戒律基本内容…………………………………………（306）
　　　　（一）小乘四部律的传译和基本内容…………………………（307）
　　　　（二）大乘戒律的传译和基本内容……………………………（312）
　　二　中国律学体系的创立——道宣的南山律宗………………………（315）
　　　　（一）道宣简历与著述……………………………………………（315）
　　　　（二）道宣的四分律学……………………………………………（316）
　　　　（三）道宣的判教论——化教和行教（或制教）………………（317）
　　　　（四）止持与作持——强调止恶与行善并重…………………（319）
　　　　（五）道宣的戒体论及其意义……………………………………（320）
　　　　（六）把小乘戒律纳入大乘佛教体系之中……………………（325）
　　三　相部宗与东塔宗……………………………………………………（327）
　　　　（一）法砺和相部宗………………………………………………（327）
　　　　（二）怀素和东塔宗………………………………………………（328）
　第三节　道绰、善导和唐代净土宗………………………………………（329）
　　一　道绰及其净土思想…………………………………………………（330）
　　　　（一）道绰生平……………………………………………………（330）

（二）《安乐集》的净土思想 …………………………………（331）
　二　善导的净土学说 ……………………………………………（336）
　　　（一）善导及其著作 ………………………………………（336）
　　　（二）善导的净土思想 ………………………………………（338）
　　　（三）善导的弟子怀感、怀恽 ………………………………（345）
　三　其他净土高僧：慧日、承远、法照、少康 …………………（346）
第四节　华严宗 ………………………………………………………（350）
　一　华严五祖和华严宗 …………………………………………（350）
　　　（一）祖杜顺 ………………………………………………（350）
　　　（二）祖智俨 ………………………………………………（351）
　　　（三）祖法藏——华严宗正式创始人 ………………………（351）
　　　（四）祖澄观 ………………………………………………（353）
　　　（五）祖宗密 ………………………………………………（355）
　二　华严宗的基本教义 …………………………………………（358）
　　　（一）华严宗"五教十宗"的判教论 …………………………（358）
　　　（二）法藏的法界观 ………………………………………（360）
　　　（三）澄观的四法界论 ………………………………………（370）
　三　宗密的《原人论》 …………………………………………（382）
第五节　禅宗的成立和早期发展 ……………………………………（385）
　一　禅宗的成立——东山法门 …………………………………（386）
　　　（一）道信及其"入道安心"禅法 …………………………（386）
　　　（二）弘忍及其"守心"禅法 ………………………………（390）
　二　神秀和北宗 …………………………………………………（394）
　　　（一）"两京法主，三帝门师"的神秀及其弟子普寂 ………（394）
　　　（二）北宗的禅法 …………………………………………（398）
　三　慧能和南宗 …………………………………………………（404）
　　　（一）慧能生平和北上求法历程 ……………………………（404）
　　　（二）曹溪传法和六祖地位的确立 …………………………（409）
　　　（三）慧能的禅法思想 ………………………………………（411）
　四　南宗的早期传播 ……………………………………………（418）
　　　（一）马祖道一和洪州宗 ……………………………………（419）
　　　（二）石头希迁和石头宗 ……………………………………（422）

第六节 密宗 …………………………………………………… (425)
  一 唐朝"开元三大士"与密宗 ……………………………… (426)
  二 密宗的判教论:密教与显教 …………………………… (427)
  三 密宗的基本教义 ………………………………………… (429)
    (一)大日如来和一切佛、菩萨、执金刚 ……………… (430)
    (二)所谓"菩提心为因,悲为根本,方便为究竟" …… (433)
    (三)修持"三密"与即身成佛 …………………………… (436)
    (四)曼荼罗和胎藏界、金刚界二曼荼罗 ……………… (442)

第七节 义玄和临济宗 ……………………………………… (445)
  一 义玄简历 ………………………………………………… (446)
  二 具有现实主义风格的临济禅法 ………………………… (447)
    (一)要求学佛法者必须建立"真正见解" ……………… (447)
    (二)独特的佛在自身论——心中三身佛、"无位真人"
        和"无依道人" …………………………………………… (448)
    (三)临济禅法中的"空"的思想和"毁佛毁祖" ……… (452)
    (四)无修无证,"佛法无用功处" ……………………… (455)
  三 所谓"临济门庭" ………………………………………… (458)
    (一)三句 …………………………………………………… (459)
    (二)三玄三要 ……………………………………………… (461)
    (三)四料简 ………………………………………………… (462)
    (四)四照用 ………………………………………………… (463)
    (五)四宾主 ………………………………………………… (464)

第八节 灵祐、慧寂与沩仰宗 ……………………………… (466)
  一 灵祐、慧寂与沩仰宗 …………………………………… (466)
  二 沩仰宗的禅法 …………………………………………… (468)
    (一)提倡以无为、无事为宗旨,在自然而然中达到解脱 … (468)
    (二)顿悟之后仍须修行 …………………………………… (470)
    (三)"曹溪宗旨,不切看读" ……………………………… (471)
    (四)"借色明心,附物显理" ……………………………… (471)

第九节 良价、本寂与曹洞宗 ……………………………… (472)
  一 洞山良价、曹山本寂和曹洞宗 ………………………… (472)
  二 曹洞宗禅法 ……………………………………………… (474)

（一）体悟自性是"大事" …………………………（474）
（二）提倡"行鸟道"——在思想中确立"空"观 …………（477）
（三）"正问正答，不从口里道" ……………………（479）
（四）所谓"偏正五位"和"五位君臣"等曹洞宗
　　　"门庭施设" ………………………………（480）

主要参考书目 ………………………………………（487）

序

杨曾文

当我写完《隋唐佛教史》最后一节，心头感到轻松的同时，不由得再次想起和感激最初把我带进中国佛教历史研究领域的任继愈先生。当年若没有任先生好意让我参加由他担任主编的《中国佛教史》编写组，也许我现在也在研究佛教，然而可能不会是研究中国佛教的历史，所处境况也可能是另一种样子。

笔者1964年9月从北京大学历史系中国古代史专业毕业，被分配到刚刚遵照毛泽东主席指示成立的世界宗教研究所。当时世界宗教研究所尚处筹备阶段，虽名义上属于中国科学院哲学社会科学部，但实际由北京大学代管。负责研究所筹备工作的主要领导就是兼任北京大学哲学系教授的任继愈先生。我一进研究所，就得悉自己是正在组建中的佛教研究室成员，研究方向是佛教。至于是研究中国佛教还是外国佛教，当时并不明确。

按照世界宗教研究所的建所方针，计划逐步开展对影响世界广大人口的三大宗教——基督教、伊斯兰教和佛教的现状、理论和历史进行全面系统的研究，通过积累资料，取得成果，培养能够胜任世界宗教研究的人才。开始研究所的人不多，直到1964年底，成员仅增加到20多人。全所主要任务是学习马克思主义关于宗教的理论和各个宗教的基本知识，同时编写反映世界各国宗教现状的《世界宗教动态》。按照分工，笔者负责搜集日本佛教现状的报章资料，并进行整理和研究，撰写反映日本佛教和其他宗教动态的文章。然而时间不长，全所成员奉命与北京大学师生一起下乡参加"社会主义教育运动"（四清），接着便经历了长达10年的"文化大革命"，所有业务陷于完全停顿的状态。1976年"文化大革命"结束，世界宗教研究所逐渐恢复正常科研工作，担任所长的任先生决定主编一部《中国佛教史》，在约我交谈之后，正式分配我参加编写组，并指导我读佛教图书和搜集资料。此后，我按照编写计划和分工着手撰写第一卷的章节。

《中国佛教史》总体编写计划是：全书八卷，从佛教传入中国一直写到中华人民共和国成立之前。第一卷：东汉至三国的佛教；第二卷：两晋及十六国佛教；第三卷：南北朝佛教；第四五两卷：隋唐佛教；第六卷：宋元佛教；第七卷：明清佛教；第八卷：近现代佛教。本书从1978年开始撰写，第一卷（汉至三国佛教）在1982年由中国社会科学出版社出版，至1988年出版第三卷（南北朝佛教）。此后增加了编写人员，开始着手撰写第四卷、第五卷两卷（隋唐佛教）。

佛教发源于古印度，在公元前后通过丝绸之路传入中国，经过适应中国环境、国情、与传统文化和习俗相结合的民族化历程，逐渐演变为中国的民族宗教之一。这一漫长的历程，大体经历了四大阶段：第一，从两汉至西晋（公元前后至4世纪初）——佛教传入和初传；第二，东晋和十六国时期（4世纪初至5世纪初）——佛教向社会各阶层迅速传播和普及；第三，南北朝（5世纪初至6世纪末）——佛教研究盛行，学派林立；第四，隋唐时期（6世纪末至10世纪初）——富有鲜明民族特色的佛教宗派相继成立，标志佛教民族化历程基本完成。此后的佛教是作为中国的民族宗教进入持续传播和发展的时期。可见隋唐佛教在中国佛教传播发展史中的重要地位。

在任先生生前，《中国佛教史》第四卷估计已经完成，然而任先生一再表示要对书稿进行调整和修改，故直到2009年先生逝世也未能将书稿交出版社出版。至于我承担撰写第四卷中隋唐佛教的部分，早在20世纪90年代就已经完成，并将其中部分内容作阶段性成果发表。此后我个人撰写出版了《唐五代禅宗史》，实际已将第五卷中的禅宗部分完成。

笔者在任先生逝世之后就反复考虑能否在自己撰写书稿的基础上，大体按照前三卷的风格写出一部《隋唐五代佛教史》。便找出尘封已久的手稿重新审视和构思，最后决定将题目改为《隋唐佛教史》，立即着手付诸实行。想到自己从40多岁参与撰写《中国佛教史》，已度过了30多个春秋，现已年过古稀，若将已有手稿重新核对输入电脑，并且搜集资料撰写以往没有研究或研究不深的问题，确实不是件轻而易举的事情。有时与友朋、学生谈起此事，他们也表示担心，劝我悠着点，别将身体累垮。然而既然作出决定，就一定要将它付诸实现。自此，夜以继日，经过三年多的时光，终于将全书一节节地完成，心头的紧张感得以放松，现在终于到了最后交稿的时间了。

本书分为两编。第一编是写隋朝佛教，由两章组成：第一章写隋朝社会和佛教，着重介绍隋朝的社会及佛教政策、佛教概况、僧官制度、佛经翻译和经录、佛学研究；第二章写隋代的佛教宗派，对天台宗、三论宗和三阶教作介绍。第二编写唐朝佛教，也分两章：第一章写唐朝社会和佛教，介绍唐王朝的宗教政策和佛教，对唐初佛、道二教的争论、武则天称帝与扶植佛教、唐朝僧尼制度、唐武宗灭佛、佛经翻译及佛教著作等作介绍；第二章写唐代佛教宗派，对法相宗、律宗、净土宗、华严宗、禅宗的成立和早期发展、禅门五宗中的临济宗、沩仰宗、曹洞宗等进行介绍。至于云门、法眼二宗，因为是进入五代之后成立，故在本书不写。

这里应当向读者交代的是：因为笔者已经撰写并出版《唐五代禅宗史》并校刊《敦煌本六祖坛经》《神会和尚禅话录》及《临济录》等书，故介绍禅宗的篇幅较小，而且内容多选自这些著作或校刊本。如果读者需要详细了解这方面的内容，请径自参考这些著作即可。

在编写本书过程中，参考了很多国内外相关著作，借此机会向这些著作的作者表示敬意和致谢。

担任本书编辑的黄燕生女士原是笔者的硕士研究生，多年来对出版和重印《中国佛教史》做了很多有益的工作，这次为编辑本书又付出很大辛劳，在此表示衷心的感谢。

2013 年 4 月 12 日于北京华威西里自宅

第一编
隋朝佛教

第一章 隋朝社会和佛教

第一节 统一的隋王朝和佛教

一 实现南北统一的隋王朝

自从西晋末年发生"八王之乱"（291—306）以后，逐渐形成全国战乱相继的分裂局面，中经南北对峙的东晋十六国时期和南北朝时期，到隋文帝开皇九年（589）攻灭地处江南的陈朝，结束长达 278 年的分裂局面，实现了南北统一。

隋文帝杨坚（541—604），弘农华阴（在今陕西）人，北周时袭父爵为隋国公，女为宣帝皇后。静帝年幼即位，杨坚以丞相身份总揽朝政，受封隋王。在北周大定元年（581），杨坚废静帝自立，建立隋朝，改元"开皇"。

隋文帝在位期间，推行轻徭薄赋政策，减轻刑罚，鼓励恢复和发展社会生产。隋朝仍实行从北魏以来的均田制和租庸调制，为减轻农民负担，把成丁年龄从十八岁提高到二十岁，又减少租调徭役，提出以庸代役的规定。为抑制大族豪强地方势力，采取检查隐漏农户（很多原为豪室依附农民）和重编户籍等措施。在政治上改革官制，置尚书、门下和内史三省为最高政权机构，废除九品中正制，从州学、县学的生徒中选拔官吏，又改革地方行政制度。这些制度和措施有力地促进了农业生产的发展、社会秩序的安定和中央集权的巩固。隋文帝时已形成相当繁盛的社会局面，史载开皇年间（581—600）"户口岁增"，开皇十二年（592）"有司上言，库藏皆满"。（《隋书》卷二四《食货志》）

隋炀帝杨广（569—618），文帝的第二子，开皇元年（581）被立为晋王，南下伐陈时为行军元帅，后进位太尉，并州总管，开皇十年

(590)任扬州总管,镇江都(今江苏扬州)。即位时国力强盛,为便于各地向中央运送贡赋和进一步控制全国,下令营建洛阳,以洛阳作为隋朝的政治、军事中心。隋炀帝大兴土木,征发数十万至数百万人去服劳役,或建宫苑,或修运河,巩长城,辟驰道,又发兵三次进攻高丽,严重破坏了社会生产和社会稳定。在这种情况下,农民难以忍受日益沉重的劳役、兵役和租赋负担,从大业七年(611)起各地频繁爆发反抗隋朝暴政的武装起义,严重动摇了隋朝的统治基础。大业十四年(618)隋炀帝在江都被部下杀死,隋灭。

在隋王朝巩固中央集权的过程中,很重视提倡儒家名教文化。文帝即位之初曾"诏购求遗书于天下",开皇三年(583)诏曰:"行仁蹈义,名教所先,励俗敦风,宜见褒奖。"又派遣使臣巡察各地风俗,诏曰:"朕君临区宇,深思治术,欲使生民①从化,以德代刑,求草莱之善,旌闾之行。"命各地官府贡举文武之才,嘉奖"志节高妙"之人(以上见《隋书》卷一《高祖纪上》)。仁寿元年(601)又诏曰:"儒学之道,训教生民,识父子君臣之义,知尊卑长幼之序,升之于朝,任之以职,故能赞理时务,弘益风范。"但又认为当时国子学与州县的儒生有名无实,难以任用。于是,国子学仅留下七十人,太学、四门及州县学并予废除(以上据《隋书》卷二《高祖纪下》)。然而在隋炀帝即位之后,又予以恢复,并增添进士科,为普通知识分子参政提供方便。西汉末年以来兴起的图谶学说曾依附儒学得以发展,社会上一些图谋政权者利用图谶或所谓"符命"作为进行"改制"和改朝换代的合法依据。东晋武帝、宋孝武帝、北魏孝文帝、梁武帝都曾下令禁止私家隐藏纬候图谶。隋炀帝即位,派使者四出,"搜天下书籍与谶纬相涉者,皆焚之,为吏所纠者至死"(《隋书》卷二十七《经籍志一》)。此后图谶基本绝灭。这一措施的出发点,自然是为了控制臣民的思想,维护隋王朝的统治。

隋王朝存在的时间虽不过三十八年,但因为它结束了长期的分裂局面,具有重要历史意义。从文化方面来说,由于长期的南北分裂对峙,南北的文化产生了很大的差异,各形成自己的特色。在统一的隋王朝的社会环境中,南北文化互相会通融合,形成新的更高层次的民族文化。文帝、

---

① "生民"原作"生人"。《隋书》为唐魏征等撰,为避太宗李世民之讳,将"民"改作"人"。笔者引用时根据文意,改"人"为"民"。下面不再注明。

炀帝在维护儒家正统地位和发展儒家文化的同时，都大力扶持佛教，使佛教得到较大发展。在隋朝大一统的条件下，开始形成具有中国民族特色的佛教宗派。

隋唐佛教标志佛教民族化历程的基本结束和中国佛教开始进入鼎盛阶段。

二 隋文帝兴隆佛法

北周武帝崇奉儒家名教，取缔佛、道二教，攻灭北齐后又在原北齐境内推行取缔佛、道二教的政策。据《佛祖统纪》卷三十八记载："毁齐境佛教经像，时僧反服（按：还俗）者三百余万。"然而实际上，在还俗者之中有不少人仍秘密奉法传教，也有很多僧人逃到南方。周武帝死后，宣帝开始恢复佛教。静帝时身居丞相之位主持朝政的杨坚积极扶持佛教，佛教得以迅速流行开来。

隋朝直接承袭北周，隋文帝继续奉行兴佛政策。开皇元年（581）向全国下诏，允许民人出家为僧，并命百姓按人口出钱营造佛像（《隋书》卷三十五《经籍志四》）；采纳沙门昙延的建议，敕度一千余人为僧（《续高僧传》卷八《昙延传》）；又敕在五岳之下各置寺一所（《历代三宝记》卷十二），命在京师及并州、相州、洛州等大的都城由官府组织写"一切经"（相当于后来的"大藏经"）置于寺内，另写一部置于秘阁保存。《隋书》卷三十五《经籍志》记述："天下之人，从风而靡，竞相景慕，民间佛经，多于六经数十百倍。"同年又下诏为其父杨忠（尊为"武元皇帝"）曾作过战的地方襄阳、隋郡、江陵、晋阳各立寺一所，建碑颂德①；接着，又下诏在当年平北齐的相州战场立寺一所，立碑纪事②。

开皇元年（581）冬，原北齐沙门宝暹、南朝陈沙门智周等十一人从西域归，带回梵文佛典260部，文帝敕付有司访人翻译。开皇二年（582）下诏于新建的长安都城兴建大兴善寺，作为安置高僧修行和译经之所。（《续高僧传》卷二《阇那崛多传》及《历代三宝记》卷十二等）

---

① 《广弘明集》卷二十八《隋文帝为太祖武元皇帝行幸四处立寺建碑铭》。据《历代三宝记》卷十二，时间为开皇元年七月。

② 《广弘明集》卷二十八《隋高祖于相州战场立寺诏》。据《历代三宝记》卷十二，时间为开皇元年八月。

开皇三年（583）下诏修复北周所废的一切佛寺。（唐法琳《辩正论》卷三）同年降诏："好生恶杀，王政之本。佛道垂教，善令可凭。禀气含灵，唯命为重。"命京城及各州的官寺在每年正月、五月和九月的八日至十五日，行道弘法，戒杀一切有生命之物。开皇四年（584）下诏把北周灭佛时由官府没收的金铜等造未毁佛像交附近寺院供养，不得损坏。（《历代三宝记》卷十二）开皇五年（585）诏沙门法经于大兴殿授菩萨戒。六年（586）大旱，诏沙门昙延于正殿升御座授法，文帝与群臣都受八关斋戒。（《佛祖统纪》卷三十九）开皇十年（590）是实现南北统一的第二年，隋文帝"敕僚庶等，有乐出家者并听"，并承认在此年四月以前私度出家的僧尼合法。当时僧尼已达50余万人。（《续高僧传》卷十《靖嵩传》、卷十八《昙迁传》）开皇十一年（591）下诏，以后营造佛寺佛像等功德事业，不必分官民公私，可以"混同施造"。（《历代三宝记》卷十二）同年下诏州县各立僧尼二寺。（《金石萃编》卷三十八《诏立僧尼二寺记》）。开皇十三年（593）文帝在佛、僧前为兴佛犹有未周之处及北周灭佛之时臣民之罪而"发露忏悔"，臣民仿效者据称达十万人（《历代三宝记》卷十二）。

开皇十五年（595）命有司摘录大小乘佛经中所载的戒规，分类编成《众经法式》十卷，用以规范僧尼的行为。（《历代三宝记》卷十二、《续高僧传》卷二《达摩笈多传》）开皇十九年（599）下诏："敢有毁坏偷盗佛及天尊像、岳镇海渎神形者，以不道论。沙门破坏佛像、道士坏天尊像者，以恶逆论。"（《隋书》卷二《高祖纪下》）这是明令禁止破坏一切宗教崇奉的造像。据《隋书·刑法志》，隋朝立有"十恶"的罪条，犯者皆要受重刑处罚。文帝之世，在他即位之前经历过的四十五州都建有"大兴国寺"，其中有的只是旧寺改名。（《续高僧传》卷二十六《道密传》）文帝还命沙门编撰经录（详后）。

在隋文帝一生的兴佛活动中，敕全国各州建造佛舍利塔，于同一个时间内举行安置和供养佛舍利的法会，是历史上空前绝后之举，不仅具有宗教的意义，而且也有一定的政治意义。

隋文帝兴建佛舍利塔，据说与他的身世有直接关系。杨坚于西魏大统七年（541）生于同州（治所在今陕西大荔县）般若尼寺。当时有位名智仙的比丘尼来到此寺，说："儿天佛所佑，勿忧也。"给他起名叫"那罗延"，意为"不可坏之金刚"或"金刚力士"。此后，杨坚之父杨忠委托智仙抚养，直至十三岁杨坚才回到父母身边。智仙俗姓刘，河东蒲坂（今山西永济县西蒲州）人，自幼出家，"以禅观为业"。① 后来杨坚即位，认为自己这段经历非同凡俗，之所以能登上皇帝之位是受到佛的佑助。《续高僧传·道密传》记载：隋文帝"每顾群臣，追念阿阇梨（按：意为导师，此指智仙）以为口实。又云：我兴由佛法，而好食麻豆，前身似从道人（按：指僧）中来……"命著作郎王劭为智仙作传，称她为"神尼"。此后，这位智仙越来越被神化，在隋大业初年贺德仁撰《大隋河东郡首山栖岩道场舍利塔之碑》② 中甚至把智仙描述为"天女"，说她从天上降下来向杨坚之母说："此子天挺睿哲，相貌端严，方当平一区寓，光隆佛教，宜简择保姆之才鞠养于清净之室。"言毕不见。隋文帝降诏各州府在所建的舍利塔内要制作供奉智仙之像。据上引的《栖岩道场舍利塔之碑》，隋文帝在去世前召匠人为自己铸等身像，并在旁边绘制智仙尼之像。隋文帝这种做法不仅是要全国臣民虔诚信佛，而且也要让天下人知道自己接受北周"禅让"即位为帝是符合佛、神的无上旨意的。这与儒家传统所说接受"天命""承天统极"等君权神授的说法有异曲同工之妙。

隋文帝命各州建造佛舍利塔的做法，为历代王朝所无。舍利（Sarira），意为尸骨或身骨，一般指释迦牟尼佛圆寂后火化遗体后结成的珠状物。《长阿含经·游行经》记载释迦遗体火化后，由八国将他的舍利分为八份，各在本国建塔安置供养。此后，佛教关于舍利有很多传说，如译于西晋的《阿育王传》、译于南朝梁的《阿育王经》，都说阿育王曾发掘摩揭陀国王阿阇世王建造的舍利塔，取出舍利命"夜叉"（佛教所说的鬼的一种）于一切大地乃至大海，处处起塔供养舍利，在一天中造了八万四千座宝塔。那么，隋文帝派使者往各州送舍利，建造舍利塔，其舍利来自何处呢？让我们看看下面列举的几段文字记载：

  皇帝昔在潜龙（按：未当皇帝之时），有婆罗门沙门来诣宅，出舍利一裹曰：檀越好心，故留与供养。沙门既去，求之不知所在。

---

① 《续高僧传》卷二十六《道密传》，并载《广弘明集》卷十七王劭《舍利感应记》、《隋书·高祖纪》。比较而言，《道密传》所述比较朴素，更为可信。
② 载清陆耀遹撰《金石续编》卷三。

（王邵《舍利感应记》，载《广弘明集》卷十七）

> 文帝昔在龙潜，有天竺沙门以一裹舍利授之云：此大觉（按：佛）遗身也，檀越当盛兴显，则来福无疆。言讫莫知所之。后龙飞（按：即位为帝）之后，迫于万机，未遑兴盛。仁寿元年追惟昔言，将欲建立，乃出本所舍利，与迁（按：高僧昙迁）交手数之，虽各专意，而前后不能定数。帝问所由，迁曰：如来法身过于数量。今此舍利，即法身遗质。以事量之，诚恐徒设耳。帝意悟，即请大德三十人，安置宝塔为三十道，建轨制度，一准育王。（《续高僧传》卷十八《昙迁传》）

> 仁寿元年，帝及后宫同感舍利，并放光明。砧碓试之，宛然无损。遂散于州郡，前后造塔百有余所。（《续高僧传》卷二十六《道密传》）

前两段引文是说文帝在即位前从一位印度老和尚那里接受一包舍利，即位后派僧把这些舍利分送各州府，依照当年阿育王造塔的做法，在各州建塔安置供养。后一段引文带有明显的神秘色彩，说仁寿元年（601）隋文帝与皇后等人"同感"得舍利。舍利放光，十分坚硬，连用锤子敲击都砸不坏。从现在资料推断，舍利来自印度僧人应当是可信的。至于是否佛的真身舍利，是属于信仰领域的问题，这里不拟展开。

隋文帝派名僧和官员分送舍利到各州，命各州建塔安置供养是历史事实。在仁寿（601—604）年间共有如下三次。

1. 仁寿元年（601）六月，派沙门30人，各配以侍者2人，散官1人，带陆香120斤，到30州奉送舍利。在其中17个州特定的寺院建塔安置舍利供养，如岐州凤泉寺、雍州仙游寺、嵩山嵩乐寺、泰州岱岳寺、蒲州栖岩寺、同州大兴国寺等。其他13州则应在"有山水寺所，起塔依前山；旧无山者，于州内清净寺处建立其塔"。各州接到舍利之日，据各地情况应召集僧360人或240人、120人，僧少的地方则召集已有的全部僧众，为文帝、皇后、太子、诸王子孙等，及内外官员、"一切民庶幽显生灵"，举行法会和忏悔七天。期间任民人布施，钱限十文以下。官府用这些钱来造塔；如果钱不够用，可以役使正丁并动用官库的钱物。又命各州在当年十月十五日午时,同把舍利放入石函奉安于塔内。为此,从州刺史到县尉,除军机要务外,需停止常务七日,以举行供养舍利的斋会。①

2. 仁寿二年(602)正月,隋文帝又派僧人、官员往51州分送舍利,命建塔供奉。一切规定和要求,皆同第一次。将舍利封入石函的时间规定在四月八日。(《广弘明集》卷十七)

3. 仁寿四年(604)春,隋文帝又下诏在30州建舍利塔。②

前后在一百多州造舍利塔111座③。关于隋文帝仁寿年间造舍利塔之事不见正史记载,然而佛教文献、著名律学高僧、史学家道宣所编撰《广弘明集》、《续高僧传》、《集神州三宝感通录》及道世编撰《法苑珠林》等都有详细记载,此外还有部分碑刻实证资料。清王昶《金石萃编》卷四十载有仁寿元年(601)十月十五日的《同州舍利塔额》及铭文(在同州武乡县大兴国寺)、《青州舍利塔下铭》(在青州逄山县胜福寺)及清陆耀遹撰《金石续编》卷三所载《岐州舍利塔下铭》(在岐州岐山县凤泉寺),铭文除地名相异外都相同。《金石萃编》卷四十还载有仁寿二年(602)四月八日《邓州舍利塔下铭》。

因为隋文帝在仁寿元年(601)遣送僧人往各州分送舍利之际说过:"今佛法重兴,必有感应。"(王邵《舍利感应记》)所以各州在向皇帝报告建舍利塔的经过的表奏中都要讲一大通各地出现的"感应"、"符瑞"等神奇现象,如往塔中安置舍利时或有五颜六色的神光出现,或阴雨骤停,天晴日出;或地动山摇,空中闻鼓乐之声;或祥云缭绕,或众神持花卫护,或久旱逢雨,或草木迎雪开花,或久病者忽然痊愈……对此应作何解释呢?宋代著名政治家、史学家司马光在其主持编撰的《资治通鉴》卷一百七十九《隋纪三》载有如下一段话:

> 初,帝受周禅,恐民心未服,故多称符瑞以耀之。其伪造而献者,不可胜计。

---

① 《广弘明集》卷十七《隋国立舍利塔诏》。其中"旧无山者",《大正藏》本"山"作"寺"。此据宋元明本改。

② 《续高僧传》卷十一《辩义传》(载为仁寿四年春末)、卷十八《昙迁传》、卷二十一《洪遵传》(载隋文帝诏书)等。

③ 有的州(如泰州)是两次造塔。关于造塔数字,前后相加是111座,与《续高僧传》卷十二《童贞传》所记相同,但许多记载只说略数"一百余所"。

西汉末兴起谶纬之学，杂糅于儒家经学之中，利用儒家天命论、君权神授及天人感应、阴阳五行学说，宣称有帝王兴起上天必显寓有祥瑞意义的自然现象以表天命所归、皇运所在。司马光没有具体列举隋文帝利用什么符瑞现象及各地编造进献符瑞的内容，然而却明确地指出隋文帝的政治目的是争取民心的支持，让天下臣民相信他废周建隋称帝是"承天应运"，是符合天命之义举。从当时南北刚刚实现统一的历史背景考察，隋文帝连续三次派人到南北一百多州奉送舍利建塔供养，不仅具有这种政治目的，还可以说有借以加强全国统一意识的政治意义。隋文帝在仁寿元年（601）命各州僧人宣读的忏悔文中有这样一句话：

> 菩萨戒弟子皇帝某，敬白十方三世一切诸佛、一切诸法、一切贤圣僧，弟子蒙三宝福祐，为苍生君父……（《广弘明集》卷十七载王邵《舍利感应记》）

是说自己建隋朝当皇帝是佛教佛、法、僧三宝保佑的结果，与前引他讲的"我兴由佛法"是一个意思。王邵《舍利感应记》还记载，隋文帝在这一年十月之内，"每因食于齿下得舍利，皇后亦然"，此外宫妃也有得舍利者，"宫内凡得十九"。这是前面所引《续高僧传·道密传》中提到的"帝及后宫同感舍利"。不仅如此，在这种气氛中，远近竞进献舍利。那么，这些舍利果然皆是真的吗？借用隋文帝一句话："何必皆是真！"（《广弘明集》卷十七载王邵《舍利感应记》）应当说隋文帝更加看重的是它宗教上神圣象征意义和政治上维护社会统一安定的现实意义。

隋朝全国有州（后改为郡）190个。隋文帝在一百多个州建舍利塔，三年间在命各州同一个时间组织僧俗、官民隆重举行供养法会，为皇帝、皇室和全国臣民忏悔、祈祷，在刚刚完成南北统一的情况下可谓是国家的一个盛举，其意义已经超出宗教，可以说在客观上对维护全国大一统的局面，对巩固以皇帝为首的中央集权的体制是极为有利的。

据唐道宣《释迦方志》卷下记载，隋文帝时度僧尼23万人，立寺3792所，写经46藏，有132086卷，修治旧经3853部，造佛像106580躯。

三 隋炀帝与佛教

隋文帝五子皆崇佛。原太子杨勇、秦孝王杨俊、蜀王杨秀、汉王杨谅都热心建造寺院，与沙门交往密切，积极支持僧人开展讲经弘法活动。隋炀帝杨广是文帝二子，尤其尊奉佛教。开皇元年（581）被立为晋王，任并州（治今山西太原）总管，即在此建弘善寺。率兵灭陈后，任扬州总管，镇江都（今江苏扬州），为扶持佛教、道教的传播和发展，建造"四道场"，其中的慧日道场、法云道场是佛寺，玉清道场和金洞道场为道观。唐道宣《续高僧传》卷十五"义解篇论"有这样的记载：

  道场慧日、法云，广陈释侣；玉清、金洞，备引李宗。

唐法琳《辩正论》卷三载：

  自昔在藩邸，立四道场，释老双标，内外兼资，爰王登极，更广搜扬。

意思是说，隋炀帝杨广在即位之前是既崇奉佛教，又崇奉道教。① 这四所道场的一切费用由晋国司供给。当时著名的学僧，如成实和涅槃学者智脱、法轮、慧觉，三论学者法澄、道庄、智炬、吉藏等人，都被召请到慧日道场。此后，杨广又在长安建日严寺，他们之中有的人又被延入日严寺。② 杨广即位之后，为给文帝追福在京城长安建大禅定寺（后为大总持寺、大庄严寺），又建清禅寺、香台寺，在高阳建隆圣寺等（《辩正论》卷三）。大业三年（607）下诏度千僧出家（《广弘明集》卷二十八《隋炀帝行道度人天下敕》）。在隋炀帝即位前曾称寺为道场，如他给慧觉的信中说："今于城内建慧日道场。"③ 即位后在大业九年（613）下诏正

---

① 关于四道场，汤用彤先生《隋唐佛教史稿》（中华书局1982年版）疑即佛教慧日、法云、日严、弘善四寺。此误。《续高僧传》卷十五之"论"曰："自爰初晋邸即位，道场慧日、法云……"与《辩正论》卷三之"自昔在藩邸……释老双标"，应是一回事。

② 见《续高僧传》卷九、卷十一、卷十二相关僧传。

③ 《续高僧传》卷十二《慧觉传》。

式改天下寺为道场，道观为玄坛。①

江南自东晋以来佛教兴盛，宫廷及大寺储藏的佛教典籍很多。隋炀帝在任晋王兼行军元帅率兵灭陈及以后平定叛乱过程中，命各军随处收集佛教经书。他们把收集到的佛书都送到江都，杨广命人加以整理登录，在王邸设"宝台经藏"共四藏，约有10万轴。此后，将其中的正藏留在王邸备用，其他各藏分授慧日及日严、弘善等寺。② 设在江都王邸的宝台经藏，派专人负责掌管，称之为"知藏"。③ 炀帝即位以洛阳为东都后，降敕在洛水以南的上林园设置翻经馆，召集学僧在此翻译佛经。此后，洛阳上林园与长安大兴善寺成为隋朝的两大译经中心。

隋炀帝与一些名僧交往十分密切，如智炬、吉藏、慈乘等三十余人，都是他最敬重的，即位后请他们入住长安日严寺。他与天台宗创始人智𫖮（539—598）的关系，史载最详。智𫖮在陈朝后期得到陈宣帝和陈后主的信敬。炀帝即位前任扬州总管镇守江都时，曾迎智𫖮到江都，设千斋法会。智𫖮为炀帝授菩萨戒，授予戒名为"总持"。炀帝授智𫖮以"智者"之号。此后，炀帝与智𫖮书信往返频繁，曾多次相邀，然而智𫖮皆予婉辞。炀帝在给智𫖮的信中自称"菩萨戒弟子总持"或"弟子总持"。炀帝即位时，智𫖮已经去世，他在此后关于佛教事务所下的诏敕中称自己为"菩萨戒弟子皇帝总持"。隋炀帝还对天台山国清寺的建立和维持给予很大的资助④，可以说天台宗的创立和发展与隋炀帝自始至终的帮助是分不开的。

随着佛教的发展，隋炀帝对僧尼的活动也提出若干约束。大业初年（605）下令禁止僧尼随便离开寺院到外边活动。（《续高僧传》卷二十《志超传》）炀帝身居至高无上的皇帝之位，对沙门"抗礼万乘"的不拜君王的表现也十分反感。在大业二年（606），炀帝从外地率军回京，暂驻南郊，听说有僧犯罪，便召众僧前来，见僧皆不跪拜，很不高兴，下敕曰：

---

① 《佛祖统纪》卷三十九《隋书·百官志下》。
② 《广弘明集》卷二十二《宝台经藏愿文》。
③ 《续高僧传》卷二《达摩笈多传》、卷二十六《道密传》。
④ 隋灌顶编《国清百录》卷二《王受菩萨戒疏》。另见《广弘明集》卷二十七《隋炀帝于天台山𫖮禅师所受菩萨戒文》、《隋天台智者大师别传》、《续高僧传》卷十七《智𫖮传》。

军国有容，华夷不革，尊主崇上，远存名体，资生通运，理数有仪，三大悬于老宗，两教立于释府①。条格久颁，如何抗礼！

据载，在场的道士纷纷下拜，然而僧众对他的训斥并没有屈服，仍然直立抗礼。有位叫明赡的僧人当场回答："陛下必欲尊崇佛教，僧等义无设敬；若准制返道，则法服不合敬俗。"意思是说，如果陛下是真心崇奉佛教的，就应当按照佛教的规矩不逼近沙门礼敬帝王。在这种情况下，炀帝只有妥协。

大业五年（607），炀帝又下诏命全国整顿佛教，说："天下僧徒无德业者，并会罢道。"也引起僧众的反对。大志和尚曾师事智𫖮，听说此事后直奔东都洛阳，上书炀帝应"兴置三宝"，表示要燃臂"用报国恩"。炀帝没有退让，表示允许。于是，大志在燃臂中死去。这样一来，炀帝整顿僧尼之诏只好作罢。②

据唐道宣《释迦方志》卷下记载，隋炀帝在长安为文帝及献后建造两所禅定寺，两座木塔，另建寺10所，修治旧经612藏，29172部，修治旧佛像101000躯，造新佛像3860躯③，度僧尼6200人。

隋朝文帝、炀帝两代三十七年，共建寺3985所，度僧尼236200人。

四 隋朝的僧官制度

隋朝的官制基本上沿袭北朝，在僧官制度方面也是如此。《隋书·百官志》记载北齐因循北魏的官制，在朝廷设昭玄寺管理佛教事务，置大统一人、统一人、都维那三人，还设置功曹、主簿办事人员，管辖各州郡县的沙门曹。大统是僧官中最高的职位，也称"沙门大统"或"昭玄大统"；统，也称"昭玄统""国统"，地位仅次于大统。都维那，也简称"昭玄都"，执掌教法、纲纪。从《续高僧传》的记载来看，隋朝以前担

---

① "三大"，当指"天大、地大、王大"。三国魏王弼本《老子》有："道大、天大、地大、王（按：后世作'人'字）亦大"，为四大。炀帝略去"道大"，为三大。意为帝王地位等同天地，理应受拜。"两教"当指俗谛、真谛之教。按照大乘佛教的说法，俗谛之教承认现实世界，而真谛之教认为一切皆空幻不实，然而二谛是不可偏废的。隋炀帝据此命沙门必须礼拜王者。

② 以上见《续高僧传》卷十三《僧凤传》、卷二十七《大志传》及《佛祖统纪》卷三十九记载。

③ 唐道世《法苑珠林》卷一百二十，新佛像作3850躯。

任大统者仅见北齐法上，一般只有国统和国都。国都自然是昭玄寺的都维那的略称，一般作为国统的副职。如北齐邺都的昙遵，"年逾七十举为国都，寻转为统"。① 宋代赞宁在《大宋僧史略》卷中的"僧主副员"中介绍说："魏世更名僧统，以为正员，署沙门都，以分副翼，则都维那是也。"是有道理的。北齐时曾置十个昭玄统，"一统一都，为正为副"。② 因此，对于《隋书·百官志》中对昭玄寺官职及数字的记载是不可作机械理解的。

从记述隋朝佛教史实的资料来看，隋朝后将昭玄统改为崇玄署，置令一人，当由俗人担任，归鸿胪寺管辖③。隋初僧猛曾任"大统三藏法师"，"委以佛法，令其弘护"。(《续高僧传》卷二十三本传）此后，又任昙迁为"昭玄统"，灵藏为"昭玄都"，如《续高僧传》卷二《那连提黎耶舍传》所载开皇二年（582）那连提黎耶舍到长安译经，"敕昭玄统沙门昙延等三十余人，令对翻译……""昭玄统沙门昙延、昭玄都沙门灵藏等二十余僧监护始末"。《续高僧传》卷十一《慧海传》称昙延为"大昭玄统"，看来这只是对他的尊称，未必意味着他当过"大统"。

在地方上，州（隋炀帝即位后曾改州为郡）设"沙门曹"管理当地佛教僧尼事务。有关隋朝的这方面资料不详，据魏齐佛教的有关记载推论，在州"沙门曹"当设有"州僧统"、"州僧都"的僧官。④ 然而从情理来推测，各州未必都设僧官。现从《续高僧传》的记载来看，相当州僧官的有"僧正"、"僧官"、"僧任"等称，皆为对地方僧官的称呼。如隋初僧晃"面委僧正，匡御本邑"（指绵州）；慈藏为蜀王门师，"为州僧官，立政严猛，瓶衣香花少缺加捶，众僧苦之"；智敫在开皇十二年（592）受任广、循二州"僧任"⑤。这里提到的"僧正"、"僧官"、"僧任"，还可以将"州都"包括在内。县的僧官有"维那"。据开皇六年

---

① 《续高僧传》卷八本传。

② 《大宋僧史略·沙门都统》。

③ 《大宋僧史略》卷中"管属僧尼"条。《隋书·百官志》："鸿胪寺统典客、司仪、崇玄三署"。关于改名称之事，或许在隋炀帝之时，崇玄署之令当由俗人担任。从《续高僧传》记载来看，隋文帝时僧官为昭玄统、昭玄都，昭玄寺之名未变。

④ 《魏书·食货志》载，北魏孝庄帝时卖的僧官职位有州统、州都、郡统、郡维那、县维那。《续高僧传》卷八《灵询传》："魏末为并州僧统"；卷十一《志念传》："时州都沙门法继者……"记的是北齐末的事。

⑤ 分别见《续高僧传》卷二十九僧晃、卷二十五法进、卷一法泰各传。

(586）龙藏寺碑①，县的维那不止一人。此碑阴所列真定、石邑、井陉等县有维那五人以上。至于佛教组织的基层单位寺院，一般皆有寺主，如隋初昙迁任长安禅定寺寺主，法愿任并州大兴国寺寺主，僧凤为崇敬寺寺主等。② 至于"上座"之职，虽南北朝、隋朝有的寺院也有"上座"之称，如《续高僧传》卷十二《灵干传》所载，灵干在大业三年任长安大禅定道场（即禅定寺）的"上座"，但似乎这种现象并不普遍。直至唐代才有上座、寺主、维那（都维那）共同管理寺院的"三纲"制度。《隋书·百官志》记载："郡县佛寺，改为道场；道观改为玄坛，各置监丞。"此发生在炀帝即位之后。寺监、寺丞恐怕皆由僧人担任。

隋朝作为长期分裂之后出现的统一国家，以举国的规模兴隆佛教，建寺塔，度僧尼，组织译经，奖励义学，带有一种大一统封建王朝的气度。佛教作为隋朝文化和宗教事业的一个重要方面，无论对当时还是对后来的王朝，都是有重大的影响的。

第二节　隋朝的译经和经录

一　佛经翻译

佛教发源于古印度，传到中国以后，在与中国社会环境相适应的过程中得到迅速传播和发展，经过与中国传统文化思想和宗教习俗的不断深入结合，逐渐演变为中国的民族宗教之一。

在中国佛教史上，翻译佛经一直是个重大事业。佛教传入初期，译经由民间组织分散进行。至东晋十六国时期，经过前秦道安在长安组织译经，至后秦已发展成颇具规模的国家事业，组成以鸠摩罗什为译主的译经班子，投入巨大财力予以支持，而到南北朝时期，无论是南朝还是北朝，译经已经主要由国家组织和资助。但当时中国处于南北分裂的局面，南北方译出的佛经难以迅速交流。在中国佛教发展史上，隋朝是第一个把佛经翻译作为国家事业的统一王朝。

隋朝存在时间不长，译经数量不大。据隋代费长房《历代三宝记》卷十二记载，隋朝僧俗译著者有19人，译经及著述共75部462卷。唐代

---

① 载《金石萃编》卷三十八。
② 《续高僧传》卷十八、卷二十一、卷十三各传。

道宣《大唐内典录》卷五载，隋朝僧俗译著者20人，译经及著述有90部515卷。唐代智升《开元释教录》卷七，把隋代的著者及其著述目录去掉，仅载录译者及其译经，包括经录，载僧俗译者9人，译经及所编经录共64部301卷。隋文帝时，将长安大兴善寺作为安置译经僧，组织译经的主要场所。隋炀帝时，扩建洛阳为东都，又在洛阳上林园置翻经馆作为全国译经中心。从中国佛教史来看，隋朝翻译的佛经影响不大，然而从所译佛经的种类来说，大乘唯识经典的续译和某些早期密教经典的翻译是反映了时代特色的。

隋代著名的译经僧有那连提黎耶舍、阇那崛多、达摩笈多等人。

那连提黎耶舍

那连提黎耶舍，意译名为尊称，北天竺乌场国（在今巴基斯坦西北斯瓦特地区）人，出自婆罗门种姓。十七岁出家，北齐天保七年（556）来到邺都，受到文宣帝高洋的优遇，被安置在天平寺翻译佛经，敕昭玄大统法上和尚等20余人监掌译经之事，令沙门法智、鲜卑族居士万天懿传语，译出《菩萨见实三昧经》《月藏经》《须密藏经》《大悲经》《法胜阿毗昙论》等经论7部52卷。（《大唐内典录》卷五）在译经之暇，那连提黎耶舍还常念诵"神咒"，为世人祈求功德，后受任北齐最高僧官机构昭玄寺的都维那，不久升任沙门统。他将所得的俸禄用来"设供饭僧，施诸贫乏"，在邺城市区掘造义井，又在汲郡（治所在今河南汲县西南）西山建立三寺，收养病人。这是中国佛教界兴办福利事业之始。北周灭齐，将在北周实行的禁毁佛教的政策扩展到齐地实施，取缔佛教，那连提黎耶舍不得已改穿俗服，流迁各地。

隋初致力恢复佛教，隋文帝敕昭玄统昙迁等30余人主持译经之事。那连提黎耶舍被迎请到长安大兴善寺，继续翻译佛经。后来，那连提黎耶舍移居广济寺，被任为"外国僧主"，于开皇九年（589）去世，享年一百岁。（《续高僧传》卷二本传）

那连提黎耶舍在隋译经8部28卷[①]，其中有：

[①] 隋代译经参见《历代三宝记》卷十二、《大唐内典录》卷五、《开元释教录》卷七及现存各经。

《大方等大集日藏经》十卷

开皇五年（585）译出，沙门智铉、费长房笔受。与北凉昙无谶所译《大集经·月藏分》为同本异译。隋沙门僧就将此经和那连提黎耶舍在北齐所译的《月藏经》十二卷、《须弥藏经》二卷，与昙无谶译的《大集经》合编为《新合大集经》六十卷①。《大集经》属于大乘经集之一，内容讲佛陀向十方无量佛国世界的菩萨宣说以诸法性空和六度为主要内容的佛法，其中含有很多密教的成分，有些经劝人诵持陀罗尼（意为"总持"，一般指密咒、咒语）以及讲述梵天诸天护法等的内容。《日藏经》说诵持各种陀罗尼具有使人灭罪，断除贪爱情欲，摆脱生死轮回而达到觉悟的功德，教人护持佛法僧三宝，努力修行，等等。其中的《星宿品》讲日月五星、二十八宿的运行、形状及祭祀方法，以及星宿所象征的吉凶意义和"用事"（星宿与日期相配）的时间。从中可以了解古印度天文学和占星术的一些情况。

《大云轮请雨经》二卷

开皇五年（585）译出，沙门慧献笔受。与北周阇那耶舍所译《大云轮请雨经》及隋阇那崛多译的《大方等大云请雨经》为同本异译。此经是讲述如何立坛求雨的密教经典，谓佛在龙宫向"无量诸大龙王"宣说修持"大慈"及诵念"施一切众安乐"陀罗尼，诵持佛名号等，可灭苦受乐，及时向人间降雨，"生长一切树木丛林、药草苗稼"，"五谷成熟"。经中还讲述求雨应诵的咒语和筑坛举行求雨法会的方法。

《大庄严法门经》二卷

与西晋竺法护译的《大净法门经》为同本异译。

《施护长者经》二卷

与西晋竺法护译的《月光童子经》为同本异译。

此外，尚译有《百佛名经》、《力庄严三昧经》、《莲花面经》、《坚固女经》等。

---

① 《大方等大集经》六十卷，今存，题北凉昙无谶译。实际上前二十六卷的十一品和第三十一至三十三卷的《日密分》是昙无谶译；而第二十七至三十卷的《无尽意菩萨品》是南朝宋智严、宝云译；第三十四至五十八卷的《日藏分》、《月藏分》、《须弥藏分》是那连提黎耶舍译；最后二卷的《十分菩萨品》是东汉安世高译，原名《明度五十校计经》。

阇那崛多

阇那崛多，意译德志，北天竺犍陀罗国（在今克什米尔一带）人，出身刹帝利种姓。年二十七岁时，与其师阇那耶舍、同学耶舍崛多、阿阇梨（导师）攘那跋陀罗等10人结伴出发来华，不幸途中死亡6人，仅剩下他们4人在北周明帝武成年间（559—560）到达长安。阇那崛多初住草堂寺，后至四天王寺译经，曾随谯王宇文俭镇蜀，任"益州僧主"三年。在周武帝禁毁佛教时，与其师阇那耶舍回国，途中被突厥拘留，不久阇那耶舍去世。在北齐武平六年（575）与宝暹、道邃、僧昙等十人一起到西域寻求佛经，往返七年，获得梵文经典260部。因北齐灭亡，他们流落在突厥。

隋初，宝暹等人带着所得佛经到达长安。文帝敕付有司访请人翻译。当时主管译经的昙迁等人奏请文帝，迎请阇那崛多入长安大兴善寺主持译经。后来召请印度僧达摩笈多并敕居士高天奴、高和仁兄弟同传梵语，协助译经。又置"十大德"（十位高僧）僧休、法粲、法经、慧藏、法遵、慧远、法纂、僧辉、明穆、昙迁，"监掌翻事，铨定宗旨"，由沙门明穆、彦琮"重对梵本，再审复勘，整理文义"。据说因为阇那崛多译经水平很高，"文意粗定，铨本便成笔受之徒，不费甚力"。（以上见《续高僧传》卷二及《历代三宝记》卷十二）

阇那崛多在北周译经4部5卷，有《法华经·普门品重诵偈》（后被编入《法华经》卷七《普门品》）、《种种杂咒经》、《佛语经》、《金色仙人问经》等。

阇那崛多在隋朝译经39部192卷。其中有：

《移识经》二卷

开皇十一年（591）译出，费长房笔受。此与唐地婆诃罗译的《大乘显识经》为同本异译，至唐朝被编入《大宝积经》第三十九会，题为《贤护长者会》。内容讲佛回答贤护长者关于"神识"（灵魂）的提问，说众生的神识虽无"形质"，但真实存在，人死之后离开人的身体，凭借生前积累的善恶"业缘"（或"业力"）投胎转生，所谓"众生尽命，以业力故，形骸与识及诸入（按：十二入）、界（按：十八界）各各分散。识为所依，以取法界（按：受想行识及作为意念习惯的无表色）及法界念，并善恶业，迁受他报"（卷下，另见《大宝积经》卷一一〇），或生天上、人间，或堕地狱，或转生畜生。

《发觉净心经》二卷

开皇十五年（595）译出，沙门僧琨等笔受。与唐代菩提流志译《大宝积经·发胜志乐会》为同本异译。内容讲大乘修行者应发誓不求别人罪过，说人是非，避免瞋恚，并且"不生吝惜，舍离恶言"，以慈悲之心努力教化说法（法施）而不求果报。

《大方等大集贤护经》（亦称《贤护菩萨经》）五卷

开皇十五年（595）译出，沙门明芬笔受。与东汉支娄迦谶译的《般舟三昧经》为同本异译。

《虚空孕菩萨经》二卷

开皇七年（587）译出，僧昙笔受，与后秦佛陀耶舍译《虚空藏菩萨经》、南朝宋昙摩密多译《虚空藏菩萨神咒经》为同本异译。此经说有个叫虚空孕的菩萨，神通广大，若有人称诵他的名号，对他顶礼供养，念诵咒语，他就会变显各种形象，或以女人男人之形，或以鸟兽之形，或隐身不现，前来解救苦难，或应求前来施行教化，引导众生修善造福，断除烦恼达到解脱。

《大集譬喻王经》二卷

开皇十五年（595）译出，沙门道密笔受。《开元释教录》卷七谓此经是"大集别品"。此经以种种譬喻解说应如何向众生传教说法，劝人亲近"善友"，修持大乘佛教六波罗蜜（六度）及"无我"诸法，达到最高觉悟。其中讲"诸法无二，不作二相；诸法无我，于如不知"，"法界亦不作二，法界亦无增减"，"法界为极"。（卷下）

《佛华严入如来德智不思议境界经》二卷

此经与北魏菩提留支译《度诸佛境界智光严经》、唐实叉难陀译《大方广入如来智德不思议经》为同本异译，与《华严经》的《离世间品》、《入法界品》等经在内容上也有相似之处，说如来"不思议"（难为世间想象和表述）之法，谓佛身一微毛孔可以容纳无量世界，一多相入，"众生身即是法身"，等等。

《四童子三昧经》三卷

开皇十三年（593）译出，僧琨笔受。与西晋竺法护译《方等般泥洹经》为同本异译。

《妙法莲华经添品》七卷（或八卷）

仁寿元年（601）译出。现题为《添品妙法莲华经》，与西晋竺法护译的《正法华经》、后秦鸠摩罗什译的《妙法莲华经》为同本异译。此经与两种旧译本不同的地方是增加了《观世音菩萨普门品》中的重颂偈，并增加了鸠摩罗什译本《药草喻品》所缺的后半部分，在编排上把《提婆达多品》并入《见宝塔品》①，又把《陀罗尼品》提前置于《如来神力品》之后，把《嘱累品》移到最后，然而在词句上基本袭用了鸠摩罗什的译本。

《善思童子经》二卷

开皇十一年（591）译出，费长房笔受。此经与西晋竺法护译的《大方等顶王经》、梁月婆首那译的《大乘顶王经》为同本异译。内容讲述佛与善思童子的问答，宣传诸法性空的思想。其中讲"法及法本性，二俱不可得"，"法界唯名字，字从分别生"（上卷）；"诸法不思议，故名为佛法"，"世间出世间，世谛第一义，二界无有异"。（下卷）……意在否认世俗认识的实在性，从诸法性空的立场取消世间与出世间的界限。

《金光明经·银主陀罗尼品、嘱累品》一卷

此前，北凉昙无谶译《金光明经》为四卷十八品，此后南朝陈真谛又译出此经的《三身分别》《业障灭》《陀罗尼最净地》《依空满愿》四品，北周耶舍崛多又增译《寿量品》和《大辩天品》。《银主陀罗尼品》和《嘱累品》是阇那崛多据梵本新译的。大兴善寺沙门宝贵将上述经本合编为《金光明经（合本）》八卷。此经与唐义净译《金光明最胜王经》为同本异译。

《大方等大云请雨经》一卷

此与那连提黎耶舍所译《大云请雨经》为同本异译。

《诸法本无经》三卷

开皇十五年（595）译出，学士刘凭等人笔受。此经宣传世界上一切皆为"虚妄和合"，空无所有，本性为空，称"诸法无作无作者"。（卷中）又说"众生性是菩提，菩提性即诸众生"，佛与佛法、烦恼与菩提，从根本上讲皆似虚空，"等于幻"。（卷上）据称有了这种见解才能断除情欲执著，"于法中无取无舍"。（卷中）经中有些语句显然对后来中国佛教宗派有较大影响，如"贪欲菩提二非二，一入平等与相应"，"所有佛法如虚空，于中

---

① 现题鸠摩罗什译的《妙法莲华经》的《提婆达多品》，是南朝齐达摩菩提译的，为后人所加。

无取亦无舍"、"所有欲法即佛法,所有佛教即欲法"等。(卷下)

《大威灯光仙人问疑经》一卷

开皇六年(586)译出,沙门道邃笔受。此与北魏般若流支译的《第一义法胜经》为同本异译。内容讲有位大威灯光仙人向佛问"众生体者,何从处生,几粗几细?……"佛以众生为因缘和合来回答,其中说:"以无明、行等因缘故,起彼众生,乃至生老病死等",众生实际是五阴、十八界诸种因素的和合。

《入法界体性经》一卷

开皇十五年(595)译出,沙门道密笔受。内容讲佛与文殊师利菩萨就"实际"、"法界"等的问答,谓"依实际而住","入于法界中"即可以认识世界万有本无差别,"无有名字差别",也无生灭、染净。在这个意义上,佛法即等同"凡夫法","颠倒信者即是正信"。又说"佛者即是法界"。现存题为后汉安世高译的《宝积三昧文殊问法身经》是它的同本异译。

《希有希有校量功德经》(或简称《希有校量功德经》)一卷

开皇六年(586)译出,僧昙笔受。与唐玄奘译的《最无比经》是同本异译。说归依佛法僧三宝(三归依)、受持五戒、具足戒、波罗提木叉戒(指戒本规定的一切禁戒)的功德利益,提倡戒德。

《善敬经》一卷

开皇六年(586)译出,僧昙笔受。与北魏佛陀扇多译《正恭敬经》为同本异译。内容是说佛对阿难讲应敬师,受法时应持庄重态度。

《文殊师利行经》一卷

开皇六年(586)译出,僧昙笔受。与北魏菩提流支译《文殊师利巡行经》为同本异译。内容说文殊菩萨讲诸法性空的道理,谓"离于实际外,无一法而可能",遭到小乘比丘的反对。

《不空羂索咒经》一卷

开皇七年(587)译出,僧昙等笔受。与唐玄奘译的《不空羂索神咒心经》为同本异译。谓佛在观世音宫殿之时,观世音菩萨讲在九十一劫,从"世界王如来"处受"不空羂索王心咒"[①],如果一日一夜或在每月的

---

① 羂索,指猎取野兽的绳索。不空羂索,谓此羂捕获从不落空,转意为菩萨以慈悲之心救助一切众生,不使一人遗漏。

八、十四、十五日专念此咒，可以灭罪得福，并介绍设坛供养佛、观世音菩萨及持咒之法。此为早期密教的经典之一。

《一向出生菩萨经》一卷

开皇五年（585）译出，僧昙等笔受。此经有七个异译本：三国吴支谦译《无量门微密持经》、东晋佛陀跋陀罗译《出生无量门持经》、南朝宋求那跋陀罗译《阿难陀目佉尼呵离陀经》、北魏佛陀扇多译《阿难陀目佉尼呵离陀邻尼经》、梁僧伽婆罗译《舍利弗陀罗尼经》、唐智严译《出生无边门陀罗尼经》。基本内容虽宣传"空法"及实相（非相非非相）念佛，但又说诵持真言陀罗尼（"神咒"），所谓"无边门陀罗尼"、"法本陀罗尼"，会得到无边功德，使修行者得以"专志，策勤不退"，断除罪障，达到解脱。经文所称"陀罗尼法本"是八字，即梵文的：跛、逻、莽、惹、迦、陀、舍、乞洒，为早期密教经典之一。

《金刚场陀罗尼经》一卷

开皇七年（587）译出，僧琨笔受。与北魏佛陀扇多译的《金刚上味陀罗尼经》为同本异译。内容宣传般若空的思想，近似于《般若经》、《般若理趣经》所说。佛对文殊菩萨讲"金刚场陀罗尼"之法，要求在认识中取消一切内外差别，说诸法平等，烦恼即菩提，生死即涅槃。烦恼、菩提、生死、涅槃皆为"名字之相"，实则"一切法空无所有"。经中说："诸佛法不离凡夫法，凡夫法不离佛法"。为密教经典之一。

《如来方便善巧咒经》一卷

开皇七年（587）译出，僧昙笔受。与失译《虚空藏菩萨问经》为同本异译。内容讲有位比丘为"恶鬼所捉"，"著于邪魅"，佛应虚空藏菩萨之请，"以神通力"令空中过去六佛向世上众生说咒。宣称如果人们诵持他们说的神咒，即可免除一切灾害、驱鬼、除病，并可得福。为密教经典之一。

《东方最胜灯王如来经》一卷

此经与题为三国吴支谦译《持句神咒经》、东晋竺昙无兰译《陀邻尼钵经》为同本异译。说东方最胜灯王佛派两位使者到释迦牟尼佛所在的地方，宣说陀罗尼（神咒），谓诵此神咒"火不能烧，刀杖不能伤"，免受伤害。又称佛与弟子也相继宣说陀罗尼，称常诵这些神咒可免灾得福，并可预知未来遥远之事。为密教经典之一。

《大法炬陀罗尼经》二十卷

开皇十二年（592）译出。经载佛向弟子阿难等人说，过去有劫（意为久远难计之长时）名"贤天"，有佛名放光，宣说"陀罗尼甚深经典"。经文内容涉及广泛，基本以般若思想为主，宣说诸法性空、六波罗蜜等，并以宣传和论释密教陀罗尼法门为重要特色。说"陀罗尼妙法门中出生一切诸修多罗（按：经）、一切章句、一切分别义、一切诸波罗蜜，故名为门"。经中对"六大"（地水火风空识）进行解释，谓"此身依止地界，地依水界，水依火界，火依风界"。此四大与"识"皆依"空"界。又说，"虚空与事和合，则有名字入于数中"。是说"虚空"必须通过具体事物显现。对这个"虚空"，有时解释为"如来"，也有时解释为"无所有"、"如来智"、"涅槃"。将梵文四十二字母（悉昙四十二字门）中的"阿"（a）、"迦"（ka）、"那"（na）称为陀罗尼三字门，作了多种意义的解释。其中说，阿字代表"人言教"，谓"一切言教，于此出生所有句偈"；迦字代表"天言教"；那字代表"非人非天言教"，并且宣传诵持、观想这三字门的功德和方法。

《大威德陀罗尼经》二十卷

开皇十五年（595）译出，僧琨笔受。内容比较杂乱，但中心仍是宣说般若性空的思想，如讲五阴（色受想行识）、三时（过去、现在、未来）、四大（地水火风）不可执著，皆虚幻无实；佛、如来也"本性寂静，无真性"，所谓如来即"如如如来，故言如来"，因此"诸佛如来无意思想，……如来不可名求"。此经也讲四谛及善恶因果报应，对"五趣"作了新的解释，说五趣包括地狱、畜生、阎罗世、天、人，而传统说法"五趣"中没有阎罗世，而有饿鬼。此经的重要特色是多处讲梵语音译的陀罗尼和各种名称，还罗列没有明确意义的冠有数字的概念，如"五种言一法言，五种众一众会，五种道一善妙"，"六言断，六止灭……六作无亲法，六说论"等。此经属于密教经典。

《观察诸法行经》四卷

开皇十五年（595）译出，费长房笔受。此经说佛应喜王菩萨之问，宣说"决定观察诸法行摩地（按：意为等持、定，也可解释为禅定）"，说修持此定可以速达觉悟，为众生说法。还说修持此定能认识在向众生说法施教过程中应具备的主观条件，如心、语、行三业清净，具备信心到众生之中善言说教，断除贪欲财利之念，"平等爱念"一切众生等。在理论上主要宣传诸法性空的思想，也讲用梵字音读的"十六字陀罗尼"（阿、波、遮、那、陀……）的意义和功德等。

《无所有菩萨经》四卷

开皇年间译，说有一菩萨名"无所有"，问佛如何使作有恶行，心怀疑惑的人达到解脱。佛以般若空法回答，说"诸法不染，诸法不著"，一切皆无可得，如果能认识诸法性空，就可达到解脱。虽也讲般若为"母"，讲六波罗蜜的修持方法，但特别强调体认"法空"就可断除烦恼罪障，迅速解脱，甚至说有个杀人如麻的"难调伏杀害人者"，因为深信和体悟空法，也达到解脱，并说他在"未来世"可以成佛。经中引证他的话说："空义断漏（按：指情欲烦恼），不起烦恼颠倒分别，断瞋恚意悭贪妒嫉，无恩义处悉能破除，得无言说"。此经中的偈颂占有一半的篇幅。

《月上女经》二卷

开皇十一年（591）译出，学士刘凭笔受。经中说毗耶离一位巨富之女名月上，因"往昔造诸善根业因缘"，向城中众多求婚者说淫欲将带来恶报的偈颂，然后归依于佛。佛预言她将在未来成佛。她当即变为男身，成为菩萨。此经在理论上宣说诸法性空不可分别。其中说"涅槃者不可得见，体无分别，无可灭者"，"菩提者无有言说，但以假名文字说耳"，"诸法皆悉如幻化，诸佛所说如梦想"。经中还改变以往女人成佛必须先转变为男身的定规，而借月上之口说："夫空体者无回无转，一切诸法亦复如是。云何令我而转女身？"在理论上提出女身成佛的依据，反映了大乘佛教发展的新动向。

《大乘三聚忏悔经》一卷

经中以空无所有的思想为中心，讲"随喜"、"劝请"、"回向"的功德和方法。

《起世经》十卷

此为原始佛教基本经典之一《长阿含经》中《起世经》的同本异译。

《佛本行集经》六十卷

开皇七年（587）译出，僧昙、费长房、刘凭等人笔受。记述释迦牟尼佛前世修道传说和出生后学习、生活和出家成道的事迹，以及与弟子传教说法经历的传记汇编。虽其中有很多神话因素，然而因为包含佛教在传播过程中形成的历史传说成分，从中可以了解释迦牟尼佛与其弟子创教和传教的情况，并对当时印度社会和思想文化情况也有反映。此经是研究原始佛教和古印度历史文化的宝贵资料。

此外，阇那崛多还译有《八佛名号经》、《十二佛名神咒经》、《五千五百佛名经》，讲诵唸八佛、十二佛和五千五百佛的名号及陀罗尼的功德，宣称"诵持此诸佛名，若读，若闻及以书写"和诵持神咒，便可灭罪获福，早日达到解脱。佛名经典的出现和盛行，从一个侧面反映了大乘佛教力图进一步通俗化和简单化的倾向。阇那崛多还译有《出生菩萨心经》《诸法最上王经》《诸佛护念经》《圣善住意天子所问经》等。

达摩笈多

达摩笈多，意译法密，南天竺罗啰国（在今印度西部古吉拉特地区）人，出身刹帝利种姓。二十三岁时到中天竺鞬拏究拔阇城出家，改名法密，从师觉密及德施、普照学大小乘经论和禅法。随师普照至咜迦国，居留五年，住在天游寺。此后历游各地，学大小乘佛教。

听说中国（"支那国"）佛教兴盛，便结伴来华，路经在今阿富汗国北部的薄佉罗国（今巴尔赫）、波多叉拏国（今法札巴德）、达摩悉鬓多国（今瓦汉），到达现在我国新疆境内的渴罗槃陀（今塔什库尔干县），留住一年，进至沙勒（今疏附县），与同伴三人住在王寺，为当地僧众讲《念破论》《如实论》。接着东至龟兹（在今库车县），停住王寺二年，也讲前述二论。龟兹王笃好大乘，从达摩笈多受教甚多。由此东至乌耆（今焉耆县）阿烂拏寺，住二年，仍讲前述二论。到达高昌（在今吐鲁番县的哈利和卓城），"其国僧侣多学汉言，虽停二年，无所宣述"。此后经伊吾（今哈密县），到达瓜州（治所在今甘肃省敦煌）。隋开皇十年（590）隋文帝下诏将他迎入长安，住大兴善寺，受命译经。

《续高僧传》卷二《达摩笈多传》记载，达摩笈多"执本对译，允正实繁，所诵大小乘论，并是深要。至于宣解，大弘微旨。此方旧学，频遭积疑。"可见他除翻译已有的梵本经典之外，还口诵出一批佛教经论，并且还向长安学僧讲解佛教义理。隋炀帝即位，在东都洛阳置译经馆，即召达摩笈多及其他僧人前往译经，但命阇那崛多为主持人。仁寿末年（604），阇那崛多因故被遣流至东越，此后便由达摩笈多主持译经。达摩笈多于唐武德二年（619）去世。

学僧彦琮认为达摩笈多从印度至中国的游历见闻丰富，超出以往史传所载，便根据达摩笈多的自述，写成《大隋西国传》，内分十篇：本传、方物、时候、居处、国政、学教、礼仪、饮食、服章、宝货，"盛列山

河、国邑、人物"。可惜此书久佚。（以上见《续高僧传》卷二本传，并见《开元释教录》卷八等）

达摩笈多译经共9部46卷，其中有：

《大方等善住意天子所问经》四卷

此经与西晋竺法护译的《如幻三昧经》、北魏般若流支译的《圣善住意天子所问经》为同本异译。至唐代被编入《大宝积经》第三十六会，称《善住意天子会》，中心思想是说诸法性空、无相；一切法无生无灭，不可得，不可念知；世俗所认识的一切，"但是假名"，"皆本性空"。佛、菩萨与众生，在家与出家，烦恼与菩提，都是"颠倒虚妄想"，"一切不真实"。此经借文殊师利菩萨与善住意天子的问答，发挥诸法性空的思想，破除一切"执著心"，甚至说："如来者即虚空界"，"虚空如来，无二无别"；贪瞋痴心生就是"初发心（按：发愿求觉悟之心）"，"若求出家，则求欲界，求色界，求无色界，复求世间五欲之乐"；净行（梵行）即非净行；因为"众生乃至一切但有名字，皆想取故"，所以"杀害我想及众生想，是名真杀一切众生"，并不妨碍修清净的梵行。经上有一段精彩的记述："尔时世尊为欲除五百菩萨（按：此指听法者）分别心故，即以威神觉悟文殊师利。文殊师利承佛威力从座而起，整理衣服，偏袒左膊，手执利剑直趣世尊，欲行逆害。佛遽言文殊师利言：汝住，汝住！不应造逆，勿得害我。我必被害，为善被害。何以故？文殊师利，从本以来无我，无人，无有丈夫，但是内心见有我、人。内心起时，彼已害我，即名为害。时诸菩萨闻佛说已，咸作是念：一切诸法悉如幻化，是中无我，无人，无众生，无寿命，无丈夫，无摩奴阇（按：意为众人），无摩那婆（按：意为单个人），无父无母，无阿罗汉，无佛，无法，无僧，无有是逆，无作逆者，岂有堕逆？"是说世间一切皆为假名施设，"无体无实"，不可判断有无、是非，也不可断定害与被害。这是大乘佛教借助般若空义，使一切入教或将要入教者消除对以往过错罪恶的悔恨之心，而坚定达到解脱的信念。[①]

[①] 此经《神通证法品》载："尔时会中有五百菩萨，已得四禅，成就五通，……时诸菩萨宿命通故，自见往昔所行恶业，或杀父杀母，杀阿罗汉，或毁佛寺，破塔坏僧。彼等明见如是余业，深生忧悔，常不离心，于甚深法不能证入，我心分别，彼罪未忘，是故不能获深法忍。"（载《大正藏》第11册第590页中）下面便是文殊执剑直逼佛前的一节。

《大方等大集菩萨念佛三昧经》十卷

此经与南朝宋功德直、玄畅译的《菩萨念佛三昧经》为同本异译。十五品，比后者缺最后一品。内容赞叹佛的种种神通功德，借佛回答"不空见菩萨"之问，讲如何修持"菩萨念佛三昧"（以念佛为内容的禅定）。说要修持念佛三昧，应立于佛所说的一切正法，认识五阴（色受想行识）为空，断除断、常二见，持六波罗蜜等。修持此三昧时，应观想过去、现在、未来一切佛，思念他们的事业、成就、功德及种种教法，并应观想佛如来既不是五阴，又不离五阴。

《缘生初胜分法本经》二卷

大业十二年（616）译出，与唐玄奘译的《分别缘起初胜法门经》为同本异译。对十三缘生为什么以"无明"为缘体，从十一个方面（十一门）进行论释，说"无明"以一切染净行为的因果为缘，掩覆"真实"而显"不真实"，为一切业和烦恼的根本，妨碍达到觉悟解脱。

《药师如来本愿经》一卷

大业十二年（616）于洛阳翻经馆译出，沙门慧炬作序。此经与唐玄奘所译《药师瑠璃光如来本愿功德经》、义净所译《药师瑠璃光七佛本愿功德经》为同本异译。内容宣传药师佛信仰。说在遥远的东方有个净瑠璃世界，有佛名药师瑠璃如来（简称"药师佛"），在成佛前曾发下十二个大愿，要拯救一切苦难众生，说如果众生诵念药师如来的名号，供养药师佛的形象，就可从遭遇的各种灾难中得救，或修持佛法达到解脱。此经并不排斥阿弥陀佛和诸天信仰，说诵念药师名号在死后也可往生西方阿弥陀佛的极乐世界，或生于天上。此经为中国佛教通俗信仰中的重要经典之一。据载早在南朝宋时慧简曾经译出此经，然而因译文欠佳而流传不广。

《金刚般若论》二卷

印度无著著。分段对《金刚般若经》进行解释。译本所引的《金刚般若经》为北魏菩提流支的译本。现存译本有两种：《高丽藏》本和皆为三卷本的中国《思溪藏》（宋本）、《普宁藏》（元本）、《嘉兴藏》（明本）诸本，在每段之前全文引述《金刚般若经》之文。

《菩提资粮论》六卷

题为印度龙树作本颂，自在比丘作释文。本颂共166偈，释文中引91偈，结尾有回向偈3首，讲菩萨为达到菩提（觉悟）所应修持的佛法内容和方法。以六波罗蜜（布施、持戒、忍辱、精进、禅定、智慧）、四波罗蜜（常乐我净）、四无量（慈悲喜舍）为主要内容，有与《法华经》、《维摩诘经》、《十住毗婆沙论》等经论相同或相应的地方。经文对"菩提资粮"的解释是："是能满者、持者、长养者、菩提因者、菩提分具足者。"意为能促成圆满觉悟的条件和因素。强调般若波罗蜜和善巧方便在达到觉悟中的地位，说"般若波罗蜜，菩萨仁者母，善方便为父，慈悲以为女"。

《摄大乘论释论》十卷

与南朝陈真谛译《摄大乘释论》、唐玄奘译《摄大乘论释》为同本异译。现存本皆题"笈多共行炬等译"，参照《药师如来本愿经》之序，"行炬"乃法行、慧炬之略，此外当有明则、长顺、海驭等人。本论的作者是印度无著，释文是世亲著，分科对本论进行论释。这个译本在分量上及内容上与玄奘的译本大同，但分科题目与真谛译本一致。

此外，达摩笈多还译有与《长阿含经·起世经》同本的《起世因本经》十卷。

除上述三人之外，隋朝的译经者还有居士达磨阇那（法智）、毗尼多流支（灭喜）、菩提登。

据《开元释教录》卷七，达磨阇那是北魏般若流支的长子，北齐时任昭玄都，北周灭齐毁禁佛教期间改任俗官，曾为洋州郡守，隋初应召入京译经，能"执本自翻，无劳传度"，译有《业报差别经》一卷。此经是小乘佛经，讲善恶因果报应。

毗尼多流支是北印度乌苌国人，隋初来长安译经两部：《大乘方广总持经》一卷，与西晋竺法护译《济诸方等学经》为同本异译，讲为了"令佛法久住世间"，不仅应讲"空法"，还应会通三乘而应机说法；《象头精舍经》一卷，与后秦鸠摩罗什译的《文殊师利问菩提经》为同本异译，说"菩提但有空言，而无实相"。

菩提登，《开元释教录》卷七仅说："外国人也，不知何代译《占察经》一部。"隋费长房《历代三宝记》卷十二说，检各经录不见目录，但经首说，此经在外国译，"似近代出，今诸藏内并写流传"。据此，菩提登所译《占察善恶业报经》（也称《地藏菩萨经》）二卷，未必是在隋译，但在隋代特别流行却是事实。《历代三宝记》记载：

广州有一僧行塔忏法，以皮作两枚帖子：一书善字，一书恶字，令人掷之，得善者好，得恶者不好。又行自扑法以为灭罪，而男女合杂。青州亦有一居士，同行此法。

开皇十三年（按：593年），有人告广州官司云：其是妖。官司推问，其人引证云：塔忏法依《占察经》，自扑法依诸经中五体投地如太山崩。广州司马郭谊来京向岐州具状奏闻①。敕不信《占察经》道理，令内史侍郎李元操共郭谊就宝昌寺问诸大德法经等。报云：《占察经》目录无名及译处；塔忏法与众经复异，不可依行。敕云：诸如此者，不须流行。②

这里所说的"塔忏法"是一种比较简单的占卜善恶吉凶的方法。用两枚皮片，一枚写上"善"字，一枚写上"恶"字，扔在地上令人拣取，得善者表示吉利，来世可得善报；得恶者表示不吉利，来世将得恶报。

察现存《占察经》，确实载有占卜吉凶和善恶报应的内容，但所用的不是皮片，而是"木轮"。说："刻木如小指，长短减于一寸，正中令其四面方平，自余向两头斜渐去之，仰手旁掷，令使易转。因是义故，说名为轮。"③ 或制作十个木轮，在木轮中部的平面上分别写上十善、十恶④的各项；或制作三个中间有四面的木轮，画上符号；或是六个中间有三面的木轮，写上数字。修持者在礼佛发愿之后，将木轮掷地以占卜一个人善恶业报。此经称，此占察业报的方法是地藏菩萨特为末法（继正法、像法二时之后，意为佛法行将灭亡之时）众生讲的。此经还讲"唯心识观"，谓"一切法唯心想生，离心别无一法"；又讲"真如实观"，说"心性无生无灭，不住见闻觉知"，"我法身乃一切诸佛法身，与自身体性平等"。经中还论"如来藏"与"无明"的关系，与《大乘起信论》有相通之处。

所谓"自扑法"，据称是依据佛经中"五体投地"的礼拜方法而创立的灭罪法，似乎是反复将全身前倾倒地礼拜，以祈求灭除自身罪业的做法。

---

① 《隋书·高祖纪》，开皇十三年春正月，文帝"行幸岐州"，二月归。据此，广州司马郭谊是在开皇十三年一月特地向驻留岐州的文帝上奏的。
② 载《大正藏》第49册第106页下。
③ 《占察善恶业报经》卷上，载《大正藏》第17册902页中下。
④ 十善：不杀生、不偷盗、不邪淫、不妄语、不两舌、不恶口、不绮语、不贪、不嗔、不痴；相反为十恶。

以上所引塔忏法和自扑法在民间的广泛盛行，表明隋代佛教通俗信仰的新发展。从这类事情需上报皇帝裁决是否可行的事实，反映了佛教在隋代社会中所占据的重要地位。

《占察善恶业报经》在隋代遭禁，但到唐武则天天册万岁元年（695）敕东都佛授记寺沙门明佺等人将此经目录编入《大周刊定众经目录》之中，允许流行。此经是后世地藏菩萨信仰的重要经典之一。

据以上所述，这里指出如下三点：

1. 按照唐代智升《开元释教录》对佛经的分类，大乘佛经分为般若、宝积、大集、华严、涅槃五大部及五大部以外诸经，其中大集部的佛经至隋代已经全部译出，僧就辑为合本《大集经》六十卷，内有二十四卷是那连提黎耶舍在北齐和隋两代译出的。

2. 隋代所译佛经的内容，以宣传般若性空思想的为最多，但值得注意的有三点：一是强调空有不二，真俗相即，烦恼即菩提，生死即涅槃，"所有佛法即是欲法"；二是说众生虽造各种恶业，但如果体认诸法性空，"一切不真实"，就可达到解脱；三是主张不仅要宣说一切皆空的思想，还应依据条件向众生宣说各种不同的教法。这三点对隋唐佛教宗派建立自己的教义体系有相当大的影响。

3. 早期密教经典的传入，提倡诵持密咒，供养和祈祷佛菩萨及天神降福保佑的教法，为隋唐佛教举行法会，制定仪礼等，提供了新的资料。

二 佛教经录

在佛教传播中国过程中，译经是一项十分重要的事业。从东汉末年到隋朝，代代都有新经译出，各种手抄本广泛流传于民间。进入南北朝以后，一些王朝还大量收藏从各地收集来的比较完备的抄经，称之为"众经"或"一切经"，并组织人为这些佛经编写目录，指出这些佛典译出的年代、译者及卷数，标出类别。这就是在中国佛教史书和文献学中占有重要地位的"经录"。

继前秦道安编撰《综理众经目录》（简称《安公录》）之后，南朝梁僧祐编撰的《出三藏记集》比较有名。然而这两部经录有个共同的特点，就是尚未按佛典的大小乘来加以分类。南北朝时期的经录除《出三藏记集》之外，尚有北魏李廓编《元魏众经录目》（编于532—534年之间）、梁宝唱编《梁代众经目录》（编于518年）、北齐法上编《齐代众经目录》。① 前二者已开始按大小乘分类，但因它们早已佚失，详情已不可得知。

隋朝是在经历南北长期分裂之后建立的统一王朝，十分重视兴隆佛教，以举国的规模组织佛经翻译。为了调查、整理已有的佛教典籍，指导佛教流行，皇帝降诏令人编写经录。隋代编写的经录有法经等人编《众经目录》、彦琮等人编《众经目录》及费长房编《历代三宝记》。

（一）法经等人编《众经目录》

法经等人的《众经目录》，因于隋文帝开皇十四年（594）奉敕完成，也称《开皇录》七卷，录经目 2257 部 5310 卷。法经是长安大兴善寺（即隋的翻经所）的译经僧。他与其他译经僧共 20 人负责编撰此录。据卷七所载的奏表，此录是"据诸家目录，删简可否，总标纲纪，位为九录，有四十二分……"这部经录对后世影响较大，其编纂体例为唐代佛教经录继承。

法经《众经目录》所谓"九录"包括：

1. 大乘修多罗藏（大乘经）；
2. 小乘修多罗藏（小乘经）；
3. 大乘毗尼藏（大乘律）；
4. 小乘毗尼藏（小乘律）；
5. 大乘阿毗昙藏（大乘论）；
6. 小乘阿毗昙藏（小乘论）；
7. 抄录集（经抄卷）；
8. 传记；
9. 著述。

这是按佛典的内容和体裁来分类编目的。前六类是将经、律、论按大小乘加以区分，后三类是按体裁把中外佛教著作的目录分别列出。

所谓"四十二分"（分，相当于"项"）是对以上九类佛典所作的进一步分类。有两种情况：其一，把前六类大小乘经律论细分为：一译（只有一种译本）、异译（有两种以上译本）、失译（译者不明）、别生（节抄大本者）、众经疑惑（来历不明，真伪未辨）、众经伪妄（伪造经典），共三十六分（项）；其二，将后三类的抄录、传记、著述，按作者

---

① 见《历代三宝记》卷十五、《大唐内典录》卷十。

各分为"西域圣贤"（印度、西域高僧）和"此方诸德"（汉土高僧）撰述两部分，共六分（项）。

这种分类编目，将一切佛典的来龙去脉、译者和著者交代得十分清楚，便于查阅佛典，或利用佛典从事研究和传教。从佛经中分出"疑惑"、"伪妄"两类分别编目，是为了把这些佛经排除出公开流通范围，只允许以皇帝名义"钦定"的佛典流行。实际上，这两类佛典情况比较复杂，有的是一时未能查明来历的经典，如列入"众经疑惑"中的《大乘起信论》；有的是假托佛说而实属编著的佛教著作，如宣传弥勒、观音菩萨信仰的"伪妄"经典等；也有的是依据某些佛经内容而编造的，"或增或损，斟酌成经"等。据卷二所记，仅大乘伪经就有81部。此录编者谓：

> 或首掠金言（按：指佛语），而末申谣谶；或初论世术，而后托法词；或引阴阳吉凶，或明鬼神祸福，诸如此比，伪妄灼然。今宜秘寝，以救世患。

实际上，在佛教传入中国实现民族化的过程中，大量伪经的出现，反映了社会上一部分人对佛教的理解、企盼和信仰状况，其中既吸收了儒、道和阴阳五行的思想，也吸收了民间信仰的某些成分。这些伪经来自社会不同的阶层，产生于不同场合，带有很大的随意性（如南朝梁八九岁的女子江泌，有时"闭目诵出"经典），如果让它们自由流传，无论对保障佛教正统教义的传播，还是对维护社会正常秩序都会带来威胁，因而必然遭到禁止。

（二）彦琮等人编《众经目录》

彦琮等人所编《众经目录》，因于隋文帝仁寿二年（602）奉敕编撰，也称《仁寿录》，五卷，编入佛典目录2109部5058卷。现存此录题为"隋翻经所沙门及学士等撰"。然而据《续高僧传》卷二《彦琮传》，此录实际主要由彦琮编撰。

彦琮等编《众经目录》将佛典分为五类：1. 单本（无重译的经典）；2. 重翻（有两种或多种译本者）；3. 贤圣集传（经抄、禅法及佛菩萨传记等）；4. 别生（从大经中节略出的单行本）；5. 疑伪（谓"名虽似正，义涉人造"，即认为可疑和伪造的经典）。在"单本"中，又分为大乘和小乘的经律论的单本；在"重翻"中分为大乘经律论的重翻和小乘经的重翻；在"别生"中也按大小乘分类。《众经目录》之序说：

  别生、疑伪不须抄写，已外三分，入藏见录。①

  是说已列入"别生"、"疑伪"部分的佛典不再抄写流行，而列入"单本"、"重翻"和"贤圣集传"三项目录之内的佛典要抄写出来，以便流行。

  "藏"，原意为储藏东西的场所、仓库，此处为转意，相当于后世的"大藏经"，是汇编佛教典籍的丛书、总集。当时没有雕印，是用手工将一卷卷的佛典抄写在纸或绢上的。能够"入藏"的佛书，因为是按照皇帝敕许的经录选定的，相当于得到"钦定"，既可被抄写收藏，又可以抄出在社会上广泛流行。因此，《仁寿录》中的"单本"、"重翻"和"贤圣集传"这三部分，即相当于后来经录中的《入藏录》。

  《仁寿录》与法经等人的《开皇录》相比，有两个显著的特点：

  第一，《开皇录》因为编目时没能够一一核查原本，如卷七所说是"据诸家目录，删简可否"，因此所录不少佛典是有目无书，而《仁寿录》如其序所云是大兴善寺译经僧奉敕"披检法藏，详定经录"的结果，所编的五类佛典的目录是一一核对了原书的。因此这五类佛典 1707 部 4311 卷是隋朝所存佛典的真实数目。在此录的第五卷是"阙本"目录，注云："目录有目而无经本"，实际是继自《开皇录》中有目无书的部分，共 278 部 610 卷。

  第二，《开皇录》中的"抄集录"、"传记录"、"著述录"收中外佛教著述十分丰富，有经抄、传记、文集、经序、注解、论文等，数目达 331 部 947 卷，而《仁寿录》的"贤圣集传"只保留译自印度的佛典，将汉土的著述，如《高僧传》《弘明集》《法显传》以及种种经序、论文等的目录，一律去掉，数目只有 31 部 164 卷。从研究中国佛教史的角度说，这些被砍掉的部分是具有重要学术价值的。

---

① 《大正藏》第 55 册第 150 页中。

（三）费长房编《历代三宝记》

费长房编的《历代三宝记》，也称《开皇三宝录》、《长房录》，十五卷。费长房，《续高僧传》卷二《达摩笈多传》提到："时有翻经学士成都费长房，本预缁衣（按：原误作'细衣'），周朝从废因俗，博通妙经玄理，开皇之译，即预搜扬，敕召入京，从例修葺，以列代经录散落难收，佛法肇兴，年载芜没，乃撰《三宝录》一十五卷。"可见，费长房原是个僧人，在北周禁毁佛教时还俗，隋初应诏入京在大兴善寺参加译经，在译经余暇（《历代三宝记·总目序》），编撰了《历代三宝记》。据此录第十五卷所载费长房《上开皇三宝录表》，他是在开皇十七年（597）十二月二十三日将此录上呈朝廷的。费长房着手撰录经录虽早于法经，然而完成在法经等人的《众经目录》之后，并且还参考了此录。

费长房在《历代三宝记》卷十五的最后列出了六家经录：《众经别录》（自注："未详作者，似宋时述"）、梁僧祐《出三藏记集》、北魏李廓《魏众经录目》、北齐法上《齐世众经目录》、梁宝唱《梁世众经目录》、隋法经等人《大隋众经目录》，说"前六家集录，搜寻并见"。可以认为，费长房的《历代三宝记》就是在这六家经录的基础上编撰的。

除此之外，费长房还列出二十四家经录，然而指出："检传记有目，并未尝见。"按照他原排列的次序，这些经录包括：传为秦时释利防带来的《古录》、东汉迦叶摩腾译《四十二章经》时编撰的《汉时佛经目录》、"似前汉刘向搜集藏书所见"的《旧录》，以及前秦《释道安录》、西晋《聂道真录》、后秦僧睿《二秦录》、三国魏时朱士行《汉录》、东晋竺道祖《众经录》、西晋《竺法护录》、《支敏度录》及《都录》、《释王宗录》、《释弘充录》、释道慧《宋齐录》、《释道凭录》、《释正度录》、《王车骑录》、《始兴录》、《庐山录》、《赵录》、《岑号录》、北魏《菩提流支录》、梁释僧绍《华林佛殿录》、北魏灵裕《译经录》、《众经都录》。① 这些经录，费长房皆未见到其本。从中国佛教史实考察，其中有的明显是属于讹传，如秦时《古录》、刘向《旧录》、迦叶摩腾《汉时佛经目录》等，此外也许有的隋时已经佚失，或是费长房未能搜集到的，而在自前代经录中有所引述。费长房在《历代三宝记》中经常引用这些

---

① 目录实有二十五家，其中《支敏度录》与《都录》皆为支敏度撰编，算是一家。《大正藏》第49册卷《历代三宝记》卷十五所载，衍出朱士行《汉录》。

经录，表明他是在间接引述前代经录或是其他资料的。

《历代三宝记》按顺序分为四大部分：

1. "帝年"，即为佛教编年大事记，即按中国朝代周秦、前后汉、魏晋宋齐梁周隋，分为三卷。每卷前有简短按语，记述列代政权兴替和佛教事迹。其中第一、第二卷的按语，记述释迦牟尼佛的生平和佛教东渐的传说，反映了佛教界的传统看法，有一定的参考价值。在按语后是干支和帝王年号，将佛教事迹记载于年号之下。

2. "代录"，即历代译经目录，共九卷，按朝代从后汉至隋载录僧俗197人译经和著述2146部6235卷的目录，内附译著者的小传，有的还介绍译著缘起。在大部分经题之下，注上不同的经名、原作者、异译情况、译出年代、笔受者、所出经录，等等。在这一部分之中，保存了大量有价值的史料。

3. "入藏录"，是准备抄写编入"大藏经"以备流行的经典目录，共二卷。分为"大乘入藏录"和"小乘入藏录"，每一部分目录之前皆简单介绍大小乘佛典的基本内容及收录准则。"大乘入藏录"收大乘经律论551部1586卷的目录；"小乘入藏录"收小乘经律论525部1712卷的目录，内分"有译"、"失译"诸项目。此录经皇帝"钦定"得以公开流行。

4. "总目"，一卷。前载费长房《上开皇三宝表》和《总目序》；在总目后列有30家的经录的目录。

从历史角度看，费长房《历代三宝记》是继南朝梁僧祐《出三藏记集》之后又一部结构庞大，内容完备的经录，为了解和研究佛教在中国的传播历史提供了丰富的资料。此录的历代译经目录的大部分内容被唐代经录继承吸收，功绩不容抹杀。然而从学术角度看，因为考核不够周密精审，存在伪滥的成分不少，正如唐代道宣批评的那样：

> 房录后出，该赡前闻，然三宝共部，伪真淆乱。（《大唐内典录》卷十）
>
> 轴别陈叙，亟多条例，然而瓦玉杂糅，真伪难分，得在通行，阙于甄异。（《续高僧传·达摩笈多传》）①

---

① 分别载《大正藏》第55册第338页上、第50册第436页中。

道宣所说的"三宝共部",说的是把佛教的三宝——佛、法、僧皆编到书内,实指将佛教历史与佛教经录合编在一起;至于"伪真淆乱"、"真伪难分",是批评《历代三宝记》审核不严密,有收录失当,甚至将一些疑伪经典等也收到经录之中的情况。

据唐魏征等撰《隋书·经籍志》的记载,在隋炀帝大业年间(605—618),沙门智果又奉命在东都洛阳内道场编撰经录,录目经、律、论等佛典1950部6198卷。此录分为十一部分:大乘经、小乘经、杂经、杂疑经、大乘律、小乘律、杂律、大乘论、小乘论、杂论、记(谓"所学者,录其当时行事,名之为记",当为译记经序之类)。这部经录虽被《隋书》载录,然而对后世影响不大,它的分类方法也没有为后世经录接受。

总之,在实现大一统的隋朝存在30年的短暂时间里,在佛经翻译和编撰经录方面是作出了突出成绩的,对佛教进一步传播发展是有推动作用的。

第三节　隋朝著名学僧及其研究和弘法活动

在隋统一的社会里,原分隔于长江南北的著名学僧能够相聚一起讨论佛教义理,共同译经、讲经传法,举办各种法事活动。隋文帝、炀帝在长安、洛阳建造大寺,召请各地名僧入住,提倡并奖励他们弘法和研究佛学。长安、洛阳不仅是全国的政治中心、文化中心,也成为全国的佛教中心。

一　隋朝奖励佛教义学及在长安的学僧组织

隋文帝开皇二年(582)把国都从长安旧址迁到龙首原,因在北周时曾受封"大兴郡公",故将新城名为"大兴城",宫殿称"大兴殿",门为"大兴门",园为"大兴园"。又在靖善坊建寺,名为"大兴善寺",作为安置来自各地高僧进行译经、传法的中心。高僧灵藏(519—586)在北周时以精于《摩诃僧祇律》和《大智度论》著称于世。文帝即位后对他十分敬重,在建大兴善寺、复兴佛法的过程中都征询他的意见。文帝曾对他说:"弟子是俗人天子,律师为道人天子……律师度人为善,弟子禁人为恶。言虽有异,意则不殊。"(《续高僧传》卷二十一《灵藏传》)① 可见文帝对佛教具备的社会教化功能是抱有很大的期待的。开皇七年（587），文帝降诏请徐州昙迁、洛阳慧远、魏郡慧藏、清河僧休、济阴宝镇、汲郡洪遵"六大德"（意为六位具有崇高德行的僧人）及他们的弟子各十人进京。文帝接见后，将他们都安置在大兴善寺。②昙崇，在北周时以禅学闻名于世，隋初住在长安清禅寺。文帝对他十分崇敬，特许他可以出入皇宫，在他面前自称"师儿"，皇后自称"师女"。

文帝提倡佛教义学，选拔佛教界在戒、定、慧三学方面具有深厚造诣的学僧到长安和各地传教，并选任德高望重的学僧主持传授佛法培养僧众的团体——"众"。这些团体即佛教史书上所说的"二十五众"和"五众"。

《续高僧传》卷十九《法应传》记载：

> 开皇十二年（按：592）有敕令搜简三业学长者，海内通化。崇（按：昙崇，法应之师）于禅府选得二十五人，其中行解高者，应（按：法应）为其长。敕城内别置五众，各使一人晓夜教习。应领徒三百于实际寺相续传业，四事供应并出有司。③

引文中"二十五人"，有的佛教学者解释为"二十五众主"，是不符合原意的。昙崇以精于禅学著称，门下跟他学禅的弟子有二百多人。他遵照文帝的敕令，从禅学优秀者中选出二十五人，作为"三业学长者"推荐给朝廷，以承担"海内通化"（到各地授业传法）之任。弟子法应是其中出类拔萃者。然而他没有到外地，而在长安实际寺教授从他学禅的三百弟子。

至于"城内别置五众，各使一人晓夜教习"，应是成立五个学僧团体，各任命一位高僧发挥自己的专长教授佛学。"众"原是"僧伽"（samgha）的意译，即僧团。"五众"，即五个学僧团体，用现在的话说是五个佛学讲习班；"二十五众"，即二十五个学僧团体。

关于二十五众的设立时间和它们之间的区别，限于现存的资料，已难

---

① 《大正藏》第50册第610页下。
② 据《续高僧传》卷八《慧远传》、卷九《慧藏传》、卷十八《昙迁传》等。
③ 《大正藏》第50册第580页上。

加以确证。据《续高僧传》卷十五之"论"说：

> 开皇伊始，广树仁祠，有僧行处，皆为立寺。召诸学徒，普会京辇，其中高第自为等级。故二十五众峙列帝城，随慕学方，任其披化。①

据此，所谓二十五众是设置在长安的二十五个学僧组织，参照其他记载，是分别由"众主"主持各"众"。② 众主学有专长，学僧可以根据自己的愿望选择众主，投到他主持的"众"中受教。

据载，僧粲在开皇十七年（597）被任命为"二十五众第一摩诃衍匠"，讲授大乘教理，著有《十种大乘论》；僧琨任"二十五众读经法主"，撰有《论场》三十卷。③

关于"五众"，前引《续高僧传·法应传》说"城内别置五众"，时间是开皇十二年（592）。然而《续高僧传》卷十二《慧迁传》说"开皇十七年敕立五众，请迁为十地众主，处宝光寺"，时间与僧粲任"二十五众第一摩诃衍匠"相同。所谓"十地众"，自然以讲授《十地经论》为主。据载，此外尚有"大论众"，讲习《大智度论》，众主有法彦、宝袭；"讲论众"，讲习大小乘论书，众主有智隐；"讲律众"，讲习戒律之学，众主洪遵善讲《四分律》学；"涅槃众"，讲习《大涅槃经》，众主有童真、法总、善胄等人。④ 这五众是"二十五众"之中的，还是在"二十五众"之外另设的"五众"，仅凭现存的资料，是难以断定的。

设立五众、二十五众，任命众主的时间，除上述开皇十二年（592）、十七年（597）之外，还有开皇十六年（596）的记载，如法彦、宝袭任大论众主，童真任涅槃众主，智隐任讲论众主，洪遵任讲律众主，都在这一年。

以上众主都是由隋文帝任命的。文帝以后，史书上不再见有任命众主的记载。实际上，当时盛行佛学的面很宽，前面提到的学科不足以概括当

---

① 《大正藏》第50册第549页上。
② 《续高僧传》卷十《灵璨传》："开皇十七年下敕补为众主"。他在长安净影寺传授《十地经论》、《大涅槃经》之学。《大正藏》第50册第506页中。
③ 《续高僧传》卷九《僧粲传》、卷七《释无名传》。
④ 各众主情况，见《续高僧传》卷十、卷十二、卷二十一相关人的传记。

时佛学的内容。有些高僧虽未被任命众主，但影响很大。从现有资料分析，当时最盛行的佛教经典是阐述觉悟解脱内在依据的心性问题的《大涅槃经》和唯识经典《摄大乘论》，此外还有大乘佛教重要理论来源的各类《般若经》、《法华经》以及《中论》、《十二门论》、《百论》及《大智度论》等。这些经论都是当时佛教界众多学僧热衷研究和讲授的佛典。

隋朝的佛学直接继承南北朝的研究和讲经的传统。在京城身居要位，对佛学界发挥重大影响的高僧很多原是北朝的僧人。隋朝虽已有智顗创立的天台宗、信行创立的三阶教，然而它们在当时的影响远不如传统的佛学。尽管如此，南北学僧会聚在一起举办讲经、辩论以及各个"众"开展的讲习经论的活动，都有力地促进了中国佛学理论的发展，是推进以后民族化佛教宗派形成的重要条件。

二 隋朝的著名学僧及其佛学成就

隋朝通晓佛教经论，在戒、定、慧三学方面拥有深厚造诣的学僧很多，撰写的佛教著作数量很大，其中有的还应请参加国家译场参与译经。这里仅对隋代一部分著名学僧作简要介绍，至于创立三阶教的信行、天台宗的智顗、三论宗的吉藏，由于是涉及内容繁多的专题，不在这里介绍。

（一）帝师昙延

昙延（516—588），俗姓王，蒲州（治所在今山西永济县）桑泉人，出身世家豪族。年十六岁时游寺，因听《大涅槃经》而决定出家。一生对《大涅槃经》最有研究，认为"佛性妙理，为《涅槃》宗极"。此外，对《华严经》、《大智度论》、《十地经论》、《地持经》、《佛性论》等也有深入研究。北周武帝建德初年（572）南朝陈的尚书右仆射周弘正出使北周，机捷善辩，压过北周文武。昙延应诏与周弘正辩论取胜。周弘正便从他受戒。此后，昙延受任北周的最高僧官国统。在周武帝实施禁毁佛教（"灭佛"）政策期间，昙延还俗隐于太行山。周宣帝即位，着手恢复佛教，他被推为一百二十名"菩萨僧"（穿在家服装，不剃发之僧）之一。

隋文帝建隋之后，他奏请"度僧以应二百五十比丘，五百童子之数"，并劝文帝修复北周禁毁佛教时所毁坏的寺院。他的建议得到文帝允准，成为文帝兴佛的重要顾问。文帝迁至新都后，开皇四年（584）在广恩坊为昙延及其弟子建造延兴寺，并把京城东西二门以昙延的名字改称为延兴门和延平门。昙延在开皇六年（586）奉诏登大兴殿御座祈雨，"帝及朝宰五品已上咸席地北面而受八戒"。文帝以"师父"事之,"又敕密戚懿亲咸受归戒"。

昙延是涅槃学者,著有《涅槃义疏》十五卷,又为《胜鬘经》、《仁王般若经》和《宝性论》著疏。(《续高僧传》卷八《昙延传》)

(二)地论学者净影慧远及其著作、弟子

慧远(523—592),因长居长安净影寺,也称净影慧远。俗姓李,敦煌人,年十二岁出家,学大小乘经论,从北齐沙门统(北齐最高僧官)法上受具足戒。北周灭齐,在齐境也推行禁毁佛教政策。慧远曾站出来当面与周武帝抗争,说佛法有益于国家治理,不应当废,甚至厉声说:"陛下今恃王力,自在破灭三宝,是邪见人。阿鼻地狱不拣贵贱,陛下何得不怖!"后隐于汲郡(在今河南)西山秘密奉佛行道,三年之间反复读诵《法华经》、《维摩经》等。北周静帝时佛教稍兴,他到少林寺传法。

慧远在隋初受任洛州沙门都(州僧官),在隋文帝开皇七年(587)应诏为"六大德"之一进入长安,住大兴善寺,后迁新建净影寺,"四方投学七百余人"。开皇十二年(592)奉敕主持译经,"刊定辞义"。当年慧远与名儒李德林同月去世,隋文帝痛惜:"国失二宝也!"一生著作甚丰,著有《涅槃经疏》十卷、《地持经疏》五卷、《十地经论疏》七卷、《华严经疏》七卷等。

现存慧远《大乘起信论义疏》四卷,用地论学派的观点解释《大乘起信论》,在瑜伽唯识学说发展史上很有意义。所著《大乘义章》原十四卷,后世析为二十八卷。全书分五聚(相当五章):教法、义法、染法、净法、杂法,共分二百四十九科,对佛教名词术语、教义和隋代以前各学派的学说,站在大乘的立场上广引经论进行解释,相当于一部佛教百科全书。现存本缺杂法聚,为二十卷,有二百二十二科。

慧远弟子甚多,其中有的直到唐代仍很有名。《续高僧传》作者道宣说:"服勤请益者七百余人,道化天下,三分其二";"寺众百余,领徒者三十,并大唐之首者也"。著名的有:灵璨、宝儒、慧畅、净业、善胄、辩相、慧迁、智徽、玄鉴、宝安、灵运、僧昕、智嶷、道颜等人。(《续高僧传》卷九《慧远传》、卷十五"论"及相关僧传、《大乘义章》等)

(三)游历南北的摄论学者昙迁及其著作

昙迁(542—607),俗姓王,博陵饶阳(在今河北)人,出身官宦家庭。13岁时跟舅父北齐中散大夫国子祭酒博士权会学习"六经"及

《老子》、《庄子》，尤其善《周易》及《老》、《庄》，曾说："李、庄论大道，《周易》辨阴阳，可以悟幽微，可以怡性情，究而味之，乃玄儒之本也。"

昙迁在21岁时从定州贾和寺昙静律师出家，初习《胜鬘经》。在游访天台山灵迹后，到北齐都城邺（今河南安阳）师事昙遵法师，学"佛法纲要"。昙遵是著名律学高僧慧光弟子，是北方著名地论学者之一。昙迁后为逃避京城的"荣利"，隐居于林虑山净国寺，专心研习《十地经论》、《维摩经》、《楞伽经》、《地持经》、《大乘起信论》等。

北周灭齐，推行禁毁佛教的政策，他结伴渡江逃至建康（今南京），住在道场寺，经常研习《唯识论》（当为陈真谛译《大乘唯识论》）等，与陈朝的名僧慧晓、智瓘、高丽沙门智晃为友。他因一个偶然的机会在桂州刺史蒋氏之宅获得真谛翻译的《摄大乘论》，如获至宝，加以研究。

隋初复兴佛法，昙迁回到北方，在彭城（今江苏徐州）慕圣寺聚众讲授《摄大乘论》及《楞伽经》、《大乘起信论》、《如实论》等。昙迁是最早将《摄大乘论》带到北方的人。其次是靖嵩，在开皇十年（590）也从南方带回《摄大乘论》在彭城宣讲。隋上柱国宋公贺若弼、长史张坦出镇扬州（治江都，今扬州），邀请昙迁到扬州传法，住开善寺宣讲《摄大乘论》，前来请益者上千人。昙迁在开皇七年（587）奉诏率弟子十人入长安，与洛阳慧远、魏郡慧藏、清河僧休、济阴宝镇、汲郡洪遵等，受到文帝的优遇，同被安置在大兴善寺。当时慕名前来听受《摄大乘论》者达千人之多，连慧远也曾从他受教。

隋文帝大兴佛法，受到昙迁的影响极大。《续高僧传》卷十八《昙迁传》说："率上蒙度数十万人，迁之力矣。"由于昙迁的奏请，原来的私度沙门得到政府的承认。文帝在仁寿年间派人向各州奉送舍利，命建塔供奉，就是接受他的建议。文帝在长安为四子蜀王杨秀建胜光寺，请昙迁弟子六十多人入住，此后又任昙迁为蜀王的"门师"。献后去世，文帝在京城西南建禅定寺，任昙迁为寺主，并选全国著名禅师一百二十人及他们的二位侍者一起入住。昙迁曾对文帝说：

> 世有三尊，各有光明……佛为世尊，道为天尊，帝为至尊。尊有恒政，不可并治。所以佛、道以弘教，开示来世，故放神光，除其罪障。陛下光明光于四海，律令法式，禁止罪源，即大光也。

文帝听后十分高兴。这是把帝王与佛、道二教同尊并重，以此迎合最高统治者，以期得到他们对佛教的支持。

昙迁著作很多，著名的有《摄大乘论疏》十卷，并著疏诠释《楞伽经》、《大乘起信论》、《唯识论》、《如实论》等，还著有《九识》、《四明》等章及《华严明难品玄解》等二十余卷。

据载，昙迁有弟子数千人，其中的道哲、静琳、玄琬、道英、净凝等人皆是摄论学者，前四人直到唐初仍很活跃。玄奘之师慧休也曾跟昙迁学过《摄大乘论》。可以说唐初法相唯识学的兴起是与昙迁、靖嵩及他们的弟子弘传《摄大乘论》等的瑜伽唯识学说分不开的。（《续高僧传》卷十八《昙廷传》及其他相关僧传）

（四）将南方摄论唯识学传到北方的靖嵩及其著作

靖嵩（537—614），俗姓张，涿郡（在今北京西南）固安人。年十五岁时出家，二十岁受具足戒后到北齐都城邺。当时邺有寺四千多所，有僧尼八万人，盛行讲经之风，有讲席二百余处。靖嵩投到沙门统法上弟子融智门下。融智住在大学寺，常讲《大涅槃经》及《十地经论》。此后，靖嵩又跟著名律师慧光的弟子道云、道晖学习律学，跟道猷、法诞学小乘论书《成实论》和《杂阿毗昙心论》等，逐渐有名，开始聚徒讲经。

在北周禁毁佛教时期，靖嵩与同学法贵等三百余人渡江逃到陈国，受到陈宣帝的欢迎，被安置在都城大寺传法，前来就学者近五百人。真谛虽早已译出《摄大乘论》、《俱舍论》等论书，但研究者甚少。靖嵩精心研究这两部论书，遇有疑义即向真谛的译经助手、门人法泰请教，两年当中全部领会这两部论书的理论。他同时又学习真谛翻译的《佛性论》、《中边分别论》、《无相思尘论》、《大乘唯识论》等瑜伽唯识学派的论书及讲部派佛教的论书《部执异论》等四十余部，并且概括写出它们的纲要。

隋初，靖嵩与灵侃等二百余人回到江北，到彭城崇圣寺讲授《摄大乘论》等，宣述印度无著、世亲的法相唯识学说，投到门下学习者很多。开皇十五年（595）隋文帝率众到泰山封禅，从行者有很多学僧。他们之中有人特地到彭城从靖嵩爱学。靖嵩一再谢绝隋炀帝的入京邀请，专心地修行和弘法。

靖嵩著有《摄大乘论疏》六卷、《杂阿毗昙心论疏》五卷，又撰写《九识》、《三藏》、《三聚戒》、《二生死》等玄义。弟子有智凝、法护等人。智凝后到长安传授《摄论》之学，蜀地名僧灵觉、道卓从他受学，将《摄论》学说传到岷蜀诸地。法护到洛阳传法，常讲《中论》、《摄大乘论》、《大涅槃经》等，为唐初名僧之一，曾缩编《摄大乘论》，撰成《摄论指归》等二十余篇。①

（五）宝山寺石窟的建造者灵裕

灵裕（518—605），俗姓赵，定州钜鹿曲阳（今河北晋阳西）人。出家后从慧光弟子道凭学《十地经论》。在定州受具足戒后，诵习《四分律》、《摩诃僧祇律》，又研习《华严经》《大涅槃经》《般若经》等，有时与众僧谈论儒教。后到邺西南的宝山建寺修行。在周武帝禁毁佛教期间，与同伴二十余人隐居民间，夜谈佛法，昼读俗书，曾撰卜书一卷，以给人占卜维持生活。

隋初，相州刺史推举灵裕任僧官都统，被他婉拒。开皇十一年（591）灵裕应文帝之诏入长安大兴善寺。文帝诏有司评选僧统，众议请灵裕出任。他固辞求归宝山。文帝许之，施以财物助造山寺，并书写"宝山寺"匾额赐之。灵裕后来迁居安阳西边的演空寺，大业元年（605）逝世。

灵裕重戒律，严于修行，谢绝朝廷对他僧官的任命，是隋朝高僧的另一种典型。灵裕一生著作甚丰，有《十地经论疏》四卷、《地持经疏》、《维摩经疏》、《般若经疏》各二卷、《华严经疏》与《华严经旨归》合为六卷，《涅槃经疏》六卷、《大集经疏》八卷、《四分律疏》五卷、《大乘义章》四卷。此外还有《安民论》十二卷、《因果论》二卷、《圣迹记》二卷、《塔寺记》一卷、《经法东流记》、《十德记》、《僧尼制》等。

灵裕受佛教"末法"思想影响，担心佛法不久将毁灭，便在宝山寺旁主持凿造石龛一所，名"金刚性力住持那罗延窟"（即"大住圣窟"），入口外壁右方刻迦毗罗神王，左方刻那罗延神，以表示护法；在窟的北、西、东三壁分别刻卢舍那三尊、阿弥陀三尊、弥勒三尊，窟内外壁据《大集经·月藏分》、《法华经》等经刻有关于"法灭尽"及"正法久住

---

① 《续高僧传》卷十《靖嵩传》、《智凝传》，卷十一《法侃传》，卷十三《法护传》等。

护持"、"佛身长远"等经文。① 此窟今存,为研究隋代佛教的实证资料。

灵裕的弟子有慧休、法砺等人。慧休长期在安阳传法,唐初玄奘曾跟他学《杂阿毗昙心论》、《摄大乘论》。法砺精于《四分律》学,是唐朝四分律宗相部宗的创始人。②

(六) 彦琮及其论译经的《辩正论》和论佛儒的《通极论》

彦琮(557—610),俗姓李,赵郡柏乡(在今河北)人,出身世族。年十岁时出家,名道江,学《十地经论》、《法华经》等。北齐末年在晋阳(今山西太原)已经出名,曾讲《大智度论》、《仁王般若经》等,受到北齐后主及臣僚的尊崇。北周灭齐,被任为"通道观"的学士,与周众臣以《周易》、《老子》和《庄子》陪侍周武帝讲谈,改名彦琮。北周静帝时,佛法稍兴,彦琮讲释《般若经》,不久经昙延举奏,再次落发为僧。

隋初,应恢复佛法的需要,彦琮与文士陆彦师、薛道衡等人合著《内典文会集》,又为沙门撰《唱导法》。开皇三年(583),隋文帝登道坛,看到画的老子化胡图像,感到奇怪,命沙门、道士作出解释。彦琮撰写《辩教论》,罗列二十五条,论说"道教妖妄"。隋炀帝即位前任并州总管时,曾邀彦琮入内堂讲《金光明经》、《胜鬘经》、《般若经》等,后在长安建日严寺,请他为住持。开皇十二年(592)彦琮应诏入长安大兴善寺协助阇那崛多、达摩笈多等人译经,与明穆共同核对梵本,整理文义。他精通梵文,对大品《般若经》、《楞伽经》、《摄大乘论》、《十地经论》等,皆能从梵本诵读。文帝在仁寿年间下诏在各州建塔供奉舍利,他曾先后奉诏到荆州、复州奉送舍利。

彦琮是隋代学问十分渊博并善于著文的学者。仁寿二年(602),他奉诏撰《众经目录》五卷。此外,奉敕撰《西域传》,又把隋朝人编的《舍利瑞图经》、《国家祥瑞录》译为梵文,编为十卷,赠送一位印度僧人传到西域。他为新译佛经写序,集为《新译经序合本》一卷,又著《沙门名义论别集》五卷。隋炀帝重建洛阳,在上林园设立翻经馆,请彦琮

---

① 《续高僧传》卷九《灵裕传》、《历代三宝记》卷十二等。另,日本牧田谛亮《宝山寺灵裕传》(载其《中国佛教史研究》第一,日本大东出版社1981年版),为综合现存灵裕资料而写,可以参考。

② 参考《续高僧传》卷四《玄奘传》、卷十一《慧休传》、卷二十二《法砺传》。

来此译经。炀帝下诏将在林邑（在今越南中南部）所得的五百六十四夹一千三百五十余部的佛经移到洛阳翻经馆。这些佛经皆用昆仑书（南洋文字）书写在多罗树叶上。彦琮一一编写目录，共成五卷，分为七类：经、律、赞、论、方字、杂、书，以次编译。他还与裴矩合撰《缵天竺记》。还著有《福田论》、《僧官论》、《慈悲论》、《默语论》、《鬼神录》、《通极论》、《辩正论》、《通学论》、《达摩笈多传》。

其中《辩正论》论译经的原则和方法，对前秦道安提出的译经有"五失本、三不易"①的说法表示赞赏，同时又作了补充；又提出译经者必须具备八个条件：

> 诚心爱法，志愿益人，不惮久时，其备一也；将践觉场，先牢戒足，不染讥恶，其备二也；筌晓三藏，义贯两乘，不苦暗滞，其备三也；旁涉坟史，工缀典词，不过鲁拙，其备四也；襟抱平恕，器量虚融，不好专执。其备五也；耽于道术，淡于名利，不欲高衔，其备六也；要识梵言，乃闲正译，不坠彼学，其备七也；薄阅苍雅，粗谙篆隶，不昧此文，其备八也。②

是说，一有热心传法的精神；二能守戒规；三通晓二乘三藏；四博通经史，善于文词；五拥有谦虚的胸怀，不固守成见；六不追逐名利；七精通梵语；八具备中国文字学的基本知识。

《通极论》今存，载唐道宣《广弘明集》卷四。文章自设宾主，以"梵行先生"代表佛僧，"行乐公子"代表儒生，通过前者对后者的答辩，

---

① 道安《摩诃钵罗若波罗蜜经抄序》指出译经有五种失去原本表达形式和三种很不容易的情况，即："译胡为秦，有五失本也：一者，胡语尽倒而使从秦，一失本也；二者，胡经尚质，秦人好文，传可众心，非文不合，斯二失本也；三者，胡经委悉，至于咏叹，叮咛反复，或三或四，不嫌其烦，而今裁斥，三失本也；四者，胡有义记，正似乱辞，寻说向语，文无以异，或千五百，刈而不存，四失本也；五者，事已全成，将更傍及，反腾前辞已乃后说而悉除，此五失本也。然《般若经》三达之心，覆面所演，圣必因时，时俗有易，而删雅古，以适今时，一不易也；愚智天隔，圣人叵阶，乃欲以千岁之上微言，传使合百王之下末俗，二不易也；阿难出经，去佛未远，尊大迦叶令五百六通迭察迭书，今离千年，而以近意量裁，彼阿罗汉乃兢兢若此，此生死人而平平若此，岂将不知法者勇乎，斯三不易也。"

② 《续高僧传》卷二《彦琮传》中所载录的《辩正论》部分内容，载《大正藏》第50册第439页上。

着重论述三个观点：1. 佛教博大精深，非儒道可比。儒、道二教不能使人摆脱"苦河""火宅"（指生死轮回），而能使人断除情欲，超脱生死苦恼的只有佛教；2. 佛教僧人剃发离亲，出家行道，并不违背孝道；3. 对儒家的"命分修短，身名宠辱，莫非自然之造化"，反对佛教的善恶因果报应的理论进行批驳，认为用"阴阳之力"来解释群生的生长变化是困难的，如果把一切生命的形成"但禀之于乾坤，人亦奚赖于父母"？既然人生离不开父母，就不能说没有因果报应。"因自参差，果方环互"，因果报应之理是存在的，"或今身而速受，或来世而晚成"。儒家经典中也有"善恶积成，则殃庆有余"的记载，三代以来一直盛行"祭神祭鬼"的礼仪，怎么可以否定佛教的因果报应、"天宫""地狱"之教呢！此外，此论还对儒者对佛教建寺、贪求财利、不杀生、不饮酒、食斋等的批评进行解释。《通极论》反映了隋朝佛教与儒家思想争论情况，但在理论上没有超出南北朝时期佛教学者反驳儒道二教攻击时所讲的内容。

（七）"三国论师"僧粲

僧粲（529—613），俗姓孙，汴州陈留（在今河南开封东南）人。出家后游历河北、江南、关陇东西，与北齐、北周及南朝陈的僧人交往，自称"三国论师"。

隋开皇十年（590）应文帝召请进入长安，住大兴善寺。开皇十七年（597）敕补为"二十五众"的"摩诃衍匠"。著有《十种大乘论》，从十个方面论释大乘经论。这十个方面是：通（或"无障碍"）、平（或"平等"）、逆、顺、接、挫、迷、梦、相印、中道。僧粲在通化寺向众学僧讲授此论，又撰写《十地论》二卷。仁寿二年（602）奉敕送舍利到汴州福广寺建塔供奉，仁寿四年（604）又奉敕送舍利到滑州修德寺建塔供奉。

僧粲善辩论。隋齐王杨暕在长安本第召集学僧三十余人，命通晓"三论"的吉藏登座回答众人的论难。僧粲"英华命章，标问义筵，听者谓藏无以酬及；牒难接引，谓粲无以嗣，往还抗叙四十余翻，藏犹开析不滞"。此后又论辩往复多次。当时僧粲、吉藏都以博学善辩闻名西京。

僧粲的弟子有僧鸾、僧凤、道岳。僧鸾在唐初还俗，官至给事中。僧凤与沙门明赡曾抗礼隋炀帝，援引佛典说明沙门不应礼拜君王之理，唐初以讲《法华经》而知名当世。道岳在隋末唐初研习《摄大乘论》、《俱舍论》等，也很有名。（《续高僧传》卷九《僧粲传》及卷十三《僧凤传》、

《道岳传》)

(八)《成实论》学者智脱

智脱（541—607），俗姓秦，祖籍济阳考城（今河南兰考一带），后移居江都（今江苏扬州）。父为梁北兖州司马，出家后为邺城颖法师弟子，学《华严经》、《十地经论》等。又从江都智强学《成实论》、《毗昙》等论书。陈僧智嚼是《成实论》著名学者，智脱曾投到他的门下精研《成实论》。智嚼死后，他继续教授门徒。

隋初，智脱应隋文帝之请到扶风岐阳宫讲经。接着应晋王扬广之请到江都住入慧日道场，弘传《成实论》。杨广入长安，又随之住入日严寺，著《成实论疏》四十卷，奉敕讲《净名经》（《维摩诘经》）。杨广时为太子，亲临讲堂。吉藏提出诘难，智脱以三解脱门之义提出反问，"遂使投解莫从，处坐缄然"。智脱应杨广之请，撰《释二乘名教》四卷，《净名疏》十卷，又删略梁代智琰著的《成论玄义》流行于世。杨广派画工绘其肖像置于宝台供养。

智脱一生讲《大品般若经》、《大涅槃经》、《净名经》、《思益经》各30多遍，《成实论》、《成论玄义》各50遍。弟子有慧诠、道瓘、诠声、德双等，都知当世。（《续高僧传》卷九《智脱传》)

(九)《四分律》学者洪遵

洪遵（530—608），俗姓时，相州（治今河南安阳）人，为隋代著名《四分律》学者。出家受具足戒后，专学戒律。

初住嵩山少林寺，师事道云律师。道云与道晖皆是慧光弟子，精于《四分律》学。道云著《四分律疏》九卷，道晖所著也名《四分律疏》，七卷。洪遵除从道云学律学之外，还学《华严经》及《大智度论》等。此后，洪遵到邺，又从道晖学《四分律》，听讲《大智度论》、《毗昙》等。为使心静，曾入禅寺学禅"调顺法"十年。北齐王任命洪遵为"断事沙门"，负责平息僧尼之间的争讼。

隋初与慧远、昙迁、慧藏、僧休、宝镇等高僧被隋文帝召请到长安，住于大兴善寺。开皇十一年（591）奉敕与天竺僧共译佛经。开皇十六年（596）敕任"讲律众主"，在崇敬寺聚徒讲《四分律》。在此之前，关内盛行大众部律《摩诃僧祇律》。《四分律》属于法藏部的戒律，与《摩诃僧祇律》存在差异。在洪遵讲授《四分律》时，当地学僧认为此律属于异学，前来听讲者甚少。洪遵坚持白天讲《法华经》，晚上讲《四分律》，学者逐渐增多。仁寿二年（602）奉诏送舍利于卫州造塔供奉，四年（604）又奉诏送舍利于博州建塔供奉。

洪遵著有《大纯钞》五卷，通释律典。弟子洪渊在河北一带传律学。慧琎、玄琬等律学名僧也曾听洪遵讲《四分律》。《四分律》由于洪遵的提倡，在关内也逐渐盛行。此外，道洪及其弟子智首也在长安弘传《四分律》。智首是唐代四分律南山宗创始人道宣之师。（据《续高僧传》卷二十一《洪遵传》等）

此外，还有来自印度的那连提黎耶舍、阇那崛多、达摩笈多等僧专门从事译经。

根据以上所述，可以对隋朝复兴佛法及奖励佛教义学之举作出如下结论：

1. 隋朝承北周禁毁佛教之后，以文帝为首的中央朝廷致力复兴佛法，扶持佛教发展，一再召请南北著名高僧学者进入京城，安置住在大兴善寺等寺院，并且聚集各地入京的学僧住入各寺，组织学僧团体"二十五众"、"五众"，任命著名高位学者担任"众主"向众僧讲授大小乘佛教经论，督导他们研习佛法，培养能够到各地弘法的僧才。

2. 隋代在长安、洛阳的著名学僧，很多是原来在北周、北齐治下的学僧，其中以研习《大涅槃经》、《十地经论》等经论的居多。也有的在北周禁毁佛教时曾逃至江南，在隋初回到北方，将真谛在南朝所译《摄大乘论》及其他唯识佛典传到北方，促进了北方地论学与南方摄论学的会通，对隋唐佛教义理的丰富和发展，对带有民族特色的佛教宗派的相继形成产生了极为深远的影响。

3. 隋代建立国家译场译经，不仅增加了新经流传，也促进了对佛经翻译学的研究。彦琮所著《辩正论》在前秦道安提出的"五失本，三不易"理论之后，提出了译经必须具有"八备"条件的说法，对后世选任译经人才是具有参考价值的。他的《通极论》既反映了儒、佛二家的矛盾，也反映了二者彼此认识的进一步深化。

4. 南北朝时期，南北奉行的戒律不统一，关内盛行《摩诃僧祇律》，嵩洛一带盛行《四分律》，江南盛行《十诵律》。洪遵进入长安，大力弘传北齐慧光法系相承的《四分律》学，使《四分律》逐渐在关内流行，此后经道洪、智首的继续努力，至唐代道宣创立四分律南山律宗，建立以大乘教理诠释《四分律》的律学体系，从而在律学领域为中国佛教实现民族化奠定基础。

5. 继北齐慧思（515—577）在《立誓愿文》中宣扬佛教的末法思想之后，隋代创立三阶教的信行（540—594）、在涿州白带山（在今北京房山）雕造石经的静琬（？—639）也宣扬末法思想，或为他们创立新的教说提供佛法依据，或为雕造石经提供理由。灵裕也受"末法"思想影响，担心佛法行将毁灭，便在河南宝山寺旁凿造"金刚性力住持那罗延"石窟，雕刻经文。隋代末法思想不仅对创立三阶教，雕造石窟、石经曾产生重大影响，也是以后净土信仰盛行的重要原因。

第二章　隋朝的佛教宗派

佛教从两汉之际传入中国内地，到隋朝统一王朝的再建，经历了大约600年的时间。在这样漫长的时间内，佛教作为一种外来宗教为了适应中国的社会环境和民族的需要，广泛吸收和结合中国传统的文化思想、宗教习俗，逐渐地发展为中国的民族宗教之一，成为中华民族传统文化的重要组成部分。隋、唐时期具有鲜明民族特色的佛教宗派的形成，是佛教实现中国化或本土化的重要标志。

在隋朝的佛教宗派有天台宗、三论宗以及存在时间很短的三阶教。

第一节　天台宗的创立

从北齐慧文到慧思可以说是中国天台宗的史前期，然后才由智𫖮正式创立天台宗。智𫖮不仅继承了印度龙树的大乘中观学说，也直接继承了慧文、慧思的思想。智𫖮弟子灌顶笔录的《摩诃止观》确立以印度龙树为高祖，以慧文为二祖，慧思为三祖的天台宗祖统说，大致反映了天台宗在思想上的前后传承关系。然而智𫖮对以往中印两国的佛教思想不是简单的继承，而是有很大的创造性发展，建立了以止观学说为中心，包括判教论、真理实相论、心性论及修行解脱论在内的庞大的教义理论体系，无论在内容和论证方式上都超越了印度经论和中国以往的佛教撰述的模式。

为了论述方便，下面按照慧文、慧思和智𫖮的先后次序，对他们的生平、著述和思想进行考察介绍，借以揭示天台宗成立的历史过程和思想渊源。

一　慧文、慧思和智𫖮在天台宗祖统说中的地位

佛教发源于古印度，各国佛教徒都奉释迦牟尼为佛祖。中国隋唐时期

成立的佛教宗派也是这样。那么，在释迦牟尼佛之后，有没有一代又一代的佛法传承人呢？对此，中国各个宗派说法不一。其中天台宗和禅宗的祖统说法最富有特色，都受到了中国古代封建宗法思想的影响。中国古封建宗法制度是建立在家长制的血缘关系基础上的，重视从始祖……高祖—曾祖—祖—父的传承世系。传承世系又分嫡、庶之别。

天台宗创始人智𫖮的弟子灌顶在《摩诃止观》卷一记述的天台宗的祖师说，引用了据传是北魏吉迦夜、昙曜共译的《付法藏因缘传》，谓佛入灭前将教法传付弟子大迦叶，大迦叶传阿难，此后依次相传的世系为：商那和修（末田地与他同时，不单列）、优婆毱多、提迦多（《付法藏因缘传》作"提多迦"）、弥遮迦、佛陀难提、佛陀蜜多、胁比丘、富那奢、马鸣、毘罗、龙树、迦那提婆、罗睺罗、僧佉难提、僧佉耶奢、鸠摩罗驮、阇夜那、婆修槃驮、摩奴罗、鹤勒夜那、师子。如此，"付法藏人，始迦叶，终师子，二十三人；末田地与商那和修同时取之，则二十四人"。① 所说的二十三祖就是从迦叶，经阿难，到师子的二十三人，加上末田地（被认为是庶传）则为二十四祖。

然而天台宗认为本宗教义体系的最先创立者是北齐慧文，而慧文主要依据印度中观学派创始人龙树的《大智度论》和《中论》建立教说，因此便以在《付法藏因缘传》被奉为第十三祖的龙树作为"高祖师"，将从迦叶到龙树诸祖奉为"东土所承正祖"②；又以龙树为东土初祖，慧文为二祖，慧思为三祖，而把天台宗真正创始人智𫖮奉为四祖。唐代中期被奉为天台宗九祖，以"中兴天台宗"自任的湛然（711—782）在《止观辅行传弘决》卷一之一说：

若以智者（按：智𫖮）所指，应以南岳（按：慧思）为父师，慧文为祖师，龙树为曾祖师……若直以尊上为高，则可通用，如汉、齐、隋等，并指始祖为高祖，谓禅立建功，德无过上，谥为高耳。今家亦以龙树为始，是故智者指为高祖。③

---

① 《大正藏》第 46 册第 1 页上中。
② 《佛祖统纪》卷一目录小注，《大正藏》第 49 册第 132 页下。
③ 《大正藏》第 46 册第 149 页下。

祖统说是天台宗教义的组成部分。后世禅宗提出的西土二十八祖，也利用了《付法藏因缘传》中教法传承世系的资料，然而以北魏时来华的菩提达摩为初祖，曾与天台宗发生争论。

在中国创立新教派，不仅要引经据典提出自己的理论，还要选择印度的论师作为自己的祖师，既反映了佛教源自印度的事实，也是为了增强自己教派的权威地位。实际上天台宗是智顗继承北齐的慧文、慧思的学说创立的，虽以来自印度的佛教理论为基础，但自成体系，具有很多独特的思想内容。

然而从思想渊源上再向前追溯，慧文、慧思也有师承。那么，为什么只是将慧文、慧思二人奉为祖师呢？湛然在《止观辅行传弘决》卷一之一说：

> 若准九师相承所用：第一讳明，多用七方便，恐是小乘七方便耳，自智者已前未曾有人立于圆家七方便故；第二讳最，多用融心，性融相融，诸法无碍；第三讳嵩，多用本心，三世本无来去，真性不动；第四讳就，多用寂心；第五讳鉴（按：原书作"监"，此据《续高僧传·慧思传》改），多用了心，能观一如；第六讳慧，多用踏心，内外中间，心不可得，泯然清净，五处止心；第七讳文（按：慧文），多用觉心，重观三昧，灭尽三昧、无间三昧，于一切法，心无分别；第八讳思（按：慧思），多用（按："用"原书作"如"，据《佛祖统纪》卷六《慧文传》改）随自意安乐行；第九讳顗（按：智顗），用次第观，如次第禅门；用不定观，如六妙门；用圆顿观，如大止观。
>
> 以此观之，虽云相承，法门改转，慧文已来既依《大论》（按：《大智度论》），则知是前非所承也。①

这里提到的明师、最师、嵩师、就师、鉴师、慧师，身世不明。据《宋高僧传》卷十七《慧思传》，慧思在师事慧文之后，"往鉴、最等师，述己所证，皆蒙随喜"；同卷《智顗传》载，"思又从道于就师，就又受法于最师"。可见鉴、最等师为同时代人，也许年龄稍长一些。引文中的

---

① 《大正藏》第46册第149页上中。宋志磐《佛祖统纪》卷六所载之文稍略。

"七方便",当为"三贤"——"五停心观"、"别相念处"、"总相念处"及"四善根"——暖、顶、忍、世第一法,为小乘初级禅法。① 至于"融心"、"本心"、"寂心"、"了心"、"踏心"等,虽然语焉不详,但从所介绍的文字看当属大乘禅法,发挥般若性空和涅槃佛性的理论。据此"九师相承"说及《续高僧传·慧思传》的记载,应当说慧文、慧思是受到明师、最师等人教诲和影响的。然而湛然认为,天台宗教理是慧文依据《大智度论》开始创立的,不能把慧文以前没有尊奉《大智度论》的诸师作为传承祖师。湛然是站在天台宗祖统说的立场上这样讲的。

二 慧文及其"一心三智"理论的提出

慧文,俗姓高,生活在北朝东魏、北齐之间(534—577),是北方河、淮一带的著名禅师。② 他的禅法,据上面所引是:"用觉心,重观三昧,灭尽三昧、无间三昧,于一切法,心无分别。"含义如何虽不清楚,从所用"觉心"、"于一切法,心无分别"来看,也许是在禅定中观悟真如实相。《佛祖统纪》卷六记载,慧文是因读印度龙树《大智度论》和《中论》而得到启悟,创立教法的,

> 因阅《大智度论》③ 引《大品》(按:《摩诃般若经》)云:欲以道智具足道种智,当学般若;欲以道种智具足一切智,当学般若;欲以一切智具足一切种智,当学般若;欲以一切种智断烦恼及习,当学般若。《论》(按:《大智度论》)自问曰:一心中得一切智、道种智、一切种智,断一切烦恼及习,今云何言以一切智具足一切种智,以一切种智断烦恼及习?答曰:实一切一时得。此中为令人信般若波罗蜜故,次第差别说;欲令众生得清净心,是故如是说。复次,虽一

---

① 五停心观,即五门禅,包括数息观、不净观、慈悲观、因缘观、界分别观,分别对治散乱之心、贪欲、嗔恚、愚痴、我见。别相念处和总相念处是修四念住,是分别从身、受、心、法四方面和总体上观想自己身心不净、苦、无常、无我的道理。此为小乘修行的初级阶位,称之为三贤位。此后进入四善根位,即以观想四谛十六行相的初级禅法,得到四个层次的阶位是暖、顶、忍、世第一法。

② 宋朝士衡《天台九祖传·慧文传》:"独步河淮,法门非世所知。"载《大正藏》第51册第98页中。

③ 以下原有小注:"第三十卷。"查今存《大智度论》,以下所引在卷二十七,文字也有不同之处。

心中得，亦有初、中、后次第。如一心有三相：生因缘住，住因缘灭。又如心、心数（按：即心所）法、不相应诸行及身业、口业。以道种智具足一切智，一切智具足一切种智，以一切种智断烦恼及习亦如是。①

据今《大智度论》卷二十七的有关文字，"道智"当即"道慧"，是整体上对于一切"道"（善恶、世间出世间、各种教法、解脱道路等的类别）的智慧；"道种智"即"道种慧"，是分门别类对各种道的智慧，"……所谓十无学道、十想道、十智道、十一切处道、十不善道、十善道，乃至一百六十二道。如是等无量道门，如是诸道尽知遍知，是为道种智"。②"道智"与"道种智"在性质上是属于同类智慧，一般指菩萨通晓用各种教法教化众生的智慧，所谓"道智是诸菩萨事"。那么何谓"一切智"、"一切种智"呢？"一切智者，总破一切法中无明暗；一切种智者，观种种法门，破诸无明。"是说，"一切智"是从整体上了解一切事物，破除对一切事物的无知；"一切种智"是分门别类了解各种事物，破除对各个事物的无知。一般以"一切智"作为小乘人的智慧（"声闻、辟支佛事"），以"一切种智"作为佛的智慧。上面所引《般若经》的一段话是说，如果能学般若（指《般若经》及六度之一的智慧）的话，就可以得到道智、道种智、一切智、一切种智，并可借此断除一切情欲烦恼及一切恶习（习，业因）。《大智度论》自设问答，问：既然一心可得一切智、道种智和一切种智，并且断除烦恼，那么为什么还要循序渐进地从获得一种智，再获得另一种智，并渐次地断除烦恼呢？回答首先肯定三智"实一切一时得"，同时指出上述说法是为了劝导众生相信般若学说，依次修持得到智慧。

据载，慧文从这段文字中的"一心"得三智的说法得到很大启悟。"师依此文以修心观。论中三智实在一心中得，且果既一心而得，因岂前后而获。故此观成时，证一心三智"。③慧文的着眼点在"一心中"同时得一切智、道种智和一切种智，此即"顿"得；又得出，既然三智之

---

① 《大正藏》第49册第178页中下。
② 所引《大智度论》是在卷二十七，见《大正藏》第25册第257页下至260页中。
③ 《佛祖统纪》卷六，《大正藏》第49册第178页下。

"果"同时一心而得,那么作为造成三智的三"因",也应同时在一心之中。

何为导致获得一切智、道种智和一切种智三智之因呢?这就是通过观想一切事物的空、假、中的三个本质属性(三谛)而得到的。《佛祖统纪》卷六又载:

> 师又因读《中论》至《四谛品》偈云:因缘所生法,我说即是空,亦名为假名,亦名中道义。恍然大悟,顿了诸法无非因缘所生,而此因缘,有不定有,空不定空,空有不二,名为中道。①

"因"指根本原因、内因;"缘"指扶助原因、条件。"因缘"概指造成事物生灭变化的一切原因。因为在某一场合是因缘的东西,到另一个场合又成为结果,所以"因缘"可泛指一切事物和现象。《中论》的原意是说,世界上一切事物和现象都是由因缘和合而产生的,因此在本质上可说它们是空幻不实的,尽管如此,又不可否认它们是一种假的存在,有假名假象,可以说它们是非空非有,即空即有,此即为"中道"。

慧文将"因缘所生法"所具有的"空"、"假"、"中"三个相关联的属性,作为禅定观察的三个对境,认为通过观想"空"、"假"、"中"可以断除对它们的无知,达到三种智慧。由此构成了他的"一心三观"、"一心三智"的禅法。

上述就是佛教史上慧文依《大智度论》"立观"的经过。慧文把这种禅观理论传给慧思,慧思传给智𫖮,智𫖮进而建立了天台宗的庞大的止观理论体系。

三 慧思及其"心具染净"的心性论

(一) 慧思的生平

慧思(515—577),俗姓李,武津(今河南上蔡附近)人,十五岁出家,诵《法华经》等佛经30余卷,修行中严守戒律,常修苦行。后听说慧文禅师聚徒数百人,"众法清肃,道俗高尚",乃前往归依,"从受正法"。每日从事劳动,以供寺僧生活所需,晚上坐禅,但自认为没有得到

---

① 《大正藏》第 49 册第 178 页下。

证悟。据说，他在某一夏天于坐禅之中，"见一生来善恶业相"，更加激励修行的意志，试着修持"四静虑"①，然而在修行中忽然感到身心不适。

> 即自观察，我今病者，皆从业生，业由心起，本无外境，反见心源，业非可得。身如云影，相有体空。如是观已，颠倒想灭，心性清净，所苦消除。②

这是说，慧思在禅观过程中认识到人的病苦是由自己以往的行为（业）引起的，而行为又是自己的心识决定的；如果认识到这点，就会体悟人生一切是虚幻无实的，由此可以去掉执著烦恼，使"心性清净"，消除痛苦。强调"心"在禅观和达到觉悟过程中的意义，是慧思禅法的重要特色。

此后，慧思又修"空定"（即"四空定"）③，但没有收获。他曾为此感到惭愧，然而在一个偶然的机会，他忽然开悟。《续高僧传·慧思传》载：

> 法华三昧大乘法门，一念明达；十六特胜、背舍、除入，便自通彻，不由他悟。④

这里提到了几种禅法。"法华三昧"是依据《法华经》修持的一种禅法。据智𫖮《摩诃止观》卷二之上，是属于"半行半坐三昧"之一。修此禅定（"三昧"是"定"的音译，亦即禅定）时，应以三七日（二十一日）为期限，或绕着佛像行走，或停下来坐禅，其间要按规定礼佛、忏悔、诵经等，在禅观中体悟"一切法空"，进而断除对有、无等的一切分别和执著。"十六特胜"即是"数息观"，通过"念息出入"调息静心，进入禅观境界，将此过程按心理感受和达到的意境分可为十六个阶

---

① 即"四禅"，或称"四有色定"，指以超脱"欲界"情欲烦恼为目的的禅定，分从低到高四个层次，在每个层次有不同的感觉和心理状态，术语很多，此不详述。
② 以上皆见《续高僧传》卷十七《慧思传》，《大正藏》第50册第562页下—563页上。
③ 即"四无色定"，佛教的以超越"色界"局限性而修持的禅定，有四个层次，最高境界是达到"非想非非想处"。
④ 《大正藏》第50册第563页上。

段，称为十六特胜或十六胜行。"背舍"即"八背舍",也称"八解脱",通过八种禅定来断除对所谓"色"和"无色"的贪欲。"除入"即"八胜处",是与"八背舍"相应的禅法,指通过对欲界"色"的观想而断除贪心的八种禅定。① 这三种禅定都属于小乘禅法。对慧思及智顗开创的天台宗来说,最重要的是"法华三昧"的禅法。此为大乘禅法。据载,慧思将自己领会的禅法向当时的著名禅师鉴、最二师述说时,得到他们的赞赏。慧思由此远近闻名,学徒日增。他便以大小乘禅法(定学)与教说(慧学)教授弟子。

东魏末年慧思曾在兖州(此当为南兖州②,在今安徽亳县)传教,因为受到其他僧人的排斥,便到信州(今河南淮阳)以及郢州(今河南信阳)一带传教。在此期间,"众杂精粗,是非由起,怨嫉鸩毒,毒所不伤,异道兴谋,谋不为害"(《续高僧传·慧思传》)③ 是说虽多次遭人毒害,但大难不死。北齐天保五、六年(554、555),他率徒到达河南光州(治今河南光山县),不久住入大苏山。慧思向僧俗弟子讲授的经典主要是《摩诃般若经》和《法华经》,带领弟子修习法华三昧禅法。慧思在光州大苏山一带传法近十四年,有弟子40多人。智顗就是在这一期间投到他的门下为徒的。

南朝陈永定二年(558),慧思在光州齐光寺用化缘得来的钱财制作金字《摩诃般若经》、《法华经》各一部,供奉在琉璃宝函之中,同时自述《立誓愿文》(现存题为《南岳思大师立誓愿文》)一篇,记述自己的经历并宣说读诵《般若经》的功德,还以相当大的篇幅讲自己誓求佛道,普度众生的心愿。

慧思的《立誓愿文》有以下三个值得注意的思想内容:

第一,根据佛经宣称释迦牟尼佛灭后,"正法"住世五百年,"像法"(近似正法)住世一千年,此后进入"末法"(佛法将灭)时代,为一万年。说他发表《立誓愿文》之时已经进入末法的一百二十五年,到末法过九千八百年之后将有月光菩萨到"真丹"(中国)传法,而在月光菩萨

---

① 有关"十六特胜"、"八背舍"、"八胜处"的规定,十分繁杂,这里不作详释。
② 《南岳思大师立誓愿文》谓:"在河南兖州界论义",此地距许昌、信州不远,应为北齐的南兖州。
③ 《大正藏》第50册第563页上。

入灭后，佛法将逐渐灭亡。他自称决心求得长寿，永远在世，"教化众生"，使佛法不灭，等待弥勒佛出世。这种思想反映了当时佛教徒的危机感，影响很大。此时距北周武帝禁毁佛教（574 年）还有十六年。

第二，慧思在《誓愿文》中，仿照《无量寿经》的格式，以往昔法藏比丘①以"设我得佛……若不尔者，不取正觉"的语气发下誓愿，宣称在弥勒出世时将为众生讲金字《般若经》、《法华经》，并将自己与释迦佛并列，说那时大众和"一一世尊"都将称诵释迦佛和慧思的名字。所发誓愿中有：

> 设我得佛，十方众生皆悉发愿来生我国，一切具足普贤之道，随其本愿，修短自在，色身相好，智慧神道，教化众生，等无差别，饮食衣服，应念化现，不须造作，若不尔者，不取妙觉；
> 若有众生，在大地狱，闻我名字，即得解脱。②

口气不谓不大。中国人也要成佛，也将有自己的佛国净土，反映了到南北朝末年佛教徒在修行成佛问题上的信心。可以认为，上述佛教徒对佛教前途的危机感和成佛的信心，是促使佛教学派和宗派形成的重要原因。

第三，对中国以道教为代表的长寿方术的信仰。慧思认为佛法末日即将来临，如何使现有的佛法与"未来佛"弥勒出世后的佛法连接起来呢？他以为此任舍他莫属。但是，他知道寿命有限，如何才能活到九千多年呢？他相信并求助于道教的长生神丹妙术。誓愿文说：

> 我今入山修习苦行，忏悔破戒障道重罪。今身及先身是罪悉忏悔，为护法故求长寿命，不愿生天及余趣（按：意为不愿死后轮回生到六道中的天界和其他诸道，只愿长寿为人），愿诸贤圣佐助我，得好芝草及神丹，疗治众病除饥渴，常得经行修诸禅。愿得深山寂静处，足神丹药修此愿，借外丹力修内丹，欲安众生先自安。己身有

---

① 《无量寿经》中载，往昔有法藏比丘，曾为国王，出家后修菩萨行，在世自在王佛面前发下四十八愿，后经过无量时间成佛，即为阿弥陀佛，佛国名"安乐"（或译"极乐"）。所发每一誓愿以"设我得佛"开头，最后为"不取正觉"，或"若不尔者，不取正觉"。

② 《大正藏》第 46 册第 790 页上。

缚，能解他缚，无有是处。

　　以此求道誓愿力，作长寿仙见弥勒……①

　　他是想借助芝草、神丹的奇效，使自己长寿，并得到种种"神通"，能够记诵一切佛经，弘扬佛法，一直活到弥勒佛出世。按照佛教的说法，弥勒佛出世时天下大放光明，将大兴佛法超度众生。

　　光州地处北齐与南朝陈的交界之处，烽火连年，经常处于战乱之中。陈光大二年（568），慧思带领40余僧到了南岳衡山（在今湖南衡阳北），直到陈太建九年（577）六十三岁去世，在此生活传教约十年时间。在这期间他曾应陈宣帝之请到建康传法，当时人认为他有"神异"。慧思在死前劝门人常修"法华、般舟念佛三昧、方等忏悔、常坐、苦行"。②

　　（二）慧思的著作和思想

　　慧思的撰述今存者重要的有：《法华安乐行义》一卷、《诸法无诤三昧法门》二卷、《随自意三昧》一卷、《大乘止观法门》四卷。此外还有《四十二字门》二卷及《释论玄门》、《次第禅要》、《三智观门》各一卷，但皆已佚失。③

　　下面参照慧思的主要著作对他的佛学思想略作介绍：

　　1. 提倡修持"法华安乐行"

　　慧思在《法华安乐行义》中提倡诵读《法华经》，说它可以使人"无师自悟，疾成佛道"，劝人修"法华安乐行"。

　　什么是"法华安乐行"呢？是依照《法华经·安乐行品》内容的修行。"安乐行"是说安心地，不受任何由外因影响地从事"自利利他"的修行，包括四个方面：

　　（1）"正慧离著"，体悟诸法实相，以正确的智慧断除一切烦恼执著；

　　（2）"无轻赞毁"，不轻慢别人，不说别人的是非，用大乘佛法教化众生；

　　（3）"无恼平等"，无恼怒、嫉妒及谄诳之心，平等地向一切人宣说

---

① 《大正藏》第46册第791页下。
② 关于慧思的传记，除《续高僧传》卷十七《慧思传》之外，还见唐惠祥《弘赞法华传》、宋志衡《天台九祖传》、宋志磐《佛祖统纪》卷六。
③ 《续高僧传》卷十七《慧思传》、唐道宣《大唐内典录》卷五、《佛祖统纪》卷二十五。

《法华经》的思想；

（4）"慈悲接引"，用慈悲之心引导众生受持《法华经》和大乘教法。

"安乐行"又分"有相行"和"无相行"。"有相行"是指诵读《法华经》，礼佛，忏悔等修行；"无相行"是指坐禅观想，"心想寂灭，毕竟不生"。全书贯穿着法华信仰和般若性空的思想。①

2. 重视"观心"禅法

慧思《诸法无诤三昧法门》（简称《无诤法门》）介绍各种禅法，以一半篇幅讲"四念处"禅。从形式上看虽多是小乘禅法，但观想的内容以大乘佛般若思想为主，宣传世界万有和众生皆虚幻无实。②

慧思特别重视坐禅，把坐禅置于大乘"六度"中的持戒、忍辱、施舍、精进、般若之上，说一切智慧和佛法功德，"皆从禅生"。认为以"一切种智"指导禅观，可以同时普见上至佛、菩萨，下至六道的一切众生，"一念心中一时行，无前无后，亦无中间"。此为以后智𫖮"一念三千"理论直接继承。还说坐禅时应先观"身本"（身之本体），即先观作为人生本体的"如来藏"或"自性清净心"，然后再观作为自身肉体的"身身"和作为自身精神的"身心"。认为"身本"是无生灭来去的，而"身身"与"身心"则是"从妄身生，随业受报"。

应当指出，慧思提倡的观心，是要求先观"身本"，即观"如来藏"、"自性清净心"（所谓"真心"），然后再观自己的"身心"或无明烦恼之心（所谓"妄心"），两者还是分开的；而到智𫖮提倡的观心则强调直接观六识中的"意识"，即作为"惑本"之心、当下无明烦恼之心③。从佛教心性论和修行论的发展史来看，智𫖮的观心论更具有容易被人接受的现实主义的特性。

另外，在《随自意三昧》中也有与《诸法无诤三昧法门》所述一致的观心思想。此著一卷六品，教导修持大乘菩萨道者应首先学习"随自意三昧"，以慈悲之心看待众生，并以般若空观、中道不二的思想来观察周围世界的一切现象和人的身心问题。是说如果做到这点便可在行、住

---

① 详见《大正藏》第46册第697—702页。
② 详见《大正藏》第46册第627—640页。
③ 《摩诃止观》卷五上，《大正藏》第46册第52页上。

（立）、坐（侧重坐禅）、眠（卧）、食、语的"六威仪"当中具足六波罗蜜（六度：布施、持戒、忍辱、精进、禅定、智慧）。《行威仪品》中说，菩萨在行动时、举足时、将生起念头之时，应当"先观未念欲念，心未起念时，无有心想，亦无心、心数（按：心所）法，是名心性。是心性，无有生灭，无明无暗，无空无假（按：假有、现象），不断不常，无相貌，无所得故，是名心性，亦名自性清净心。是自性清净心者是涅槃，不能觉了者即是生死。"① 这是教导修行者在做任何事情之前应当观察体认自己本具的清净无染、无生无灭、空寂无相的"心性"或"自性清净心"，说体悟此心者即达到涅槃解脱，否则仍为没有摆脱生死的众生。从内容上看，随自意三昧相当于天台宗四种三昧中的"非行非坐三昧"。

在《随自意三昧》中有"众生性即菩提性，菩提性即众生性"，"菩提众生无二"，"是凡圣根无一无二。不觉是凡夫，觉了是圣人。生死烦恼根即是圣慧根"，"初心菩萨用二种识：一者转识，名为觉慧，觉了诸法慧解无方；二者名为藏识，湛然不变，西国云阿梨耶识，此土名为佛性，亦名自性清净藏，亦名如来藏。若就随事，名智慧性，觉了诸法时名为自性清净心"等语句，反映了慧思对大乘教理特别是心性思想的理解。《语威仪品》中说"先起慈悲孝顺之心，静心正念"，将儒家的孝顺与大乘佛教菩萨之道的"慈悲"联结在一起，具有重要意义。

3.《大乘止观法门》和"性具染净"的心性论

《大乘止观法门》在唐末已佚，北宋真宗咸平六年（1003），日本天台宗僧寂照从日本带来赠给在四明（今浙江宁波）的遵式（964—1032），国内才又有此书。② 长期以来，学术界多疑此为伪书，认为书中引《大乘起信论》之处很多，而《大乘起信论》出世约在慧思的晚年。③ 也有的甚至认为书中内容受后世唯识宗和华严宗思想的影响，当在唯识宗、华严宗兴盛时由天台宗人所作。④ 1971年圣严法师在所撰《大乘止观法门之研

---

① 《随自意三昧》载《续藏经》第一辑第二编甲第三套第四册。
② 《佛祖统纪》卷二十五《山家教典志》。原书作咸平三年，但卷四十四载：咸平六年"日本国沙门寂照来"，与日本史书所记长保五年（1003）一致。
③ 汤用彤：《隋唐佛教史稿》，中华书局1982年版，第128页。
④ 冯芝生：《天台宗之大乘止观法门》，载《现代佛教学术丛刊58》，台北大乘文化出版社1979年版。

究》中对此书的作者和思想作了深入考察和研究,认为此书虽不是慧思亲撰,但"由其口述口传,到他的弟子,甚或是再传弟子之时,始被写成",与《续高僧传》本传所说的"凡所著作,口授成章,无所删改"是一致的。① 笔者基本同意此说。这里简单谈三个问题:

(1) 关于《大乘起信论》和《大乘止观法门》的成书问题

长期以来,相传为印度马鸣著、南朝梁真谛(499—569)译《大乘起信论》的真伪,是学术界热烈争论的问题。尽管如此,对《大乘起信论》出现于南北朝后期是没有怀疑的。关于其出世年代有三种说法:《历代三宝记》卷十一载为梁太清四年②(550);《开元释教录》卷六载为梁承圣二年(553);《大乘起信论》智恺(或作"慧恺")的序作梁承至三年(554),前后相差5年。据《续高僧传》卷十八《昙迁传》记载,他在北周灭齐(557)之前已经精研《华严经》、《起信论》等。慧思在北齐天保五年(554)到达光州,次年入大苏山,在此传法约十四年。从时间上看,慧思在这里读到《大乘起信论》是可能的。因为弟子智顗的著作中没有提到《大乘止观法门》,更有可能是慧思是在陈光大二年(568)与智顗分手到南岳以后读到《起信论》才撰写此书的。慧思在南岳修行与传法十年。南岳相距传为《大乘起信论》译出的场所衡州始兴郡(今广东省韶关)不是很远,他在此地读到《大乘起信论》和进行研究著述,并非不可思议。从内容看,此书以如来藏缘起思想为基础,与慧思在《诸法无诤三昧法门》中强调坐禅时应先观"身本"——"如来藏"、"自性清净心"是一致的。

(2) "性具染净"的心性论

本书的内容是论述修习大乘止观的理论与方法。"止"就是"定"、"禅定";"观"也称为"慧",实际是观想,指在禅定中观悟佛教义理。然而不同的人对此有不同的见解。

慧思提出,修习大乘止观应"依止心"。"依止"意为依据,这里所指是观想的中心内容。此书卷称:

---

① 圣严:《大乘止观法门之研究》,载《现代佛教学术丛刊58》,台北大乘文化出版社1979年版。此论文已经作为专著由台湾东初出版社1993年出版,请见其第二章。

② 梁无太清四年,此应为梁大宝元年。

此心即是自性清净心，又名真如，亦名佛性，复名法身，又称如来藏，亦号法界，复名法性。①

此一心既是世界万有的本体，也是众生觉悟解脱的内在依据。慧思在对心性的论证中受《大乘起信论》思想的影响最大，也多次引用，但也有新的发挥。这主要表现在他提出的心具染、净二性的论述中。

为什么"心性是一"，而"能生种种果报"？慧思的解释是：心体"并具染净二性"。《大乘止观法门》说：

> 心体若唯具染性者，不可得转凡成圣，既并具染净二性，何为不得转凡成圣耶！……一一众生心体，一一诸佛心体，本具二性而无差别之相，一味平等，古今不坏，但以染业熏染性故，即生死之相显矣。净业熏净性故，即涅槃之用现矣。然此一一众生心体依熏作生死时，而不妨体有净性之能；一一诸佛心体依熏作涅槃时，而不妨体有染性之用。以是义故，一一众生，一一诸佛，悉具染净二性。（卷一）

> 如来之藏，从本以来俱时具有染净二性。以具染性故，能现一切众生等染事，故以此藏为在障本性法身，亦名佛性。复具净性故，能现一切诸佛等净德，故以此藏为出障法身，亦名性净法身，亦名性净涅槃也。（卷二）②

书中类似论述还有一些。

按照《胜鬘经》和《大涅槃经》等大乘经典，"如来藏"是在烦恼隐覆中的法身、佛性。慧思将它作为众生的心性，即先天内在所具有的本性。慧思的话不外是说，众生之所以或轮回生死，或觉悟成佛，是在不同条件下由自心所具有的染（恶）、"净"（善）两种不同的本性显现的结果。从事读经、坐禅修行等净善之业，可促使心体具有的净善之性显现，即可转凡成佛；如果从事违背佛教的一切染恶之业，就会促使心体本有的染恶之性显现，那就要轮回生死，不得超脱。然而在任何场合，无论是众

---

① 《大正藏》第 46 册第 642 页上。
② 分别见《大正藏》第 46 册第 646 页下、第 647 页下。

生还是佛,所具有的染净二性是不可改变的。

慧思受《大乘起信论》中的"一心二门"思想的影响,称"真如平等心"为"体"(《起信论》的"心真如门"),称"阿梨耶识"("心生灭门")为"相",但又用唯识学说的"三性"(分别性、依他性、真实性)的说法,对所谓第八识的阿梨耶识(心的另一种说法)所具有的染净二性进行独特的分析,说阿梨耶识中有"清净分依他性"(相当于"清净种子"),此为"圣人体",还有"染浊分依他性"("染污种子"),此为"众生体"。(卷二)在论述中运用的唯识种子说和"三性"、"三无性"(无相性、无生性、无性性)的理论,显然是受《摄大乘论》等经典的影响。

慧思论述心性染净的目的,是教人用这种观点指导坐禅,在禅观过程中净化心体,做到去染显净,达到觉悟。此书还用很大篇幅对止观境界、止观程序、止观效果和作用进行详细说明。

慧思的性具染净的心性理论,无论是在中国佛教史上还是在中国哲学史上都有重大意义。智𫖮后来提出的"性具善恶"的心性论,应当说是在继承慧思的思想基础上发展起来的。当然,智𫖮接受这种观点未必是在看到《大乘止观法门》之后,当是他在正式成书之前直接听慧思讲授的。

(3)"定慧双开"

从慧思的著作来看,他是以注重禅法著称的。他在继承汉译佛经所介绍的大小乘禅法的基础上,特别依据大乘经典《般若经》、《法华经》及宣传如来藏、佛性理论的《胜鬘经》、《楞伽经》、《大涅槃经》和《大乘起信论》等,提出了自己的禅法理论。

慧思的禅法理论对天台宗正式创立者智𫖮有直接的影响,如《摩诃止观》卷一所说:

> 天台(按:智𫖮)传南岳(按:慧思)三种止观:一、渐次;二、不定;三、圆顿,皆是大乘。①

所说三种禅法是:渐次止观是按照前后次第,从浅入深,从易到难,然后观想中道实相;不定止观是前后次第不定,浅深、难易、顿渐互相交

---

① 《大正藏》第46册第1页下。

错；圆顿止观是依据不二法门直接观悟中道实相，所观一切无非实相，"一色一香，无非中道"。当然，智𫖮对于三种止观的理论有很大发展。

慧思提倡坐禅观想，继承自东晋以来北方重视宗教修习实践的做法。他到南方以后，对长期以来特别注重理论，比较轻视坐禅修行的南朝佛教界有很大影响。唐朝道宣曾评论说：

> 自江东佛法弘重义门，至于禅法，盖蔑如也。而思慨斯南服，定慧双开，尽谈理义，夜则思择（按：坐禅）。故所发言，无非致远，便验因定发慧，此旨不虚。南北禅宗，罕不承绪。①

其中的"定慧双开"，即传法既重禅定，又重所观之智慧（实指佛教义理，是观想的内容）。是说慧思到达南方之后，有慨于南方重义理，轻坐禅的风气，有意提倡定慧双修，白天向弟子讲说佛法理论，夜晚引导弟子一起坐禅观想，因而说法含义深远，证明"因定发慧"的道理是正确的。道宣生活在唐初，认为直到唐初南北很多修习禅法者都受到慧思的影响。从时代来看，所谓"南北禅宗"不是弘忍（602—675）死后的禅宗南北宗，而是南北方禅法宗旨的意思。

综上所述，慧文、慧思作为天台宗的史前期的代表人物对后来智𫖮正式成立天台宗是有直接影响的，慧文的空、假、中三谛和"一心三智"思想，慧思提倡的观心、法华安乐行和"性具善恶"的心性论，都为智𫖮直接继承，经过他的发展成为天台宗庞大教理体系的重要组成部分。慧文和慧思被天台宗尊为教祖是有道理的。

四　天台宗的真正创始人——智𫖮

（一）师承北齐慧思，以隋晋王杨广为外护

智𫖮（538—598）②，字德安，俗姓陈。先祖居颍川（治所在今河南禹县），西晋末迁居荆州华容县（在今湖北潜江县西南）。父陈起祖学通

---

① 唐道宣：《续高僧传·慧思传》，《大正藏》第 50 册第 563 页下至 564 页上。
② 智𫖮年卒年代，《续高僧传》卷十七《智𫖮传》谓智𫖮死于隋开皇十七年十一月二十四日，年六十七，灌顶《智者大师别传》所记卒年相同，但谓年六十。陈垣《释氏疑年录》经考证认为年六十正确，断定生卒年为公元 538—597 年。但按阳历，开皇十七年十一月二十四日已经进入公元 598 年（阴历十一月十八日元旦），故智𫖮生卒年应为 538—598 年。

儒家经传，兼善武略，在梁湘东王萧绎镇守荆州（治今湖北江陵）时在他门下当宾客，萧绎即位（即梁元帝）后任持节散骑常侍、益阳县开国侯。

智颉自幼接触佛教，曾从一位和尚学《法华经·观世音菩萨普门品》。十五岁时（554），西魏攻陷江陵，梁元帝被杀，战乱中随亲人北至硖州（今湖北宜昌）投靠舅氏。年十八到湘州（治今湖南长沙）果愿寺跟沙门法绪出家。此后投到慧旷门下，学大乘经典。到大贤山读诵《法华经》、《无量义经》、《普贤观经》等，修持"方等忏"，坐禅，精研律藏。

慧思在光州大苏山传法的时候，智颉投到慧思的门下，学习《法华经》、《般若经》等，修习法华三昧等禅法，学修优异，据称"观慧无碍，禅门不壅"（《智者大师别传》）[①]，受到慧思的称赞，称为"吾之义儿"。慧思常叫他代向徒众讲经，除传授"三三昧"（三种禅定，当指四禅中的"有寻有伺"、"无寻唯伺"、"无寻无伺"）、"三观智"要请教慧思以外，其他一切可以按照己意发挥。有一次讲《摩诃般若经》（即《大品般若经》）至"一心具万行"这句话时，感到疑惑。慧思对他讲："汝向所疑，此乃《大品》次第意耳，未是法华圆顿旨也。"（《续高僧传·慧思传》）[②]按照正常程序理解和修行，如从浅入深，从前向后，由外至内等，都属于"次第意"，而所谓"圆顿"的意思是圆融、顿极，即从整体、一般的角度对事物进行会通，取消各种事物、过程的各个阶段的质的差别，强调它们之间的相通、联系之处，运用"相即不二"的方法论，把它们等同起来，如"即烦恼是菩提"、"生死即涅槃"、"一色一香，无非中道"等等，都属于圆顿的说法。智颉用通常习惯的思维方法来理解"一心具万行"（意为心具万行、万有），感到困难，慧思告诉他这是因为受到《般若经》的"次第意"的束缚，而没能用《法华经》实相论的圆顿思想来理解。这种观点对智颉后来创立天台宗教义有很大影响。智颉著作中的"中道"、"三谛圆融"、"一念三千"、"一心三观"等等，都贯穿着这种"圆顿"精神。

在陈光大二年（568）慧思带领弟子到南岳衡山之前，智颉遵照慧思

[①] 《大正藏》第50册第192页上。

[②] 《大正藏》第50册第563页中。

建议到南朝陈的国都建康（今南京）传法，与法喜等 27 位僧人被安置到瓦官寺。智颛在此八年，讲《法华经》、《大智度论》等，并盛传禅法，受到陈朝左仆射徐陵、尚书令毛喜等权贵乃至陈宣帝的敬信与支持。当地名僧也闻名纷纷前来学习禅法。

南陈太建七年（575）智颛率弟子到达天台山（在今浙江天台县），建造寺院修行和传教。太建九年（576）陈宣帝下诏：

> 智颛禅师，佛法雄杰，时匠所宗。训兼道俗，国之望也。宜割始丰县调，以充众费，蠲两户民，用供薪水。主者施行。（《国清百录》卷一）①

南朝的租赋制度，分为租、调。租为田租，一般是按亩数缴纳谷物；调为户调，缴纳绢布丝绵等。② 陈宣帝的诏书对智颛及其传法活动表示赞赏，令负责官衙从始丰县每年征收的户调中分出一部分施给智颛使用，并免除两户农民的租调让他们专为智颛的寺院从事供柴担水的杂务。此后，陈宣帝应左仆射徐陵之请为智颛在天台山所建之寺赐号"修禅寺"。永阳王陈伯智镇守会稽（今浙江绍兴），带眷属上天台山从智颛受戒，此后与智颛交往密切。

陈后主即位后的第三年（585），接连派使者入山请智颛到京城传法。智颛认为"道通惟人，王为法寄"③，便应请入京，在皇宫太极殿讲《大智度论》、《仁王般若经》等。陈后主下敕在灵曜寺设"禅众"（按文意当为习禅僧众），请智颛传授禅法。在智颛登太极殿讲《仁王般若经》时，陈后主亲临听讲，陈朝的僧正慧晅、僧都慧旷、长干寺慧辩等也到场，有时还展开辩论。当时陈后主正计划"检括僧尼"，要令万余名没有僧籍而经考核佛经不合格的僧尼还俗，因听了智颛的反对意见而下令停止实行。智颛还应请为太子授菩萨戒。

隋开皇九年（589）晋王杨广等率兵攻入建康，陈灭。智颛离开建

---

① 《大正藏》第 46 册第 699 页上。
② 参考唐长孺《魏晋户调制及其演变》，载《魏晋南北朝史论丛》，生活·读书·新知三联书店 1955 年版。
③ 《续高僧传·智颛传》，载《大正藏》第 46 册第 565 页下。

康，先后到过现在的湖北、湖南一些地方，曾在庐山隐居。隋秦王杨俊"崇敬佛道"①，当时镇守汉口，特派人请智颉出山行道。智颉虽想前往，但因水路遇风未能成行。

智颉在南朝的声望与活动，早已引起隋朝廷的注意。隋文帝在开皇十年（590）派人给智颉送去一封信，其中说他敬信佛教，正在大力复兴佛法，平陈的目的是"为民除害"；接着对智颉委婉地提出规劝：

> 师既已离世网，修己化人，必希奖进僧伍，固守禁戒，使见者钦服，闻即生善，方副大道之心，是为出家之业。若身从道服，心染俗业，非直含生之类无所归依，仰恐妙法之门更来谤讟。宜相劝励，以同朕心。（《国清百录》卷二）②

这不外是告诫智颉应当遵守佛教戒律，带领好徒弟，并劝勉其他僧众，安分守己地修行传教，不要从事与自己身份不符合的世俗政治活动，引起世人非议。从这封信一方面表现出隋文帝对长期受到敌国君臣尊崇的智颉的戒心；另一方面也反映对这位在南方社会很有声望的高僧的期待。

早在东晋时代道安就说过："不依国主，则法事难立"。③ 智颉创立天台宗得以成功，首先靠的是南朝陈宣帝、陈后主的"外护"；其次是晋王杨广（后即位后为隋炀帝）的大力支持。隋灭陈后，杨广任扬州总管，坐镇江都（今江苏扬州），建立佛、道二教的四道场。其中慧日、法云二道场是佛寺，把江南一些著名的学僧招到自己周围。如成实和涅槃学者智脱、法论、慧觉，三论学者法澄、道庄、智矩、吉藏等人，都被他请入慧日道场。智颉是他最敬信的和尚。

杨广任扬州总管的第二年（590），即遣使招请智颉到江都为他授戒，"奉以为师"。智颉到江都后，对杨广说"我与大王深有因缘"，但对让他担任戒师表示辞让，最后不得已提出四个条件，大意是：

1. 自己"虽好学禅，行不称法"，人们对禅法有不同的评论，请不要在禅法上对他寄予过大期望。

---

① 《隋书》卷四十五本传。
② 《大正藏》第 46 册第 802 页下。
③ 《高僧传》卷五，《大正藏》第 50 册第 352 页上。

2. "身暗庠序,口拙暄凉","域间樽节,一无可取",意为自己不熟悉世俗礼节和规矩,请不要以此来要求他。

3. "微欲传灯,以报法恩,若身当戒范,应重去就",是说他本以传佛法为己任,然而如果担任王的戒师,就不能轻易离开;这样一来,就会影响传法。相反,"去就若轻",又会招人非议。因此,希望不要用去、就的轻重来要求他。

4. "三十余年,水石之间,因以成性",谓国家既然已经统一,佛法再兴,希望能随时允许他出游山水或归山①。(详见《智者大师别传》、《续高僧传·智颛传》)

杨广答应了他的要求,在江都举办隆重的千僧会,由智颛任戒师授为他菩萨戒。这是依据《梵网经》授的大乘戒,有十条重戒,四十八条轻戒。智颛在授戒仪式上为杨广授法名为"总持"。杨广对他说:"大师禅慧内融,道之法译,辄奉名为智者。"这就是后来杨广自称:"菩萨戒弟子总持"和智颛被世人称为"智者大师"的由来。②

智颛为杨广授戒后不久,便向杨广告辞还乡,沿江西下。隋开皇十二年(592)智颛先至庐山,后到达荆州,在当阳县的玉泉山建寺。此寺原名"一音寺",后来隋文帝赐额"玉泉寺"。智颛又重修十住寺。他在此与弟子弘传佛法,闻名来投其门下者很多。据他死前给杨广的信中说,在荆州时"听众一千余僧,学禅三百",甚至引起州官的不安。③ 在智颛住荆州期间,杨广曾两次派人请他回江都传法。开皇十五年(595)智颛再次下江都④,应杨广请求著《净名义疏》二十八卷,又为杨广之妻祈祷病愈而举行斋会。

开皇十六年(596)智颛回到天台山,从事传法和著述,并规划扩建寺院事宜,预言寺院将是"王家所办"。此后,杨广虽又派人来请,但因老病已不能出山。智颛在死前向弟子灌顶口述给杨广的遗书,让他把杨广赠送给他的香炉、犀角如意奉还作为永久纪念,并亲自手书:"使永布德

---

① 分别载《大正藏》第 50 册第 194 页下、第 566 页上。
② 《智者大师别传》及《续高僧传·智颛传》、《国清百录》卷二、《广弘明集》卷二十七。
③ 《国清百录》卷三《遗书与晋王》,载《大正藏》第 46 册第 809 页下。
④ 湛然《止观辅行传弘决》卷一之一载:"开皇十五年自荆下邺。"(《大正藏》第 46 册第 148 页上)"邺"即建邺,即建业,为晋时旧称。但《国清百录》卷三载智颛《遗书与晋王》谓:"再游江都……令著《净名义疏》"。(《大正藏》第 48 册第 809 页下—第 810 页上)

香，长保如意。"（《续高僧传·智𫖮传》）① 在遗书中他对杨广兴隆佛法寄予很深的期望，一再表示深感厚恩，表示死后若有"神力"定当保佑杨广，说：

> 贫道灰壤虽谢，愿留心佛法，询访胜德，使义门无废，深穷佛教，治道益明，遍行遍学是菩萨行。如来灭度，法付国王……生来所以周章者，皆为佛法，为国土，为众生。今为法门仰寄三为（按：为佛法，为国土，为众生）具足，六根（按：感觉思维功能——眼耳鼻舌身意）释矣。命尽之后，若有神力，誓当影护王之土境，使愿法流衍，以答王恩。

在遗书中还希望杨广为天台山寺院建造以及国家度僧等予以留心，甚至提出：

> 王秉国法，兼匡佛教，有罪者治之，无罪者敬之，起平等不可思议心，则功德无量。（《国清百录》卷三）②

当时晋王杨广尚不是皇帝，甚至还没有被立为太子（当时太子是杨勇），然而智𫖮在遗书中对杨广的期待甚大，简直把他看作是一位君临天下的皇帝。

智𫖮于隋开皇十七年十一月二十四日逝世，时值公元598年1月7日，年六十岁。智𫖮一生著述甚多，哪些内容是他的主要思想呢？我们不妨看一看他的弟子灌顶对他临死前言行的一些记录：

> 听《法华》竟，赞云：法门父母，慧解由生。本迹旷大，微妙难测……唱经③竟，索香汤漱口，说十如、四不生、十法界、三观、四无量心、四悉檀、四谛、十二因缘、六波罗蜜，一一法门摄一切

---

① 《大正藏》第50册第567页中。
② 《大正藏》第46册第810页上。
③ 《续高僧传·智𫖮传》载："令唱《法华经》题。"重视《妙法莲华经》五字经题，认为它们含有佛法圆妙深义，是天台宗特色之一。

法，皆能通心到清凉池（按：意为涅槃境界）。（《智者大师别传》）①

其中的"十如"源自《法华经·方便品》所说的"诸法实相"，所谓"如是相，如是性，如是体，如是力，如是作，如是因，如是缘，如是果，如是报，如是本末究竟等"；"四不生"是一切不自生、不从他生、不共生、不无因生，出自《中论》："诸法不自生，亦不从他生，不共不无因，是故知无生"；十法界包括天、人、修罗、畜生、饿鬼、地狱、声闻、缘觉、菩萨、佛；三观是观空、观假、观中道。其他略。以《法华经》为最主要的经典，辅之以《大涅槃经》、《大品般若经》、《华严经》以及《大智度论》、《中论》等，发挥十如、四不生、十法界、三观等思想构成庞大的理论体系，正是天台宗的重要特色。

智顗生前造大寺35所，度僧4000余人。从他受菩萨戒的人很多，《续高僧传·智顗传》所说的"传业学士三十二人，习禅学士散流江汉"，当指在俗弟子讲的。身边弟子中以灌顶、智越、智璪等比较有名。

灌顶（561—632），俗姓吴，祖籍常州义兴，后因避乱全家迁至临海章安。自幼出家，后师从智顗，学习天台教义，为陪同智顗出访和讲经的高足弟子之一。智顗逝世前，灌顶亲承给晋王杨广的遗旨遗书及纪念信物，然后亲自送给杨广。翌年，杨广按照智顗的遗旨和构想派人前往天台山扩建寺院——国清寺。灌顶继智顗之后任天台山住持。杨广对灌顶十分器重，把他看作是"同学"，入嗣太子后，特地迎请他入京讲经。灌顶精通儒佛之学，文笔超群。智顗在建康、江陵、荆州诸寺讲经，皆由他作笔录，然后整理成书。智顗的《法华文句》，《法华玄义》、《摩诃止观》以及其他不少著述就是由灌顶笔录整理而成的。灌顶于唐贞观六年（632）逝世，年七十二岁，后被天台宗奉为继智顗之后的五祖。②

灌顶与智越、智璪等人在智顗死后继续与杨广保持联系。在杨广登皇帝位时，天台山僧团派人前往祝贺。杨广在即皇帝位后，大业元年（605）赐予天台山"国清寺"之寺额。

---

① 《大正藏》第50册第196页上中。
② 据《续高僧传》卷十九《灌顶传》等。

(二) 智顗著述——天台三大部和五小部

《智者大师别传》记载：

> 智者弘法三十余年，不畜章疏，安无碍辩，契理符文，挺天生智，世间所伏。有大机感，乃为著文。①

是说智顗智慧非凡，善于讲经说法，但在一般情况下不轻易动笔撰写文章。现存智顗的著述将近有一半是弟子灌顶记录整理的。现将智顗的撰述简单介绍如下：

《法华文句》，全称《妙法莲华经文句》，简称《文句》十卷（分为二十卷）。

南朝陈祯明元年（587）智顗在建康讲《法华经》，灌顶笔录。当时灌顶二十七岁，到他六十九岁（唐贞观三年，公元629年）时修订成书。

此书是对《法华经》的解释。用四种方法进行解释：1. 因缘释，从佛与众生的关系进行解释；2. 约教释，按天台宗的"藏、通、别、圆"的四教判教理论进行解释；3. 本迹释，把《法华经》的前十四品称为"迹门"，后十四品称为"本门"，按本、迹二门进行解释。本、迹在不同地方含义有种种不同，一般以释迦最初成佛时所说之法为本，以此后所说之法为迹；以最初成佛时所得三身（法、报、应三身）为本，以以后所得三身为迹；以理、实、一乘为本；以事、权、三乘为迹，等等。4. 观心释，认为心具万法，以观心领悟佛经所说的义理进行解释。

湛然撰《法华文句记》十卷（分为三十卷），对此书做详细解释。

《法华玄义》，全称《妙法莲华经玄义》，简称《玄义》或《妙玄》，十卷（分为二十卷）。

隋开皇十三年（593）智顗在江陵说，灌顶笔录。与《法华文句》同为解释《法华经》的著作，但方式不同。《文句》是按《法华经》前后各品的字句进行解释，此书是以诠释并发挥"妙法莲华经"五字经题为中心，从整体上来论释《法华经》的"会三归一"（三乘归为一佛乘）、诸法实相的思想。所谓"玄义"，意为深奥之义。

全书以释名、辨体、明宗、论用、判教五种章题（五章）为中心论

---

① 《大正藏》第50册第197页中。

释，称"五重玄义"。"释名"是就经题论释经义；"辨体"是论此经的法体（主旨）；"明宗"是论经的要义，论修证因果；"论用"是讲此经宣示的佛智与效用；"判教"是从各种教法（五时八教）的前后、浅深、优劣来论证《法华经》的优越地位。按照此五个方面来论释《法华经》叫做"五重玄义"。

另外，又用所谓通释与别释两种方法加以解释。"通释"是分别从"标章"（揭示上述五章题名的含义）、"引证"（对五章一一引证经文加以说明）、"生起"（解释五章前后连接的意义）、"开合"（指出五章或从整体上，或从个别方面对事理、教行因果、自他、说默及所谓三轨、三道①等进行论说）、"料简"（通过十二重问答论述五章之意）、"观心"（以会通相融的方式论五章不外是"心"）、"会异"（用所谓四悉檀②和分别悉檀与五章对应说明）七个方面来概略地解释五章含义。"别释"，是分别按五章次序对《法华经》作详细论释。

其中释名部分最为重要，围绕"妙、法、莲、华、经"五字作了繁杂的解释，篇幅约占全书的4/5，而仅释"法"、"妙"二字就占全书2/3。在释"妙"时又提出所谓"迹门十妙"、"本门十妙"。这一部分论释了"十法界"、"十如"和"三谛圆融"等天台宗的基本教义理论。

据《智者大师别传》，如按智𫖮原讲说的内容写出可达三十卷，灌顶仅笔录其"初分"十卷。本书释经超出以往佛教典籍的格式，自具特色，理论自成体系，是天台宗作为独立宗派所依据的重要理论著作之一。

湛然撰《法华玄义释签》二十卷为此书作解释。

《摩诃止观》，也称《天台摩诃止观》，十卷（分为二十卷）。

隋开皇十四年（594）智𫖮于荆州玉泉寺说，灌顶笔录。据传，前后有三种版本：第一本二十卷，第二本十卷，皆题《圆顿止观》，佚失；现存本是第三本，过去有人称为"略本"，实为最后定本。③ 是智𫖮依据自己的佛学见解和修持实践而论证大乘禅法的著作。灌顶说此书是智𫖮"说己心中所行法门"。

---

① 三轨：真性轨、观照轨、资成轨；三道：烦恼道、业道、苦道。
② 悉檀（siddhānta）意为"成就"、"宗"、"理"，一般意为教法。智𫖮按照其师慧思的主张，将悉檀二字分开解释："悉"当遍讲；"檀"当施讲，说"佛以四法施众生"。四悉檀原出自《大智度论》卷一，即：世界悉檀、各各为人悉檀、对治悉檀、第一义悉檀。
③ 湛然：《止观辅行传弘决》卷一之一。《大正藏》第46页、第141页下。

全书分十章：大意、释名、体相、摄法、偏圆、方便、正观、果报、起教、旨归。其中的"大意"叙述全书内容的概要。"正观"，为"正修止观"之略，论述智𫖮对止观的基本主张，篇幅最大，占全书的3/5；按所观之境分为十项，称为"十境"，即：阴入界境、烦恼境、病患境、业相境、魔事境、禅定境、诸见境、上慢境、二乘境、菩萨境。又以"阴入界境"为论述重点，说"观心"（心，指意识）具有十法门：观不思议境、起慈悲心、巧安止观、破法遍、识通塞、修道品、对治助开、知次位、能安忍、无法爱，此即为"十重观法"或"十乘观法"。观想其他境时也按十个方面顺次进行。对天台宗的教理"十界互具"、"百界千如"、"一念三千"、"三谛圆融"等有比较集中的论证。然而全书仅写到"诸见境"结束。

湛然撰《止观辅行传弘决》十卷（分为四十卷），对此书做详细解释。

《维摩经文疏》，也称《净名经疏》。

隋开皇十五年（595），智𫖮应杨广之请从荆州重到江都，撰写《净名经疏》，同时又为此经写《玄义》。智𫖮回到天台山后用两年时间重新撰《净名玄义》，并将《维摩经》注释到它的《佛道品》。两者合称为《净名义疏》，为三十一卷。智𫖮临死前派人带着自己的《遗书》及《净名义疏》给杨广送去，又特别提出请将他"前所送《玄义》及入文者（按：'入文者'或'入文解释'当指《文疏》），请付弟子焚之"，表示对此前所完成者很不满意，要收回焚毁。① 灌顶《智者大师别传》载："奉命撰《净名义疏》至《佛道品》，为二十八卷。"现存智𫖮《维摩经文疏》当即此书，但实际上此书后三卷是灌顶撰的。可以推测，智𫖮最后完成的《文疏》是二十五卷，《玄义》为六卷。

《维摩经略疏》十卷。

湛然将前书略编为此书，后世称为《略疏》，而称前书为《广疏》或《大疏》。

---

① 《国清百录》卷三所载智𫖮《遗书》："既再游江都，圣心重法，令著《净名疏》，不揆暗识，辄述偏怀，《玄义》始竟，麾盖入谒（按：指杨广入京）……在山两夏，专治《玄义》，进解经文至《佛道品》，为三十一卷。"另载，杨广《答遗旨文》："灌顶所送最后《净名义疏》三十一卷，至《佛道品》，谨即装治……遽旨尔前《玄义》及入文解释，付弟子焚之，即付还使，遣对烧荡。"载《大正藏》第46册第809页下至第810页上、第811页上。

《维摩经疏》，又称《维摩经略玄》、《维摩经玄义》、《净名玄义》，六卷。

此书从释名、出体、明宗、辨利用、判教相五个方面来论释经义，是智顗创用的玄义文体，当即他从江都回天台山后写定的《净名玄义》。

《四教义》六卷（分为十二卷）。

湛然在《法华文句记》卷一之中说，智顗为晋王（杨广）原著（《净名玄义》）为十卷，此后重撰《净名疏》及《略玄》（前六卷本《净名玄义》），"乃立前《玄》分为三部，别立题目，谓之《四教》六卷，《四悉》两卷，《三观》两卷"。① 据此，《四教义》原是智顗在江都所撰十卷《净名玄义》中的一部分。"四教"为藏、通、别、圆四教，是天台宗的重要判教著作。灌顶《天台八教大意》可作为参考。

《观心论》一卷。

《四念处》一卷。

《释禅波罗蜜次第法门》三十卷。

智顗把禅法分为"渐次止观"、"不定止观"和"圆顿止观"。此为讲述"渐次止观"的，对佛教大小乘禅法按照浅深次序作了系统介绍。是智顗在南陈建康瓦官寺说，弟子法慎记，后由灌顶略为十卷。现存本将卷一、卷三各分为上下，共有十二卷。

《六妙门》一卷。

此是讲"不定止观"的。智顗在南陈应尚书令毛喜之请讲说。"六妙门"原为小乘五门禅之一的"数息观"，包括"数、随、止、观、还、净"六个禅定阶段，然而智顗作了新的发展，提出"但观心源，具足六妙门"，强调观心在达到解脱中的意义。

《童蒙止观》，也称《小止观》、《修习止观坐禅法要》一卷。

智顗为俗兄陈针而作，讲述如何坐禅，重点讲"三止"（体真止、方便随缘止、息二边分别止）及"三观"（空观、假观、中观），与《摩诃止观》的思想一致。宋代元照在序言中认为此书所述实是《摩诃止观》的"梗概"。

《法华三昧忏仪》一卷。

《方等三昧行法》一卷。灌顶记。

---

① 《大正藏》第 34 册第 159 页中。

《法界次第初门》三卷（分为六卷）。

《释摩诃般若波罗蜜经觉意三昧》，简称《觉意三昧》，一卷。灌顶记。

《金光明经玄义》一卷（分上下卷）。灌顶记。

用释名、辨体、明宗、论用、教相五章论释南陈真谛所译《金光明经》，就经题作种种发挥，如以"金、光、明"三字与天台宗教理中的法身、般若、解脱"三德"；正因佛性、了因佛性、缘因佛性"三佛性"等等相比附，进行论证等。

《金光明经文句》三卷（分为六卷）。灌顶记。

对真谛译《金光明经》文句作解释。

《观音玄义》二卷。灌顶记。

论释《法华经·观世音菩萨普门品》。其中论"性具善恶"的心性论部分最具特色。

《观音义疏》二卷。灌顶记。

对《法华经·观世音菩萨普门品》字句所作的解释。

《请观世音经疏》一卷。灌顶记。

《金刚经疏》一卷。

《菩萨戒经义疏》二卷。灌顶记。

《仁王经疏》五卷。灌顶记。

《阿弥陀经义记》一卷。

《观行食法》一卷。

《观心诵经法》一卷。

此外还有传为智𫖮所著述的《智者大师禅门口诀》、《净土十疑论》、《观无量寿经疏》等，真实性尚有待研究。《佛祖统纪》卷二十五《山家教典志》中还列有十七种书目，谓是"缺本"。

天台宗以《法华玄义》、《法华文句》、《摩诃止观》为基本教典，称之为"天台三大部"，而把《观音玄义》、《观音义疏》、《金光明经玄义》、《金光明经文句》、《观无量寿经疏》称为"天台五小部"。这些著述从不同方面系统地论述了天台宗的以"中道实相论"、"一心三观"等为特色的庞大的教理体系。

第二节　天台宗的教义

智顗在《法华玄义》、《法华文句》和《摩诃止观》等著述中构建的天台宗教义理论体系，无论从内容上还是从论证方法格式来说，都远远超出了印度佛教经论的范围，带有鲜明的时代特色和民族特色。天台宗教义理论蕴含的方面很多，过去学术界有人以"教相门"和"观心门"来加以概括，然而这种概括似乎过于笼统。如果从内容来加以分析的话，这一理论体系实际是以止观学说为核心，包括判教论、中道实相论、心性论以及修行解脱论等方面。

一　天台宗的判教论

在智顗创立的天台宗教义理论体系中，判教论是在对以往特别是南北朝时期的佛教判教学说进行批判性总结的基础上，提出将《法华经》奉为最高最优胜佛法的新判教理论，是直接为天台宗的开教立宗提供理论依据的。将《法华经》奉为最高最优胜的佛法，实际是把他所重新诠释和论证的法华学说——天台宗教义体系看作是最高最优胜的教法。这一教法体系，包括它的中道实相论和止观学说、心性论等，是在综合大乘佛教般若中观学说、涅槃佛性论和《法华经》的一乘（佛乘）、实相等思想的基础上构建起来的。

（一）对一切佛经教义的总评述与分类——"判教"

佛经数量很大，是在佛教长期发展中逐渐形成的。若从历史的意义来进行考察，虽然这些佛经皆标榜是佛所说，但绝大多数是后人托佛的名义撰述的，内容十分庞杂，蕴含许多分歧和矛盾的部分。在古代佛教界，出于宗教信仰的原因，对此历史现象一般不作深入考察，只是尽量调和各种不同的思想与说法，将一切佛经给予适当的分类和尽可能圆融的解释，提出类似于后来"判教"的说法。这种做法最早出现于印度。所谓"判教"，实际是站在特定佛法学说或观点的立场，对已有的佛经从形式到内容给予总的评估和论断，然后分成若干类别和层次，用以说明教法的深浅、大小（乘）、权实、偏圆等，以断定自己或本派的主张符合佛的最高最圆满的说教。

一些来自印度的重要汉译佛经中记述有类似后世判教的说法。例如，

《法华经》把一切佛法分为大乘与小乘、方便与真实之教；《楞伽经》提出有渐、顿佛法的说法；《大涅槃经》用牛乳及其制品——酪、生酥、熟酥、醍醐的"五味"来对佛经分类，把小乘经比做乳、酪，把一般大乘经比作生酥，《般若经》比作熟酥，《大涅槃经》比作醍醐，又以"半"字比喻小乘，"满"字比喻大乘；《大智度论》将佛法分为"三藏"（小乘）和"摩诃衍"（大乘），"显露"和"秘密"；《十住毗婆沙论》分"难行道"和"易行道"等。但总的说来，印度佛经中所出现的类似于判教的说法还比较朴素、零散，尚缺乏深入系统的论证。

中国在佛教初传时期是大小乘同时传入和流行的，长期以来人们并没有注意到同样标榜是佛陀所说的经典中存在着大小乘和其他重要不同之处。进入东晋以后，随着新译载有批评小乘内容的大乘经典的增多，一些学僧开始注意到大小乘各种佛经的区别，而到南北朝时出现了多种判教学说——所谓"南三北七"，对隋唐佛教各宗派的判教学说产生了直接的影响。

（二）南北朝时期"南三北七"的判教学说

智𫖮在《法华玄义》卷十比较集中地论述了自己的判教学说。他在论述中介绍了南北朝时期具有代表性的十家——"南三北七"的判教学说，并一一进行评论，认为皆不圆满，皆不能成立。所谓"南三北七"是指南朝有三家，北朝有七家。据在此卷所说，并参考其《四教义》卷一，对此作概要介绍。

南三、北七判教理论有大体相同的部分，即都把佛经分为：1. 顿教，指《华严经》，说是佛陀成道后首先教化菩萨的教说，如日出先照高山；2. 渐教，指从小乘"三藏"（经律论）到大乘《般若经》、《涅槃经》等，前者是有相教，后者是无相教，从浅入深，从低到高，名为渐；3. 不定教，非顿非渐，说"佛性常住"，如《胜鬘经》、《金光明经》等。

南北各家判教理论主要的差异是在对"渐教"有不同的说法①。南方三家是：1. 虎丘山岌师，把渐教分为有相教（小乘三藏）、无相教（《般若经》、《法华经》等）、常住教（《大涅槃经》）；2. 宗、爱（此当是梁朝涅槃学者僧宗、昙爱）把渐教分为四时教，在前述无相教之后，常住

---

① 实际并非完全如智𫖮所说，有的判教学说中没有"不定教"，有的甚至也没有"顿教"的提法。

教之前，加上同归教，指《法华经》，谓此经主张"会三归一"；3. 定林寺僧柔、慧次及道场寺慧观把渐教分为五时教，即在前述无相教之后，同归教之前，加上褒贬抑扬教（《维摩诘经》、《思益经》等），谓这些经褒扬大乘，贬抑小乘。

北方七家是：1. 北方某师用南朝齐的学者刘虬的理论，把渐教分为五时教，即：人天教（《提谓波利经》）、有相教（小乘三藏）、无相教（《维摩诘经》、《般若经》）、同归教（《法华经》）、常住教（《大涅槃经》）。2. 北魏菩提流支把渐教分为半字教（小乘）、满字教（大乘）。3. 佛驮三藏（当即北魏佛陀扇多）、慧光用四宗判教，即：因缘宗（毗昙），讲六因四缘；假名宗（《成实论》），讲假名、法、空"三假"；诳相宗（《般若经》、《三论》）；常宗（《大涅槃经》、《华严经》等），讲佛性常住。4. 护身寺自轨法师提出五宗教，把前者常宗中的《华严经》分出单列为法界宗。5. 有人说慧光主张立六宗，在因缘宗、假名宗、诳相宗、常宗四宗之外，加上真宗（《法华经》）和圆宗（《大集经》），圆宗意谓"染净俱融，法界圆普"。6. 北地某禅师立两种大乘教：有相大乘（《华严经》、《璎珞经》、《大品般若经》等），讲修行有阶位功德；无相大乘（《楞伽经》、《思益经》等），讲"真法无诠次，一切众生即涅槃相"。7. 北地某禅师主张"但一佛乘，无二亦无三"，立一音教，说佛以"一音说法，随类异解，诸佛常行一乘，众生见三，但是一音教也"。①

以上所介绍的学僧中，南方的学僧多为成实、涅槃学者，北方的多是地论学者。他们的判教学说尽管存在种种差别，但也存在着共同的地方，即都把小乘《阿含经》等经论（所谓"三藏教"）置于佛法中的低下地位，而把大乘经典置于较高的地位。在大乘经典中最受重视的经典是《般若经》、《华严经》、《法华经》和《大涅槃经》。这种情况反映了中国僧俗信众的价值取向和佛教发展的趋势，表明佛教传入中国四五百年之后经过中国人的了解、体验和研究，最后选择了以大乘佛法作为中国佛教的主体。南北判教学说的主要不同点表现在南方多把《法华经》、《大涅槃经》置于重要地位，而北方则把《华严经》和《大涅槃经》置于重要

---

① 关于南北朝的判教学说，还可参考隋吉藏《三论玄义》中引述慧观的"二教五时"的判教；隋净影慧远《大乘义章》卷一载刘虬的"五时七价"及诞公、菩提流支的判教学说。此不俱述。

地位。

智顗虽然对南北朝判教学说作了较详的评述和批判,但他"五时八教"的判教理论实际上是在综合吸收南北判教学说的基础上创立的。从内容来看,他的"五时"主要吸收了南朝僧柔、慧次和慧观的"五时"判教学说,而"八教"中的"化法四教"——"藏、通、别、圆",当受北方判教学说的启发,而"化仪四教"——"顿、渐、秘密、不定",则主要是会通南方判教学说而提出来的。

(三) 天台宗的判教理论——"五时八教"

智顗"五时八教"判教学说提出的前提,是认定一切佛经都是释迦牟尼佛在成道后的五十年间的不同时期讲述的,从内容和教化方式上可以分为不同的类别。

"五时",是说释迦牟尼佛在五个不同的时期所说的五类教典,包括华严时、阿含时、方等时、般若时、法华涅槃时,又各以《大涅槃经》卷十四所说"从牛出乳,从乳出酪,从酪出生酥,从生酥出熟酥,从熟酥出醍醐。醍醐最上,若有服者,众病皆除"之中的乳等五味,加以比喻。

1. 华严时,说释迦牟尼在菩提树下成道,说大乘无上法门《华严经》,在座的只有菩萨可以听懂,小乘的人"如聋如哑",不能证悟。此时之教如"五味"之中的乳。

2. 鹿苑时[①],或作阿含时,说佛在宣说《华严经》之后的十二年间在各地向根底浅者用小乘的道理进行教化,说《增一阿含经》、《中阿含经》、《杂阿含经》、《长阿含经》,"说无常,知苦,断集,证灭,修道"。(《法华玄义》卷十上) 此时的说教,如同用乳制成的酪。

3. 方等时,在阿含时以后的八年间佛说大乘教,说《维摩诘经》、《思益经》、《殃掘摩罗经》等,"扬大折小",即赞扬大乘教理,批评小乘教法,引导小乘人"耻小慕大"。(《法华玄义》卷十下) "方等"是大乘经的通称。此时教法被比喻成生酥 ("酥"也作"苏")。

4. 般若时,方等时之后二十二年之间,佛说《般若经》,向大小乘一切众生宣说诸法性空的道理。称此教法为熟酥。

---

① 鹿苑,即鹿野苑,相传为佛最初向五弟子说法的地方。所说之法为小乘,故此时以鹿苑为名。

5. 法华涅槃时，在方等时后八年中佛宣说《法华经》，在临涅槃（逝世）前宣说《大涅槃经》。《法华经》说佛"置教原始，结要之终"，阐发出世本怀。《大涅槃经》说众生皆有佛性，一切众生皆能成佛，可使一切众生"不于佛法起断灭见"，"令佛法久住"。（《法华玄义》卷十之下）将此二经比喻为醍醐，意为最优越。①

应当指出，"五时"并不能客观反映佛教历史的真实性。按照佛教实际发展史来加以考察，应是先有小乘的《阿含经》，然后才有大乘的经典。据中外学者研究，直到佛入灭五六百年之后才出现大乘佛经。然而判教作为中国佛教宗派开教立宗的一种先行理论作业，在智𫖮那里是有特殊意义的。智𫖮的"五时"判教有两个意图：一是贬小乘，褒大乘；二是抬高《法华经》和《大涅槃经》的地位，特别把他所尊奉的《法华经》置于最高地位，说此经宣述佛出世的本意，"论如来设教大纲"，从而为向世人推行自己的法华教说——天台宗教义体系提供理论依据。

智𫖮又将上述"五时"的经典按照佛法的内容和传教方式加以分类，提出"化法四教"与"化仪四教"的判教理论。化法四教包括"藏、通、别、圆"，灌顶《天台八教大意》称之为"所化之法，譬如药味"，是从佛法的内容来讲的，好像是治病的药材；化仪四教有"顿、渐、秘密、不定"，此为"化之仪式，譬如药方"，是从传教方式方法讲的。智𫖮为提出八教理论而设定的前提是："众生机缘不一，是以教门种种不同。"（《四教义》卷一）是说由于众生素质情况不同，所以才有种种不同的教法。智𫖮在著作中很多地方从不同的方面论证八教，作出各种灵活的解释。这里先选择最一般的说法加以介绍。

化法四教：

1. 藏教，全称"三藏教"，即小乘经、律、论所说的教理，相当鹿苑时所说。智𫖮认为一切生灭现象由因缘所决定，宣传四圣谛（苦、集、灭、道），"正教小乘，旁化菩萨"，意为主要是向具有小乘根机的人讲的，对大乘菩萨仅有辅助教化的作用。

2. 通教，属大乘初级佛法。主张一切皆空，因缘亦空，讲"无生四

---

① 以上关于五时判教，见《法华玄义》卷十上下及卷一上；《法华文句》卷六下、《四教义》等，并参考唐灌顶《八教大意》、高丽谛观《天台四教仪》，分别载《大正藏》第33册、第34册和第46册。为避免烦琐，除个别引文外不一一标出页数。

真谛理"①，用空、无生灭的道理解释四谛，"正为菩萨，旁通二乘（按：声闻、缘觉二乘，指小乘）"。因为"三乘同禀，故名为通"。说《般若经》主要讲通教，而其他大乘经典也多少说通教。

3. 别教。"此教不共二乘人说"，专向大乘菩萨宣说；又区别于前两教，与后面的圆教也不同，故称别教。说世界上的一切事物虽属"假名"不实，但它们是无量存在的，法界和众生无量，四谛无量，教法无量，菩萨必须经过历劫修行才能成佛。《华严》方等诸经，《般若》等大乘经典中都包含着别教的内容。

4. 圆教。"圆"有圆满、圆妙等意，与"偏"相对。"此教名不思议因缘，二谛中道，事理具足，不偏不别"，故为圆教。所谓"不思议"，意为非一般思虑所及，与"无作四谛"相应，观一切存在的现象，无非中道实相，无非一心所具，事理融通，空有不二。虽一切大乘佛经都包含圆教的内容，但只有《法华经》所说的教法纯为圆教。②

化仪四教：

1. 顿教。"顿"意为修行和领悟佛法不需要中间过程和环节（"经历"、"次第"等），有"立即"、"当即"的意思，与"渐"相对。《华严经》中所说"譬如日出，先照高山"，"初发心时，便成正觉"等顿至佛地的说教，以及其他大乘经中"烦恼即菩提"等内容，皆属顿教。

2. 渐教，主张修行和觉悟有前后、浅深的层次和过程的教说，皆为渐教。从《阿含经》到《般若经》的大小乘经典主要是说渐教。

3. 秘密教，所谓"同听异闻，互不相知"，受教者各自听到与自己根机相应的佛法，别人不知道。此为秘密教。

4. 不定教，所谓"同听异闻，彼彼相知"，虽理解不同，但互相知道。此为不定教。③

"五时"与"化法四教"、"化仪四教"是智𫖮判教学说的三个部分，是互相交叉地结合在一起的。关于化法四教，《四教义》卷一说：

---

① 四谛本是原始佛教的基本教理，大乘佛教兴起后，不少大乘佛经给予新的解释，发挥大乘教理。智𫖮从立教的需要，摘引一些经的词句，提出生灭四谛、无生灭四谛、无量四谛、无作四谛，用于与藏、通、别、圆四教相对应。详见《摩诃止观》卷一上、《四教义》卷二等。

② 以上主要见《四教义》卷一、灌顶《八教大意》。载《大正藏》第46册。

③ 《法华玄义》卷十上、灌顶《八教大意》。

若《华严》顿教，用别、圆两教；若渐教之初，小乘经但用三藏教；若大乘方等，则具有四教；若《摩诃般若》，用通、别、圆三教；《妙法莲华经》但用圆教；《大涅槃经》名诸佛法界，四教皆入佛性涅槃。①

是说不同的佛经讲述的内容，或是四教中别教、圆教，或是其他的教，但只有《法华经》为纯一圆教，《大涅槃经》则为四教最后的终结。至于化仪四教，因为是适应不同众生的机缘情况而采取的教化方法，虽被普遍应用在各种经教之中，但却不适用于《法华经》、《大涅槃经》。为什么呢？据说，《法华经》既然"会三归一"（从声闻、缘觉、菩萨三乘的方便教说，会归佛乘一乘的真实教说），而《大涅槃经》主张一切众生皆可成佛，自然"开前顿、渐，归会佛乘"（《八教大意》），那么，此二经教说就不是权宜的教说而是真实的教说，它们"非顿、渐摄"；而所谓秘密、不定二教本来是"在顿、渐之中"的，所以此二经也不属于秘密、不定二教。

智𫖮的判教理论是建立在他对汉译佛经的融会贯通和巧妙论证的基础上。他的判教理论是天台宗教义体系的基础。他在论证天台宗中心教义——空、假、中"三谛圆融"时，常常用化法四教来进行比附说明。下面仅十分简单地举智𫖮运用化法四教来解释三谛的一个例子。

空、假、中三谛是天台宗的基本概念，本来是慧思据《中论》的"因缘所生法，我说即是空，亦为是假名，亦名中道义"的"三是偈"提出来的。智𫖮认为此偈的第一句意为因缘万法，包含世法、出世法，其出世法是讲"生灭四谛"的，属于三藏教；第二句意为空，讲"无生灭四谛"，属于通教；第三句意为假名有，讲"无量四谛"，属于别教；第四句说中道，讲"无作四谛"，属于圆教。② 相应于这四教的修行的最高阶位则是声闻缘觉、通教菩萨、别教菩萨、佛的境界。

按照智𫖮的判教学说，《法华经》属于纯粹的圆教，那么，奉《法华经》为最高教典，以主张人人可以成佛和以觉悟中道实相为最高精神境界的天台宗，自然也是圆妙之教。可以说，这正是智𫖮判教的目的所在。在中国隋唐时代成立的佛教宗派中，天台宗成立最早，自然它的判教学说

---

① 载《大正藏》第 46 册第 725 页上。
② 《摩诃止观》卷三下。

对后来成立的各宗也有或多或少的影响。

二 天台宗的真理观——中道实相论

天台宗奉《法华经》为基本经典，并以智顗的著作为主要依据。智顗撰述的《法华玄义》、《法华文句》、《摩诃止观》被奉为"天台三大部"；《观音玄义》、《观音义疏》、《金光明经玄义》、《金光明经文句》、《观无量寿经疏》为"天台五小部"。这些著述从不同方面论述了以中道实相论、"一心三观"的观心论等为特色的天台宗庞大的教理体系。以下先对智顗阐释的天台宗的真理观——中道实相论作概要论述。

佛教以达到觉悟为修行的目标。然而如果进一步问：觉悟什么呢？自然是佛教阐释的教理，中心是关于真理的观点，简言之，就是真理观。佛教自公元前6—前5世纪发源以来经历了悠长的传播发展岁月，跨越了极为广阔辽远的地域，得到众多国家和民族的信仰，受到这些国家民族文化思想和习俗的影响，不断发生变化和发展，从原始佛教到部派佛教，从小乘到大乘，进而在小乘内部和大乘内部都形成了种种学派和带有不同国家或民族特色的宗派。可想而知，佛教的真理观也在不断得到充实、丰富和发展，并且伴随不同学派和宗派的涌现而出现丰富多彩的表现形式。

天台宗作为中国最早成立的民族化的佛教宗派，提出了怎样的真理观呢？我们不妨借用智顗著作中经常使用的"中道"、"实相"这两个概念把它称为"中道实相论"。

"中道"或"诸法实相"，在大小品《般若经》和《大智度论》中多次提到，一般与"性空"、"毕竟空"、"如如"（真如）、"实际"、"法性"等同义，指一切事物的真实相状或本质。如《大智度论》卷三十在分析一切法（存在、事物）皆空之后指出："如"（真如）、"法性"、"实际"皆是"法空"的不同表述名称，而这三种名称又"皆是诸法实相异名"；卷二十九在对"诸法实相"的解释中说："此中实相者，不可破坏，常住不异，无能作者……"[①] 在这里，"诸法实相"已包含至高真理、绝对实体的意思。随着佛教的发展，一些大乘佛教经论赋予"诸法实相"以种种新的含义，因而与它同样表达绝对实体的概念也就多了起来。如智顗《法华玄义》卷八之下所指出的：

---

① 分别见《大正藏》第25册第297页下、第190页中。

> 实相之体只是一法，佛（按：可理解为大乘经论）说种种名，亦名妙有、实际、毕竟空、如如、涅槃、虚空、佛性、如来藏、中实理心、非有非无中道、第一义谛、微妙寂灭等无量异名，悉是实相之别号；实相亦是诸名之异号耳。①

可见，所谓"实相"与真如、佛性、如来藏等概念是等同的。

那么，智𫖮所理解的"诸法实相"是什么呢？从表面上看，他以《法华经》作为纯圆之教，奉为最高经典，自然是以此经中所说的"诸法实相"为绝对真理了。确实，《法华经》中不少地方提到"实相"或类似概念，如"显实相义"、"诸法实相"、"真实"、"实相印"、"实道"、"实智"、"真实相"、"诸法如实相"、"如实知见"、"一实之道"、"一实境界"、"令众生开佛知见，见此一实"等。智𫖮提出，与小乘经用无常、无我、涅槃作为三法印（基本标志）不同，大乘经"但有一法印，谓诸法实相"，而认为《法华经》的经体就是"诸法实相"。然而，如果据此便认为智𫖮所用的"实相"与《法华经》中讲的"实相"是一个意思，那也是不符合实际的。在《法华经》中讲的"实相"、"真实相"等名称，一般是真实不虚的意思，有时特指一乘（佛乘）教法、佛法。智𫖮讲的"实相"是什么呢？他说：

> 正显体者（按：阐明《法华经》之体、主旨），即一实相印也。三轨之中取真性轨，十法界中取佛法界，佛界十如是中取如是体，四种十二因缘中取不思议不生不灭，十二支中取苦道即是法身，四种四谛中取无作四谛，于无作中唯取灭谛，七种二谛中取五种二谛，五二谛中唯取真谛，五三谛中取五中道第一义谛②，诸一谛中取中道一实

---

① 《大正藏》第33册第782页中下。
② 这里提到的概念，有的在下面要介绍，此仅简单注释一部分。"三轨"指真性轨（佛性、理、境）、观照轨（止观、智）、资成轨（一切其他修行）。"四种十二因缘"，是指生灭、无生灭、无量、不生不灭（无作）四种十二因缘。"四种四谛"，是指生灭、无生灭、无量、无作的四种四谛（苦集灭道）。"七种二谛"，指藏教、通教、别接通、圆接通、别教、圆接别、圆教的七种二谛（真谛俗谛）。"五三谛"，是指别入通、圆入通、别教、圆入别、圆教的五种三谛（空谛、假谛、中谛）。此不详释，详见《摩诃止观》卷一上下及《法华玄义》卷二下、卷三上等。

谛，诸无谛中取中道无谛也。①

　　这里提到的多数概念，是智颛创立的天台宗理论体系中特有的，或根据旧有的概念改造的。他所选取的"实相"正是天台宗教理中的"中道实相"，所谓"真性轨"、"佛法界"直至"无作四谛"、"中道第一义谛"等，都是"中道实谛"的不同表述。自然，他讲的"中道"既不是小乘讲的"中道"，也不是大乘中观学派的"中道"，而是根据《中论·四谛品》中的"三是偈"，即："因缘所生法，我说即是空，亦名为假名，亦名中道义"，发挥的空、假、中三谛相即的"中道"。正如《法华玄义》卷八所说："即中，即假，即空，不一不异，无三无一……三即真实相也。……一心即三，是真实相本也。"②

　　智颛的中道实相论的前提是认定世界上一切事物一切现象（包括佛教所设想的种种世界、天界、生命体和禅观过程想象的一切现象）皆是"一心"的产物。他在著作中一再引用《大智度论》中的"三界无别法，唯是一心作"③及东晋佛陀跋陀罗译《华严经》中的"心如工画师，造种种五阴"、"心、佛及众生，三无差别"④等，对此加以证明。

　　这样便可得出：第一，心、众生与佛等同。那么，"心即大乘，心即佛性"；"心具一切佛法，……贪瞋痴亦即是菩提，烦恼亦即是菩提"。⑤第二，心造万法，万法所具有的空、假、中三谛皆在一心。如《摩诃止观》卷六下所说："只是无明一念因缘所生法，即空，即假，即中，不思议三谛，一心三观"，"三谛具足，只在一心"。⑥因此，《法华文句》卷二上提出："中观观心，心即实相。"⑦第三，既然一切世、出世间的所有现象皆由心造，心即佛法、实相，那么也可以说："一色一香，无非中

---

① 《大正藏》第33册第779页下至第780页上。
② 《大正藏》第33册第781页上。
③ 《法华玄义》卷一上引。《大智度论》卷二十九原文是："三界所有，皆心所作"。载《大正藏》第25册第276页中。
④ 《摩诃止观》卷一下、卷三上多处引。旧译《华严经》卷十原文是："心如工画师，画种种五阴。一切世界中，无法而不造。如心、佛亦尔，如佛、众生然。心、佛及众生，是三无差别。"《大正藏》第9册第465页下。
⑤ 分别引自《摩诃止观》卷三下、卷一下，《大正藏》第46册第31页下、第9页上。
⑥ 《大正藏》第46册第84页中下。
⑦ 《大正藏》第34册第22页下。

道，离是无别中道"；"即是而真，无有一事而非真者"。(《法华玄义》卷一下、卷二上)① 如果运用这个道理来看社会，那么人们的任何生产活动、日常生活皆与实相、佛法不相违背。这就是著名的语句："治生产业皆与实相不相违背，低头举手，开粗显妙，悉成佛道。"(《法华玄义》卷三下)② 这样一来，中道是实相，心是实相，一色一香，万事万物，一切无非实相。

"三谛"理论，源自被天台宗奉为二祖北齐的慧文，经三祖慧思，再到智𫖮，前后一脉相承，不断得到发展。智𫖮不但按照自己的理解自由地综合运用大小乘佛教经论的资料进行系统论证，而且还特别把"三谛"思想与自己创立的判教理论结合了起来。例如《摩诃止观》卷一下有这样的话：

> 若言因缘所生法，我说即是空者，既言因缘所生，那得即空，须析因缘尽，方乃会空，呼方空为即空。亦名为假名者，有为虚弱，势不独立，假众缘成，赖缘故假，非施权之假。亦名中道义者，离断常名中道，非佛性中道。若作如此解者，虽三句皆空，尚不成即空，况复即假，即中。此生灭四谛义也。(按：此说"三藏教")

> 若因缘所生法，不须破灭。体即是空，而不得即假，即中。设作假中，皆顺入空。何者？诸法皆即空，无主我故。假亦即空，假施设故；中亦即空，离断常二边故。此三番语虽异，俱顺入空。退非二乘析法，进非别非圆，乃是三兽渡河③，共空之意耳。(按：此指"通教")

> 若谓即空，即假，即中者，三种逦迤，各各有异。三语皆空者，无主故空，虚设故空，无边故空。三种皆假者，同有名字故假。三语皆中者，中真，中机，中实，故俱中。此得别失圆。(按：此指"别

---

① 分别载《大正藏》第33册第688页下、第696页下。"十二入"中有眼耳鼻舌身意六根（六种感觉或认识功能）和作为它们感觉或认识对象的色声香味触法六境。这里作六境中的"一色一香"表示任何微小事物的意思。套用这种说法，也可以说"一声一味，皆是中道"。

② 《大正藏》第33册714页中。

③ 三兽指兔、马、象。《优婆塞经》卷一用来比喻声闻、缘觉、佛三乘。说渡河时兔浮水而过，马足或到底或不到底，象则足可着河底而过。河喻十二因缘。用三兽渡河比喻三乘断除烦恼程度不同。智𫖮用来比喻三乘对"空"的悟解浅深不同。

教")

若谓即空，即假，即中者，虽三而一，虽一而三，不相妨碍。三种皆空者，言思道断故。三种皆假者，但有名字故。三种皆中者，即是实相故。但以空为名，即具假、中，悟空即悟假中。馀亦如是。（按：此指"圆教"）①

这是说在对"三是偈"引申出的空、假、中三谛的悟解上，所谓藏、通、别、圆"化法"四教存在很大差别。藏、通二教虽都认识到一切皆空，但三藏教是通过分析一切事物是由因缘和合形成的之后才领悟空谛的，严格地讲只能说是"析空"或"方空"，而没有达到"即空"的认识境界；通教虽承认一切事物当体即空，但却没有达到"即假，即中"的认识。然而在一般情况下，也笼统地讲藏、通二教都达到"即空"的认识。智𫖮在不少场合把藏、通二教统贬为小乘的声闻、缘觉二乘；有时又称通教为大乘，把达到"体假入空"认识的人称为"通教菩萨"。他将藏教观空称为"析法观"，属于"事观"；通教是"体法观"，属于"随理观"。所谓别教、圆教认识层次虽高，皆体认即空，即假，即中，然而二者也有差别。别教是"观别理"，是对三谛中的每一谛进行"次第修，次第证"，而不能做到从任何一谛看到其他二谛，而圆教是"妙理顿说"，三谛虽三而一（中道实相），虽一而三，达到三谛"圆融无碍"的认识，真正领悟三谛相即的中道实相。

三　观心和一念三千、一心三观、一心三智

天台宗的教义体系包括"教门"（判教与实相门）和"观门"（止观，即禅观法），二者相辅相成，交叉结合一起。《摩诃止观》对止、观作了种种解释，远远超出了它们本来的含义。"止"的本来意思是"心注一处"；"观"是心中"观察"。于是，"止观"合称可解释为静心观想、观察，与禅、禅观基本同义。概要来说，天台宗的止观包括三种止观：渐次止观、不定止观、圆顿止观，另外还有四种三昧。

何为三昧？三昧意为定或禅定。四种三昧包括：常坐三昧，主张坐禅；常行三昧，绕佛像念佛，拜佛，忏悔等行道做法；半行半坐三昧，或

---

① 《大正藏》第46册第7页上中。另请参考《四教义》卷十二。

坐禅，或行道；非行非坐三昧，也称随自意三昧，原由慧文创立，是一种不拘形式，不脱离日常生活的修行方法。

在上述三种止观中，渐次止观要求禅观有一个自浅入深的渐进程序，从初观事相，后观空寂的实相之理；圆顿止观是"初缘实相，造境即中，无不真实，系缘法界，一色一香无非中道"①，无前后浅深层次可言；不定止观是指禅观或渐或顿，程序方法并不固定。

三种止观主要是就修悟的内容和程序讲的，而四种三昧则主要是就修行的外在形式所作的分类，二者纵横交错地结合在一起。修行者可以交替转换使用，皆可转入直观"实相"的圆顿止观。比较而言，智𫖮最注重的是圆顿止观和非行非坐三昧。

智𫖮主张，修持止观应当特别重视"观心"，在入定以后观察自己的心识，认为通过观心可以比较容易地契悟三谛相即的中道实相。唐代天台宗著名学僧湛然评述天台宗的教义体系是："观心为经，诸法为纬。"可见观心在天台宗教理体系中的位置。湛然在详细注释《摩诃止观》的《止观辅行传弘决》卷五之三中说："正明观法，并以三千为指南，乃是终穷究竟极说。"②

智𫖮《摩诃止观》卷五上论述"正修止观"时说，应依次观想十境：阴界入、烦恼、病患、业相、魔事、禅定、诸见、增上慢、二乘、菩萨，而实际上仅论述了前七境的七种止观。从内容看，所观想的主要是自己日常的思想活动、身心状态和各种情欲烦恼、业报、修禅等。在观想每一境时应按十个层次进行。这十个层次是：观不可思议境，起慈悲心，巧安止观，破法遍，识通塞，修道品，对治助开，知次位，能安忍，无法爱。此即"十重观法"。其中以"观不可思议境"为主体，其他实际处于辅助地位，起着充实补充的作用。在这由十境和十重观法组成的圆顿止观体系中，又是以"观阴界入境"为中心的，而"观阴界入境"实际就是观心；观心是以观"一念三千"的不思议境为主旨。

为什么可以用"观心"代替"观阴界入境"，心指什么呢？所谓阴，是五阴：色、受、想、行、识；界是十八界，是六根（眼、耳、鼻、舌、身、意）、六境（色、声、香、味、触、法）、六识（眼识、耳识、鼻识、

---

① 《摩诃止观》卷一上，《大正藏》第46册第1页下。
② 分别见《大正藏》第46册第453页上、《止观义例》卷上第296页上。

舌识、身识、意识）的合称；入是十二入（或处），是六根、六境的合称。可见，阴、界、入是在不同场合使用的概念，在它们的内涵中有不少重复因素。实际上，"阴界入"既包括众生主体的感觉或思维的器官、功能以及感觉思维的精神活动，又包括客体外界的一切现象。因此，三者可以概指世界上一切物质的和精神的现象，在有的场合也可作为"众生"之身的代称。智𫖮在《摩诃止观》卷五上中有段解释：

> 然界内外一切阴界入皆由心起。佛告比丘：一法摄一切法，所谓心是。《论》（按：《大智度论》）云：一切世界中，但有名（按：指受、想、行、识）与色，若欲如实观，但当观名色。心是惑本，其义如是。若欲观察，须伐其根，如灸病得穴。今当去丈就尺，去尺就寸，置色等四阴，但观识阴。识阴者，心是也。①

这是说，心造一切精神的和物质的东西，心为烦恼之本源，故修止观应观心。此心即是五阴中的"识阴"、六识中的"意识"。智𫖮为强调此心是凡夫平常的"虑知之心"，也称之为"自生心"（智𫖮《观心论》）、"一念无明心"（《四念处》卷四）。在佛教中，"无明"意为不明因缘，不明因果，不明佛理，被认为是生死烦恼的本源；所谓"无明之心"就是没有断除情欲迷误的众生之心。用现在我们通常用的语言来说，"一念无明之心"就是平常人刹那间的思维活动。

智𫖮就是主张将此心作为入定观想的对境，称之为"不可思议境"。所谓"不可思议"，意为不可按正常的思维方法和程序去想象。他举例说，大小乘皆有"心生一切法"的说法，可是或说有，或说无，或说中道，皆为因果性（有因有果，前因后果），各各相别，"逦迤浅深"而不相即，此应称为"思议之境"。然而他所说的"心"之所以被称为"不可思议境"，是因为"一念"②之心，"即具"三千诸法。《摩诃止观》卷五上说：

---

① 《大正藏》第46册第52页上中。
② 此"一念"是时间概念，意为极短的时间。《摩诃止观》卷五上有曰："系念数息，十息为一念"，而一呼一吸为一息。载《大正藏》第46册第15页上。

夫一心具十法界，一法界又具十法界，百法界。一界具三十种世间，百法界即具三千种世间。此三千在一念心，若无心而已，介尔有心，即具三千。亦不言一心在前，一切法在后；亦不言一切法在前，一心在后。例如八相①迁物，物在相前，物不被迁；相在物前，亦不被迁。前亦不可，后亦不可。只物论相迁，只相迁论物。今心亦如是。若从一心生一切法者，此则是纵。若心一时含一切法者，此即是横。纵亦不可，横亦不可。只心是一切法，一切法是心故。非纵非横，非一非异，玄妙深绝，非识所识，非言所言。所以称为不可思议境，意在于此。②

下面结合解释引文中的用语把这段文字的意思说明一下。

1. 十法界和十界互具。十法界是指：地狱、饿鬼、畜生、阿修罗、人、天、声闻、缘觉、菩萨、佛。此即广义的"众生"。按照佛教的说法，前六界没有达到解脱，轮回于生死苦恼之中，称之为"六凡"；后四界已经摆脱生死轮回，达到解脱，称之为"四圣"。智𫖮说此十法界为一念心所具，法界又彼此互具，如此则一法界即具十法界，十法界共成百法界。《法华玄义》卷二上所说："一念心起，于十界中必属一界；若属一界，即具百界千法，于一念中悉皆备足。此心幻师于一日夜常造种种众生，种种五阴，种种国土……"③ 与此一个意思。前六凡是在世众生，意味着与生死烦恼、染、恶等相俱；后四圣是出世众生，意味着已超离生死烦恼等。

因此讲"十界互具"，也就是意味着佛与普通众生之间不存在根本的差别，可以说烦恼即菩提，生死即涅槃。

2. 三种世间、十如是和三十种世间。三种世间包括五阴世间、众生世间和国土世间。这是从十法界的不同侧面讲的，说每一个法界各有三种世间。五阴世间是从十法界的构成要素说的，包括色、受、想、行、识。众生世间是从十法界的主体讲的，指十种众生。因为"五阴通

---

① 八相，谓事物的四种基本形态及附属形态，指：生、生生、住、住住、异、异异、灭、灭灭。
② 《大正藏》第 46 册第 54 页上。
③ 《大正藏》第 33 册第 696 页上。

称众生"。① 国土世间是从十法界众生所居环境讲的,《摩诃止观》卷五上谓"地狱依赤铁住,畜生依地水空住,修罗依海畔海底住,人依地住,天依宫殿住,六度菩萨(按:实指声闻)同人依地住,通教菩萨(按:实指缘觉)惑未尽同人天依住,断惑尽者依方便土住,别圆菩萨惑未尽者同人天方便等住,断惑尽者依实报土住,如来依常寂光土住。"②

十如是,简称十如,是《法华经·方便品》"唯佛与佛乃能究尽诸法实相,所谓诸法如是相,如是性,如是体,如是力,如是作,如是因,如是缘,如是果,如是报,如是本末究竟等"中的十"如是"。按照此经原文来看,含义并不复杂,但智顗从创教的需要对十如是之文作了很大发挥。《法华玄义》卷二上提出三种读法,第一种是"诸法如是相如,是性如,是体如……";第二种读法是"诸法如是相,如是性,如是体……";第三种是"诸法如是相如是,性如是,体如是……"然后解释说,第一种读法是显示"空义",第二种读法是显示"假义",第三种读法是显示"中义"。他在讲"一念三千"时,用的是第二种所谓表示"假义"的句读法。

《摩诃止观》卷五上的解释分"总释"和分类解释。所谓"总释"是按十如是的含义进行解释,大意是:相指形相;性有"不改"、"性分"(种类)、"实性"(佛性)三义;体为色心的"主质";力为功能作用;因可招因果,"亦名为业";缘为缘由,助因;果由因生起;报即与因相应的果报;解释"本末究竟等"时,将其中的"等"解释为"等同",说"相为本,报为末",本末皆空,皆假,皆中,故究竟等。十如皆心所具有。在分类解释中,把十法界分为四类:地狱、饿鬼、畜生为"三途";阿修罗、人、天为"三善";声闻、缘觉为"二乘";佛与菩萨。然后再按类对相、性、体等加以解释。一法界各有三种世间、十如,即为三十种世间。

这样,十法界互具为百法界,一法界各具三十种世间,则成三千种世间。智顗说:"若无心而已,介尔有心即具三千。"③ 其中的"介尔"有刹

---

① 《大正藏》第46册第52页下。
② 《大正藏》第46册第53页上。
③ 《大正藏》第4册第54页上。

那、微细二义①,是说只要微动心念,即心具三千世间。在不少场合,智顗也把心与法性等同,而又称法性为理②,故"心具三千"后来也称为"性具三千"或"理具三千"。实际上,"三千"只是个假设说法,智顗曾说:"一心尚具无量法,况三千耶!"③

智顗的"一念三千"的理论的前提是《华严经》中的"心如工画师,造种种五阴,一切世间中,无不从心造"④。既然是"心造",自然就有一个心在前还是在后的问题。智顗认为,正像事物有生、住、异、灭的流迁诸相,不能讲事物和诸相有前有后那样,也不能讲心在一切法之前,或在之后,只能讲"心是一切法,一切法是心","非识所识,非言所言"。因此称此心为不可思议境。

那么,从天台宗的三谛观是应如何看待此"一念三千"呢?智顗认为,三千诸法皆从心起,心具"因缘所生法",也就必然具空、假、中三谛。他在《四念处》卷四中说:

> 只一刹那心,即是因缘所生法。因缘心生灭,即是三藏(按:四教中的藏教)三十七品;因缘心空,是通(按:四教中的通教)三十七品;因缘心假,是别(按:四教中的别教)三十七品;因缘心中,非空非假,即是圆(按:四教中的圆教)三十七品,只是一念心。若横,无边际;若竖,无穷尽。三谛源然,此一念不横不竖。若心即空即假即中,是横观。此心先见空,次见假,后见中,即是纵。今谛观心中三句,实不纵不横,不前不后,毕竟清净。⑤

这是说通过观心可观一切法,晓悟藏、通、别、圆四教的佛法,观想空、假、中三谛,领悟三谛不一不异,圆融相即的中道实相之理。

---

① 湛然《止观辅行传弘决》卷五之二:"介尔者,谓刹那心,无间相续未曾断绝";"又介尔者,介者弱也。诗云:介尔景福,谓细念也。"载《大正藏》第 46 册第 295 页下、第 296 页上。

② 《摩诃止观》卷三上讲"无明即法性",卷三下讲"心即佛性",载《大正藏》第 46 册第 21 页下、第 31 页下;卷六下讲"理实无名,对无明称法性。"载《大正藏》第 46 册第 82 页下。

③ 《摩诃止观》卷五上,《大正藏》第 46 册第 54 页下。

④ 《摩诃止观》卷五上引,《大正藏》第 52 册上。《华严经》卷十的原文应为:"心如工画师,画种种五阴,一切世界中,无法而不造。"载《大正藏》第 9 册第 465 页下。

⑤ 《大正藏》第 46 册第 579 页下。

以观想三谛为中心的禅观称三谛观，包括空观、假观、中观；谓观"一念三千"即可"一心三观"。一心具三千诸法，即"一法（即）一切法"，由此可建立观"假谛"的假观；三千从心所起，为"一切法即一法"，由此可建立观"空谛"的空观；三千既然为一心所生，又不是一切所生，由此可建立观"中谛"的中观。三谛圆融无碍，三观相即，故称"一心三观"，"三观在一心"。智𫖮说：

若一法一切法，即是因缘所生法，是为假名，假观也；若一切法即一法，我说即是空，空观也；若非一非一切者，即是中道观。
一空一切空，无假中而不空，总空观也；一假一切假，无空中而不假，总假观也；一中一切中，无空假而不中，总中观也，即《中论》所说不可思议一心三观。①

所谓"一空一切空"，是从"空"来说，假名假象为空，中道也空，空谛即假谛、中谛；同样，"一假一切假"、"一中一切中"，也表明任何一谛即为另外二谛。这样的三观是总空观、总假观、总中观，皆不离心。因为非惯常思维方式可以理解，故称"不可思议一心三观"。

智𫖮表示，达到"不思议一心三观"的目的是求得"一心三智"。佛教以达到觉悟和精神解脱为目的；而要达到觉悟解脱，必须断除人生的种种情欲烦恼，获得相应的智慧。佛教大小乘不同派别在对待烦恼和智慧问题上存在不同见解。天台宗在解释烦恼和智慧时紧紧围绕它的根本教理"三谛"学说而展开。

智𫖮在著作中对此作了反复的大量论证。概括起来说，由于对空、假、中三谛的不同认识和态度，便有三种不同的烦恼和三种不同的智慧。他称这三种烦恼为"三惑"。

1. 由于不理解一切皆空的"空谛"，便产生"见思惑"。此是"见惑"与"思惑"的合称。所谓"见惑"是属于迷误的见解，比如执著"有"、"无"、"亦有亦无"、"非有非无"的四种见解是"四见"。由此四见便产生种种无数迷误见解。"思惑"也称"思惟惑"，指贪、瞋（怒恚）、痴、慢（自高傲慢），因为不能透彻地思维空谛而得，故称"思

---

① 《摩诃止观》卷五上，《大正藏》第46册第55页中。

惑"。

2. 如果对世界上一切是假名、是虚假现象的"假谛"不晓悟,便产生"尘沙惑"。这是从烦恼的数量讲的,含义是因此产生如同无量的尘沙那样多的"见思惑",故称"尘沙惑"。据智顗的解释,对于一般人来讲,由于不理解"假谛"而产生"尘沙惑",而对于以普度众生为己任的菩萨来讲,是在体悟真谛(这里指空谛)以后主动"入假"(现身世俗社会),致力于破除众生的"尘沙惑"。

3. 在此二惑之后是"无明惑"。"无明"本意是"痴",实指不明佛教义理,在十二因缘中被列为第一支,被认为是一切烦恼的根本。智顗认为由于不理解一切非有非空,亦有亦空的"中谛",而产生"无明惑"。

与"三惑"相对应有"三智",即:一切智、道种智、一切种智。如前所述,北齐慧文据《大智度论》提出"一心三智"时最早对此进行论证。大意是:"一切智"是从整体上了解一切事物,破除对一切事物的无知,然而却以"一切智"作为小乘人的智慧;"道种智"是指菩萨通晓用各种教法教化众生的智慧;"一切种智"是分门别类了解各种事物,破除对各个事物的无知,称此为佛的智慧。那么,如果取得这三种智慧呢?智顗说:

> 即空之观,能灭见思之非;即假观,能灭尘沙之非;即中观,能灭无明之非。如此论灭,遍灭法界诸非。(《摩诃止观》卷四上)
>
> 三观者,若从假入空,空慧相应,即能破见思惑,成一切智。智能得体,得真体也。若从空入假,分别药病种种法门(按:此指菩萨入世俗应众生之惑,随机教化),即破无知,成道种智。智能得体,得俗体也。若双遮二边(按:既否定空,又否定假),入中方便,能破无明成一切种智,智能得体,得中道体也。
>
> 一心三观所成三智,知不思议三境。此智从观得,故受智名。(《摩诃止观》卷三上)[1]

---

[1] 分别载《大正藏》第46册第37页下、第25页下至第26页上中。

这是说，因修空、假、中三观①，可分别得到三智。然而按照天台宗教理，若分别地修三观，观空假中三谛，灭见思、尘沙、无明三惑，证一切智、道种智、一切种智三智，尚属于"别教"，并非究竟。认为既然一心三千具三智，则自然应是一心同时三观，一心三智。用灌顶《观心论疏》卷四的话来说："此三观三智并在一中。"② 因此主张，只要观中道谛，就可同时破三惑，得三智，称此属于"圆教"的教义。不仅如此，天台宗还提出不必历劫修行就可破无明，《摩诃止观》卷六下有曰："只于此身，即破两惑，即入中道，一生可办。"③ 是说通过体悟中道之理，在生前即可达到觉悟。

那么，如何断惑呢？天台宗强调修行者自己的内省自悟，而不要修行者一定要脱离世俗社会的日常生活。因为既然把修行止观的所观之境规定为"一念无明之心"，是非同一般的"不可思议之境"，三谛、三观和三智相即不离，所以必然得出"无明即法性"（《摩诃止观》卷三上），"贪欲即是道"，"不断烦恼而入涅槃，不断五欲而净诸根"。（《摩诃止观》卷八上）④ 这里包含着中道的"相即不二"的意义，可以推导出即众生是佛，即现实人间是彼岸，即日常生活是佛国净土的结论。

然而如果据认为天台宗主张不持戒规，放任自己，也是不符合天台宗的教义的。《摩诃止观》卷八上说："不住调伏，不住不调伏。住不调伏是愚人相，住于调伏是声闻法……"⑤ 这段文字取自后秦鸠摩罗什译《维摩诘经》⑥，谓离开调伏与不调伏才属于大乘的菩萨之行。所谓"调伏"意为按戒规抑制自己以防非止恶。这句话是说，既不能如同一般人（凡夫），那样安于过世俗生活，又不能像小乘修行者那样远离世俗社会只顾个人修行，而应像大乘菩萨那样深入世俗社会教化众生，对于世俗与出世、烦恼与涅槃等对立的两个方面都不执著，做到"如花在泥，如医疗

---

① 《摩诃止观》还讲与三观相应有"三止"：体真止、随缘方便止、息边止，实际含义与三观大同。兹略。
② 《大正藏》第 46 册第 608 页中。
③ 《大正藏》第 46 册第 80 页下。
④ 分别见《大正藏》第 46 册第 21 页中、第 103 页中下。
⑤ 《大正藏》第 46 册第 103 页中。
⑥ 《维摩诘经》卷中有曰："若住不调伏心，是愚人法；若住调伏心是声闻法。是故，菩萨不当住於调伏、不调伏心，离此二法是菩萨行。"《大正藏》第 14 册第 545 页中。

病",身处污染之地而不受污染。这种重视入世的大乘菩萨精神,是中国佛教的重要特色之一。

大乘佛教以成佛为修行的最高目标。从立誓修行(发心,发菩提心)到成佛,据佛经所说要经历很多阶位,称此为菩萨阶位。佛经对此有不同说法,据《华严经》有四十一位:十住、十行、十回向、十地(以上各具十个阶位)和佛地;若据《璎珞本业经》有五十二阶位:十信、十住、十行、十回向、十地(以上各有十个阶位)和等觉、妙觉。① 比较而言,第二种说法比较流行。天台宗作为中国创立的佛教宗派,提出了自己的阶位学说。

智𫖮在自己的著作中按照三谛和一心三观的理论,对五十二阶位说作出了新的解释。大意是说:他所判的"化法四教"中的"别教"(大乘,相别于声闻、缘觉二乘和通教),对每一个阶位有严格的"法门"规定,是按从浅入深,从低向高的次第进行修证,然而"圆教"(《法华经》及据此经立教天台宗教义)却主张:"一法门具足一切法门,悉皆通至佛地","从初一地具足一切诸地功德","非次位以明次位"(智𫖮《四教义》卷十一);弟子灌顶说:"证初一位即能分身百佛世界"(灌顶《八教大意》)。② 有时也借用五十二位之说来说明修证一心三观、一心三智的过程。③

天台宗的修行阶位学说中最具有特色的是"六即"阶位说。所谓"六即",也称"六即菩提"、"六即佛"。据《摩诃止观》卷一下等,"六即"包括:

1. 理即。"一念心即如来藏理,如故即空,藏故即假,理故即中,三智一心中具,不可思议",是说众生之心就是如来藏(也称佛性、理),即空、假、中三谛,即为一切智、道种智、一切种智。这实际是从一切众生修证的可能性来说的。

2. 名字即。"或从知识,或从经卷,闻上所说一实菩提,于名字中通达解了,知一切法皆是佛法,是为名字即菩提",说的是从读经闻法中得

---

① 这些阶位的称法不同,但仔细比较会发现它们在内容上有不少重复之处。这里不拟对这些阶位一一进行解释。
② 《大正藏》第46册第761页上、第722页中。
③ 详见智𫖮《四教义》卷十一及灌顶《八教大意》。

悉中道实相的教义。

3. 观行即。"观行即是者，必须心观明了，理慧相应，所行如所言，所言如所行"，指的是修习止观，观想三谛，得到初步的智慧，用以进一步指导修行止观。

4. 相似即。通过修习止观，越修行对于三谛圆融的道理越明，观察到相似的实相，即使看到"一切世间治生产业"，也体悟它们实际与中道实相不相违背，从而达到接近于觉悟的境界。

5. 分真即，也称"分证即"，"分真智断"、"六根清净位"。谓"初破无明见佛性，开宝藏见真如"，进而"无明微薄，智慧转著"，通过观悟实相逐渐达到觉悟境界。

6. 究竟即，也称"究竟菩提"。谓彻悟三谛相即圆融的中道实相，断除一切烦恼迷惑，从而"智光圆满，不复可增，名菩提果，大涅槃断，更无可断。"①

智𫖮在解释《法华经·分别功德品》经文时提出"起随喜心"、"自受持读诵"、"劝他受持读诵"、"兼行六度"、"正行六度"的"五品弟子位"②。在《摩诃止观》卷五之下、卷六之下等文字中，以此五品弟子位配应于"六即"中的"观行即"。此外，他还用《璎珞经》中的"十信"位配"观行即"（谓之"伏见"，控制"见思"诸惑），用"十住"位配"相似即"（谓之"破见"，破除"见思"诸惑）；然而有时又用"十住"、"十行"、"十回向"、"十地"、"等觉"等阶位配应"分真即"；用"妙觉"配应"究竟即"。③

然而应当指出的是，智𫖮特别强调"六即"前后每一位次皆与中道实相相契的意义，自以为"高下大小"等不过是"方便"的说法。用湛然《止观辅行传弘决》卷一之五的话来说："果头（按：指成佛之果）之理，初后无殊；约事差分，六位阶降。名六，名即，不即不离。"④ 其中也贯穿着相即不二的思想。

---

① 引文见《摩诃止观》卷一下，载《大正藏》第46册第10页中下，解释并参考《摩诃止观》卷六下、卷九下、灌顶《八教大意》、湛然《止观辅行传弘决》卷一之五等。
② 智𫖮《法华文句》卷十上提出此五品弟子位（《大正藏》第34册第138页上），在《摩诃止观》卷六之下用此五品位对应说明"六即"中的"观行即"。
③ 《大正藏》第46册第10页中下、第11页上及第69页下等。
④ 《大正藏》第46册第179页上。

智颛与其师慧思以未来佛自许（参《南岳思大师立誓愿文》）不同，他在去世前向弟子说自己仅达到"五品弟子位"，也就是"六即"中的"观行即"位，仍属于的"外凡"（未能深入认识实相的凡夫位，属于见道之前）地位。

总之，智颛创立的天台宗通过判教，特别通过提出自己独特的真理观——中道实相论和引导信众通过止观修行体悟中道实相的观心论，建立了超越于印度大小乘佛教的庞大的教理体系。

天台宗是中国最早成立的富于民族特色的佛教宗派，它以"三谛圆融"的理论会通大乘空、有宗二宗，强调空有相即不二，烦恼即菩提，即人间是净土的思想，对当时和后世产生很大影响。唐代成立的华严宗、禅宗的教理，也在不同程度上吸收了天台宗的教义思想。直到现在，我们仍可以从天台宗的三谛教理、"治生产业皆与实相不相违背"等说法中汲取人间佛教的某些思想。

四　天台宗"性具善恶"的心性论

南北朝时期，随着《大涅槃经》等经的佛性学说的传播和被广泛讨论，形成了各种佛教心性论。有些心性论受到中国儒家人性学说的启发和影响，带有明显的民族特色。在各种心性论之中，"心性本净"的主张虽占主导地位，然而也有人主张"心具染净"。智颛之师慧思在《大乘止观法门》中主张心体"并具染净二性"，就是一种"性具善恶"的佛教心性论。智颛大概是直接继承师说的，在他自己的著述中也明确地提出"性具善恶"的心性思想。

智颛"性具善恶"的理论基础是他的"心具一切法"或"一念三千"的理论。既然心具一切事物和现象，自然也包括心体的善恶属性和心理、意念等。智颛所说的"心"是平常人任何时刻的思想意识，即所谓"一念平常心"、"一念眠（按：相当于烦恼）心"等。智颛《四念处》卷四说：

> 在一念眠中，无明心与法性合，起无量烦恼。寻此烦恼即得法性。……是一念无明心，有烦恼法，有智慧法。烦恼是恶尘、善尘、无记（按：非善非恶）尘，开出法身、般若、解脱。《法华》云，如

是性相等，一界十界百千法界究竟皆等……①

按字面意思是说，平常的一念之心是无明与法性的结合，产生一切烦恼的、智慧的心理或事物，在烦恼的心理或事物中包括一切善的、恶的、非善非恶的因素（尘，原指与主观六根相对的六境）；由观想这些主观的和客观的东西，可以获得智慧（般若）、法身和达到解脱。世界上一切事物的性、相、体、力等皆为一心的产物，在本质上是等同的。

智颢讲"一念三千"，是说佛、菩萨、缘觉、声闻和天、人、阿修罗、畜生、饿鬼、地狱的十法界，又各有十法界，各有十如和三个世间（五阴世间、众生世间、国地世间），共成三千世间，只是一念之所具。实际在这当中就包含善恶两种法界、两种性相，自然可以在理论上得出性具善恶的结论。他的《观音玄义》卷下说："众生性相，一心具足。"②唐湛然《止观辅行传弘决》卷五之三在解释"一念三千"之后引《大涅槃经》说：

> 佛性者不名一法，不名十法，不名百法，不名千法，不名万法。未得菩提（按：觉悟）时，一切善、恶、无记，皆名佛性。③ 经文既云非一乃至非万，复云善、恶、无记即是佛性，善恶无记即三千也。故知三千非三千，具足三佛性也。④

是说佛性未必等同善性，应包括善性、恶性和非善非恶（无记）性。按照智颢的"一色一香，无非中道"的说法，一念所具之三千，即包含善、恶和非善非恶的"无记"三性。

所谓"三千非三千，具足三佛性"中的"三佛性"，是指正因佛性、了因佛性和缘因佛性。一切善恶诸性，皆包含在这三佛性之中。"三因"的说法原出自《大涅槃经》。此经卷二十六说"众生佛性亦二种因：一者正因，二者缘因。正因者谓诸众生，缘因者谓六波罗蜜"；"正因者名为

---

① 载《大正藏》第46册第579页上中。
② 载《大正藏》第34册第888页下。
③ 此引自南朝宋慧严等改治本（南本）《大涅槃经》卷三十三，文字稍异。
④ 《大正藏》第46册第296页下。

佛性，缘因者发菩提心"。此外又提出"生因"、"了因"的说法，谓"因有两种，一者生因，二者了因。能生法者是名生因，灯能了物故名了因。烦恼诸结是名生因，众生父母是名了因。如谷子等是名生因，地水粪等是名了因"。① 但在经文中并没有对正因、缘因、了因作出一致的解释。从所作的论断来看，它们之间往往混同使用。从字面含义来说，正因指成佛的内在依据或主体，缘因指辅助性的外在因素，了因则指能促成觉悟的禅观、智慧等。

智顗利用上述"三佛性"的概念来论证他的佛性理论。对应于他所说的"三轨（三法）"：真性轨、观照轨、资成轨，提出正因佛性、了因佛性和缘因佛性的说法。然而他对三轨的说法也很不一致。从所讲的主要内容来看，真性轨是指禅修所观想的境，包括一念所具的"三千"（一切内外事物）和空假中三谛，或特指三谛相即圆融的中道实相；观照轨是指止观、智慧，或指一切智、道种智和一切种智等；资成轨是指读经、忏悔等诸善行。智顗又将三轨与三佛性会通，说"真性轨是正因性，观照轨是了因性，资成轨即是缘因性"。（《法华玄义》卷五之下）② 这样一来，不仅内在的"心性"、一心所具的三谛、三智皆为佛性，连各种修行也被纳于佛性之中。因为将一切皆看成是佛性，故它们的本质属性自然是有善有恶的。

应当指出的是，因为智顗强调"一念三千"中的"一念"是"一念无明之心"，而"无明"是与"烦恼"、"恶"等大体同义的，所以有时他也把"性具善恶"解释为在恶性中包含着善性。智顗《法华玄义》卷五之下说：

> 若有无明烦恼性相，即是智慧观照性相。何者？以迷明故起无明，若解无明即是于明。大经（按：《大涅槃经》）云：无明转即变为明。《净名》云：无明即是明。当知，不离无明而有于明。如冰是水，如水是冰。又凡夫心一念即具十界，悉有恶业性相，只恶性相即

---

① 分别载《大正藏》第 12 册第 775 页中、第 778 页上、第 774 页下。
② 另可参考：唐代湛然《止观辅行传弘决》卷五之三："了是显了，智慧庄严；缘是资助，福德庄严。由二为因，佛具二果。元此因果，本是性德。性德缘了，本自有之。今三千即空，性了因也；三千即假，性缘因也；三千即中，性正因也。"载《大正藏》第 46 册第 296 页上。

善性相。由恶有善，离恶无善，翻于诸恶，即善资成。如竹中有火性，未即是火事，故有而不烧，遇缘事成，即能烧物。恶即善性，未即是事，遇缘成事，即能翻恶。如竹有火，火出还烧竹。恶中有善，善成还破恶，故即恶性相是善性相也。①

这是以无明（根本烦恼）即菩提，生死即涅槃为前提推论出来的，立足点是一个"恶"字。"恶"可概释为世俗世界、世俗心理。认为"恶"本身包含着转变为"善"的可能性，从这一点来说，"恶"就是"善"。这是说心性具有善恶，在恶的心性中有善的心性，好像竹（恶）中包含燃烧的可能性（善）一样。

智顗在《观音玄义》中对性具善恶有比较系统的论述。《观音玄义》是对《法华经·观世音普门品》的论释。《法华经·观世音普门品》讲观世音菩萨以大慈大悲的精神普现于众生之中，用各种不同的形象和方法普度众生。智顗通过对性具善恶的论证，力图说明佛与菩萨之所以能出入恶的世界教化恶的众生，是因为他们并未断除恶的本性。同时也向人们说明，极恶的人如"一阐提"（佛教原称善根断绝及"信不具足"者），之所以仍可成佛，是因为仍有善的心性。智顗的论证采用的是问答体：

问：缘、了（按：缘因佛性与了因佛性）既有性德善，亦有性德恶否？

答：具。

问：阐提与佛，断何等善恶？

答：阐提断修善尽，但性善在。佛断修恶尽，但性恶在。

问：性德善恶，何不可断？

答：性之善恶，但是善恶之法门。性不可改，历三世无谁能毁，复不可断坏。譬如魔虽烧经，何能令性善法门尽？纵令佛烧恶谱，亦不能令恶法门尽。如秦焚典坑儒，岂能令善恶断尽耶？

问：阐提不断性善，还能令修善起。佛不断性恶，还令修恶起耶？

答：阐提既不达性善，以不达故，还为善所染，修善得起，广治

---

① 《大正藏》第33册第743页下—第744页上。

诸恶。佛虽不断性恶，而能达于恶，以达恶故，于恶自在，故不为恶所染，修恶不得起，故佛永无复恶；以自在故，广用诸恶法门化度众生，终日用之，终日不染，不染故不起，那得以阐提为例耶？若阐提能达此善恶，则不复名为一阐提也。若依他人，明阐提断善尽，为阿梨耶识所熏，更能起善。梨耶即是无记无明，善恶依持为一切种子。阐提不断无明无记，故还生善。佛断无记无明尽，无所可熏，故恶不复还生。若欲以恶化物，但作神通变现度众生尔。问，若佛地断恶尽，作神通以恶化物者，此作意方能起恶。如人画诸色像，非是任运。如明镜不动，色像自形，可是不可思议理能应恶。若作意者，与外道何异？

今明阐提不断性德之善，遇缘善发。佛亦不断性恶，机缘所激，慈力所熏，入阿鼻（按：指无间地狱）同一切恶事化众生。以有性恶，故名不断；无复修恶，名不常。若修、性俱尽，则是断；不得，为不断不常。阐提亦尔，性善不断，还生善根。如来性恶不断，还能起恶，虽起于恶，而是解心无染，通达恶际即是实际，能以五逆（按：五种重罪，如杀父母及诽谤佛法等）相而得解脱，亦不缚不脱，行于非道通达佛道。阐提染而不达，与此为异也。（《观音玄义》卷上）①

这段引文主要有两个意思：

1. 佛与一切众生皆具有善恶两种心性。在正因、缘因、了因三佛性中，正因佛性被认为是先天本具，一般简称为"性"，而认为后二者为后天修习（善行与观智）而来，称为"修"②。"由修照性，由性发修"，故"修性不二"③，统为佛性。从缘因佛性与了因佛性来说，据称也有属于先天而有的"缘因种子"和"了因种子"，二者同为"性德"，而后天的修习则为"修德"。三种性德处于"因"位时"不纵不横"；成为"果"时分别为法身、解脱、般若，称之为"涅槃三德"。既然缘因、了因二性同

---

① 《大正藏》第34册第882页下—第883页上。
② 宋天台宗学僧知礼的《十不二门指要抄》卷下谓："修谓修治造作。"载《大正藏》第46册713页上。
③ 参湛然著《十不二门》。载《大正藏》第46册第703页中。

具善恶（性德善、性德恶），也就等于说佛性（或称心性）同具善恶。无论佛乃至一般众生，包括极恶的"一阐提"在内，也都本具善、恶两种心性。那么，他们之间难道没有区别了吗？智𫖮认为，一阐提虽然丧失"修善"（禅观、修行等善的行为），但他本具的善性还在。佛虽然断除"修恶"，却仍有恶性。为什么这样呢？既然称之为"性"，那么"性"的定义就是"不可改"，"不可断坏"，就是说它们是永恒不变的，佛与众生本具的善恶性也永远存在。

2. 既然性具善恶，那么恶人是否还能行善，佛是否能做恶事？智𫖮认为，恶人如一阐提，并没有断尽善性，虽不"通达"理解善的道理，但遇到善的机缘，仍可以产生"善根"，改恶行善。佛虽然还留有恶性，但因为对恶有透彻的理解，所以即使生活在世俗的恶的环境，甚至现身于地狱之中，能用种种为各界众生熟悉的思想和方法教化众生（所谓"恶事"）①，都不能说是有意作恶。智𫖮进一步说，佛在特定条件场合仍做恶事，但因为"通达"恶的本身就是真如、法性（所谓"实际"），即了解"烦恼即菩提"，所以能不为恶所污染，甚至能在犯"五逆"重罪的情况下达到解脱，即所谓"行于非道通达佛道"。这与《般若经》、《维摩诘经》中所讲的大乘佛教的"方便"、"善巧"是一致的，然而独特之处是提出了这样做的心性上根据——恶性未断。

对于佛、菩萨要到世俗社会借用世俗手段化度众生这点，原是大乘佛教的主张，并不是天台宗的发明。南北朝时北方地论学派（相州北派）和弘传南北的摄论学派曾对一阐提何以能"起善"，佛何以能"以恶"化度众生作过解释。他们是信奉大乘唯识学说的，认为第八识阿梨耶（阿赖耶）识是"无记无明"之心，内藏一切善恶种子。一阐提因为有此阿梨耶识，故在一定条件下可引发善种，做善的行为，而"佛断此识，无恶种熏，永不起恶"。② 佛之所以能入世俗世界用恶法化度众生，是因为他有广大神通，可以变现各种形象到众生之中。对于这种说法，智𫖮表示反对，认为这如同外道一样是故意造作，有意地"起恶"，而不是依据心

---

① 《摩诃止观》卷二之下有："随自意和光入恶"；卷六之下有"和光同尘"的说法，意谓大乘菩萨应入一切世俗环境以至恶处，应机于"恶中"普度众生。据此意，《维摩诘经·方便品》中所载"游诸四衢，饶益众生。入治政法，救护一切。入讲论处，导以大乘。入诸学堂，诱开童蒙。入诸淫舍，示欲之过。入诸酒肆，能立其志"等，都属于以"恶事"化度众生。

② 据宋代知礼《观音玄义记》卷二，载《大正藏》第34册第905页下。

性而自然而然地"任运"以恶度人。

人性善恶问题是中国哲学史上的重要问题。春秋时儒家创始人孔子（前551—前479）不轻易地说性与天道，只说过"性相近也，习相远也"（《论语·阳货篇》）。战国时孟子（约前372—前289）开始明确地主张性善论，说"人性之善也，犹水之就下也"，"仁义礼智，非由外铄我也，我固有之也"（《孟子·告子上》），目的是论证伦理道德源于人的本性。与他同时的告子主张"生之谓性"，"食色，性也"，"无善无不善"（《孟子·告子上》），反对道德天赋论。据说战国时周人硕德主张"人性有善有恶。举人之善性，养而致之则善长；性恶，养而致之则恶长"（东汉王充《论衡·本性篇》），认为善恶两性在后天的发展取决于教养。此后荀子（约前313—前238）提出性恶论，说"人之性恶，其善者伪（按：意人为）也"（《荀子·性恶篇》），认为只有通过圣人的礼义道德的教化和严格的法制，才可使人为善。西汉董仲舒（前179—前104）提出善、恶、中的性三品说，认为"圣人之性"（善性）和"斗筲之性"（恶性）不可改变，只有"中民之性"靠"王教"可以为善（《春秋繁露·实性篇》）。此后，扬雄（前53—18）提出"人之性也善恶混"的理论（《法言·修身》），认为人之所以成为善人、恶人，是由后天的修养决定。这些说法皆是为了论证施行礼义道德教育的根据和必要性，是否人人可以为善成为圣贤。主张性善论者认为礼义道德本来符合人的天性，如顺其本性而施教，则人人可以成为尧舜。主张性恶论者则认为人性本恶，必须借助礼义道德的强制教化，人才会为善，社会才会得到治理。主张性善恶混论者实际是将性善论与性恶论加以折中。从中国思想史来看，孟子的性善论对后世影响最大，以致成为宋明理学的正统人性学说。

佛教是心性论是宗教理论的一个组成部分，自然是与各个佛教宗派的基本教义密切结合的。但佛教的心性论与上述儒家的人性论也有相通之处，目的是论证佛法教化是否需要，众生接受佛法有无内在的根据，一切众生是否皆可为善成佛。天台宗以前的佛性学说很像儒家的性善论，讲一切众生皆有佛性，皆可成佛；佛性本净，由于被无明烦恼遮蔽才使众生轮回于生死，只要信奉佛教，进行修行，断除无明烦恼，就可使佛性显现，从而解脱成佛。这种理论虽讲恶人（一阐提）也有佛性，但没有明确地讲他们有修习佛法的内在可能性（缘、了"性德善"）；虽讲佛入世俗世界化度众生，但没有讲佛心性中仍有恶性作为内在根据。智𫖮的性具善恶的心性论对此作了明确的解释。智𫖮心性论的提出，应当说是受到历史上儒家的"有善有恶"人性论思维方法的启发或影响，但却带有自己鲜明的宗教特色。讲性善，是侧重讲极恶的人据此善性可修善成佛；讲性恶，是强调佛与菩萨可据此恶性任运出入世俗世界普度众生。唐代湛然在评论智𫖮的性具善恶理论时说：

> 他解唯知阐提不断正因，不知不断性德缘、了，故知善恶不出三千。（《止观辅行传弘决》卷五之三）①

意为其他心性学说只承认恶人仍有正因佛性，但却不知道他们同时还具有修习止观获得智慧，行善获得福德的内在可能性。这种"性德缘、了"（性德缘因、了因）既然是成佛之因，自然也属于佛性。

佛有恶性，听起来违反佛教教义。智𫖮之前慧思只讲性具染净，还没有明确地讲性具善恶。宋代知礼评论说：

> 只一具字，弥显今宗。以性具善，诸师亦知。具恶缘、了，他皆莫测。（《观音玄义记》卷二）②

他把性具善恶看成是天台宗区别于他宗的重要特点。

从天台宗教义来说，三观的"观假"，就是要求修行者在思想上了解无量的世俗世界（假即现象世界、现实社会），明确大乘菩萨应深入到这个世界，接触各种众生，随机进行教化，以大慈大悲的精神济度众生。智𫖮讲佛菩萨心性中本具恶性，就是为大乘佛教所说的佛、菩萨深入世俗世界，随机运用众生易于接受的言教和方法进行教化、普度众生，提供心性论基础的。

智𫖮的性具善恶论，在唐代的湛然、宋代的知礼、遵式等天台宗学僧的著作中也有不少解释和发挥。天台宗的心性论丰富了中国哲学的人性学

---

① 《大正藏》第 46 册第 296 页上。
② 《大正藏》第 34 册第 905 页上。

说。这种学说与华严宗为代表的"自性清净"、"随缘成染净"① 的性善论，都对儒家的人性论有很大影响。唐代以后人性学说发展的总趋势是性善论与性恶论的折中与会通。唐代倡导古文运动的韩愈（768—824）所著《原性》指出，当时言人性者皆"杂佛老而言也"，提出自己的性、情说，认为性"与生俱生"，蕴含仁义礼智信；而情是"接于物而生"，表现为感情欲望（喜怒哀惧爱恶欲）；性有上、中、下三品，情受性制约，同时又体现着性。李翱（772—841）是韩愈古文运动的追随者，撰《复性书》，对性、情有新的诠释，说"人之所以为圣人者，性也；人之所以惑其性者，情也"，主张性善而情恶，或"情有善有不善"，主张通过"斋戒其心"灭除"妄情"而复归清明本性。到宋代张载（1020—1077）、程颢（1032—1085）和程颐（1033—1107）、朱熹（1130—1200），虽奉孟子的性善论为正统，但又明确地注明"孟子言性善，是极本穷原之性"，称此善性为"天地之性"，同时承认人有感觉情欲，称之为"气质之性"；说人的"气质之性"有清浊善恶。② 可以说佛教各派的心性论是促成唐宋人性学说发展的重要因素，并提供了丰富的思想资料。

第三节　三论宗的创立及其教义

在隋唐成立的佛教宗派中，三论宗是继天台宗之后成立的第二个宗派。创始人是嗣法于南朝陈代建康三论学派重镇摄山法朗的吉藏。三论宗依据并发挥印度大乘中观学派的重要著作龙树《中论》、《十二门论》及其弟子提婆《百论》而创立教义体系，理论富有浓厚的哲学思辨色彩，然而也是在传播中较早失去传承的宗派之一。

为论述方便，下面先对隋前"三论"的传译和研究情况作简要回顾，然后对吉藏生平及其所创立的三论宗进行系统介绍。

---

①　法藏《华严一乘教义分齐章》卷四，载《大正藏》第45册第499页中。华严宗虽基本主张性善说，但在法藏某些著作中也有"性具善恶"的说法，如《华严发菩提心章》"第十圆融具德门"中有"然此具德门中，一法法尔性具善恶。故经曰：于一微尘中各示那由他无数亿诸佛于中而说法，于一微尘中现无量佛国、须弥、金刚围、世间，不迫作；于一微尘中现有三恶道、天、人、阿修罗各各受业报，如斯并是实事，非变化作，是法性实德法尔如此也。"后来澄观把天台宗的性恶说引入教义之中。

②　《朱子语类》卷四至卷六"性理"，对历代人性学说有详细论述，可以参考。

一 "三论"的翻译和隋以前研究概况

"三论"是龙树《中论》、《十二门论》和提婆《百论》的统称,是印度大乘佛教中观学派的代表性著作。

龙树及其弟子提婆,在题为后秦鸠摩罗什所译《龙树菩萨传》、《提婆菩萨传》及北魏吉迦夜、昙曜共译《付法传因缘传》卷五卷六中对他们的传记皆有富有神话色彩的介绍。①

龙树(约150—250),为南天竺(古印度)人,出身婆罗门种姓。自幼聪明好学,对婆罗门教"四吠陀"经典及天文地理、图纬秘谶、诸种道术皆有很深造诣。后与几位友人共学隐身之法,因潜入王宫侵凌宫女险遭杀害,认识到"欲为苦本,众祸之根,败德危身,皆由此起",便痛改前非,投师佛教沙门出家受戒,精读三藏。又从雪山一位老比丘处得授大乘经典,虽能读懂,而未通晓深义,便周游各地寻求其他经典。后来有缘,"大龙菩萨"接他入海,于龙宫"开七宝藏②,发七宝华函,以诸方等深奥经典、无量妙法授之"。(《龙树菩萨传》)龙树由此深悟诸法实相,达到菩萨悟境。此后,龙树游历南天竺各地弘传大乘佛法,摧伏外道,作论书十万偈,又作《庄严佛道论》五千偈,《大慈方便论》五千偈;作《无畏论》十万偈,《中论》即为此书一部分,有五百偈。另著有《十二门论》,《大智度论》。在现存汉译佛典中署名龙树著的论书有多种③。

提婆,也意译圣天,南天竺人,出身婆罗门种姓。据称"博识渊揽,才辩绝伦",曾入一所神庙,看到金铸大自在天神的造像,认为"神不假质,精不托形",竟将神像"颇梨"(玻璃)制的左眼挖出。然而他后应大自在天神显灵请施之求,将自己左眼挖出来归还。提婆后来归依龙树门下出家,学习佛法。在离开龙树后,周游各地传法,自称"一切智人"。

---

① 载《大正藏》第50册。
② 七宝藏,意为宝藏、储藏珍宝的仓库。"七宝",说法不一,或指金、银、琉璃、玻璃、珊瑚、玛瑙、砗磲。这里当泛指珍宝。
③ 汉译《中论》四卷,《十二门论》一卷,《大智度论》百卷,皆后秦鸠摩罗什译。另有《顺中论义入大般若波罗蜜经初品法门》二卷、《壹输卢迦论》,北魏瞿昙般若留支译;《回诤论》,北魏毘目智仙与瞿昙流支译;《龙树菩萨为禅陀迦王说法要偈》、《劝发诸王要偈》,南朝宋僧伽跋摩译;《菩提资粮论》六卷,隋达磨笈多译;《龙树菩萨劝诫王颂》,唐义净译;《大乘破有论》、《六十颂如理论》、《大乘二十颂论》、《赞法界颂》,宋施护译;《广大发愿颂》,宋施护等译;《福盖正行所集经》十二卷,宋日称等译。

南天竺国王原奉外道，提婆运用智慧劝诱他及其身边的人接受佛法。据传，他为了制服其他外道，在王都设置高座，提出三大论题："一切诸圣中，佛圣最第一"；"一切诸法中，佛法正第一"；"一切救世中，佛僧为第一"，与外道进行辩论。据称在三月内外道无能辩胜他者，皆服输皈依佛教。

提婆以辩破外道"邪见"著称，作有《百论》二十品及《四百论》①，后被一个外道的弟子杀死。死前，他以诸法性空思想劝弟子放弃报复，说："彼人所害，害诸业报，非害我也。"（以上据《提婆菩萨传》）

龙树与提婆在解释《般若经》思想的基础上建立了大乘中观学派。他们在上述《中论》、《十二门论》、《大智度论》和《百论》等著作中，以大小品《般若经》一切皆空的思想为根本前提，系统阐释和论证世界万物空有相即融通的中道不二的理论，并对外道、小乘及大乘的有违空义和中观思想的见解进行批判。

在中国，以《般若经》为代表的大乘空宗思想在东汉以后陆续传入。自东汉支谶译《道行般若经》（属小品）之后，三国吴支谦译《大明度无极经》（属前者重译），西晋竺叔兰和无叉罗译《放光般若经》、竺法护译《光赞般若经》（二者为大品，属同本异译），佛教界对其中宣扬的诸法性空（一切事物本质空寂）和中道思想逐渐有所了解。后秦鸠摩罗什又重译大小品《般若经》，并且翻译了诠释《摩诃般若经》的《大智度论》，又将集中论证中道不二思想的"三论"译出，促进了佛教学者对大乘中观思想的研究和传播，对当时和后世的佛教思想皆有较大影响。

鸠摩罗什（344—413），祖籍印度，生于龟兹（今新疆库车）王室，自幼出家，精通大小乘，尤精般若大乘中观学说。后秦弘始三年（401）被迎请到长安，在后秦王支持下共翻译大小乘佛经35部294卷。

《百论》二卷，在弘始四年（402）译出，弟子僧睿作序。然而当时鸠摩罗什因"方言未融"，译文不够流畅，表述有失当之处。弘始六年（406），后秦司隶校尉安成侯姚嵩请鸠摩罗什和其他沙门考校正本重新翻译，"使质而不野，简而必诣"。僧肇为之作序。现通行者即此译本。论

---

① 汉译《百论》二卷，后秦鸠摩罗什译。唐玄奘译《四百论》一卷仅为原本后半八品二百颂内容，有藏译全本。

原本有二十品，品各有五偈，共有百偈，因称百论，但鸠摩罗什认为后十品五十偈"无益此土"，缺而未译。

此论除开头的归敬偈之外，皆为长行（散文体）而无偈颂，与《中论》只有偈颂而无长行、《十二门论》兼有两种文体不一样。内容是运用中观理论对数论（僧佉、迦毗罗）、胜论（卫世师、优楼迦）、离系（尼犍、勒沙婆）等印度外道的见解进行批驳，也兼及批评大小乘佛教内部被认为有违中道的观点，如吉藏《三论玄义》所说"正破外，傍破内"。全文采用问答体："外"是指外道提出的质难；"内"是对外道的批驳。凡注"修妒路"者是提婆的简短原文，其他皆为"婆薮开士"（世亲菩萨）的注释。

《十二门论》，一卷。弘始十年（408）译，僧睿写序，谓："十二门论者，盖是实相之折中，道场之要轨也。"所谓"实相"即为空与中道，说此论准确诠释实相，为指导修行的要旨。要通达实相，须以观想十二门为途径，包括：观因缘门、观有果无果门、观缘门、观相门、观有相无相门、观一异门、观有无门、观性门、观因果门、观作者门、观三时门、观生门。其《观因缘门》谓大乘深义在空，"解释空者，当以十二门入于空义"，同时也悟入中道实相。全论由二十六首偈颂和释文组成。

据吉藏《十二门论疏》介绍，《中论》出自龙树《无畏论》，而《十二门论》或云出自《无畏论》，或云出自《中论》，但仅"择其精玄"。在二十六首偈颂中，多首偈颂同《中论》，有一偈出自龙树《七十空性论》，也有为二论所无者。一说此论的偈颂为龙树作，或云长行文是青目所作的注并引四首偈颂，或谓偈颂与长行文皆为龙树作。吉藏认为，此论与《中论》虽同显中道，破斥邪见，然而《中论》"双申大小"（兼弘大小乘），此论"但显大乘"。

《中论》，亦译《中观论》，四卷二十七品，在弘始十一年（409）译出。僧睿、昙影皆为作序。僧睿序中说此论有五百偈，然而据吉藏审核有四百四十六偈（吉藏《中论序疏》）。僧睿序说："以中为名者，照其实也；以论为称者，尽其言也。"释文是古印度青目著，鸠摩罗什翻译时有删改。

《中论》是"三论"中最重要的论书，依据并发挥般若空义和中道理论，借助"世俗谛"和"第一义谛"（真谛），对佛教缘起学说进行论释，批驳大小乘佛教内部执著有、无、常、断诸见为主要内容。吉藏

《三论玄义》说此论为"通论",谓"通破大小二迷,通申大小两教,名为通论,即中论是也。故前二十五品破大迷,申大教,后两品破小迷,申小教。"谓《中论》兼破斥大小乘中有违中道的观点,兼弘大小乘二教正理;前二十五品着重破斥大乘中有违中道的观点,而后二品则着重破斥小乘有违中道的观点,弘扬小乘正理。

鸠摩罗什在翻译三论过程中及翻译之后,弟子僧肇、僧睿、昙影等人深入研究,曾分别为"三论"写序,为后人所重。僧肇所著《肇论》,特别是其中《物不迁论》、《不真空论》、《般若无知论》,既阐释般若空义,又灵活运用中道不二思想。北方进入北魏之后,研究者少。南朝宋、齐,佛教界曾以研究阐扬《涅槃经》、《成实论》等为风尚,潜心研究"三论"者不多。齐代周颙,字彦伦,官至起居注、中书郎,在钟山立精舍,休暇时来居,博通百家,"长于佛理",著《三宗论》,以《成实论》学者之义立"空假名"、"不空假名"二题,然后又以般若三论的二谛中道之义设"不空假名"加以破斥。① 至梁朝,武帝特别提倡《般若经》,有力地推动了"三论"的研究。在这当中,摄山学僧发挥了重大作用。

摄山,也名摄岭、栖霞山,地处建康(今南京)东北。据《高僧传》卷八《法度传》及陈侍中尚书令江总持撰写的《金陵摄山栖霞寺碑文并铭》(以下简称《栖霞寺碑》)②,在南朝宋泰始(465—471)年中,来自齐地平原郡(治今山东平原县)的居士明僧绍(后因朝廷征召不赴,人称明征君)入此山结庵隐居,长达二十年。黄龙③沙门法度,"游学北土,备综众经",后渡江进入摄山,与明僧绍志同道合,一起讲经说法,凿山造佛。在明僧绍去世后,其子遵父遗愿舍宅为栖霞精舍,并与法度在西峯石壁镌造无量寿大佛。法度有弟子僧朗,为辽东人,博通佛教经律,尤精《华严经》和"三论"的中道旨要。梁武帝天监十一年(512)遣中寺释僧怀、灵根寺释慧令、僧诠等十僧入摄山从僧朗受学"三论"大义。其中的僧诠是辽西海阳人,从僧朗学三论最有成绩,后因住摄山止观寺,人称"止观诠",弟子中最著名的有在兴皇寺传法的法朗、在栖霞寺的慧

---

① 参《南齐书》卷四十一《周颙传》及《高僧传》卷八《智林传》等。
② 载明梅鼎祚辑《释文纪》卷三十一。
③ 南朝称后燕为黄龙国,称其都城龙城为黄龙,即今辽宁朝阳。

布、在长干寺的智辩、禅众寺的慧勇等四人。①

法朗（507—581），也称道朗，俗姓周，徐州沛郡沛县人。年二十一出家，先从大明寺宝志学禅法，并通习律、《成实论》及毗昙（主要为说一切有部的论书），后入摄山止观寺从僧诠学《大智度论》及"三论"、《华严经》、《大般若经》等。陈武帝永定二年（558），奉敕入京住兴皇寺，从此人称"兴皇朗"。他在此寺传法达二十五年，据传"花严、大品、四论文言，往哲所未谈，后进所损略，朗皆指擿义理，征发词致"。（《续高僧传》卷七《法朗传》）他在阐释"三论"中的二谛中道思想时，经常结合破斥外道、小乘毗昙及《成实论》、大乘中一些有违中观理论的观点。慕名投到门下的学者常达千人之多。法朗于陈太建十三年（581）逝世，年七十五岁。法朗的弟子活跃于陈末至隋朝，著名的有吉藏、罗云、法安、法澄、道庄、真观、慧觉、智矩、慧哲等人，还有法朗生前选定的嗣法弟子、在茅山传法的明（或作"炅"）法师。

吉藏以继承僧朗、法朗的学说自任，在自己的著作中经常引用他们事迹和观点，称僧朗为道朗、大朗法师、摄岭大朗、摄山大师，而称法朗为兴皇法朗、山中兴皇、兴皇大师、摄岭大师，称他们的主张为"山门义"。

此外，据吉藏在《大乘玄论》等著作中的引证，南朝还有"开善"、"光宅"、"庄严"及"龙光"等人也阐释二谛、中道之义，然而认为他们的论述仍不究竟，没能贯彻中道不二的思想。他所提到的"开善"是开善寺智藏，"光宅"是光宅寺法云，"庄严"是庄严寺僧旻，为梁代著名的三大法师，以研究和弘传《大涅槃经》、《成实论》义理著称。"龙光"是智藏弟子、龙光寺僧绰，也是成实学者。② 他们对二谛、中道的解释未能摆脱《成实论》的影响，因而受到吉藏的批评。

---

① 据前引《栖霞寺碑》，并参考唐道宣《续高僧传》卷七《法朗传》、《慧布传》等。湛然《法华玄义释签》卷十九称僧诠为"止观诠"（入摄山后住止观寺，故称），为梁武帝所派入山从僧朗学三论的十僧之一。参考汤用彤《汉魏两晋南北朝佛教史》第十八章有关南朝般若三论的论述。

② 关于智藏、法云、僧旻和僧绰事迹，请参考汤用彤《汉魏两晋南北朝佛教史》第十八章的"成实论师"，并参阅《续高僧传》中有关传记。

二 吉藏的生平

吉藏（549—623），祖籍安息（古波斯王朝），故俗姓安，亦称"胡吉藏"。祖父时移居南海，安家于交、广二州之间，家世奉佛。

吉藏生于金陵（今南京），童年时父亲带他参谒梁陈间译经僧真谛（499—569）。真谛为他起名吉藏。父亲后来出家，名道谅，常带吉藏到兴皇寺听法朗说法。吉藏七岁时即礼法朗为师出家，广学大小乘佛法。十九岁已智辩出众，受具足戒之后逐渐出名，受到陈朝桂阳王陈伯谋的钦敬。

杨广是隋文帝二子，在开皇元年（581）被立为晋王，九年（589）受任行军元帅，率兵南下攻灭陈朝，统一江南，进封太尉，并任扬州总管，镇守江都（今江苏扬州），每年回京城朝觐一次，开皇二十年（600）被立为太子。他为扶持佛教、道教的传播和发展，先在江都建造"四道场"：慧日道场、法云道场是佛寺，玉清道场和金洞道场为道观。此后又在京城建日严寺等。仁寿四年（604）七月文帝病逝，杨广即皇帝位，是为炀帝，次年改元大业。

在隋灭陈之后，吉藏东游江浙，在会稽秦望山（在今绍兴县平水镇）嘉祥寺居住传法，名声日著。晋王杨广慕名召请，与成实和涅槃学者智脱、法轮、慧觉，三论学者法澄、道庄、智矩等人先后被安置住入江都慧日道场，此后又与智矩、慧乘等人应请住入京城日严寺。当时京城佛教界注重弘传《法华经》，吉藏迎合这种风尚也讲释《法华经》，以博识善辩著称，曾应光明寺昙献禅师之请到寺讲经说法，前来听讲受教的僧俗信众很多，正如《续高僧传·吉藏传》所说："豪族贵游，皆倾其金贝，清信道侣，俱慕其芳风。"他将所得施舍的财物皆用来建寺造像、赞助弘法活动和救助社会贫困民众。

炀帝次子齐王杨暕，对吉藏十分欣赏，请他进府任"论主"，召请京城杰出学僧六十余人前来参加辩论。住在大兴善寺自称"三国（指北齐、陈、北周）论师"的僧粲（529—613），一向以雄辩著称，精于《十地经论》，受任"二十五众主第一摩诃衍论主"，乃自告奋勇先向吉藏提出质难。二人彼此质难答辩达四十多个回合不分胜负，受到齐王和与会者交口称赞。吉藏晚年写《法华经》两千部，造佛像二十五尊，早晚虔诚礼忏，又面对普贤菩萨之像坐禅，凝心观想实相之理。

进入唐朝，吉藏在京城经佛教界推举受到唐高祖接见，称颂："惟四民涂炭，乘时拯溺，道俗庆赖，仰泽穹旻。"高祖听后对他表示钦敬。武德之初（618），朝廷为加强对僧尼的管理，置"十大德"（十位学德兼优的高僧）统辖佛教事务。吉藏为十位高僧之一，并应请住持长安实际、定水二寺。

高祖四子齐王元吉奉吉藏为师，予以优遇，请他住进延兴寺。吉藏年事已高，体衰多病。高祖皇帝敕赐良药，派中使相继探望。吉藏自忖不久于人世，乃遗表与皇帝辞别，希望皇帝"缉宁家国，慈济四生，兴隆三宝"，并写信向储后诸王告别。武德六年（623）五月，他让侍者烧香，称佛名号，然后逝世，年七十五岁。临终之日，写《死不怖论》，谓："死由生来，宜畏于生。吾若不生，何由有死？见其初生，即知终死。宜应泣生，不应怖死。"死后，东宫太子以下诸王公等臣僚皆致书慰问，并赠钱帛。弟子慧远等人将其遗体安葬于终南山至相寺附近的北岩。

在隋进军江南，各地混乱之际，吉藏带弟子到各寺搜集文书保存，战后加以整理以备参阅。所以他的著作征引丰富。吉藏一生讲三论一百余遍，讲《法华经》三百余遍，此外还讲《大品般若经》、《大智度论》、《华严经》、《维摩经》等经各数十遍，著有大量经论注疏。弟子有慧远、智凯、智实等人。

《续高僧传》作者道宣对吉藏有简短的评论，说吉藏"貌象西梵，言实东华"。意为长得虽像西方梵僧，却讲中华语言，为人聪明机智，善于"决滞疑议"，辨析义理，"然而爱狎风流，不拘检约，贞素之识或所讥焉，加又纵达论宗，颇怀简略，御众之德，非其所长"，意为缺点是不拘小节，论释问题过于简略，并且不善于训导门众。①

三 吉藏的著作

吉藏的著述，现存《华严经游意》一卷、《净名玄论》八卷、《维摩经义疏》六卷、《维摩经略疏》五卷、《胜鬘经宝窟》六卷、《金光明经疏》一卷、《无量寿经义疏》一卷、《观无量寿经义疏》一卷、《弥勒经游意》一卷、《大品经游意》一卷、《大品经义疏》十卷（缺第二卷）、《金刚般若经疏》四卷、《仁王般若经疏》六卷、《法华经玄论》十卷、

---

① 以上主要据道宣《续高僧传》卷十一《吉藏传》并参考相关传记、大藏经目录。

《法华经游意》一卷、《法华经义疏》十二卷、《法华经统略》六卷、《涅槃经游意》一卷、《法华论疏》三卷，还有比较集中诠释中道不二思想的《三论玄义》一卷、《中观论疏》十卷或作二十卷、《百论疏》三卷、《十二门论疏》三卷以及《二谛义》三卷、《大乘玄论》五卷等。

这里仅对其中集中诠释中道不二思想的几种著作进行介绍。

(一)《三论玄义》，一卷

署名"慧日道场沙门吉藏奉命撰"，说明是吉藏在江都慧日道场奉晋王杨广之命而撰。日本证禅撰《三论玄义检幽集》引"或本（当时尚有的另一种本子）云：大隋仁寿二年（按：公元602）四月奉令撰"。在此前二年，即开皇二十年（600），隋文帝诏废太子杨勇，立杨广为太子。《三论玄义》是奉太子杨广之命撰写的，因非逐段逐句注释，而是从整体上对"三论"大义作论释，故称"玄义"。

全书结构严密，层次清楚，分成两大部分：第一是"通序大归"，宣明"三论"要义不出破邪、显正二门。所谓"破邪"，是以空义和中道思想破斥外道（天竺、震旦外道）、小乘毗昙、《成实论》、大乘等信奉者的常见、断见、空见、有见等"邪见"、"有所得见"；"显正（人正、法正）"，是借破斥各种邪见来弘扬龙树、提婆在"三论"中通过论证二谛显示的"内外并冥，大小俱寂"、"无所得"的中道实相"正理"。

第二是"别释众品"，分为十三项，对佛教经论宗旨、阐释的教旨智慧、龙树和提婆造论的目的、"三论"的侧重点和旨归、立题等方面进行说明和论证。例如在"诸部通别"中说"三论"皆属"大乘通论"，其中《中论》通破大、小二乘人之迷，通申大、小乘二教；《十二门论》通破大乘人之迷，通申大乘之教；《百论》通破大、小二乘人之邪见，通申大、小二乘之正教。在"众论旨归"中说《大智度论》以二慧（实慧、方便慧）为宗，《中论》以二谛（第一义谛、世谛）为宗，《百论》以二智（权智、实智）为宗，《十二门论》以境（空实相）、智（般若）为宗。

(二)《中观论疏》，简称《中论疏》，十卷，或析为二十卷

是对后秦鸠摩罗什译，龙树著、青目释《中论》所作的注释。卷二载吉藏自述："以去仁寿三年三月二日，江南学士智泰来至皇朝请述所闻，遂为其委，释开为十门"。仁寿三年是公元603年。据此，此疏特别在"因缘品"对"八不"的注释，早在仁寿三年乃至以前已经撰述，此

后是按智泰的建议重新分科，至于定稿时间或已进入隋炀帝即位的大业元年（605）以后。

吉藏在吸收东晋道安、后秦鸠摩罗什及其弟子僧肇、僧睿及南朝三论重镇摄山僧朗（大朗）、法朗（兴皇大师）等人关于般若空义和中道思想的基础上，通过注释龙树《中论》，对大乘中观理论作了系统的诠释和发挥。卷首是注释僧睿的《中论序》，然后按《中论》二十七品的次第逐品作或详或略的注释。认为《中论》以二谛（真俗二谛）为宗，而"因缘品"中的"八不"（不生亦不灭，不常亦不断，不一亦不异，不来亦不出）是阐明二谛的，故将"八不"放在最前面。全书将诠释"八不"置于中心地位，称"八不者盖是正观之旨，归方等之心骨，定佛法之偏正，示得失之根原"，可"总摄一切大乘经论甚深秘密义"；说以"八不"观察十二因缘可体悟境界佛性、观智佛性、菩提果性、果果佛性、中道正性。全书通过阐释二谛，既破斥小乘人执著有见（常见），又破斥大乘人执著空见（断见），以宣示中道实相的"正观"，谓"虽毕竟空，宛然而有，故不滞空；虽因缘有，常毕竟空，故不著于有，即是二谛中道"，引导修行者修持二慧（沤和与波若，即方便与智慧），虽求无上觉悟，却不离人间实践"菩萨行"。

卷一"因缘品"中提出的"二藏三法轮"的判教论和引证东晋般若学派"六家七宗"的资料，具有参考价值。

（三）《十二门论疏》，三卷

本论疏著于大业四年（608）六月，是对龙树《十二门论》所作的注释。

卷首是对后秦僧睿《十二门论序》的详细注释。然后按照《十二门论》的十二门的次第进行注释。但在第一"观因缘门"的前面，设释名门、次第门、根本门、有无门、同异门的五项，对此论作整体说明，指出"十二门"实即引导人们体悟空、中道实相、正理，为修持二慧（方便慧、实慧）的门户；因为因缘"为佛法大宗"，从因缘可入于实相，故将"观因缘门"置于十二门之初；观十二门要旨是阐明作为大乘根本要旨的"诸法实相"，此实相也就是中道、佛性；《中论》与《十二门论》在文字和内容上有同有异，二者"同显正道"，但《中论》双申大小乘，借"八不"以破为正，多题"破"字，后者只显大乘，以申义为正，品题但称"观"。在各品注释中，重点是结合对原文的注疏论释中道不二之理，并对小乘萨婆多部（说一切有部）、《成实论》、犊子部及南朝庄严寺僧旻、开善寺智藏等人的观点进行批评。

（四）《百论疏》，三卷

著于大业四年（608）十月，是对提婆《百论》所作的注释。

卷首注释后秦僧肇《百论序》，提到鸠摩罗什在弘始四年（402）、六年（404）两次翻译此论，初译本之序是僧睿著，现注疏的是僧肇为重译本写的序。称《百论》"无邪不摧，无正不显"，梵本原有百偈，注释者为婆薮开士（无著菩萨），因鸠摩罗什认为后五十偈"于此土无益"故缺而未译，只译出前五十偈十品：一舍罪福、二破神、三破一、四破异、五破情、六破尘、七破因中有果、八破因中无果、九破常、十破空。

全论着重破斥外道，同时"兼除小（按：小乘人）迷及大乘有所得见"。外道指印度九十六种外道，主要指僧佉（数论）、卫世师（胜论）、勒沙婆（苦行仙，耆那教开祖）、若提子（离系外道）；小乘人包括说一切有部的毗昙、《成实论》及其他部派（泛称五百部）。然而吉藏注疏内容已超出印度的范围，所破斥的大乘人，既有江南的涅槃、成实学者庄严（僧旻）、开善（智藏）等人，也有北方的唯识学者，特别第十"破空品"注疏中对长安盛行的摄论、地论、地持①学者所持的二无我、三无性思想也加以批评。全书以"初舍罪福"、"二破神"、"十破空"三品的注疏最有特色。吉藏谓此论以"破邪显正为其大宗"，破邪与显正相互为用，"正显则邪破"，"邪破便正显"，意为通过破斥外道及大小乘中的迷执神我、断常诸种见解来显扬中道实相的"正观"。

（五）《二谛义》，三卷

是吉藏集中阐释二谛的著作，认为在佛典中"四论"（《中论》、《十二门论》、《百论》和《大智度论》）最重要，谓"若通此四论，则佛法可明"，而"四论"皆借辨析二谛来显扬"不二之道"，如果通晓二谛便可读懂"四论"乃至众经。他依据《中论》所说"诸佛依二谛，为众生说法，一以世俗谛，二第一义谛"，并据自己认定的《中论》"以二谛为宗"的见解，便以"二谛"为题作集中论释。吉藏说，其师兴皇法朗临去世之际曾郑重嘱咐弟子"我出山以来，以二谛为正道，说二谛凡二十

---

① 分别为陈真谛译《摄大乘论》、北魏菩提流支、勒那摩提等译《十地经论》、北凉昙无谶译《菩萨地持经》。

余种势（按：说法、方式）"，针对开善（智藏）法师曾从十重（十个层次）诠释二谛，他也从十重阐释二谛。

对这十重二谛，吉藏在《大乘玄论》卷一有说明，即：第一标大意、第二释名、第三立名、第四有无、第五二谛体、第六中道、第七相即、第八摄法、第九辨教、第十同异。《二谛义》在中国久佚，现存通用本是源自日本江户时期宝永七年（1710）据两种古本的编校本。此本前面虽也申明"十重者，初则二谛大意，最后二谛同异"。然而实际只有七重：第一明二谛大意（上卷）；释二谛名者（中卷）；二谛相即义第三、二谛体第四、二谛绝名第五、二谛摄法义第六、二谛同异义第七（下卷）。何以如此，无从辨明。从文字看，尽管《大乘玄论》卷一所载"二谛义（十重）"与此书内容有相同处，然而篇幅较短。本书是吉藏在继承摄山僧朗（山中法师之师）、兴皇法朗（山中法师）二谛学说（书里提到"山中师手本《二谛疏》"）的基础上，并总结自己对"四论"中二谛的见解撰写的。

（六）《大乘玄论》，五卷

这是吉藏通过对二谛、八不、佛性、涅槃、二智（方便与般若或权智与实智）、教迹（大小乘教派）、论迹（四论名目与缘起、主旨、龙树略传）等名目的详细论释，表述他对以"三论"为代表著作的大乘中观理论的系统见解。其中特别对二谛、八不、二智、论迹的诠释，可以补充他在"三论"注疏和其他著述中相关论述。在关于"佛性义"的解释中，比较详细地介绍了东晋南朝十一家对"正因佛性"的解释，然后认为按照中道不二的观点，应以"非真非俗中道为正因佛性"。从此书可以了解三论宗基于中观理论对佛教、经论和诸种学说的总体见解。

四 以弘扬中道不二思想为主旨的三论宗教义体系

吉藏在所著《三论玄义》、《中观论疏》、《十二门论疏》、《百论疏》、《二谛义》、《大乘玄论》等著作中所阐释的判教学说、般若空义与中道实相论、二谛与"四重二谛"论、八不中道论、二智与"无所得"境界，构成了三论宗的理论体系。

（一）三论宗的判教学说

在隋代形成的佛教宗派天台宗、三论宗皆有自己的判教理论。三论宗的判教理论可用"二藏（或二教）三法轮"概括，内容虽然比较简单，然而也别具特色。

吉藏在《三论玄义》中对南朝宋道场寺沙门慧观所提出的将全部佛法分为顿、渐二教，渐教又分五时的判教学说①表示不同意，认为佛教"但应立大小二教，不应制于五时"，"以经论验之，唯有二藏无五时"。所谓"大小二教"就是指大乘教与小乘教。"二藏"是声闻藏与菩萨藏，也指大小乘二教。吉藏在《法华游意》中对大小二乘与二藏的关系解释说："佛灭度后，集法藏人摄佛一切时说小教名声闻藏，一切时说大乘者名菩萨藏，则大小义分，浅深教别也。"

然后他又进一步解释说，佛根据众生的根机宣说过三种法，称之为三种法轮：

> 一者根本法轮、二者枝末之教、三者摄末归本。根本法轮者，谓佛初成道花严（按：即"华严"）之会，纯为菩萨开一因一果法门，谓根本之教也。但薄福钝根之流，不堪于闻一因一果，故于一佛乘分别说三，谓枝末之教也。四十余年说三乘之教，陶练其心。至今法花（按：即"法华"），始得会彼三乘归于一道，即摄末归本教也。②

此外，在《中观论疏》卷一，吉藏在论"摄小归大，故重明大"（摄小乘归大乘，重阐明大乘）时说：

> 如法华经总序，十方诸佛及释迦一化，凡有三轮：一、根本法轮，谓一乘教也。二、枝末法轮之教，众生不堪闻一故，于一佛乘分别说三，三从一起，故称枝末也。三、摄末归本，会彼三乘同归一极。此之三门无教不收，无理不摄，如空之含万像，若海之纳百川。③

---

① 原文大意，一者顿教，指《华严经》，二者渐教，指从佛在鹿苑说法至在鹄林圆寂自浅至深的说法。渐教内分为五时：一者三乘别教，为声闻人说四谛，为辟支佛说十二因缘，为大乘人说六度；二者般若，通化三种根机者，谓三乘通教；三者《净名》、《思益》，赞扬菩萨，抑挫声闻，谓抑扬教；四者《法华》，会彼三乘同归一极，谓同归教；五者《涅槃》，名常住教。
② 《大正藏》第54册第634页下。
③ 《大正藏》第42册第8页中下。

这里所说的三种法轮，说的也是大小乘。第一法轮是大乘经《华严经》，谓是佛在成道后首先为根机高的菩萨说的经，宣述一因一果（佛性为因，成佛或涅槃为果），称此为根本法轮。因为当时"薄福钝根"的众生对此经不理解，佛便适应不同素质的众生；将成佛之道分为由浅至深的"三乘"（声闻、缘觉、菩萨）教法来说，逐渐陶冶净化他们的心。在这个阶段讲的便是三乘之教，称之为枝末之教或枝末法轮。最后，佛将三乘教法加以汇总和会通，宣说一切众生皆可成佛的《法华经》。这又回归到一乘——一因一果的"佛乘"，故称之为摄末归本教或摄末归本法轮。

吉藏将这一判教理论直接用到"三论"中最重要的《中论》的注疏中。他说，在《中论》二十七品中，前初二十五品的内容就是阐明一乘根本之教（一乘、佛乘）的，与《华严经》相应；第二十六、第二十七两品阐明枝末之教（包括大小乘教法的三乘），第二十七品中倒数第二偈①，又重明大乘之教，阐明摄末归本之法轮，与《法华经》相应。这样，上述《中论》中三段文字便可破斥对"大乘人法"、"小乘人法"（人我、法我）的迷惑，断除"大小乘诸见之根"。② 因此宣称"三轮之经，既无教不摄，申三轮之论，亦无教不收，是故斯论（按：中论）穷深极广也"。③

《法华经》是中国最流行的大乘经典之一，历来特别受到佛教学者和信众看重的内容有两点：一是主张一切众生皆能成佛的一乘——佛乘的教法；二是提出具有法、报二身意义的"久远实成"的释迦佛的观念，认为历史上的释迦牟尼佛只不过是此佛的无量应化身之一。隋代智𫖮创立的天台宗以《法华经》为基本经典，称之为"圆教"，在判教论中置之最高地位。

这里应当指出的是，吉藏在判教论中将《法华经》置于最高地位虽与天台宗判教论一致，然而他们的理解和阐释却不同。智𫖮《法华玄义》中不同意以往如同庐山慧远"以一乘"、梁光宅寺法云以"一乘因果"为《法华经》之宗等说法；对《法华经》之体与宗作出新的解释，认为"经体"虽须借"经宗"表现，然而二者不一不异。他将全经分为"迹门"、

---

① 即"一切法空故，世间常等见，何处于何时，谁起是诸见。"
② 另参考《中观论疏》卷十末最后部分的注释。
③ 《大正藏》第42册第8页下。

"本门",说经的前半(迹门)讲述废三乘方便之教,开显一乘成佛真实之教,引导小乘弟子接受佛乘,也讲应身释迦修因成佛事迹,实际是以讲弟子接受法华正法(因)为主,最后达到成佛之果为辅;说经的后半(本门)是"发迹显本",主要宣示人们以往见闻的释迦佛只是久已成佛的释迦佛(本)的显化之身(迹),以讲佛的真实之果为主。因此智𫖮以经的本门迹门"因果为宗",即以经前半"迹因迹果"与后半"本因本果"共为"经宗"。①

然而吉藏在阐释《法华经》的内容时,有意突出经中讲"诸法实相"、"空"的语句,谓《中论》集中体现了《法华经》的思想。吉藏在《法华玄论》卷二对以往论《法华经》以何为宗的十三家作了评述,然后明确表示:"此经以实相正法为宗"。②《大乘玄论》卷三说《法华经》主张的"会三归一",就是会通声闻、缘觉、菩萨三乘而回归"佛乘"、"一乘",而一乘之体是"正法中道","以正法中道为经宗,为一乘正体"。③很显然,上述所谓"实相正法"或"正法中道"正是吉藏在阐释"三论"当中反复宣扬的基于空义的中道不二之理。

不仅如此,吉藏甚至还认为"三论通申大小二教,则大乘之义悉在其中,岂不明一乘佛性",而"一乘佛性"正是《华严经》、《法华经》所宣说的宗旨;说《中论·四谛品》中的"世尊知是法,甚深微妙相,非钝根所及,是故不欲说",正是《法华经》中的语句;在《法华经·序品》中还载有相当《华严经》所描述的佛成道时的情景;此外《中论·四谛品》还有"若先非佛性,终不得成佛"及"观如来品"有"明法身绝四句,超百非"的语句,既然讲空、佛性、法身等一乘之教,故"明知华严、法华,显在中论之内"。④

---

① 参考拙著《中国历史上的〈法华经〉及其在21世纪的意义》之三,载拙著《当代佛教与社会》,宗教文化出版社2009年版。
② 《大正藏》第34册381页下。
③ 《大正藏》第45册第42页下。
④ 《十二门论疏》卷上"根本门第三"原文:"问:三论但明空义。正可释于大品。云何解佛性一乘?答三论通申大小二教,则大乘之义悉在其中。岂不明一乘佛性?问:何处有明一乘佛性文耶。答:中论四谛品云:世尊知是法,甚深微妙相,非钝根所及,是故不欲说。此即法华之文。法华还序初成道时华严之事。明知华严、法华,显在中论之内。又偈云:虽复勤精进,修行菩提道,若先非佛性,终不得成佛。……即佛性文也。观如来品明法身绝四句,超百非,与涅槃经金刚身品,更无有异,即法身文也"。载《大正藏》第42册第177页中。

从这些方面，可知吉藏虽在形式上将《法华经》置于三论宗判教体系中的最高地位，然而实际是在他心目中占据最高地位是"三论"，特别是《中论》，所谓"一乘"、"佛乘"的"正体"不过是他反复论证的中道不二的"正法"或"正道"。

(二) 般若空义与中道实相论

印度中观学派的"三论"和吉藏对"三论"的注释，是以论证二谛、中道实相思想为主要内容，然而其根本前提却是各类《般若经》中反复评述的"诸法性空"（一切皆空）的理论。如果没有空义理论做铺垫，所谓二谛、中道等大乘中观思想就难以论证，难以成立。

按照大乘般若经典的观点，世界一切事物既然是由因缘和合形成的，无论是由五蕴组成的人，还是由四大形成的天地万事万物，皆无固定的自性（自体、永恒的规定性），皆变幻无常，称之为"诸法性空"，一切皆空；然而又认为，所谓"空"不等于绝对的无，而是有虚假的外相存在的，称之为"假名"或"假有"，正如后秦鸠摩罗什所译《摩诃般若经》解释"诸法空相"为"色不异空，空不异色；色即是空，空即是色，受想行识亦复如是"，并且"不生不灭，不垢不净，不增不减……"，"空中无色，无受想行识"（蕴含"空非色，空非受想行识"）。① 是说一切物质（色）的和精神（受想行识）的事物虽然空寂无相（空），"不生不灭，不垢不净……"，然而又有"生灭、垢净"的虚假外相（假有）存在。上引经文中的"不生不灭、不垢不净"和"色即是空，空即是色"等，已展示了表述"中道"的基本方式（不A不B或非A非B；亦A亦B）。

以龙树为代表的中观学派所倡导的中观学说，就是在论释般若类经典的空与中道思想的基础上成立的。《中论·四谛品》中有一首著名的"三是"偈："众因缘生法，我说即是无，亦为是假名，亦是中道义"，表达的正是世界万物（众因缘生法）所具有的三个侧面：空（无）、假名（假象）与二者统一的中道。还有一偈是："以有空义故，一切法得成，若无空义者，一切则不成"，青目解释说："以有空义故，一切世间出世间法皆悉成就；若无空义，则皆不成就。"是说"空义"（空性、空的思想）

---

① 《摩诃般若经》卷一"习应品"，载《大正藏》第8册第17页上。唐玄奘所译《般若心经》中也有与此一样的词句，在其所译《大般若经》卷五"初分相应品"也有大体相同语句。表明此为般若经典的基本内容。

是一切事物的根本,也是一切佛法的基础。

从吉藏的注疏来看,他虽将般若空义置于重要地位,然而并非提倡片面追求和执著于空。他认为对于片面追求和执著"空"、"人法两空"等也须予以破斥。他在《百论疏》中称赞"破空品"是"一论之玄宗,亦方等之心髓","可以降天魔,制外道,折小乘,挫大见。依之伐惑,即累无不夷;用之行道,即观无不照",[①] 站在中道的立场对以各种形式包装的空义进行批判。原来他阐释诸法性空,目的是从中引申和论证中观学派倡导的既超越又会通空与有的中道思想。

对于般若空义和中道及佛法的关系,在吉藏对"三论"的注释中,用不同的语句作了反复的论证。吉藏《中观论疏·四谛品》在对上引"三是偈"作的解释中说:

> 众缘所生法,我说即是空。此是有,宛然而空,故空不自空,名为假空;空,宛然而有,有不自有,名为假有。亦是中道义者,说空、有假名,为表中道。明假有不住有,故有非有;假空不住空,故空非空;非空非有,即是中道。
>
> 今示因缘生法是于三是:一因缘生法,是毕竟空。所以然者,若有自性,则不从因缘;既从因缘生,即是无自性,所以是空。亦为是假名者,示第二是,明因缘生法,亦是假名。所以称假者,前明因缘生法,我说是空,然因缘既本不有,今亦不空,非空非有,不知何以目之,故假名说有,亦假名说空。亦是中道义者,示第三是,明因缘生法,亦是中道,因缘生法无有自性故空,所以非有;既其非有亦复非空,非有非空故名中道。[②]

所谓"众缘所生法"可谓是世界一切事物和现象的总的概括。吉藏的解释既继承了《中论》的原偈及青目的原注,又作了发挥。他认为,世界万物本无自性(自体),皆从因缘而生,所以是空,是毕竟空。然而万物绝非住于空相,呈现出虚假外相,称之为假有。既然任何事物皆同时具有这空、假两个属性,便不应偏执于空,也不偏执于有,应从"非有

---

① 《大正藏》第42册第301页下。
② 《大正藏》第42册第152页中。

亦复非空"来加以把握，称之为中道。中道是从空义得出的，有了"众缘所生法"，必然是既空且有，非有非空，彰显中道之义。

既然一切皆空，空就是实相，中道也是实相。一切事物无有"自性"，是因缘和合的产物，那么便是假有，"性假若空，便入实相"；"十二因缘如虚空，虚空即是实相，由观实相发生正观"；"今言空者是诸法实相理"；"有为空，故无为亦空，为无为空，故一切法毕竟空，即是诸法实相。令因此实相发生正观，灭诸烦恼，故得解脱"。（皆见《中观论疏》）① 可见，在吉藏看来，诸法空义在他的理论体系中是占有基础的意义，既以空解释万有，又进而推衍出"正观"、中道实相。他在《中观论疏》中还明确地表示，《中论》的二十七品相当于引导人们悟入空义的二十七道门，"二十七品犹是二十七门，所入更无异，为通入诸法实相之理。唯此一理名之为实，自斯以外并皆虚妄"。同样，《十二门论》十二品也通向"空义"和实相的十二门，能"令诸众生从一一门得悟实相"。②

在吉藏在对"三论"的注释中，对诸法实相作了很多论断和描述。《十二门论疏》卷上"根本门第三"说诸法实相是佛乘之本、大乘之本，谓：

> 言乘本者，所谓诸法实相。契斯实相，则发生般若，由般若故导成万行，皆无所得，能动能出，故名为乘。又今明实相，则具万德，对虚妄故名之为实，用之为身，目为法身；诸佛以此为性，称为佛性；远离二边，名为中道；照无不净，目为般若；累无不寂，称为涅槃。故但明实相，即万义皆圆。

这是将实相等同于法身、佛性、中道、般若（智慧）、涅槃等，认为是佛教之本、大乘之本，只有体悟诸法实相才能达到最高解脱境界、成佛。③

然而他对实相即为中道、即为正观讲得最多，可是他在很多场合讲的

---

① 《大正藏》第42册第6页下、第17页中、第68页下、第76页下。
② 载《大正藏》第42册第61页下、第175页中、第177页上。
③ 载《大正藏》第42册第177页上。

中道并非像前面引述的"非有非空"那样简单，而是作了很多阐释和发挥，经常结合真、俗二谛进行论证。

（三）二谛与所谓"四重二谛"论

吉藏秉承摄山法朗的传授，谓："四论虽复名部不同，统其大归，并为申乎二谛，显不二之道。若了于二谛，四论则焕然可领；若于二谛不了，四论则便不明。为是因缘，须识二谛也。"① 认为中观学派的"四论"是以论述"二谛"显彰不二中道为中心，所以特别重视二谛。

何为二谛？二谛是世俗谛与第一义谛，一般简称俗谛与真谛。《中论·观四谛品》有这样的偈颂：

> 诸佛依二谛，为众生说法，一以世俗谛，二第一义谛。若人不能知，分别于二谛，则于深佛法，不知真实义。

"谛"意为实、审实不虚，也可解释为真理。二谛可解释为二类真理，即世人的真理和贤圣（佛、菩萨）的真理。吉藏《二谛义》卷上对二谛解释说："世俗谛者，一切诸法性空，而世间颠倒谓有，于世间是实，名为世谛；诸贤圣真知颠倒性空，于圣人是实，名第一义谛。"意为世界上形形色色的事物和现象皆无永恒不变的自性（自体），从本质上来说是空幻不实的，然而世人却认为一切是真实存在的。称这种认识为世俗谛或俗谛。相反，佛教贤圣（佛、菩萨）体认一切皆空的道理，认为世人这种见解颠倒不可信。称此为第一义谛或真谛。

吉藏在诠释二谛过程中还提出"于（於）谛"、"教谛"的概念。这种说法源自于《中论·四谛品》中青目对二谛的解释："世俗谛者，一切法性空，而世间颠倒故生虚妄法，于世间是实。诸贤圣真知颠倒性，故知一切法皆空无生，于圣人是第一义谛名为实。诸佛依是二谛而为众生说法。"对世界万物（诸法），"于"世间认为是真实的，而"于"贤圣则断定是颠倒不实的。吉藏将基于这两种场所的表述称之为两种"于谛"。因为佛是运用二"于谛"为众生说法传教的，故又称之为二"教谛"。请看吉藏在《二谛义》卷中的解释：

---

① 《大正藏》第45册第78页上。

> 我家明二谛有两种：一、教二谛；二、于二谛。如来诚谛之言，名教二谛；两种谓情，名于二谛。此则就情、智判于、教二谛也。问：教谛是佛教，教谛名从佛起；于谛是缘于，于谛名从缘起不？解云：教谛是佛教，教谛名从佛起；于谛是缘于，于谛名亦从佛起。
>
> 有两种二谛，一于谛，二教谛，于谛者如论文。诸法性空，世间颠倒谓有，于世人为实，名之为谛；诸贤圣真知颠倒，性空于圣人是实，名之为谛。此即二于谛，诸佛依此而说，名为教谛也。①

"我家"是指从僧朗、法朗以来的摄山三论学派，主张二谛包括教谛与于谛两种二谛。何为于谛？这是从观察和判断诸法的主体（情、众生）、场合（认知之智）说的，世间认为诸法实有，此为"于世谛"；贤圣说诸法虚幻颠倒为空，则为"于圣谛"（于贤圣名第一义谛）。佛运用这两种"于谛"来进行说教，则为教谛。吉藏说，二者归根到底皆为佛说的。实际上，离开"于谛"也就没有"教谛"，因此"于谛者即是教谛，何处别有教谛？只作如此，目名于谛，即是教谛，即是依二谛说法"。②

在吉藏看来，二谛是"佛法根本"，在佛教中占有重要地位，谓"如来（按：佛的称号之一）自行化他，皆由二谛"（《三论玄义》）③，而《中论》一书就是"用二谛为宗"的，如果要领悟二谛和中道不二的正理，应当首先依据此书。

应当指出，从原始佛教以及部派佛教向大乘佛教的发展过程中，即使在大乘佛教内部，在不同佛典或不同场合，对真、俗二谛有各种不尽相同的说法。吉藏主要依据"三论"来论释二谛，在继承摄山三论学说的基础上，针对佛教中对二谛的各种说法进行评论或批评。在他的著作中最具代表性的有"三种二谛"和"四重二谛"的说法。现仅作概要介绍。

第一，"三种二谛"说。吉藏《法华玄论》卷四说：

> 自摄岭相承有三种二谛。一、以有为世谛，空为真谛。次、以

---

① 载《大正藏》第45册第92页下、第86页下。
② 载《大正藏》第45册第93页下。
③ 《大正藏》第45册第11页上。

空有皆俗，非空非有为真。三者、二不二为俗，非二非不二为真。二谛既有三转，约谛发智，亦具三矣。初照有为俗，照空为真。次照空有为俗，照非空非有为真。三者照二不二为俗，照非二非不二为真。①

所谓"自摄岭相承"，可看成是自摄岭法朗至吉藏前后传承的三论学说中对"三种二谛"的说法。据后面语句及其他书的引述，"三种"亦即"三重"，是从递进的三个层次对二谛所作的不同诠释。何为二谛？第一种认为"有"为俗谛（世谛），"空"为真谛，为最低层次的二谛说。第二种二谛进了一个层次，认为"空"、"有"皆为俗谛，"非空非有"为真谛；第三种说法是："空""有"二与"非空非有"不二，皆为俗谛，而"非二非不二"（非空有、非非空非有）为真谛。在这三种二谛中，虽然俗谛与真谛名称相同，然而所指的内容是不同的。

吉藏对此作出若干解释，说有的是适应接受佛法者"根性不同"，所以对他们讲的二谛层次就低；也因为佛在说法中对二谛有不同层次的说法；在佛典中虽对二谛有不同说法，也不过这"三重"说法；为引导众生对中道从低层次的认识进入高层次；根据"五乘"众生执著情况说此三重二谛；引导学者从执著"三假（按：受假、法假、名假）空有皆俗，非空有为真"的认识，进而接受"二谛与中道亦是俗谛耳，非二非不二乃为真也"的更高级的二谛认识。

第二，所谓"四重二谛"。在《大乘玄论》卷一，吉藏明确地有针对地提出了一重超越一重的"四重二谛"说②，认为自家主张的第四重二谛说境界最高。他说：

> 对毗昙事、理二谛，明第一重空、有二谛。
> 二者，对成论师空、有二谛。汝空有二谛是我俗谛，非空非有方是真谛。故有第二重二谛也。
> 三者，对大乘师依他、分别二为俗谛，依他无生、分别无相不二

---

① 《大正藏》第34册第396页上、中。
② 在《二谛义》卷上也载有山门"四重二谛"之说，但未有批判摄论学者的内容。在《十二门论疏》卷上"观因缘门"中也有四重二谛的论述，可以参考。

真实性为真谛。今明若二若不二,皆是我家俗谛,非二非不二方是真谛。故有第三重二谛。

四者,大乘师复言,三性是俗,三无性非安立谛为真谛。故今明:汝依他、分别二、真实不二是安立谛,非二非不二、三无性非安立谛,皆是我俗谛。言忘虑绝方是真谛。①

这段引文是说:1. 相对于小乘说一切有部的论书(毗昙、阿毗达磨)的事、理二谛,提出自家的空、有二谛;2. 相对于小乘《成实论》的空、有二谛,提出以"空有二谛"为俗谛,以"非空非有"为真谛;3. 相对于研习《摄大乘论》、《十地经论》、《菩萨地持经》的"大乘论师"② 以唯识学说"三自性"③ 中的依他、分别二性为俗谛,以依他性的"无生"、分别性的"无相"相即不二的"真实性"为真谛,提出自家的二谛:"若二若不二,皆是我家俗谛;非二非不二方是真谛。"是将前者二谛皆归为自家的俗谛,而将以否定方式表述前者二谛作为自己的真谛。4. 针对"大乘论师"还以"三性"(三自性)作为"俗谛",而以唯识学说的"三无性"④ 非施设("非安立谛")为真谛,吉藏提出:无论是三自性,还是"非二非不二"的"三无性",皆属于自己的俗谛,只有连"三无性"这种"无性法"也加以否定,做到"言忘虑绝",才是真谛。那么何谓"言忘虑绝"呢?实际即为与"诸法实相"相契合的"毕竟空",是超言绝相的,是根据《般若经》提出来的。

吉藏对二谛尽管作了以上阐释,然而他认为不仅对前三重二谛说中的真谛不能执著,即使对境界最高的第四重"言忘虑绝"毕竟空的真谛也不能执著,而主张从二者的联结上领悟真、俗二谛相即"不二"的中道,此即"二谛中道"。吉藏《大乘玄论》卷四在引证了后秦昙影的《中论

---

① 载《大正藏》第45册第15页下。

② 《百论疏·破空品》载:"大业四年为对长安三种论师,谓摄论、十地、地持三种师,明二无我理及三无性,为论大宗。今立此一品(按:破空品),正为破之,应名破二无我品及破三无性品。"据此知所破应为摄论、十地、地持三种论师。

③ 大乘瑜伽行派在"一切唯识"的前提下提出的分别性(遍计所执自性,世人执为实有的心识显相——六尘)、依他性(依他起自性,变现诸法的心识种子——本识)、真实性(圆成实自性,体悟诸法性空的认识——真如)。

④ "三无性",指分别无相性(相无性)、依他无生性(生无性)、真实无生性(胜义无性)。

序》的一段话之后发挥说：

> 真（按：真谛）故无有，虽无而有，即是不动真际（按：真如、实相）而建立诸法；俗（按：俗谛）故无无，虽有而无，即是不坏假名（按：现象之有、假有）而说实相。以不坏假名而说实相，虽曰假名，宛然实相；不动真际建立诸法，虽曰真际，宛然诸法。以真际宛然诸法，故不滞于无；诸法宛然实相，即不累于有。不累于有，故不常；不滞于无，故非断，即中道也。①

这不外乎是说，最高境界的真谛与俗谛、空与有、真如与万物是互不妨碍，相即不二的。空寂无相的真如实相并非超离世界万有，就显现在事事万物之中；世界万有虽本质空寂，然而却有形形色色的外相存在，此即"不坏假名而说实相"，"真际宛然诸法"和"不动真际建立诸法"，"诸法宛然实相"，展现了最高的中道不二的境界。

从这种中道理论的宗教社会意义来说，世间与出世间、在家与出家、世俗文化与佛教教理、生死烦恼与涅槃解脱……是彼此会通，相即圆融的，所谓"俗不定俗，俗名真俗；真不定真，真名俗真"（《二谛义》卷下）②。可以让人们接受佛法不离社会的现实主义的观点，进而得出众生即是佛，人间即佛国净土，"贪俗即是道"的结论。这种说法具有缩小世间与出世间、现实与彼岸的距离，加强信众对修行和达到解脱的信心，以利于佛教在现实社会传播和发展的意义。

（四）八不中道论

吉藏的"三论"注疏以阐释和倡导中道为中心，而在对中道的论述中尤以从"八不"诠释中道，即所谓"八不中道论"最有特色。

所谓"八不"源自龙树《中论》的开头第一首偈：

> 不生亦不灭，不常亦不断，不一亦不异，不来亦不出。

---

① 《大正藏》第45册第55页中。
② 《大正藏》第45册第112页上。

在般若类及其他大乘经典中也有类似"八不"的说法①，然而论述角度不同。龙树集中运用"八不"来批驳各种外道认为世界万物是从"自在天"（"邪因"）生或从无因生和"因中有果"、"因中无果"以及佛教内部诸种执有执空等的见解。吉藏的注疏作了进一步发挥，特别强调批驳小乘佛教中毗昙（主要指说一切有部）、《成实论》等学者迷执"有"（假有、生、常）、大乘内部的迷执"空"（邪空、灭、断）等所谓"有所得"的有违中道见解。吉藏将批驳论敌观点称为"破"、"破斥"。

上述"八不"是建立在大乘佛教般若学说的"因缘性空"的基础上的。既然世界一切有生灭的现象必须借助因缘才生，故皆没有真实自性，本质为空，如此生则不生，灭则非灭，故可用"八不"概述。关键是诸法"无性"（没有实有的自性、自体、规定性），决定一切皆空，因此也就无所谓生，无所谓灭，又哪里还谈得上常与断、一与异、来与出呢！进而，按照大乘中观学说，"生灭"属"有"，"不生不灭"属"空"；"常断"属有，"不常不断"属空……故有非真有，空非真空，空有不二，此即为不偏离任何一方的"中道"。三论宗正是依据"八不"、从四对相对的侧面来论证其"八不中道"的。

吉藏《大乘玄论》卷二说："八不者，盖是诸佛之中心，众圣之行处也。"《中观论疏》卷二也说："八不者，盖是正观之旨归，方等（按：大乘经典）之心骨，定佛法之偏正，示得失之根源。"② 将八不中道置于佛法的很高地位，说它是大乘佛法的中心和总原则，衡量佛法正与邪的标准，佛与菩萨遵照它从事教化，是修行者觉悟成佛是依据。这样便把"八不"与佛教奉为终极真理的佛性、实相等同，《大乘玄论》甚至说："中道佛性，不生不灭，不常不断，即是八不"，"八不即是中道佛性。"③

吉藏在注疏《中论》乃至《十二门论》、《百论》过程中，贯彻着"破邪显正"的宗旨。他在《三论玄义》中说："论虽有三，义唯二辙：

---

① 不仅般若类经典中如同"八不"的语句很多，即使在其他大乘经典中也有，例如《菩萨璎珞本业经》卷下有："二谛义者，不一亦不二，不常亦不断，不来亦不去，不生亦不灭，而二相即圣智无二，无二故是诸佛菩萨智母"；《大涅槃经》卷二十七有："十二因缘不出不灭，不常不断，非一非二，不来不去，非因非果。"

② 《大正藏》第45册第25页上、第42册第20页上中。

③ 卷二及序疏，分别载《大正藏》第42册第21页中和第9页下。

一曰显正，二曰破邪。破邪则下拯沈沦，显正则上弘大法，故振领提纲，理唯斯二也。"这是说，他通过破斥外道、佛教内部大小乘学者的被认为是有违中道的见解，是为了拯救沉沦于各种邪见（包括我见、有见、常见、空见、断见等）的众生，而弘扬正确的不二中道正见。

然而如果弘扬正见，岂非导致执著于未离名相的"中道"了吗？他在《百论疏·破空品》中对"空"义及其他能够导致"有所得"的所有见解也予以破斥，称之为"破正"。他说：

> 自上以来名为破邪，今此一品称为破正。然本对外道之邪，故有内之正。邪既不立，故正亦不留。如是生死涅槃、真之与妄、乃至理外理内、有得无得，义并类然。①

认为对外道、对佛教内部各种被断定为"邪见"的见解既已破斥，所以所谓"正见"也无存在的必要，也应破斥。然而这只是从逻辑上讲的，在实际上，如果站在吉藏阐释的中观立场，面对佛教内外各种学说、观点存在的局面，所谓"破邪显正"是要永远进行下去的，目的是显扬并希望人们掌握不执著对立双方任何一边的中道不二的"正法"。

吉藏宣扬的中道也不那么简单，除了上面对中道的描述之外，他还在不同场合阐释过摄山相承的"三种中道"，包括俗谛中道、真谛中道、二谛中道（二谛合明中道）。如以"生灭"为例加以说明，"无生灭生灭"为俗谛中道，"生灭无生灭"为真谛中道。然而"无生灭生灭，岂是生灭？生灭无生灭，岂是无生灭？"于是，"非生灭非无生灭"为二谛合明中道。② 境界是一层比一层高，只有最后"双泯二谛"的二谛中道才是吉藏最认可的中道，意为体悟这种中道才能破除一切迷执，达到真正的解脱。

（五）二智与"无所得"境界

吉藏论释二谛、八不、中道等的目的是引导人们接受大乘中观思想，获得契合中道思想的智慧，进入所称"无所得"的精神境界。

---

① 《大正藏》第42册第302页上。
② 《中观论疏》卷一，载《大正藏》第42册第11页中。另参考《大乘玄论》卷一，载《大正藏》第45册第20页中。

按照吉藏的理论，契合中观思想的智慧由两个方面组成，一是音译为"般若"（梵语 prajñā）的智慧；二是为音译为"沤恕拘舍罗"（梵语 upāya-kauśalya）的方便或智巧，称之为"二慧"或"二智"。在吉藏对"三论"的注疏和其他著作中，对运用"二慧"还是"二智"并未做到一致，而在《大乘玄论》卷四设"二智义"专项进行解释。笔者在论述中主要用二智，但对引证的原语句不作改动。

大乘般若类经典在弘扬诸法性空的同时，还以宣扬构成菩萨道或菩萨行的"六度"为宗旨。六度，按音译是六波罗蜜，包括布施、持戒、忍辱、精进、禅定、般若，意为菩萨应遵循这六个方面修行、入悟和普度众生。布施有法施、财施和无畏施，蕴含遵循"大慈大悲"的精神救济、超度众生的内容。般若，是基于体认诸法性空的智慧，其内涵可随诠释者加以扩充。在《维摩诘经·佛道品》中有一句偈颂："智度菩萨母，方便以为父"，意为菩萨既依据智慧（智度、般若波罗蜜），又适应实际情况而灵活地采用各种机智的方法传法和济度众生。此偈受到后世重视，吉藏甚至在《百论序疏》中说："二谛是三世佛祖父母，二智为三世佛父母"。①

二智中的般若，也称实智、实慧；方便，也称方便慧、权智或权慧。吉藏在自己的注疏中对二智作了很多解释和发挥：

> 问：经何故立二谛耶？答：此有两义，一者，欲示佛法是中道故，以有世谛，是故不断；以第一义，是故不常，所以立于二谛。又，二慧是三世佛法身父母，以有第一义故生般若，以世谛故生方便。具实慧、方便慧，有十方三世佛，是故立二谛。又知第一义是自利，知世谛故能利他，具知二谛即得共利，故立二谛。又有二谛故，佛语皆实，以世谛，故说有是实；第一义，故说空是实。又佛法渐深，先说世谛因果教化，后为说第一义。又成就得道智者说第一义，无有说世谛。又若不先说世谛因果，直说第一义则生断见，是故具明二谛也。（《三论玄义》）②

通而言之，二智皆如实而照，并名为实，皆有善巧，悉称方便。

---

① 《大正藏》第 42 册第 232 页下。
② 《大正藏》第 45 册第 11 页下。

就别言之，即波若名实，沤和称方便。

直照空有名为波若；行空不证，涉有无著，故名方便。此之照、巧，更无二体，虽巧而照，故名为实；虽照而巧，故名方便。

由斯二谛发生二智。以了诸法实相，故生沤和波若；以悟实相诸法，故生波若沤和。沤和波若，而宛然沤和；波若沤和，而宛然波若。以沤和宛然波若故，不著于有；波若宛然沤和，故不滞于无。不累于有，故常著冰消。不滞于无，故断无见灭。寂此诸边，故名中观。是以二谛中道，还发生二智中观。二智中观，还照二谛中道。故境称于智，智称于境。(《大乘玄论》卷四)①

引文中的"沤和"即"沤恕拘舍罗"，意为方便、智巧、巧；"波若"即般若、智慧。这里将二者组合，意在强调二者互相融通，不可脱离。"沤和波若"，即般若，是指契合性空实相的实智；"波若沤和"，即方便，是指认识万有诸法的方便智或权智。

从以上引文，可以看到吉藏对二谛与二智(二慧)、中道关系的说明。认为俗谛(世谛)说有，说因果教化，是相应于修行者"利他"(利益群生)的方面，只有认识俗谛才能获得方便慧、权智。真谛(第一义谛)说空，是相应于修行者"自利"(以求觉悟)的方面，只有体认空才能得到般若实慧、实智。具备实慧、方便慧才能成佛、成为菩萨，所以称二智是"三世佛法身父母"。他同时发挥中道不二的思想，强调二智彼此相即而融通无碍，实智不离权智，权智伴随实智，既不偏执于空，又不偏执于有，所谓"沤和波若而宛然沤和，波若沤和而宛然波若。以沤和宛然波若故，不著于有；波若宛然沤和，故不滞于无。"因此说二谛既生成二智，也生成非空非有、二智相即不二的二谛中道。

吉藏在《大乘玄论》卷四按浅深层次对"二智义"作了详细阐释，在对"方便智"所作的第九、第十重的解释中提出了最高层次的二智：

九者，以上照空有二为方便，照非空有不二为实。非空非有即是一实谛，照一实谛故名为实；虽非空非有，而空有宛然，不动不二，善巧能二，故名方便。十者，空有为二，非空有为不二，照二与不二

---

① 《大正藏》第45册第51页上中和第55页中下。

皆名方便；照非二非不二名实。净名杜言，释迦掩室，乃名为实。①

引文中的"照"，源自禅观的"观照"，是观察到、体认、悟解的意思。第九是说，上面所讲述的观空、观有之二边皆为方便智，观非空非有的不二方为实智。如果将非空非有看成是实谛（真谛），观此实谛便得实智；虽谓非空非有、依然有空有有（亦空亦有），非动非二，如从入世善巧的角度，则既见空又见有，这便是方便智。第十是说，如果说空有为二边，非空非有为不二，那么，不管是观空观有二边，还是观非空非有的不二，皆得方便智，而观非空非有、非非空非有则所得为实智。如此，只有如维摩诘菩萨的默然无语、释迦牟尼佛闭门不说法，表现出来的才是真正的实智。

实际上，以上第九、第十重所说的实智、方便智皆建立在对用中道组合的二谛的观照（照）基础上。第九实谛（真谛）的非空非有，是中道；俗谛的非空非有、依然有空有有（亦空亦有）也是中道，而由前者得实智，由后者得方便智。第十重的俗谛应是观空观有、观非空非有，真谛当是观非空非有、非非空非有，所观皆是中道结构，由前者得方便智，由后者得实智。如果再往后推，就是超越名相描述的"默然无言"，称之为真正的"不二法门"。

吉藏所作的这种对二谛、中道、二智的论释，目的是引导人们避免陷于对空与有、常与断、生与灭等所谓"边见"、"邪见"、"有所得见"的迷执，认为正是这些见解是导致众生轮回生死，招致种种烦恼的根本原因。

吉藏对中观思想所阐释的最高目的是弘扬大乘菩萨之道，认为如果通过对二谛认识，进而获得二智，掌握中道不二的思想，便可达到"无所得"的精神境界，自由地进出人间实践菩萨之道。

何为"无所得"与"有所得"？二者常见于般若类经典中，"无所

---

① 载《大正藏》第51册第2页中。"净名杜言"，净名即维摩诘，据《维摩诘经》卷中《入不二法门品》，维摩诘问诸菩萨何为入不二法门，皆有回答，最后文殊菩萨问维摩诘，"时维摩诘默然无言。文殊师利叹曰：善哉善哉，乃至无有文字语言，是真入不二法门"。"释迦掩室"，《大智度论》卷七载，佛成道后五十七日"寂不说法，自言我法甚深，难解难知。一切众生缚着世法无能解者，不如默然入涅槃乐"。二语出自后秦僧肇《涅槃无名论》，认为涅槃寂寥虚旷，"言之者失其真，知之者反其愚"，意为涅槃法身非语言可表。

得"是与诸法性空相应的认识、精神境界，相反则为"有所得"，表述形式多种多样。例如后秦鸠摩罗什译《摩诃般若经》卷二十一《三慧品》说："菩萨用无所得法故，布施、持戒、忍辱、精进、禅定，用无所得法故，修智慧乃至一切种智亦如是。须菩提白佛言：世尊：云何名有所得，云何名无所得？佛告须菩提：诸有二者是有所得，无有二者是无所得……"这是基于空义提出来的，如果菩萨按照"无所得"精神来实行布施、持戒等"六度"，则既无实行的主体，也无对象；相反，凡认定有对立双方的见解皆为"有所得"。如果能够进一步贯彻空义，认识"有所得"与"无所得"也是平等无二的，也名无所得。

吉藏对此有所发挥，《大乘玄论》卷五载：

> 所以龙树菩萨，府兹弱丧，显八不教门，折彼断常，周还不二，破申之义，大略如此也。问：若个是邪，而言破邪？何者是正，而道申正？答：邪既无量，正亦多途，大略为言不出二种：谓有得与无得，有得是邪，须破；无得是正，须申。故大品经善吉致问何等是菩萨道？何等非菩萨道？佛答云。有所得非菩萨道，无所得是菩萨道。①

认为《中论》等中观学派著作，是以破邪显正或破邪申正为主旨的。所破之邪见就是各种"有得"之见，所显扬的就是"无得"之正见，亦即中道不二的"正观"，属于菩萨之道。因此，吉藏在《中观论疏》中断定此书是破斥外道、小乘及所谓"有所得大乘"的，说他们"障无所得"，是指偏执空义，陷于断见，未能认识中道不二的道理。

吉藏《法华玄论》卷八说，因为"空、有二见伤菩萨中道正观，今欲修菩萨行，求于佛道，应离此二地"。② 他大力阐释和弘扬非空非有、真谛俗谛相即、实智方便智融通、世出世不二的"无所得"的"中道正观"，不外是倡导以实践"大慈大悲"普度众生最高理念的菩萨行或菩萨道。可以认为，吉藏创立的三论宗的中道不二理论所蕴含的宗教实践和社会实践的意义正在这里。

---

① 《大正藏》第 45 册第 68 页下。
② 《大正藏》第 34 册第 428 页上。

第四节　三阶教的兴起和衰亡

在隋唐时期成立和流行的佛教宗派中，信行创立的三阶教是唯一被朝廷宣布为"异端"，屡遭禁止，在较短时期内衰亡的。长期以来由于三阶教的典籍在社会上湮没无闻，人们对三阶教所知甚少。20世纪20年代，日本学者矢吹庆辉（1879—1939）从英国伦敦和法国巴黎所收藏的敦煌文书中发现了许多三阶教残卷，又在日本发现部分三阶教文献。他对这些文献进行校勘和研究，撰写了《三阶教之研究》一书，比较系统地向人们介绍三阶教创立者信行的生平、三阶教典籍、教义及其三百年的简史，并校订编录了为学术界继续从事研究所需要的基本资料。

20世纪90年代，日本年轻学者西本照真在继承矢吹庆辉等学者研究成果的基础上，拓宽领域，着重从历史学、文献学和思想史的角度对三阶教重新展开调查与研究，撰写了《三阶教的研究》一书。他深入系统地考察和考订了在法国、俄国和中国台湾、北京等地收藏的敦煌三阶教文献，补充和纠正了矢吹庆辉《三阶教之研究》书中一些遗漏和失误，并且对反映三阶教教团规制与实践修行的《制法》（P.2849号等）作了较详细的研究。①

近年在国内，多年从事佛教艺术研究的学者张总也对三阶教进行了新的调查和研究，先后撰写了多篇论文，承担并在2010年完成了国家社科基金项目《中国三阶教史——一个佛教史上湮灭的教派》，发挥长年从事考古和艺术图像调研的专业特长，根据搜集和考证过的多种资料，对信行生平以及三阶教在隋唐屡禁屡起的状况，作了比较深入的考察，提供了不少新发现的资料和富于创见的观点。②

此外，包括欧美在内的国内外学者在三阶教研究方面也作出不少新的

---

① 矢吹庆辉《三阶教之研究》最初由日本岩波书店于1927年出版，书中最后的《别篇》附有敦煌文书中及日本自古传下来的三阶教残卷。1976年日本由中村元、增谷文雄等编的《现代佛教名著全集》第五卷中收有本书正文的节要本。1983年台北新文丰出版公司将此书《别篇》以《三阶教残卷》的书名出版。西本照真《三阶教的研究》，日本春秋社于1998年出版，全书由"研究篇"和"资料篇"组成。

② 张总应笔者请求，特地撰写《三阶教研究情况》，对国内外以及自己的研究作了系统介绍。谨此表示感谢。

成果。

国内外学者对三阶教的考察和研究，充实和丰富了三阶教史和隋唐佛教文化史的内容。

一 信行略传

信行（540—594），俗姓王，魏郡（治所在今河南安阳）人。自幼出家，"博综群经"（《历代三宝记》卷十二）[①]，对佛教经论的理解与一般常人有所不同，主张在离佛灭久远的"末法"（佛法将灭，详后）时代，修行者更应勤苦，"所以随远近处，凡有塔影，皆周行礼拜，绕旋翘仰，因为来世敬佛之习。用斯一行，通例余业"（《续高僧传》卷十六本传）[②]。信行虽已是受过具足戒的正式和尚，但他为了实践自己的佛法主张，竟在相州（治今河北临漳西南的邺镇）法藏寺舍弃具足戒，以沙弥的身份在寺院"亲执劳役"，为僧俗信徒服务，过着艰苦的生活。信行认为在时代与众生素质发生了变化的情况之下，应弘传不同的佛法，创立了称作"三阶佛法"的理论。

隋文帝开皇七年（587），信行在向州知事呈交的信中说：

> 相州光严寺沙门信行，白州知事檀越：信少小患心劳烦，由是不堪坐禅，亦不堪讲诵。自从十七以来，求善知识（按：意为善友或师），至今四十八岁，积满三十二年，难得相州光严寺僧慧定、相州严净寺僧道进、魏州贵乡县党孙浪彪下王善行、赵州瘿陶县党王凤邕下王善性等四人，誓愿顿舍身命财，直到成佛。修行上事（按：指归依三宝及施财、读经修行等），相续不断。此既有助王国，饶益群生，乞为奏闻，赐垂听许。（矢吹《三阶教之研究·别篇·信行遗文》）

北魏时实行五家为邻，五邻为里，五里为党的编户制度，各设邻长、里长和党长。这种制度在隋代仍相沿实行。引文中"党孙浪彪"、"党王凤邕"，"党"下是党长的名字，王善行、王善性分别编于他二人管辖之

[①] 《大正藏》第 49 册第 105 页中。
[②] 《大正藏》第 50 册第 560 页上。

下。从引文来看，信行从十七岁开始，在传教过程中寻求同意自己佛法见解的人，直到四十八岁时才找到四位志同道合的朋友，即僧慧定、道进、居士王善行、王善性。他们可能是信行最早的信徒。信行希望州知事把他们的修行情况上报朝廷，以得到承认。

信行及其弟子实行严格的修行制度。《历代三宝记》卷十二介绍："门徒悉行方等结净，头陀（按：佛教的苦行）乞食，日止一餐。在道路行，无问男女，率皆礼拜，欲似《法华》常不轻行。"① 是说信行等人按大乘佛教的戒规结集修行，修持苦行，以行乞食为生，一天只吃一顿饭，走路时遇见什么人都致礼作拜，是在仿效《法华经·常不轻菩萨品》中的常不轻菩萨的做法。此经说在过去有位菩萨名常不轻，见到任何比丘、比丘尼和男女信徒都礼拜赞叹，说："我深敬汝等，不敢轻慢。所以者何？汝等皆行菩萨道，当得作佛。"他不专读诵经典，"但行礼拜"，即使遭人打骂也不怨怒，仍说："我不敢轻于汝等，汝等皆当作佛。"在信行创立的三阶教教义中，仿照常不轻菩萨的做法向碰到的一切僧俗民众礼拜，是一个重要内容。

开皇九年（589），信行与弟子僧邕等人应召入京②，左仆射齐国公高颎（541—607）请他住进以己宅改成的真寂寺。信行在这里一边传教，一边继续从事著述，著有《对根起行杂录》、《三阶位别杂集》等四十余卷。信行与弟子在京城时置寺五所：化度寺（即真寂寺，唐初改名）、光明寺、慈门寺、慧日寺、弘善寺，作为传教的中心场所。在三阶教僧人居住的一些寺院，也往往有非三阶教的僧人居住，但在他们之间有修筑的"隔障"隔离开。三阶教僧众居住的地方称"三阶院"。③

信行于隋开皇十四年（594）正月四日去世。《续高僧传》卷十六《信行传》载信行卒时五十四岁，然而在其门徒裴玄证立的《故大信行禅师铭塔碑》中谓他五十五岁去世。今据后者，推出信行的生年为公元540年，即东魏兴和二年。信行弟子将其遗体安葬于终南山鸱鸣阜，树塔立碑。此后弟子信徒中有不少人死后也立墓塔于信行塔的四周。唐大历二年

---

① 《大正藏》第49册第105页中。
② 此据《续高僧传》卷十九《僧邕传》及《全唐文》卷一四三《化度寺故僧邕禅师舍利塔铭》。
③ 见《开元释教录》卷十八载诏敕"敕诸寺三阶院并令除去隔障，使与大院相通"。又见《酉阳杂俎》卷五、卷六《寺塔记》。

（767），此地扩建为百塔寺。

《故大信行禅师铭塔碑》上说："法师净名、禅师僧邕、徒众三百余人，夙以禅师为善知识，三业随逐二十余年，俱怀出世之基，共结菩提之友。"是说信行从北齐末年传教以来已有弟子300余人。然而前面引文提到信行直到隋开皇七年（587）才有志同道合者4人。对此如何解释呢？可以认为，这300余弟子不是信行死前20年已有，而是到死为止逐渐增加到这么多人的。自然可以想到，三阶教一般信徒的数目还要多一些。

据现有资料，将信行主要弟子中的以下几个人略加介绍，从中可以了解三阶教早期流传情况。

本济（562—615），俗姓宋，西河郡介休（在今山西）人，出家前曾读《六经》、《三史》（《史记》、《汉书》、《东观汉记》），但认为儒家是"宇宙之糟粕"，于是出家为僧，"躬行忍辱，愍增上慢（按：怜悯妄称得道之徒），博览经论，咸诵在心"。后听说信行创立新教派，便前往皈依为弟子。当时信行初到京城，原著《三阶集录》尚留在东地，只是向本济口述三阶教义。信行死后，《三阶集录》的原本传到长安。本济"览文即讲，曾无滞托。虽未见后词，而前传冥会"，意为对三阶教的教义已经融会贯通，向信徒传教的思路和说法与其师信行已经完全一致。他著有《十种不敢斟量论》六卷。隋大业十一年（615）死于长安慈门寺。有弟子道训、道树，直到唐初仍传三阶教，有较大影响。

本济之亲弟善智，也师事信行，撰有《顿教一乘》二十卷，大业三年（607）去世。（《续高僧传》卷十八《本济传》）①

僧邕（543—631），俗姓郭，太原介休人。祖郭宪曾任荆州刺史，父郭韶任博陵太守。出家前学习儒学，年十三岁出家，在邺西云门寺师事僧稠，学习禅法，对小乘"五停心观"、"四念处"等禅法深有理解。在北周武帝推行"灭佛"政策时，他隐居白鹿山深林之中。隋初复兴佛教，"有魏州信行禅师，深明佛法，命世导人，以道隐之辰，习当根之业"。信行知道僧邕在山中隐居，派人对他说："修道立行，宜以济度为先，独善其身，非所闻也。宜尽弘益之方，昭示流俗。"意为请他出山一同传教。僧邕乃出山与信行相会，作为他的弟子于开皇九年（598）同到京城。在信行死后，僧邕"纲总徒众，甚有住持之功"，是接替信行率三阶

---

① 详见《大正藏》第50册第578页上、中。

教信徒继续传教的人物。唐贞观五年（631）死于化度寺，年八十九岁。遗骨由弟子建塔葬于终南山信行塔之东。碑文由左庶子李百药撰、欧阳询书。（《续高僧传》卷十九本传①、《全唐文》卷一四三《化度寺邕禅师舍利塔铭》）

裴玄证，生平不详，《续高僧传·信行传》附传中略有介绍。原出家于化度寺，在信行来此寺后师事信行。信行的大量著述皆委任裴玄证执笔。他后来穿俗服，集结徒众，继续传教。信行的碑文就是由他撰写的。

二 三阶教的典籍和历代遭禁情况

三阶教主要奉信行的著述为教典。三阶教在隋唐曾一再地被统治者宣判为"异端"遭到禁止。三阶教的典籍流通受到限制，在后世的佛教经录中被列在"疑伪"经类之中，遭到取缔。

下面对三阶教典籍作概要介绍，并顺便对遭禁情况略作说明。

隋费长房《历代三宝记》编成于开皇十七年（597）。卷十二将信行的著述置于《大隋录》之中，说："《对根起行杂录》三十二卷、《三阶位别杂录》三卷，右二部合三十五卷，真寂寺沙门释信行撰。"

唐道宣《大唐内典录》编成于麟德元年（664）。卷五《隋朝传译佛经录》著录的信行著述卷数略有增加，谓："《对根起行杂录集》三十六卷、《三阶位别录集》四卷，右二部四十卷，真寂寺沙门释信行撰。"题目基本相同，卷数为什么不同呢？既然称作"杂录"、"录集"，就是多部著述的合编，所增加的部分自然是弟子据信行的口述加以编集的。道宣在介绍中虽指出：

开皇二十年（600），敕断不听（流）行，想同箴劢。

但仍沿用费长房的评语："此录诚并引经论正文，而其外题无定准的。虽曰对根，起行幽隐，指体标榜，于事少微。"②认为三阶教引证佛教经论文字，编于没有规则的题目之下，虽劝人适应根机修行，然而却很少有实际效益，只不过是"万衢之一术"。

武周时明佺等人所编的《大周刊定众经目录》完稿于天册万岁元年（695）。卷十五"伪经目录"中录有《三阶集录》至《大众制》的三阶

---

① 《大正藏》第 50 册第 583 页下—第 584 页上。
② 《大正藏》第 55 册第 277 页下—第 278 页上。

教典籍目录二十二部二十九卷，说：

> 奉证圣元年（按：公元695）恩敕，令定伪经及杂符箓等，遣送祠部进内。前件教门既违背佛意，别构异端，即是伪杂符箓之限。又准圣历二年（按：公元699）敕，其有学三阶者，唯得乞食、长斋、绝谷、持戒、坐禅，此外辄行皆是违法。幸承明敕，使革往非，不敢妄编在于目录，并从刊削，以示将来。①

这是说，武则天篡唐称"周"时期曾判三阶教为"违背佛意，别构异端"的邪伪教派，命将它的著作从佛经目录中刊削而编于防止流通于世的"伪经目录"之中。同时对三阶教的传法和修行也提出限制，只允许保留乞食、长斋、绝谷、持戒、坐禅，对此外的做法一律禁止。《大周刊定众经目录》中所著录的"三阶杂法二十二部二十九卷"的目录，在此后的《开元释教录》中皆有。

唐智升《开元释教录》编成于开元十八年（730）。卷十八"伪妄乱真录"中载有三阶教典籍的目录，说："右三阶法及杂集录，总三十五部四十四卷，隋真寂寺沙门信行撰。"并注云：

> 《长房录》云总三十五卷；《内典录》云都四十卷；大周伪《录》但载二十二部二十九卷，并收不尽。其《三阶兴教碑》云四十馀卷，而不别列部卷篇目。今细搜括，具件如上。②

是说《开元释教录》所载录的三阶教典籍的目录是最全的。从《历代三宝记》（《长房录》）开始，只列三阶教典籍的"集录"等合编本的目录，而没有照录所编的细目（具体篇目），《大周刊定众经目录》虽列出细目，然而所收不全。智升在《开元释教录》中详录三阶教典籍之后说：

> 信行所撰，虽引经文，皆党其偏见，妄生穿凿，既乖反圣旨，复

---

① 《大正藏》第55册第475页上。
② 《大正藏》第55册第678页下—第679页上。

冒真宗。开皇二十年（按：公元600），有敕禁断，不听传行。而其徒既众，蔓莚弥广；同习相党，朋援繁多（原注：即以信行为教主，别行异法，似同天授立邪三宝）。隋文虽断流行，不能杜其根本。

我唐天后证圣之元（按：公元695），有制令定伪经及杂符录，遣送祠部进内。前件教门既违背佛意，别称异端，即是伪杂符录之限。又准天后圣历二年（按：公元699）敕，其有学三阶者唯得乞食、长斋、绝谷、持戒、坐禅，此外辄行皆是违法。

逮我开元神武皇帝，圣德光被，普洽黎元，圣日丽天，无幽不烛，知彼反真构妄出制断之。开元十三年乙丑岁（按：公元725）六月三日，敕诸寺三阶院并令除去隔障，使与大院相通，众僧错居，不得别住。所行集录，悉禁断除毁。若纲维纵其行化诱人而不纠者，勒还俗。

幸承明旨，使革往非。不敢妄编在於正录，并从刊削，以示将来。（原注：其广略《七阶》，但依经集出，虽无异义，即是信行集录之数，明制除废，不敢辄存，故载斯录）①

智升是站在受到朝廷认可和支持的正统佛教的立场评断三阶教的，认为三阶教典籍的内容违背佛经的原意，也违反圣旨。他将隋文帝、武则天、唐玄宗前后对三阶教下达的禁令做了记述。其中提到，在隋文帝禁令下达后，三阶教不仅没有销声匿迹，甚至还有蔓延扩张的趋势。

武则天在天授元年（690）篡唐，改国号曰周，自称圣神皇帝，利用僧法明等人撰的《大云经》四卷，以"弥勒佛"下生理应为天下主自任，"敕两京诸州各置大云寺一区，藏《大云经》，使僧升高座讲解。其撰疏僧云宣等九人皆赐爵县公，仍赐紫袈裟、银龟袋"。（《资治通鉴》卷二〇四）智升用小字作的注文中的"天授立邪三宝"，即指此事。武则天在位期间虽也下令限制三阶教，但在智升看来，三阶教与武则天御用的"邪三宝"（佛法僧为三宝，概释为佛教。"邪三宝"即伪邪佛教）是一样的货色。唐玄宗的敕令不仅禁止三阶教按照自己的教义活动，禁止三阶教僧众别立"三阶院"与其他众僧分开居住，并且命将三阶教一切教籍"禁断除毁"，比以往任何禁令更加严厉。智升为了防止三阶教典籍在后世流

---

① 《大正藏》第55册第679页上。

传，将所能找到三阶教的全部目录作为"伪经"载录。

嗣后，圆照《贞元新定释教目录》（简称《贞元释教录》）编成于贞元十六年（800），虽大部分内容因袭于《开元释教录》，但也有自己的特色。在对待三阶教典籍的态度上与《开元释教录》迥异。《开元释教录》在其隋代录中没有载录信行的著述目录，而《贞元释教录》卷十隋代录中载有："沙门释信行，三十五部四十四卷集录，如下二十八卷及三十卷中说。"此书第二十八卷是"疑惑再详录"和"伪妄乱真录"，载录的是疑伪经的目录；第三十卷是"入藏录"之下是"小乘入藏录"和"贤圣集"。所谓"入藏录"是得到朝廷允准可以编入"大藏经"流通的经录。然而《贞元释教录》在现存宋、元、明诸本"大藏经"中无载。现通行的《大正藏》、《频伽藏》等中所收《贞元释教录》是源自《高丽藏》本，其二十八卷、三十卷中已经没有三阶教籍的目录，自然是被后人砍削了。日本龙谷大学图书馆藏有日本平安时代永久三年（1115）手写本《贞元新定释教目录》的第三十卷（属于"入藏录"之下），上面载录三阶教典籍三十五部四十四卷，题目名称与前述《开元释教录》卷十八所载三阶教典籍的目录相同。值得注意的还有一则十分宝贵的资料：

> 奉贞元十六年（按：公元800）四月十三日敕右街功德使牒，入《贞元新定释教目录》。①

可见，三阶教在唐德宗时还曾合法存在，并且教籍一度获准编入"大藏经"（当收录在小乘经典后的"贤圣集"）流行。当时三阶教在社会上的影响已经很微弱，到唐武宗推行禁毁佛教的"灭佛"政策之时（会昌五年，845），佛教受到极大打击，三阶教也随之消亡了。然而在敦煌文书中还发现北宋开宝九年（976）和太平兴国五年（980）抄写的两本三阶教的《礼忏文》②，说明直到宋初还有三阶教的踪迹。

现将《开元释教录》卷十八和日本龙谷大学藏的《贞元释教录》第三十卷残本的三阶教典籍三十五部四十四卷的目录，参照敦煌文书中的三阶教残卷、日本古藏本三阶教残卷，作概要介绍。凡现存残本者，皆加以

---

① 见《三阶教之研究·别篇》所附资料11。
② 详见《三阶教之研究》第107页。前一件无编号，后一件编号为S320。

注明。

《三阶佛法》四卷

此即《内典录》中的《三阶位别录集》、《大周刊定录》中的《三阶集录》，为三阶教依据的重要著作。日本正仓院、法隆寺和兴圣寺藏有此书三种写本的残卷，矢吹庆辉作了合校，但第三卷首部仍有残缺。敦煌写本中有 S.2684 和 P.259 两件残卷，矢吹庆辉校之为《三阶佛法》卷二和卷三，但与日本所传《三阶佛法》很不一致。敦煌残卷《三阶佛法密记》卷上（P.2412）是一部注释《三阶佛法》的书。据此书，《三阶佛法》的结构是按大段、段、子段、子句的层次组成的。第一卷即第一大段，第二卷为第二大段，第三、第四两卷为第三大段，每一大段之前皆有题名。从现存《三阶佛法》内容看，广引《摩诃摩耶经》（又名《佛升忉利天为母说法经》）、《最妙胜定经》、《像法决疑经》、《杂阿含经》、《大集经·月藏分》、《佛藏经》、《大萨遮尼乾子经》、《大广十轮经》（统称"八经"）及《大涅槃经》、《胜鬘经》、《法华经》、《华严经》等经，对所谓一阶、二阶与三阶众生、佛法进行说明。其中语义含糊，叙述内容重复者不少。

《十大段明义》三卷

《历代三宝记》作《三阶别集》三卷。敦煌残卷《人集录都目》一卷是三阶教籍的目录，其中有《人集录明十种恶具足人邪正多少及行行分齐法》三卷，也许即为此书。三阶教多按大段、段来开展论述，此书或是通过十大段文句来论述有十种恶的人的邪正及佛法问题。

《根机普药法》二卷

按照三阶教的理论，修行者应对根起行，第三阶的众生应以修持"普法"而得救。称此"普法"即为救苦的"普药"。

《三十六种对面不识错法》一卷

亦作《明一切三十六种对面不识错法》。

据《开元释教录》说，以上四本皆名《三阶佛法》，后三本列入《三阶集录》之中。

《大乘验人通行法》一卷

《对根浅深发菩提心法》一卷

或前加"明诸经中"四字。

《对根浅深同异法》一卷

或前加"明诸经中"四字。

《末法众生于佛法内废兴所由法》一卷

或前加"明诸经中对根浅深"八字。三阶教主张末法众生应废"别法",而兴"普法"。此书当论此意。

《学求善知识发菩提心法》一卷

全名为《明世间五浊恶世界末法恶时十恶众生福德下行于此四种具足人中谓当三乘器人依诸大乘经论学求善知识学发菩提心》。

《广明法界众生根机法》一卷

亦作《广明法界众生根机上下起行浅深法》。

《略明法界众生根机法》一卷

或为《略明法界众生根机上下起行浅深法》。

《世间出世间两阶人发菩提心法》一卷

或为《明诸大乘修多罗内世间出世间两阶人发菩提心同异法》。

《世间十种恶具足人回心入道法》一卷

或为《明十种恶具足人内最恶人回心入道者断恶修善法》。

《行行同异法》一卷

或为《明世间出世间人行行同异法》。

《当根器所行法》一卷

全称《明佛灭度第二五百年以后一切最大颠倒最大邪见最大恶众生当根器所行法》。

《明善人恶人多少法》一卷

亦作《明佛灭度一千五百年以后善人恶人多少法》。

《就佛法内明一切佛法一切六师外道法》二卷

亦作《就一切佛法内明一切佛法六师外道法同异》。

《明大乘无尽藏法》一卷

敦煌残卷 S.190 是《无尽藏法略说》,用十一段义来略说三阶教主张的"无尽藏法"。此残卷仅存后六段。无尽藏包含的范围很广,有供养三宝、离恶修善及种种施舍等,谓常行不舍,功德无尽,故称"无尽藏"。敦煌残卷 S.721 是《大乘法界无尽藏法》的注解,可以参考。

《明诸经中发愿法》一卷

《略发愿法》一卷

《明人情行行法》一卷

《大众制法》一卷

在《大周刊定录》作《大众制》。

《敬三宝法》一卷

全名称《明诸经中对根起行浅深敬三宝法》。

《对根起行法》一卷

亦作《明一切众生对根上下起行法》，有五段文义。敦煌文书S.2446为此书的残卷，首缺，五段是：第一段，明三阶出世道不同所由义；第二段，明三阶出世处所不同所由义；第三段，明三阶借伴不借伴不同所由义；第四段，明三阶断障不同所由义；第五段，明三阶六法具不具所由义。此为全面概要介绍三阶教教义的重要著作。

《头陀乞食法》一卷

亦作《依诸经论略抄出头陀乞食法》。

《明乞食八门法》一卷

《诸经要集》二卷

《十轮依义立名》二卷

全称《大方广十轮经学依义立名》。《大方广十轮经》八卷，失译，《开元释教录》将其目录附于《北凉录》之中，与唐玄奘译《大乘大集地藏十轮经》为同本异译，是三阶教常用佛经之一。

《十轮略抄》一卷

亦作《大方广十轮经人集录略抄出》。

《大集月藏分依义立名》一卷

全称《大集月藏分经明像法中要行法人集录略抄依义立名》。

《大集月藏分抄》一卷

全称《大集月藏分经明像法中要行法人集录略抄出》。

《月灯经要略》一卷

《月灯经》即《月灯三昧经》，三卷，北齐那连提黎耶舍译。

《迦叶佛藏抄》一卷

亦作《明一切出家人内最恶出家人断恶修善法如迦叶佛藏经说》。《迦叶经》二卷，北魏时来华的中印度优禅尼国王子月婆首那所译。《佛藏经》三卷，后秦鸠摩罗什译。此为二经摘抄。

《广七阶佛名》一卷

也称《观药王药上菩萨经佛名》。南朝宋畺良耶舍译有《观药王药上二菩萨经》一卷。此为经抄。

《略七阶佛名》一卷

敦煌文书中发现多种《七阶佛名经》（或称《礼佛忏悔文》），是三阶教供养和礼佛时用的法仪文字。

在以上三阶教籍目录中，常有"人集录"字样。在敦煌文书中发现一份三阶教典籍目录，题目为《人集录都目》，除无《明乞食八门法》外，目录全同《开元释教录》卷十八所载者，只不过题目皆用全名。由此可以证明，当初三阶教曾把自己的教籍的全部抄录出来单独流行。此外还发现称作《龙录内无名经论律》的文献，其中载有别的目录中未见的三阶教籍目录，如《两阶发心》、《三阶佛法密记》、《略说禅师本末》等。《三阶佛法密记》有三卷，现从敦煌文书中发现了其上卷，是对《三阶佛法》的注释，里面引用了三阶学僧谂法师之说。这部著作条理明晰，介绍三阶教理比较清楚。

在敦煌文书中还发现《信行口集真如实观起序第一》、《普法四佛》、《如来身藏经》、《第一明恶法》、《第二明就众生多类种别不同》及三阶教僧室利末多（师利）编造的伪经《示所犯者瑜伽法镜经》。

三　三阶教的教义

根据现存残缺不全的三阶教文献，可以对三阶教的教义进行概要的介绍。

三阶教提出自己教义的基本出发点是：佛陀去世久远，众生接受佛法的素质（根机）显著下降，信仰危机加重，佛法日渐沉沦，最终面临灭亡。因此，应有新佛法问世，以适应众生接受能力和需要，进行传教，普度众生。这种新佛法就是三阶教。信行为创立三阶教法，提出了自己的末法观、"三阶"的判教主张以及"普法"的佛教理论。

（一）佛教的正、像、末三法和三阶教的末法观

三阶教立教开宗的重要前提是认为佛教已经进入行将灭亡的"末法"时代，应当适应末法时代众生的根机和需求弘传新的教法，此即所谓三阶教。

1. 佛教正、像、末三法的提出和佛典根据

佛教在印度本土的发展并不顺利，不仅要面对致力复兴并寻求变革的婆罗门教与其他宗教哲学流派的挑衅和难以避免的论争，而且还经常受到外来民族入侵和政治动乱的影响。5世纪初，嚈哒（或称"白匈奴"）在

中亚兴起，灭贵霜王朝，在阿姆河南岸建国，5世纪中叶侵入北印度，首领多罗摩耶曾带兵到达中印度马尔瓦地区。6世纪初多罗摩耶之子摩醯逻矩罗（意译"大族"）王在北印度立国，以旁遮普奢羯罗为都。嚈哒人不信佛教，所到之处毁坏寺院，杀害僧尼。北魏惠生、宋云在神龟二年（519）西行求法，曾到达嚈哒国，看到国王"不信佛法，多事外神，杀生血食，器用七宝，诸国奉献甚饶珍异"。（《洛阳伽蓝记》卷五）① 唐代玄奘所著《大唐西域记》卷四在介绍磔迦国时讲到有关嚈哒国王摩醯逻矩罗的传说，说他曾下令灭佛，"佛法并皆毁灭，僧徒斥逐，无复孑遗"；他此后被信奉佛教的摩揭陀国婆罗阿迭多（意译"幼日"）王打败抓获，又被放走，北投迦湿弥罗国矫杀国王而自立，接着"西讨健驮逻国，潜兵伏甲遂杀其王，国族大臣诛锄殄灭，毁窣堵波（按：佛塔）、废僧伽蓝凡一千六百所"，又滥杀无辜百姓。② 古印度西北遭受的这种经历给佛教徒留下了深刻的印象。在4—5世纪至6世纪出现的一些大乘经典中所宣传的佛法行将灭亡的"末法"思想，可以说是对这种状况的一种反映。

在中国，继北魏太武帝在公元446年推行严格的灭佛事件之后，北周武帝在公元574年下令禁断佛、道二教，毁坏寺院，焚毁经像，迫使僧道二众还俗为民，设立"通道观"以"会通三教"，在攻灭北齐（577）后又在原北齐境内推行禁断佛教道教的政策。这种情况促使中国佛教徒容易接受佛教的末法思想，并通过传教、著述继续发挥这种思想。

所谓"末法"是与"正法"、"像法"相对应而提出来的。最早只有正法、像法的提法。西晋竺法护译《贤劫经》卷七《千佛兴立品》说释迦牟尼佛灭后，"正法存立五百岁，像法存立亦五百岁"。③ 此经原本来自罽宾（今克什米尔），公元300年译出。所谓"正法"是真正的佛法，后世解释为有教法、有修行和证悟（教、行、证三者具备）的佛法。"像法"是相似、接近于正法的佛法，后世解释为有教、行而没有证悟的佛法，比正法低了一等，表明像法时的信徒素质有所下降。公元5世纪后秦鸠摩罗什译的《佛藏经》中有"正法住世亦五百岁"和"真法不久住

---

① 《大正藏》第51册第1019页下。
② 《大正藏》第51册第888页下至第889页上。
③ 《大正藏》第14册第50页下。

世"的说法。① 当时正、像二法的说法已经开始在中国佛教界流行。鸠摩罗什的弟子僧睿传他的话说："佛灭后三百五十年马鸣出世，五百三十年龙树出世"，认为马鸣兴起于正法之末，龙树兴起于像法之初。② 鸠摩罗什的另一弟子慧睿在《喻疑》中说：

> 任分而行，无所臧否，前五百年也。此五百年中得道者多，不得者少，以多言之，故曰正法。後五百年，唯相是非，执竞盈路，得道者少，不得者多，亦以多目之，名为像法。像而非真，失之由人。（载《出三藏记集》卷五）③

这是将释迦牟尼佛灭后的佛法分为正法、像法，说二者各存在500年，然而在像法时代得道（证悟）者少。

南北朝后期，特别在进入隋代以后，因受北魏、北周两次灭佛的影响，一些佛典中宣扬的末法思想在佛教界得到迅速传播。所谓"末法"，意为经历正法、像法两个时期之后，已进入末世而行将灭亡的佛法。后世解释只有教法而无修行、证悟（有教而无行、证）的佛法。④ 来自北印度的那连提黎耶舍（488—589）大概是经历了或听闻了嚈哒人在北印度的灭佛事件。他在北齐和隋朝译的佛经中提到佛法毁坏，行将灭亡的说法。他译的《大悲经》断言"正法千年，像法千年，末法万年。万年之后，经道灭尽"。⑤ 在他译的《大集经日藏分·护持品》中说进入"末法世时"，僧人不守戒律，不坐禅，不得解脱。他译的《大集经月藏分·阎浮提品》中说：

> 于我灭后五百年中，诸比丘等犹于我法解脱坚固；次五百年，我

---

① 《大正藏》第 15 册第 794 页下、第 801 页下。
② 吉藏《百论疏》卷上之上引僧睿《成实论序》，载《大正藏》第 42 册第 233 页上。
③ 《大正藏》第 55 册第 41 页下。
④ 关于正、像、末三法的解释，唐窥基《大乘法苑义林章》卷六的解释比较流行，说："佛灭度后，法有三时，谓正、像、末。具教、行、证三，名为正法；但有教、行，名为像法，有教无余，名为末法。"载《大正藏》第 45 册第 344 页中。
⑤ 此经文在今本中已经不存，见唐怀感《释净土群疑论》卷三所引。载《大正藏》第 47 册第 48 页下。

之正法禅定三昧得住坚固；次五百年，读诵多闻得住坚固；次五百年，于我法中多造塔寺得住坚固；次五百年，于我法中斗诤言讼（按：原作"颂"字），白法隐没，损减坚固。①

这段文字是说，在佛灭后的2500年中，按500年为一周期，佛法景况是渐次没落，直至接近灭亡。按照《大集经月藏分·法灭尽品》中"正法五百年……像法住于世，限满一千年"的说法，以上引文的第三个五百年以后即进入"末法"之世。此时的佛法唯重佛教形式——"多造塔寺"，即将走上"隐没"。此经的《法灭尽品》还提到来自南方、西方、北方的三位"边夷"恶王，在北天竺"破国杀害人"，"毁破佛塔寺，杀害诸众僧，劫夺佛僧物"。② 这是佛法将灭的景象。在那连提黎耶舍译的《莲华面经》中对佛法败落将灭的情景作了形象的描述，说在正法将灭之时，比丘破戒，无所不为，有的"畜养妇妾，产育男女"，"复有比丘住婬女家，复有比丘婬比丘尼"，还有的"贮畜金银"，"专行偷盗"，有的进入军队"征战讨伐，多杀众人，以求勋赏"，有的破坏佛塔，窃取其中的财宝……这些佛典对三阶教和净土宗都有很大影响。

在南北朝时期产生的"疑伪经"（多为中国人撰述）也预言佛法沉沦，即将灭亡。影响最大的如《像法决疑经》（最早见于隋法经《众经目录》），虽没有提到"末法"，但对所谓"像法"的描述却很像佛教将灭的情景。其中说："于未来世中像法之时，善法渐衰，恶转炽然"，僧尼和包括社会各阶层的信众"轻贱我法，薄淡三宝"，有种种"无量灾变恶事"，为求"名闻"而倾家布施，但"专施敬田（按：佛法僧三宝），不施悲田（按：贫穷孤老等众生）"，"我灭度千年后，恶法渐兴，千一百年后，诸恶比丘、比丘尼遍阎浮提（按：人世间），处处充满，不修道德，多求财物，专行非法"……③另有一部失译经《法灭尽经》（《开元释教录》置于南朝《宋录》），说佛法将灭时，"五逆（按：五种大罪）浊世，魔道兴盛，魔作沙门，坏乱吾道，著俗衣裳，乐好袈裟五色之服，饮酒噉肉，杀生贪味"，"但贪财物积聚，不散不作福德，贩卖奴婢，耕田种植，

---

① 《大正藏》第13册第363页上、中。
② 《大正藏》第13册第377页下。
③ 载《大正藏》第85册第1336页上。

焚烧山林，伤害众生，无有慈心。奴为比丘，婢为比丘尼，无有道德，婬佚浊乱，男女不别"。最后佛经灭亡，"不见文字，沙门袈裟自然变白"……①在佛教广泛传播，十分盛行之后，面对佛教内部出现种种腐化堕落的现象，一些僧人对此不满，通过编述佛经或佛教著作提出警告和批评，是完全可能的。

关于佛入灭后的正法、像法和末法的年代，佛经上的说法很不一致。以下四种说法比较有影响：正法五百年，像法一千年说；正法千年，像法五百年说；正法、像法各五百年说；正法千年，像法千年，末法万年说。②

关键是中国当时著名高僧是如何看待正、像、末三法的。后世天台宗奉为三祖的北齐慧思在《立誓原文》中说佛灭以后，"正法住世径五百岁；正法灭已，像法住世径一千岁；像法灭已，末法住世径一万年"，并说在他出生之年（北魏延昌四年乙未岁，公元515）已进入末法八十二年。在末法的后期，佛法将灭。慧思发愿要维护佛法不灭，待弥勒佛出世。他的弟子智顗称"末法"为"末代"，说"末代凡夫，见思病重"（《法华玄义》卷四下）；"末代痴人，罪著深重"（《摩诃止观》卷四上）。隋代涅槃学者净影慧远、三论宗创始人吉藏也同样主张正法五百年，像法一千年，末法一万年。③生活在隋至唐初的道绰，净土宗创始人之一，在所著《安乐集》卷上引《大集月藏经》说："我末法中，亿亿众生起行修道，未有一人得者。当今末法，现是五浊恶世④，只有净土一门可通入路。"以上这些人都程度不同地将末法作为自己传法乃至创教的出发点。佛法即将灭亡的末法观，激励他们挽救佛教危亡，力图适应信众接受佛法的能力，提出自己的佛教主张，积极开展传教的活动。当然，他们的主张并不相同。三阶教是明显地以末法观为前提的新兴宗派。

要计算正、像、末三法的时间，就必然要确定释迦牟尼佛出生的时间。在隋代流行的说法，据费长房《历代三宝记》卷一介绍竟达六种之多：（1）据东晋《法显传》（《佛国记》），佛生于殷世武乙二十六年甲

---

① 《大正藏》第12册第1118—1119页。
② 参考《三阶教之研究》第213—218页。
③ 见隋慧远《无量寿经疏》卷下、吉藏《法华义疏》卷十二及《法华玄论》卷十。
④ 五浊，指劫浊、见浊、烦恼浊、众生浊、命浊。从时代、人的见解、情欲、素质、寿命五个方面，说明世界不净，面临危机，称五浊恶世。见《悲华经》卷五等。

午，距隋开皇十七年（597）为1681年；（2）据北齐昭玄大统沙门法上答高句丽丞相之问，佛陀生于周昭王二十四年甲寅，则距为1486年；（3）据《像正记》，佛陀生于周平王四十八年戊午，距为1323年；（4）据北周沙门道安依《罗什年纪》及《石柱铭》推算，佛陀生于周桓王五年乙丑，距为1225年；（5）据南朝梁赵柏林从弘度律师所得"众圣点记"，佛陀生于周贞定王二年甲戌，距为1061年；（6）费长房自己将佛经与《鲁春秋》对照，确定佛陀生年为周庄王十年甲午（用现在年表，为公元前687年）。他说佛灭到隋开皇十七年为1205年。释迦生年八十，则从生至开皇十七年为1284年。费长房主张正法千年，像法千年，末法万年。按他的计算，当时刚进入大乘盛行的像法时期，末法时尚未到来，说："缘此正像交涉未深，三宝载兴，大乘盛布，宁得已接于末法者哉！"①

应当指出的是，上述关于佛陀生年的说法除第五种"众圣点记"（但费长房的计算与今有异）比较可靠外，其他都难以凭信。② 即便是同一种根据，计算出来的结果也可能不一样。例如北齐慧思显然是根据第二种（佛生于周昭王二十四年），但却算出从佛灭的次年（甲戌岁）至北魏延昌四年（515），已度过正法500年，像法1000年，已进入末法82年。因为古代纪年方法推算起来复杂，很容易得出不同的结论。正、像、末三法的提出，本来是出于佛教徒虔诚信仰的感情，将佛陀在世及逝世不久的佛教理想化，认为今不如古，用这种说法来提醒、激励佛教徒清除佛教中出现的种种腐败现象和积弊，复兴佛法。因此佛教界对于进入末法的具体年代，并不十分看重，也无须有一致的看法。

2. 三阶教的末法观和对应三时的三阶佛法

三阶教虽以承认末法为立教的基本前提，但对此也没有确定的看法。在《信行口集真如实观起序》残卷中，据所称《中国法迦唯罗国记》，断定释迦牟尼佛生于甲申年，灭于辛丑年，谓"自释迦灭度已来至今庚寅年，以经二百七十三年"。用干支纪年，每六十年一循环，如果不与历史纪年相配，是难以确切算出起止年代的。按信行所说的"庚寅年"可确

---

① 《大正藏》第49册第23页上。
② 请详见任继愈主编《中国佛教史》第一卷第二章第一节，中国社会科学出版社1981年版。

定为北齐武平元年（570），而二百七十三年前正是西晋元康八年（298），干支不是"辛丑"而是"戊午"。从信行的知识来看，显然他不会出这样明显的错误，大概此残卷的"二百七十三年"的前面脱落"一千"二字。① 在三阶教的典籍中，经常是以佛灭一千年或一千五百年之后的佛法作为论述重点的。上引文献还说：

> 千年以前净土，生好时好世界，释迦如来四十九年说法教化度众生，正见成就众生如十方大地土，邪见众生如指甲上土，别佛别法度。何故得名别佛别法度？当为真身近灭，正法由（犹）存，过后五百年余，像法初起。正、像同持千载，真正邪善并行。佛法久以慈悲，少化多生益，正见者能生净土，论若大地尘沙。邪见者计亦无多，论若指甲中之土。尔时众生异度得刑（形）像而成引……佛以正法摄邪，所以别法度。
>
> 千年已后，五浊恶世界众生，是正见成就众生如指甲上土，邪见颠倒众生如十方大地土，普法度。何故得名普佛普法度？即时众生垢重，烦恼习气广多，五浊渐恶。末代凡夫，诈夺像时人法。行者错行他法，致使信意不全。信不具足之徒，是阐提贼。若欲顿修大利，莫过收体敬真……普佛能救三界苦内恶人……

因残卷内错漏字太多，不好完全读通。但从中仍可以看出，信行在这里是主张正法、像法各五百年。佛灭千年之后进入末法时代，应以三阶教的"普法"教化众生。在《三阶佛法》卷二内，信行据《大集经月藏分》关于佛灭后2500年的五个阶段佛法的描述（见前引），认为佛灭五百年以前，属第一阶佛法；当时众生为"一切圣人"；佛灭一千年以前，为第二阶佛法，众生为"一切坐禅众生"；佛灭一千年以后，为第三阶佛法，众生为"一切破戒读经诵经声闻"（声闻，指听闻佛说法得悟的弟子，指小乘出家信徒）。《三阶佛法密记》卷上说：

> 佛在世，佛自持佛法，位判是第一阶时；佛灭度后一千五百年已

---

① 这也是一种推论。实际上古代推算纪年与今人推算常有不同，即使二百七十三年前加上一千，仍不是辛丑岁。

前，由有圣人及利根正见成就凡夫住持佛法，位判当第二阶时；从佛灭度一千五百年已后，利根凡夫、戒定慧别解别行，皆悉灭（按：原作"邪"）尽，当第三阶时。

按照最流行的正法五百年，像法一千年，末法一万年的说法，三阶教是把第一阶佛法配在正法时，把第二阶佛法配在像法时，而把自己提倡的第三阶佛法放到末法时，提出在末法时最适宜众生接受并可使他们达到解脱的佛法是第三阶佛法。然而实际上三阶教典籍中常常把像法、末法混合论述，在很多场合是等同看待，认为在像法和末法时期皆应实行第三阶佛法。《三阶佛法密记》卷上说："于第二阶时三义不定：一、就行明时（按：就行为邪、正判明时代），即如前说；二、就病明时，即第二五百年后，第三阶恶贼、狗菩萨病起，属第三阶时；三、就法明时，即千年已后应四圣谛法灭，袈裟变白，不受染色，属第三阶时……"这是讲在像法进入五百年之后（"第二五百年后"与"千年已后"同义）已进入第三阶佛法之时。信行在著作中往往不强调像法与末法的区别，而经常用"佛灭度一千年已后，一千五百年已前"，或"佛灭度一千年已后，或一千五百年已后"（《三阶佛法》卷一）。之所以这样，原因有二：第一，信行将现实社会发生的灭佛事件、僧尼堕落、佛法败的现象，看作与佛经上描述的"法灭"的情景相似，竭力宣传他的第三阶佛法（三阶教），而不强调当时是属于像法还是末法时期；第二，他经常引用的八部经：《摩诃摩耶经》、《最妙胜定经》、《像法决疑经》、《杂阿含经》、《大集经·月藏分》（以上常称"五部经"）、《佛藏经》、《大萨遮尼乾子经》、《大广十轮经》中，有的对像法与末法没有作明确的区分（如《大集经·月藏分》）；有的只讲正法渐次走向灭亡，其情景与别的经典上讲的"末法"相似（如《摩诃摩耶经》）；有的虽只讲像法，但已描述佛法衰败，即将灭亡的情景（如《像法决疑经》）。因此，信行著作不严格区别像法与末法，而往往混同二者皆作为"第三阶佛法时"使用，而这"第三佛法时"与佛教其他教派说的"末法"又是相通的。他自己也常使用"末法法师"、"末法凡夫"等字眼来论述他的佛法主张。

（二）三阶与普法

三阶教是因其佛教主张而得名的。"三阶"，意为三个层次或三个阶次的佛法，用"三阶"来判释一切佛法，而将自己主张的佛法称为"第三阶佛法";又因为自称"普真普正"的佛法,所以又将三阶教称为"普法教"或"普法宗"。

信行把全部佛法按"时"、"处"(世界、处所)、"机"(指人、信徒)分为三个层次的佛法,称"三阶佛法",认为第一、第二阶佛法虽层次高,但已成为过去的佛法,而第三阶佛法,即三阶教,层次虽低,但却是适宜现实社会广大众生信奉的佛法。那么他是如何认证三阶佛法的呢?

1. 第一阶佛法。时,相当于正法时期,即释迦牟尼佛在世及灭后500年时间之内;处,是"一乘世界,亦名净土莲华藏世界"(《三阶佛法密记》卷上),即佛经(《华严经》等)中所描绘的庄严的佛国净土;机,即众生是佛、菩萨,具体讲包括"三贤"(三贤位,达到菩萨阶位的三种预备阶段——十住、十行、十回向的修行者)、"十地"(菩萨的十种阶位,最后是佛位)。《三阶佛法密记》卷上称这些佛、菩萨和将要成为菩萨的人,"行深"、"解真"、"病轻",即修行功夫深,解悟真实,烦恼迷惑最少。然而在信行的《三阶佛法》卷四又说:"一切第一阶佛法内一切利根众生,位判常有一切两种众生",即所谓:一是"莫问一切凡圣,俱一种相似,皆悉是一切戒、见俱不破,一切利根正见成就,一切一乘根机诸佛菩萨";二是"一切破戒者,俱一种相似,皆悉普是一切一种破戒不破见,一切利根正见成就凡夫,一切一乘根机菩萨"。

这是说,在第一阶佛法传承时期和世界范围内,众生是佛、菩萨和特定的凡夫。他们共同的特点是"利根",即有能迅速、正确地领解佛法的素质,并且同具"正见"(正确见解)。细分则有两种:一种是具有正见、持守戒律的凡夫和具有接受一乘(佛乘)素质的佛、菩萨;另一种是虽有正见,但有违犯戒规行为的凡夫和一乘根机的菩萨。

第一阶佛法是"甚深大乘佛法","唯见有大乘名字,不见有小乘名字"(《三阶佛法》卷四);经典有《华严经》等大乘佛典(《对根起行法》)。

从佛教史来考察,是先有小乘,后有大乘的。菩萨等说法也是在部派佛教,特别是在大乘佛教兴起后才流行起来的。信行的第一阶佛法实际是根据《华严经》等大乘佛经中的佛、菩萨的内容编造的,与历史上真实存在过的释迦牟尼佛与其弟子创教、传教的实际情况相差甚远。

2. 第二阶佛法——所谓"三乘佛法"。时间是佛灭500年以后至1000年或1500年以前的像法时期,有时仅指像法前期。处,与第三阶佛法的处所相同，是"三乘世界，亦名五浊诸恶世界、娑婆世界、盲暗世界、三界火宅"，"亦名三乘众生十恶世界"（《三阶佛法密记》卷上）。三乘是指声闻、缘觉、菩萨，前二者是小乘，后者为大乘。这里所谓"三乘世界"，是指大小乘佛法并行的世界。"娑婆"（Sahā），译为忍、能忍，也译杂会；"娑婆世界"意为众生忍受苦恼，佛菩萨"堪忍"劳累进行教化的世界，实指现实世界。"盲暗世界"、"三界火宅"，都是指没有摆脱生死苦恼的众生世界。"十恶"是"十善"的反面，包括杀生、偷盗、邪淫、妄语、两舌（挑拨离间）、恶口（骂人）、绮语（花言巧语）、贪欲、瞋恚、邪见。第二、第三阶佛法所处的世界与第一阶佛法所处的净土世界相对，是充满各种苦恼、罪恶的"秽土"世界。从传承第二阶佛法的人来说，是获得修行最初的果位"须陀洹"（预流果，断除三界见惑的修行者）以上的修行的众生，据称已不能轮回到畜生、地狱、饿鬼"三恶趣"之中。《三阶佛法密记》还说，这些众生"犹（按：原作'由'字）于大乘有趣入义，根机不定。若遇大乘人法，即得入大乘位；若不遇大乘人法，即不入大乘位，故名不定"。但在信行《三阶佛法》卷四之中，说第二阶佛法内"一切利根众生位判，常有一切两种众生"：一是"莫问一切凡圣，一切大乘小乘，一种相似：皆悉普是一切一种戒、见俱不破正见成就众生"；二是"莫问一切大乘小乘，一种相似：皆悉普是一切一种破戒不破见正见成就凡夫众生"。

这是说，在第二阶佛法流行的时期和世界内，是大乘小乘并行，凡圣混杂，众生的共同特点是：皆具"利根"和"正见"。细分则有两种：具有正见、不违犯戒律的众生和具有正见，但违犯戒律的众生。

第二阶的佛法是大小乘的一切经、律、论等。

第二阶佛法在论证逻辑上是与像法对应的佛法，实际上与第三阶佛法"处同"，在时间上与第三阶佛法的时间也难划分。如《三阶佛法》卷三说："《迦叶经》第一内说，文当（按：于经文相当）。佛灭度五百年已后，文当。千佛不能得度得一切众生时，文当义当（按：于经文经义相当）。一切恶贼、一切狗菩萨竞兴，灭一切佛法。《法华经·不轻菩萨品》说，文当。□□□□像法内，增长慢比丘有大势力时，义当……"而这里所讲的一切，正是讲的第三阶佛法流行的时与处，即信行认证第三阶佛法兴起所处的时间和面临的佛法将灭的局势。

信行提出第一、第二阶佛法的目的，是引出他花大力量提倡的第三阶佛法。至于第一、第二阶佛法是否有历史根据，在理论上能否成立，与大小乘佛经的内容是否一致，并不是他特别重视的问题。

3. 第三阶佛法，实际上就是信行创立的三阶教。时间，据称是在佛灭后1000年或1500年的像法后期和末法时期，也有的地方说是在进入佛灭500年后的像法时期。处所，与第二阶佛法相同，都是"秽土"，所谓"五浊诸恶世界"。从信行的经历来看，是指北齐至隋统一王朝以后的社会。在此期间，经历了北周在北方推行的灭佛事件。在佛教界内部，重视讲经著述，以研究某些经论为重点的学派相继而起，或崇空宗，或奉有宗。在学派与学派之间，学者与学者之间，经常发生争辩。在僧尼中也有很多犯戒、贪财和违法的现象，受到社会各界的批评。在信行看来，这就是他所说的第三阶佛法所处的世界。

至于第三阶佛法传承的人和众生，信行搜集佛经中大量用语，作了繁琐的介绍。现只引述三阶教典籍中常提到的三种说法。

"邪见"与"五不救"众生。此是《三阶佛法密记》卷上所说。原文是："三阶位者，从邪见成就，定不可转，五种不救已去是；亦名邪解、邪行成就已去是。"是指邪见很深的众生，"一、佛不救；二、法不救；三、僧不救；四、众生不救；五、断恶修善不救"（《对根起行法》），意为不可救药的人。所谓"邪见"，主要指执著一切皆有的"有见"、执著一切皆空的"空见"。"邪见"也就是"邪解"，由此引起所谓"邪行"。

九种人。第三阶佛法传承的时间和世界内，主体是所谓"利根空见众生"和"利根有见众生"，但称法可分为九种。《三阶佛法》卷三说："佛灭度后……千佛，百千万亿佛，一切经，一切菩萨，皆悉普不能得度得一切众生时……菩萨圣人及利根真善正见成就凡夫，向他方及死后时……广明一切利根空见一阐提、一切利根有见增上慢众生、恶贼、狗菩萨、六师外道、恶魔、旃陀罗、无惭愧僧、以驴唯狗驴菩萨，亦名一切十七种等，一切最大恶众生竞兴，灭一切佛法时……"引文中从"一切利根空见一阐提"至"以驴唯狗驴菩萨"，即所称的"九种人"，都是所谓"空见有见众生"的异称。这些称法原取自于佛经。其中的"一阐提"，原意是"信不具足"，属于善根断尽的恶人。"六师外道"，是佛教创立前后的六家哲学或宗教学派。"旃陀罗"，是指印度种姓制度下最底层的贱民。"以驴唯狗驴菩萨"，据说取自《大方广十轮经》，谓"如驴披师

（按：即'狮'）子皮者是"（《三阶佛法》卷四）。从这些用语，似乎也可以看出信行对当时有犯戒行为的僧人和注重经论研究的学僧的不满。

所谓"十七种人"，《三阶佛法》卷四说："一切第三阶佛法内一切利根空见有见众生、亦名教（按：此处'教'字相当于'叫'、'称'字）一切利根空见有见邪见成就颠倒九种人，亦名教一切利根空见有见九十六种外道，亦名教一切利根空见有见世间根机众生，亦名教一切利根空见有见邪见成就众生，亦名教一切利根空见有见颠倒众生，亦名教一切利根空见有见行坏体坏众生，亦名教一切利根空见有见阿鼻地狱众生，亦名教一切利根空见有见诽谤一切正法毁訾一切贤圣众生，亦名教一切利根空见有见众生颠倒牢固犹金刚众生，亦名教一切利根空见有见行坏体坏戒见俱破邪见成就颠倒一切三乘根机众生，亦名非是一切三乘器及涅槃善根众生，亦名教一切利根空见有见一切三世诸佛怨家速灭一切佛法众生，亦名教一切利根空见有见一切世间天人中大贼众生，亦名教一切利根空见有见一切世间怨家众生，亦名教一切利根空见有见一切诸佛中大贼众生，亦名教一切利根空见有见一切佛一切经皆悉普不能救得众生，亦名教一切利根空见有见扰乱一切诸佛众生。"如果将引文开头的"利根空见有见众生"加上是十八种。《三阶佛法》卷三没有"亦名教一切利根空见有见颠倒众生"，为十七种。这些不同的名称虽都是"空见有见众生"的异称，但加在它后面的诸如"邪见"、"九种人"、"世间根机"、"行坏体坏"、"诽谤一切正法，毁訾一切贤圣"、"速灭一切佛法"等，都是对这种众生所附加的说明。无非是说，第三阶佛教流行时的众生，虽有"利根"，但皆执著空见与有见，因而产生各种违犯戒律，诽谤佛法，扰乱众生的行为，本质低劣，一切佛、菩萨和佛经不能拯救他们，只有靠三阶教的"普佛普法"才能教化他们修善去恶，达到解脱。

这里潜藏着一个难以自圆其说的矛盾，既然三阶众生千佛、万佛和一切佛经都不能救，那么信行与其三阶教能拯救他们吗？

《三阶佛法密记》说："能起救人者，即信行是。谓当一乘菩萨，六住已去，通凡及圣，俱是由能发愿受善恶两种身故，能入六道，随类应生，由不假人法，即自开解故，能为他起教故。"这是说，信行是"一乘菩萨"，阶位已达"六住"（即六地"现前地"，已接近佛地），具有"通凡及圣"的神通，可以佛、菩萨等善的身形，也可以一般众人、畜生等恶的形象，出入六道，应机教化众生；能独自悟解佛法，为众生说法传教。这部书虽出自信行徒弟之手，但也反映了信行的观点。这也就意味着，在第三阶的众生内，唯有信行不是"空见有见众生"，而是天生超凡入圣的"一乘菩萨"，靠他的佛法，可解救千佛万佛都解救不了的众生。三阶教遭到佛教界和社会上层的反对，恐怕这是一个重要的原因。

那么，在第三阶佛教流通之时，除信行外还有别人能从事管理佛法、僧事吗？信行要创立三阶教僧团，对此是必须回答的。他宣称，在一切"空见有见众生"内，"唯除于一切最大纯根众生两种痖羊僧内，犹有少分不为求一切名闻，不为求一切利益，不为求一切胜他等故，学一切佛法真善真正持戒人者"，不在"破戒无戒"的众生范围内。应由他们"劝化管理僧事，与出家人作和上、阿阇梨（按：意为导师），学习诵（经）等"。（《三阶佛法》卷一、二）这里所谓"痖羊僧"是比喻最愚钝的僧人，《对根起行法》在解释"求一切善知识尽者"时对此作了解释。据称，痖羊僧有两种：一者"文义俱不解痖羊僧"，即对佛经文字和义理皆不懂得的僧人；二者"解文不解义痖羊僧"，即虽然认识经文但不明白义理的僧人。此书还说，这两种痖羊僧有种种特点，如性情怯懦内向，从不恼怒别人和与人争吵，在家不做家长，在外不任官职，不犯戒，不做十恶业，出家"常缩头，不肯作人主法主等"，常修十二头陀苦行。信行认为这两种人可做一切信徒的善知识（善友、师父）。此外，如果有"利根人"通晓三阶佛法，有如以上两种痖羊僧的"畏罪"内向表现者，据称也可以担当善知识。这就是说，信行的弟子就属于这两种痖羊僧和最后一种"利根"通晓三阶佛法的人。

第三阶的佛法，包括从整体意义上说的"七法"和作为修行方法的"普法"八法。

4. 三阶教的"七法"。所谓七法是从"三归依"和"四弘誓愿"[①]发展来的，谓三阶佛法各有自己的七法，称之为"三阶出世道"。七法是从七个方面表明三阶佛法所崇奉的对象、修持的佛法和教化的众生，是有差别的。现据《对根起行法》，以介绍第三阶佛法为主，对第一、第二阶佛法稍作对照说明。这七个方面，即七法是：

---

① 三归依是：归依佛、归依法、归依僧；四弘誓愿是：众生无边誓愿度，烦恼无尽誓愿断，法门无量誓愿学，佛道无上誓愿成。

（1）归一切佛尽。这是从崇奉对象讲的。据称，第一阶佛法是归依"一乘真身佛"（相当于法身佛）、"一乘应身佛"和"形象佛"；第二阶佛法归依的是"三乘应身佛"和"形象佛"；第三阶佛法归依的则是：一是"形象佛"，二是"十二种邪见成就众生①所归一切邪魔佛"，三是"十二种正见成就众生所归真佛"；四是"一切诸佛菩萨应作一切空见有见邪魔佛"；五是"普真普正佛"，即：如来藏佛、佛性佛、当来佛、佛想佛。其中不少都是信行自己编造出来的，用以构建他的三阶教佛法体系。这不外是表明，与第一、第二阶佛法分别归依一乘、三乘诸佛不同，第三阶佛法则要求归依一切佛，甚至包括邪正两种佛，而最重要的是作为"普真普正佛"的四佛：如来藏佛、佛性佛、当来佛、佛想佛。这是三阶教最强调崇奉的四佛。后面在介绍八法时将作说明。

（2）归一切法尽。第一、第二阶佛法分别归依大乘和三乘诸法，而第三阶佛法则归依一切法：经卷所说法、极重恶之法、世间之法、邪善佛法、"十二种邪见成就众生所归法"、"十二种正见成就众生所归法"、"一切诸佛菩萨说空见有见法"、"普想大乘法"。据现存资料无从了解信行是如何对这八项作详细说明的。从字面意义看，它们之间是充满矛盾的，说善说恶，说空说有，说出世说入世，怎么能够谐调起来作为皈依信奉的佛法呢？实际上，所谓普归一切法，只不过是说说而已。三阶教以"不当根"的理由排斥它所称的第一、第二阶佛法，只是提倡"普法"八法。所谓"普法"八法，大概就是这里提到的"普想大乘法"。

（3）归一切僧尽。按照所称三阶众生、一乘佛菩萨、三乘正见众生、空见有见众生的性质，提出三阶佛法中归依的僧也有差别。第一阶佛法归依僧是一乘菩萨僧；第二阶佛法归依僧是三乘圣僧（菩萨、声闻、缘觉）和正见凡夫僧，而第三阶佛法归依僧是所谓"剃头着袈裟僧"、"十二种颠倒邪见成就僧"、"十二种正见成就僧"、"一切诸佛菩萨应作一切空见有见僧"、"普亲僧"、"普想大乘僧"。意思是说，在第三阶佛法内，各种僧，无论邪正、贤圣凡夫，一切僧都是应归依信敬的僧。这种情况复杂的僧，在三阶教中到底蕴有什么含义，地位如何，已不得而知。从加"普"字来看，也许其中的"普亲僧"与"普想大乘僧"才是三阶教所提倡

---

① 邪见，此主要是指有、空二见。所谓"十二种邪见众生"，即前述九种人再加上"神诸恶比丘"、"鬼诸恶比丘"、"九十六种外道"。与此相对，则为十二种正见众生。

的僧。

（4）度一切众生尽。如前所述，三阶佛法各有自己相应的众生。他们自然是各阶佛法所应超度的对象。但信行还提出，第一阶佛法除度一乘圣凡菩萨外，还有所谓地狱、饿鬼、畜生、阿修罗；第二阶佛法除度三乘的圣凡菩萨众生外，也要度以上地狱等恶趣众生。这又是三阶教理论中的明显矛盾。既然第一阶佛法的处所是佛国净土，为什么仍有地狱、饿鬼等？第二阶佛法的众生既然皆为正见众生，为何又有四恶趣众生？三阶教的理论中不能自圆其说处甚多。至于第三阶佛法所度的众生是："十二种邪见成就众生"、"十二种正见成就众生"、"一切诸佛菩萨应作一切空见有见众生"、"普亲众生"、"普想众生"以及地狱、饿鬼、畜生、阿修罗四种众生。信行把第三阶佛法所处的处所描述成众恶盛行的黑暗世界，那么，又何来"正见成就众生"和佛菩萨显现的空见有见的众生呢？对此，信行没有解释。

（5）断一切恶尽。三阶教提出的恶有"善外恶"与"善内恶"。从一些著作的语言来看，所谓"善外恶"也就是"恶内恶"，指"诽谤正法，毁呰贤圣"，"盗用三宝财物"及所谓五逆、十恶重罪[①]。"善内恶"，是指佛教内部"学一切邪法"，求名求利、有贪瞋行为等。对于断恶，据称第一阶佛法要断善外恶、善内恶两种恶；第二阶佛法唯求断善外恶，而第三阶佛法要断二十六恶，其中有"不净说法"、"赞毁三宝"、"打骂出家人"、"与邪善道俗往来"、十恶业、五逆罪以及修持四念处（念身不净、受苦、心无常、法无我）及苦集二谛、十二因缘时所体验认识到的各种恶。

（6）修一切善尽。信行对善又提出"恶外善"与"恶内善"的概念。"恶外善"是指佛教所说的一切善行，从信行的一些叙述看，当特指"别真别正佛法"，主要指第二阶的三乘佛法。"恶内善"是指众生所具有的佛性、如来藏，有时特指"普真普正"的如来藏等八种佛法。信行说，第一阶佛法的修善包括修恶外善与恶内善，第二阶佛法只修一切恶外善，而第三阶佛法要修恶内善与得苦善。说："恶内善者，即如来藏、佛性普

---

① 五逆，指导致堕无间地狱的重罪，包括杀父、杀母、杀阿罗汉、出佛身之血、破和合之僧。十恶，与十善相反，包括：杀生、偷盗、邪淫、妄语、两舌、恶口、绮语、贪欲、瞋恚、邪见。

真普正八种佛法是。"所谓"得苦善",包括"常乞食"等十二种。关于乞食,又作为什么乞食?如何乞食?乞食有什么世界各地的说明。信行要求三阶教徒众应以乞食为生,通过乞食来治"贪心",修持忍辱及慈悲、少欲知足的精神。说乞食有助于修习禅定,可得到很多利益功德,宣称:"我今乞食,不食僧食及以斋食;不食僧食,僧事不干,不受请唤,不与一切道俗亲友往来,不为世人所缚,是名解脱。"三阶教僧徒在寺院中与别的僧人隔开单独居住,恐怕这是重要原因之一。在"常乞食"之外,还有"次第乞食"(不拣贫富,按门户次序乞食)、"一坐食"(一日一食)、"节量食"、"过中不饮浆"、"常坐不卧"、"随敷坐"(到处可铺垫而坐)、"冢间坐"、"树下坐"、"露坐"(在空地露天坐)、"纳衣"(穿用别人废弃的破旧衣服缝制的衣服,也称粪扫衣、弊纳衣)、"但三衣"(除常用的大衣"僧伽梨"、中衣"郁多罗僧"、内衣"安陀会"之外,不应有其他衣物)。此即佛教的"十二头陀行"[①],只不过将其中的"在阿兰若处"(远离城乡的僻静之处)改为"随敷坐"。"十二头陀"意为十二种可令修行者去掉烦恼的苦行规则。三阶教强调苦行,但却反对到远离社会的山林僻远之处修行。《三阶佛法》卷二说:"在聚落(按:意为城乡居住点)胜在山林闲静……一切三宝等,于一切聚落内最多故。"当然,作出这种规定主要是为了向人们传教方便。

(7)求一切善知识尽。"善知识"也作"善亲友"、"胜友",凡能在佛法上给予指导,财物上予以支持的一切僧俗信徒皆可称为善知识;广义上的善知识可包括一切信徒。信行在《对根起行注》中对第一、第二阶的佛法的"求一切善知识尽"所作的说明,与"度一切善知识尽"中除去地狱、饿鬼、畜生、阿修罗之外的众生完全相同,也就是与"时、处、机"中的"机"是一致的。第三阶佛法的"善知识"又是怎样的呢?就是前面已经介绍的"文义俱不解痖羊僧"和"解文不解义痖羊僧"以及懂得三阶教的人。他们在为人处世上应做到谦恭、怯懦和内向,守戒和坚持乞食等苦行。在这里所说的"善知识",实际指的是三阶教僧团中的骨干。他们负责指导信众读经育经,管理僧团事务,进行传教,等等。

---

① 头陀,梵语 dhūta 的音译,又作"杜多",意译为"抖擞",意为通过节制衣食等磨炼身心的苦行,以期清除心中的尘垢烦恼。修持十二种苦行的规定,称为头陀行。

5. 三阶教的"普法"。所谓"普法"也作"普真普正佛法",是与所说的第一阶、第二阶佛法的"别法"、"别真别正佛法"相对应而提出来的。所谓"别法"、"别真别正佛法",虽说也包括第一阶佛法,而实际上主要是指第二阶佛法。因为第二阶佛法是三乘佛法,主张对声闻、缘觉、菩萨三种根机的众生,应分别传授不同的佛法,佛别法别,故称"别法"。关于这点,现存资料没有讲清楚。在《对根起行法》残卷的开头说:"一乘、三乘普别不同者有两种:一、一乘;二、三乘。第一段,一乘众生者,从入佛法已来,唯学第三阶普佛法,不学第一第二两阶别佛法,恒以普摄别,别而常普。何以故?由畏罪小胆,畏错谬故,于僧众生断恶修善,求善知识,具足行学尽。第二段三乘众生者,从入佛法已来,唯学第一第二两阶别佛法,恒以别摄普,普而常别。何以故?由大胆不畏罪,不畏错谬故,于七法内唯偏行一行、两行,即得出世,未能具足行尽。"前面已经介绍,信行说第一阶佛法的众生是一乘凡圣菩萨和佛,第二阶佛法的众生是三乘正见众生,第三阶是空见有见众生,各传承不同的佛法。这里却说"一乘众生"唯学第三阶"普佛法",不学第一第二阶"别佛法"。这是明显的矛盾。从这些表述来看,信行大概为了提高第三阶佛法(三阶教)的地位,把它与一乘佛法等同,把修持第三阶佛法的人看作与"一乘众生"等同。信行自己也称"一乘菩萨"、"一乘根机菩萨"。不管理由如何,信行把第三阶佛法,即自己创立的佛教宗派——三阶教,称作"普法"或"普真普正佛法"。

"普法"有八种,称之为"八法"或"如来藏佛性八种佛法"、"八种体佛法"、"八种义佛法"等。现据《对根起行法》有关文字,并参考其他资料略作解释。

(1)如来藏、佛性、当来佛、佛想佛佛法。"如来藏是一切诸佛、菩萨、声闻、缘觉乃至六道众生等体",是说一切众生,无论凡圣,皆以先天具有的如来藏为本体,如河流以水为体,瓦以土为体那样,"一切凡圣虽差别不同,藏体无异"。又说"佛性者是一切凡圣因,一切凡圣皆从佛性而得生长"。实际将佛性或如来藏看作是一切众生生存和达到觉悟解脱的根本原因。信行也称前二者为如来藏佛、佛性佛。当来佛是从众生必定成佛讲的,谓"一切恶四众(按:僧尼和男女居士)等,现在虽行邪兼善行,皆当作佛"。佛想佛者,"想一切众生皆作佛想"。

大乘佛经《胜鬘经》、《大涅槃经》等皆说一切众生先天具有一种与佛、如来共同的本性。这种本性是众生成佛的内在可能性、基质（菩提种子、正因佛性），称之为"如来藏"或"佛性"。信行把一切众生皆有佛性，皆可成佛的理论加以发挥，进而提出"当来佛"、"佛想佛"的通俗说法。意思不外是说，众生既然终能成佛，他们就是"当来佛"（未来佛）和"佛想佛"（想象中的佛）。信行在《普法四佛》中对四佛作了详细说明，认为此四佛为八种佛法之体。

（2）普真普正佛法。"莫问邪人学，亦得真正；正人学，亦得真正。何以故？如来藏佛性体，唯是普法，唯是真法，于中无有邪魔得入其中，是故不问邪人正人，俱得真正。"是谓第三阶佛法是以如来藏、佛性为本体的，而如来藏、佛性是众生皆有的，是普遍真实的佛法，众生无论邪正，都能学得这种佛法，达到觉悟。

（3）无名无相佛法。谓有两种："一者，一切众生体是如来藏，未有真佛名，故名无名；未有真佛三十二相故，故名无相。二者，一切六道众生体，唯是如来藏，更无别名别相故，名无名无相。"

（4）拔断一切诸见根本佛法。谓有两种："一者，一切如来藏体，悉有圣性，唯敬其体，不见善恶邪正，故名拔断一切诸见根本佛法；二者，一切六道众生体是如来藏，更无别法，唯作四种佛等，不见六道善恶等故，故名拔断诸见根本佛法。"拔断，意为断除、清除。这段话是说，因如来藏是众生的本体，无形无相，离言绝相，无所谓善恶邪正，只作为如来藏佛、佛性佛、当来佛、佛想佛而存在，故以如来藏为根本的第三阶佛法是断除一切世俗差别见解（区别有无、善恶、邪正等）的佛法。

（5）断除一切诸语言道佛法。谓"一切众生唯敬其体，不说善恶六道等名，故名悉断一切诸语言道佛法"。说善恶六道众生以如来藏、佛性为体，第三阶佛法只是敬奉如来藏、佛性之体，不以语言概念进行区别和宣说六道众生的身相，因此第三阶佛法是断除一切语言的佛法。

（6）一人一行佛法。称："一人者，自身唯是恶人；一行者，如《法华经》说常不轻菩萨唯行一行。于自身已外，唯有敬作如来藏佛、佛性佛、当来佛、佛想佛等，故名一行。"意为修行者是"空见有见众生"，故为"恶人"。在第三阶佛法传承之时，修行者最重要的做法是礼敬一切众生，像《法华经·常不轻菩萨品》所说，常不轻菩萨见到一切男女老幼都敬礼，即使遭人打骂，也照样礼拜，说："我不敢轻于汝等，汝等皆当作佛。"据敦煌本《三阶佛法》卷二的说法,"又学行不轻行法,常唯礼拜四众身内如来藏、佛性、当来佛、佛想佛,常不礼拜四众现在身"。是谓礼敬众人,不是礼敬他们现有的身体,而是礼敬他们所具有的佛性佛等。此即"一人一行"。

(7) 无人无行佛法。谓"自身及他一切众生,皆同是一如来藏,无有别体,故名无人无行佛法"。意为自身、众生乃至其他一切现象,无非是同一本体的显现。从这一层意义来说,本体之外没有其他外在的东西,故称"无人无行"。

(8) 五种不干(也作"不忏")尽佛法。"干"意为往来、关系,也作干犯、关涉等,转意为侵犯。所谓"不干",就是不往来,或在思想上不理会、执著。"五种不干尽佛法",意为尽力做到五种不相往来、不予理会的佛法。有两种"五不干":第一种是要求在日常恰如其分地做到("唯须调亭")的"五不干":一,自他不干,自己不与非三阶教的僧俗("邪善道俗")往来;二,亲疏不干,三阶教徒不与非三阶教信徒("不学当根佛法者")往来;三,道俗不干,谓"一切邪善道俗不与亲友往来",即不使非三阶教僧俗与亲友往来;四,贵贱不干,贵贱之间不往来;五,凡圣不干,凡圣之间不往来,说:"一切圣内,多有邪魔;一切凡内,多有诸佛菩萨。凡夫生盲,不能别得,是故凡圣不干。"规定只可在乞食、遭难时暂时往来。这些规定大概是为了使三阶教僧徒划清与其他教派的界限,保持三阶教的独立性。三阶教僧众在寺院内设"三阶院"与其他僧人隔离居住,恐怕根据的就是这种"五不干"的佛法。第二种"五不干"是要求在心理上不予理会的五个方面,说"自他俱是如来藏,唯作一观,不作自他、亲疏、道俗、贵贱、凡圣等解于心"。即在心里不区分和不执著五种差别。如果实行前种"五不干",三阶教岂不是与社会完全隔离了吗?实际上信行及其弟子可以灵活解释第二种"五不干"("不作自他、亲疏"等分别)和借口一切民众皆是三阶教的"当根佛法者",自由与社会各阶层人人往来,进行传教。

以上八种佛法是三阶教最重要的教义。其中尤为重要的第一项:如来藏、佛性、当来佛、佛想佛佛法,也概称为"四佛"。敦煌本《三阶佛法》卷三说:

> 常唯得纯偏学一切八种佛法,即是佛、读经、诵经、讲经、讲

律、讲论、归僧、度众生、断恶、修善、解行、求善知识、师僧、上坐（座）、寺主、法师、律师、论师、禅主、父母等。准经验之，一切八种佛法，以本收末，俱是如来藏、佛性所作。如来藏、佛性，即是佛体……又，一切如来藏、佛性、当来佛、佛想佛，亦名普真普正佛法，亦名无名相佛法，亦名于圣法中拔断一切诸见根本佛法，亦名悉断一切诸语言道佛法，亦名一人一行佛法，亦名无人无行佛法，亦名五种不干尽佛法。正是当一切空见有见众生出世间根机，正对治药。

大意是说：第一，专学这八种佛法，就是读经、断恶修善及一切修行等；第二，如来藏、佛性是八种佛法的根本，也是佛的本体，从"以本收末"来说，它们代表了八种佛法的任何不种；第三，八种佛法是适应当代（所谓第三阶时）众生的唯一佛法。

八种佛法是"普法"的根本，也称之为"体普"之法。同时有所谓"行普"，实际上是从如来藏、佛性等推衍出来的，包括七个方面，即：普凡普圣，对一切众生"莫问凡圣，俱作圣解"。普善普恶，分开来说，对别的众生，"莫问善恶，普作善解"；而对自己，"莫问善恶，普作恶解"。普邪普正，对自身邪正，"俱作邪解"；对他身邪正，"俱作正解"。普大普小，对他身的大小乘信奉，"俱作大乘菩萨解"；对己身"俱作小（乘）解"。普世间普出世间，对自身内"莫问世间出世间，俱作世间解"；对他身，"俱作出世间解"。对他身内，"唯作普正欲、正多欲、无邪少欲、邪多欲"，意为别人欲望皆正无邪。对他人身内，"俱作真空妙有，无邪空伪有"。这主要是说，三阶教要求自己信徒对周围一切人，都应当作佛菩萨等圣贤看待，行礼作拜，并且应看到别人身上只有善、正，没有恶、邪；相反，应看到自身只有恶、邪，没有善、正。这样才能断恶修善，实践三阶教的佛法。

三阶教的教义，在理论上并非复杂，只是抓住如来藏、佛性论加以发挥，引导教徒坚信自己与一切众生皆有佛性，皆可成佛。虽主张不轻易与外宗派的人来往，但要求在路上见到一切僧俗皆应礼敬，并且要坚持苦行，还不提倡供养佛舍利、礼拜佛塔。《三阶佛法》卷二要求三阶教的"一切出家人皆悉普唯学一切无名相法坐禅，皆悉普不供养一切佛舍利，皆悉普不礼拜一切佛塔，乃至一拜。除一切在家人不在其限"。信行又反复宣传,学习普法八法,对任何人都适宜,"学之纯益无损",而如果学习别法,如第三阶众生学第一、二阶佛法,因为"不当根",是"纯损无益"的。(《对根起行法》)

信行还主张三阶教僧众在死后尸体放置于山林僻远之处,供鸟兽吃。据《故大信行禅师铭塔碑》,信行死后,"送柩于雍州终南山鸱阜尸陀林所,舍身血肉,求无上道。生施死施,大士有苦行之踪……"尸陀林,音译自梵文,意为寒林,本是位于中印度王舍城附近的林名,是放置死尸的场所。中国佛教徒用此名称呼放置尸体的地方。信行的弟子在他的尸体被鸟兽吃尽之后,封骨建塔。弟子本济、僧邕等人效仿之,死后也被葬于信行的塔所。

(三)所谓"无尽藏"

"无尽藏"原来的含义十分广泛,在佛教中凡认为具有无限功德、利益的事物皆可称之为"无尽藏"。"藏"意为储藏、收藏,作为名词是收藏东西的地方,相当于仓库;"无尽"意为用之无穷尽。晋佛陀跋陀罗译《华严经》卷十二《菩萨十无尽藏品》介绍了十种无尽藏,即:信、戒、惭、愧、闻、施、慧、正念、持、辩,认为按照这十个方面修行,对众生有无限功德,"以一切法门,入一切佛法"。

信行在著作中所说的"无尽藏",尽管包括的方面很多,但侧重于施舍的财物,主张在寺院中设置存放施舍物品的无尽藏,用来维修寺院,为佛教活动提供经费,赈济贫穷,等等。然而在一般情况下,这种无尽藏中的资财也可用来借贷赚取利息。从这个功能说,无尽藏也可称为"无尽财"、"长生钱"。(见《释氏要览·三宝物》)

三阶教文献《大乘法界无尽藏法释》是对信行《大乘法界无尽藏法》的解释,其中说:

小乘法中,唯明自利;大乘法内,自利利他,是故菩萨依大悲心立无尽藏法。六波罗蜜①,檀度(按:意为布施)为初;四摄行②中,布施为首。上同诸佛,内应法身,外利众生,穷尽法界。众生界

---

① 即六度:布施、持戒、忍辱、精进、禅定、般若(智慧)。
② 也称四摄事、四事摄法,包括布施、爱语、利行、同事,谓菩萨以做此四事来利益众生,使他们接受教化。

尽，此藏乃尽。法身无尽，施行无穷。由境界常行相续，故立无尽藏名。究竟深广，含蕴一切，故名为藏。藏有轨仪，复名为法，故曰大乘无尽藏法。

这里强调六度中的布施在建立无尽藏中的重要性。布施包括财施、法施。这里主要是指财施，即向寺僧施舍财物。施舍相续不停，施财含义深广，故称无尽藏。凡愿意向无尽藏施舍财物的，须"日舍一分钱或一合粟"。在《无尽藏法略说》中介绍两种施舍财物法：一，总施，每天施钱十六分；二，总别共施（总别具行），每天施钱三十分。其中详细讲了有十六种无尽藏法，也称十六种常乐我净（意为具有涅槃解脱的功德）。这十六种无尽藏法是：

①供养佛无尽，如礼佛；

②供养法无尽，如转经（诵经）；

③供养僧无尽，对持戒犯戒之僧也要供养；

④供养众生无尽；

⑤离一切恶无尽；

⑥修一切善无尽；

⑦施香无尽；

⑧施光明无尽，如灯烛；

⑨施洗浴无尽；

⑩施音声无尽，如钟呗；

⑪施衣服无尽；

⑫施房舍无尽；

⑬施床坐无尽；

⑭施食器无尽；

⑮施炭火无尽；

⑯施饮食无尽。包括多种：粳米、糯米、面、油脂、粟米、小豆、大豆、柴、盐酢、蜜、姜椒、胡麻、酪、蕨菜诸杂果，乃至"作食人"（做饭食之人）。

在这十六项中，前六项可概括为对佛教的信仰、供养和修行，属一般意义上的无尽藏，是从它们具有"无尽"功德利益讲的；后十项虽也具有这种意义，然而皆为布施实物，包括供衣食住等用项的多种财物，以至为寺院做饭做杂务的役工。这些以供养佛法僧名义的布施，"相续无尽，是无尽藏"。

寺院无尽藏的财物的用途主要有两个：一是用来"施三宝"（佛、法、僧），提供寺院日常开展法务活动和维持僧众生活的费用，称此为"敬田"；二是"以无尽藏物施贫下众生"，以引发他们信仰佛教，称之为"悲田"。人们从寺院无尽藏取得衣服食物及财物使用，一般不会是无偿的，是要按期加利息偿还的。宋代道诚《释氏要览》引《十诵律》说："以佛塔物出息，听之。"在解释"无尽财"时说："即长生钱，谓子母滋生，故无尽。"然而关于三阶教无尽藏的借贷情况，可惜没有资料可供说明。

信行劝信徒施财设无尽藏，是用佛教的善恶报应的理论进行宣传的。据称施财物给寺院无尽藏，可把一个人的千生百劫的"无始宿债一时顿停"，说："业障、报障一时顿灭，父母兄弟六亲眷属，顿出三涂（按：三恶趣的畜生、地狱、饿鬼），岂非大益！"（《无尽藏法释》）并可进而发心修行，直至成佛。

三阶教最有名的无尽藏设在长安的真寂寺（唐初改称化度寺）。据唐韦述撰《两京新记》卷三，化度寺原是隋左仆射高颎邸之宅，开皇三年（583）舍宅为寺。信行入京，高颎乃"立院以处之"。然后提道：

> 寺内有无尽藏院，即信行所立。京城施舍，后渐崇盛。贞观之后，钱帛金玉积聚，不可胜计，常使名僧监藏，供天下伽蓝修理。藏内所供，燕、凉、蜀、赵，咸来取给，每日所出，亦不胜数。或有举便，亦不作文约，但往，至期还送而已。贞观中，有裴玄智，戒行修谨，入寺洒扫十数年间，寺内徒众以其行无玷缺①，使守此藏。后密盗黄金，前后所渐，略不知数。寺众莫之知也。遂便不还。众惊，睹其寝房，内题诗云：将军遣狼放，置骨狗前头，自非阿罗汉，谁能免作偷。竟不知所之。

> 武太后移此藏于东都福先寺，天下物产，遂不复集。乃还移旧

---

① 原校作"玦"字。笔者参《太平广记》卷四九三文字改。

所。开元元年，敕令毁除，所有钱帛，供京城诸寺修缉毁坏。其事遂废。①

另在北宋李昉等人编纂的类书《太平广记》卷四百九十三记载：

> 武德中，有沙门信义，习禅，以三阶为业，于化度寺置无尽藏。贞观之后，舍施钱帛金玉积聚，不可胜计。常使此僧监当，分为三分：一分供养天下伽蓝增修之备；一分以施天下饥馁悲田之苦；一分以充供养无碍。士女礼忏阗咽，施舍争次不得。更有连车载钱绢，舍而弃去，不知姓名。贞观中，有裴玄智者，戒行精勤，入寺洒扫，积十数年。寺内徒众，以其行无玷缺，使守此藏。后密盗黄金，前后所取，略不知数。寺众莫之觉也。因僧使去，遂便不还。惊疑所以，观其寝处，题诗云：放羊狼颔下，置骨狗前头，自非阿罗汉，安能免得偷。更不知所之。（原注："出《辨疑志》"）

把这两个资料对照起来，可以了解化度寺无尽藏设置和使用的基本情况：一，化度寺无尽藏的创立者是信行，而唐武德（618—626）年间的信义当是此藏的"监当"者。信行在隋开皇九年（589）入京，开皇十四年（594）去世，前后不过五年多时间。他就是在此期间创立真寂寺无尽藏的。二，唐武德二年（619）真寂寺改名化度寺（据宋宋敏求《长安志》卷十），无尽藏已有很大发展，至贞观（627—649）时已积聚无数金帛财物，以致出了像裴玄智那样的监守自盗者，寺僧竟长期对此没有察觉。三，无尽藏的金帛财物的来源是男女信徒争先恐后的施舍，甚至有的富人信徒用车运来钱帛。四，按照惯例，无尽藏的用项有三：资助各地修建寺舍、救济贫穷民众，供给寺僧生活和法务活动用费。五，武则天敕将此无尽藏移到东都洛阳大福先寺，在如意元年（692）曾命净域寺僧法藏到"东都大福先寺检校无尽藏"（《金石萃编》卷七十一《法藏禅师塔铭》），然而因为来此施舍者极少，便又命移回长安化度寺。六，唐玄宗开元元年（713），下令将此无尽藏毁除，将其钱帛供京城寺院修葺之用。由此可见，三阶教在真寂寺（化度寺）所置的无尽藏前后延续了约200年，以至财富充盈，连皇帝都要亲自过问，影响极大。

---

① 唐韦述、杜宝撰，辛德勇辑校：《两京新记辑校、大业杂记辑校》，三秦出版社2006年版。

在佛教宗派中特别强调末法思想的还有净土宗。净土宗认为末法时代众生根机低下，只有靠专修念佛的净土法门才可得救，死后往生阿弥陀佛的西方极乐世界。但是，净土宗高僧对三阶教也曾提出批评，如唐代怀感《释净土群疑论》、道镜和善道共著《念佛镜》，都比较多地引述三阶教的教义进行批评。前书批评信行及其三阶教曲解佛经，"失经旨归"，把末法众生说成"纯邪无正，纯恶无善"，"一切佛之所不救"。又说信行以"四依菩萨"自居，对所创佛法十分自负，"即慈悲胜于释迦，智慧过无量寿"，自认为超过一切佛。并站在净土宗的立场上揭露三阶教中一些自相矛盾的说法。后者《念佛镜》对三阶教的"不坐僧床，不吃僧食"，"称恶众生"，"不许入寺"，"见形像（按：佛像）及以诸经，不多恭敬，为是泥龛"及"三阶教念地藏菩萨功德多少，如念阿弥陀佛"等，进行评述和责难。

　　三阶教是隋唐时期形成和流行的中国宗派之一，有自己的特色。为什么一再地被朝廷看作"异端"禁止，以致经籍遭毁，在进入宋初就绝迹了呢？根据以上介绍，至少可以找出以下三个原因。

　　1. 三阶教按时、处、机（人）三个因素把佛都分为三阶，认为当时已经进入像法后期或末法时期，应推行所谓的第三阶佛法（三阶教）。说在这个时期的众生皆根机低下，执著空见、有见，人人恶多善少，可称之为恶贼、狗菩萨、增上慢众生、旃陀罗（贱民）、无惭愧僧、驴菩萨等，只能奉行最低级的"普法"。宣称此时"圣人隐不现"，"四方恶王一时俱起，破坏塔寺，杀害比丘"。还主张以后不能允许强迫出家人还俗及打杀出家人等。中国尊儒家名教为正统，君权是至高无上的，严格君臣父子上下的等级。佛教在传播过程中，早已变相接受儒家名教中的许多思想和行为规范。然而三阶教却公然蔑视、否定社会传统和圣贤，除表示崇敬信行一人之外，将包括社会各个阶层的一切人都贬斥为素质低劣和怀有种种"邪见"、"邪解"的众生，又提出企图限制君权的说法。这不仅以皇帝为首的中央集权的朝廷和整个统治阶级不能容忍，深受儒家思想和伦理熏陶的民众难以接受，即使佛教界的传统势力也是不能认可的。自然，出于不同派别的不同主张，三阶教也必然要遭到其他宗派的反对。

　　2. 三阶教表面上提倡"普佛普法"，但实际只重视载有像法、末法内容的十几部佛经，在所谓"不当机"的借口下把在社会上早已广泛流传的不少佛经当作"别法"给以贬低或否定了。在一般佛教僧俗信徒看来，这是对佛法僧三宝的严重亵渎。前引智升在《开元释教录》中对信行著作的批评："信行所撰，虽引经文，皆党其偏见，妄生穿凿，既乖反圣旨，复冒真宗"，是有道理的。中国从南北朝以来已经形成比较稳固的寺院经济和寺院修行制度，已不经常用乞食和苦行的做法。三阶教提倡乞食和苦行的做法，自然不被多数僧尼欢迎。至于效法《法华经·常不轻菩萨品》中的常不轻菩萨的做法，"在道路行，无问男女率皆礼拜"（唐道宣《大唐内典录》卷五），乃至甘受各种辱骂，与东晋慧远提倡并为佛教界接受的沙门不拜君亲的礼仪也有矛盾。在前面提到，在三阶教教义之中还包含不少明显的自相矛盾的地方，也不利于它的传播。

3. 三阶教设立无尽藏院，积累了大量财富。如果放任它发展下去，势必影响以皇帝为首的中央政府的财经收入，也必然增加与世俗地主和农民群众的矛盾。

这就不难理解，隋唐朝廷一再地下令禁止三阶教流行，毁坏三阶教典籍以及废除三阶教的无尽藏院了。这样，在隋唐形成的佛教宗派中，三阶教虽曾流传一时，然而最终归于在社会上绝迹。

第二编
唐朝佛教

第一章 唐朝社会和佛教

第一节 唐王朝的宗教政策和佛教

一 唐王朝的盛衰及其文教政策

唐高祖李渊（566—635）在隋大业十三年（617）起兵反隋，十一月率兵攻入长安，立代王杨侑为帝，改元"义宁"，自以"大丞相"、"唐王"名义总揽朝政。翌年（618），李渊废隋建唐，即位称帝，改元"武德"。此后陆续平定各地反隋义军和武装割据集团，统一了全国。

唐朝是中国古代国力强盛，疆域辽阔的统一王朝之一。唐朝在政治体制上继承隋朝，并有所发展。前期实行均田制和租庸调法，民众按丁口授田和负担徭役租税。唐太宗李世民（599—649）即位后，认真吸收隋朝迅速走上灭亡的经验，深知"君依于国，国依于民"的道理，推行"去奢省费，轻徭薄赋，选用廉吏，使民衣食有余"（《资治通鉴》卷一九二）的开明政策，任用房玄龄、杜如晦和魏徵等贤臣，励精图治，发展农业生产和社会文教事业，在较短时间内形成一个社会安定、富庶的局面。据史书载，贞观（627—649）年间，"马牛布野，外户不闭"，"频致丰稔，米斗三四钱，行旅自京师至于岭表，自山东至于沧海，皆不赍粮，取给于路"（《贞观政要》卷一），史称"贞观之治"。此后经高宗、武则天（一度改唐为周）、中宗、睿宗，直到玄宗，虽在朝廷内部有这样或那样的争斗发生，然而从整体上来看，唐朝国势强大，政治经济和文化高度发达，居于亚洲乃至世界富强国家的地位，疆域北部曾达贝加尔湖和叶尼塞河，西北到达里海，东北至日本海。

唐玄宗天宝十四载（755），平卢、范阳、河东三镇节度使安禄山与其部将史思明起兵叛乱，连续击败唐军，一度攻占东都洛阳、西都长安。

唐玄宗仓皇逃到四川。在此紧急关头，肃宗即位于灵武（今属宁夏），命郭子仪等率唐军反击，战争几经反复，直到代宗广德元年（763）才最后平定叛乱。"安史之乱"以后，唐朝国势日微。朝廷内有宦官专权，唐后期的文、武、宣、懿、僖、昭六帝都是由宦官拥立的；各地有执掌军政大权的藩镇割据，大半国土实处分裂状态，正如《新唐书·藩镇列传序》所说："讫唐亡百余年，卒不为王土。"僖宗乾符元年（874）以后，爆发了纵横全国的王仙芝、黄巢领导的农民起义。黄巢一度攻占洛阳、长安。黄巢最后虽战败自杀，但此后唐朝已名存实亡。在唐哀帝天祐四年（907），由朱温灭唐称帝，建立后梁。

唐朝在文化思想方面仍尊奉儒家学说为正统。唐初在京城置国子学、大学、四门学及在地方置郡学、县学，教授儒家经典，培养人才。在国子学立周公、孔子庙各一所，四时致祭。唐太宗设弘文学馆，选文儒之士以本官兼署学士，在听政之暇引入内殿讲论经义，商略政事。又召三品官以上者的子孙为弘文馆学生。贞观二年（628）"停以周公为先圣，始立孔子庙堂于国学"，奉孔子为"先圣"，颜回为"先师"。又征召天下儒士担任学官，扩增国学、太学等的生员；对通经者或授博士，或授官位。"是时四方儒士，多抱负典籍，云会京师。"（《旧唐书·儒学列传》）太宗又诏颜师古考定《五经》，颁于天下。诏国子祭酒孔颖达等人编撰《五经正义》，令全国学人传习。自高宗以后，儒学稍衰，尤重文吏。玄宗时奖励儒学，又重道教。在宗教方面，因道教教祖老子李耳是李姓，被认为是唐皇室的祖先，比较尊崇道教。然而在实际上，佛教受到除武宗以外的历代皇帝的崇信，在社会上势力较大，影响也最深远。此外还有祆教、景教、摩尼教、伊斯兰教在不同范围流行。

二　唐初傅奕奏请废佛和高祖下诏沙汰僧尼

唐高祖李渊素来信仰佛教。隋大业一至二年（605—606），李渊任荥阳郡太守时，二子李世民有病，他先后到二寺祈佛保佑病愈，并敬造佛像，求全家福德。[①] 在起义反隋途经华阴时，在此地造寺一所。李渊即位之后，在长安设道场举行法会。武德二年（619）立"十大德"（十位高僧）统摄僧尼，其中有吉藏、保恭、慧恩、海藏等。他还舍施原在长安

---

① 《金石萃编》卷四十《大德寺唐高祖造象记》、《为子祈疾疏》。

的旧宅建兴圣尼寺,在举义之地太原立义兴寺,又造会昌寺、胜业寺、慈悲寺、证果尼寺、集仙寺等,为已故父母造等身像三躯供在慈悲寺。尽管如此,李渊从治国利益出发,曾对是否保护佛教发展产生过疑问。

太史令傅奕尊尚老庄和儒书,厌恶和排斥佛教,曾集魏晋以来反佛者言行编为《高识传》十卷。武德七年(624),他上疏朝廷,请除去佛教,其中主要内容有:(1)佛教"使不忠不孝,削发而揖君亲;游手游食,易服以逃租赋";(2)妄说因果报应,"其有造作恶逆,身坠刑纲,方乃狱中礼佛,口诵佛经,昼夜忘疲,规免其罪","乃谓贫富贵贱,功业所招";(3)无佛法则国家"祚长年久",兴佛法则"主庸臣佞,政虐祚短,皆由佛教致灾也";(4)请下令僧尼一律还俗,"令之僧尼,请令匹配,即成十万余户,产育男女,十年长养,一纪(按:十二年为一纪)教训,自然益国,可以足兵"。①

此外,傅奕还曾上奏过十一条排佛表奏。据唐彦琮《唐护法沙门法琳别传》卷上,时间是在武德四年(621)。据《广弘明集》卷十一所载,奏文中有:"佛之经教,妄说罪福,军民逃役,剃发隐中,不事二亲,专行十恶";"请胡佛邪教,退还天竺,凡是沙门,放归桑梓;令逃课之党,普乐输租,避役之曹,恒忻效力"。

傅奕反复上奏,强调废佛对贯彻儒家纲常名教和富国强兵的意义,确实打动了高祖的心。高祖把此奏文付群官议论,但同意者甚少,左仆射裴寂、右仆射萧瑀皆表示反对。萧瑀一向奉佛,与傅奕争论说:"佛圣人也。奕为此议,非圣人者无法,请置严刑。"傅奕据儒家忠孝伦理反驳,说萧瑀"乃遵无父之教"。萧瑀不能答,但合掌说:"地狱所设,正为是人!"(《旧唐书·傅奕传》)傅奕把反佛奏状书写多份,远近散发,致使一时之间"京室闾里,咸传秃丁之诮;剧谈席上,昌言胡鬼之谣"。② 所说"秃丁"是指僧尼,"胡鬼"指佛,皆源自傅奕攻击佛教的用语。京城的道士李仲卿、刘进喜等,也纷纷批评佛教。沙门明概、法琳、普应等人,以及前扶风令、门下典仪李师政等,都著论反驳。其中法琳所著《破邪论》一卷、《辩正论》八卷,门下典仪李师政著《内德论》比较有名。

---

① 据《旧唐书》卷七十九《傅奕传》;《资治通鉴》卷一百九十一载在武德九年(626)。
② 见《集古今佛道论衡》卷丙,载《大正藏》第52册第380页上。

武德九年（626）三月，高祖诏问太子李建成，说佛教"调课不输，丁役俱免"，僧尼本应依法修道，但有很多沙门"违犯条章，干烦正术，未能益国利化"，因此打算"散除形像，废毁僧尼"，即取缔佛教，问太子是否可行。太子在回答中认为佛教"立教垂范，尽妙穷微"，又有深奥的理论，不是儒、道二教可比的；僧尼中虽有名不符实的人，但也有德行高尚者，如令全部僧尼还俗，于意不妥，"恐伤皇化"，因此表示不同意取缔佛教。

此后高祖又询问群臣："傅奕每言于朕云：佛教无用，朕欲从其所议，卿等如何？"当时担任尚书左仆射（相当于宰相）的裴寂也认为不可废除佛教，说"陛下昔创义师，志凭三宝，云安九五（指帝王之位，出自《易经》），誓启玄门"，意为当年起义之时曾祈佛保佑成功，发愿在即皇位之后保护佛教发展；现在已天下一统，富有四海，如听纳傅奕之言而毁废佛僧，是"亏陛下之往信，彰陛下之今过"，使民众失望，于理不可。① 这样，高祖没能立即下令废佛。

然而至武德九年（626）五月，高祖下诏"沙汰"僧尼，要把一些德行低劣和被认为不合格的僧尼裁减，令他们还俗。诏文说：

> 诸僧、尼、道士、女冠等，有精勤练行，守戒律者，并令大寺、观居住，给衣食，勿令乏短。其不能精进，戒行有阙，不堪供养者，并令罢遣，各还桑梓。所司明为条式，务依法教，违制之事，悉宜停断。京城留寺三所，观二所。其余天下诸州，各留一所。余悉罢之。（《旧唐书·高祖纪》）

按此诏令，要对佛、道二教进行整顿，要让其中被认为不合格的僧、尼、道士、女冠还俗，寺院、道观也要撤减。当时全国有州358个，如果照此诏实行，京城和各州共可留寺361所。然而不久，秦王李世民杀害太子李建成和弟李元吉，高祖不得已立他为太子。李世民在此年八月即位，此即唐太宗，没有实行高祖撤减寺观和淘汰僧道的诏令。

---

① 见《法琳别传》卷上，载《大正藏》第50册第201页上。

三　唐太宗在战地立寺和超度阵亡将士

唐太宗即位后任命贤臣辅佐，励精图治，发展经济，振兴文教事业。在宗教方面，虽未压制佛教，但从巩固社会秩序的角度，对僧道出家者加强管理，严禁私度。此时佛教已广泛深入社会，太宗也建寺造像，举办法会，以顺应民众习俗，有利于社会秩序的安定。正如僧人法冲所说：

国家立寺，本欲安宁社稷。(《续高僧传》卷二五《法冲传》)

贞观元年（627），诏京城僧尼于寺行道七日，设斋所需由朝廷供给。第二年下诏曰："神道设教，慈悲为先……"为庆丰收，命每年正月七日"京城及天下诸州寺观僧尼道士等，七日七夜转经行道"。贞观三年（629）下诏京城僧尼，在每月二七日于寺中行道，诵《仁王般若经》等，成为定制。(《辩正论》卷四)

印度僧波颇在贞观元年（627）到达长安，敕住大兴善寺译经，诏选高僧十九人担任译语、证译及笔受者等，又敕尚书左仆射房玄龄、太子詹事杜正伦等参助诠定，由所司供应所需钱物。在译出《宝星经》、《般若灯论》、《大庄严经论》之后，下敕各写十部以供流通。

玄奘在贞观十九年（645）从印度求法回国，太宗给予优遇，为他设置庞大译场，让他把从印度带回的佛典译出，调集著名学僧协助，供给丰厚，还为新译经典写《大唐三藏圣教序》。

太宗也按照佛教建寺造像为亡者追福的说教，在长安为其母窦太后造慈德寺和弘福寺，在终南山舍宅为高祖建寺造像。

太宗在起兵反隋，削平群雄的过程中，实任六军统帅之位，立功最多。贞观三年（629）下诏在几个重要征战之地建立佛寺，为部下阵亡的将士和被杀的敌对者追荐冥福。共建七寺，在破薛举的豳州建昭仁寺；在破刘武周的汾州建弘济寺；在破宋老生的吕州（或作莒州、台州，皆误）建普济寺；在破宋金刚的晋州建慈云寺；在破王世充的邙山建照觉寺；在破窦建德的郑州建等慈寺；在破刘黑闼的洺州建昭福寺。分别命朱子奢、李百药、许敬宗、褚遂良、虞世南、颜师古、岑文本等著名儒臣撰写碑文，"以纪功业"。七寺皆由官造，分别分给"家人、车、牛、田庄"。其诏书中有："望法鼓所振，变炎火于青莲；清梵所闻，易苦海于甘露。"大意是借佛寺行道的功德，使死难的鬼魂超度苦海。（以上见《广弘明集》卷二十八①及《旧唐书·太宗纪》等）

不仅如此，唐太宗还特地下诏为他在征战中杀死近千人而"设斋行道"。诏文说当年的征战诛杀，是为"以战止战"，"济时静乱"，是不得已的，现在思念此事，"悄然疚怀，无忘兴寝"；佛教以杀为重戒，"承言此理，弥增悔惧"；"今宜为自征讨以来手所诛翦前后之数将近一千，皆为建斋行道，竭诚礼忏"，将自己衣物施舍，以超度亡灵，"灭怨障之心，趣菩提之道"。（《全唐文》卷四、《唐弘明集》卷二十八②）太宗在旧战场立寺，举办法会超度亡灵，其意义绝非限于宗教的范围，更重要的是为了安抚、慰藉已经成为自己臣民的原来敌对者的部众，收揽民心，促进社会安定和谐的局面。

唐太宗在中国历史上以贤明著称，与群臣日夜探究为君治国之道。唐吴兢《贞观政要》所记甚详。太宗对佛教的态度，从个人来讲不能说不信，但确实信之不深。贞观二年（628）太宗对侍臣谈论古今治国之道，提到"梁武帝父子志尚浮华，惟好释氏、老氏之教"，自己讲经谈空，不以"军国典章"为意，结果在侯景之乱中与其子简文帝先后被幽闭而死，认为此"足为鉴戒"，表示"朕今所好者，惟在尧舜之道、周孔之教，以为如鸟有翼，如鱼依水，礼失之必死"。（《贞观政要》卷二十一）在贞观二十年（646）他在贬萧瑀的诏中又称"朕于佛教，非意所遵"，又以梁武帝父子佞佛亡国为诫，批评萧瑀崇佛是"袭亡国之遗风"。（《资治通鉴》卷一百九十八）

然而这种情况到了太宗晚年似稍有改变。据《大慈恩寺三藏法师传》载，在太宗东征高丽（645）以后，"气力颇不如平昔，有忧生之虑"，曾询问玄奘法师："欲树功德，何最饶益？"玄奘说最好是度僧。于是在贞观二十二年（648），即他去世的前一年，下诏在京城及诸州之寺各度僧5人，弘福寺度50人。当时全国有寺3716所，共度僧尼18500余人。

---

① 《大正藏》第52册第328页下。
② 载《大正藏》第52册第512页中。

高宗李治、中宗李显、睿宗李旦都信奉佛教。高宗为太子时,见太宗著《大唐》,特著《述三藏圣教序记》(《述圣记》)盛赞太宗为玄奘译经写序之事。他为其母造大慈恩寺,内建"翻经院",供玄奘等住在里面译经。高宗即位后对佛道二教并重,麟德三年(666)春到泰山对禅,改元"乾封",在兖州置紫云、仙鹤、万岁三观,以及封峦、非烟、重轮三寺,诏各州置观、寺各一所,度27人。此年又往礼老君庙,为老子追赐"太上玄元皇帝"的封号。

高宗自显庆(656—661)以后因病不能理事,朝政多由皇后武则天裁决。因此,在高宗朝执掌朝廷大权的实为武则天。

四　武则天称帝和佛教盛况

武则天(624—705),本为太宗时宫中的"才人",太宗死后为尼,高宗时复被召为昭仪,以其机敏才智,步步高升,永徽六年(655)受封为皇后,从参与朝政到总揽朝政,与高宗并称"二圣"。弘道元年(683)中宗即位,她临朝称制。次年废中宗,立睿宗,到载初元年(690)废睿宗,自称圣神皇帝,改唐为周,史称"武周"。在佛教盛行的社会背景下,武则天在即位称帝的过程中巧妙地利用了佛教。

按照传统的以父系家长制为核心的宗法制度和儒家伦理,家与国都是父子相传。在武则天策划当皇帝的时候,虽也奖励和授意一些人借造符瑞图谶上劝进表,但主要还是从佛教中找到了女人可以即位当皇帝的根据。佛教中虽也有轻视妇女的传统思想,如说妇女不能成佛,不能当国王(转轮圣王),等等,然而在有的大乘经典也明明宣称,如女人积有非常功德,也是可以当国王,乃至成佛的。北凉昙无谶所译《大方等大云经》,也称《大方等无相(或作"想")经》,有六卷(《开元录》卷十一注"或四卷或五卷")。其卷四讲有一位净光天女,前身(前世)是国王夫人,因从佛听讲《大涅槃经》,今世生为天女;佛又对她说"值我出世,复闻深义,舍是天形,即以女身当王国土,得转轮王所统领处四分之一"。"转轮圣王"也作"飞行皇帝",是佛教经典中提到的理想帝王,出世时天空感有"轮宝"(战车的神化)出现,统一四天下(四洲)。这里所说"四分之一"的领土,是特指"阎浮提"(或作"赡部洲"),实指现实世界。此经卷六讲此后七百年时于南天竺有国,其王夫人生一女,在国王死后"诸臣即奉此女以继王嗣";佛又预言此女未来之世"当得作佛"。① 按此经所说，女人可以当皇帝，并可作佛。这部经成了武则天登极称帝的重要根据。

当时有僧名怀义，本名冯小宝，原是个光棍无赖。后经高祖之女千金公主的介绍，受到武后的宠爱。武后为他出入宫掖方便，把他剃度为僧；又将其俗姓与驸马薛绍联宗，改姓薛。垂拱初（685），怀义为白马寺主，后与僧法明等人重译《大云经》，（此据《大宋僧史略》卷下说，或云造谶、造疏），又造《大云经神皇授记义疏》，言武则天"是弥勒下生，作阎浮提主，唐氏合微，故则天革命称周"。（《旧唐书》卷一百八十三《怀义传》）载初元年（689），怀义与法明等沙门十人将此《大云经》四卷和《大云经义疏》表奏上，"盛行神皇受命之事"。武则天大悦，即颁《大云经》于天下，改国号为周，自称圣神皇帝，改元无授。

第二年令天下各州皆置大云寺，各寺藏一部《大云经》，令僧讲说。怀义与法明等九人因此受封县公，皆赐紫袈裟银龟袋。怀义曾任朔方道行军大总管等，后因失宠被杀。② 《唐书》等都说怀义等"伪撰"《大云经》，恐误。不过即使是重译，大概也加入了私货。

《大云经义疏》今存残本（敦煌遗书 S2658、S6502），其中多引当时各地表上的图谶《广武铭》、《证明因缘谶》、《卫元嵩谶》、《天授圣图》等，曲解《大云经》之文，有"以女身当王国土，所谓圣母神皇是也"；"弥勒者即神皇应也"；"转轮王所统领处四分之一者，今神皇南阎浮提一天下也，若比转轮王即四分之一是也"；"菩萨利生，形无定准，随机应物，故现女身也"……不外乎是说，武则天因前世奉佛造下功德，今世是菩萨转生，虽是女身，但应当做皇帝统治天下。

在长寿二年（693），即武则天即帝位的第四年，由怀义监译，菩提流志（印度人，也称达摩流支）翻译的《宝雨经》十卷问世。此经的旧译本有梁译《宝云经》七卷。新译经文中有两个内容对武周有利，一是卷三所说"菩萨除遣恶作方便善巧"，即无论有智无智，造恶犯罪，即使伤害父母，也"不失神通"，不堕地狱；二是卷一所说佛灭后第四五百年中，月光天子"于此赡部州东北方摩诃支那国（按：此为古印度人对中国的称呼），位居阿鞞跋致（按：意为不退转，即菩萨），实是菩萨，故

---

① 分别载《大正藏》第 12 册第 1098 页上、第 1107 页上、中。
② 以上参见《旧唐书·则天武后纪》及《旧唐书》卷一八三《武承嗣传·薛怀义附传》。

现女身为自在主，经于多岁，正法治化"。这第二个内容在旧译本中是没有的。

武则天为夺取唐室政权，杀戮宗室和唐旧臣，造恶多端。然而她可引此经为自己造恶作辩解，自慰。又可从此经为自己当皇帝，自许菩萨，找到根据。在佛教盛行的社会背景下，这样做可起到某种程度的欺骗作用。证圣元年（695），武则天加号"慈氏越古金轮圣神皇帝"。"慈氏"即"弥勒"的意译。三个月后去"慈氏越古"之号，改称"天册金轮大圣皇帝"。

圣历二年（699），于阗僧实叉难陀新译《华严经》八十卷完成。武则天为此写《大周新译大方广佛华严经序》，其中称："朕曩劫植因，叨承佛记。金仙降旨，《大云》之偈先彰；玉扆披祥，《宝雨》之文后及。加以积善余庆，府集微躬，遂得地平天成，河清海晏。殊祯绝瑞，即日至而月书；贝牒灵文，亦时臻而岁洽。"（《全唐文》卷九七）是说自己由于往世的功德，佛才预言未来可君临天下，如《大云经》、《宝雨经》所记述的那样。加上祖先的善德和自己的政绩，才使国泰民安，符瑞相继出现。从中确实可看到武则天踌躇满志的心情。直至神龙元年（705）武则天才让位于中宗，不久死去，年八十三岁。

佛教在武则天、中宗时有较大发展。武则天时"铸浮屠，立庙塔，役无虚岁"（《新唐书》卷一百二十五《苏环传》）。内史狄仁杰批评武则天"将造大像，税天下僧尼人出一钱"，说："今之伽蓝，制逾宫阙"，"无名之僧，凡有几万"，"浮食者众，又劫人财"。监察御史张廷珪批评说："倾四海之财，殚万人之力，穷山之木以为塔，极冶之金以为像"，"殚苍生之财，崇不急之务"。（《唐会要》卷四十九）中宗时，盛造寺像。正如睿宗时右补阙辛替否所批评的："造寺不止，费财货者数百亿；度人无穷，免租庸者数十万。"（《资治通鉴》卷二百一十）据他估计，中宗时"十分天下之财，而佛有七八"（《旧唐书》卷一百一《辛替否传》）。

唐玄宗即位前期，唐朝达到极盛时期，据《旧唐书·地理志》记载，至开元二十八年（740），"户部计帐，凡郡府三百二十有八，县千五百七十有三。羁縻州郡，不在此数。户八百四十一万二千八百七十一，口四千八百一十四万三千六百九，应受田一千四百四十万三千八百六十二顷一十三亩"。

唐玄宗虽对佛教有所抑制，加强管理，但并没有遏制佛教急剧发展的势头。综合《旧唐书》卷四十三《职官志二》和《新唐书》卷四十八《百官志三·崇玄署》的记载，开元年间（713—741）全国有寺5358所，其中僧寺3235所，尼寺2122所，有僧75524人，尼50576人。此后僧尼人数有较大幅度增加，据《旧唐书·武宗纪》记载，会昌五年（845）四月敕祠部"检括天下寺及僧尼人数"，全国有寺4600所，兰若（私寺）40000所，有僧尼26万5百人。实际上，当时全国的僧尼、寺院应远在这个数字之上。[1]

五　佛道先后问题

唐代在政治上尊奉儒家学说，在宗教上对佛道并重。但在举行集会、斋供等场合，对佛道先后的问题发生过争议，皇帝对佛道先后问题的诏令也是有改变的。

高祖武德八年（625）到国学举行释奠（祭奠先圣先师之礼仪），堂列三座，安排三教学者讲论三教之义。当时出席释奠仪式的三教代表有佛僧慧乘、道士李仲卿，还有儒家的学者。由谁先讲呢？高祖诏曰："老教、孔教，此土元基。释教后兴，宜崇客礼。今可老先，次孔，末后释宗。"轮到慧乘讲述，他首先肯定佛的至高无上的地位，所谓"上天下地，荣贵所资，缘业有由，必宗佛圣"，又批驳了道士的"天上天下，唯道至极最大，更无大于道者"及"道是佛之父师"的说法。[2] 争论的对手虽是道士，但也是做给皇帝看的。因为唐朝皇帝从高祖开始，尊奉道教教祖老子（李耳）为帝室祖先，在名义上把道教置于佛教之前。

唐太宗贞观十一年（637）下诏明确地说："朕之本系，出于柱史（按：指老子）。今鼎祚克昌，既凭上德之庆，天下大定，亦赖无为之功。宜有改张，阐兹玄化。自今以后，斋供行立，至于称谓，其道士女冠，可在僧尼之前。"（《全唐文》卷六）京城总持寺僧智实率僧多人到宫廷上表力争，攻击道士是"黄巾"，"本非老君之裔，行三张（按：张陵、张衡、

---

[1] 据《旧唐书·武宗记》，会昌五年八月推行毁禁佛教政策，"天下所拆寺四千六百余所，还俗僧尼二十六万五百人"，并"拆招堤、兰若四万余所"。毁禁僧尼、寺院数字与祠部统计一致，然而实际上在上都、东都每街尚留二寺，每寺僧三十人，诸道留僧以三等，不过二十人（《新唐书》卷五十二《食货二》），此外不少州县的僧尼、寺院并未受到毁禁（详后）。

[2] 据《续高僧传》卷二十四《慧乘传》、《集古今佛道论衡卷丙》。

张鲁，后汉五斗米道创立人）之秽术"；又"录道经及汉魏诸史佛先道后之事"，希望朝廷追回成命。结果，智实遭到杖打并被发配回故地。①

唐高宗上元元年（674）诏令在公私斋会及各种参拜集会场所，"道士、女冠在东，僧、尼在西，不须更为先后"。（《唐会要》卷四十九）到武则天时，因为利用《大云经》等为自己篡唐为周，即位当皇帝提供根据，所以对佛教特别尊崇。在天授二年（691）下诏："释教宜在道法之上，缁服（按：指僧尼）处黄冠（按：指道士女冠）之前"。（《全唐文》卷九十五）因为她以"金轮皇帝"自居，又自认为是菩萨转世，自然是不能容忍佛教置于道教之后的。此后，唐睿宗景云二年（711）下诏："自今已后，僧、尼、道士、女冠，并宜齐行并集。"（《唐会要》卷四十九）这样，就不再分佛道先后了。在这些诏书改动的背后，我们可以想见当时佛道斗争的情况。

唐朝的佛道斗争是相当激烈的。高祖时太史令傅奕上书请求废佛之后，沙门法琳著《破邪论》进行反驳。当时道士李仲卿附随傅奕之后，写《十异九迷论》；刘进喜写《显正论》，皆攻击佛教。对此，法琳特著《辩正论》详加驳斥。此后围绕佛道先后、教理优劣、《老子化胡经》真伪等问题，争论很多。其中著名的有太宗时沙门慧净与道士蔡晃关于《法华经·序品第一》的辩论；高宗时沙门会隐、神泰与道士黄颐、李荣、黄寿等关于"道生万物"等的辩论；沙门义褒与道士李荣关于"本际义"的争论，以及沙门静泰与道士李荣关于《老子化胡经》真伪的争论；沙门灵辩、子立与道士姚义玄等人围绕《净名经》（《维摩诘经》）、《老子》之义的争论等。

此后，在玄宗、代宗、德宗等朝，都有佛道二教争论二教优劣，乃至比赛神通之事。有关唐代二教争论的事迹，唐道宣《广弘明集》、《集古今佛道论衡》、智升《续集古今佛道论衡》、玄嶷《甄正论》、神清《北山录》以及唐、宋二《高僧传》等书，多有记载，这里不拟详加引述。

六　国家寺院

从高祖开始，几乎历代都有寺院的建置。例如高祖在京城建会昌、胜业等七寺，在并州建义兴寺；太宗为母建慈德、宠福二寺，在战地立七

---

① 《续高僧传》卷二十四《智实传》，载《大正藏》第 50 册第 635 页下至第 636 页上。

寺；高宗为母建大慈恩寺，为太子造西明寺，封禅后诏各州置寺观各一所。这些寺院都是官寺，即由国家直接支付一切费用，或施给田地和农仆等以供维持寺院经营等。

唐高宗之后，武周在天授元年（690）诏诸州设大云寺，命寺僧讲《大云经》；唐中宗复位，称唐中兴，神龙元年（705）命天下诸州置"大唐中兴"寺、观各一所，后因有人认为唐非中兴，不宜以"中兴"为名，改为"龙兴"寺、观；玄宗开元二十六年（738）命天下的"形胜"（景观规模较宏伟者）寺、观改名"开元"寺、观。自然，这些寺、观也属国家经营的寺观。此外在宫廷还设有"内道场"（宫廷寺院）。

那么，这些国家寺院的职能是什么呢？让我们先看看《唐会要》卷五《杂记》中的一段记载：

> （开元）二十七年五月二十八日敕：祠部奏，诸州县行道散斋，观寺准式，以同、华等八十一州郭下僧尼道士女冠等，国忌日各就龙兴寺观行道散斋，复请改就开元观寺。敕旨：京兆、河南府，宜依旧观寺为定，唯千秋节及三元行道设斋，宜就开元观寺，余依。
>
> （开元）二十九年九月七日敕：诸道真容，近令每州于开元观安置。其当州及京兆、河南、太原等诸府有观处，亦各令本州府写貌，分送安置。天宝三载三月，两京及天下诸郡，于开元观、开元寺，以金铜铸玄（按：原作"元"）宗等身天尊及佛各一躯。

这里将其中涉及的内容稍作解释。"祠部"，礼部机构之一，掌祭祀、僧尼事务（详后）。"散斋"和"致斋"是两种斋仪。散斋，官员可依旧处理政事，夜宿于家，但不许治丧问疾，不判刑杀文书，不处罚罪人，"不预秽恶之事"。如果行致斋之仪，比较严格，一切政务要停办，清心洁身参加祭祀仪礼。在致斋之日，官员还规定集中，然后到斋所。祭祀有大祀、中祀、小祀，它们规定的致斋、散斋的天数不一样。"真容"，此指唐玄宗的画像。这两段引文是说，唐玄宗开元二十七年（739）祠部奏请：同州、华州等八十一州的僧尼道士女冠等，以往在国忌日（帝、后死日）皆到各州的龙兴寺、观（按：中宗置）举行法会散斋仪式，从今以后宜改在开元、观举行。对此，玄宗敕复：京兆府（长安所在地）、河南府（洛阳所在地）可依旧不变，只在庆祝千秋节（玄宗生日）和在正月十五日、七月十五日、十月十五日才在开元寺、观举行道教斋会,其他照奏。玄宗在开元二十九年(741)又敕令各州在开元道观安置玄宗画像;天宝三载(744)于各开元寺、观,置与玄宗等身的天尊、佛的金铜铸像。

可见唐朝京城和各州的国家寺院(道教的道、观相同)的创置及其功能,都带有明显的政治色彩。或为皇帝即位而置,或为重大政治变动而置(如大云寺、龙兴寺),或为安抚死难将士而置(如战地七寺),也有的是为了追荐皇族祖先亡灵而建寺院。这些寺院的重要职能不外是:为皇帝和皇室祈福延寿;为帝室祖先祈求冥福;祈祷国泰民安,五谷丰登。至于向一般民众讲经说法,则为最日常的功能。

七 关于沙门致敬父母、君王问题

出家的僧尼要不要向君王致敬,要不要向父母致礼,在历史上是有争论的。这种争论也延续到唐朝。东晋成、康之世(326—344),庾冰辅政,曾代晋成帝降诏令沙门致敬王者,因受到反对而未能实行。东晋末年,桓玄在篡位过程中又提出沙门礼敬问题,因庐山沙门慧远和朝中信佛大臣的反对,又告失败。慧远曾著《沙门不敬王者论》,提出沙门出家,超离尘俗之世,是"方外之宾","服章不得与世典同礼","内乖天属之重","外阙奉主之恭",即不按世俗社会的名教礼仪行事,不仅不应致敬王者,也没有在家奉亲尽孝的义务。南北朝时,北朝君权强大,沙门礼拜皇帝,自称是礼拜"当今如来";南朝宋孝武帝曾下令沙门致敬君亲,但未能行通。隋炀帝也曾提出沙门礼拜皇帝和官长的动议,但未能奏效。

唐高宗显庆二年(657)下诏:"圣人之心,主于慈孝,父子君臣之际,长幼仁义之序,与夫周孔之教,异辙同轨",要求"自今已后,僧尼不得受父母及尊者礼拜"。(《唐会要》卷四十七)龙朔二年(662)下诏令有司详议沙门礼拜君亲问题,僧尼纷纷表示反对,朝中臣僚意见不一。此后,高宗下诏僧尼可不礼敬王者,但应跪拜父母。高僧道宣、威秀等反复上表申辩沙门不拜君亲的理由,并请武后之母荣国夫人杨氏等为后援,致使此诏未能实行。(见唐代彦悰《集沙门不应拜俗等事》卷三—卷六)玄宗开元二年(714)下诏令道士、女冠、僧、尼"致拜父母"(《旧唐书·玄宗》),但四月又下诏僧、尼"无拜其父母"(《全唐文》卷三十)。肃宗上元元年(759)敕僧尼朝会不须称臣。

僧尼是否礼敬君王和父母，在中国封建社会是个重要的问题。忠君孝亲是儒家伦理道德的基本原则。佛教一般主张，在家信徒应遵从一切传统道传和礼仪，但出家僧尼"尊居三宝，为世归依者"，不礼拜君亲。

佛教在发展中也把忠孝伦理思想吸收到佛教之中，认为奉佛修道本身可为家国带来福祥，为君亲今世来世祈福祛灾……也可尽忠尽孝。如东晋慧远说："内乖天属之重而不违其孝，外阙奉主之恭而不失其敬"，"已协契皇极，在宥生民"，"助王化于治道"。（《沙门不敬王者论》）实际上，僧尼在强大的君权面前仍是以"臣"自称的，如唐太宗时沙门智实虽反对道前僧后诏，但也反复申明僧尼"仍在臣子之列"（《集今佛道论衡》卷丙）；肃宗时僧尼多有称臣者，如《曹溪大师传》载慧能弟子行滔（《宋高僧传》作"令滔"）派弟子惠象随中使刘楚江送传法袈裟至京都，惠象归来后上表自称"沙门臣惠象"云云。

宋朝以后，再也没有发生沙门应否礼拜君亲的争论了。《宋高僧传》作者赞宁向宋太宗称"臣僧"；译经院（后称传法院）在新经译出后须奏献皇帝，表文赞颂皇帝盛德，甚至比为佛、三皇五帝；云门宗僧契嵩向宋仁宗上书，自称"臣僧"，内有"臣诚惶诚恐"等用语。不仅如此，以契嵩等为代表的禅僧把儒家伦理比较系统地吸收到禅宗之中，对宋以后的佛教产生了深远的影响。

八　唐朝的僧官制度

唐朝建有比较完备系统的政治体制。在这一政治体制中，包括对佛、道教的管理制度和僧官制度。唐初基本上延续隋炀帝时的佛教管理做法，只是稍有改变。

唐高祖武德二年（619）曾任命保恭、吉藏、明赡、智藏、法侃、慧因、海藏等十位高僧为"十大德"，统摄僧尼。在各大寺设三纲：上座、寺主、维那，并任命一名由俗人担任的"监寺"，直属于鸿胪寺。唐太宗时曾停止在各寺置监寺的做法。鸿胪寺是中央机构之一，高宗时一度改称同文寺，武则天时改为司宾寺，中宗改回原称，"掌宾客及凶仪之事"，负责接待邻国及各少数民族"君长朝见者"，经办朝廷丧葬仪式。崇玄署负责统摄僧尼、道士女冠事务，原属鸿胪寺，开元年间（713—741）改属宗正寺，只是掌管道士、女冠簿籍斋醮之事（《通典》卷二十五）。武则天延载元年（694）降制："天下僧尼隶祠部，不须属司宾"（《通典》

卷二十三）。司宾即鸿胪寺。祠部是礼部中四个部门之一，掌祠祀、享祭、天文……僧尼之事。"凡天下寺有定数，每寺立三纲，以行业高者充。凡僧簿籍，三年一造。凡别敕设斋，应行道并官给料……"就是说，武则天为提高佛教的地位，命一向执掌祭天祠祖和天文医药诸务的祠部掌管僧尼事务；选任寺院的上座、寺主和维那（三纲）。每三年州、县须造僧籍（名簿），分别保管，僧尼之籍须上报祠部；对奉诏举行法会设斋之事，应提供一切费用和物资，等等。①唐玄宗开元二十四年（736）一度诏僧尼仍由鸿胪寺掌管，但第二年又改由祠部检校（《唐会要》卷四十九）。天宝二年（743）正式由祠部掌管僧尼事务。

玄宗后期，设有负责朝廷的造寺、造像及筹办佛教法会等崇佛事务的"功德使"（或"修功德使"、"内外功德使"）的官职。经肃宗和代宗朝，此职管辖范围有所发展，逐渐掌管僧尼事务，至宪宗元和二年（807）下诏明确规定："僧尼道士同隶左街右街功德使。"（《唐会要》卷下九）从此僧尼事务归功德使，祠部只掌僧尼簿籍和发放度牒。

唐武宗崇道教，厌恶佛教，在会昌五年（845）七月下令灭佛之际，诏命礼部的主客（礼部四曹之一）管僧尼事务。武宗于第二年死，宣宗即位，又命"两街功德使"掌管僧尼，而不隶属主客，仍由祠部给所度的僧尼发放度牒。

左街、右街，是长安城以朱雀门为中心所划分的东西两大街区。左、右街功德使分别负责长安两大街区的佛教事务，同时负责全国僧尼事务。在左、右街功德使的下面，设有左、右街僧录，负责处理日常僧尼事务。唐宪宗时，沙门端甫曾"录左街僧事"，掌内殿佛法仪礼；沙门灵邃"录右街僧事"（《佛祖统纪》卷四十一）。

在安史之乱后，藩镇控制地方军政大权，有的节度使控制三四个州或六七个州乃至更多州的地区。他们出于控制和利用佛教的目的，在地方上设置僧统、僧正等僧官，由他们负责一州或几州的僧尼事务。在唐代后期，还兴起了由皇帝向僧人赐"大师"、"大德"以及赐"紫袈裟"的风气，僧人以受赐为荣。

从唐朝整个情况来看，佛教事务的管理分为三层：

---

① 据《旧唐书》卷四十三《职官二》及《新唐书》卷四十八《百官志三·崇玄署》相关记载。

1. 中央有鸿胪寺的崇玄署和礼部的祠部，官员由俗人担任，后来僧尼管理权改由左、右街功德使掌管，下有僧人为官的左、右街僧录，祠部仍管发放度牒。

2. 中层，即各州，包括京兆、河南、太原三府和都督府、都护府及上州和中州，僧尼事力由功曹的"司功参军"掌管，下州（户口不满二万），由"司仓参军"兼管，至于县，也由司功参军管。在中层，唐后期某些地区出现僧统、僧正等僧官。

3. 在基层，即各寺，有上座、寺主、维那（此三者为寺三纲），还有监寺。监寺在太宗时一度废除，后又恢复。据日本圆仁《入唐求法巡礼行记》，后来的"监寺"已由僧人担任，也称"监僧"。

九　政府制定僧尼法规

佛教用以制约僧尼修行和日常生活、待人接物的规范是戒律。戒律是源自佛陀在世时鉴于弟子中有人犯有过失，便"随机设教"，制定相应的戒规，命弟子奉行，以"防非止恶"。戒条从少到多，从五戒、八戒、十戒到二百五十戒……又按僧俗不同身份制定出居士戒、沙弥（含沙弥尼）戒、学法女戒、比丘具足戒、比丘尼具足戒。在这些戒条中，有的是取自世俗的法律和道德所禁止的内容（如不杀、不盗等），大量的则是根据教义和修行、传教的需要而创制的。在释迦去世一百年或二百年以后，原始佛教发生分裂，出现上座部和大众部两大部派，此后又从这两大部派分出十八部派或二十部派。其中较大的部派一般都有自己的经和律。在戒律方面，大众部（摩诃僧祇部）有《摩诃僧祇律》；上座部系统的说一切有部（萨婆多部）有《十诵律》，化地部（弥沙塞部）有《五分律》，法藏部（昙无德部）有《四分律》，它们全部被传译到中国。在唐以前的相当长的时期内，各地流行的戒律也很不统一。在小乘戒律方面，关内长安一带地方盛行《摩诃僧祇律》，关东河洛一带盛行《四分律》，江南盛行《十诵律》。在大乘戒律方面，《梵网经》与《地持经·戒品》（与《瑜伽师地论·戒品》为同本异译）并行，然而对大乘戒的解释与授受方法有不同的说法。

唐代道宣撰写《四分律删繁补阙行事钞》、《戒本疏》和《羯磨疏》等，在广泛吸收以往各地学僧戒律研究成果的基础上，建立了以《四分律》为中心的融会大小乘戒律的律学体系，迅速为佛教界接受和采用，成为中国佛教正统的律学。

然而随着佛教广泛传播，加入僧尼队伍的人员也越来越复杂，不仅在各种场合违背佛教轻重戒条的现象时有发生，而且也有不少公然违犯社会公德和世俗法规的现象发生。唐朝继承前代参考佛教戒律而由政府制定僧尼法规的做法，加强对佛教和僧尼的管理。

据《魏书·释老志》记载，北魏政府最早制定对僧尼违法行为实施惩戒的法规《僧制》。魏孝文帝太和十七年（493），降诏制定《僧制》47条，此后又作修订。进入隋朝后，隋文帝在开皇十五年（595）鉴于"以诸僧尼时有过失，内律佛制（按：佛教戒律）不许俗看。遂敕有司，依大小乘众经正文诸有禁约沙门语处，悉令录出并各事别"（《历代三宝记》卷十二）①，编撰《众经法式》十卷，以劝导僧尼遵守戒规，不犯过错。这虽是由皇帝降敕编撰，然而从只是摘录大小乘佛典中有关制约沙门行为的语句来判断，还很难说这属于政府制定的法规文件。

唐朝在充实和完善中央集权体制的过程中，十分重视法制建设，先后制定了包括律、令、格、式在内的十分完备的法规法律文件。唐李林甫等奉敕修《唐六典》卷六记载："凡律以正刑定罪，令以设范立制，格以禁违正邪，式以轨物程事"，对律、令、格、式的适用范围和法律功能作了概括解释。这四种法律形式所包含的内容不仅有刑事、民事、经济、诉讼方面的法律规定，还包括关于佛、道二教的法规。现在虽然仅存长孙无忌奉敕编撰的《唐律疏议》，其他唐令、格、式已经散失，然而仍可从《唐六典》、《唐律疏议》、《唐会要》及敦煌文献、日本平安时期惟宗直本注释奈良时代法律《养老令》的《令集解》中，搜寻到唐令、格、式的部分条文内容。关于唐朝为加强对道士、女冠和僧、尼管理而制定的《道僧格》，也可从这些文献中得到比较多的了解，甚至可以大体复原。

如前所述，唐代负责管理佛、道二教的中央机构虽有变迁，然而长期是由属于礼部的祠部负责。②据《唐六典》卷六、《唐会要》卷三十九的记载，唐格是以尚书省六部所辖二十四司的司名为篇名，因而在《祠部格》中应有关于道、佛二教法规条款。据郑显文《唐代律令制研究》，所

---

① 《大正藏》第 49 册第 108 页中。
② 《唐六典》卷四："祠部郎中、员外郎掌祠祀享祭、天文漏刻、国忌庙讳、卜筮医药、道佛之事。"

谓《道僧格》是源自开元二十五年（737）所编《格式律令事类》中的《祠部格》有关僧、道的法规的合编。①

唐朝《僧道格》，源自唐太宗贞观年间制定的《条制》。据道宣《广弘明集》卷二十八所载《唐太宗度僧於天下诏》，唐太宗对当时佛教界出现"多有僧徒溺於流俗，或假托神通，妄传妖怪；或谬称医筮，左道求财；或造诣官曹，嘱致赃贿；或钻肤焚指，骇俗惊愚"的现象十分不满，命有司"依附内律，参以金科（按：法律条文），具为条制，务使法门清整，所在官司，宜加检察"。② 这就是唐代最早的《僧格》，当是以后《道僧格》的基础。

郑显文同志据《唐律疏议》、《唐六典》、《唐大诏令集》、《唐会要》及日本惟宗直本所撰《令集解》等中外文献和研究成果，对唐朝《道僧格》条文作了复原尝试，共复原25条。这里仅引述其复原的六条，然后稍加说明：

其一，"凡道士、女官、僧、尼等上观玄象，妄说吉凶，妖惑百姓，并习读兵书，杀人奸盗及诈称得圣道者，并依法付官司科罪；狱成者，虽会赦，犹还俗。"

其二，"凡道士、僧尼等卜相吉凶，及左道、巫术、疗疾者皆还俗；其依佛法持咒救疾，不在禁限。"

其三，"凡道士、僧尼以三宝物饷馈官僚、勾合朋党者，皆还俗；毁骂三纲、凌突长宿者，皆苦使也。"

其四，"凡道士、僧尼，非在寺观，别立道场，聚众教化，并妄说罪福，及殴击长宿者，并还俗；州县官司，知而不禁者，依律科罪。其有乞余物者，准教化论，百日苦使。"

其六，"凡道士、女官、僧、尼饮酒、食肉、设食五辛者，皆苦役也；若为疾病药分所须，给其日限。酒醉与人斗打，皆还俗。"

其十九，"凡道士、女道士、僧、尼等，非是官度，而私入道者，各杖一百。所属州县官司及所住观寺三纲、知情者，各与入道人同罪。若犯

---

① 以上关于唐代律令，参考郑显文著，北京大学2004年12月出版的《唐代律令制研究》。关于《道僧格》，见该书第六章第四节《唐代道僧格及其复原之研究》。作者此前曾发表《唐代〈道僧格〉研究》，载《历史研究》2004年第4期。

② 《大正藏》第52册第329页中。

法还俗，合出观寺，官人断讫，牒观寺知，仍不还俗者，依私度法。断后陈诉，须著俗衣，仍披法服者，依私度法，科杖一百。"①

仅从这六条内容，可以看出，唐朝《道僧格》对道教的男女道士和佛教僧尼行为制约和惩戒的内容中，有的本是佛教大小乘戒律条文制止的，例如"杀人奸盗及诈称得圣道"；"毁骂三纲、凌突长宿"；"妄说罪福，及殴击长宿者"；"饮酒、食肉、设食五辛"等，是违犯了戒律中的不杀、不淫、不盗、不妄语、不饮酒、不敬师友、不食肉、不食葱蒜等"五辛"、不谤毁等禁戒的，其中有的情节恶劣，影响范围已经超出佛教团体。有的是出于控制出家人数和维护社会安宁稳定，防止各种奸佞不逞之徒利用佛教作出蒙骗民众危害社会的事，例如"妄说吉凶，妖惑百姓，并习读兵书"；"卜相吉凶，及左道、巫术"；"以三宝物饷馈官僚、勾合朋党"；"非在寺观，别立道场，聚众教化，并妄说罪福"；"酒醉与人斗打"；"非是官度，而私入道"（私度）等，皆危害社会公共秩序。违犯治安法规。对于上述僧道的这些行为，皆严加管束制止，对违犯者由官府按照法规量刑加以惩罚。

在中日文化交流中，唐朝的法律文书，包括《道僧格》在内，也传到日本。日本在7世纪实施"大化革新"后仿照唐朝的律令制度制定法令，现存元正天皇养老二年（718）在《大宝令》（701年制定）的基础上并参照唐朝《永徽令》编纂的《养老令》，其中的《僧尼令》就是参考唐《道僧格》的内容制定的。

十 佛骨崇拜和法门寺

隋、唐两个统一的王朝，都崇拜、供养佛舍利（佛骨），但隋王朝是在全国111州建舍利塔供奉隋文帝派使者送去的佛舍利，下诏同时举办供养佛舍利法会，而唐朝是以皇室奉迎法门寺佛骨为佛舍利供养的中心活动，都在社会上造成了很大的影响。

法门寺，在今陕西省扶风县城北九公里的法门镇，内有安置据传是释迦牟尼指骨的"真身宝塔"。此寺当建于北魏，当地人称之为阿育王寺，西魏末年重建。隋朝法门寺名成实寺，后因僧数不足50人，一度被并入京城宝昌寺。唐朝刚刚建立之时，由高祖李渊将此寺改名法门寺，此后逐

---

① 郑显文著《唐代律令制研究》第六章第四节《唐代道僧格及其复原之研究》。

渐有名，成为唐朝皇室佛舍利崇拜供奉的中心。

法门寺在后来也曾改名法云寺、无忧王寺、重真寺。法门寺塔下地宫内供奉的佛骨据传说是释迦牟尼佛的一节指骨。唐代著名律僧和佛教史学家道宣曾参加过第一次奉迎佛骨的活动。他在所著《集神州三宝感通录》卷上介绍说："其舍利形状如小指初骨，长寸二分，内孔正方，外楞亦尔，上平上圆，内外光净。余（按：指道宣自己）内小指于孔中，恰受。"当地古老相传，每三十年应开塔展示供养佛骨一次，"则岁谷稔而兵戈息"，即五谷丰登，天下太平。

法门寺在唐代相当于宫廷寺院。武德二年（619）秦王李世民率兵讨伐薛举父子途经法门寺，奉诏度80僧入住此寺。李世民即位后，贞观五年（631）又降诏重修此寺，修复舍利塔。当时岐州刺史以古老相传"三十年一示人，令生善"的说法上奏，太宗降诏就地开塔展示佛骨，令民众瞻仰礼拜。于是在塔下丈余地方找出舍利，令道俗瞻仰供养，"无数千人，一时同观"。据载有一盲人立时眼睛复明，"京邑内外，崩腾同赴，屯集塔所，日有数千"，有的信徒烧指供养。（《集三宝感通录》卷上）在盛大的宗教活动中，出现种种神异和奇迹的传说是十分自然的。由此拉开了唐王朝供养法门寺舍利的序幕。法门寺在社会上的影响也越来越大，中国华严宗创始人法藏（643—712）在十六岁时（高宗显庆三年，公元658），曾到法门寺燃一手指供养佛舍利。

从唐太宗以后，唐王朝共有六次派使者、僧人来法门寺奉迎佛舍利入宫中礼拜供养，是唐代佛教史上的重要事件。这六次是：

1. 高宗显庆四年（659）九月，内道场僧智琮、弘静应召入内，向高宗讲到了"育王塔事"。高宗说："岂非童子施土之育王耶（按：事出《阿育王传》）？若近有之，则八万四千之一塔矣！"传说古印度孔雀王朝阿育王曾"役使鬼神"造八万四千宝塔，内藏佛舍利。高宗是说法门寺内之塔当是当年阿育王所造的八万四千塔中的一塔。当时智琮等人又说此塔应三十年一开，"大有感应，今期已满，请更出之"。高宗命僧智琮等到法门寺，行道七日，据称有祥瑞出现。高宗派人送绢三千匹，令造与他等身的阿育王像，修补故塔。僧智琮等取出指节舍利后，先在当地凭人瞻仰礼拜，"于时京邑内外道俗，建接二百里间，往来相庆，皆称佛德一代光华"。

第二年二月，下敕取舍利往东都洛阳宫内供养，又与从外国得来的

"佛顶骨"同时供养。武后"舍所寝衣帐、直绢一千匹,为舍利造金棺、银椁,数有九重,雕镂穷奇"。直到龙朔二年(662)二月才派智琮等把舍利送还法门寺,收藏到塔下的石室之中。(据《集三宝感通录》卷上)道宣也参加了送舍利的行列。

2. 武则天长安四年(704),即她死的前一年的冬天,华严宗祖法藏在内道场谈到"岐州舍利是阿育王灵迹"。武则天即派凤阁侍郎博陵崔玄玮和法藏、文纲等人到法门寺奉迎佛骨。年底迎至长安崇福寺,第二年(705)正月奉至洛阳,敕令王公臣僚及僧俗民众用华盖迎请,"又命太常具乐奏迎",安置到明堂之内。武则天与太子(中宗)顶礼膜拜,请法藏捧持,"普为善祷"(崔致远《法藏和尚传》)。中宗景龙二年(708)派律僧文纲等把舍利送回。景龙四年(710)命名法门寺为"圣朝无忧王寺",题舍利塔是"大圣真宗宝塔",度僧49人。

3. 唐肃宗上元元年(760),敕僧法澄、中使宋合礼、凤翔府尹崔光远等奉迎法门寺舍利至内道场。肃宗亲临礼拜,"昼夜苦行",赠以佛像、金银器具等。(《真身宝塔碑铭并序》,载《金石萃编》卷一百一)

4. 唐德宗贞元六年(790)二月,降诏出岐州无忧王寺(即法门寺)佛指骨迎置长安皇宫供养,又送京城诸寺示众供养。据载在近一月之间,"倾都瞻礼,施财巨万",然后遣中使将佛指骨送回,复葬故处。(《旧唐书·德宗纪》、《资治通鉴》卷二百三十三)

5. 唐宪宗元和十四年(819)正月派中使杜英奇押宫人三十人,持香花迎佛骨至京,留禁中瞻礼三日,然后诸寺,让王公士庶瞻礼施舍,"百姓有废业破产,烧顶灼臂而求供养者"。(《旧唐书》卷一百六十《韩愈传》)刑部侍郎韩愈上表切谏,宪宗大怒,将加极刑,经裴度、崔群等求请,乃贬为潮州刺史。《旧唐书·宪宗纪》及《资治通鉴》卷二十四皆谓"癸巳,贬为潮州刺史"。此年正月朔日是庚辰,则癸巳为正月十四日。

6. 唐懿宗咸通十四年(873)三月,派使者到法门寺奉迎佛骨,群臣谏者很多,有的甚至以宪宗迎佛骨不久晏驾切谏。懿宗不听,说:"朕生得见之,死亦无恨!"(《资治通鉴》卷二百五十二)以金银为宝刹,以珠玉为宝帐、香升,用孔雀细毛饰宝刹。用珊瑚、玛瑙、真珠(珍珠)、瑟瑟(按:碧珠),缀为幡幢。"计用珍宝,则不啻百斛。其剪彩为幡为伞,约以万队。"(唐苏鹗《杜阳杂编》)自长安至法门寺三百里道路,车马昼夜不绝。四月八日佛骨至京,以禁军兵仗前导,仪卫之盛,过于郊祀

（祭天）。懿宗至安福寺顶礼膜拜，流涕沾臆。迎佛骨至宫中供养三日，出置安国崇化寺。达官贵人、士庶百姓，竞施钱财供养。有的以断臂、炼顶、啮指截发来表示至诚者。当年七月懿宗去世。僖宗即位，十二月诏送佛骨还法门寺。

从上述唐王朝一次开示，六次奉迎佛骨的事实，可以看出：

第一，唐朝皇帝和朝野广大信徒实际是把法门寺的佛骨当成佛的"真身"来加以崇拜和供养，认为佛具有与天帝（昊天上帝、五帝）一样神威的神，用相当于祭天的礼仪来供奉佛。奉迎佛骨，三十年从塔下取出一次，为的是国泰民安，五谷丰收。皇帝祭天，是为了"祈谷于上帝"，"以祈农事"，并且也为了祈求永保"天命"，社稷常安。《旧唐书·礼仪志》中载唐朝诸帝非常重视祭天祀祖，每年按时祭昊天上帝、五方帝等，并配祀祖先。"明堂"不仅是皇帝朝会及宣明政教之所，而且是祭祀上帝和皇室祖宗的重要之地。武则天把佛骨安置到明堂内，与中宗礼拜。懿宗奉迎佛骨，仪卫之盛已超过祭天仪式。在他们看来，佛与昊天上帝、百神及祖先神，在冥冥中是相通的，对自然现象、人事吉凶祸福，都有主宰作用。可以认为，这也是佛教信仰民族化的一个重要表现。

第二，佛、菩萨信仰在唐代有较大发展，如西方阿弥陀佛信仰，观世音、弥勒、文殊、地藏诸菩萨信仰，都很盛行。佛舍利崇拜是佛信仰的一种形态。法门寺佛舍利供奉所影响的地域和官民的数量是极大的。联系到玄奘从印度带回"肉舍利"（《法苑珠林》卷四十："肉舍利，其色赤也。"）150粒；义净从印度带回舍利300粒等事实，以及史书记载其他地方供养舍利（包括长安城中四寺中所供养四佛牙，见《入唐求法巡礼行记》卷三）的情况，说明唐代舍利崇拜与供养的风气是很盛的。

十一　韩愈谏迎佛骨

韩愈（768—824），字退之，是唐代著名哲学家、文学家。唐德宗时登进士第，任监察御史，后一度遭贬，又改任比部郎中、史馆修撰、中书舍人等职，因协助宰相裴度平淮西（今河南省东南部）藩镇吴元济有功，授刑部侍郎。唐宪宗迎佛骨，韩愈上表切谏，招致宪宗大怒，被贬为潮州刺史。第三年又征为国子祭酒，转兵部侍郎，后任吏部侍郎。韩愈所著《原道》、《原性》、《原人》等，提出了自己的道统论和伦理主张，对中国哲学思想发展有很大影响。

韩愈的《论佛骨表》（或称《论佛骨疏》）的内容有以下四点：

1. 奉佛则祚短命促，"事佛求福，乃更得祸"。此与南北朝时某道士所著《三破论》谓佛教"入国而破国"，"入家而破家"，"入身而破身"（见《弘明集》卷八载刘勰《灭惑论》、僧顺《释三破论》所引），以及唐初傅奕的《减省寺塔废僧尼表》所说"有佛则虐政祚短"，"佛来汉地，有损无益"（《广弘明集》卷十一）等，基本一致。

2. 说"佛本夷狄之人，与中国言语不通，衣服殊制，口不言先王之法言，身不服先王之法服，不知君臣之义，父子之情"。这不外是说佛教是夷狄之教，与传统的儒家伦理纲常学说不谐调，不应信奉。仅此，与以往儒家的排佛论也没有显著差别。但韩愈已著《原道》、《原性》，提出了以仁义为核心的"道统"说和调合人性善、恶论的"性"、"情"各三品说，故他的这种主张已有新的理论作为依据。

3. 他指出："焚顶烧指，百十为群；解衣散钱，自朝至暮；转相仿效，惟恐后时；老少奔波，弃其生业。若不即加禁遏，更历诸寺，必有断臂脔身以为供养者！"此为针对迎佛骨活动过程中出现的狂热现象而言，感到十分痛切。南北朝，因受《法华经·药王菩萨本事品》等所说烧身供养具有无上功德的影响，曾发生多次僧人集木焚身供养的现象，当时尚未引起儒者的注意和批评。唐代皇帝把佛骨迎入京城，使僧俗信徒产生极大宗教情热，一再出现"焚顶烧指"等轰动社会的事情，不能不引起儒者士大夫的尖锐批评。儒者讲仁，讲"恻隐之心"，主张"身体发肤，受之父母，不敢毁伤，孝之始也"（《孝经》），故对残身供养的批评更能打动人心。当然，皇室花费巨额钱财迎请和供奉舍利，民众弃业礼佛，势必造成巨大浪费，自然也是韩愈所反对的。

4. 批评皇帝瞻礼佛骨是有失君仪。说佛骨"凶秽"，是不祥之物，自古君临臣丧，必先由巫祝以桃茢（桃木和笤帚）前导袚除不祥。怎能迎佛骨入禁中瞻礼，甚至不用巫祝去邪呢！韩愈在这里是以中国的被儒家确认的古老宗教习俗来反对佛教的舍利崇拜和供养的。

韩愈主张，"以此骨付之有司，投诸水火，永绝根本。断天下之疑，绝后代之惑"，是想用强制措施消除舍利。这与《原道》中主张的"人其人，火其书，庐其居"的以强力命僧尼还俗，焚毁佛经，没收寺庙的主张是一致的。对拥有广大群众信仰的复杂的社会文化现象，采取简单强制的取缔方法，是不可能行得通的。

然而，韩愈的反佛之议在当时是有重要意义的。

第一，在唐代进入中期以后佛教急剧发展，无论在政治上、经济上都对中央集权构成了威胁。韩愈的谏佛骨之表实际上是向唐王朝当政者和佛教界两方面提出了警告。武周之后佛教势力发展迅速，"造寺不止，枉费财者数百亿；度人不休，免租庸者数十万"；"十分天下之财而佛有七八"（《旧唐书》卷一百一《辛替否传》）；"寺观广占田地及水碾硙，侵夺百姓"（《全唐文》卷十九《申劝礼仪敕》），引起朝廷士大夫的关切和非议。从高宗以后，朝廷奉迎佛骨的规模一次比一次大，仪式和施舍也越加奢侈。然而韩愈的反佛之议并未奏效，佛教势力继续扩张，二十五年后终于发生了武宗的灭佛事件。武宗灭佛虽然有崇道的因素，但基本理由与韩愈排佛之论略同。

第二从思想意义来讲，韩愈是以其"道统"理论作为排佛的依据的。其《原道》说儒家的道德是以仁义为内容的，佛、道二教所讲道德偏离仁义，故不是儒家所主张的道德。"仁与义，为定名；道与德，为虚位"，把以仁（博爱）、义（行而宜之）为核心的道德与佛道二教的道德明确地划清界限。这种仁义道德就是忠君孝亲的"先王之教"，通过文教、政治、纲常秩序等得以贯彻。强调"斯吾所谓道也，非向所谓老与佛之道也。尧以是传之舜，舜以是传之禹，禹以是传之汤，汤以是传之文武周公，文武周公传之孔子，孔子传之孟轲，轲之死，不得其传焉"。韩愈实际是以继承这种道统自任。按这种道统的要求，就应按《大学》所说的那样，把据仁义伦理的修身正心与治国平天下结合起来，而不能如佛、道那样，"欲治其心，而外天下国家，灭其天常，子焉而不父其父，臣焉而不君其君，民焉而不事其事"（《原道》）。可见，韩愈在《论佛骨表》中攻击佛教为"夷狄之一法"、"口不道先王之法言"，也是依据了他的这种道统思想的。韩愈的道统说把儒家的伦理原则永恒化、一统化，作为传自古圣贤尧、舜之道，从形式上看未必没受到佛教祖统说和传法世系的影响。韩愈的道统说，开宋明理学的先河，在中国思想史上具有划时代的意义。

十二　唐武宗灭佛

中国佛教史上共发生过四次较严重的"灭佛"（禁毁佛教）事件，即北魏太武帝（446）、北周武帝（574）、唐武宗（845）和五代后周世宗

（955）所实行的灭佛，史称"三武一宗"。

唐武宗（840—846在位）是穆宗第五子，文宗死后由太监仇士良立为皇帝。武宗在藩时喜道教修炼养生之道，即位后召道士赵归真等八十一人入宫，在三殿修金箓道场，帝于"九天坛亲受法箓"（用非字非图符号写的符）。

会昌元年（841）召衡山道士刘玄靖为银青光禄大夫，充崇玄馆学士，赐号"广成先生"，令与赵归真在宫中修法箓。会昌三年（843）诏于宫中筑望仙观，此后又于南郊筑望仙台。会昌四年（844）以赵归真为"左右街道门教授先生"。武帝崇道教，志学神仙，以赵归真为师。赵归真等排毁佛教，说佛教"非中国之教，蠹耗生灵，尽宜除去，帝颇信之"（《旧唐书·武帝纪》）。武帝从即位后就对佛教厌恶、排斥，开始对佛教实行种种限制，令一部分戒行不良的僧尼还俗，会昌四年（844）命拆毁天下招提、兰若（私寺）。

会昌五年（845）推行大规模的毁禁佛教的政策，命僧尼年四十以下者、无祠部所发度牒者还俗，最后又命年五十以下者及一切未获特许保留僧籍的僧尼还俗，还俗一律遣归本籍。七月，敕"并省"（合并、减除）天下佛寺，长安和洛阳两街各留二寺，每寺留僧三十人；各地节度使、观察使治所以及同州、华州、商州、汝州，各留一寺，分为三等：上等寺留僧二十人，中等寺留僧十人，下等寺留僧五人；其他的僧尼及大秦穆护（或谓是祆教祭司）、祆僧皆必还俗；凡拆毁的寺庙的材物充公，用铜像和钟磬等铸钱，钱像用来铸农具，金银像应上缴；财货田产一律由官府没收。派御使分道监督此敕贯彻情况。八月下诏讲废佛的理由和结果。概而言之，所举理由有三点：

1. 佛教耗费财力，所谓"僧徒日广，佛寺日崇。劳人力于土木之功，夺人利于金宝之饰"，"一夫不田，有受其饥者；一妇不蚕，有受其寒者。今天下僧尼，不可胜数，皆待农而食，待蚕而衣。寺宇招提，莫知纪极，皆云构藻饰，僭拟宫居。晋、宋、齐、梁，物力浇诈，莫不由是而致也"。

2. 佛教不讲忠君孝亲，所谓"蠹耗国风"，"遗君亲于师资之际，违配偶于戒律之间，坏法害人，无逾此道"。

3. 儒家传统的文治武功"足以经邦"，无需西方外来的佛教。当时的宰臣李德裕也反对佛教，其《贺废毁诸寺德音表》（《全唐文》卷七）所述废佛理由也大体如此。

遵照唐武宗之诏,全国共拆毁寺院4600余所;还俗僧尼26万500人;拆毁属于私寺(无寺额者)招提、兰若4万余所;没收膏腴上田数千万顷(按:"千"当为"十"之误)①;没收奴婢改做两税户的有15万人。② 在这次毁废佛寺的过程中,佛典被焚毁的也很多。

然而由于当时中央朝廷软弱无力和地方官员、藩镇的拖延与对抗,唐武宗禁断佛教的诏令并未得到彻底实行,不仅南方盛行佛教的两浙、宣、鄂、潭、洪、福诸州和三川等地州府官员对佛教"姑务宽容"予以保护,③ 而且在"黄河以北,镇、幽、魏、潞"等州也因节度使的公然抵制,使佛教未遭废毁。④

唐武宗死于会昌六年(846)三月,宣宗即位后即诛杀道士赵归真、刘玄靖等人,下诏恢复佛教,造寺度僧,但佛教势力已经大减,已无复昔日盛况。

第二节 唐朝的佛经翻译

在中国佛教的流传和发展中,佛经翻译是一项重要的事业。隋唐是中国佛教传播和发展的鼎盛时期,也是佛经翻译的鼎盛时期。唐朝的佛经翻译大体可以唐玄宗即位(712)为界分为前、后两期。唐前期的译经代表有玄奘、实叉难陀、义净和菩提流志等人,所译经典主要是大乘般若中观类和瑜伽唯识类的经典,并且译出相当数量的小乘说一切有部的论书和戒律,然而其中有不少经典是旧有经典的重译或补译。唐后期的译经代表有善无畏、金刚智和不空等人,在所译经典中密教经典占最大部分。

为叙述方便,以下按玄奘、义净和波颇、那提、地婆诃罗、实叉难

---

① 新旧《唐书·地理志》皆载唐开元二十八年户部统计全国应受田数字为14403862顷。据此推断,寺田不可能超过此数,"数千万顷"或许为"数十万顷"。
② 以上主要据《资治通鉴》卷二四八、《旧唐书·武宗纪》等记载。
③ 据唐武宗《加尊号后郊天赦文》,载《全唐文》卷七八。
④ 日本天台宗求法僧圆仁《入唐求法巡礼行记》卷四记载,在武宗降诏灭佛时,"唯黄河以北,镇、幽、魏、潞等四节度,元来敬重佛法,不毁拆寺舍,不条流僧尼,佛法之事,一切不动之。频有敕使勘罚,云:天子自来毁拆焚烧,即可然矣。臣等不能做此事也"。据查,此时统领镇州、幽州、魏博的节度使分别是王元逵、张仲武、何弘敬。

陀、菩提流志及善无畏、金刚智、不空等人的次序对他们的事迹和唐朝的译经概况进行介绍。

一　玄奘西行求法和佛经翻译

玄奘在中国是妇孺皆知的历史人物，不仅在中国佛教史、文化史上，而且在中外文化交流史上也占有重要地位。唐代冥详《大唐故三藏玄奘法师行状》、慧立撰、彦悰笺《大唐大慈恩寺三藏法师传》（简称《三藏法师传》）、道宣《续高僧传》卷四《玄奘传》以及玄奘的《大唐西域记》、智升《开元释教录》等，为我们留下有关玄奘的丰富而比较可靠的资料。

（一）玄奘学历及其赴印求法的艰难历程

玄奘（600—664），俗姓陈，名祎，原籍陈留（在今河南开封东南），从祖父任北齐国子博士开始，全家徙于缑氏（在今河南偃师县东南）。父陈慧在隋朝曾任江陵令。自幼丧失父母，① 随其兄长长捷法师住洛阳净土寺，诵《维摩经》、《法华经》等，年十三岁出家（据唐刘轲《大遍觉法师塔铭》②），常至慧日寺听讲《大涅槃经》、《摄大乘论》等。

唐初与兄至长安，又转至成都，听宝暹讲《摄大乘论》、道基讲《毘昙》，其记忆理解力为时人所称道。当时僧景以《摄大乘论》，道振（或震）以《迦延》（《阿毘昙八犍度论》）之学而闻名天下，玄奘也从他们受学。武德三年（620，《续高僧传》本传等皆作五年，当误）二十一岁时，受具足戒后坐夏学律，已能讲《阿毘昙心论》。此后与兄住成都空慧寺。兄长捷善《涅槃》、《摄大乘论》、《阿毘昙》及《老子》、《庄子》、《尚书》、《左传》等，受到蜀人敬重。

玄奘为到内地参访名师，便离开成都沿江东下，到荆州天皇寺时曾为当地僧俗讲《摄大乘论》和《毘昙》。东至相州（今河南安阳）访慧休法师"质难问疑"。又到赵州（治所在今河北赵县）从道深法师学《成实

---

① 《古今译经图纪》卷四《玄奘传》谓"鸠车之龄落采"，谓五岁时为"孤子"（《周礼·曲礼》："孤子当室，冠衣不纯采"），但据《三藏法师传》卷一"年八岁，父坐于几侧口授《孝经》"，可知五岁时仅丧母。又据《续高僧传》卷四《玄奘传》，"以奘少罹穷酷（按，当为怙）"，奘兄长捷法师带他住洛阳净土寺，年十一诵《维摩》、《法华》。可见在年八至十一岁之间，其父亦亡。

② 《全唐文》卷七四三。

论》。此后西入长安，留止大觉寺从道岳法师学《俱舍论》，"皆一遍而尽其旨，经目而记于心"（《三藏法师传》卷一）。法常、僧辩在当时以通达大小二乘著称，玄奘从向他们学习，听讲《摄大乘论》和《俱舍论》。玄奘又向善《涅槃经》义的玄会请教。上面提到的道岳、慧休都是隋摄论师道尼的弟子。他们还曾在通晓《毘昙》、《十地经论》的学者志念门下受学。慧休也是隋朝著名《涅槃》、《地论》学者灵裕、昙迁和律师洪遵的弟子。法常是隋朝涅槃师昙延的弟子，对《成实》、《毘昙》、《华严》、《地论》等都有很深的造诣。僧辩是隋朝摄论师智凝的弟子，除精《摄大乘论》外，还善《俱舍论》。

据上述可知，玄奘在赴印求法之前，已从国内佛学名师广学大小乘三藏，对南北朝时期和隋朝特别流行的《大涅槃经》、陈真谛译的《摄大乘论》、《俱舍论》以及从东晋以来一直比较盛行的《阿毗昙八犍度论》、《阿毘昙心论》、《成实论》等，尤有较深的研究。其中的《摄大乘论》是大乘瑜伽行派的重要论书，而《八犍度论》则是小乘说一切有部的基本论书。当时玄奘已开始出名。唐尚书左仆射萧瑀曾奏请玄奘住庄严寺。然而玄奘已下决心赴印求法。《三藏法师传》卷一载：

> 法师既遍谒众师，被飡其说，详考其义，各擅宗途，验之圣典，亦隐显有异，莫知适从，乃誓游西方以问所惑，并取《十七地论》以释众疑。①

可见，玄奘是为了解决佛教上的疑难问题，并取回据称是弥勒菩萨宣说的《十七地论》（《瑜伽师地论》）而决心西行求法的。他于是结伴向朝廷陈表，但没有得到批准，同伴都退后放弃初志，他仍坚持要去。此后便向京城中的印度、西域诸国人学习语言，进行准备。

贞观元年（627）② 关中遭霜灾饥馑，朝廷下令可就丰收处逃荒。玄

---

① 载《大正藏》第 50 册第 214 页下。
② 关于玄奘出发时间，《广弘明集》卷二二载玄奘《请御制经序表》谓贞观元年，但《大唐西域记·记赞》、《续高僧传·玄奘传》、《三藏法师传》、《行状》等皆作贞观三年。梁启超《支那内学院精校本玄奘传书后》（见《佛教研究十八篇》附三）主张贞观元年说。学术界还有人持贞观二年说。从玄奘"周游一十七载"及有关史实考证、玄奘沿途时间合计看，贞观元年说妥当。见杨廷福《玄奘西行道途年月考释》，载《玄奘论集》，齐鲁书社 1986 年版。

奘趁机离开长安,西往姑臧,至敦煌,然后出关,经天山南侧的北道,从跋禄迦(姑墨,今新疆阿克苏)转至天山北路,经西突厥王庭所在地素叶城(今吉尔吉斯斯坦的托克马克),辗转至古印度西北,在贞观四年(630)进入中印度,第二年到达印度最大的佛学中心那烂陀寺。

当时在恒河流域诸国中占霸主地位的是羯若鞠阇国,都曲女城(今印度北方邦卡瑙季),国王是戒日(音译尸罗阿迭多)。戒日王支持佛教流行,也允许婆罗门教和其他"外道"的传播。据《大唐西域记》和《三藏法师传》记载,当时印度大小乘佛教都很盛行,一些地方也盛行婆罗门教和其他"外道"。从佛教流行的整个形势来看,印度西北部、北部和中部,为大小乘佛教并行地区,仅从数量上看,小乘占优势。在大乘中最有影响的是瑜伽唯识学派;其次是中观学派,在小乘中以说一切有部最有势力;再次是正量部、大众部及经量部等。东部和南部沿海各国盛行小乘,以上座部、大众部为主,个别国也盛行大乘。西部地区则主要盛行小乘正量部。①

从玄奘西行到贞观十九年(645)回到长安,对他的佛教造诣和译经事业影响较大的有如下几件事。

1. 在那烂陀寺"钻研诸部及学梵书,凡经五载"(约631—636)

摩揭陀国那烂陀寺在今印度比哈尔邦巴特那以东的巴腊贡,建筑宏伟壮丽,内分八院,"僧徒主客常有万人,并学大乘兼十八部(按,十八部皆为小乘),爰至俗典《吠陀》等书、因明、声明、医方、术数,亦俱兼习。凡解经论二十部者一千余人,三十部者五百余人,五十部者并法师(按,指玄奘)十人。唯戒贤法师一切穷览,德秀年耆,为众宗匠"。(《三藏法师传》卷三)戒贤是瑜伽行派著名论师护法(6世纪中叶前后)的弟子,玄奘去时已年一百零六岁,据说"内外大小一切经书,无不通达"(《续高僧传》卷四),人尊称之为"正法藏",主持那烂陀寺。玄奘师事戒贤,听讲《瑜伽师地论》三遍,又听习《顺正理论》、《显扬圣教论》、《对法》(即阿毗达磨,当为《大乘阿毗达磨集论》)各一遍,又听习《因明》、《声明》、《集量》等论各三遍。又学梵语的词语文法诸书《声明记论》及《记论略经》、《门择迦》、《温那地》、《八界论》等。

---

① 季羡林《玄奘与大唐西域记》中据《西域记》有关各地佛教流行的记载列表说明并作对比,可以参考。载《大唐西域记校注》,中华书局1985年版。

2. 玄奘在进入古印度西北，入那烂陀寺，以及在周游五印度过程中，一边巡礼各地佛教名胜和遗迹，一边参访名师学习佛学，搜求佛典

在玄奘进入小乘说一切有部的重镇迦湿弥罗国（今克什米尔）时，从僧称法师学习《俱舍论》、《顺正理论》等有部的论书以及《因明》、《声明》等论。在磔迦国（今巴基斯坦的旁遮普）的大庵罗林中从一老婆罗门学习《经百论》和《广百论》等。在至那仆底国（今印度北部的费罗兹普尔）从毗腻多钵腊婆（汉译调伏光）学《对法论》、《显宗论》、《理门论》等。毗腻多钵腊婆曾著《五蕴论释》、《唯识三十论释》，看来也是位瑜伽唯识学派的论师。玄奘在到达中印度的窣禄勒那国（今印度北方邦的塔尔萨尔）时，从阇那鞠多学经量部《毗婆沙论》。在秣底补罗国（今印度北部罗希尔坎德地区的曼达洼）从蜜多斯那学有部的《辩真论》、《随发智论》等。在曲女城，依毗离耶犀那三藏读佛使《毗婆沙》和日胄《毗婆沙》。

玄奘在那烂陀寺集中学习五年时间。此后在唐贞观十年（636）到贞观十三年（639）约四年的时间，沿着经印度东海岸诸国再转向南方各国的路线，此后沿着西海岸诸国的路线，周游印度。他在伊烂拏国（今印度比哈尔邦的蒙吉尔地区）从怛他揭多鞠多、羼底僧诃二僧学习有部的《大毗婆沙论》和《顺正理论》等。在南憍萨罗国（今印度纳格浦尔以南的钱达及其以东康克尔地区），从一婆罗门学习因明，读《集量论》。在驮那羯磔迦国（今印度泰米尔纳德邦克里希那河口处）从苏部底、苏利耶二僧学习大众部《根本阿毗达磨》等论。在北印度的钵伐多国（今克什米尔的查谟地方）从二三高僧学习正量部的《根本阿毗达磨》及《摄正法论》、《教实论》（《续高僧传》卷四作《成实论》）等。玄奘在回到那烂陀寺参见戒贤之后，又到寺西不远的地方低罗择迦寺向般若跋陀罗探讨有部三藏及声明、因明等方面的问题。接着又到杖林山从居士胜军论师学习《唯识决择论》、《意义理论》、《成无畏论》、《不住涅槃论》、《十二因缘论》、《庄严经论》，并就《瑜伽师地论》、《因明》等进行请教。胜军曾从贤爱论师学《因明》，又从安慧学《声明》及大小乘论，还从戒贤学《瑜伽师地论》，对《吠陀》外书、天文、地理、医方、术数等也有广博的知识，受到戒日王的敬重，有弟子数百人。

可见，玄奘以那烂陀寺为中心，遍学五印度，所学内容是大小乘兼收并蓄，虽首重瑜伽唯识理论，但对中观理论也深加探究，在小乘教义方面

对说一切有部的理论尤花大力量研修。此外，玄奘对因明学（包括逻辑学和认识论）、梵语以及声明学（关于语言、文字、音韵、文法的学问）、婆罗门教及其他外道，等等，也进行学习、研究。这为以后玄奘从事译经打下了宽广而又深厚的基础。

3. 与大乘中观学派、小乘正量部及外道学者的辩论

那烂陀寺戒贤等人宣扬瑜伽唯识理论，是大乘有宗；般若中观学派主张诸法性空和中道理论，是大乘空宗。二宗学僧虽在一寺相处，但因见解不同也有争论发生。在玄奘从胜军处再度回到那烂陀寺时，发生了这样一件事。寺内中观论师师子光在向僧俗四众讲《中论》、《百论》二论过程中，对戒贤等人据《摄大乘论》及《唯识抉择论》等所讲的唯识理论进行批驳。玄奘对大乘二宗都很精通，认为：

圣人立教，各随一意，不相违妨。惑者不能会通，谓为乖反。此乃失在传人，岂关于法也！（《三藏法师传》卷四）①

意为大乘小乘以至大乘空、有二宗，都是佛、菩萨创立的，虽侧重点不同，但在基本宗旨上是互不妨碍的，关键是传教者能否融会贯通。他用此意质问师子光，师子光不能回答。此后玄奘又表示，《中论》、《百论》讲缘起性空，只是破世俗迷妄认识（遍计所执性），而没有讲一切依心识而缘起（依他起性），也没有讲通过达到"唯识无境"的认识而体悟我、法二空的圆满真如（圆成实性），批评师子光只看到《中论》等论中有"一切无所得"的话，便断定《瑜伽论》所论证的"圆成实性"不能成立。② 他"为和会二宗言不相违背，乃著《会宗论》三千颂"（《三藏法师传》卷四）。可以想见，他是站在瑜伽行派的立场上（如有、空、中三时判教论所表示的那样）来会通大乘空、有二宗的。他把《会宗论》呈给戒贤和其他人看，受到普遍赞赏。师子光为此而感到羞愧，离寺而去。

玄奘虽大小乘并学，但主张大乘占主导地位，对小乘中有人批判大乘

---

① 《大正藏》第 50 册第 244 页下。

② 《三藏法师传》卷四所载原话是："法师又以《中》、《百》论旨唯破遍计所执，不言依他起性及圆成实性，师子光不能善悟，见论称'一切无所得'，谓《瑜伽》所立圆成实等亦皆须遣，所以每形于言。"载《大正藏》第 50 册第 244 页下。

更不能容忍。戒日王一次征恭御陀（今印度东部沿海的甘贾姆）途经乌荼国（今印度奥里萨北部）。此地盛行小乘，不信大乘，僧众攻击大乘"为空华外道，非佛所说"，对戒日王优待那烂陀寺表示不满，说："那烂陀寺空华外道，与迦波厘（按，结鬘外道，此外道人用骷髅串结作颈饰）不殊故也。"（《三藏法师传》卷四）他们对南印度一个叫般若鞠多的老婆罗门写的《破大乘论》十分赞赏，拿出来给戒日王看，说："我宗如是，岂有大乘人能难破一字者？"此论持正量部义，有七百颂。戒日王派人到那烂陀寺请戒贤等四位高僧"善自他宗兼内外者"前去辩论。戒贤便决定派海慧、智光、师子光和玄奘四人去。海慧等三人感到没把握，玄奘表示自己在本国及迦湿弥罗等地已遍学小乘三藏，有辩胜的可能，"若其有负，自是支那国僧，无关此事"（《三藏法师传》卷四）。然而此后接戒日王来信，请暂停出发。尽管如此，玄奘在精研《破大乘论》之后，还是写了《制恶见论》，长达一千六百颂，运用大乘教义详加批驳。他把此论给戒贤等人看，受到称赞。

玄奘对所谓外道是取坚决排斥的态度的。有一次，有个顺世外道的学者写了四十条论义悬挂在那烂陀寺门上，要求与寺僧辩论，宣称"若有难破一条者，我则斩首相谢！"经日没人敢应。玄奘派房内净人（侍奉者）出去把此论义撕毁，请戒贤等人作证，便与这个外道学者进辩论。玄奘历数各种外道之名，如铺多外道、离系外道、髅鬘外道、殊征伽外道及数论外道、胜论外道，然后一一加以批判。据载，这个外道学者终于服输，要按约斩首相谢。玄奘不许收他为奴，后又放他走。① 此人到了东印度迦摩缕波国（今印度阿萨姆西部地区）向鸠摩罗国王谈玄奘的学德，国王发使请玄奘到自己国家来。玄奘到后，应国王之问讲述佛以法、报、应三身普度众生之事，著《三身论》三百颂赠之。据载，这位国王此后便从玄奘受戒。

戒日王听说玄奘在印度为人和表现，遣使命迦摩缕波王快把玄奘送至曲女城。玄奘到达后，戒日王对玄奘以盛礼相待，听玄奘讲中国情况及求

---

① 以上见《三藏法师传》卷四。《续高僧传·玄奘传》对这位顺世论者的观点略加介绍，谓："彼计四大为人、物因，旨斯沈密，最难征核。"（载《大正藏》第50册第453页上）一般认为原始佛教时期六道之一的阿耆多·翅舍钦婆罗是顺世论的先驱，以地水火风四大元素为世界本原，有唯物主义倾向。

法之事。戒日王向玄奘要《制恶见论》看，看后问在座的小乘僧众能否辩驳，竟无人敢应。据载，戒日王之妹就是信奉正量部的，听了玄奘的论旨后称赞不已，戒日王当下表示：

> 师论大好，弟子及此诸师并皆信伏，但恐余国小乘外道尚守愚迷，望于曲女城为师作一会，会五印度沙门、婆罗门、外道等，示大乘微妙，绝其毁谤之心，显师盛德之高，摧其我慢之意。（《三藏法师传》卷五）①

于是敕告各国及各方面的学者都到曲女城集会，来听宣述玄奘《制恶见论》中的阐扬大乘，批驳小乘之义。此当唐贞观十五年（641）。据载，有五印度十八国王、诸国高僧千余人、著名婆罗门和外道五百余人、各国大臣二百余人到会。全场布置庄严，实际是举行学术辩论大会。

戒日王请玄奘为"论主"，"称扬大乘，序作论意"，又叫那烂陀寺沙门明贤把《制恶见论》向会众宣读，还另抄写出一篇悬挂会场门外，声明"若其间有一字无理，能难破者，请斩首相谢"。据载，接连十八天没有人提出质难。戒日王赠玄奘大量金银钱及珍宝，并请他骑象游街巡众。玄奘一概谢绝。王的侍臣只得拿着玄奘的袈裟沿街唱告民众："支那国法师立大乘义，破诸异见，自十八日来无敢论者，普宜知之。"（《三藏法师传》卷五）当时人们对玄奘十分钦敬，大乘信徒称他是"大乘天"（摩诃耶那提婆），小乘信徒称他为"解脱天"（木叉提婆）。

此后，玄奘又应戒日王之邀到钵罗耶伽国（今印度北方的阿拉哈巴德）参加了为期75天的无遮（任何人可参加）施舍大会。此会每五年举行一次，这是戒日王举行的第六次大会，有道俗50余万人到会，把国库财物广泛施舍给僧、婆罗门、外道和贫穷孤独者。

此后，玄奘辞别戒日王等，携带从各地搜求的经像踏上归国的路程。玄奘在求法游历过程中遭遇了千辛万苦，几度即将丧命，但他始终坚持初衷不渝，经过艰苦跋涉，向各地学者虚心学习和研讨，终于达到目的，载誉而归。

玄奘西行的目的概括起来有两点：求取《瑜伽师地论》等经论；求

---

① 《大正藏》第50册第247页中。

释佛学中的疑难问题。他在行程的顺境或是逆境，一再申明此志。如他到达高昌国时，国王麴文泰以弟相待，一再挽留，玄奘坚决辞谢，说自己"此行不为供养而来，所悲本国法义未周，经教少阙，怀疑蕴惑，启访莫从，以是毕命四方，请未闻之旨"，不能中途而止。在他离开高昌之前答谢麴文泰王的表文中又说：

> 遗教东流六百余祀，腾、会振辉于吴、洛，谶、什钟美于秦、凉，不坠玄风，咸匡胜业。但远人来译，音训不同，去圣时遥，义类差舛，随使双林（按，此原指释迦佛逝世的娑罗双树林，此借喻佛法）一味之旨，分成当、现二常；大乘不二之宗，析为南、北两道，纷纭争论，凡数百年。率土怀疑，莫有匠决。……禀承正法，归还翻译，广布未闻，翦邪见之稠林，绝异端之穿凿，补像化之遗阙，定玄门之指南……（《三藏法师传》卷一）①

是说从东汉至东晋以来，以摄摩腾、支娄迦谶、康僧会、鸠摩罗什等为代表的译经僧，虽所译经典使佛教得以传播，但由于翻译不同，人们对教义产生种种分歧乃至错误的认识，有的主张众生将来必当成佛，当有（始有）佛性，而有的则主张佛性"本有"（无始以来就有）或"现有"。到南北朝时，地论学者围绕对心性和判教的不同理解，甚至分成相州南道派和北道派，② 长期争论不已。玄奘之所以决心西去求法，就是希望求得经本，回国重作翻译，并以在印度所学的佛法，把长期悬而未决的问题予以解决。

此后玄奘在阿踰陀国恒河船上遭贼抢劫，将杀他祭天神时，乃申明自己来印是为了礼佛迹，"请问经法"，并向弥勒菩萨祷念，希望受持《瑜伽师地论》，听闻佛法。

直到归国前夕，那烂陀寺的戒贤等人、羯若鞠阇国戒日王以及迦摩缕波国的鸠摩罗王，都曾真心地留他长住印度，他都一一婉辞回绝。如他对戒贤说：

---

① 《大正藏》第 50 册第 225 页下。
② 道宣在《续高僧传》卷七《道宠传》中对此有介绍。

此国是佛生处，非不爱乐。但玄奘来意者，为求大法，广利群生。自到已来，蒙师为说《瑜伽师地论》，决诸异网，礼见圣迹及闻诸部甚深之旨，私心慰庆，诚不虚行。愿以所闻，归还翻译，使有缘之徒同得闻见，用报师恩，由是不暇停住。（《三藏法师传》卷五）①

强烈的求法弘教的宗教情热，深厚的爱国思乡之情，是玄奘"投身于万死之地"，然后又载誉返回祖国的强大动力，也是他以后殚精竭虑从事译经的动力。

唐贞观十八年（644），玄奘与其随从人员带着佛经归至属于唐安西都护府管辖的瞿萨旦那国（于阗，在今新疆和田一带），立即修表派人上奏朝廷，说自己在贞观元年（原作三）"私往天竺"，"见不见迹，闻未闻经"，"历览周游一十七载"，现已至于阗，谨奉表先闻（《三藏法师传》卷五）②。

过七八月，唐太宗派使迎接，并敕沿途各地护送。贞观十九年（645）阴历正月二十四日，玄奘一行到达长安西郊，京城留守左仆射（相当于宰相）房玄龄派右武卫侯大将军侯莫陈实、雍州司马李叔眘、长安县令李乾祐迎接，沿途数十万僧俗人众举着幡盖，烧香散花，夹道欢迎。玄奘被暂时安置在别馆，所带经像被送到弘福寺。

玄奘带回的佛典包括大乘经 224 部，大乘论 192 部，上座部经律论 15 部，正量（三弥底）部经律论 15 部，化地（弥沙塞）部经律论 22 部，饮光（迦叶臂耶）部经律论 17 部，法密部经律论 42 部，说一切有部经律论 67 部，因明论 36 部，声论 13 部，共 520 夹，657 部，用 20 匹马驮回。此外，又带回各式金银及旃檀木刻佛像及佛舍利等。

（二）在唐太宗、高宗直接支持下的玄奘译场

贞观十九年（645）二月初，玄奘东至洛阳宫谒见唐太宗，太宗"迎慰甚厚"。当问及何以能穿越重阻到达印度时，玄奘盛赞太宗的仁德，称"既赖天威，故得往还无难"，又应问介绍游历西土的情况，广及山川地

---

① 《大正藏》第 50 册第 246 页中。
② 以上关于玄奘活动年代，参见杨廷福《玄奘生平简谱》，载齐鲁书社 1986 年版《玄奘论集》；杨廷福《玄奘年谱》，中华书局 1988 年版。

理、风俗人物。太宗说"宜修一传,以示未闻"。此即以后玄奘"奉敕撰"《大唐西域记》的由来。

唐太宗十分欣赏玄奘的才能,劝他还俗辅政。玄奘婉言谢绝,表示愿意终生行道,"以报国恩"。此时太宗正准备率兵攻打高句丽,劝玄奘随行。玄奘以病和戒律禁止观看兵戎战斗的理由加以婉谢。当玄奘提出希望到少林寺译经之时,太宗不许,命他回长安住在弘福寺译经,"所须人物吏力,并与玄龄商量,务令优给"(《续高僧传》卷四)①。

玄奘回到长安后即住到弘福寺,把译经应配备担任证义、缀文、笔受及书手等的人选和数字,写状告诉房玄龄。房玄龄立即派人上报太宗,诏复"依所须供给,务使周备"(《三藏法师传》卷六)。这样,以玄奘为"译主"的宏大译场得以成立,开始了中国历史上最大规模的译经事业,也是盛唐时期宏伟的文化事业。

中国的译经是从简至繁地发展的。汉魏译经在民间进行,译经者二三人至四五人,译主②一般即携来梵本(或胡本)佛经或口诵出佛经者,如此人不懂汉文,需有"口传者"(或口译者),然后由"笔受者"写成汉文。笔受者可至二三人,可就译文详加斟酌。如果译主懂汉文,则可与助手切磋后口宣汉文,由笔受者笔录为文。译经资金和条件的提供者为"劝助者"。西晋的规模较大,但译经分工大体仍这样。至东晋十六国时期,前秦道安、后秦鸠摩罗什译经,因为直接得到前秦、后秦政府的大力支持,规模空前,译经分工更加细密。主译者,如鸠摩罗什,因已经学会汉语,可自由翻译,有时"手执胡本,口宣秦言","曲从方言,而趣不乖本",在译《摩诃般若经》时,后秦王姚兴亲览旧经,验其得失,与著名学僧五百余人详加审定,然后抄写。还有一种情况是,如没有现成梵本(或胡本),则先应口诵经本,然后笔受为梵(或胡)文,再经口译后笔译为汉文,最后再经正(或证)义、校对。道安主持译《阿毗昙毗婆沙》是这样,鸠摩罗什主持所译的《十诵律》(罽宾僧弗若多罗诵出)、《四分律》(罽宾僧佛陀耶舍诵出)也采取这种方式。隋时首设统一国家的译

---

① 《续高僧传》卷四《玄奘传》载《大正藏》第50册第446—459页,以下所引不另注页数。

② "译主"之称起于唐代,为主译人,译经主持者的意思。以往的主译人一般被称为"译人"、"译者"。

场——长安大兴善寺和洛阳上林园的翻经馆，任僧官或高僧担任"监护"。唐代从玄奘开始，设立了规模大、分工细的译场，但担任监护的改为俗官，如相当宰相职位的左仆射房玄龄"专任监护"。

译场中有些什么主要职务，可从以下引文找到答案。《三藏法师传》卷六载：

> 夏六月戊戌，证义大德谙解大小乘经论，为时辈所推者一十二人至，即：京弘福寺沙门灵润、沙门文备、罗汉寺沙门慧贵、实际寺沙门明琰、宝昌寺沙门法祥、静法寺沙门普贤、法海寺沙门神昉、廓州法讲寺沙门道深、汴州演觉寺沙门玄忠、蒲州普救寺沙门神泰、绵州振音寺沙门敬明、益州多宝寺沙门道因等。
>
> 又有缀文大德九人至，即：京师普光寺沙门楼玄、弘福寺沙门明璇、会昌寺沙门辩机、终南山丰德寺沙门道宣、简州福聚寺沙门静迈、蒲州普救寺沙门行友、栖岩寺沙门道卓、幽州照仁寺沙门慧立、洛州天官寺沙门玄则等。
>
> 又有字学大德一人至，即京大总持寺沙门玄应。
> 又有证梵语、梵文大德一人至，即京大兴善寺沙门玄谟。
> 自余笔受、书手，所司供料等并至。①

其中的"证义"，是考证已译之文是否妥当，提出建议供译主斟酌。"缀文"，把译出的经文按汉文语法贯连起来，还做修辞润色的工作。"字学"或"正字字学"，负责考辨字体、训读音义。玄应后来撰写《一切经音义》二十五卷。"证梵语梵文"，考校不同梵本，对照所译梵本，考察文义的同异正误，并审核译文得失。"笔受"，是按译主确定的译文笔录下来。如译主不懂汉文，没有现成梵本，则据记忆诵出，由笔受者先录梵文。"书手"是译场中的抄写员，把定稿的译经抄写出来。到义净译经时，在"证梵文"之外又置"证梵义"者。此外，还有担任校勘、译经前唱诵梵呗者。

朝廷大臣除可受命担任统辖译场组织和行政事物的"监护"之外，还可参与译经的审定润文工作。如唐初印度僧波颇为译主译经时，右光禄

---

① 《大正藏》第 50 册第 253—254 页。

大夫太府卿萧璟"总知监护",上柱国尚书左仆射房玄龄、太子詹事杜正伦、礼部尚书李孝恭等奉敕"参助详定"。玄奘在高宗时示意中书侍郎李义府陈奏皇帝,希望大臣赞助译经。高宗立即下诏命尚书左仆射于志宁、中书令来济、礼部尚书许敬宗、黄门侍郎薛元超、中书侍郎李义府等"时为看阅,有不稳便处,即随事润色"(《三藏法师传》卷八)。虽然有些显宦贵臣只是挂个名,但他们在朝野的影响对译经和佛教的传播十分有利。① 当然,译场的大小因译主和所译经典的不同也有差别。

玄奘的译经先后直接得到唐太宗和唐高宗的支持,由政府提供一切条件,按唐代道宣的话讲是"公给资什"。译场先后设在西京弘福寺、大慈恩寺的翻经院及在坊州宜君县(在今陕西铜川)的玉华宫。玄奘在陪从太宗、高宗的过程中也先后在西京皇宫内的弘法院、终南山的翠微宫、洛阳的积翠宫译经。

唐太宗晚年"气力不如平昔,有忧生之虑",常与玄奘谈论佛法,并询问译经进度及佛经内容。贞观二十二年(648)在玄奘译完《大菩萨藏经》及《瑜伽师地论》等一批经典,撰述《大唐西域记》结束之时,太宗应玄奘再三表请,写了《大唐三藏圣教序》,称玄奘为"法门之领袖",精通佛法,道德高尚,情操清正,"松风水月未足比其清华,仙露明珠讵能方其朗润";最后祝他所译佛经永传世间,福佑无边,说"方冀兹经流施,将日月而无穷;斯福遐敷,与乾坤而永大"。② 时为太子的李治(即位为高宗)为此又写了称誉玄奘求法译经及太宗写序的《述三藏圣教序记》(《述圣记》)。③ 唐太宗还采纳玄奘的建议下诏在京城和各地度僧。全国有寺3716座,计度僧18500余人。

唐高宗即位,对玄奘更加崇敬,应玄奘的请求在大慈恩寺建造放置经像的五级砖塔——大雁塔,又亲自为大慈恩寺撰写碑文,请玄奘搬到新建的西明寺居住,还特地允许他长住玉华宫主持翻译《大般若经》。

玄奘在佛学上的深厚造诣和西行求法的非凡经历,固然是取得皇帝及大臣信任、优遇的重要原因,也与他善于迎合他们的心理,密切地与他们

---

① 关于译场,可参考《续高僧传》卷三、四,《宋高僧传》卷一至三,《开元录》卷八。《宋高僧传》卷三之"论"有集中介绍。此外《佛祖统纪》卷四三所载宋天息灾《译经仪式》,虽讲的是宋代译经,也可参考。
② 《三藏法师传》卷六,载《大正藏》第50册第256页中下。
③ 详见《三藏法师传》卷七。

交往有关。例如，显庆元年（656）十月被立为皇后刚满一年的武则天在临产李显（后即位为中宗）之时，玄奘启奏："圣体必安和无苦，然所怀者是男……"过了几天看见有一只赤雀飞止于宫内，便特地上表"为陈喜相"，祈祝皇后平安，说："伏惟皇帝、皇后德通神明，恩加兆庶，礼和乐洽，仁深义远，故使羽族呈祥，神禽效质，显子孙之盛，彰八百之隆，既为曩伐之休符，亦是当今之灵贶。"李显诞生后，高宗立即派使者告诉玄奘，并说："愿法师护念，号为佛光王。"玄奘上表祝贺。在李显生满三日、满月、百日之时，都上表贺，赠法衣等；在满月时奉敕为他剃发。（《三藏法师传》卷九）①

玄奘的声望日著，在中央和地方上任职的官员也纷纷前来致礼问法或受戒。玄奘虽为出家人，但他在向这些人传法之际也结合运用儒家的纲常名教思想进行说教。例如在永徽二年（651）瀛州刺史贾敦颐、蒲州刺使李道裕、谷州刺使杜正伦、恒州刺使萧锐在京时参礼玄奘，从受菩萨戒。玄奘"为广说菩萨行法，劝其事君尽忠，临下慈爱"。他们在谢书中谈到了从玄奘所听受佛法的内容，如"因机以接物，假相而弘道"；"悟佛性之在身，知境界之唯识"；"始知如来之性即是世间，涅槃之际不殊生死，行于般若便是不行，得彼菩提翻为无德"（《三藏法师传》卷七）②，是说虽身居军政要职，实践儒家名教，并不妨碍信奉大乘佛法，生死与涅槃，出世与世间本来是"不二"的。

正因为这样，玄奘从上至皇帝，下至王公大臣百官得到广泛支持，使他主持下的译经能在空前优越的条件下进行，由他和弟子们提倡的法相唯识宗能盛行一时。

（三）玄奘所译主要佛典介绍

玄奘从唐太宗贞观十九年（645）五月至唐高宗麟德元年（664）正月的约20年的时间里，共译大小乘经典75部1335卷。

我们可按内容将玄奘的译经作一个大致的分类，其中大乘佛典的般若中观类有6部615卷，按卷数占全部译经的46%；其次为瑜伽唯识经典，有21部201卷，占译经卷数的15%；小乘佛典中以说一切有部的论书数量最大，有14部445卷，占译经卷数的33%，其他大小乘经典仅占

---

① 《大正藏》第50册第271—272页。
② 《大正藏》第50册第260页。

约 6%。

在般若中观类佛典中以《大般若经》篇幅最大，有 600 卷。瑜伽唯识类经典虽数量不大，但都是玄奘及其弟子弘传的重点，是法相唯识宗的主要依据。在玄奘译出经典中，有相当部分是重译（"新译重本"），有 29 部，占译经部数的 10.8%。其中《大般若经》中有 108 卷是重译，占全经的 18%。

下面大体上按类别对玄奘的译经进行介绍。

1. 般若中观类

《般若经》是大乘佛教早期经典之一，从小品《般若经》到大品《般若经》、直到《大般若经》，篇幅和内容逐渐扩充，在大藏经中般若类经典竟占全部经藏的四分之一以上。① 《般若经》为大乘佛教提供理论基础，被称为"诸佛之母"，从唐智升《开元释教录》开始，在经录中和据此经录"入藏录"编纂的大藏经中被置于经藏的首位。中观类佛典是论释般若理论的，从龙树（约 3 世纪）著《中论》、《十二门论》等开始，后世续有中观类著作出世。

玄奘译的般若中观类佛典有：

《大般若波罗蜜多经》，简称《大般若经》，六百卷。

译于唐显庆五年（660）正月至龙朔三年（663）十月，笔受者有普光、大乘钦、嘉尚等。

玄奘带回三种梵本，对校后才译。梵本共有二十万偈。谓佛在王舍城鹫峰山、舍卫城给孤独园、他化自在天王宫、王舍城竹林精舍四个处所（"四处"），经十六次讲经会宣说此经（"十六会"）。译经中弟子几度提出作些删略，玄奘"不敢更删，一如梵本"。

其中新译出的以往没有译本的（新译单本）有第一会（卷一——四〇〇）、第三会（卷四七九—五三七）、第五会（卷五五六—五六五）、第十一至第十六会（卷五七九—六〇〇，说布施、净戒、安忍、精进、静虑、般若六度）。

新译出而以往和稍后有译本的（新译重本）有第二会（卷四〇一—四七八），与西晋竺叔兰、无罗义译《放光般若经》、竺法护译《光赞般

---

① 《开元录》大小乘入藏录，经藏共收 2791 卷大小乘佛经，其中般若类佛经有 736 卷，占 26.3%。

若经》、后秦鸠摩罗什译《摩诃般若经》，是同本异译，但缺《常啼品》等；第四会（卷五三八—五五五），与东汉支谶译《道行般若经》、吴支谦译《大明度无极经》、前秦昙摩蜱和竺佛念译《摩诃般若钞经》、后秦鸠摩罗什译《小品般若经》，是同本异译，亦缺《常啼品》等；第六会（卷五五六—五七三），与陈月婆首那译《胜天王般若经》同本异译；第七会（卷五七四—五七五），与梁曼罗陀仙译《文殊说摩诃般若经》、僧伽婆罗译《文殊般若经》是同本异译；第八会（卷五七六），与宋翔公译《濡首菩萨无上清净分卫经》为同本异译；第九会（卷五七七），与鸠摩罗什、后魏菩提流支和陈真谛分别译的三种《金刚般若经》及稍后义净译的《能断金刚般若经》，是同本异译；第十会（卷五七八），与稍后菩提流志译《实相般若经》，是同本异译。

可见此经总括了一切般若类经典。其中第一、第二会篇幅最大，二者虽详略不同，但内容大同，其他部分的基本内容也略同。第二、第四会与旧译《大品》、《小品》诸译本相比，虽内容相同，但篇幅增加约一倍，字句表述也有显著不同。如把第二会与鸠摩罗什译的《摩诃般若经》相比，在称呼方面，称"比丘"、"比丘尼"为"苾刍"、"苾刍尼"等；在佛教概念、法门方面，把"四念处、四正勤、四如意足……七觉分、八圣道分"，改译"四念住、四正断、四神足……七等觉支、八圣道支"；把"空三昧、无相三昧、无作三昧"，改译为"空三摩地、无相三摩地、无愿三摩地"；把"四禅"译为"四静虑"，"八背舍"译为"八解脱"等等。在一些重要地方有增加的成分，如"菩萨摩诃萨欲知诸法、如、法性、实际，当学般若波罗蜜"（《摩诃般若经》卷一），玄奘译本为："菩萨摩诃萨欲安住一切法、真如、法界、法性、不虚妄性、不便异性、平等性、离生性、法定、法住、实际、虚空界、不思议界，当学般若波罗蜜多"（《第二会·欢喜品》）；再如，在《摩诃般若经·奉钵品》有一段与《般若心经》十分相近的话："菩萨摩诃萨行般若波罗蜜时，不见菩萨，不见菩萨字，不见般若波罗蜜，亦不见我行般若波罗蜜，亦不见我不行般若波罗蜜。何以故？菩萨、菩萨字性空，空中无色无受想行识，离色亦无空，离受想行识亦无空。色即是空，空即是色，受想行识即是空，空即是识……"玄奘的译文是："菩萨摩诃萨修行般若波罗蜜多时，应如是观，实有菩萨，不见有菩萨，不见菩萨名，不见般若波罗蜜多，不见般若波罗蜜多名，不见行，不见不行。何以故？舍利子，菩萨自性空，菩萨名空。所以者何？色自性空，不由空故；受想行识空，非受想行识；受想行识不离空，空不离受想行识；受想行识即是空，空即是受想行识……"（《第二会·观照品》）后者在意思上更加明确。有一些话，如《第二会·欢喜品》的诸法"唯心所现，性相皆空"、同会《观照品》的诸法但有名，"但随世俗假立客名，诸法亦尔，不应执著"等，在旧译相应地方没有。新译比旧译篇幅内容的增加，如其说是旧译者有意删略，不如说是新译梵本有所扩充。

《能断金刚般若波罗蜜多经》，简称《能断金刚般若经》一卷

译于贞观二十二年（648）十月，直中书社行颉笔受。即《大般若经》中的第九会《能断金刚分》的单行本。

《般若波罗蜜多心经》，简称《般若心经》或《心经》一卷

贞观二十三年（649）五月译，沙门知仁笔受，与鸠摩罗什译《摩诃般若婆罗蜜大明咒经》为同本异译。"心"喻为核心、纲要、精华。此经被认为是般若类经典的提要，仅有260字，在所有七种译本[①]中是最流行的译本。

《广百论本》一卷，圣天（提婆）著

永徽元年（650）译，沙门大乘湛笔受。圣天（提婆）著有《四百论》（有藏译本）十六品四百颂，前八品自成一篇，称"说法百义"，论说教理和宗教实践；后八品可称为后篇，称"论议百义"，破斥常、我、时、见、根和境、边执、有无相等所谓异见异论，宣传空性和空义的中观学说。《广百论》即其后篇。鸠摩罗什所译《百论》第一品《舍罪福品》则为《四百论》前篇概要，另外九品则为其后篇八品（相当《广百论》）的异译。

《大乘广百论释论》，简称《广百论释》十卷

释论为印度护法（约6世纪中叶）著。永徽元年（650）译，沙门敬明笔受。对《广百论》据瑜伽唯识理论进行论释，虽讲一切"皆识所为"，"随自种子成熟差别，变似种种法相而有"，但也不可认为定有识体，宣称按"胜义理"，不可断定实有实无。

《大乘掌珍论》二卷

---

① 玄奘译本外，尚有鸠摩罗什、唐代法成、般若与利言、法月、慧轮、宋代施护的译本。施护的译本称《圣佛母般若波罗蜜多经》。

印度清辨（约490—约570）著。译于贞观二十三年（649），圆晖笔受。清辩著有《中观心论》（别名《思择焰论》）十一品八千颂（有藏译本）。此为其提要。运用因明比量，对唯实论师（称"相应论师"）的三性（遍计所执、依他起、圆诚实三性）及唯识观点也进行批判，说："就胜义谛，实与不实皆不建立。"

2. 瑜伽唯识类经典

"瑜伽"意为"相应"，原指通过止观思悟佛法真理的修行方法。唯识学派提倡以瑜伽现观体认"万法唯识"，故被称为瑜伽行派或瑜伽宗，其学者也被称为瑜伽师。以《解深密经》和《瑜伽师地论》等为基本经典，自称祖承弥勒，实际创始人为四五世纪的无著、世亲。为介绍方便，故将本派依据的经、论集在一起。

《解深密经》五卷

贞观二十一年（647）译，普光笔受。此经部分内容的异译本有刘宋求那跋陀罗译《相续解脱地波罗蜜了义经》一卷（相当后二品）、陈真谛译《解节经》一卷（相当前二品）；全部的异译本有北魏菩提流支译《深密解脱经》五卷。全经以问答体论证离言胜义真如、八识体相及三自性（相）、三无性，最后讲瑜伽唯识观法。本经对"阿陀那识"（阿赖耶识异名）对身心的"执持"作用的叙述，很具特色。玄奘弟子圆测撰疏十卷今存。

《瑜伽师地论》，也称《十七地论》一百卷

贞观二十二年（648）五月译完，灵会、朗濬笔受。旧译本有：北凉昙无谶译《菩萨地持论》十卷（相当其三五—五〇卷前半的"菩萨地"上半部分）、刘宋求那跋摩译《菩萨善戒经》九卷（大体同前）及从这些译本略出的《菩萨戒本》等。据传，陈真谛曾译《十七地论》五卷，今已不传，但他译的《决定藏论》三卷（相当今论的卷五一—五四）今存。

此论传说由弥勒口授，无著记录。全书有五部分：（1）本地分（卷一—五〇），把瑜伽禅观境界分为从底到高的"十七地"，最重要的是其中的"菩萨地"；（2）摄抉择分（卷五一—八〇），论十七地的要义；（3）摄释分（卷八一、八二），略释佛经体例和名相；（4）摄异门分（卷八三、八四），述经中诸法的名义和差别；（5）摄事分（卷八五—一〇〇），略述三藏要义。全书论八识的自性及其所依，禅观渐次发展过程中的精神境界和果位。

《三藏法师传》卷六载，此论译出后玄奘曾向太宗口述其大意，太宗命有司将此论与其他新译经写为九本，送雍、洛、并、兖、相、荆、杨、凉、益等九州流通。此论的注释有唐窥基《瑜伽师地论略纂》、遁伦《瑜伽论记》等。

《瑜伽师地论释》一卷

印度最胜子等著。永徽元年（650）译，圆晖笔受。《瑜伽论记》卷一之上谓，原本略译可达五百卷，全译可达八百卷。是对《瑜伽师地论》的概要解释。

《显扬圣教论》二十卷

印度无著著，贞观二十年（646）正月译完，智证等笔受。全书有颂和释论两部分，引证《瑜伽师地论》的要义比较全面地论述瑜伽唯识学派的教义体系。

《显扬圣教论颂》一卷

是前论中颂的部分。贞观十九年（645）六月译，辩机笔受。

《摄大乘论本》三卷

印度无著著。贞观二十三年（649）六月译完，大乘巍笔受。与北魏佛陀扇多、陈真谛所译《摄大乘论》同本异译。

《摄大乘论世亲释》十卷

贞观二十三年六月译完，大乘巍笔受。与陈真谛、隋达磨笈多分别所译《摄大乘论释》、《摄大乘论释论》同本异译。

《摄大乘论无性释》十卷

贞观二十三年（649）译完，大乘巍等笔受。无性是印度瑜伽行派论师。与世亲的释文相比，除释文外，还就一些问题作详细论证，窥基《成唯识论述记》等在引《摄论》时多用无性释。

《佛地经论》七卷

印度亲光著。贞观二十三年（649）十一月译完，普光笔受。是对《佛地经》的论释，用护法系的唯识思想对《佛地经》中所说的清净法界、大圆镜智、平等性智、妙观察智、成所作智（佛地五法相）进行论释，为唯识学派"转识成智"说的重要依据之一。

《大乘阿毗达磨集论》，简称《集论》，也称《对法论》，七卷

印度无著作。永徽三年（652）译，普光等笔受。以阿毗达磨论书的体裁广释佛教名相、教义，宣传瑜伽行派主张。其中不少部分据说来自

《大乘阿毗达磨经》，与《瑜伽师地论》、《显扬圣教论》等书多有相通之处。

《大乘阿毗达磨杂集论》，简称《杂集论》、《对法论》十六卷

贞观二十年（646）闰三月译完，玄赜等笔受。此书是印度安慧对《集论》的解释。

《辩中边论颂》一卷

据称是弥勒述。龙朔元年（661）五月译，窥基笔受。以颂的形式论说建立在唯识教义之上的中道理论。

《辩中边论》三卷

印度世亲著。龙朔元年（661）五月译，窥基笔受。通过对《论颂》的论释，用大乘基本思想组织瑜伽唯识的理论体系。陈真谛译《中边分别论》二卷是其同本异译。窥基撰有《辩中边论述记》三卷。

《大乘成业论》一卷

印度世亲著。永徽二年（651）闰九月译，普光笔受。用瑜伽唯识学说批判小乘的业感缘起，论述阿赖耶识种子缘起理论。北魏毗目智仙等译《业成就论》是其同本异译。

《唯识二十论》，也作《二十唯识论》一卷

印度世亲著。龙朔元年（661）六月译，窥基笔受。旧译本有北魏般若流支和陈真谛分别译的《唯识论》各一卷。论"三界唯识"，常用梦境喻境无实，谓"内识生时，似外境现"。注释此论的有印度护法《成唯识宝生论》五卷（义净译）、唐窥基《二十唯识论述记》二卷。

《唯识三十论》，或作《唯识三十论颂》一卷

印度世亲著。贞观二十二年（648）五月译，窥基笔受。全论有三十颂，按"唯识相"、"唯识性"、"唯识行位"的层次，论述八识及其功能和相应的心所、一切唯识所变、"唯识实性"，最后论三性三无性和修行程序、果位。是法相唯识宗的基本经典。印度瑜伽行派十大论师：护法、德慧、安慧、亲胜、难陀、净月、火辨、胜友、胜子、智月（后三人皆护法弟子）[①] 都曾为此论作注释。

《成唯识论》十卷

---

① 窥基《成唯识论述记》卷一。其中亲胜、火辨与世亲同时；护法在世亲之后，德慧为安慧之师，净月与安慧同时。

显庆四年（659）闰十月译编。据载，印度瑜伽论师护法等十人都撰有《唯识三十论》的译文，玄奘译时接受窥基的建议，以护法释文为主杂采其他人的解释"糅为一部"，① 即为本书。注释书很多，其中影响大的有：窥基《成唯识论述记》二十卷、《成唯识论掌中枢要》四卷、惠沼《成唯识论了义灯》十三卷、智周《成唯识论演秘》十四卷。

《观所缘缘论》一卷

印度陈那著。陈真谛译的《无相思尘论》是其同本异译。主张识所缘的境，非外实有，是"内色"（此指内识一分，即所取分）"似外境现，为所缘缘"。印度护法著《观所缘论释》（义净译）是其解释。

《大乘五蕴论》一卷

印度世亲著。与唐地婆诃罗译《大乘广五蕴论》同本。用大乘唯识教义对色受想行识五蕴及有关名相进行解释。

《大乘百法明门论》一卷

印度世亲著。对瑜伽行派的"五位百法"进行解释。窥基撰有《大乘百法明门论解》二卷，普光著《大乘百法明门论疏》二卷，是其解释。

《王法正理论》一卷

相传为弥勒作。借佛向国王说"正理"的形式，劝国王应"得大自在"、"性不暴恶"乃至"善观察摄受群臣"及行六度等，可看作是瑜伽行派的政论。

3. 其他大乘经典

《大菩萨藏经》二十卷

贞观十九年（645）九月译，智证笔受，道宣证文。用"四无量"、"六度"、"四摄"为纲，对早期大乘佛经宣说的教理进行系统组织。对"般若"尤重视，说明般若之相（闻慧）、正行、如理正观、如理方便和证入，认为构成般若有"十善巧"（蕴、处、界、谛、四无碍、四依趣、资粮、三十七道法、缘起、一切法），主张修"无相行"等。对瑜伽行派有较大影响。② 此经后被编入《大宝积经》第十二会。

《大乘大集地藏十轮经》十卷

---

① 《成唯识论述记·序》及《宋高僧传》卷四《窥基传》。
② 吕澂所著《印度佛学源流略讲》，对此经有扼要评述（上海人民出版社1979年版），见第174—176页。

与旧译《大方广十轮经》八卷同本。

《显无边佛土功德经》一卷

是《华严经·寿量品》的异译。

《说无垢称经》六卷

是《维摩诘经》的异译。

《分别缘起初胜法门经》二卷

与隋达磨笈多译《缘生初胜分法本经》二卷同本。专论十二因缘之首的"无明",为本经特色。

《药师琉璃光如来本愿功德经》一卷

与隋达磨笈多译《药师如来本愿经》一卷及唐义净译《药师琉璃光七佛本愿功德经》二卷为同本异译。为药师佛信仰的基本经典①。

此外还译有:《称赞净土佛摄受经》一卷,与鸠摩罗什译《阿弥陀经》一卷同本;《甚希有经》一卷,与《未曾有经》一卷(后汉失译)同本;《最无比经》一卷,与隋阇那崛多译《稀有较量功德经》一卷同本;《称赞大乘功德经》一卷,与唐智严译《说妙法决定业障经》一卷同本;《如来示教胜军王经》一卷,与刘宋沮渠京声译《谏王经》同本,此后义净译《胜光天子经》亦为异译本;《缘起圣道经》一卷,与吴支谦译《贝多树下思惟十二因缘经》同本;《佛地经》一卷;《受持七佛名号所生功德经》一卷;《佛临涅槃记法住经》,简称《法住经》,一卷,谓正法住世千年后将灭,当有诸菩萨出世护法,饶益众生;《寂照神变三摩地经》一卷;《菩萨戒本》一卷,出自《瑜伽师地论·本地分·菩萨地》,故亦称《瑜伽戒本》;《菩萨戒羯磨文》一卷,出处同前。

玄奘还译有密教经典:《不空罥索神咒心经》、《十一面神咒心经》、《咒五首经》、《胜幢臂印陀罗尼经》、《诸佛心陀罗尼经》、《拔济苦难陀罗尼经》、《八名普密陀罗尼经》、《持世陀罗尼经》、《六门陀罗尼经》各一卷。

4. 小乘经典

《缘起经》一卷

译于龙朔元年(661)。是《增一阿含经》卷四十六《放牛品》的异

---

① 东晋帛尸梨密多罗译《大灌顶经》第十二卷的《普光品》(单行本为《灌顶拔除过罪生死得度经》)也与此同本,是早期药师佛信仰的经典。

译，讲十二因缘。

《本事经》七卷

《天请问经》一卷

《阿毗达磨发智论》，简称《发智论》，二十卷

印度伽多衍尼子著。显庆五年（660）译完，玄则笔受。是说一切有部的基本论书，故也称《发智身论》。"身"喻根本。全书分八蕴（音译犍度）四十四纳息，意为八章四十四节。以说一切有部学说为基本内容，兼论部派之间争论的一切问题。前秦僧伽提婆译《阿毗昙八犍度论》三十卷，是其异译本。此论另有六部辅助性论书，称"六足论"，玄奘译了其中的如下五种。

《阿毗达磨法蕴足论》十二卷

印度大采菽氏著。"六足论"之一。译于显庆四年（659）九月。

《阿毗达磨集异门足论》二十卷

印度舍利子说。"六足论"之一。译毕于龙朔三年十二月（已进入公元664）。

《阿毗达磨识身足论》十六卷

印度提婆设摩著。"六足论"之一。译毕于贞观二十三年（649）八月。

《阿毗达磨品类足论》十八卷

印度筏苏蜜多罗著。"六足论"之一。译于显庆五年（660）十月。与刘宋求那跋陀罗等译《众事分阿毗昙论》十二卷为同本异译。

《阿毗达磨界身足论》三卷

印度筏苏蜜多罗著。"六足论"之一。

《阿毗达磨大毗婆沙论》，简称《大毗婆沙论》二百卷

据《大唐西域记》卷三，贵霜王朝迦腻色迦王与胁尊者召集五百比丘于迦湿弥罗（今克什米尔）作《大毗婆沙论》十万颂解释论藏。"毗婆沙"意为"广解"、"广说"，即广为解释。译毕于显庆四年（659）七月。全书按《法智论》所分八蕴：杂、结、智、业、大种、根、定、见，作详细论释，系统地总结说一切有部的理论主张，并对大众部、法藏部、化地部、饮光部、犊子部、分别说部等部派以及数论、胜论、顺世论、离系论（耆那教）等外道进行批判。北凉浮陀跋摩与道泰译《阿毗昙毗婆沙论》六十卷（仅有前三犍度，相当新译卷一一一以前部分）是其同本

异译。

《阿毗达磨俱舍论》，简称《俱舍论》，三十卷

印度世亲著。永徽五年（654）译完，元瑜笔受。长期以来认为此论虽吸收经量部许多观点，但仍是《大毗婆沙论》提要之著。近人研究，此论的教理体系和论证方法受法救《杂阿毗昙心论》的影响较大。[①] 全书以四谛为中心，设八品（界、根、世、业、随眠、贤圣、智、定）对有部学说重加组织。异译本有陈真谛译《阿毗达磨俱舍释论》二十二卷。注释本有普光《俱舍论记》、法宝《俱舍论疏》、圆晖《俱舍论颂疏》各三十卷。

《阿毗达磨俱舍论本颂》一卷

印度世亲著。永徽二年（651）译，元瑜笔受。

《阿毗达磨顺正理论》八十卷

印度众贤著。永徽五年（654）七月译完，元瑜笔受。"正理"是指有部正统理论。该论据有部正统理论，对《俱舍论》采取经量部观点批评有部的学说进行批判。《大唐西域记》卷四载，此论原称《俱舍雹论》，世亲评为"理虽不足，辞乃有余"，认为仍对《俱舍论》有"发明"，改称《顺正理论》。真谛译《婆薮槃豆法师传》中称之为《随实论》。释文有元瑜《顺正理论述文记》二十四卷。

《阿毗达磨显宗论》四十卷

印度众贤著。永徽三年（652）十月译完，慧朗、嘉尚等笔受。是《顺正理论》的节要本，重点在从正面显扬有部宗义。

《入阿毗达磨》二卷

印度塞建地罗著。为有部理论的初学入门书。

《五事毗婆沙论》二卷

印度法救著。是对六足论之一的《品类足论》第一品《辩五事品》的注释。五事指色、心、心所、心不相应行、无为"五法"。现已不全，仅存前三事注释。

《异部宗轮论》一卷

印度世友著。译于龙朔二年（662）七月，窥基笔受。与《十八部

---

① ［日］水野弘元、中村元、平川彰、玉城康四郎编：《佛典解题事典》，日本春秋社1980年第二版，第118页。

论》（后秦，失译）、真谛译《部执异论》为同本异译。讲佛灭百年至四百年间佛教分裂为二十部派的情况。释文有窥基的《异部宗轮论述记》一卷。

5. 其他

《大阿罗汉难提蜜多罗所说法住记》，简称《法住记》一卷

译于永徽五年（654）闰五月，普光笔受。谓执师子国有难提蜜多罗（汉译"庆友"）告众人说，佛灭后有十六罗汉住世"护持"佛法，饶益有情。为中国十六罗汉信仰所据的经典。卷末所提到众多大小乘经典之名，对研究佛教史很有价值。

《因明入正理论》一卷

印度商羯罗主著。贞观二十一年（647）八月译。是新因明理论的纲要书。注疏有窥基《因明入正理论疏》三卷、慧沼《因明义断》一卷和《因明入正理论义纂要》一卷等。

《因明正理门论本》一卷

印度大域龙著。贞观二十三年（649）译。依真能立、似能立、真能破、似能破、真现量、似现量、真比量、似比量八门为纲，述新因明的基本理论。义净译《因明正理门论》一卷是其异译本。释文有神泰《因明正理门论述记》一卷。

《胜宗十句义论》一卷

印度胜论学者（"卫世师"）慧月著。是胜论学派的理论。《开元录》卷十三说："鸺鹠仙人本所造论，但六句义，慧月加四，足成十句"，"为上欲令博学之者委悉异道之宗，故译之也"。译于贞观二十二年（648）五月。六句是指：实、德、业、同、异、和合；所加四句是：有能、无能、俱分、无说。

玄奘在贞观二十年（646）奉敕撰有《大唐西域记》十二卷。唐道宣《续高僧传》卷四《玄奘传》说："又出《西域传》十二卷，沙门辩机亲受时事，连缀前后。"智升《开元释教录》卷八也说此书"沙门辩机承旨缀辑"。可以说是由玄奘口述，辩机奉命笔录缀辑而成。古来此书多署："三藏法师奉诏译，大总持寺沙门辩机撰"，是不确当的。《西域记》记述玄奘"亲践者一百一十国，传闻者二十八国"（敬播"序"）的政治、经济、文化、宗教与山川地理、风俗人情，是千古不朽的中外交通名著，对研究我国新疆地区和中亚、印度半岛等地各国的古代历史文化具有十分重

要的价值①。

值得提及的是，在玄奘译经过程中曾奉唐太宗之敕把《老子》译成梵文传到印度，还把《大乘起信论》译为梵文送传印度流通。

在中国译经史上，玄奘的译经标志着进入一个新的时期。此后，人们将玄奘以前的译经称为"旧译"，而将自玄奘开始的译经称为"新译"。玄奘的译经不仅涉及面广、数量多、部头大，而且在翻译水平上也超过前代。

道宣曾被作为"缀文大德"参加玄奘译场。他在《续高僧传·玄奘传》中说：

> 自前代已来所译经教，初从梵语，倒写本文，次乃回之，顺同此俗，然后笔人乱（或作"观"）理文句，中间增损，多坠全言。今所翻传，都有奘旨意思独断，出语成章，词人随写，即可披玩。

旧译的代表人物支谶、竺法护、鸠摩罗什、真谛等外来僧人或外国移民的后裔之中，虽有也有人已经学会汉语，然而很难说已经完全精通，尽管有众多弟子、助译者协作，然而仍难避免影响翻译的质量，出现道宣指出的增损文句及"事语易明，义求罕见"，"言语莫通，是非俱滥"的情况。玄奘自幼接受中国文史熏陶，学问渊博，梵汉精通，对经文有系统深入的理解，做到融会贯通，所以翻译能"出语成章"，并且又得到全唐一流佛学名僧的协助，故译经达到空前水平。

前秦道安曾总结古来译经经验提出"五失本，三不易"的说法。玄奘译经也有"五种不翻"②。据宋代居士周敦义《翻译名义序》③所引，玄奘主张对以下五种情况下的语句不作翻译，即："一、秘密故，如陀罗尼（按，密咒）"，如《般若心经》中的"揭帝揭帝……"及密教经典中的大量密咒等；"二、含多义故，如薄加梵具六义"，六义是自在、炽盛、端严、名称、吉祥、尊贵（《佛地经论》卷一），旧译作"世尊"；"三、

---

① 近年我国在研究《大唐西域记》方面取得很大的进展，季羡林等编著《大唐西域记校注》（中华书局1985年版）是迄今最好的校注本。书后所列参考书目反映了中外的研究成果。

② 请详见任继愈主编《中国佛教史》第二卷，中国社会科学出版社1985年版，第182—183页。

③ 载宋代法云《翻译名义集》卷首，有的著作把"周敦义"写成"周敦颐"，误。

此无故，如阎浮树，中夏无此木"；"四、顺古故，如阿耨菩提（按，意为无上正等正觉），非不可翻，而摩腾以来常存梵音"；"五、生善故，如般若尊重，智慧轻浅"，谓像"般若"这个词，虽意为"智慧"，但用音译"智慧"比较庄重。这五种情况皆不翻，而应用音译。当然，玄奘关于翻译的理论远不止此。

从玄奘所重译的经典和《西域记》中对旧译地名人名的大量批评来看，玄奘的译文变化巨大，风格突出。近代以来中外学者对照残存梵文经卷对玄奘译经进行了很多研究，一致认为玄奘是伟大杰出的翻译家。季羡林说："他的译风，即非直译，也非意译，而是融会直意自创新风。在中国翻译史上达到了一个新的高峰，开辟了一个新的时代。"① 是十分确切的。

玄奘卒于唐高宗麟德元年（664）二月五日，年六十五岁。据此，当生于隋开皇二十年（600）②。

玄奘的弟子很多，著名的有神昉、嘉尚、普光、窥基、法泰、圆测、道世、慧立等。其中窥基长住慈恩寺，被尊称为慈恩法师，撰有很多著作，号"百本疏主"或"百部论师"。

二　义净西行求法和佛经翻译

义净是唐朝前期译经代表人物之一，与后秦鸠摩罗什、南朝陈真谛、唐玄奘被并称为中国四大佛经翻译家③。下面依据宋赞宁《宋高僧传》卷一《义净传》④、唐智升《开元释教录》、圆照《贞元释教录》及其义净自撰《南海寄归内法传》⑤ 等资料对义净的生平、佛经翻译作概要介绍。

（一）出家学习佛法和渡海赴印求法

义净（635—713），俗姓张，字文明，原籍范阳（治所在今河南涿

---

① 《玄奘与大唐西域记》，载《大唐西域记校注》卷首。
② 因史书记载玄奘寿年不一，故史学界对其生年有不同看法。此据《续高僧传·玄奘传》。此外有六十三岁生于602年说（据《行状》）、六十九岁生于596年说（据《塔铭》），等等。见杨廷福《玄奘年寿考论》（载《玄奘论集》）及其《玄奘年谱》（中华书局1988年版）。
③ 另有以不空与鸠摩罗什、真谛、玄奘三人相并为四大译经家的说法。
④ 《宋高僧传·义净传》，载《大正藏》第50册第710—711页，以下所引不另注页数。
⑤ 《中华大藏经》第63册、《大正藏》第54册有载，另有王邦维《南海寄归内法传校注》，中华书局1995年版。以下所引仅注卷数。

县)。他的高祖曾任东齐的郡守,全家当于此时徙迁齐州(治所在今山东济南),故史书多称他是齐州人①。

义净在六七岁时,即礼泰山金舆谷神通寺善遇法师、慧智禅师为师,出家学习佛法。金舆谷神通寺原是东晋时期北方著名僧人竺僧朗居住传法的地方。竺僧朗是后赵军政最高顾问、神僧佛图澄(232—348)的弟子。善遇、慧智二师为了向民众传法方便,携义净下山迁居到在齐州城西四十里的土窟寺。义净所师事的两位师父皆学德兼优,对他像亲子一样给予亲切关怀和传授学问。义净后来在撰写《南海寄归内法传》时怀着崇敬的心情对这两位师父的学德作了回忆和称颂。他说善遇法师"博闻","正窥三藏,旁睇百家,两学兼通,六艺备通;天文地理之术,阴阳历算之奇,但有经心,则妙贯神府……所制文藻及一切经音,并诸字书,颇传于世"。这是说善遇既通佛法,又通"外学"儒、道诸学。他还说善遇善书法,聪慧好学,为人"仁爱",慷慨有度量,在佛法方面常读《涅槃经》、《般若经》,并勤于念佛。他虽也向义净传授文字学和儒道经史等,但仍教导义净要专心修学佛法,曾说:"汝略披经史,文字薄识,宜可钦情胜典,勿著斯累。"在义净十二岁时,善遇法师去世。慧智法师是义净的戒师。义净说他"专意律仪,澄心定溦,昼夜勤六时而不倦,旦夕引四辈而忘疲"。是说慧智擅长佛教戒律,并勤于坐禅修行,热心教诲僧徒信众。慧智常读诵和书写《法华经》。他曾教诲义净说:"汝可务绍隆三宝,令使不绝。莫纵心于百氏,而虚弃一生。"义净把这两位师父当成自己的父母一样,说善遇法师"乃恩励父严",慧智禅师"则慈申母爱"。②

义净在这两位师僧的教导之下,在佛法和儒道经史方面都积累了广博的知识,所谓"内外闲习,古今博通"。(《宋高僧传·义净传》)义净曾回忆说:"少寻周礼,以礼乐为常;常习老庄,将恬淡而为乐"。(《贞元释教录》卷十三)③但他认为儒、道二教不讲三世因果,不如佛法精深,所以决心毕生为僧,弘扬佛法。这正是他的两位师父所希望于他的。

义净在十五岁时便萌发效仿东晋法显、唐初玄奘到西天求法的念头,

---

① 唐中宗《三藏圣教序》(《全唐文》卷十七)、《宋高僧传》卷一本传谓其范阳人;《开元释教录》卷九、《贞元释教录》卷十三皆谓齐州人;《贞元释教录》卷十九《义净塔铭》谓其齐郡山庄人。

② 以上见《南海寄归内法传》卷四《四十·古德不为》。

③ 《大正藏》第55册第870页中。

激励他刻苦学习佛法。在二十岁时礼慧智禅师为戒师受具足戒，此后在慧智的指导下集中五年时间学习律典，专研律学，所学的主要是唐法砺的相部宗律学和道宣的南山宗律学。他后来告别慧智禅师，游历长安、洛阳两京，拜访名师，学习《毗昙》、《摄大乘论》、《俱舍论》、《唯识论》等。这样，义净在赴印求法之前已经是位拥有广博深厚佛学知识的学僧了。

唐高宗咸亨二年（617），义净得到在龚州（治所在今广西平南）、岗州（在今广东新兴至开平之间）的冯孝铨兄弟的大力资助，启程赴印求法，从番禺（今广州）搭乘波斯船出发，翌年至东印度的耽摩立底国（今印度孟加拉邦米德纳浦县内）上岸，开始周游印度，巡礼佛教圣地。他在印度佛教名寺那烂陀寺"十载求经"。那烂陀寺自5世纪以来所传承的学风是既重视般若中观之学，又重瑜伽唯识之学，并且重视因明，对法（小乘的《俱舍论》、大乘的《阿毗达磨集论》等论书）、戒律的传授。当年玄奘曾在此寺从戒贤受法。

义净离开此寺后，乘船到南海游历诸国，经室利佛逝国（在今印尼苏门答腊岛，都城在巨港，或云在占碑）时，停住四年从事译经和写书。在这期间，义净曾在武周永昌元年（689）七月一度从室利佛逝国搭船回到广州，约请四位僧人同归南海协助他译写佛经。直到武周长寿三年（694年，五月改元延载），他才结束在南海的求法历程，乘船回归广州，并于翌年，即武周证圣元年（695）五月到达洛阳。武则天听说，亲自率群臣到城东门外迎接。

义净在印度和南海巡游求法前后达25年，历经30余国，带回梵本佛教经、律、论近400部，合50万颂，并带回金刚座真容①一铺、舍利三百粒等。

义净比玄奘晚到印度44年。他赴印和归国皆经海路，又在南海岛国滞留10多年时间。在他写的名著《南海寄归内法传》中对当时印度、南海的佛教形势做了概要的记述，为我们了解这些地方的佛教及至历史文化情况提供了非常宝贵的资料。在此书卷四，他记述了曾亲承教诲的大乘空、有二宗的著名学者：

印度本土羝罗荼寺的智月法师；

---

① 金刚座，指在摩羯陀国佛陀伽耶菩提树下佛成道处之座；金刚座真容，当指绘制的金刚座图像。

那烂陀寺的宝狮子大德；
印度东方的地婆羯罗密呾罗；
印度南方的呾他揭多揭婆；
南海室利佛逝国的释迦鸡栗底。
义净评述说：

  斯并比秀前贤，追纵往哲。晓因明论，则思拟陈那；味瑜珈宗，实馨怀无著；谈空，则巧符龙猛（按：指龙树）；论有，则妙体僧贤（按：指《顺正论》作者众贤）。

是说他们对陈那的因明学，无著的瑜伽唯识学，龙树的般若中观学，众贤等人的阿毗昙（对法）学，都有很深的造诣和研究。

义净在此书中还介绍说，这些地方也流行小乘各个部派，但情况不尽相同。此书卷一说当时这些地方流行的部派主要有四个，即：大众部、上座部、根本说一切有部、正量部。其原文说：

  摩揭陀则四部通习，有部最盛。罗荼、信度（西印度国名），则少兼三部，乃正量尤多。北方皆全有部，时逢大众。南面则咸遵上座，余部少存。东裔诸国，杂行四部（从那烂陀东行五百驿，皆名东裔，乃至尽穷，有大黑山，计当吐蕃南畔，传云是蜀川西南，行可一月余，便达斯岭。次此南畔，逼近海涯，有室利察呾罗国。次东南有郎迦戍国。次东有杜和钵底国。次东极至临邑国。并悉极遵三宝，多有持戒之人。乞食杜多，是其国法。西方见有，实异常伦）。师子洲并皆上座，而大众斥焉。然南海诸州有十余国，纯唯根本有部，正量时钦，近日以来，少兼余二（从西数之，有婆鲁师洲、末罗游洲，即今室利佛逝国是；莫诃信洲、诃陵洲、呾呾洲、盆盆洲、婆里洲、崛伦洲，佛逝补罗洲、阿善洲、末迦漫洲。又有小洲，不能具录）。斯乃咸遵佛法，多是小乘。唯末罗游，少有大乘耳。①

这里所说的印度本土的中部（摩羯陀等国）、西部（罗荼、信度）、

---

① 括弧中的字，皆为原书作者自注。

南部、东部（所谓东裔的一部分）的小乘部派流行情况与玄奘游历印度时略同，即在大乘之外，最流行的小乘部派是说一切有部，其次是正量部、大众部及上座部等。"东裔诸国"的其他地方在今东南亚诸国沿海一带地域①。"师子洲"即今斯里兰卡国。"南海诸州"的十余国，在今印度尼西亚的西北诸岛和马来半岛等地。以上地区盛行小乘佛教，四个部派中以说一切有部、正量部、上座部最有影响，其中的末罗游洲（今印尼占碑一带），有大乘佛教流行。义净又从总体上指出：

> 北天（按：指北印度）南海之郡，纯是小乘。神州赤县（按：指中国）之乡，意存大乘。自余诸处，大小杂行。（以上载《南海寄归内法传》卷一）

是谓北印度和东南亚一带地方盛行小乘佛教，中国盛行大乘佛教，其他地方是大小乘佛教混合流行。

那么，当时的大乘佛教最流行的是什么学派呢？义净介绍说：大乘"无过两种：一则中观；二则瑜珈"。②然而在义净《大唐西域求法高僧传》卷下《道琳传》中还讲印度的那烂陀寺、西印度等地已经流传"明咒藏"，即密教经藏，谓有梵本十万颂，译成汉文可达300卷。

据义净所述，印度、南海一带大小乘并传，小乘仍占优势，在大乘中包括般若中观、瑜伽唯识二派以及注重明咒（陀罗咒、密咒）的密教。这种情况也反映在他翻译的经典中。

（二）义净的佛经翻译和著作

义净归国时正值武周时期，此后经历唐中宗、睿宗二朝，受到武则天和中宗、睿宗二帝的优遇。义净开始奉敕协助于阗沙门实叉难陀在洛阳佛授记寺翻译八十卷本的《华严经》等经。从武周久视元年（700）至景云二年（711），义净先后在东都福先寺、西都西明寺、大荐福寺翻经院翻译佛经。

义净主持的译场的规模不亚于玄奘的译场。由朝廷出面组织，先后有复礼、慧表、智积、法宝（玄奘弟子）、法藏（华严宗创始人），文纲

---

① 详见陈佳荣等《古代南海地名汇释》，中华书局1986年版。
② 皆见《南海寄归内法传》卷一。

（道宣弟子）、慧沼（窥基弟子）、利贞等著名学僧担任"笔受"或"证义"；负责证梵文梵本者多为印度僧。先后担任文字润色的有兵部侍郎崔湜、给事卢粲、修文馆大学士李峤、兵部尚书韦嗣立、中书侍郎赵彦昭、吏部侍郎卢藏用、兵部侍郎张说、中书舍人李乂、苏颋等当朝地位显赫的官员；担任"监译"的先后有秘书大监驸马都尉杨慎交、左仆射韦巨源、右仆射苏瑰等人；出任"监护"的先后有成均太学助教许观、秘书大监嗣虢王李邕等人。由此可见译场规格之高，排场之大。

在义净翻译《金光明最胜王经》、《能断金刚般若经》、《入定不定印经》等二十部佛经后，武则天特为撰写《三藏圣教序》，令标于经首。序中有曰："朕幼崇释教，夙慕归依，思欲运六道于慈舟，迥超苦海；驱四生于彼岸，永离盖缠。"① 表明他支持译经等佛教事业是为了拯救轮回于六道苦海的众生。

唐中宗在高宗去世后曾一度登基为帝，在武则天临朝称制后，被废为卢陵王，先后幽居均州、房陵，直到武则天病重垂危才又被请回再登帝位。中宗虔信佛教，在房陵时常向药师佛祈祷，复位后认为是佛的保佑才重登皇帝宝座的。在义净译出《大孔雀咒王经》、《佛为胜光天子说王法经》等四部佛经后，中宗为写《大唐龙兴三藏圣教序》，令置各经之首。序文对义净译经赞扬说：

> 古来翻译之者，莫不先出梵文，后资汉译，撫词方凭于学者，诠义别禀于僧徒。今兹法师不如是矣。既闲五天竺语，又详二谛幽宗，译义缀文，咸由己出，措词定理，匪假于旁求。超汉代之摩腾，跨秦年之罗什。②

显然这个评价有些过高，因为后秦鸠摩罗什和唐玄奘也精通印度梵语，可得心应手地自己翻译，但他说义净的翻译达到很高的水平是没有错的。中宗因为在房陵（今湖北省房县）曾向药师佛祈念过，故特命义净重译《药师琉璃光佛本愿经》，并亲自临译场"手自笔受"。③

---

① 《全唐文》卷九十七。
② 《全唐文》卷十七。
③ 以上参见《开元释教录》卷九，载《大正藏》第55册第567—569页。

义净于唐玄宗先天二年（713）病逝，年七十九岁。据此推算，义净生于唐太宗贞观九年（635）。义净逝世前曾向弟子口述《遗书》，讲述自己一生的经历和最后的嘱托，内容十分真切感人，是一份研究义净的珍贵资料。

义净一生翻译佛经 68 部 289 卷，其中除般若中观、瑜伽唯识类经典外，多为小乘说一切有部的戒律书，正如《开元释教录》卷九所说："净虽翻遍三藏，而偏攻律部。"

下面仅分类简介义净翻译的几部比较重要的佛典。

1. 大乘般若类经典

《能断金刚般若经》一卷

与后秦鸠摩罗什、北魏菩提流（或作"留"）支、南朝陈真谛分别所译《金刚般若经》、玄奘所译《能断金刚般若经》为同本异译。

《能断金刚般若经论颂》一卷

印度无著作。

《能断金刚般若经论释》三卷

无著作颂，世亲论释，与北魏菩提流支所译《金刚般若经论》为同本异译。

2. 瑜伽唯识类经典

《成唯识宝生论》五卷

印度护法著，是论释世亲《唯识十二论》的，也称《二十唯识顺释论》。

《观所缘论释》一卷

护法著，是玄奘所译《观所缘缘论》的重译。当年玄奘主要传授护法的唯识之学。义净翻译以上这两部著作，是对已有护法论述的补充。

《掌中论》一卷

印度陈那所著，是陈朝真谛所译《解卷论》同本，全文由五言四句的六颂和释文组成，论三界但有假名，而实无外境，并破"极微"之说。

《取因假设论》，一卷

《观总相论颂》，一卷

以上两部皆为陈那所著。陈那是新因明的创始人，建立宗、因、喻的三支论证作法。义净《南海寄归内法传》卷四《三十五、长发有无》载："因明著功，镜彻陈那之八论：一、《观三世论》；二、《观总相论》；三、

《观境论》；四、《因门论》；五、《似因门论》；六、《理门论》；七、《取事施设论》；八、《集量论》。"其中之二的《观总相论》即为义净译的《观总相论颂》。

《六门教授习定论》一卷

印度无著作颂，世亲作释文，通过对求解脱人、胜行资粮（听闻正法）、修禅定、三种圆满、定的种类、修定之人六个方面的解释，论证瑜伽唯识理论。

《手杖论》一卷

印度释迦称著，认为有情众生的种子本有，但由于"业"的熏习而有进退，反对所谓种子新熏说。

这里顺便介绍一下义净对大乘空、有二宗的看法。在其《南海寄归内法传》卷一有这样一段话：

> 所云大乘无过二种：一则中观，二乃瑜珈。中观则俗有真空，体虚如幻；瑜珈则外无内有，事皆唯识。斯并咸遵圣教，孰是孰非？同契涅槃，何真何伪？意在断除烦惑，拔济众生。岂欲广至纷纭，重增沈结。依行则俱升彼岸，弃背则并溺生津。

这是说，大乘佛教不出两大系统：一个是般若中观学派，主张世俗世界认为实有的一切事物和认识，皆空幻无实；另一个是瑜伽唯识学派，认为外部世界的一切不过是内在心识所变。义净认为，这两种主张皆遵循了佛的教法，都可以引导众生达到涅槃解脱的境界。两者之间不存在真伪、是非问题。他不主张为此而相互争论。可见，他对般若中观和瑜伽唯识两派是主张采取融合会通的态度的。

3. 其他大小乘经论

《金光明最胜王经》十卷

此前有北凉昙无谶的译本四卷，南朝陈真谛又译有七卷本，北周耶舍崛多译有五卷本，隋代宝贵以昙无谶的译本为主，合糅其他译本，编为《合部金光明经》八卷二十四品。义净所译是以前诸译本中最多者，有三十一品。其思想与《法华经》、《大涅槃经》等相近，讲佛身常住等。其中所说国王以正法治国，四天王前来护国的内容在古代很有影响。唐慧沼为此本撰《金光明最胜王经疏》十卷。

《药王琉璃光七佛本愿功德经》二卷

与隋达磨笈多、唐玄奘的两种译本同本。

《弥勒下生成佛经》一卷

与后秦鸠摩罗什的译本为同本异译。

《三转法轮经》一卷

原本出自《杂阿含经》卷十五。

《五蕴皆空经》一卷

原本出自《杂阿含经》卷二。

此外还译有：《入定不定印经》、《佛为胜光天子说王法经》、《浴像功德经》、《佛为难陀说出家入胎经》、《数珠功德经》、《大乘流转诸有经》、《妙色王因缘经》、《佛为海龙王说法印经》、《无常经》、《八无暇有暇经》、《长爪梵志请问经》、《譬喻经》、《略教诫经》等。

还译有《一切功德庄严经》、《拔除罪障咒王经》、《善夜经》、《疗痔病经》等密教经典 11 种。

在论书方面，译有讲述不净观的《止观门论颂》一卷；域龙（陈那）所著，讲述因明的《因明正理门论》一卷，与玄奘译本属于同本。还有《一百五十赞佛颂》、《龙树菩萨劝诫王颂》各一卷。据《贞元释教录》卷十三，义净译的《法华经》四卷、《集量论》四卷已经佚失。

4. 戒律典籍

义净所译的戒律典籍皆属于小乘根本说一切有部的戒律，总共有 18 部 209 卷。"根本说一切有部"，简称"根本有部"，是相对于从它分出的支派讲的。义净《南海寄归内法传》卷一记载，在根本有部之外还有法护部（或译"法藏部"）、化地部、迦摄卑（饮光）部三个支派。根据义净的考察，根本有部的戒律与以往汉译说一切有部的戒律《十诵律》虽有相似之处，然而《十诵律》不是根本有部的戒律，而法护部（汉译之律为《四分律》）、化地部（汉译之律为《五分律》）、饮光部（汉译之戒本为《解脱道经》）三个部派的戒律，"并不行五天（按：指印度）"，唯乌长那国（按：在今巴基斯坦东北斯瓦特河流域一带）及属于今新疆地区的龟兹、于阗，杂有行者①。既然当时中国汉地没有根本有部戒律，所以义净特地把它们翻译出来。

---

① 《贞元释教录》卷十三。

义净翻译的戒律有如下几种：

《根本说一切有部毗奈耶》五十卷

记载根本有部比丘戒249条（在《十诵律》中有250戒）及制戒因缘和解释，相当一般"广律"①的前半部分，没有有关僧团生活和修行仪则的"犍度"部分。其中有不少大乘用语并且杂有一些密教作法、咒语的内容，当整理完成于较晚的时候，流行于大小乘并行的印度、南海地方。

《根本说一切有部苾刍尼毗奈耶》二十卷

是根本有部的比丘尼戒358条和制戒的因缘和解释。

《根本说一切有部戒经》、《根本说一切有部苾刍尼戒经》，各一卷

分别为根本有部的比丘、比丘尼的戒本。

《根本说一切有部毗奈耶出家事》，五卷（内缺一卷）、

《安居事》一卷

《随意事》一卷

《皮革事》一卷

《羯耻那事》一卷

《药事》二十卷

《破僧事》二十卷

《杂事》四十卷

以上相当诸本"广律"中的受戒、安居、自恣、皮革、迦缔那衣、药、破僧、杂事等"犍度"（或称跋渠）的部分，讲有关僧团接受信徒出家授戒仪规和举行夏安居、解夏仪式及种种关于衣食起居生活的规定；"破僧事"则是围绕当年提婆达多分裂破坏僧团的事件讲述各种传说和维护僧团统一的说教。

《根本说一切有部尼陀那、目得迦》十卷

"尼陀那"即"因缘"的音译；"目得迦"，意为"广解"。前五卷为尼陀那，讲制戒因缘；后五卷为目得迦，是对戒条的解释。但仅涉及部分戒条，实际是对上述《毗奈耶》及《杂事》的补充。

《根本说一切有部毗奈耶颂》五卷

---

① 广律，指内容完备的戒律，主要包括三部分：一、禁戒，如《四分律》的"五篇七聚"的戒条；二、僧团修行和生活仪规，即"犍度"部分；三、附属部分。

《根本说一切有部百一羯磨》十卷

是关于根本有部僧团举行授戒、安居、忏悔等仪式的规则和道白说法。

《根本说一切有部毗那耶杂事摄颂》一卷

《尼陀那、目得迦颂》一卷

仅录有偈颂。

《根本萨婆多律颂》二十卷

印度胜友著。"萨婆多"即"说一切有部"的音译。是对根本说一切有部的戒本及广解的节略、解释，正如其序所说："我今随次摄广文，令乐略者速开悟。"

中国在佛教刚传入的时候，是大小乘佛教同时传入和流行的，但由于中国特殊的社会环境和文化传统，大乘佛教得到更大的发展，在魏晋以后逐渐占据中国佛教的主体地位。尽管如此，佛教界通行的戒律仍以小乘戒律为主，而辅之以大乘戒。

在唐以前相当长的时间内，各地流行的戒律是很不统一的。在小乘戒律方面，关内长安一带地方盛行东晋佛陀跋陀罗和法显译的大众部戒律《摩诃僧祇律》，关东河洛一带地方盛行后秦佛陀耶舍和竺法念译的法藏部之律《四分律》，江南则盛行由后秦弗若多罗与鸠摩罗什译的说一切有部的戒律《十诵律》。在大乘戒律方面，主要盛行《梵网经》，而《地持经·戒品》（与《瑜伽师地论·戒品》大同）不很流行。北魏以后，由于慧光及其弟子对《四分律》的研究和提倡，为《四分律》在中国的广泛流传打下了基础，进入唐代开始普遍流行《四分律》。在这方面，法砺（569—635）建立了以《四分律》为中心的律学体系，因长期在相州（治所在邺）传法，其律学被称为相部宗。道宣（596—667）创立了以《四分律》为中心并融会大小乘戒律的律学体系，因长期在终南山传律，其律学被称为南山律。怀素（624—697）也以《四分律》为中心建立了自己的律学体系，因所住长安西太原寺有东塔，其律学被称为东塔宗。其中道宣的南山律宗在唐中期以后最为盛行，并逐渐成为中国佛教汉传系统的正统律学，而相部、东塔二律派到唐末已经衰微下去。①

---

① 详见杨曾文《佛教戒律和唐代律宗》，载中国艺术研究院编《中国文化》1990 年第 3 期。

因此，义净虽然把所谓根本说一切有部的戒律大部分译了出来，除自己躬行实践外，还向弟子传授，企图在更大范围内加以推广，但实际上在当时和以后的佛教界并没有广泛流行。

5. 编撰《南海寄归内法传》、《大唐西域求法高僧传》

义净除翻译佛经外，还撰写佛教著作，其中最重要的有《南海寄归内法传》和《大唐西域求法高僧传》。

《南海寄归内法传》四卷。义净在离开印度后，到南海诸岛国巡游，考察佛教，其间在室利佛逝国停留七年多。义净在此地根据根本说一切有部戒律并结合自己对印度南海地方流行戒法仪轨的考察而撰写此书。全书内容分："一、破夏非小；二、对尊之仪；三、食坐小床……四十、古德不为"，共四十章。全书对僧尼日常生活、受戒安居、学法修行等的做法和戒仪，分类进行介绍。在不少章节，顺便对中国佛教界的一些现象进行批评，即所谓"传受讹谬，轨则参差，积习生常，有乖纲教者"。其中特别值得指出的是：他对从南北朝以来佛教界流行的僧人焚身供养的做法，所谓"将烧指作精勤，用然（按：燃）肌为大福"，"意谓烧身，便登正觉，遂相踵习，轻弃其躯"的现象提出反对意见，批评这种做法违背佛教戒律，说过去有学德的高僧也不做烧身供养这种事的。（卷四《三十八、烧身不合》）这种见解无疑是有进步意义的。

此书内容涉及面很广，对研究7—8世纪印度、南亚和东南亚的社会文化和宗教有重要的价值。另外，卷一及卷四夹杂的自述部分为了解和研究义净提供了重要的资料。

《大唐西域求法高僧传》二卷。义净停留在室利佛逝国时所撰，记述从唐贞观十五年（641）以后至武周天授二年（691）间近50年的西行求法的五十六位僧人的事迹。这五十六位人中，除中国本土的僧人之外，还有来自属于今朝鲜的新罗人和高丽人、今阿富汗的睹货罗人、在今乌兹别克斯坦的康国人。卷下《玄逵传》之后附有义净的自述。书中附"重归南海传"，记述武周永昌元年（689）七月义净乘船从室利佛逝回广州邀请四位僧人同到南海译写佛经的经过，并记述了他们的略传。义净记述的求法僧中，或与他们有过亲交，或间接得到过他们的传闻。他在叙述中对印度、中亚及东南亚各地的佛教、文化和历史多有介绍，在中外交通方面记载了唐初以后形成的经过今西藏到尼泊尔，再入印度的通道，也记载了从海路到南海再至印度的航线。本书是继玄奘《大唐西域记》之后又一部中外交通和文化史的世界名著。①

上述《南海寄归内法传》、《大唐西域求法高僧传》两部书，皆是武周天授二年（691）五月义净尚在室利佛逝国时托沣州僧大津搭船送回国内的，同时送回的还有"新译杂经论十卷"。所谓十卷"新译杂经论"，可以断定者有《无常经》、《一百五十赞佛颂》及《龙树菩萨书》（即《龙树菩萨劝诫王颂》）等三卷。②

此外，义净还撰有《别说罪要行法》、《受用三水要法》、《护命放生轨仪法》各一卷。

三　波颇、那提、地婆诃罗、实叉难陀和菩提流志的译经

（一）波颇

波颇（意译光智，565—633），全名波罗颇迦罗蜜多罗（意译明知识、明友），中印度人，出身刹帝利种姓，自幼出家，精晓禅律，曾在印度那烂陀寺从戒贤学《十七地论》（即《瑜伽师地论》）。后携同道俗10人到西突厥叶护可汗所在地传教，受到很高的礼遇。

唐武德九年（626），高平王李道立出使西突厥，邀与东归，贞观元年（627）十一月到达长安，敕住大兴善寺。唐太宗贞观三年（629）降诏有司召请道学兼优的高僧19人协助波颇译经。玄谟、僧伽等人译语，崛多律师证译，法琳、惠明、慧赜、慧净等人执笔并参酌文义整理成文，负责证义者有慧乘、法常、慧朗、昙藏、智解、智首、僧辩、僧珍、道岳、灵佳、文顺等人，又敕尚书左仆射房玄龄、太子詹事杜正伦、礼部尚书李孝恭等人参助诠定，右光禄大夫太府卿萧璟担任监护，"百司供送，四事丰华"。可见唐太宗对初设国家译场是极为重视的。译场先后设于大兴善寺、胜兴寺。波颇于贞观七年（633）逝世，年六十九岁。

波颇是唐代第一位在朝廷直接主持的译场译经的高僧，在近五年的期间，共译经3部38卷。

《宝星陀罗尼经》十卷

---

① 参王邦维《大唐西域求法高僧传校注》，书后所附引用书目中有中外研究和译注的书目。中华书局1988年出版。

② 《南海寄归内法传》卷二提到《无常经》，谓"其经别录附上"；卷四"其《一百五十赞》及《龙树菩萨书》，并别录寄归。"学者对此还有其他看法。

是《大集经·宝幢分》的异译别行本，但篇幅大一倍，实为密教经典。

《般若灯论释》十五卷

印度分别明（即清辨）著。论释龙树的《中论》，藏文译本为《般若灯根本中论注》。内容是对外道和小乘部派观点的批判，运用因明立量论证中观理论，认为在世俗谛范围是一切皆有，但在第一义谛则"皆空无体"。另对瑜伽行派的"三性"和"种子熏习"思想也有批评。据近人对照藏译本考察，原本《观涅槃品》有集中批评"三性"的内容，但在唐译本中没有译出。[1]

《大乘庄严经论》十三卷

印度无著著。针对小乘佛教"大乘非佛说"的观点，谓大乘"真是佛说"，论释菩萨修行和果位、唯识理论等。其《菩提品》论证众生有佛性，与佛无别及转八识成四智，由四智成佛三身等内容，最具特色。李百药写的序中称此"最为微妙"。是瑜伽唯识学派的重要论书之一。

（二）那提

那提，意译福生，中印度人，善声明和训诂之学，曾在大夏（此当指缚喝罗，在今阿富汗国北境的巴尔赫）受任"文士"，后往执师子国（今斯里兰卡国）、南海诸国传教。听说中国盛行大乘，佛法兴盛，在唐高宗永徽六年（655）携带从各地搜集的500余夹约合1500部大小乘经律论的梵本到达长安。朝廷奉敕将他安置住于大慈恩寺。然而当时正值"玄奘法师当途翻译，声华腾蔚，无由克彰，掩抑萧条。"（《续高僧传》卷四《那提传》）因为得不到推荐，不能从事译经。

显庆元年（656），那提奉敕出使昆仑（泛指中印半岛南部及南洋诸岛）诸国"采取异药"。南海诸王对他十分信敬，为他建寺度僧，请他传法。龙朔三年（663），那提回到长安大慈恩寺，想翻译佛经，然而原从印度带来的大部分梵本经典已被玄奘带走（当时玄奘在玉华宫）[2]，仅从留下的梵本中译出《师子庄严王菩萨请问经》（又名《八曼荼罗经》）、《离垢慧菩萨所问礼佛法经》、《阿咤那智经》三部各一卷，由禅林寺慧泽译语，丰德寺僧道宣缀文并制序。

---

[1] 吕澂：《印度佛教源流略讲》，上海人民出版社1979年版，第213—214页。
[2] 那提带来的梵本经典与玄奘带回的相比，虽夹数稍少，但部数多一倍。

此后，那提又奉敕到真腊国（今柬埔寨国）采药，然而一直未归。道宣因协助他译过经，曾从大夏和西域"梵僧"了解过他的情况，说那提"乃龙树之门人也，所解无相，与奘颇反[1]。……深解实相，善达方便，小乘五部毘尼、外道四韦陀论[2]，莫不洞达源底，通明言义，词出珠联，理畅霞举"。他撰有《大乘集义论》四十余卷，正当在着手翻译之时被派奉敕出国。

看来那提是中观学派的论师，与奉瑜伽唯识为宗的玄奘在见解上是有差异的，因而没有得到玄奘及其门人的信任及时将他吸收到译经班子内。作为一代著名律师和佛教史学家的道宣，在所撰《续高僧传·那提传》中对那提的遭遇深表同情，叹息"知人难哉，千龄罕遇"，"委命斯在，呜呼惜哉"！[3]

（三）地婆诃罗

地婆诃罗，意译日照，中印度人，通大小乘，博晓四部《阿含经》，"尤工咒术，兼洞五明"。在唐高宗仪凤初年（676）至武周垂拱末（688），在东都太原寺（后改大福先寺）、西京太原寺（后改西崇福寺）及弘福寺译经18部34卷，其中重要的有：

《大乘显识经》二卷

与隋阇那崛多译《移识经》为同本异译。

《华严经续入法界品》一卷

是晋译《华严经·入法界品》的补译，与唐译《华严经》卷七十六后半至卷七十七初相同。

《方广大庄严经》十二卷

也称《神通游戏经》，与晋竺法护译《普曜经》为同本异译。

《证契大乘经》二卷

与北周阇那耶舍译《大乘同性经》为同本异译。

《大乘密严经》三卷

"密严"是佛国净土之名，经称只要领悟五法（色、心、心法、不相

---

[1] "反"原作"返"字，参《开元释教录》卷九改。
[2] 小乘五部毘尼，指有部、法藏部、化地部、饮光部、犊子部五部之律；外道四韦陀论，指为婆罗门教四部吠陀圣典：《黎俱吠陀》、《沙摩吠陀》、《夜柔吠陀》、《阿闼婆吠陀》。
[3] 《大正藏》第50册第459页上。

应、无为)、三性(遍计、依他起、圆成实)、八识、二无我的法相和一切唯识之理,即可得生密严净土,又认证如来藏、阿赖耶和密严国相即无别。是瑜伽唯识学派经典之一。

《金刚般若波罗蜜经破取著不坏假名论》二卷

印度功德施著,用龙树的二谛论解释《金刚般若经》。

《大乘广五蕴论》一卷

印度安慧著,对瑜伽唯识学派的"五位百法"进行解释,与世亲《大乘五蕴论》大同。

(四) 实叉难陀

实叉难陀(652—710),意译喜学①,于阗(今新疆自治区和田一带)人,善大小乘佛法,并旁通外道之学。武则天听说晋译本《华严经》不全,而在于阗有完备梵本,便派使者到于阗求取,并在请实叉难陀同到洛阳翻译此经。译场先后设在洛阳宫内的大遍空寺、佛授记寺、三阳宫及长安清禅寺。印度译经僧菩提流志、刚从印度南海求法归国的义净、著名学僧复礼、法藏、法宝等人都曾应召参加他的译场协助译经。长安四年(704),实叉难陀曾一度回乡探望老母,在唐中宗景龙二年(708)又奉敕回到长安,不久逝世于大荐福寺,年五十九岁。依诏火化后,专使将其遗骨送回于阗起塔供养,并在火化处建七层塔,世称之为"华严三藏塔"。

实叉难陀译经19部107卷,其中重要的有:

《大方广佛华严经》八十卷

简称唐译《华严经》,与西晋佛陀跋陀罗译《华严经》六十卷为同本异译。武周证圣元年(695)三月至圣历二年(699)十月译出,武则天亲自为此经写序和首题品名。序文署"天册金轮圣神皇帝制",内称"朕曩劫植因,叨承佛记,金仙降旨,《大云》之偈先彰;玉扆披祥,《宝雨》之文后及,加以积善馀庆,俯集微躬,遂得地平天成,河清海晏,殊祯绝瑞……"② 意为她即位称帝,是往世厚积善因所致,又得到佛的预言,以女身当皇帝,如《大云》、《宝雨》二经所昭示,致使即位以来天下太平,频现祥瑞。据法藏《华严经传记》卷一所说,此经原本有十万颂,晋译

---

① 此据《开元释教录》卷九,《宋高僧传》卷二《实叉难陀传》作"学喜"。
② 载《大正藏》第10册第1页上。

有三万六千颂，实叉难陀新译有四万颂。另，晋译本有"七处八会"，实叉难陀译本有"七处九会"，"于第一会所说华藏世界，旧译阙略，讲解无由，今文并具，烂然可颂；其十定一会（按：第七会），旧经有问无答，今本照然备具"。① 实叉难陀新译《华严经》的注释书，有唐澄观撰写的《华严经随疏演义钞》八十卷。

《文殊师利授记经》三卷

此经异译本有西晋竺法护译《文殊师利佛土严净经》二卷、唐不空译《大圣文殊师利菩萨佛刹功德庄严经》三卷。说文殊菩萨的本生、本愿、净土等，为唐代盛行的文殊菩萨信仰所依据的经典之一。

《大乘入楞伽经》七卷

与南朝宋求那跋陀罗译《楞伽经》四卷、北魏菩提流支译《入楞伽经》十卷为同本异译。

《十善业道经》一卷

此经用大乘教理对佛教基本的道德规范"十善"进行解释，在后世影响很大。

此外，实叉难陀还译有《普贤菩萨所说经》、《观世音菩萨秘密藏神咒经》、《救面燃饿鬼陀罗尼神咒经》等。据载，他还译有《大乘起信论》二卷，《开元释教录》卷九说此与传为南朝梁真谛译的《大乘起信论》为同本异译，但说已经缺本。

另有流传很广的《地藏菩萨本愿经》二卷，其经目既无载于《开元释教录》，也不见于《贞元释教录》，然而自明版大藏经以后开始收录此经，皆题实叉难陀译。到底是否实叉难陀所译，国际学术界持有异议。

（五）菩提流志

菩提流志（572—727），原名达摩流支，意译法希，入唐以后武则天改为菩提流志（意为觉爱）。南天竺国人，出身婆罗门种姓，姓迦叶，年十二从外道出家，学声明、数论等，精通历数、咒术、阴阳、谶纬等术，年六十岁归依佛教。初依耶舍瞿沙三藏为师，学大小乘经论，未至五年精通三藏。唐高宗听闻其名，于永淳二年（683）遣使迎接。至武周长寿二年（693），菩提流志到达东都洛阳，得到武后优遇，敕住福先寺，先译出《宝雨经》等，后曾与义净同入实叉难陀译场协助翻译《华严经》。

---

① 载《大正藏》第51册第153页下。

菩提流志在中宗神龙二年（706）随驾到西京，奉敕住入崇福寺，开始翻译《大宝积经》。在创发经题之日，中宗亲临佛光殿笔受经旨，百官侍坐，妃后同观。睿宗继位后，也曾亲临译场笔受。据《开元释教录》卷九记载，参与此经翻译的名僧和官员很多，沙门思忠及东印度大首领伊舍罗等人译梵文；北印度沙门达摩、南印度沙门波若丘多等证梵义；沙门慧觉、宗一、普敬、履方等笔受；沙门胜庄、法藏、尘外、无着、深亮、怀迪等证义；沙门承礼、神暕、云观等次文；太子詹事东海郡公徐坚、邠王傅固安伯卢粲、尚书右丞东海男卢藏用、中书舍人野王男苏瑨、礼部郎中彭景直、左补阙祁县男王瑨、太府丞颜温之、太常博士贺知章等润色；中书侍郎平舆侯陆象先、侍中钜鹿公魏知古等监译；前太常卿薛崇胤、通事舍人弘农男杨仲嗣监护，可谓阵容壮观。《宋高僧传》称赞"儒释二家，构成全美"。此经至玄宗先天二年（713）译完，已退位的睿宗以"大唐太上皇"名义撰序冠于经首。

此后菩提流志因老不再译经，在玄宗开元十二年（724）随驾居洛京长寿寺，三年后去世，年一百五十六岁。玄宗追授"鸿胪大卿"，并赐"开元一切遍知三藏"谥号，诏有司举行隆重葬礼，将其遗骨起塔安葬于洛南龙门西北。

菩提流志在唐三十五年，经历武周则天皇帝、唐中宗、睿宗和玄宗四朝，共翻译佛经53部111卷。现仅介绍其中两部经。①

《宝雨经》十卷

与梁曼陀罗所译七卷《宝云经》属同本异译，署名尚称武后改名前的"达摩流支"，长寿二年（693）于东都佛授记寺译出。据卷三前的署名，由大白马寺大德沙门怀义监译，大周东寺都维那清源县开国公沙门处一笔受，佛授记寺都维那昌平县开国公沙门德感笔受，佛授记寺都维那赞皇县开国公沙门知静、大周东寺上座江陵县开国公沙门法明、大奉光寺上座当阳县开国公沙门惠棱证议等僧证义。从这些署名可以看出此经翻译非同小可，对武则天有特殊的意义。此经主要宣述大乘佛教般若空义和"方便善巧"、菩萨之道，然而其中至少有三处内容对武则天巩固政权有利：卷一说佛陀在伽耶城伽耶山顶说法时，向前来礼拜听说的东方日月光天子预言，在佛灭后第四五百年中，佛法将灭时，日月光天子将

---

① 以上据《宋高僧传》卷三《菩提流志传》、《开元释教录》卷九。

"于此赡部州东北方摩诃支那国（按：此为古印度人对中国的称呼），位居阿鞞跋致（按：意为不退转，即菩萨），实是菩萨，故现女身为自在主，经于多岁，正法治化"，并将最终成佛；卷三在说"菩萨除遣恶作方便善巧"中宣称无论有智、无智之人，即使犯下伤害父母罪恶，如果听闻"正法"，做到"悔过"和"受菩萨戒"，就能消减罪业，"不失神通"，不堕地狱；卷十谓伽耶山有一天女名长寿，"于贤劫中供养诸佛，于此佛刹当现等觉，号长寿如来、应（供）、正等觉。"显然经中女人可以当国王、菩萨乃至成佛的说法，对武则天篡唐建周当皇帝是有利的；至于所说奉佛可以消减罪业的经文，也可为武则天减轻因铲除政敌杀害异己而带来的心理压力。因此，此经与《大云经》皆受到武则天的重视。

《大宝积经》一百二十卷

为新旧译经的合编，共四十九会（会，相当于一编或一部经，按佛说法处所、受法者或内容而题名）。玄奘从印度带来梵本，晚年仅将其中第十二"菩萨藏会"译为《大菩萨藏经》二十卷，其他未译，说"余气力衰竭，不能办也"。菩提流志入唐又带来梵本，中宗命他译完此经。从中宗神龙二年（706）至玄宗先天二年（713）译出二十六会三十九卷，称新译；其他二十三会八十一卷为魏晋南北朝历代的旧译。"宝积"意为众宝积聚，"宝"喻佛法。内容涉及大乘佛教极其广泛的内容，包括以"六度"、"慈悲"为中心的大乘菩萨之道、佛菩萨和净土信仰、般若空义、如来藏自性以及密教思想等方面。其中很多会、品已有旧译本。例如第五"无量寿如来会"宣说阿弥陀佛西方净土信仰，与三国吴支谦译《大阿弥陀佛经》、魏康僧铠译《无量寿经》为同本异译；第四十六"文殊说般若会"宣说般若性空、一行三昧的思想，与南朝梁曼陀罗仙译《文殊师利所说摩诃般若波罗蜜经》为同本异译；第四十八"胜鬘夫人会"讲如来藏属佛境界，自性清净，"客尘烦恼所不能染"，蕴含人人皆有佛性的思想，与宋中印度三藏求那跋陀罗译《胜鬘师子吼一乘大方便方广经》为同本异译。其他诸如第二"无边庄严会"、第三"密迹金刚力士会"、第七"被甲庄严会"、第十一"出现光明会"等皆有讲述密教教义的内容。

在唐前期除以上译经者之外，尚有智通、西印度伽梵达摩、阿地瞿多、诃陵（或谓在印度尼西亚的爪哇岛中部，或谓在今马来亚国的吉打）

若那跋陀罗①、居士杜行颛、北印度佛陀波利、于阗提云般若、慧智、北印度李无谄、睹货罗弥陀山等皆译出佛经，其中有不少密教经典。

综前所述，唐前期译经有三个特点：1. 在译经僧中汉地僧人占据主导地位，其中以玄奘、义净所译佛经占绝大部分；2. 所译经典中数量最大的是般若中观和瑜伽唯识类经典，而后者曾盛极一时；所译密教经典也逐渐增多；3. 朝廷将译经作为国家重大事业，翻译重要佛经时所设的译场规模很大，有很多官居高位的士大夫奉敕参与译经，从太宗到中宗历代皇帝都为新译佛经写过序，从而进一步扩大了佛教对社会和文化的影响。

四　"开元三大士"善无畏、金刚智和不空的译经

大约从 7 世纪至 12 世纪，印度佛教进入大乘佛教的晚期，曾兴起并风行密教。在这个时期，信奉伊斯兰教的阿拉伯国家渐强盛，不断向印度扩张，以至在 12 世纪末占领了孟加拉、比哈尔等地区，统治了北印度。佛教在印度本土趋于消亡。

密教是大乘佛教某些派别与从婆罗门基础发展起来的印度教、印度民间信仰相会通和结合的产物，属于大乘佛教的最后阶段。密教之"密"，具有秘密、隐秘、秘奥、深奥之义；谓"密教"是法身佛"大日如来"所说的教法，深邃奥妙，而"应身"或"化身"佛所说之法为"显教"，是一般人容易理解和接受的浅显之教。所谓"真言"，是用梵文语音表述的咒语，也称"密咒"。密教在传法和修行过程中经常运用密咒。

密教以《大日经》、《金刚顶经》和《苏悉地经》等经典为主要依据。据传大日如来法身佛授法于金刚萨埵，约千年之后传于龙猛（即龙树），再过数百年后龙猛传于龙智，又过数百年后龙智传于金刚智和善无畏。在教义思想方面既吸收了大乘佛教的中观、唯识学说，又吸收了印度教和印度民间信仰的某些成分，以重视咒语、祭祠、仪规和富有神秘主义色彩的教义为特色。在发展中后期密教甚至吸收印度教性力派的某些做法，形成所谓"左道密教"，日趋堕落。

---

①　此人未到中国。据《开元释教录》卷九、《西域求法高僧传》卷上，成都会宁在麟德年间（664—665）乘船至诃陵（或作波陵），与若那跋陀罗从《阿笈摩经》（《阿含经》）内译出"如来焚身之事"，称《大般涅槃经后译荼毗分》二卷。义净认为此与大乘《涅槃经》没有关系，智升在《开元释教录》卷十一中认为其中有大乘教义，"与大乘《涅槃》义理相涉"。

在印度孟加拉和奥里萨一带立国的波罗王朝曾支持密教，建立超岩寺（或译超行寺）作为密教道场，中外闻名的佛学重镇那兰陀寺也成为密教中心之一。

唐玄宗开元年间（713—741），印度密教高僧善无畏和金刚智（669—741）及其弟子不空（705—774）先后入唐，在朝廷优厚接待和协调之下，将密教主要经典译出。

（一）善无畏

善无畏（637—735），音译输波迦罗，或作戍婆揭罗僧诃（意为净师子），中印度人，出身释迦家族，幼年曾嗣位为乌荼国王，后让位于兄，出家为僧，游历各地，广学大小乘佛法，修习禅观。入那烂陀寺，奉达摩掬多为师，学习瑜伽密教，从受灌顶，取得三藏资格。然后周遊印度，巡礼佛教圣迹。后遵照其师达摩掬多之命，到中国传法。沿途经突厥、吐蕃等地，在唐玄宗开元四年（716）携梵夹到达长安，敕住兴福寺南院，后移西明寺，受到优遇，翌年奉诏翻译《虚空藏求闻持法》。开元十二年（724）随驾到洛阳，复奉诏于福先寺翻译《大日经》等经典。世人认为他有神异方术。在遇到天久大旱时，玄宗诏他祈雨。至开元二十年（732），求归西域，玄宗不准。善无畏于开元二十三年（735）十月去世，享年九十九岁。玄宗追赠鸿胪卿，命有司举行隆重葬礼，遗骨葬于龙门西山广化寺。有僧俗弟子宝畏、明畏和一行等人。[①]

善无畏共译经4部14卷。

《大日经》，音译全名《大毘卢遮那成佛神变加持经》七卷

善无畏到长安后，按敕令将所带一切梵文原本经典进献朝廷，在翻译完《虚空藏求闻持法》之后，未能再译新经。此前有僧无行到印度求法，归国途中死于北印度，有司奉敕派人将他所携梵本迎归洛阳，收藏于华严寺。善无畏与弟子一行随驾入洛，从中选择部分梵经翻译，首先译出的就是《大日经》。原典有十万颂，善无畏与一行仅从中选择要义译出。宝月译语，一行笔受并删缀词理，"文质相半，妙谐深趣"。然而后世将善无畏与一行并署为《大日经》译者。全经共有三十六品，实际分两个独立部分。前六卷三十一品是选自《大日经》原典翻译的，第七卷五品实际是善无畏集编然后再译出的，集中讲密教供养仪式的。在经文中偈颂占有

---

① 据《宋高僧传》卷二《善无畏传》、《开元释教录》卷九等。

很大部分，并夹杂很多音译梵文语句（真言或密咒）。此经有藏文译本，然有汉译本没有的外编部分。

密教宣说大日如来显现宇宙万物，体现其智德（心、智）的方面为金刚界，理性（佛性、理）的方面为胎藏界。本经为宣说密教胎藏界法门的基本经典。经文对密教教义、修行仪轨和与此相应的漫荼罗（后一般写作曼荼罗，意为坛、坛场）、真言密咒进行论述。所谓"大毘卢遮那"，意译为"大日佛"或"大日如来"。据卷一第一《入真言门住心品》所载执金刚秘密主所说大日如来能够应机"现佛身，或现声闻身，或现缘觉身，或菩萨身或梵天身"宣说各种佛法，并且通过"一切身业、一切语业、一切意业、一切处、一切时，于有情界宣说真言道句法"，从而将大日如来说成是一切时处无所不在的至高本尊。卷六《三三昧耶品》又强调法报应三身、佛法僧三者平等无二，称之为"三三昧耶"。

前六卷三十一品围绕宣说"大悲胎藏漫荼罗"和灌顶而展开。第一《入真言门住心品》侧重阐释密教基本教义，属于"教相"。经文"菩提心为因，悲为根本，方便为究竟"概括了密教基本教义。菩提心就是觉悟之心，据称是"如实知自心"，"阿耨多罗三藐三菩提"（无上觉悟），然而却是"虚空相"、"不可得"，谓"心不在内不在外，及两中间心不可得"。又说"心、虚空界、菩提，三种无二。此等，悲为根本，方便波罗蜜满足"。实际将大乘佛教的般若菩提、慈悲、方便智巧（包括各种说法、修行的方式方法，有身语意三密）奉为基本宗旨，然后加以诠释和发挥。经中将清净菩提心（佛性、理、性）比喻为"胎藏"，将由此引发的大慈大悲之心称为"大悲胎藏"，谓"大悲胎藏生大漫荼罗王，为满足彼诸未来世无量众生，为救护安乐"。

后三十品讲述心"漫荼罗"（坛场）及外在施设的"漫荼罗"、真言密咒的意义和修持方法，亦即所谓"方便"或"救世方便"、"种种善巧方便"，属于"事相"。最后第七卷专就密教的供养方法进行说明。

一行撰有《大毘卢遮那成佛经疏》二十卷，在记述善无畏诠释（"阿阇梨言"）的基础上，又以"私谓"、"今谓"阐释自己的见解。此经是密教基本经典之一，为设置和绘制"胎藏界曼荼罗"的重要依据。

《苏婆呼童子经》，或称《苏婆呼律》三卷

开元十四年（726）于东都大福先寺译。

经首载，有位名"苏婆呼"的童子向执金刚菩萨大药叉致敬询问：

"我久疑者，遍观一切世间出家在家善男女等为求出离生死海故，求觅陀罗尼速成就法，节食持诵，专心勤苦，如是修行，仍不成就。唯愿尊者分别解说不成就因缘及成就法……"执金刚菩萨称赞他已像菩萨那样做到"庄严法门，不求己乐，利益有情，能忍大苦"，告诉他菩萨之道是"见众生苦，菩萨亦苦；见众生乐，菩萨亦乐"。接着应他的提问，"分别解说"，说如果能够"持诵一切真言法，先於诸佛深起敬心，次发无上菩提之心，为度众生广发大愿，远离贪、痴、憍慢等业，复于三宝深生珍重，亦应虔诚尊崇大金刚部，当须远离杀、盗、邪婬、妄言、绮语、恶口、两舌，亦不饮酒及以食肉……"应如法入大曼荼罗坛场，接受灌顶，并虔诚礼佛，供养、修持三密（念诵真言，系心本尊，结手印等），持戒为善等，便可灭罪，"降魔劳怨"，达到"自在无碍"的解脱境界。

《苏悉地羯罗经》，简称《苏悉地经》，意译《妙成就法》，三卷开元十四年（726）译。《开元释教录》卷九经题后注云："此与《苏婆呼》并是咒毗柰耶，不曾入大曼荼罗不合辄读，同求受具人盗听戒律，便成盗罪。"意为此经与《苏婆呼童子经》皆属密教真言之戒律，未入大曼荼罗（坛场）者不可阅读，否则犯盗听戒律罪。

现存三种刻本。据《大正藏》第十八册所载，一是高丽藏本，有三十七品；二是宋本，原有三十八品，现存三十五品；三是日本应永二十五年（1418）惠淳刊宝寿院藏本，有三十四品。三本相比，高丽藏本缺宋本最后的"成就具支法品"；宋本和日本藏本皆缺高丽藏卷中的"扇底迦法品"、"补瑟征迦法品"、"阿毗遮噜迦品"三品。

此经是密教用作息灾、增益、降伏怨敌的常用经典之一。卷首载，忿怒军茶利菩萨向执金刚尊者请教："以何法则，持诵真言，次第速得成就？其请真言法虽有一体，所成就事，其数无量。云何真言相？云何阿阇梨？云何成就者弟子？云何方所为胜处？云何真言速成就？云何调伏相？云何诵真言方便及次第？云何花供养？云何用涂香？云何供养食？复烧何等香？云何然灯相？云何扇底迦？云何增益相？云何降伏怨？……"接着金刚尊者宣说此经具有五种"庄严"，一谓"大精进"，二谓"明王"（指密宗诸尊，也指真言陀罗尼），三谓"能除障"，四谓"成就一切猛事"，五谓"能成就一切真言"，宣称如能诵持胎藏界的佛部（表示大日如来法身众德，体现法界体性智）、莲华部（即观音部，表示众生菩提心的理德和大日如来大悲，体现妙观察智）、金刚部（手持金刚杵的诸尊，表示大日如来智德庄严，体现大圆镜智）三部的真言（梵咒），并且如法供养佛菩萨诸尊、建立灌顶坛，举行灌顶、护摩（火祭）、遵守密教戒规等，便能达到息灾（扇底迦）、增益（补瑟征迦）、降伏怨敌魔障（阿毗遮噜迦）的目的。

《虚空藏求闻持法》，全称《虚空藏菩萨能满诸愿最胜心陀罗尼求闻持法》一卷

开元五年（717）在长安译出，选译自梵本《金刚顶经·成就一切义品》，沙门悉达译语，无著缀文笔受。内容讲述虚空藏菩萨的最胜心陀罗尼（密咒），谓称此诵此陀罗尼，则"诸有善愿无不满足，一切苦患皆悉销除，常生人天不堕恶趣"，并讲述绘制虚空藏菩萨之像、结坛供养和手印的方法。

（二）金刚智

金刚智（669—741），音译跋日罗菩提，中天竺国刹利王伊舍那靺摩第三子①，后因南天竺国王命米准那将军向唐朝荐闻，从此称南天竺人。金刚智年十岁在那烂陀寺出家，随寂静智学声明论，十五岁往西天竺国学法称论因明的《释量论》等论四年，又回到那烂陀寺，年二十受具足戒，六年学大小乘戒律，又学中观学派的《般若灯论》、《百论》、《十二门论》等，年二十八到迦毗罗卫城（在今尼泊尔国），三年间从胜贤论师学唯识学派的《瑜伽师地论》、《唯识论》、《辩中边论》等，至三十一岁游南天竺，在七年之间从龙树菩萨弟子龙智学《金刚顶瑜伽经》、《毗卢遮那总持陀罗尼法门》等密教经典及五明论，接受密教五部灌顶，然后返回中天竺。后携道俗弟子越海游师子国（今斯里兰卡国），到无畏王寺顶礼佛牙，登楞伽山参拜佛足迹，再回南天竺国。听闻中国佛教兴盛，决定到中国传法。南天竺国王派遣米准那将军进贡梵夹及珍贵礼物，并送他入唐。

金刚智一行乘波斯船，经佛逝国（在今印尼苏门答腊岛，或云在占碑），约经三年，在唐玄宗开元七年（719）至广州登岸，翌年初到东都，得到玄宗接见，从此受到优遇，并随驾往复东西两都。所到之处必建曼荼罗（坛场），弘传密教。僧徒参谒请法，王公前来问道。大智、大慧二禅

---

① 《宋高僧传》卷一《金刚智传》谓其南印度摩赖耶国（意为光明国，近观音宫殿补陀落山）人。此据《贞元释教录》卷十四《金刚智传》中引其弟子集贤院吕向的纪传。

师及智藏（不空）皆投入其门下。沙门一行曾从金刚智受教密教法门，他皆一一教示，并主持一行入坛接受灌顶。据传，金刚智能以密法咒语"摄取鬼物"，"去疾除祆"，曾奉敕求雨。金刚智接受一行建议，着手翻译密教经典。

开元二十九年（741）① 有敕"放还"金刚智回归本国。金刚智在弟子不空陪同下踏上归程，经洛阳广福寺时生病，于当年八月十五日逝世，年七十一岁。敕令将他的遗骨于龙门安置，至天宝二年（743）于奉先寺西岗起塔安奉。经不空奏请，敕谥国师之号，灌顶弟子中书侍郎杜鸿渐为撰写碑文。唐代宗时经不空奏请，追赐金刚智"开府仪同三司"，"大弘教三藏"之号。②

据《贞元释教录》卷十四记载，金刚智从开元十一年（723）开始在长安资圣、荐福等寺翻译佛经，先后共译佛经8部14卷，皆为密教经典。仅简介其中两部。

《金刚顶瑜伽中略出念诵法》，亦称《金刚顶瑜伽中略出念诵经》，四卷

开元十一年译于长安资圣寺。与中国密教通行的不空所译《金刚顶经》（《金刚顶一切如来真实摄大乘现证大教王经》）为同本异译，然而为其节略译本，如卷一所说："我今于百千颂中《金刚顶大瑜伽教王》中，为修瑜伽者成就瑜伽法故，略说一切如来所摄真实最胜秘密之法。"意为《金刚顶经》原本有10万诵，此仅选译其中一部分。内容讲接受密法及入金刚界坛场（金刚界曼荼罗）的资格，设置金刚界曼荼罗及入坛受法、灌顶的方法，以及如何发菩提心和忆念菩提心、以心观想佛菩萨，以及持诵密语以成就圆满佛身，如何供养、护摩仪轨及其意义等。此经强调不论"器、非器"，包括犯过大罪的恶人在内的一切众生皆可入"金刚界大坛场"受法，谓能使"一切罪障皆得远离"，"一切所求皆得圆满"，"获一切喜乐最上成就。"

《金刚顶经瑜伽修习毗卢遮那三摩地法》，简称《毗卢遮那三摩地

---

① 关于金刚智起程归国和逝世时间，《宋高僧传·金刚智传》作开元二十年。此据《贞元释教录》卷十四载《金刚智传》所引集贤院吕向的纪传、混伦翁撰《金刚三藏塔铭并序》，并参考赵迁《不空三藏行状》。

② 参考《宋高僧传》卷一、《贞元释教录》卷十四中的《金刚智传》并参考《不空三藏行状》资料而写。

法》,一卷

内容讲"金刚界毗卢遮那如来三摩地"的修习方法。"三摩地"原意为定、等持、正定等。密教主张身、语、意"三密"平等,以"三摩地法"概称一切密法。卷一偈颂说:"归命毗卢遮那佛,身口意业遍虚空。演说如来三密门,金刚一乘甚深教。我依瑜伽最胜法,开示如实修行处。为令众生显真实,顿证无上正等觉。"是说归命大日如来,修持三密法门,便可迅速成就佛果。经中讲述如何入定,"谛观诸法皆由自心",进而观空,观佛,认识"善恶皆由心";可通过修持"六度"、"四摄"将心熏习清净,加以念诵真言,手结各种印契,便可以"现世证得欢喜地,后十六生成正觉"。

此外尚翻译《七俱胝佛母准泥大明陀罗尼经》、《观自在如意轮菩萨瑜伽法要》、《千手千眼观世音菩萨大身咒本》等经。

(三) 不空

不空(705—774),法名智藏,号不空金刚,意译阿目佉跋折罗,出身北天竺婆罗门族,或谓原为执师子国(今斯里兰卡国)人[①]。自幼丧失父母,生年十岁,随舅父游历中国武威、太原等地,十五岁时礼来华传法的金刚智为师[②],从学梵本悉昙章及声明论,受菩提心戒,入金刚界大曼荼罗(坛场)接受密法,系统学习一切有部的戒律,期间通晓诸国语言和文字。金刚智让他参与译经,后应他的苦苦请求,授以密教五部灌顶护摩阿阇梨法及《毗卢遮那经》、《苏悉地轨则》等,又为他举行灌顶仪式以授阿阇梨(导师)资格。

玄宗开元二十九年(741),降敕"放还"金刚智归国。他在途经洛阳时逝世。弟子不空料理丧事后,奉旨前往师子国和印度。不空到达师子国,受到国王隆重接待,又从当地密教大师普贤受学密教十八会金刚顶瑜伽法门、毗卢遮那大悲胎藏坛法,并与弟子含光、慧辩等人同受五部灌顶。后周游各地,广求密教经典,得到经论五百余部及本三昧耶,诸尊密

---

① 赵迁《大唐故大德赠司空大辩正广智不空三藏行状》(简称《不空行状》)与赞宁《宋高僧传》卷一《不空传》,皆作出身北天竺波罗门族;圆照《贞元释教录》卷十五《不空传》谓他是执师子国人,"不闻氏族,故不书之"。

② 此据《宋高僧传·不空传》。金刚智在开元七年(719)到达广州,翌年入洛阳。《不空行状》谓年十三(当为开元五年,公元717)师事金刚智;《贞元释教录》卷十五谓他十四岁(开元六年,公元718),因金刚智尚未来华,故皆不可能。

印、仪形色像、坛法标帜等。此后，不空与弟子渡海周游五印度，巡历诸国。

不空于天宝五载（746）还京，进奉师子国王尸罗迷伽之表及金宝璎珞等礼物和《金刚顶瑜伽经》、大小乘论梵夹等。奉敕入宫建坛场，为玄宗皇帝灌顶。此后敕住净影寺，因奉敕求雨、止暴风有验，得赐紫袈裟及智藏之名。玄宗天宝八载（749），降敕不空回归本国，路上患病，寄居韶州疗医。天宝十二载（753）在河西抵御吐蕃的河西节度使西平郡王哥舒翰（？—757）奏请不空赴河西边陲，"请福疆场"。玄宗依奏，降敕韶州。不空奉诏北上，先回长安，后西下直赴河西，被安置住于武威开元寺，受到哥舒翰的至高礼遇，应请翻译佛经，并设坛场弘传密法，为哥舒翰、李元琮等人举行灌顶仪式。不空先后译出《金刚顶一切如来真实摄大乘现证大教王经》，又译《菩提场所说一字顶轮王经》、《一字顶轮王瑜伽经》、《一字顶轮王念诵仪轨》等密教经典。

天宝十四载（755）十一月，震惊中外的"安史之乱"爆发，十二月河洛失陷，制皇太子李亨（即位为肃宗）监国。召河西节度使哥舒翰为皇太子前锋兵马元帅，驻守潼关。然而不久潼关失守，哥舒翰被俘，后为安庆绪所杀。天宝十五载（756），诏下河西命不空入朝，住兴善寺，为国开坛场灌顶，作法"转祸禳灾"。六月叛军攻入长安，玄宗仓皇逃至成都。太子李亨即位于灵武（是为肃宗），结集军队平叛。不空虽身陷京城，为表示忠诚仍与肃宗朝廷有秘密往来。

安史之乱平定后，肃宗于至德二载（757）十月回到长安，对不空给予空前优遇，敕令后不得称呼其名，只称其号。不空上奏表示："誓为国家翻译经论，瑜伽密教，息难除灾"。应不空奏请，在各地搜寻到未翻译的密教梵夹八十部、大小乘经论二十部，共有一千二百卷。当时唐朝已极度衰颓，各地藩镇割据，吐蕃、回纥等连年进犯。朝廷想借助密教的法会、诵经、密咒和举行灌顶仪式来祈祷佛、菩萨和善神的保佑，达到国泰民安，制伏敌寇的目的。正如乾元三年（760）内官史元琮在奏请于大兴善寺修灌顶道场的表中所说："度灾御难之法，不过秘密大乘。大乘之门，灌顶为最"。不空奉诏日夜翻译佛经，并经常奉敕举行各种禳敌祛灾的法会和灌顶仪式。

代宗即位之后，对不空更加崇敬。永泰元年（765）不空奉敕将《仁王护国般若波罗蜜多经》重新译出，又译出《大虚空藏菩萨所问经》。广德二年（764）十月，灵州大都督府长史、朔方节度使仆固怀恩联合吐蕃、回纥入寇，震惊朝廷。代宗在派郭子仪前往征讨的同时，又诏西明寺、资圣寺的法师为国讲诵《仁王护国般若波罗蜜经》、《大虚空藏菩萨所问经》，祈求制敌取胜。事后，代宗追赐不空之师金刚智以开府仪同三司之衔，号"大弘教三藏"，赠不空以特进试鸿胪卿，号"大广智不空三藏"。大历四年（769），代宗依不空奏请，敕全国寺院在食堂将文殊菩萨像置为上座，说"大圣文殊师利菩萨，法王之子，威德特尊，为诸佛之导师"。第二年诏不空到五台山修功德。后又依其所奏，敕京城及全国僧尼寺内置大圣文殊师利菩萨院。

大历六年（771），不空在代宗生日随表呈献他自开元以来翻译的佛经一百一卷七十六部及目录一卷，附有笔受僧俗的名字，谓"皆是上资邦国息灭灾危，星辰不愆，风雨顺序，仰恃佛力，辅成国家"。大历九年（774），不空患病，代宗遣使慰问，派名医诊治。代宗在敕文中称不空是"我之宗师，人之舟楫"，又授以开府仪同三司之衔，并封肃国公食邑三千户。不空在当年六月十五日逝世，享年七十岁。代宗为之辍朝三日，追赠司空，仍谥"大辩正广智不空三藏和上"之号。遗体火化后，敕在大兴善寺建塔供奉其舍利。碑由御史大夫严郢撰文，光禄大夫徐浩书字。

不空有弟子数百人，由慧朗继其后，"专知捡校院事兼及教授后学"。中国密宗奉金刚智为始祖，不空为二祖，慧朗为三祖。①

不空历事三朝，获得以往僧人从未得到的荣誉和地位，共译佛经110部143卷。现仅介绍其中部分重要佛经。

《金刚顶瑜伽真实大教王经》，全称《金刚顶一切如来真实摄大乘现证大教王经》，简称《金刚顶经》，三卷

从译者署名"开府仪同三司特进试鸿胪卿肃国公食邑三千户赐紫赠司空谥大鉴正号大广智大兴善寺三藏沙门不空奉诏译"，表明不空地位的尊贵和显赫。"金刚顶"比喻经意坚如金刚优胜无比，意谓此经占经中最高地位。

此经与《大日经》是密教所奉最重要的两部经典，宣说金刚界诸种法门。据传梵本原有十万颂十八会（按佛说法场所设定，相当十八编）。

---

① 以上据赵迁《大唐故大德赠司空大辨正广智不空三藏行状》、圆照《贞元释教录》卷十五、十六所载不空事迹、宋赞宁《宋高僧传》卷一《不空传》等资料综合介绍。

此仅为第一会"六曼荼罗"中第一"大曼荼罗"分（部分，相当章节）的译文，由"金刚界大曼荼罗广大仪轨"、"大曼荼罗广大仪轨"、"大曼荼罗广大仪轨"三品组成。谓大悲毗卢遮那（大日如来），恒住三世，常住一切虚空，与一切如来"互相涉入"。经文围绕"云何证无上正等觉菩提"？"云何修行，云何是真实"而展开。以密教特有的语句讲述：体现大日如来并与一切如来融为一体的"金刚界如来"进入金刚三摩地（也称"一切如来智三昧耶"），显现或出生金刚界三十七尊①；如何建立金刚界大曼荼罗（金刚界坛场）和引导弟子入曼荼罗的仪则；在不同阶段修持身密（手结印契）、语密（念诵真言）、意密（观佛、梵字等）的方法等。如同金刚智所译《金刚顶瑜伽中略出念诵法》一样，强调"器、非器不应简择"，一切人皆可入金刚界大曼荼罗接受密法，不仅勤修佛法者能迅速成就佛果，即使"作大罪者"，也能"离一切恶趣"，使一切愿望得到满足。

金刚智所译《金刚顶瑜伽中略出念诵法》是此经的节略译本。北宋施护所译《一切如来真实摄大乘现证三昧大教王经》虽属此经的异译本，但篇幅增大，有30卷，据说是原本十八会之中第一会的全部译文，共二十六分（每分长短不一）。

《金刚顶瑜伽般若理趣经》，简称《理趣经》，全称《大乐金刚不空真实三摩地耶经般若波罗蜜多理趣品》一卷

虽归属般若类经典，然而内容已经密教化，是密教所奉基本经典之一，相当于玄奘译《大般若经》第十六会中的第十会"般若理趣分"，载其卷五百七十八。此外，菩提流志译《实相般若波罗蜜经》一卷、北宋施护译《遍照般若波罗蜜经》一卷、法贤译《最上根本大乐金刚不空三昧大教王经》七卷，皆属此经的同本异译。

"般若"意为智慧，侧重于对诸法性空的体认；"理趣"，是指道理的旨趣、深意；"般若理趣"自然是指般若道理的核心旨趣。经文开头说薄伽梵（世尊）大毗卢遮那如来（大日佛）具备一切如来的最高智慧和神

---

① 包括：1. 大日、阿閦（不动）、宝生、无量寿、不空成就"五佛"；2. 金刚、宝、法、羯磨"四波罗蜜"；3. 金刚、金刚王、金刚爱、金刚喜；金刚宝、金刚光、金刚幢、金刚笑；金刚法、金刚利、金刚因、金刚语、金刚业、金刚护、金刚牙、金刚拳"十六大菩萨"；4. 嬉、鬘、歌、舞、香、华、灯、涂香"八供养菩萨"；5. 钩、索、锁、铃"四摄菩萨"。

通，在"欲界顶他化自在天王宫"向无数罗汉和金刚手、观自在等八大菩萨宣说体现菩萨悟境（"菩萨位"）的"般若理趣"。从内容来看，包括基于般若空义的"一切法清净，一切法自性清净"，"寂静法性"，"一切法平等"以及融入密教成分的"灌顶智藏"，"智印加持"，"转字轮"（体认诸法空、无相、无愿），"入大轮"（体认金刚平等、义平等，入佛菩萨之轮），"一切供养最胜"，"大乐金刚不空三昧耶金刚法性般若理趣"等等，并夹杂描述印契、梵音真言，呈现浓厚密教特色，然而所讲内容仍多为般若类经典所阐释的诸法性空的思想。最后说若有人精勤诵持此经，将获得"一切安乐悦意大乐金刚不空三昧耶究竟悉地，现世获得一切法自在悦乐，以十六大菩萨生，得于如来执金刚位"。

不空另译有解释此经的《般若理趣释》（全称《大乐金刚不空真实三昧耶经般若波罗蜜多理趣释》）一卷。

《大孔雀明王经》，全称《佛母大孔雀明王经》三卷

经谓佛在室罗伐（舍卫）城逝多林给孤独园时，有位名莎底的苾刍（比丘）刚受过近圆戒（具足戒），在做杂务时遭到一条大黑毒蛇咬伤，"毒气遍身"，性命危急。阿难向佛求救。佛告以"摩诃摩瑜利佛母明王大陀罗尼"（即孔雀王咒），谓有强大威力，"能灭一切诸毒怖畏灾恼"，并具有治病、祛灾、救难、益寿、降伏鬼神、远离恐怖、求雨止涝等功能，总之"拥护一切有情，为除灾祸、厄难、忧苦"。在各卷中音译梵语密咒占很大篇幅。此经与《孔雀王咒经》是密教用来息灾求福的经典之一。

不空另译有《大孔雀明王画像坛场仪轨》一卷。

《受菩提心戒仪》一卷

为授密教菩提心戒的仪轨，包括：稽首归命礼、运心供养、忏悔、三归依、受菩提心戒、忏悔文等。

《大虚空藏菩萨所问经》八卷

经载：佛告舍利子，在遥远东方的佛土"大庄严"世界，有"一宝庄严如来"常说一切空寂无相的"虚空清净法印"，说法时与座下菩萨皆处于虚空的楼阁中。有位"虚空藏菩萨"，拥有"大福德及大威力，而自庄严获无碍智"，经请示一宝庄严如来来到"娑诃世界"（指释迦佛教化的世界），瞻仰礼敬释迦牟尼佛，并询问"大集经典"及种种佛法，如六度（布施、持戒、忍辱、精进、禅定、般若）及三十七菩提分法、止观、

大慈大悲等。释迦佛皆结合大乘义理和菩萨之道对此进作出答释，例如说"大慈以于一切有情平等心及无碍心所摄，大悲以无疲倦及供给有情一切作使所摄"。后面经文称"广宣流布"此经将得到护法善神的保佑，达到求福息灾的目的。

后秦佛陀耶舍译《虚空藏菩萨经》一卷、南朝宋昙摩蜜多译《虚空藏菩萨神咒经》一卷、隋阇那崛多等译《虚空孕菩萨经》二卷，皆为此经的同本异译。

《仁王般若经》，简称《仁王经》，全称《仁王护国般若波罗蜜多经》二卷

此为重译，原有西晋竺法护、南朝梁真谛两种译本久佚，唯有后者题为鸠摩罗什所译的二卷八品本比较流行，然而隋《历代三宝记》称其目见《晋世杂录》。

不空奉诏新译，前有代宗之序，谓"懿夫护国，实在兹经"。全经内容结构乃至语句与鸠摩罗什译本大同，谓佛住王舍城鹫峰山时向无数罗汉、菩萨、男女信众说法，应请向印度十六大国的国王宣说守护佛果、菩萨十地及护国等事，其间阐释修持般若，体认诸法性空，无二无别的思想；遵照菩萨十地"十四忍"①的要求修行和教化众生。经文强调此经具有护国功能，谓祛灾护国，应受持读诵此经，谓"一切国土若欲乱时，有诸灾难贼来破坏，汝等诸王应当受持、读诵此般若波罗蜜多"，可以灭除"七难"②。又说"我以是经付嘱国王"，将护持佛法的责任寄托于诸国国王。

佛教将此经与《法华经》、《金光明经》奉为重要护国经典。

《密严经》，全称《大乘密严经》，三卷

与前面介绍的地婆诃罗所译《大乘密严经》为同本异译。卷首有代宗的序，谓此经与《仁王般若经》同时译，"梵书并是偈颂，先之译者多作散文"。较之地婆诃罗译本，在不空译本中偈颂增加很大篇幅。是瑜伽唯识学派经典之一，然而通行本是地婆诃罗译本。

---

① 谓修菩萨十个阶位须经伏忍、信忍、顺忍、无生忍、寂灭忍五个阶段，前四忍各分上中下，寂灭忍分上下，故合称十四忍；修习内容自然以六度、慈悲、四摄等为中心。解释从略。

② 一切天灾人祸，包括：日月失度、星辰失度、龙火鬼火、时节改变、暴风数起、天地亢阳、四方贼来侵国内外兵戈竞起。（载《奉持品第七》）

《大方广如来藏经》，简称《如来藏经》一卷

借助形象的譬喻，说一切众生皆有"如来藏"或"如来体"（相当佛性），谓："如来出世，若不出世，法性法界、一切有情如来藏，常恒不变。"与东晋佛陀跋陀罗所译《大方广如来藏经》为同本异译。

《菩提心论》，又称《金刚顶发菩提心》，全称《金刚顶瑜伽中发阿耨多罗三藐三菩提心论》，也称《瑜伽总持释门说菩提心观行修行义》一卷

关于此论原作者，有不同看法，或认为是印度龙树。然而从论开头引述"大广智（按：不空之号）阿阇梨云：若有上根上智之人……"及引用《大毗卢遮那经》及其中的"供养次第法"、《毗卢遮那经疏》、《金刚顶瑜伽经》来看，当是不空门下综合密教基本教义而撰述的。全文言简意赅，包括劝发菩提心，通过诠释"行愿"（誓愿求无上菩提，拯救一切众生）、"胜义"（体认诸法性空、成就"胜义菩提心"）、"三摩地"（观心、观与心相应的诸佛和菩萨，观代表菩提心的梵字），对密教作了概要论述。对密教的身密、语密、意密的"三密"修持方法、"五相成身"①的说法，皆有说明。最后是著名的即身成佛的偈颂："若人求佛慧，通达菩提心，父母所生身，速证大觉位。"

唐朝中后期虽然译出众多密教经典，然而密教在社会上并未得到广泛传播和兴盛。进入北宋以后，朝廷设立译经院（后改称"传法院"），召请来华印度僧天息灾（宋太宗赐名法贤）、法天、中印度法护、施护、北印度法护等人翻译佛经。所译佛经虽有不少传统佛典（包括重译者），但数量最多的是密教经典，而到11世纪20年代由于原典已难以为继，译经陷于停顿。由于中国社会奉儒家纲常名教和礼仪为正统，在佛教界重心性觉悟和反对执著名相、形式的禅宗又迅速兴起，不仅已有的密教原典未被全部翻译，就是翻译出来的密教经典也未能在社会上广泛流行。

中国汉译密教经典，在唐后期大量传入日本，得到迅速流传。以空海（774—835）为创始人的日本真言宗，以京都东寺和高野山为传法中心形成"东密"；以最澄（767—822）为创始人的日本天台宗，吸收密教成分，后来形成"台密"（天台密教），皆在日本佛教史乃至文化史上产生重要影响。

---

① 指具备"五相"才可成佛。五相包括：通达心、菩提心、金刚心、金刚身、证无上菩提获金刚坚固身。

第三节　唐朝的佛教经录

唐代佛教盛行，佛经流通的数量和范围很大。与此相应，对抄录、收藏和传播佛经具有指导意义的经录编纂也比前代有所发展。有所编的经录中，以道宣《大唐内典录》、智升《开元释教录》和圆照《贞元新定释教目录》最有名，此外尚有静泰《众经目录》、静迈《古今译经图纪》、明佺《大周刊定众经目录》等。

一　道宣及其《大唐内典录》

道宣（596—667），从十五岁从长安日严寺智颛律师受业，十六岁正式出家，唐武德（618—626）年间跟著名律师智首学习以《四分律》为中心的律学，并对大小乘佛法有深厚造诣，先后在终南山白泉寺、崇义精舍、丰德寺、净业寺等寺居住传法，曾奉诏参加玄奘译场协助译经。唐高宗显庆二年（657）敕建西明寺，道宣奉诏任寺上座。他在此寺编撰《大唐内典录》等。①

《大唐内典录》，简称《内典录》，道宣编撰于唐高宗麟德元年（664）。本录集以往经录之大成，尤其深受梁僧祐《出三藏记集》、隋代法经《众经目录》（《法经录》）、彦琮等《众经目录》（《仁寿录》）和费长房《历代三宝记》影响最大，但在结构和内容上独具特色。道宣在序中说："今总会群作，以类区分，合成一部，开为十例②，依条显列，无相夺伦，文虽重张，义绝烦乱。"

全书在结构上分为十部分，或称十篇。包括：

1. 历代众经传译所从录（卷一—卷五）。录自东汉至唐初译著僧俗20多人所译经典及著述2232部7200卷。另有失译（译者不明）经典310部538卷。按朝代编录，在每代目录前概述佛教流行情况，经目下注明初译或是重译情况，有的还注明出处和译出年代等，并附译者（或著者）的小传。这部分的内容基本继承了《历代三宝记》中隋代经录的大部分和隋以前的经录，变化甚少。

---

① 参见宋赞宁《宋高僧传》卷十四《道宣传》等。
② 此据《大正藏》本，宋、元、明三本"例"作"卷"。

2. 历代翻本单重人代存亡录（卷六、七）。这部分是综合利用隋代《法经录》和《仁寿录》的编目方法，把大、小乘经律论按类别编目，指出各经的一译、重译情况，并指明哪些经是某部经的同本异译，哪些是失译及缺本，最后是"贤圣集传"（马鸣、龙树等人传记）。

3. 历代众经总撮入藏录（卷九），实际是长安西明寺的藏经录。收入大小乘经律论及"贤圣集传"，共 800 部 3361 卷①。被确定入藏的经典是供寺院流通的。

4. 历代众经举要转读录（卷九）。对同类大小乘经典举出最善的通用本，例如《华严经》有十四种多寡不同的异译本，只举出东晋佛陀跋陀罗译的六十卷《华严经》；大小品《般若经》有十个异译本，只举出后秦鸠摩罗什译《摩诃般若经》；《涅槃经》有五种译本，只举出北凉昙无谶译的四十卷《大涅槃经》等，另举出单译佛经，共举出大小乘经律论及集传 562 部 2696 卷。

5. 历代众经有目缺本录（在卷十）。因前代经录已著录，此录"略而不叙"。

6. 历代道俗述作注释录（在卷十），转载《出三藏记集》卷十二的目录及自编从南朝梁至唐的撰述目录。实际著述应比此录收录的更多。

7. 历代诸经支流陈化录（在卷十）。仅录大小乘佛经的别生经（节选、选译部分内容的经典）的数目，未收录经目。

8. 历代所出疑伪经论录（在卷十），收载疑伪经论目录，多继袭以往经录所载。

9. 历代众经录目终始序（在卷十）。收载古来经录 34 种的目录并作简介。其中有 24 种目录的作者仅见纪传，"未见其本"。此大部分源于《历代三宝记》卷十五。

10. 历代众经应感兴敬录（在卷十）。作者把从《高僧传》、《旌异记》等史传的记述及自己听闻中收集的 36 则传说加以编录，述说受持读诵佛经的神奇感应和功德利益。提到的佛经有《般若经》（《道行般若经》、《金刚般若经》等）、《法华经》、《涅槃经》、《维摩诘经》、《华严经》等。从所编录的传说和提到的佛经可以看到《法华经》、《大涅槃经》

---

① 《大唐内典录》卷八。卷十载《大唐京师西明寺所写正翻经律论集传入藏正录》，录目 799 部 3361 卷。

诸经及观世音菩萨信仰的盛行情况。

《大唐内典录》在中国佛典目录史上占有重要地位，奠定了唐代佛典目录学的基础，对后出的经录，特别对智升编撰《开元释教录》以极大影响。

二　《大唐东京大爱敬寺一切经论目录》和《古今译经图纪》

《大唐东京大爱敬寺一切经论目录》，简称《众经目录》，因由静泰编撰，故也称《静泰录》，五卷。此录与隋仁寿二年（602）彦琮等人编的《众经目录》相同，分单本（无异译本）录（卷一）、重翻（有同本异译）录和贤圣集传（特指翻译来的。此二录在卷二）、别生（大部经的节选本）录（在卷三）、疑伪录（卷四）、缺本录（卷五）。

此录编撰于唐高宗麟德二年（665）。据录序说，龙朔三年（663）正月敕令于大敬爱寺"写一切经典"，到全部写完"首尾三年"，即到麟德二年（666）结束。目录前二卷中的单本、重翻、贤圣集传三录，即为大敬爱寺实际入藏录，共有819部4086卷。其中有689部2532卷目录是据隋仁寿二年（602）经勘定录入《众经目录》的入藏录；有31部158卷是贞观九年（635）奉敕入藏的；有20部21卷是贞观九年据缺本录访得经本入藏的；有75部1334卷是玄奘前后新译的佛经。①其他别生、疑伪、缺本三录与隋仁寿二年《众经目录》大同，变化不大。此录对了解唐代官造寺院奉敕写经入藏的情况很有参考价值。

《古今译经图纪》，四卷，唐贞观二十二年至麟德元年（648—664）由靖迈撰写。贞观二十二年（648）大慈恩寺建成，在其翻经院大堂的壁上绘制古今僧俗译者事迹及译经目录，"撰题之于壁"，即成此《古今译经图纪》。据智升《开元释教录》卷十指出，此录"但略《费长房录》，翻经之者纪之，余撰者不录"。即唐代以前是取自《历代三宝记》中的历代经录，把其中的撰述目录舍弃，仅录译经录，然而对内容中的错误因袭

---

① 《大正藏》第55册第181页所载静泰《众经目录》之序标点严重错误。现改正如下："入藏见录六百八十九部二千五百三十二卷，仁寿二年勘定；三十一部一百五十八卷，贞观九年奉行；二十部二十一卷，贞观九年於缺本内访得入藏；翻得六十部六百七十卷，贞观已来玄奘见所翻，显庆四年西明寺奉敕写经，具录入目施。一十五部六百六十四卷，显庆已来玄奘法师后所译得，龙朔三年敬爱寺奉敕写经，具录入藏。"玄奘前后所译佛典相加共75部1334卷。如按此总计，应为815部4045卷。

未改。在唐代部分载录波颇、玄奘二人的译经。其中收录玄奘在麟德元年（665）正月所译《咒五首》一卷，由此可以判明本录最后完成的时间。

三 《大周刊定众经目录》

武则天即位当皇帝，改唐为周，以菩萨转世的"金轮皇帝"自居，特别支持佛教传播。为防止有人伪造佛典图谋不轨，在证圣元年（695）降敕"令定伪经及杂符箓等"（《大周刊定众经目录》卷十五）[1]；同年九月改元称天册万岁，又命东都佛授记寺明佺等70人编撰经录，"普令详择，存其正经，去其伪本"（同录之序）[2]，即成《大周刊定众经目录》。此录简称《大周录》，也称《武周刊定众经目录》或《武周录》。

《大周刊定众经目录》在体例上没有创新，没有《历代三宝记》、《大唐内典录》等所列历代译经录部分，仅有以下三项内容：1. 大小乘经律论及贤圣集传，包括单译、重翻、失译、缺本，共刊定3616部8641卷为"正经"，取自以往经、唐代新译经论以及"虽是前代旧翻而未经入目，并虽已入目，而错注疑伪"者；2. 确定入藏流通的目录，改大小乘三藏及贤圣集传等860部3929卷[3]；3. 伪经目录，有228部419卷，其中包括在证圣元年（695）被定为伪经的三阶教典籍目录22部29卷。此与《历代三宝记》卷十八所录信行著作目录是了解和研究三阶教的重要资料。

本录由于对佛典未能进行精细考证甄别，以致真伪相混，重复与遗漏皆有。唐智升批评说："妄增部卷，推实即无，诸处交杂，难可备记。"（《开元释教录》卷十）"虽云刊定，繁秽尤多；虽见流行，实难凭准。"（同上卷九）这种批评是有根据的。

四 智升《开元释教录》和圆照《续开元释教录》

在唐代经录中，对后世影响较大的应推在开元十八年（730）由长安西崇福寺沙门智升编撰的《开元释教录》。

《开元释教录》，简称《开元录》，二十卷。此录中的"入藏录"是宋以后历代编印大藏经的主要依据。内容虽基本上继承《大唐内典录》，

---

[1] 《大正藏》第55册第475页上。
[2] 《大正藏》第55册第372页下。
[3] 《开元释教录》卷10计其数为874部4253卷。

但其显著特点是对佛教典籍的分类更加详细，为以后编纂经录所遵循。此录分"正录"、"别录"两大部分：

"正录"——"总集群经录"（卷1—10），录自后汉至唐译者176人佛典2278部7046卷。

"别录"——"别分乘藏录"（卷11—20），内分如下例所示：

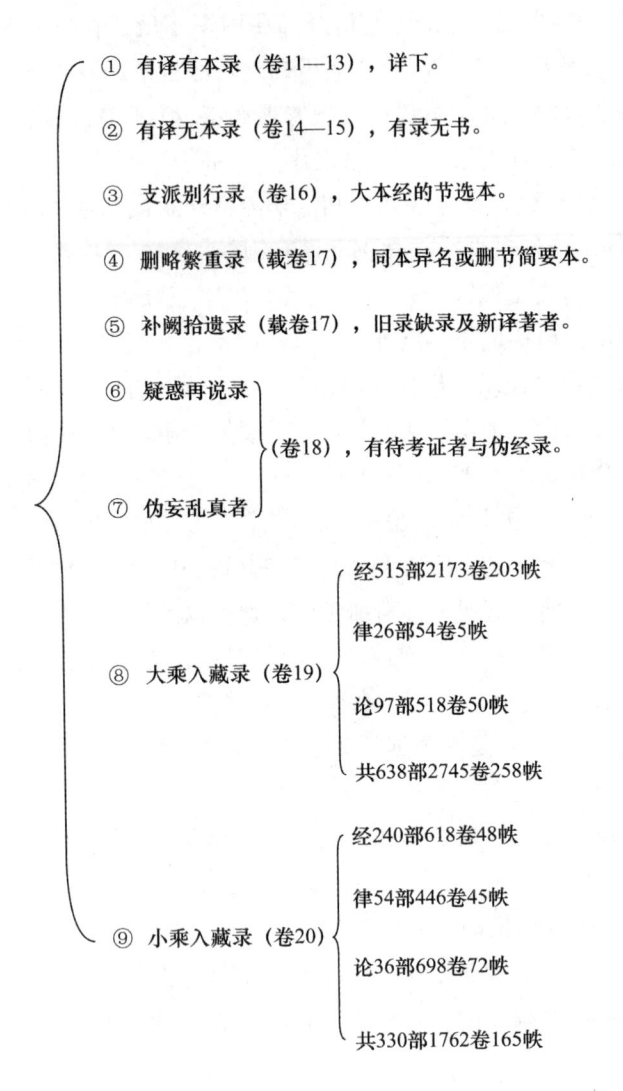

① 有译有本录（卷11—13），详下。

② 有译无本录（卷14—15），有录无书。

③ 支派别行录（卷16），大本经的节选本。

④ 删略繁重录（载卷17），同本异名或删节简要本。

⑤ 补阙拾遗录（载卷17），旧录缺录及新译著者。

⑥ 疑惑再说录

⑦ 伪妄乱真者

（卷18），有待考证者与伪经录。

⑧ 大乘入藏录（卷19）
- 经515部2173卷203帙
- 律26部54卷5帙
- 论97部518卷50帙
- 共638部2745卷258帙

⑨ 小乘入藏录（卷20）
- 经240部618卷48帙
- 律54部446卷45帙
- 论36部698卷72帙
- 共330部1762卷165帙

上面所列的"有译有本录"的编目体例是本录独创的，一直沿用到近代才有所改变。其体例如下图示：

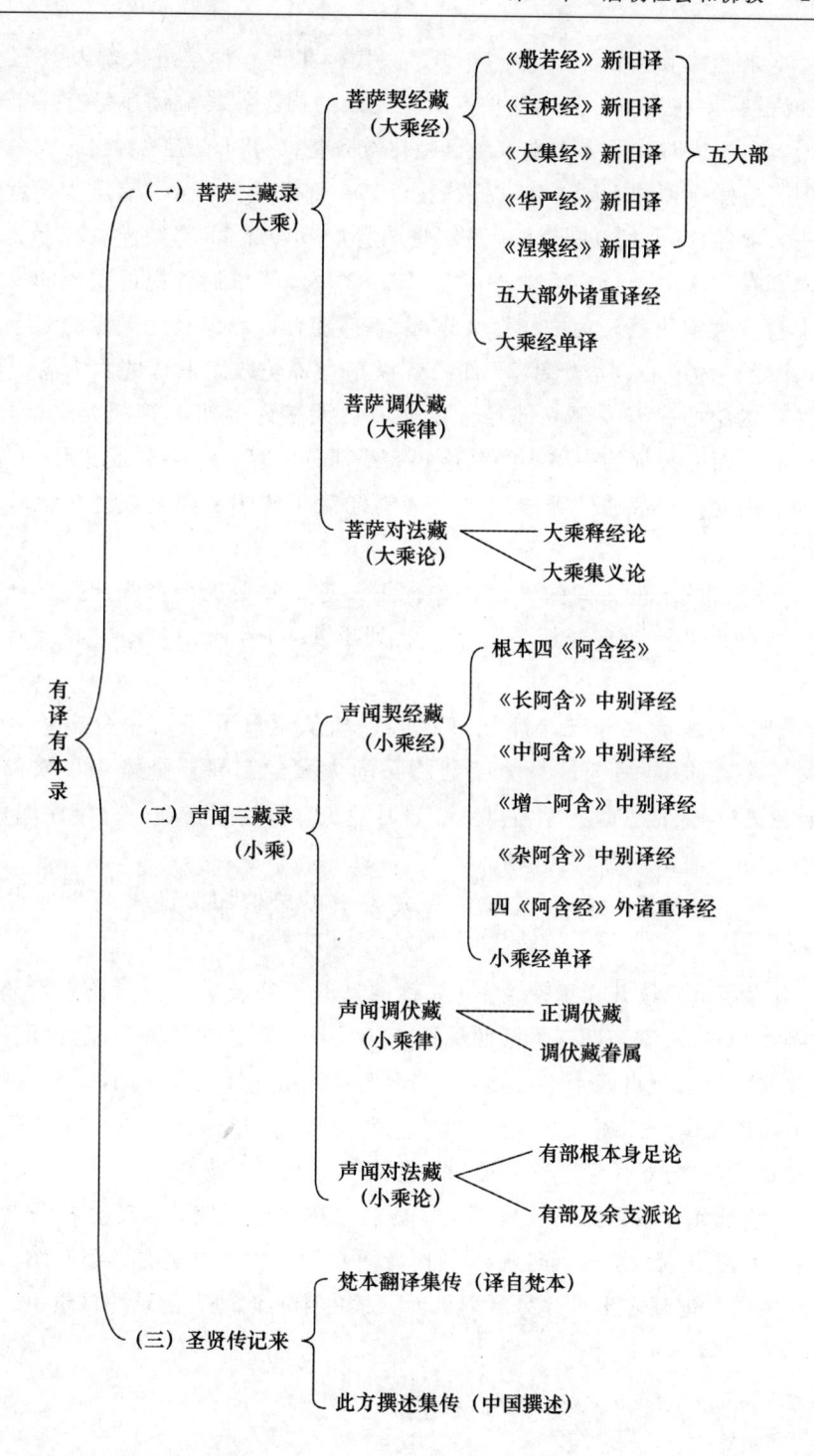

```
                                          ┌─ 《般若经》新旧译 ┐
                              ┌ 菩萨契经藏 ├─ 《宝积经》新旧译 │
                              │ （大乘经） ├─ 《大集经》新旧译 ├ 五大部
                              │           ├─ 《华严经》新旧译 │
               ┌ （一）菩萨三藏录┤           ├─ 《涅槃经》新旧译 ┘
               │    （大乘）    │           ├─ 五大部外诸重译经
               │               │           └─ 大乘经单译
               │               │
               │               ├ 菩萨调伏藏
               │               │ （大乘律）
               │               │
               │               │ 菩萨对法藏 ┌─ 大乘释经论
               │               └（大乘论） └─ 大乘集义论
               │
               │                           ┌─ 根本四《阿含经》
               │                           ├─ 《长阿含》中别译经
               │               ┌ 声闻契经藏 ├─ 《中阿含》中别译经
               │               │ （小乘经） ├─ 《增一阿含》中别译经
   有译         │               │           ├─ 《杂阿含》中别译经
   有本  ──────┤ （二）声闻三藏录┤           ├─ 四《阿含经》外诸重译经
   录         │    （小乘）    │           └─ 小乘经单译
               │               │
               │               │ 声闻调伏藏 ┌─ 正调伏藏
               │               ├（小乘律） └─ 调伏藏眷属
               │               │
               │               │ 声闻对法藏 ┌─ 有部根本身足论
               │               └（小乘论） └─ 有部及余支派论
               │
               │               ┌─ 梵本翻译集传（译自梵本）
               └ （三）圣贤传记来┤
                               └─ 此方撰述集传（中国撰述）
```

本录把大乘经分为般若、宝积、大集、华严、涅槃五大部及"五大部外诸经"。在当时，运用这种方法将庞杂的佛经按类分编还是有一定道理的。在中唐时代所译大乘佛经已经比较齐备，可以清楚地看出，大乘佛经内容虽然有种种不同，但它们往往以某一部大经为中心，有不少经就是某一大部经部分内容的异译，例如此录所收般若部 21 部经皆以唐玄奘译的六百卷《大般若经》为中心；宝积部 82 部经皆以唐菩提留支译的一百二十卷《大宝积经》为中心；大集部 24 部经皆以北凉昙无谶译的三十卷《大集经》为中心；华严部 26 部经皆以东晋佛陀跋陀罗译的六十卷《华严经》为中心；涅槃部 6 部经皆以北凉昙无谶译的四十卷《大涅槃经》为中心，而五大部的许多小经是这些大经部分内容（"会"或"品"）的异译。因此，按这种分类法编集大乘佛经对于使用者循类找经是比较方便的。

另外，此录正文间的夹注比较详细，对于佛典的翻译缘起、异译经典、所据经录等皆有介绍，其第十卷列出 41 种经录，对重要经录有所评论。

智升另编撰《开元录略出》四卷，即从《开元录》中分出单立的"入藏录"，原是编选抄录为朝廷收藏的大藏经目录。全藏 480 帙皆按《千字文》"天地玄黄，宇宙洪荒，日月盈昃，辰宿列张……"字序编号，这种方法一直沿用到近代以后。

《开元释教录》的"入藏录"成为宋以后编印大藏经的主要参照依据。

《大唐贞元续开元释教录》（简称《续开元释教录》），唐德宗贞元十一年（795）长安西明寺僧圆照编撰。共三卷：卷上载录智升编撰《开元释教录》之后至贞元十年（794）六十五年的新译经论及念诵法 193 卷[①]；卷中载录新撰经律疏义 64 卷、贞元元年（785）以来新集古今制诰碑表记录 88 卷；卷下载录上述三类 345 卷的"入藏录"。

《续开元释教录》对译者不空、般若，撰《仁王般若经疏》的作者良贲、《大虚空藏菩萨所问经疏》的作者潜真等人生平事迹有详细介绍，可补相关史书记载之不足。另所列贞元新集古今制诰碑表记录的目录中，诸

[①] 五代南唐恒安集《大唐保大乙巳岁续贞元释教录》谓共 134 部 299 卷。载《大正藏》卷 55 第 1048 页中。

如《故金刚智三藏行记》、《东京大广福寺金刚三藏塔铭并序》、《僧宝道呗赞六十首》、《新修大庄严寺本师释迦牟尼佛牙宝塔记》、《圣朝无忧王寺大圣释迦牟尼佛真身舍利塔记》等文献目录及所加题解，很有参考价值。

五　圆照《贞元释教录》

唐德宗贞元十五年（799），圆照撰《贞元新定释教目录》（简称《贞元录》）三十卷，大部分内容因袭《开元录》。其主要不同点是：

（一）"总录"中的"特承恩旨录"载唐德宗贞元十四年由罽宾沙门般若译出《华严经》（全名《大方广佛华严经入不思议解脱境界普贤行愿品》）四十卷、玄宗及肃宗、代宗、德宗三朝所译经律论及梁译《大佛名经》的入藏牒文。

（二）"总录"中的"总集群经录"载自东汉永平十年至唐贞元十六年（67—800）僧俗187人所译著佛典2447部7399卷并附有他们的传记，其中从东汉迦叶、摩腾至唐智升系转载《开元录》的"总括群经录"，但增加梁失译《大佛名经》十六卷、唐法琳《别传》三卷、《续开元释教录》三卷、义净《有部毗奈耶药事》等七部五十卷，以及金刚智、无能胜、法月三人译经九部二十卷，合为19部92卷。自智升编撰《开元释教录》之后，经玄宗朝后期及肃宗、代宗、德宗三朝，追补不空、般若、勿提提犀鱼、尸罗达摩五人译经120部224卷。

特别应当指出的是，密教高僧金刚智奉敕回归并逝世的时间，《宋高僧传》卷一《金刚智传》作开元二十年（732）。《贞元录·总录》（载卷十四）不仅补充了金刚智生前所译四部七卷经，而且在为所附传记中，引述集贤院吕向撰写的比较详细介绍金刚智入唐以前的生平；又引述了混伦翁撰写的《金刚三藏塔铭并序》，明确地说金刚智在开元"二十四年随驾西京，二十九年有敕放归本国，行至东都现疾告终"。此与赵迁所撰《不空三藏行状》的记载是一致的。

因为不空在唐肃宗、代宗朝的崇高地位，《贞元录》对不空的传记写得最为详细，从卷十五、卷十六两卷皆介绍不空的译经及其事迹，不仅有他译的经录，也有肃宗、代宗的多件诏敕和不空的奏状。这些记载与圆照所编《代宗朝赠司空大辩正广智三藏和上表制集》为了解当时朝廷崇奉密教情况和唐朝在"安史之乱"之后的社会政治和宗教文化背景提供了宝贵的资料。

（三）"别录"中的"分乘藏差殊录"的"有译有本"、"有译无本"、"支派别行"、"删略繁重"、"补阙拾遗"、"遗伪再详"、"伪妄乱真"七录与《开元录》，虽大部分相同，但也有一些增减。其中"有译有本"、"有译无本"增加了经籍，而"伪妄乱真录"中把隋信行所撰三阶教著作35部44卷目录全部删掉。

（四）卷二十九、三十的"入藏录"收大小乘经律论及贤圣集传共1258部5390卷（510帙），比《开元录》增加182部342卷（30帙），又别附"不入藏目录"有118部247卷。

五代时期，南唐保大三年（945），西都（今南京）右街报恩禅院禅僧恒安编撰《大唐保大乙巳岁续贞元释教录》（简称《续贞元录》）一卷，共收于《贞元释教录》中未载录的佛教经律论及念诵法、经录等140部413卷的目录。其中有唐李通玄著《新华严经论》四十卷、彦悰集《释法琳别传》三卷及沙门从梵编撰《一切经源品次录》三十卷等。

进入宋代以后，自宋太祖开宝四年（971）至太宗太平兴国八年（983）雕印的《开宝藏》是以唐《开元录·入藏录》为依据的。此后朝廷设立译经院（后改传法院）翻译佛经，奉敕陆续编入大藏经，编撰的经录有《大中祥符法宝录》、《天圣释教总录》和《景祐新修法宝录》。①

唐宋以后，在经录编撰体例方面值得注意者：

一是元代至元二十四年（1287）庆吉祥等撰《至元法宝勘同总录》十卷，按元版藏经目录为序，把藏汉两种文字的佛典进行互校，注明二者异同、有无、多寡并用汉字音译佛典梵语题目等。

二是明代天台宗名僧智旭（1599—1655）著《阅藏知津》四十八卷②，对1773部佛典作解题，注明书名、卷数、译著者，并就其内容作提要介绍；还提出新的佛典分类法，把佛典分为经、律、论、杂四部分，每部分又各分为二，经、律、论各分大小乘，其中大乘经按天台宗"五时"判教次序把大乘佛经分为华严、方等、般若、法华、涅槃五大部。

---

① 详见杨曾文著《宋代的佛经翻译》，载杨曾文、方广锠编《佛教与历史文化》，宗教文化出版社2000年版。

② 其中总目四卷。清光绪十七年（1891）南京金陵刻经处校订重印的《阅藏知津》共二十册，第一册是总目。

方等部之中包括"显说"与"密咒"两部分，而秘密部诸经归"方等密咒部"所摄。"杂藏"之中有西土撰述与此方撰述两部分。这种分类法为日本近代编印大藏经参照采用。

第四节　唐朝的佛教史书著作

在唐朝社会经济文化高度发展的总形势下，佛教文化也取得前所未有的高峰，佛教史书的编撰是其中取得成绩较多的领域之一。这些史书体裁、内容多样，既有继前代僧传的续编，也有汇总以往及唐前期儒、释、道三教争论的文献，还有反映某些佛教信仰、佛经传播历史和影响的专题撰述。

一　法琳及其《辩正论》

法琳（572—640），俗姓陈，原籍颍川郡（治今河南许昌），远祖随宦寓居襄阳，自幼出家，周游各地访师问道。在隋开皇十四年（594）夏，隐居青溪山鬼谷洞（在今湖北当阳市玉泉），广读佛儒书典，知识渊博，编撰《青溪山记》。在仁寿元年（601）入关游历今陕西一带，看到道教日渐兴盛，为深入了解道教，便著发改穿道士服装，潜心钻研儒、道经典。在义宁初年（617）假借道士身份进入道观，对道教自汉末张道陵和张鲁、张衡父子（三张）及东晋葛洪等人相继倡导和发展的道教各派及其教义、经典，所谓"三清秘典"、"九府幽微"①，作了全面系统的调查与研究。唐太祖武德初年（618）重新回归佛教。

太史令傅奕（554—639）尊尚老庄和儒书，厌恶佛教，在武德四年（621）上废佛奏章十一条，批评佛教"妄说罪福，军民逃役，剃发隐中，不事二亲，专行十恶"；应强制僧众还俗，为国家输租效力。武德七年（624），再次上疏请求废佛，并将奏状四处散发，以致一时之间"京室闾里，咸传秃丁之消；剧谈席上，昌言胡鬼之谣"，对佛教造成很大冲击。高祖将他的奏议付群官议论，但支持者甚少。法琳向朝廷陈述反对意见，说佛教"虽形阙奉亲，而内怀其孝，礼乖事主，而心戢其恩，泽被怨亲，

---

① "三清"指道教尊奉的最高神：元始天尊（玉清）、灵宝天尊（上清）、道德天尊（太清）；九府，指九座洞府，泛指道教所奉各类神仙。

以成大顺"；后又撰写《破邪论》对傅奕奏状进行详细批驳，说佛教"近则安国利民，远则超凡证圣"，"冥卫国家，福荫皇基"，断无废退的道理。在这期间，僧普应著《破邪论》、门下典仪李师政著《内德论》、《正邪论》皆对傅奕的奏议进行驳斥。

继傅奕之后，京城道士也有积极响应者。李仲卿著《十异九迷论》、刘进喜著《显正论》批评佛教。在这种形势下，法琳怀着护法的情热，广引儒、道二教和佛教典籍，撰写《辩正论》八卷进行系统的反驳和论证。

然而这一切并未消除唐高祖对佛教的疑忌和削弱佛教的念头，武德九年（626）五月下诏"沙汰"僧尼，规定京城留寺三所、观二所，各州留寺一所。当年六月发生"玄武门之变"，秦王李世民杀皇太子建成、齐王元吉，不久即位为帝（即唐太宗），致使这一废佛诏令未能实行。唐太宗贞观元年（627）在终南山为唐高祖建置龙田寺。法琳应请前往居住修行，从事撰述。

唐太宗认为皇室李姓是道教所奉教主太上老君（道德天尊）李耳之后，为"宣畅祖风，遵嵩本系"，于贞观十一年（637）正月下诏，虽说"老君垂范，义在于清虚；释迦贻训，理存于因果"，然而本意在尊崇道教而贬抑佛教，规定"自今已后，齐供行立，至于讲论，道士女官，可在僧尼之前"。京城僧众表示异议，推法琳上表陈述，称"今之道士不遵其法，所著冠服，并是黄巾之余，本非老君之裔，行三张之秽术，弃五千之妙门，反同张禹漫行章句，从汉魏已来，常以鬼道化于浮俗，妄托老君之后，实是左道之苗。"然而唐太宗不为所动，命官员强制僧众必须服从。

贞观十三年（639），道士秦世英向朝廷列举法琳所著《辩正论》所述批判道教的内容，告发法琳"谤讪皇宗，罪当罔上"。太宗大怒，下诏严厉训斥，说"毁我祖祢，谤黩我先人，如此要君，罪有不恕"，敕命刑部尚书刘德威、礼部侍郎令狐德棻等官员按《辩正论》各章内容严加审问。太宗听报审问结果之后，又亲自审问法琳。法琳仍不屈服，在回答中竟称"拓拔达阇，唐言李氏，陛下之李，斯即其苗，非柱下陇西之流"。太宗谓法琳"爬毁朕之祖祢，谤黩朕之先人"，决意加以严惩。降敕借《辩正论·信毁交报篇》中有"念观音者，临刃不伤"的话，命有司监督法琳念七天观音，到七日后处决时，看他能否避免伤害。七日后，法琳对官员说皇帝征战救民，施政治国，功德无量，即为观音、势至菩萨，"论功比德，上圣道齐"，因此"七日已来，唯念陛下"。太宗知后，虽赦其死罪，然而仍命将他迁徙四川为僧。贞观十四年（640）秋七月，法琳行至百牢关菩提寺时因病逝世，年六十九岁。①

法琳与秘书监、弘文馆学士虞世南（558—638）友善，义同金兰。法琳所撰写的诗赋碑志、赞颂箴诫、记传启论及三教系谱、大乘教法等，由虞世南编为三十卷，并为之序②。此集虽收《破邪论》，然而尚未提到《辩正论》书名。在虞世南逝世的第二年，法琳因《辩正论》而遭审问。

《辩正论》八卷，前面有弟子陈子良撰的序，说"论凡八卷十二篇二百余纸，穷释老之教源，极品藻之名理，修述多年，仍未流布"。可见此序当著于《辩正论》流传之前。

到底《辩正论》编撰与流布于何时？彦琮撰《唐护法沙门法琳别传》卷上所载"高祖脱屣万机，文帝（按：唐太宗）摄政"之后法琳向右仆射蔡国公杜如晦借书的信，说"今重修《辩正》，颇为经书罕备，史籍靡充，虽罄短怀，未知克就。……意者但是诸子杂书，及晋宋已来内外文集，与释典有相关涉处，悉愿披览。"③杜如晦《答法师书》谓"瞩傅奕之狂简，已制《破邪》；遇刘、李之讹言，将修《辩正》"，表示愿意借书，做他"护法"，"博采所须，广寻其要"。据《旧唐书·太宗本记》，武德九年（626）六月唐太宗率将兵杀太子建成，立为太子，"庶政皆断决"，八月即位。杜如晦于此年七月被封为蔡国公，贞观三年（629）进封尚书右仆射、刑部尚书，四年正月去世。据此可以推测，法琳于武德七年（624）在道士李仲卿著《十异九迷论》、刘进喜著《显正论》之后开始撰写《辩正论》，在唐太宗即位后，贞观三年至四年（629—630）向"尚书右仆射蔡国公"杜如晦借书修补《辩正论》。弟子陈子良当在此后为此书写序。可以推测，在贞观十三年（639）九月法琳被囚禁受审之前，《辩正论》在社会上曾流行，而在此后已难以在世上公开流行了。

---

① 以上据唐彦琮撰《唐护法沙门法琳别传》、道宣《续高僧传》卷二十四《法琳传》、《智实传》附《普应传》（以上载《大正藏》第50册）、道宣《广弘明集》卷十一至卷十四"辩惑篇"（《大正藏》第52册）、《旧唐书》卷七十九《傅奕传》，并参考法琳《破邪论》、《辩正论》有关部分。

② 此序附《唐护法沙门法琳别传》卷末，亦载法琳《破邪论》卷首。

③ 此信亦载《辩正论》之后，署题《与尚书右仆射蔡国公书》。

《辩正论》由十二篇组成，请看下表：

表1—4—1

卷数	篇名
一	三教治道篇第一（上）
二	三教治道篇第一（下）
三	十代奉佛篇第二（上）
四	十代奉佛篇第二（下）
五	佛道先后篇第三；释李师资篇第四
六	十喻篇第五；九箴篇第六；气为道本篇第七
七	信毁交报篇第八；品藻众书篇第九
八	出道伪谬篇第十；历世相承篇第十一；归心有地篇第十二

全书表述主要采取问答体，问者为"上庠公子"（简称公子），或"儒生"，实际代表既通晓儒学，又了解并支持道教，对佛教也略有所知的儒者，乃至当政者；答者为"考古通人"（简称"通人"）、"开士"，是作者自况。卷五《释李师资篇第四》所说"儒生肉袒叩头矫手而舐足曰：余请罪矣，余请罪矣"，是作者幻想辩论得胜对手认输的情景。至于卷六《气为道本篇第七》、卷八《出道伪谬篇第十》斥责道士无知，"保伪为真，良可羞耻"，"偷佛经为其伪典"的"占衡君子"或"君子"，则是作者想象同意并支持他的儒者士大夫。在卷六《十喻篇第五》、《内九箴篇第六》，是针对道士李仲卿的"十异"、"九迷"所作的批驳。

书中涉及内容十分广泛，现仅作简单介绍：

卷一、卷二的《三教治道篇》上下，借回答上庠公子的批评和质询，对儒、佛、道三教作系统论释，基调是肯定儒学以忠孝为核心的纲常名教治国，道教以道德教人"远害全身"，佛教以慈悲"利生救苦"，称三者如同日月星三光，鼎有三足。对佛教作系统介绍之后，在回避对老子作彻底否定的情况下，将重点放到对张道陵和张衡、张鲁等人发展起来的道教作全面批判上，甚至用所谓"鬼道"、"伪经"、"秽术"等丑化词汇对道教进行讥讽和攻击，有时将道士等同于西汉末年张角利用太平道起义的黄巾军，称其为"黄巾"，予以否定。

卷三、卷四的《十代奉佛篇》上、下，对包括晋（西晋、东晋）、宋世、齐世、梁世（包括后梁）、陈世、元魏（包括西魏）、高齐、周世、隋、大唐在内的十代的帝王、三公、宰辅、儒者、著名居士信奉佛教的事迹，作了比较全面而概括的介绍。涉及的内容有历代的佛教政策和兴佛举措，包括建寺、译经、僧尼数字等。这一部分为后人了解和研究这十代佛教史提供了极为珍贵的资料，可以与其他佛教史料互为借鉴和补充。

卷五的《佛道先后篇》、《李师资篇》，是借开士回答儒生的质疑和道教的《老子化胡经》、道士潘诞的奏文，驳斥道教宣称老子入天竺"化胡作佛"及"佛由道成，道是佛之父师，佛乃道之子弟"等说法，说应是"佛先道后"，"佛是道父"等。这一话题是南北朝以来佛道争论的继续。最后以称"儒生肉袒叩头"、"请罪"而结束。

卷六的《十喻篇》、《九箴篇》两篇是因道士（称之为黄巾）李仲卿写《十异九迷论》（所谓外论）神化老子（老君）而贬抑佛陀的而作，以《十喻》、《九箴》作针锋相对的批驳。《十喻》引用佛教的经典、传说将老子与佛陀加以比较，从二人的诞生、长相、教义等方面，贬称老子非为圣人，道教"非正说，尤假谬谈"，说"佛为圣主，道与俗乖，服貌威仪，不同凡制"，佛教优于道教等。《九箴》针对道教说周史无佛教记述、佛教传入后没见有成佛者、"傲慢君王"、"不仁不孝"、"不织不耕"、"不妻不娶"等，进行系列反驳，辩说佛教有益治国，无违忠孝，佛非老子所化，引北齐颜之推《颜氏家训·归心篇》说"佛家三世之事，信而有征"，宣称佛教"非尧舜、周孔、老庄所及"。《气为道本篇》说气是天地万物之根本，道教所奉之"道"本从气和自然所生，则属有所待之物，"既因他有，即是无常"，又借所谓"占衡君子"之口，批评道教对道君、大罗天、玉京等的说法皆属"谬谈"，斥道士是"无识黄巾"，"保伪为真，良可羞耻"。

卷七《信毁交报篇》借开士答释儒生对造像、写经、持斋、行道及念地藏、观音菩萨是否真有报应，能否"行善得祸，作恶无殃"的疑惑，引证佛经及《感应传》、《宣验记》、《幽明录》等书，特别突出观音菩萨救苦救难的灵验传说，肯定佛菩萨佑护众生和善恶报应的说教，谓"善恶有归，报应无爽"。《品藻众书篇》先借通人野老之口，对以儒、道二教在内的"六书七籍，百氏九流"进行介绍，赞扬忠孝信义，然后以开士名义介绍佛经，称儒道百家"语未涉于空空，事终沦于有有"，毕竟未为"尽善"。

卷八《出道伪谬篇》对所称道教改佛经为道经，盗用佛教教义，教男女交接（合气）之道、虚构天尊神灵、以诸子书为道书等十项，进行批判，称之为"十谬"。《历代相承篇》，对道教引进佛教的密迹力士、金刚力士等护法神灵，以及道士服装、节日、礼仪等，进行批评，建议朝廷组织三教学者"详检内外经史，刊定是非"，制定真实的道经目录。《归心有地篇》收录梁武皇帝《舍道敕文》，与道宣《广弘明集》卷四所载《舍事李老道法诏》大体相同。

法琳所撰《破邪论》、《辩正论》，内容涉及面很广，引证大量历史事实、历代佛教状况、重要佛教人物、三教文献和教义等方面的资料，是研究中国佛教史的重要文献，其中《辩正论·十代奉佛篇》为信凭性较高的佛教史料之一。

二　道宣《广弘明集》

从魏晋至隋唐是中国从长期分裂走向南北统一的重要时期，是经历空前规模的民族大融合之后经济、政治和文化大发展的时期。在这个伴随着战争、混乱、民族流动迁徙等现象，最终走上大一统的历史过程中，作为中华民族传统文化三大支柱的儒、释、道三教，经过反复地相互碰撞、比较和激烈对抗、相互吸收和会通，在促进各自发展的同时，从整体上极大地充实和丰富了中华民族的文化宝藏。梁僧祐《弘明集》、唐道宣《广弘明集》所编录的文献从不同角度和层面生动记述这个时期三教交涉互动的关系，既反映了佛教富有活力地蓬勃传播和发展的历史，也反映了佛教继续通过与以儒、道传统文化碰撞和会通，不断扩大传播阵地和社会影响的事实。

唐代南山律宗创始人道宣也是著名佛教史学家。他为补续梁僧祐的《弘明集》而编撰《广弘明集》三十卷，同样以弘法护教为基本宗旨。然而此书在编排结构上与《弘明集》有所不同。《弘明集》仅分卷而不将所收文章分类，《广弘明集》则将文章分为十大类（篇），编排于各卷之内。十篇是：归正篇、辩惑篇、佛德篇、法义篇、僧行篇、慈济（序作"慈恻"）篇、诫功篇、启福篇、悔罪（序作"灭罪"）篇、统归篇。

道宣还将《弘明集》文章也作如此分类，并置于《广弘明集》中除慈济、悔罪两篇之外其他各篇目录之前。例如《广弘明集·归正篇第一》，首先列出"梁弘明集·归正目录"，包括梁明僧绍《正二教论》等八篇，然后才是《广弘明集》的篇目。道宣在各类目录前皆加小序以阐明自己的观点。从《广弘明集》所编录文章可以看到如下几点：

除去卷一所载伪书所载"商太宰问孔子圣人"（《列子》）、"佛为老师"（《老子西升经》等）不计外，从东汉明帝（汉显宗）佛教传入时佛道斗法传说，经魏晋、东晋十六国、南北朝、隋，直至唐高宗时，时间跨度达600多年。在这期间，中国经历了战乱、分裂和实现南北统一的历史时期。

与《弘明集》一样，《广弘明集》所收文字的作者除名僧外，儒者士大夫占很大比重，此外尚有历代帝王的作品。从作者的时代来看，东晋十六国和南北朝时期的作品数量最多。

从文字的体裁来看，散文占最大比重，有论、书、表奏、序、行状，此外尚有赞、铭、诗偈、赋、谏，以及数量可观，具有重要史料价值的反映朝廷佛教政策和重大措施的帝王诏敕等。

从内容看，几乎涉及了此期间佛教史上的一切领域的问题，然而最多的是儒、释、道三家围绕佛教兴废和三教关系的论争，所收著作自然是以澄清、驳斥对佛教怀疑、讥讽和攻击的"护法"、"弘教"的文字为主。此外是围绕灵魂不灭等问题的争论。下面略作介绍。

（一）佛、道二教的论争

北周武帝在正式降诏废佛（574）之前，曾多次召集儒释道三教学者及群臣围绕三教优劣问题进行讨论。《续高僧传》卷二十三《北周道安传》记载，司隶大夫甄鸾奉武帝之命，"详佛道二教，定其优劣、浅深、同异"。在北周天和五年（570）将撰写的《笑道论》三卷"三十六条"上奏，自谓"三卷者笑其三洞（按道教经典分洞真、洞玄、洞神三部）之名，三十六条者笑其经有三十六部"。文章对道教的《老子化胡经》、《文始传》、《化胡消冰经》等伪经及其庞杂的天地神仙鬼怪之说、修炼服丹成仙之说和大量编造道教经典的做法，以极其尖刻的语调加以讥笑挖苦。《笑道论》反映了北朝佛、道二教争论的主要内容，从中可以了解当时道教依据的经典、道教教义和修行方术等，对研究北朝社会和宗教文化皆有参考价值。（此论载《广弘明集》卷九）

此外，北周学僧道安适应佛、道二教争论的形势，撰写《二教论》十二篇上奏北周武帝，对三教详加评论。提出所谓"三教"，实质只有佛儒二教，"释教为内，儒教为外……详览载籍，寻讨源流，教唯有二，宁得有三"？引证《汉书·艺文志》，称即使阴阳、法、名、墨、纵横、杂、农诸家也皆属"儒宗"。说佛教属出世之教，在思想方面优于"方内之教"的儒、道二教。并且有意将老庄的道家与三张（东汉张陵、张衡、张鲁）、葛洪的道教分开，说"老子道经，朴素可崇；庄生内篇，宗师可领"，而其他的道经则"徒诡惑生民，败伤王教"，或篡改自佛经，或纯属伪造。（载《广弘明集》卷八）

唐初，太史令傅奕先后七次上书唐高祖排佛，建议废佛（《广弘明集》卷六、卷十一），对佛教冲击很大。唐高祖下令整顿裁减佛、道二教，引起佛、道二教空前规模的激烈争辩。道士李仲卿、刘进喜分别著《十异九迷论》、《显正论》批评佛教。为此，僧法琳上书力辩，先后撰《破邪论》、《辩正论》进行驳斥。绵州振响寺沙门释明概撰《决对傅奕废佛法僧事》（并表）、门下典仪李师政撰《内德论》也对傅奕进行激烈批驳。（《广弘明集》卷十一至卷十四"辩惑篇"）

（二）朝廷废佛

随着佛教的广泛传播和发展，必然在政治上、经济上与以皇帝为首的封建国家之间产生矛盾冲突，在思想上也容易引起与以儒家为代表的传统文化、道教的矛盾激化，以致招致朝廷下令禁毁佛教（"灭佛"）之举。历史上北魏太武帝、北周武帝、唐朝武宗和五代后周世宗都曾降诏禁毁佛教，史称"三武一宗"灭佛，曾对佛教造成极为严重的打击。

北魏太武帝（424—452年在位），从太平真君五年（444）下诏限制佛教，说佛教，禁止王公以至百姓私自供养沙门。翌年（445），因在长安一寺院发现兵器、造酒器具、财物和窟藏妇女，下诏大规模灭佛，诛杀沙门，焚烧寺院经像。然而由于监国秉政的太子拓跋晃缓宣诏书，使很多沙门闻讯远逃，部分经像得到隐藏，但北魏境内仍有大量僧尼被杀，寺院佛经毁灭殆尽。

鲜卑宇文泰之子宇文觉在557年代西魏称帝，国号周，建都长安，史称北周。北周武帝（561—578年在位）在思想上崇尚儒家，重用儒者，按照《周礼》改革官制，经常召集群臣研究富国强兵之道。当时佛教已很强大，僧尼达200万人，佛寺30000余所。武帝要统一北方，采取的措施之一就是"求兵于僧众之间，取地于塔庙之下"。建德三年（574）命僧人、道士辩论二教的优劣，不久下令禁断佛教与道教。这次灭佛与北魏太武帝灭佛不同，一是对佛、道二教皆禁止；二是虽毁坏寺院，焚毁经像，但并不屠杀沙门，只是迫使他们还俗为民；三是设立"通道观"，提倡"会通三教"，但强调以儒家为正统。建德六年（577）北周灭北齐，又下令在原来北齐境内禁断佛、道二教。

北魏、北周两次灭佛事件，在《广弘明集》的"辩惑篇"中载有多种相关文献，如北魏太武帝《击像焚经坑僧诏》、北周武帝《大集道俗废立二教议》、《废二教立通道观诏》、《废二教已更立通道观诏》、沙门静影慧远《周祖平齐召僧叙废立抗诏事》及王明广《周祖天元立对卫元嵩上事》等（载《广弘明集》卷八至卷十）。在"叙列代王臣滞惑解"中，对历代排佛的代表人物，如北周卫元嵩、南朝宋慧琳、南齐顾欢、唐傅奕等人，皆列有传记。（《广弘明集》卷七）

（三）朝廷兴佛

北周武帝死后，宣帝开始恢复佛教。静帝时，身居丞相之位主持朝政的杨坚扶持佛教，废周建隋即位（隋文帝）后，继续奉行兴佛政策。仁寿元年（601）至仁寿四年当中，三次派僧、官员到各州奉送舍利，敕建塔安置供养，有力地推动了佛教的传播和发展。在《广弘明集》卷十七所载隋文帝《隋国立佛舍利塔诏》、隋著作郎王邵《舍利感应记》、安德王杨雄《庆舍利感应表》（并答），对此作了详细记述。

隋文帝在开皇元年（581）下诏为父杨忠（武元皇帝）曾作过战的地方襄阳、隋郡、江陵、晋阳各立寺一所，建碑颂德；此后下诏在当年平定北齐的相州战场立寺一所，立碑纪事。对此，《广弘明集》卷二十八载有《隋文帝为太祖武元皇帝行幸四处立寺建碑铭》及《隋高祖于相州战场立寺诏》。

唐代属于中国佛教发展史上的鼎盛时期。唐太宗尽管曾自称"朕于佛教，非意所遵"（《通鉴》卷一百九十八），批评"梁武帝父子志尚浮华，惟好释氏、老氏之教"（《贞观政要》卷二十一），然而从治理国家，维护社会安定出发，实际对儒、释、道三教皆采取支持的政策。贞观三年（629）下诏在几个重要征战之地建立佛寺立碑"以纪功业"，并供给"家人、车、牛、田庄"。诏书谓："望法鼓所振，变炎火青莲；清梵所闻，易苦海于甘露"。《广弘明集》卷二十八"启福篇"中所载唐太宗《于行阵所立七寺诏》、《唐太宗为战亡人设斋行道诏》、《度僧于天下诏》皆是记述唐太宗兴佛的重要文献。

（四）灵魂是灭还是不灭

南朝齐武帝次子竟陵王萧子良（460—494），博通经史、黄老之学，又笃信佛教。永明五年（487）任正位司徒，移居鸡笼山，在京都西邸设士林馆，招请四方文人学士来此讲论学问文章，又招致名僧讲论佛法。学士中萧衍（后即位为梁武帝）与沈约、谢朓、王融、萧琛、范云、任昉、陆倕等人号称"八友"。①

范缜（约450—515），博通经史，官至尚书殿中郎、领军长史，曾出使北魏。萧子良在西邸延请文人学士，他也与内，盛倡"无佛"之说，写成《神灭论》，否认佛教的神不灭、因果报应和三世轮回之说，认为人的灵魂（神）依附于身体（形），人死神必灭。当时对佛教的神不灭论造成冲击。萧子良为此集众僧向范缜当面质难，然而未能让他改变观点。②

梁武帝在西邸时曾与范缜为友，即位后有人将范缜《神灭论》奏闻，敕令光宅寺主法云驳斥，并示意群臣驳难。梁朝王公群臣应答者（包括"与公王、朝贵书"的法云）达六十四人，或斥神不灭论为"诡经乱俗"、"异学"、"异端"，或斥为"既违释典。复乖孔教"，"危辩"、"伪言"等等。③驳斥的文章除《弘明集》卷九所载萧琛《难神灭论》、曹思文《难范中书神灭论》之外；《广弘明集》卷二十二还载沈约（441—513，官至尚书令）所著《神不灭义》及《难范缜神灭论》。

道宣还编撰《集古今佛道论衡》四卷，编集从后汉佛教传入至唐高宗时围绕佛教与道教何为优劣、正伪以及兴废等问题争论的文献，对考察和研究佛道二教关系有重要参考价值。

三　道宣《续高僧传》

道宣继南朝梁慧皎编撰《高僧传》之后，编撰了学术史料价值很高的《续高僧传》。

《续高僧传》，也称《唐高僧传》。宋、元藏本为三十一卷，金藏（《赵城藏》）本及高丽藏本为三十卷。明藏（《嘉兴藏》）本虽内容与宋、元诸藏本相同，但分为四十卷。日本所编《大正新修大藏经》（《大正

---

① 《南齐书》卷四十《武十七王·萧子良传》、《梁书》卷一《武帝纪上》。
② 《梁书》卷四十八《范缜传》。
③ 唐道宣：《续高僧传》卷五《法云传》，《弘明集》卷十载《大梁皇帝敕答臣下神灭论》。

藏》）所载《续高僧传》用的底本是东京增上寺收藏的高丽藏本，卷数原是三十卷，然而在相关的卷后已将宋明诸藏《续高僧传》所增加的内容载录，并在每卷加注标明相当宋明诸藏本的卷数。

梁慧皎《高僧传》记述始于东汉明帝永平十年（公元67），终于南朝梁武帝天监十八年（519），前后453年，载正传257人，附传200余人，将所载僧传分为10科：译经、义解、神异、习禅、明律、亡身、诵经、兴福、经师、唱导。道宣生活在实现大一统的唐初，有条件搜集到南北历朝佛教界丰富的史料，所撰《续高僧传》虽称继《高僧传》而作，但对其所载内容作了修正或补充。原序说：

> 始岠梁之初运，终唐贞观十有九年，一百四十四载，包括岳渎，历访华夷。正传三百四十人，附见一百六十人，序而伸之。大为十例：一曰译经、二曰解义、三曰习禅、四曰明律、五曰护法、六曰感通、七曰遗身、八曰读诵、九曰兴福、十曰杂科。

据此，道宣原撰《续高僧传》是从南朝梁初（502）写到唐贞观十九年（645），然而增补了梁天监十八年（519）以前梁朝乃至北朝一些重要佛教代表人物的传记或对已有传记作了补充，当初并未想到写唐贞观十九年以后的史实。全书编撰正传340人，附传160人，分作十科，其中译经、习禅、明律、兴福四科与梁《高僧传》一致，而将义解改为解义，神异改为感通，亡身改为遗身、诵经改为读诵；并适应时代增加护法一科，又将经师、唱导合并为杂科。

道宣逝世于唐高宗乾封二年（667）十月。在编撰《续高僧传》之后，他又继编了《后集续高僧传》十卷。从他所编《大唐内典录》卷十"历代道俗述作注解录"所列自撰书目中将十卷《后集续高僧传》置于三十卷《续高僧传》之后①来看，原计划是将两书并行传世的。然而道宣进入晚年以后已将《后集续高僧传》的内容按类增编到《续高僧传》之中，实际篇幅已超过三十卷或三十一卷，故到刊印明藏本时改为四十卷。现存《高丽藏》载录的三十卷《续高僧传》并承自道宣的初稿本，已经增补传

---

① 唐道世（？—683）所著《法苑珠林》卷一百"杂集部第三"中，也将道宣《后集续高僧传》置于其《续高僧传》之后。

记 85 篇，然而与五代义楚《释氏六帖》所引传记及与宋元藏本对比，明显有所删节，而宋元藏本基本是从承袭原本扩展而成。①

那么，经过增编的《续高僧传》到底收载传记多少？陈垣《中国佛教史籍概论》②统计为正传 485 人，附传 219 人；苏晋仁《佛教文化与历史》统计为正传 489 人，附传 229 人。上海古籍出版社 1991 年影印《高僧传合集》中所载的《续高僧传》是宋元间的三十卷碛砂藏本，"出版说明"谓正传 498 人，附传 229 人。笔者以日本《大正藏》第 50 卷以高丽藏本为底本同时又将宋明诸藏本补入的《续高僧传》为依据，重新作了统计，正传 495 人，附传 215 人。鉴于后世版本变换及内容增补为统计带来困难，这个数字也仅供参考。然而无论哪个数字，正传皆比初传增加 2/5，附传增加 1/3 以上。

道宣所增补传记的主人多卒于初传完成的贞观十九年（645）之后，有的直到道宣逝世前一两年的麟德元年（664）、二年（665）③。

本传不仅是中国佛教史书中的名著，而且因为在记述南北朝和隋唐佛教人物事迹中涉及很多历史、文化的重要人物和事件，因为有很多记述可以用来补正史记载的不足。

1. 道宣在序中介绍在搜集资料和编撰《续高僧传》过程中："或博谘先达，或取讯行人，或即目舒之，或讨雠集传。南北国史附见徽音，郊郭碑碣旌其懿德，皆撮其志行，举其器略，言约繁简，事通野素，足使绍胤前良，允师后听。"可见他或咨询前辈知情者，或向修行者打听，或查阅文集传记，此外调查南北国史、寻查城乡各地的碑碣，从而使所记人物、事件具有很高的可信性。

2. 所记述人物涉及很多历史事件，可以与其他史书的记事互相印证或补充。例如卷五《智藏传》记载，梁武帝曾想"自为白衣僧正，亦依律立法"，直接监管佛教，因接受智藏的劝告则罢。隋文帝从仁寿元年（604）到仁寿四年（604）三次派人向各州送舍利，命建塔供养，在刚统

---

① 参见苏晋仁著《佛教文化与历史》第二部分对《续高僧传》的考察和介绍，中央民族大学出版社 1998 年版。
② 陈垣：《中国佛教史籍概论》，中华书局 1962 年版。
③ 《续高僧传》卷四《玄奘传》："麟德元年告翻经僧及门人曰……行年六十五矣"；卷二十二《明导传》："麟德元年，今上造老子像敕送芒山"；《昙光传》："今麟德二年，东都讲说，师资导达。"

一的隋朝有特殊意义，在昙迁、昙延、辩义、彦琮等人传中皆有记述，可与王邵《舍利感应记》等资料互补。卷二十四《明赡传》记载，隋炀帝曾制条令命僧礼拜皇帝，由于僧明赡带头反对未能实行；唐太宗听明赡讲佛教"以慈救为宗"，下敕在当年战阵之地豳州、晋州、吕州、汾州、洛州、郑州、洺州建寺；卷二十四《智实传》载，唐高祖武德七年（624）秋，突厥入寇（原文称"猃狁孔炽，屡举烽燧"），甚至有迁都之议。在此紧急形势下，有僧法雅奏请在京寺选骁捍千僧别立团队抵御，虽得到朝廷允准，然而因智实激烈反对而未成。卷二十六《法融传》（明藏本）是道宣续初传而成，载武德七年在朝廷平定辅公祏反叛之后，左仆射房玄龄上奏，"入贼诸州，僧尼极广，可依关东旧格，州别一寺，置三十人，余者遣归编户"。平定辅公祏的时间不错，但房玄龄任左仆射是在唐太宗贞观三年（629）。然而传中所引"关东旧格"的内容，仍有参考价值。据卷三十五《法冲传》，玄奘翻译新经，曾主张"不许讲旧所翻经"。法冲反对说："君依旧经出家，若不许弘旧经者，君可还俗，更依新翻经出家。"玄奘遂止。法冲"麟德年七十九"，与玄奘、道宣为同代人。

3. 传内一些记述和引证的文献，为研究佛教史提供珍贵可靠的资料。卷二《彦琮传》记载，引证彦琮著《辩正论》，对前秦道安"五失本、三不易"的译经主张表示赞同，同时提出译经必须具备八个条件（八备）①。卷十六《菩提达摩传》说达摩是在南朝宋朝来华，后到北魏；所引《二入四行论》可以印证后世所传此论广略本的可信性。《僧可传》载达摩教导弟子奉四卷《楞伽经》，说："我观汉地惟有此经，仁者依行自得度世。"并且说慧可"遭贼斫臂"，而非后世禅宗所传是为求达摩传法而自断左臂。卷三十五《法冲传》比较完整地记载了达摩以后世代弘传《楞伽经》的法系。

4. 在每一科传记之后，皆有作者的"论曰"，按类概论所记述的人物事迹、思想，简直就是十篇高度概括的学术论文，特别是译经、义解、习禅、明律四科的"论曰"，对代表性人物和佛学思潮皆有重点提示，对了

---

① 大意是：一有热心传法的精神；二能守戒规；三通晓二乘三藏；四博通经史，善于文词；五拥有谦虚的胸怀，不固守成见；六不追逐名利；七精通梵语；八具备中国文字学的基本知识。

解自南北朝、隋、唐初的佛教情况具有很高参考价值。

5. 隋唐是中国佛教初步实现民族化的时期。本传载有天台宗、三论宗、法相宗、禅宗的创始人的传记，是研究佛教宗派不可欠缺的资料。

四　惠祥《弘赞法华传》和法藏《华严经传记》

隋唐继南北朝之后，佛教界学僧对汉译佛经继续深入研究，并将他们的研究成果整理成书。唐代惠祥《弘赞法华传》、法藏《华严经传记》对佛教界最有影响的《法华经》、《华严经》及其译者、历代流传与研究等情况作了比较详细的介绍。

（一）惠祥《弘赞法华传》

作者蓝谷沙门惠详，生平不详，曾编撰《古清凉传》二卷。所编《弘赞法华传》十卷，设置以下八章，对《法华经》自三国传到中国至唐历代的翻译、流传及信仰、供奉等方面的相关人物、史事和传说作分类介绍。

1. 图像。现仅有记述文字，未载录图像。记述古印度及中国历代修持《法华经》的信众制作象征法华信仰的景观、寺塔及举办以佛菩萨像庄严道场的斋会等十六则记事。

2. 翻译。记述自三国魏至南朝历代翻译《法华经》或其单品的情况及译者传记。最有影响的是西晋敦煌竺法护所译《正法花经》和后秦鸠摩罗什（意译童寿）所译《妙法莲华经》。鸠摩罗什所译本原有七卷二十七品，并且《普门品》无重诵偈。后人将南朝齐法献所译《妙法莲华经·提婆达多品》、北周阇那崛多（意译德志）所译《普门品》的重诵偈收入，才构成后通行的七卷二十八品。还记述三国魏释正无畏尚译《法花三昧经》六卷，又指出齐萧子良的《抄妙法莲花经》、《抄法花药王经》、梁太学博士江泌女所诵出的《法花经》不属于正经。另外对《法华经》的异译、单品经（如《观世音经》）、伪经等也作了介绍。这些资料基本取自历代僧传和经录。

3. 讲解。记述隋唐著名学僧如三论宗创始人吉藏、天台宗灌顶、禅宗牛头宗法融……以及唐代官至左仆射的萧瑀等十二人的讲诵《法华经》及其灵异传说，后面录有讲诵《法华经》的三十三人的名字。

4. 修观。将北齐慧思、隋天台宗创始人智顗及其弟子智璪作为法华止观的修持者，编录他们的传记。

5. 遗身。《法华经·药王菩萨本事品》载药王菩萨前世曾以焚身供养佛和《法华经》，称之为"真精进，是名真法供养如来"。自南北朝至隋唐有很多僧人乃至居士模仿这种做法，或以焚身或以燃臂供养。这里载录了十二人以焚身、残身供养的事迹。

6. 诵持。篇幅最大，占有三卷，载录约八十位僧俗信众诵读《法华经》的事迹及灵异传说。

7. 转读。"转读"非通读，选读每卷的初、中、后数行为转读一遍，以遍数多为功德多。这里载录十二则转读《法华经》的事例及感应传说。

8. 书写。《法华经》记述书写此经的功德。这里载录北齐、隋唐十九则僧俗信众写《法华经》及其感应善报的传说。

在全书载录传记、事例提到的年代中，有唐高宗龙朔、仪凤的年号，"书写"卷之末"释玄际"记事中有唐中宗神龙二年三月一日的记事。可以断定此书编撰不会早于这个日期。由此书并参考其他佛教史书，可以了解自三国至唐《法华经》流传和信仰的情况，某些记事具有传奇文学的色彩。

（二）法藏《华严经传记》

法藏（643—712），字贤首，因祖籍康居（在今乌兹别克国境）以康为姓，年十七岁入终南山跟智俨学华严学。唐高宗咸亨元年（670）武则天皇后之母荣国夫人杨氏逝世，武后为祈冥福建寺度僧，法藏应选正式出家，隶籍于武后所建太原寺，从此受到优遇。他参加于阗僧实叉难陀主持的译场辅助翻译八十卷本《华严经》，又参加中印度沙门地婆诃罗（意译日照）译场助译《华严经续入法界品》，入义净译场助译《金光明最胜王经》等。武则天称帝后，曾奉诏为她讲新译《华严经》，在讲释法界缘起重重无尽、理事无碍道理的所谓"十玄门"、"六相圆融"时，巧用殿上的金狮子为喻，受到赞扬。他借助皇室的支持，在继承杜顺、智俨的华严理论的基础上正式建立了华严宗，代表著作有《华严经旨归》、《华严经文义纲目》、《华严五教章》（《华严一乘教义分齐章》）、《华严经探玄记》、《华严三昧章》、《大乘起信论义记》、《大乘法界无差别论疏》等。

法藏编撰的《华严经传记》，又名《华严传》、《华严经纂灵记》，共五卷，设置十门，对历代《华严经》及其单品的传译、流传、论释及诵读、书写等作分类介绍。据新罗崔致远编撰《唐大荐福寺故寺主翻经大德法藏和尚传》（载《大正藏》卷五十）所载，法藏在编撰此书尚未完成之际去世，由弟子慧苑、惠英等人续成，并加上论、赞。

1. 部类。谓《华严经》是毗卢遮那法身佛对普贤等无量大菩萨所说，按传说谓有三本：上本，载偈无量；中本，有四十九万多偈。二者皆非人间所传。下本，十万偈虽在天竺，也因时缘仅传译了一部分。称晋译六十卷《华严经》为三万六千偈之译本，武周所译为四万偈之译本。

2. 隐显。谓此经乃佛灭之后由文殊结集，在龙宫隐藏六百多年，龙树入龙宫背诵带出人间弘传。东晋支法领从于阗求取其前分三万六千偈，即晋译《华严经》所本。据说佛在七处会众宣说此经，人间有三处，天界有四处。晋译华严仅记七处八会（八次集会，在人间"普光法堂"有两会），而唐新译华严记七处九会（九次会众，在人间"普光法堂"有三会）。

3. 传译。介绍东晋佛驮跋陀罗所译《华严经》六十卷（旧译）；唐印度僧地婆诃罗所译《大方广佛华严经续入法界品》一卷，于阗僧实叉难陀译《华严经》八十卷（新译），详载他们的传记。法藏用以阐释华严宗义的《华严经》是旧译，对此熟悉。在载录的地婆诃罗传中，记述地婆诃罗应他的请求才将《华严经续入法界品》译出，以补旧译第八会"善财五十三参"① 所缺部分。

4. 支流。载录自后汉至唐对《华严经》单品经的翻译、异译及经钞、伪经等。

5. 论释。介绍诠释《华严经》的《十住毗婆沙论》、《十地论》和中国僧俗的论释著作以及相关人的事迹。

在此后的讲解、讽诵、转读、书写四章中，载录历代相关人物传记、事迹。在杂述中载录关于华严著述十五种，其中有法藏的《华严旨归》、《华严三昧观》、《华严纲目》、《华严玄义章》、《华严教分记》。

全书载录的大量人物传记，主要取自《高僧传》、《续高僧传》及历代的经录。然而因为法藏是唐代华严宗的正式创立人，从他的取舍、评述，不仅便于集中了解《华严经》在中国流传的历史和影响，而且也有助于了解他诠释《华严经》的着眼点及其所创立的华严宗的思想。

---

① 《华严经·入法界品》的末会载，善财童子先后参访五十三位（按人次为五十五，有重叠）善知识（师友），旧译仅列四十六位，缺自第四十三善知识天主光天女以下九人。

五 文谂撰《往生西方净土瑞应传》

唐文谂、少康共撰《往生西方净土瑞应传》，也称《往生西方净土瑞应删传》，简称《往生瑞应传》。作者文谂生平不详，少康也许是唐代被称为"后善导"的少康（？—805）①，然而缺乏资料不好最后确定。

佛教史书一般称净土宗为"净土教"、"莲宗"，因为前后没有比较严格的传承关系，对历代祖师没有形成一致的说法。文谂、少康的《往生西方净土瑞应传》是现存最早的一本净土史书，载录自东晋慧远至唐邵愿保等信奉净土法门的僧俗四十八人②的简略传记，虽没明记前后传承世系，然而将东晋慧远列在最前面。据书序："夫以诸佛兴慈，多诸方便，唯往生一路，易契机缘。详往古之志诚，并感通于瑞典，则有沙门文谂、释子少康，于往生论中、高僧传内，标扬真实，序录希奇，证丹诚感化之缘，显佛力难思之用……"可见资料主要取自于以往记载历代净土往生事迹及高僧传记的著述。

现通行日本《大正新修大藏经》第五十一册所载录本。书后有："天德二年（岁次戊午）四月二十九日（庚辰木曜觜宿）延历寺度海沙门日延（大唐吴越州称日赐紫惠光大师）劝导传持写之传焉。"表明此刊本原是据日本平安后期天德二年（958）四月曾到中国求法的比睿山延历寺天台宗僧日延所持之本。此本自然是来自中国五代后期的吴越国。

本书载录的传记虽简短，然而将每个人奉持净土念佛法门的事迹交代得还算清楚，对在中国净土信仰史上占有重要地位的东晋庐山慧远、北魏昙鸾、隋代天台宗创始人智顗、唐代倡导口称念佛的道绰、善导等人皆有介绍。

六 禅宗史书《宝林传》

随着禅宗向社会的深入传播，影响的扩大，以及出于它确立宗门传承祖统和法系的需要，以历代著名禅师的传承世系为经，以记述他们的事迹语录为纬的禅宗史书应运而生。以慧能为祖的南宗在 8 世纪后期迅速兴

---

① 《宋高僧传》卷二十五、宋代戒珠《净土往生传》卷下，志磐撰《佛祖统纪》卷二十六中的记载。

② 虽列四十八人的传记，有的是二人共传，实有五十人。

起，北宗日趋衰微并消亡。在南宗中以马祖的法系和石头的法系在唐后期发展迅速，并且成为禅宗的主流派，到五代时从中形成禅门五宗。9世纪以后由南岳衡山沙门惠炬在慧能当年居住传法的韶州曹溪宝林寺编撰的《宝林传》十卷，记述禅宗所传西土（印度）二十八祖、东土六祖及南岳、石头法系诸祖师的世系和传法事迹，虽掺杂很多虚构成分，然而仍有重要的史料价值。然而《宝林传》现仅有七卷残本传世。

《宝林传》的全称为《大唐韶州双峰山曹侯溪宝林传》，智炬于唐贞元十七年（801）编撰。书中内容虽有不少编造，而且年序有混乱之处，但所述从大迦叶至菩提达摩的二十八代祖师的传承世系和从释迦牟尼佛—大迦叶……直至第二十七祖般若多罗的传法偈等，却为后来宋元诸改编本《六祖坛经》和《祖堂集》、《景德传灯录》、《传法正宗记》等灯史所继承。

《宝林传》从社会上消失七八百年之后，1932年日本佛教学者常盘大定于京都的青莲院发现《宝林传》第六卷，嗣后做了研究；翌年，中国在山西赵城广胜寺发现《金版大藏经》，从中发现《宝林传》的第一卷至第五卷和第八卷。这样，中日两国总共发现七卷。1935年上海影印宋版藏经会和北平三时学会主持将赵城《金藏》中的罕见佛典49部影印，装订为方册本以《宋藏遗珍》的书名发行。其中第三、第四两函收有上述《宝林传》七卷。

《宝林传》发现后，中日两国学者对《宝林传》中的虚构成分、祖统世系说及其在中国禅宗史上的意义等问题进行了十分广泛和深入的研究。陈垣曾对《宝林传》残本作研究，在1942年集成的《中国史籍概论》的卷五发表了他研究的结果。日本柳田圣山在1967年出版了《初期禅宗史书的研究》，其中第五章《宝林传的成立和祖师禅的完成》在吸收前人研究成果的基础上分五节对《宝林传》作了比较全面的论述。胡适在1959年将自己对《宝林传》的研究结果以《跋宝林传残本七卷》的题目发表。从1978年开始，日本驹泽大学佛教学部禅学研究会以完成《慧能研究》的基础上，对反映中国禅宗主流派洪州宗思想的灯史《宝林传》残本各卷进行校勘、注释和翻译，陆续发表，2003年由田中良昭统编为《宝林传译注》出版。

对于《宝林传》在中国禅宗史上的意义，中日两国学者都作了充分的估价，特别指出《宝林传》所编造的西天二十八祖传承世系、"佛祖传法偈"及"谶偈"等，几乎为后来的禅宗灯史《祖堂集》、《景德传灯录》等继承，并且被应用到历代禅宗禅师的传法之中，也通过不同渠道传到社会各个阶层之中，影响是很广泛的。①

此后，唐代还有玄伟《玄门圣胄集》、南岳惟劲《续宝林传》的编撰，然而两书皆已不存，内容大概为五代南唐静、筠二位禅僧编撰的《祖堂集》吸收继承。

---

① 因为笔者在《唐五代禅宗史》（中国社会科学出版社1999年版）第九章"禅宗灯史《宝林传》和《祖堂集》"中已作详细论证，这里仅作概要介绍。

第二章 唐朝的佛教宗派

第一节 法相宗

在隋唐时期成立的佛教宗派中，以玄奘与其弟子窥基成立的法相宗拥有庞杂的名相概念体系，通过细密乃至繁琐的论证程序，对意识和心理活动进行分析、说明和阐释，提出世界万物皆"唯识"所变、"一切唯识"和独特的转识成智的解脱成佛论。

一 玄奘、窥基与法相宗

关于唐代著名旅行家、佛经翻译家玄奘的生平事迹，在前面译经部分已作介绍。玄奘从唐太宗贞观元年（627）离开长安西行求法，辗转经过天山南北道，艰苦跋涉，在贞观四年（630）进入中印度，第二年到达印度最大最负有盛名的佛学中心那烂陀寺。当时主持那烂陀寺的高僧是瑜伽行派著名论师护法（6世纪中叶前后）的弟子戒贤。玄奘师事戒贤，在此学习五年，并且游历五印度各地，访师问学，虽着重学习当时盛行的瑜伽唯识理论，然而对般若中观理论也深加探究，同时在小乘教义方面对说一切有部的理论用很大力量研修。他对因明学、梵语以及声明学、婆罗门教及其他外道的学说，也进行学习、研究。

玄奘在印度周游求法十七年，于唐太宗贞观十九年（645）初回到长安，先后受到唐太宗和高宗的优遇，在朝廷统一组织和支持下翻译从印度取回的佛典，在前后约二十年的时间里，共译出大小乘经典75部1335卷。在这些经典中，大乘般若中观类有6部615卷（内含六百卷的《大般若经》），占译经总卷数的46%，瑜伽唯识经典有21部201卷，占译经卷数的15%。瑜伽唯识经典数量虽不是很大，然而却是玄奘及其弟子弘传的重点，其中重要的有《解深密经》五卷、《瑜伽师地论》一百卷、《显扬圣教论》二十卷、《摄大乘论本》三卷、《大乘阿毗达磨集论》七卷、《辩中边论》三卷、《唯识二十论》、《唯识三十论颂》以及《成唯识论》十卷等。

在玄奘主持译场翻译佛经的过程中，既有朝廷从各地调集来的很多学僧协助，从事诸如证义、缀文、笔受等工作，也有陆续皈依他的弟子参与译经，著名的有神昉、嘉尚、普光、窥基、法泰、道世、慧立和高丽圆测等人。弟子窥基不仅在参与译经中有卓越贡献，而且此后在撰写注疏阐释唯识理论方面也成绩突出，因而被奉为玄奘之后的法相唯识宗创始人。

窥基（632—682），字洪道，俗姓尉迟，是唐初著名武将尉迟敬德（恭）之侄，京兆长安人，后因长住慈恩寺参与译经，世人尊称为慈恩法师。年十七从玄奘出家，在大慈恩寺跟玄奘系统地学习佛法和五天竺语，年二十五应诏协助玄奘译经，并吸收玄奘译经过程中教示为撰写经论注疏。

《成唯识论》，也名《净唯识论》，是对印度瑜伽行派学者世亲（也译天亲）所著《唯识三十论颂》的诠释。玄奘在印度接触到瑜伽行派学者护法等十大论师对这三十颂所作的注释。在护法之外，其他九位论师是：德慧、安慧、亲胜、难陀、净月、火辨，还有护法的弟子胜友、胜子、智月。然而玄奘最赞赏的是护法论师的观点。他在那烂陀寺师事的戒贤就是护法的弟子。唐高宗显庆四年（659），玄奘着手翻译《成唯识论》，弟子窥基与神昉、嘉尚、普光分别负责润色、执笔、捡文、纂义的工作。玄奘原想将十大论师的注释皆译出，后来听从窥基的建议，以译介护法的注释为主。此后，玄奘便命窥基一人协助他将此书译编完成，题名《成唯识论》，署以"护法等菩萨造"。全书按照世亲《唯识三十论颂》的结构顺序分段介绍护法的阐释，而将其他论师的观点以"有义"的方式简要地掺杂到相关部分，并对有的观点予以简评，如"不应理"、"未尽理"或"不违圣说"等。

窥基此后参照玄奘在翻译过程中的教示，撰写了《成唯识论述记》。序中说："斯本汇聚，十释群分，今总详译，糅为一部"；卷一（本）说："制此释者虽十论师，于中护法声德独振，故此论题特以标首。此师所说最有研寻，于诸义中多为南指。"① 说明《成唯识论》是以护法注释为主，同时杂糅其他论师的观点译编而成的。窥基还撰有《成唯识论掌中枢要》四卷，弟子惠沼撰有《成唯识论了义灯》十三卷、惠沼弟子智周撰有《成唯识论演秘》十四卷，皆是诠释《成唯识论》的。窥基所著《大乘法苑义林章》七卷，从佛法整体的角度，对法相唯识宗的教义体系，诸如判教、唯识理论、修行解脱论等作了比较详细的阐释。

窥基治学勤奋，撰述很多，有"百本疏主"或"百部论师"之称。佛经注释有《大般若波罗蜜多经般若理趣分述赞》三卷、《金刚般若经赞述》二卷、《般若波罗蜜多心经幽赞》二卷、《妙法莲华经玄赞》二十卷、《胜鬘经述记》二卷、《阿弥陀经疏》、《阿弥陀经通赞疏》三卷、《观弥勒上生兜率天经赞》二卷、《说无垢称经疏》十二卷、《金刚般若论会释》三卷；唯识论书注释除前面提到的外，尚有《瑜伽师地论略纂》十六卷、《杂集论述记》十卷、《唯识二十论述记》二卷、《辩中边论述记》三卷、《百法明门论解》二卷。此外，部派佛教论书注释有《异部宗轮论疏述记》；因明注释有《因明入正理论疏》三卷等。

窥基在玄奘逝世十七年，即唐高宗永淳元年（682）于长安慈恩寺逝世，年五十一岁，弟子葬其遗骨于樊村北渠玄奘法师茔陇之侧。②

二 法相宗的判教论

隋唐相继成立的佛教诸宗一般皆提出自己的判教理论，目的是为弘扬自己信奉、倡导的佛典或教说提供佛法证明，是借助对佛法总体的分类、高低优劣的评述提出立教开宗的依据。

法相宗的判教理论，主要依据并发挥玄奘所译《解深密经》卷一、《瑜伽师地论》卷七十三等。窥基所著《成唯识论述记》卷一、《大乘法苑义林章》卷一对法相宗的判教论有比较集中的论述，将释迦一代教法判为有、空、中道三时，而将唯识学说置于第三时，称为"中道教"，认为是最优越的佛法。

---

① 载《大正藏》第43册第229页中、第232页上。
② 窥基传记，载赞宁《宋高僧传》卷四，传说窥基出家前向玄奘约定"不断情欲、荤血、过中食"；出行有"三车自随，前乘经论箱帙，中乘自御，后乘家妓、女仆食馔"，被称"三车和尚"。此与窥基所写经序不一致，情节也不合常理，兹不取，同意赞宁观点，是"厚诬"与"臆语"而已。

第一时是有教。谓佛为破除众生"迷执有我",成道后先在鹿野苑为"声闻"(谓闻佛之声教而修行入悟者)小乘人说《阿含经》等,宣示四谛、十二因缘、五蕴等法,是为佛第一时宣述"我空"的教理。小乘人虽知我空,却不知法(和合为人的五蕴)亦空,"于诸法迷执实有",不求进取修持大乘佛法。

第二时是空教。谓佛为破除小乘人对诸法实有的迷执,在灵鹫山等地宣说《摩诃般若波罗蜜多经》等,开示诸法皆空之理,使具有中等根机的人体悟法空,从而舍弃小乘而信奉大乘。这是佛在成道后第二时开示法空之说。于是有人认为既然"诸法性相都无",便否定一切,不知"何所造修,何所断舍"。①

第三时是中道教。谓佛为破除有人执著于空,否定一切,便在宣说《解深密经》的场合,说一切法唯有识等。说心外法无,破除对有的迷执;说内识非无,一切唯识,则破除对一切皆空的迷执。这样,"离有、无边,正处中道",是为佛第三时讲识外境空之说,即"非空非有中道教"②。

根据这种判教说法,唯识学说属于第三时的中道之教,是真"了义"的"非空非有中道教"。这是法相宗提出三时判教学说的真实目的所在。

三 法相宗的唯识理论

法相宗是依据并发挥印度大乘瑜伽行派的唯识学说创立的。据窥基《成唯识论述记》卷一(本)介绍,唯识经典主要有六经和十一部论,然而其中有的经论没有传译进中国。下面对这些经论连同译者一并介绍。

六经包括:《华严经》(有晋佛陀跋陀罗、唐实叉难陀两种译本)、《解深密经》(有北魏菩提流支、唐玄奘两种译本)、《如来出现功德庄严经》(未传译)、《大乘阿毗达磨经》(未传译)、《楞伽经》(有南朝宋求那跋陀罗、菩提流支、实叉难陀三种译本)、《厚严经》(或谓未传译,或谓即《大乘密严经》);十一部论:印度弥勒述《瑜伽师地论》(玄奘译)、印度无著著《显扬圣教论》(玄奘译)、无著著《大乘庄严经论》(唐波罗颇迦罗蜜多罗译)、印度陈那著《集量论》(唐义净译本已佚,现

---

① 引号中的文字是引自窥基《大乘法苑义林章》卷一,载《大正藏》第45册第249页上。
② 引自《大乘法苑义林章》卷一,载《大正藏》第45册第249页上。

有藏语译本。近人吕澂据以辑译有《集量论释略抄》、法尊译有《集量论略解》)①、无著著《摄大乘论》（北魏佛陀扇多、南朝梁真谛、玄奘三种译本）、印度世亲著《十地经论》（菩提流支译）、弥勒述《分别瑜伽论》（未传译）、陈那著《观所缘缘论》（玄奘译）、世亲著《唯识二十论》（菩提流支、真谛、玄奘三种译本）、世亲著《辩中边论》（真谛、玄奘两种译本）、无著著《阿毗达磨集论》（玄奘译）。

实际上，在这些经论中，对唯识学说论述比较集中和系统的佛经有《解深密经》，大乘论书有《瑜伽师地论》、《摄大乘论》等。至于《成唯识论》，虽未列入上述唯识论书之内，然而它是玄奘、窥基在吸收上述经论的唯识内容并以印度护法为重点的十大论师的见解编译的，对唯识学说作了最为完整而系统的论述。窥基《成唯识论述记》、《成唯识论掌中枢要》、《大乘法苑义林章》，以及惠沼《成唯识论了义灯》、智周《成唯识论演秘》等，都是了解和研究法相唯识学说的重要参考著作。

法相宗最重要的教义理论是以阿赖耶识为中心的八识和种子说、论证"一切唯识"的三自性和三无性说、"转依"和转识成智的修行解脱论以及五种姓各别的思想。

（一）阿赖耶识为中心的八识、四分和种子说

中国法相宗移植自印度的瑜唯识学派，以其庞杂的名相概念体系和细密乃至带有烦琐倾向的心理和精神现象分析而著称。

以往的佛教，从原始佛教、部派佛教，直至大乘佛教的形成和盛行，皆对意识、心理活动和精神现象十分重视，然而只用眼、耳、鼻、舌、身、意六识来表述人的感觉和意识。其中具有主体意识和对自身、周围环境具备认知动能、作用的只有六识中的第六识——意识，在有场合也称为心。认为意识（心）中潜藏着贪、瞋、痴（无明）"三毒"或"根本烦恼"是造成众生各种苦恼、不能摆脱生死轮回的根本原因。几乎佛教的一切修行解脱主张都是围绕如何驾驭控制意识（心），如何克服和断除意识中贪、瞋、痴而展开的。然而大约在进入四五世纪，印度佛教在继大乘中观学派之后，出现瑜伽唯识学派，以传说的弥勒菩萨和出身小乘说一切有部的学者无著、世亲兄弟等人为代表，通过撰述论书，对传统的心识理论有很大开拓和创新，提出了系统的法相唯识学说。中国法相宗特别重

---

① 蓝吉富主编，台北华宇出版社1986年出版《大藏经补编》收载于第九册。

视的《成唯识论》正是按照世亲《唯识三十论颂》的框架，主要援引护法论师的见解对唯识心性理论作了系统的论述。

法相唯识学说是在传统的六识，即眼识、耳识、鼻识、舌识、身识、意识之外增加了二识，实即按照原第六意识的功能和作用将它分为三识：意识、末那识、阿赖耶识，加上前五识成为八识。《成唯识论》卷一称此八识具有变现"外境"（包括主体的"我"、万事万物的"法"）的功能，所以称为"能变识"。又进而将此八识分为三类：一是"异熟识"，指第八阿赖耶识；二是"思量识"，指第七末那识；三是"了别境识"，指眼耳鼻舌身意六识。

何谓阿赖耶识？它被描绘为人的精神主体、主宰，《成唯识论》卷二说："有情（按：主要指人）执为自我"。佛教认为人的灵魂不灭，死后灵魂承载着生前的善恶业因在六道轮回。在法相宗那里，阿赖耶识也指承担着业报轮回的灵魂。

法相宗用"三相"来解释阿赖耶识的功能和特性：一是"自相"，称为阿赖耶识。"阿赖耶"意为藏，藏东西的场所，例如仓库。此为储藏精神性种子的场所。就"藏"来说，又具有"能藏"、"所藏"和"执藏"三个含义。"能藏"与"所藏"是指它摄藏一切善、恶、无记（非善非恶）的精神种子（能藏与所藏不二）；"执藏"是指第七末那识常把阿赖耶识执为"自我"。二是"果相"，名为"异熟（果报）识"，说它藏有的善恶"业种"（行为造成的潜在精神功能、报应之因）能够招致善恶业报，轮回生死。三是"因相"，称"一切种"，说阿赖耶识摄藏的一切精神种子是万事万物、人的身体和行为产生的原因。阿赖耶识所摄藏的精神种子既能够变现为"器"，即"器世间"，指三界有情众生居住的环境；亦能变现一切"有根身"，即众生的整个身体、器官和身心行为。同样，七识不仅是阿赖耶识的产物，而且皆以阿赖耶识作为"根本依"，才能进行活动和发生作用。

此外，在《成唯识论》卷三对第八识有个综合性的说明，谓此识具有多种精神功能和作用，因而拥有不同的名称：一名心，谓能够积聚和熏习各种精神性种子；二名阿陀那（意为执持、执我），谓"执持种子及诸色根令不坏"，意为能支撑和维持生命正常活动；三名所知依，谓"能与染、净所知诸法为依止"，即为所知的一切清净和污染的精神因素聚集之所；四名种子识，谓"能遍任持世、出世间诸种子"，即持有导致在世或出世的精神性功能之所；五名阿赖耶，谓"摄藏一切杂染品法令不失故，我见爱等执藏以为自内我故"，谓能储藏一切属于烦恼、业、果的精神因素，并且被永远与"我见、爱"相俱的第七末那识执为自我；六名异熟识，谓"能引生死、善不善业异熟果"，谓能招致生死和善恶的果报；七名无垢识，是通过唯识修行使精神达到"最极清净"阶段的名称。

据称，第八识随修行的进展，名称是有改变的，当名"阿赖耶"时，是适用于未修行的凡夫和虽修行但尚未达到"不退转"菩萨阶位者，他们的精神尚未得到完全净化，仍有"杂染法执藏"（我见烦恼等）。称异熟识是适用于凡夫、小乘（声闻、缘觉）和其他尚未达到成佛地位的菩萨。对他们而言，尚有"非善非恶"前世业因招致的果报（异熟无记）。对于最后达到觉悟成佛者，第八识则称为无垢识，它已与最高的佛智——"大圆镜智"融为一体。

据以上引述可以认为，阿赖耶识在法相唯识学说中具有精神主体、主宰、灵魂和世界万有本原等多种含义。

在唯识学派依据的佛经中，《解深密经》对唯识思想（"心意识秘密之义"）论述的最为集中和系统，对阿赖耶识、阿陀那识、心是这样说的：

> 世尊告广慧菩萨摩诃萨曰……，于六趣生死，彼彼有情堕彼彼有情众中，或在卵生，或在胎生，或在湿生，或在化生身分生起。于中最初一切种子，心识成熟，展转和合，增长广大，依二执受：一者有色诸根及所依执受，二者相名分别、言说戏论、习气执受。有色界中具二执受，无色界中不具二种。广慧，此识亦名阿陀那识。何以故？由此识于身随逐执持故。亦名阿赖耶识。何以故？由此识于身摄受藏隐，同安危义①故。亦名为心。何以故？由此识色声香味触等积集滋长故。②

---

① 据《成唯识论》卷二，阿赖耶识摄取"诸种子及有根身（诸色根及根依处）"为自体，"同安危故"，应是对此经文的解释。意为阿赖耶识摄受能生自身及外境万物的精神种子为自体，执持生命。

② 载《大正藏》第16册第692页中。

经文对阿赖耶识等的解释与前面意思大体相通，这里不再解释。应当指出的是，此经尚未提出"末那识"的概念。末那识是瑜伽行派在此经后提出的心识概念。

那么，作为第七识的"末那识"是什么呢？"末那识"意译"意识"，然而为了与第六识"意识"相区别，特地用音译"末那识"。旧译也曾译为阿陀那识。瑜伽唯识学说认为，末那识是依阿赖耶识而生起，并且依托于阿赖耶识而"恒审思量"，将阿赖耶识执为"自我"，说它"从无始来与四烦恼恒俱生灭，谓我见、我爱及我慢、我痴"。(《成唯识论》卷五)所谓"我见、我爱及我慢、我痴"指的是因为执持有"我"（生命主体）而产生的思想（种种与自我相关联的见解）、贪爱、傲慢与无知（不明"我空"之理）。从这段话蕴含的深刻内容可以看出，所谓"末那识"不仅具有现代人所说的自我意识或主体意识的含义，而且还包含能够分别判断主体与客体、是与非、好与恶等抽象思维能力的意思。唯识学派主张一切是唯识所变，认为存在"我见"便可导致产生种种"邪业"、种种烦恼，所以称具有自我意识的末那识为"染污识"。

至于第六意识，它是要依托第七、第八二识才能发生认知作用，而前五识要依托第六、第七、第八识才能运转，进行感觉。

按照法相宗的说法，八识作为心法的不同分位，各自具有不同的精神功能和心理活动、作用，称为"心所"，共有五类五十一种心所。即：1.遍行心所五种，谓"一切心中定可得"，"心起必有"，可通行于八识和善、恶、非善非恶各种心境，包括触、作意、受、想、思，性质属于无妨入悟的非善非恶的"无覆无记"；2.别境心所五种，"缘别别境而得生"，是在各别心境生起作用，包括欲、胜解、念、定、慧；3.善心所十一种，"唯善心中可得生"，包括信、精进、惭、愧、无贪、无瞋、无痴、轻安、不放逸、行舍、不害；4.烦恼心所六种，性质属于"根本烦恼"，有贪、瞋、痴、慢、疑、恶见；5.随烦恼心所有二十种，"唯是烦恼等流性"，意为是根本烦恼所生，有忿、恨、恼、覆、诳、谄、骄、害、嫉、悭、无惭、无愧、不信、懈怠、放逸、昏沉、掉举、失念、不正知、散乱；6.不定心所四种，"于善染等皆不定"，包括悔（恶作）、眠（睡眠）、寻、伺，它们在性质上属于非善非恶。唯识学说认定，在八识之中，第八阿赖耶识唯与遍行的五种心所相应，第七末那识与十八心所相应，包括：遍行心所的五种，别境心所中的慧一种，烦恼心所贪、瞋、痴、恶见四种，随烦恼心所不信、懈怠、放逸、昏沉、掉举、失念、不正知、散乱八种；第六意识与上述五十一个心所皆能相应；前眼、耳、鼻、舌、身五识能与三十四心所相应，包括别境的五种心所，善心所的十一种，烦恼心所中的贪、瞋、痴三种，随烦恼心所无惭、无愧、不信、懈怠、放逸、昏沉、掉举、失念、不正知、散乱十九种。①

法相宗奉"实无外境，唯有内识"②为理论原则，所以它讲的诸识的认识活动实际只是以自己的心识为外境，认为外部世界没有真实性，只不过是心识的显现。《成唯识论》卷七说："是诸识者，谓前所说三能变识③及彼心所，皆能变似见、相二分。"意为八识的每一个识及其心所（心的功能与作用）都能变现自己的"见分"和"相分"。所谓见分相当于心识的可以"缘境"（接触境）、"了别"（感受、分辨）的部分，也称"能取"，而相分则是心识变现出来与"见分"对应的可缘（被接触）的境，也称"所取"。又认为，心识的"见分"的了别活动、结果需由作为"识体"的"自证分"来加以确证。

参照《成唯识论》卷二的解释，从因明学说的角度，作为心、心所的相分是所缘之境，为"所量"；见分是能缘诸识的了别功能，为"能量"，而二者所依之心识自体（心及心所）则为自证分，是"量果"。然而所量（似境相、相分）、能量（能取相、见分）、量果（自证分）是"三体无别"的，皆为统一心识。那么，对自证分又如何加以证明呢？于是又提出一个"证自证分"，用以对"自证分"进行证明。据称，证自证分也属于"能量"，只以自证分为所缘，为其证明。应当说，这"四分"不过是心识的各种功能和作用的不同说法。

据《成唯识论述记》卷三（本）、《成唯识论掌中枢要》卷上（本）及《成唯识论了义灯》卷一（末）的相关记述，在印度"唯识"学说发展史上，对心性理论是有不同说法的，安慧（或作"惠"）只主张有心识"自证分"（谓八识种子、自体分），此后难陀提出心识有见分、相分，陈那又在见、相二分外提出自证分（自体分），至护法才进而提出四分说，

---

① 关于这些词汇的含义，请参考印度世亲著，唐玄奘译《大乘百法明门论》及弟子窥基的注解、普光的疏。
② 《成唯识论》卷一，载《大正藏》第31册第1页中。
③ 意为第一能变阿赖耶识、第二能变末那识、第三能变前六识的第一种识，亦即八识。

即在见分、相分、自证分之后，提出证自证分。① 中国法相宗所依据的正是护法的唯识理论。

在"唯识"学说中，"种子"说是论证"一切唯识"的重要环节。

阿赖耶识是"种子识"，摄藏具有"亲生自果功能差别"的各类精神性种子。按照这种说法的实际含义，阿赖耶识中的精神性种子是具有世界万有本原的意义的。据《成唯识论》卷二，阿赖耶识所藏种子有两大类：

一类为"本有"（本来就有），所谓"无始来异熟识中，法尔（按：自然、本来）有生蕴、界、处功能差别"。"蕴"是五蕴，包括色受想行识；"界"是十八界，包括能够产生认识活动的六种精神功能（眼耳鼻舌身意六根）、作为感觉认知对象的六境（色声香味触法）以及由此形成的六种感觉或认识（眼耳鼻舌身意六识）；"处"是十二处，即前面十八界中的六根和六境。蕴、处、界三者，可概括为世界万有和众生。这段话是说"本有"种子是久远以来阿赖耶识中藏有的能够产生世界万物与众生的各类精神功能。

另一类为"始起"种子，也称"始有"或"习所成"种子，说是由阿赖耶识、末那识、意识和前五识"现行"运转或作用而形成的种子，也称为"熏习而有"的种子。实际含义是人的各种行为、语言、思想（统称为"业"）在心灵中造成的或善或恶，或净或染的具有潜在影响或报应功能的后果。各类种子可以通过熏习而再生种子。（以上见《成唯识论》卷二）根据法相宗的修行理论，人们的修行过程就是不断熏习阿赖耶识所藏种子中的"无漏（按：清净的、没被烦恼染污的）善种"，增加清净的善的种子，而彻底断除"有漏恶种"，最后达到解脱。

这样，通过对八识及其功能、心识四分和阿赖耶识种子说的论证，法相唯识宗建立了"实无外境，唯有内识"或"实无外色，唯有内识"的基本理论。在此基础上，又借助对"三有性"、"三无性"和"转识成智"等的论证环节，进一步充实了法相唯识宗的唯识理论和修行解脱的主张。

（二）三自性、三无性的理论

"三自性"（三性）和"三无性"是法相宗用唯识观点对世界总体的

---

① 窥基《成唯识论掌中枢要》卷上（本）对"唯识"的解释中提到："此言唯者，安惠一分唯，难陀二分唯，陈那三分唯，于中有实有假二说。护法四分唯，论多依三分，教理有四分。"是综述性的结论。

说明，并为其修行解脱主张铺垫基础。"三自性"包括依他起性、遍计所执性和圆成识性。

为便于读者理解，在对此作详解之前先从总体作一说明。大乘佛教，特别是般若中观学说，在对世界和佛法的观察、论证中提出了俗谛（世谛、世俗谛）和真谛（第一义谛、胜义谛）的说法，意为世界上形形色色的事物和现象皆由因缘和合形成，没有永恒不变的自性（自体、规定性），从本质上来说皆是空幻不实的，然而世人却认为一切是真实存在的，称这种认识为"世俗谛"或"俗谛"。相反，佛教贤圣（佛、菩萨）体认一切皆空，指出世人这种见解颠倒不可信，此则为"第一义谛"或"真谛"。法相宗所提出的三自性中，"依他起性"是指世界上依因缘生灭的现象，"遍计所执性"则为世人认为这些现象实有的认识，二者相当于上述的俗谛，而"圆成识性"则相当于真谛。然而法相宗对此二谛增添了新的内容和特色。

法相宗将世界上一切借助因缘聚散而形成有生有灭的现象归之为依他起性，虽与传统的俗谛基本一致，但站在"一切唯识"的立场上，主张世上各种因缘归根到底不过是八识及其精神种子，所谓"心、心所（按：心理作用、活动）及所变现，众缘生故，如幻事等，非有似有"。从而断定世界万有现象，包括精神现象在内，不过是心识在一定条件的显现，如同梦幻一样，虽无而好像是有，皆是没有客观实在性的"假有"。遍计所执性是指将上述"假有"现象看作是真实的种种认识，唯识学说有时称此种认识为"妄"、"妄执"。至于圆成实性则是修行者通过严格修行，舍弃认为世界万物实有的认识和由此引发的妄念，达到完全体悟与真如相契的"一切唯识"的至高认识和精神境界。按照《成唯识论》卷八所说：

> 此即于彼依他起上，常远离前遍计所执，二空所显，真如为性。①

是说，修行者应当对前述"依他起"心识显现世界的认识中，清除属于"遍计所执"的迷情妄见，体悟人、法"二空"的道理，如此则可形成与真如相契合的认识。这种认识就是圆成识性。这里应当指出的是，

---

① 载《大正藏》第31册第46页中。

真如、法性等概念虽然为大乘佛教各派共用,但具体含义并不完全相同。法相宗唯识学说的"圆成识性"虽也被称为真如,然而实际不过是"一切唯识"之理的另一种说法,有时也被称之为"唯识实性"。简言之,如果能够完全领悟世界万物皆是唯识所变现的道理,便达到了"圆成实性"的精神境界。

在《成唯识论》卷八对三自性有个总括性的论述,特别强调三者皆属于心法。现引述如下:

> 三种自性,皆不远离心心所法。谓心心所及所变现众缘生故,如幻事等,非有似有,诳惑愚夫,一切皆名依他起性;愚夫于此横执我法、有无、一异、俱不俱等,如空花等,性相都无,一切皆名遍计所执;依他起上,彼(按:愚夫,指认识的主体)所妄执我法俱空,此空所显识等真性名圆成实。是故此三不离心等。①

在窥基《唯识二十论述记》卷上强调三自性皆不离识,皆名"唯识",说:

> 略有三性:谓即遍计所执性,虚妄唯识;依他起性,非有似有,因缘所生,因缘唯识,即是识相;圆成实性,依他起上,遍计所执空无之理,真实唯识,即是识性。②

引文对三自性的解释大体同前。这里要指出的是,前段引文强调三种自性"皆不远离心心所法",说依他起性是由心和心所"所变现众缘生"的世间万象,是"非有似有"的。遍计所执性则是被贬称为"愚夫"的世人将这世间万象看作是我、法(五蕴等因素)的认识,或说有或说无、说一说异等,实则"性相都无"。至于圆成实性,则是世人通过悟解我法二空的道理,进而体悟一切乃是"唯识"所显的真实的认识。后段引文强调三自性皆是"唯识"(识亦即是心),谓依他起性属"因缘唯识",遍计所执性属"虚妄唯识",圆成实性属"真实唯识"。

---

① 载《大正藏》第 31 册第 46 页下。
② 载《大正藏》第 43 册第 980 页下。

通过以上论述可以看到，唯识学说除将以往大乘所说"俗谛"所指的因缘所生世间万物（"因缘所生法"）说成是"依他起性"之外，还特别将对此的世俗认识单独分离出来称为"遍计所执性"。虽将二者皆断为"空无"，然而却又强调它们皆为"唯识"显现，将达成这种"一切唯识"的认识称为圆成实性。

至于"三无性"，是对上述"三自性"的进一步说明，是为了贯彻大乘佛教普遍承认的"一切法皆无自性"的道理。"自性"意为永恒不变的"自体"、主宰，亦即规定性。

"三无性"是相对于"三自性"提出的，即依"遍计所执性"，立"相无性"，意为一切反映世界万有的名相概念、世俗认识皆虚妄不真，如同"空花"；依"依他起性"，立"生无性"，即一切缘生现象皆"非有似有"，虚幻无实；依"圆成识性"，立"胜义无性"。既然名相、世俗认识不真实，就不应执著；生由缘起，"此如幻事"，就不必看作真有；"圆成识性"虽也被称为"无性"，然而此为"假说无性，非性全无"，仍是修行者追求的目标，因为它超越于世俗的遍计、依他二性，所以称为"胜义"，亦即与"真谛"同义的"胜义谛"。

（三）"唯识五位"与"转依"、转识成智的解脱论

法相宗的八识分类、见相二分说和三自性、三无性的论述，都是为它的修行解脱论提供理论基础的。法相宗的修行解脱论包括"唯识五位"、历经难以计算时间的十个阶位过程中通过证智"断障"，完成"转依"，最后实现"转识成智"成佛的内容。

《成唯识论》卷九概述通过五位达到最后解脱成佛的过程，说：

> 何谓悟入唯识五位？一、资粮位，谓修大乘顺解脱分；二、加行位，谓修大乘顺决择分；三、通达位，谓诸菩萨所住见道；四、修习位，谓诸菩萨所住修道；五、究竟位，谓住无上正等菩提。云何渐次悟入唯识？谓诸菩萨于识相、性，资粮位中能深信解；在加行位，能渐伏除所取能取，引发真见；在通达位，如实通达；修习位中，如所见理，数数修习，伏断余障；至究竟位，出障圆明，能尽未来化有情类，复令悟入唯识相性。①

---

① 载《大正藏》第31册第48页中。

引文涉及很多专门术语，这里主要参照它的内容作极简要的说明。所谓"唯识五位"是指修行者遵照唯识学说应当历经的五大阶段，其中包含从低到高直至成佛的十个阶位（菩萨十地）①。

1. 资粮位，为修行必经的"初无数劫"（解释详后），是为进入深层次修行的准备阶段，比喻远行要先准备干粮，积累福与智。据称这一阶段要经历"信解"（相信并体认、理解）唯识学说（八识的相、性），并循序修持属于基础性的佛法，如菩萨五十二阶位中的十住、十行、十回向②所要求的内容，在修利己利他之行的同时，遵照唯识修行程序，渐次断惑修智，致力克制对人我（身见，即萨迦耶见）与法我、能取（心识能认识的主体，心法的见分）与所取（所认识的客体，心法的相分）的执著。称此过程对最后达到解脱（涅槃）有推进（顺，顺益）作用，故称"大乘顺解脱分"。

2. 加行位，是借用小乘观察四谛的"四善根"（暖位、顶、忍、世第一法）的名目，继续讲述体悟唯识的修行。谓经过禅定观想，依次寻思（思考）事物的名、义、自性、差别四个方面（四寻思），认识事物"假有实无"，离识非有，获得"如实智"。因为是在资粮位之后和进入"见道"（详后）之前的修行，故称"加行"；又因有益于（顺趣）此后断惑证智的修行，故称"顺决择分"。在此阶段，（1）依"明得定"，从事物的名、义、自性、差别四个方面观察"所取"为空，为假有，入于暖位；（2）依"明增定"，进而认识"所取"皆心识所变，进入顶位；（3）依"印顺定"，认识离境识亦空，故"能取"亦非实有，"忍（认知认可）境、识空"，故入忍位；（4）依"无间定"，同时体认能取、所取空，称为"二空双印"，进入世第一法之位。然而在这个阶段虽体认"二

---

① 大乘佛教所说菩萨经历十大阶段修行达到最后成佛，在《摩诃般若经》、新旧译《华严经》及《菩萨璎珞本业经》等经中皆有十地的说法。按照《成唯识论》卷九所说，有：一极喜地、二离垢地、三发光地、四焰慧地、五极难胜地、六现前地、七远行地、八不动地、九善慧地、十法云地。

② 亦即十心住、十行心、十回向心。按照《菩萨璎珞本业经》的说法：十心住包括：发心、治地、修行、生贵、方便、正、不退、童真、法王子、灌顶等"心住"；十行心包括：欢喜、饶益、无瞋恨、无尽、离痴乱、善现、无著、尊重、善法、真实等"心行"；十回向心包括，救护一切众生离相、不坏、等一切佛、至一切处、无尽功德藏、随顺平等善根、随顺等观一切众生、如相、无缚解脱、法界无量等"回向心"。

取"为空，却未消除"空相"（以空为相），犹如心上"安立少物"，称之为"带相观心"，所以仍未真正体悟"真唯识理"。

3. 通达位，通过"止观双运"修持唯识观，获得"都无分别"的"无分别智"（也称根本智、出世无分别智），舍离能取与所取，渐次断除所知、烦恼二障，体悟真如——"唯识真胜义性"，故名通达位，亦称"见道"。从此"生如来家，住极喜地……自知不久证大菩提"。

4. 修习位，亦即修道位，是进入二地至十地的菩萨继续修行之位①。谓在见道修证唯识"真如"之理的基础上，继续修习无分别智，远离所取能取，断除所知、烦恼二障残余，从而"证得广大转依"，通过转识成智，最后成就最高果位——解脱成佛。②

那么，何谓转依、转识成智呢？这是瑜伽唯识学说和法相宗教义理论的最后的归结点。《成唯识论》卷九说：

> 依谓所依，即依他起，与染、净法为所依故。染谓虚妄遍计所执，净谓真实圆成实性。转谓二分：转舍、转得，由数修习无分别智，断本识中二障粗重，故能转舍依他起上遍计所执，及能转得依他起中圆成实性，由转烦恼，得大涅槃，转所知障，证无上觉。成立唯识，意为有情证得如斯二转依果。③

据此，"转依"中的"依"是指三自性中的依他起性，实指现实世界，然而却是唯识学说认定为心识变现的精神的和物质的世界和事物。既然在对待"依他"而起的世界可形成两种认识：一是认为"实有"的世俗认识，即遍计所执性；二是通过修证唯识止观而获得一切皆空唯有内识的圆成实性。从而作为唯识重要修行的"转依"，相应也包括两层意思：一是"转舍"，即通过修行将遍计所执性舍弃；二是"转得"，即断除迷误而获得圆成实性"唯识"的无上智慧，证得涅槃解脱，亦即成佛。

至于"转识成智"，是说通过上述断障证智的极为漫长的过程，最后

---

① 即：二离垢地、三发光地、四焰慧地、五极难胜地、六现前地、七远行地、八不动地、九善慧地、十法云地。

② 以上所引皆见《成唯识论》卷九，载《大正藏》第31册。为防烦琐，不一一注明页数。

③ 《大正藏》第31册第51页上。

转变作为"三转识"的八识为四种一体的圆满佛智,此即"四智心品",谓转第八阿赖耶识(异熟识)为大圆镜智,转第七末那识为平等性智,转第六意识为妙观察智,转前五识为成所作智。强调说"智虽非识,而依识转,识为主故,说转识得";又说"此四品总摄佛地一切有为功德皆尽",各类佛身佛土皆为此四智心品变现。

5. 究竟位,是达到解脱成佛的最高果位。《成唯识论》卷十说:"前修习位所得转依,应知即是究竟位相。"是说在经历久远时间的修习位(修道)的修行,完成了两种转依:"转舍依他起上遍计所执,及能转得依他起中圆成实性",转八识为清净无漏(无杂染烦恼)的四智境界,即为修行的最高的果位——究竟位。在在此果位即意味着进入"常与安乐"的"清净法界"。据称因为"无生无灭,性无变易,故说为常";又因为"永离恼害,故名安乐"。既然成佛,故"能安乐一切有情"。因为"永离二障(按:所知障、烦恼障),亦名法身,无量无边力无畏等,大功德法所庄严故,体依聚义,总说名身故"。①

大乘佛教说佛有三身:法身、报身、化身,或称法性身、受用身、变化身等。所谓法身或法性身,被认为是无时不在无所不在的佛身,是以真如或法性为体的。按照《成唯识论》卷十所说,法身以"五法为性",即以"五法"为体。那么"五法"是什么呢?谓"非净法界独名法身,二转依果皆此摄故",是说五法既包括清净法界(真如),也包括通过转八识所成的四智心品。至于佛的三身,认为是法身的三种现相:一自性身、二受用身(包括一自受用身、二他受用身)、三变化身。据此,可以认为,法相宗论述的转识成智成佛论,也就是通过修行"转依"而回归法身的一种说法。

《成唯识论》卷十在接近结尾处说:"真如亦是识之实性,故除识性,无别有法。此中识言亦说心所,心与心所定相应故。"意为大乘佛教所说世界本原、本体和解脱之本的真如、清净法界也是"识之实性",亦即心识。这是将"唯识"这一主张推到至极的地位,目的是将自己的逻辑贯彻到底。

这里应当指出的是,以上所谓"唯识五位",即修行解脱成佛的历程,要经过世人难以想象的久远时间。佛教常用"劫"来表示时间。那

---

① 《大正藏》第 31 册第 57 页下。

么一劫是多长的时间呢？唐道宣在《释迦氏谱》中对"劫"解释说："此云时也。若依西梵名曰劫波，此土译之名大时也。此一大时其年无数，假以喻显方可委知。经云：如一大城方四十里，满中芥子，有长寿天三年取一芥，城虽空，劫犹未尽。方四十里石，一拂（按：用薄衣拂石）三年，石虽磨尽，劫时未尽。"① 可见，"劫"是个难以计算的"大时"。劫又有小劫、中劫、大劫之分，不管哪种劫，皆非世人能够计算的。然而唯识五位第一位"积粮位"的修行时间就有"无数劫"，称为"初无数劫"，意味着其他四位经历时间应为"二无数劫"直至"五无数劫"。在本来就难以计算的"劫"前加上"无数"，更是难以想象的久远时间了。在《成唯识论》卷十说第五"究竟位"，"由三大劫阿僧企耶（按：即阿僧祇），修集无边难行胜行，金刚喻定②现在前时，永断本来一切粗重，顿证佛果"。在"三大劫"之后，又加上意为"无量数"的"阿僧祇"，也表示并非世人可以计算的久远时间。总之，法相宗所讲的修行成佛的时间，既非人间年月可以表示，也非佛教所讲循环轮回的"世"可以替代，对于世人来说是确实是遥遥无期的。

（四）五种姓论

《宋高僧传·窥基传》记述，窥基受到玄奘信任，让他参与译编《成唯识论》，在译经之暇为他讲授此论及《瑜伽师地论》的要义，还单独为他讲陈那的因明学说及"五性宗法"，告诉他："五性宗法，唯汝流通，他人则否。"③ 何谓"五性宗法"？原来就是五种姓（或作"性"）论，窥基在《成唯识论述记》、《成唯识论掌中枢要》、《大乘法苑义林章》及《妙法莲华经玄赞》等著作中皆有论述。

五种姓，或作五种姓、五性④，是一些大乘佛教经典和学者对众生接受佛法的素质、最后可能达成的修行结果或归宿讲的。是在以往将佛法分为小乘与大乘的"二乘"；声闻、缘觉、菩萨的"三乘"；人乘、天乘、声闻、缘觉、菩萨的"五乘"之外的一种新的佛法分类，特别引人注目的是以"无姓"（或"无性"）来涵盖没有修持佛法的素质，不能达到解

---

① 《大正藏》第50册第84页下。
② 指在修习位（修道）修持禅观至菩萨十地所生起的禅定名，谓能将残余的所知障、烦恼障等彻底断除。
③ 《大正藏》第50册第726页上。
④ 因为佛教经论对"五姓"、"五性"说法不一致，对下面引文不强求统一，皆依原文。

脱或成佛的众生。

在大乘佛经唐实叉难陀译《大乘入楞伽经》等经，大乘论书玄奘译《瑜伽师地论》、《佛地经论》等之中皆有对"五姓"（或五性）的记述。例如，《大乘入楞伽经》卷二谓："有五种种性，何等为五，谓声闻乘种性，缘觉乘种性，如来乘种性，不定种性，无种性。"然后一一作了说明。大意是说，由于先天秉性不同，有的人修行只能成为小乘的声闻，或是缘觉（独觉或称辟支佛），有的人能修证成大乘的菩萨或佛（如来乘种性），然而有的人属于"不定种性"，则可以修证成前述任一种果位，而在对"无种性"者的解释中，指出有两种人：一是已经断舍"一切善根"的"一阐提"（指乐欲世间生死而不求解脱成佛的众生，或指恶人）；二是誓愿解脱一切众生，"若一众生未涅槃者，我终不入（涅槃）"的菩萨（也称"大悲菩萨"）。① 印度唯识学者亲光著、玄奘译《佛地经论》卷二载："由法尔（按：本来如此）故，无始时来一切有情有五种性：一声闻种性、二独觉种性、三如来种性、四不定种性、五无有出世功德种性。"在对第五"无有出世功德种性"解释说："无有出世功德因故，毕竟无有得灭度期"。② 意为这种人永远没有涅槃解脱的可能。

显然，五姓各别说与《大涅槃经》所说"一切众生，悉有佛性"，皆能成佛的思想是相违背的。然而瑜伽唯识学说继承并宣扬五种姓的说法，对此作出自己的解释。《成唯识论》卷二说，既然五种性是"本有"的，那就说明有人生来没有"不由熏生"的"无漏"（清净、无烦恼、无生灭）心性种子，而有人生来即有，并且针对当时有人认为五种姓是由心识中的所知、烦恼二障决定的说法，提出如下主张：

> 依障（按：所知、烦恼二障）建立种姓别者，意显无漏种子有无。谓若全无无漏种者，彼二障种永不可害（按：永不可断除），即立彼为非涅槃法（按：无种姓者）③。若唯有二乘无漏种者，彼所知

---

① 《大正藏》第 16 册第 579 页。
② 《大正藏》第 26 册第 298 页上。
③ 在《瑜伽师地论》卷二十一称无种姓为"不住种姓无涅槃法补特伽罗"。"补特伽罗"，意为人或众生。

障种永不可害，一分立为声闻种姓，一分立为独觉种姓。若亦有佛无漏种者，彼二障种俱可永害，即立彼为如来种姓故。由无漏种子有无障，有可断不可断义。①

这是将有无无漏种子及何种无漏种子作为决定五种姓的原因。如果天生就没有无漏种子，那就永远不能断除心识中的所知、烦恼二障，便没有达到涅槃解脱的可能，此种人是"非涅槃法"，即无种姓者，亦即无姓（或无性）；如果先天秉有二乘的无漏种子，那么他们在修行中只能断除"二障"中所知障，其中有的属于声闻种姓，有的是独觉种姓；如果天生秉有佛的无漏种子，则可最后彻底断除二障而成佛，此种人便属于如来种姓。这里没有讲到"不定种姓"。

中国法相宗继承了此五种姓说，特别在窥基的著作中有较多论述。他在《成唯识论述记》卷一对此有个总体说明：

> 辨教所被机者，依《瑜伽》（按：《瑜伽师地论》）等，有五种姓：一菩萨，二独觉，三声闻，四不定，五无姓。此论第三云：入见（按：见道，即前述"通达位"）菩萨皆名胜者，证阿赖耶，故正为说（按：谓说唯识之教）。又见道前已能信解，求彼转依，故亦为说。又云，无姓有情，不能穷底，故说甚深。趣寂种姓（按：即声闻种姓和独觉种姓），不能通达，故名甚细。由此论旨，唯被大乘及不定姓趣菩萨者，非被独觉、声闻、无姓三种机也。故所被机，必唯上品，所显幽旨，亦离二边，浩瀚包括②，难可详矣。依《楞迦经》被五种姓，依《大般若》被四种姓（按：声闻乘、独觉乘、菩萨乘"正性定聚"及不定聚）③，《庄严论》等与此稍异，如《枢要》（按：《成唯识论掌中枢要》）说。④

这是窥基对法相宗所作的判教论证的一部分，指明哪些人或众生适

---

① 《大正藏》第31册第9页上。
② "浩瀚"，《大正藏》本原作"浩污"，于意难通。唐西京福寿寺沙门如理所集《成唯识论疏义演》卷一（本）引为"浩汗包括"。实则，"浩汗"当为"浩瀚"，意为广阔无际。
③ 见玄奘译《大般若经》卷四七七，载《大正藏》第7册第414页下。
④ 载《大正藏》第43册第230页上。

宜接受唯识学说（所谓第三时非有非空的中道之教）并遵循修行达到解脱。他提出，在菩萨、独觉、声闻、不定、无姓的"五种姓"当中，适合接受唯识学说并能依修达到解脱成佛者，只有相当菩萨种姓的"大乘及不定姓趣菩萨者"，而将独觉、声闻、无姓三种姓排斥在外。

窥基在《大乘法苑义林章》卷一对五种姓也有论述，说"无姓有情，不成佛故"①，是说无种姓者是不成佛的有情众生。这种只愿顺应世间生死而不求解脱或不能成佛的人，也被称为"一阐提"（或一阐底迦）。《成唯识论掌中枢要》卷上（本）对此作了新的发挥，说《楞伽经》只说二种不成佛的"一阐提"，一种是"断善根，具邪见"者，另一种是发下度尽众生悲愿的菩萨（大悲菩萨）。然而前者仍有涅槃成佛之时，而后者必不成佛，因"众生界无尽时"，所以没有成佛的期限。窥基认为，实际上无姓种姓应包括三种人：

> 一名一阐底迦，二名阿阐底迦，三名阿颠底迦。一阐底迦是乐欲义，乐生死故；阿阐底迦是不乐欲义，不乐涅槃故。此二，通不断善根人，不信、愚痴所覆蔽故；亦通大悲菩萨，大智大悲所熏习故。阿颠底迦名为毕竟，毕竟无涅槃性故。此无性人，亦得前二名也。前二久久当会成佛，后必不成。……合经及论，阐提有三：一断善根、二大悲、三无性，起现行性，有因有果。由此三人及前四性（按：三乘定性及不定种性），四句分别：一、因成果不成，谓大悲阐提；二、果成因不成，谓有性断善阐提；三、因果俱不成，谓无性阐提、二乘定性；四、因果俱成，谓大智增上（如来乘性），不断善根而成佛者。②

是说，这三种皆可称为"一阐提"的众生，情况不同：第一种（一阐底迦）是"乐欲生死"不求涅槃解脱者，然而不信佛教，心受"愚痴"掩蔽，或断善根或未断善根，皆属"有性断善阐提"，虽有成佛可能，却无现实成佛之因；第二种（阿阐底迦）是"不乐涅槃"的"大智大悲"

---

① 载《大正藏》第 45 册第 266 页中。
② 载《大正藏》第 43 册第 611 页上。

菩萨，虽有成佛之因（涅槃性），却无成佛之果。这两种人毕竟皆有成佛的可能性，而第三种"阿颠底迦"，属于"毕竟无涅槃性"（佛性）的人，一定不能成佛。属于不能成佛的还有声闻、缘觉（辟支佛）二乘定性者，说他们皆"因果俱不成"，无成佛之因，自然无成佛之果。只有未断善根又属于"如来乘性"的人，通过修行获得大智慧，才能成佛。

法相宗在唐初曾在佛教界兴盛过一时，但毕竟因为名相繁杂，教理过于艰涩，也许还因为主张不是一切人皆可修证唯识之教和达到解脱遥遥无期，不为社会广大民众理解，到唐中期便衰微下去。

法相宗也传入日本。唐永徽四年（653）日僧道昭（629—700）入唐从玄奘学法相宗义，回国后以奈良元兴寺为中心传法，称南寺传。开元四年（716），日僧玄昉入唐从窥基的再传弟子智周学法，归国后以奈良兴福寺为中心传法，称北寺传。此后新罗智凤、智鸾、智雄亦从智周学法相而弘传于日本。法相宗是日本奈良、平安时代最有影响的宗派之一，至今仍有流传。

第二节 佛教戒律和唐代律宗

在隋唐佛教宗派中，天台、华严、禅等宗在理论方面有重大创新，而由道宣创立的律宗和提出的以《四分律》为中心的会通大小乘戒律的律学理论则标志着民族化的佛教组织理论和戒规、礼仪的基本确立。

一 律的传译和戒律基本内容

在释迦牟尼创教之后，带弟子到各地传教的过程中，看到弟子中有人做了错事，便"随机设教"，制定相应的戒规，命弟子奉行，以"防非止恶"。戒条从少到多，从五戒、八戒、十戒到二百五十戒……又按僧俗不同身份制定出沙弥（含沙弥尼）戒、学法女戒、比丘戒、比丘尼戒。在这些戒条中，有的是取自世俗的法律和道德所禁止的内容（如不杀、不盗等），大量的则是根据教义和修行、传教的需要而创制的。在佛陀去世当年，由大弟子摩诃迦叶召集五百比丘举行会议，由阿难诵出经法，由优波离诵出戒律，形成最初的经、律二藏。优波离是分八十次诵出戒律的，故其律称《八十诵律》①。但在相当长的时间内无论是佛经还是戒律尚未写成文字，只是通过忆诵流传。

在佛陀逝世一百年或二百年以后，原始佛教发生分裂，出现上座部和大众部两大部派，此后又从这两大部派分出十八部派或二十部派。大的部派一般都拥有自己传承的经和律。在戒律方面，大众部（摩诃僧祇部）有《摩诃僧祇律》；上座部系统的说一切有部（萨婆多部）有《十诵律》，化地部（弥沙塞部）有《五分律》，法藏部（昙无德部）有《四分律》，它们先后被传译到中国。此外，饮光部（迦叶遗部）传承的律有戒本《解脱戒经》传到中国。据传，犊子部（婆粗富罗部）也有律藏，但未传入中国②。从已译为汉文的几部律来看，虽结构、内容详略有所差异，但基本内容相同，大概是因为都源自《八十诵律》的缘故。公元前后，大乘佛教兴起，称以往佛教为小乘，它们的戒律自然也成了小乘戒律。大乘佛教虽仍然奉持小乘戒律，同时又制定大乘戒律予以补充，相辅奉行。

（一）小乘四部律的传译和基本内容

从东晋到南北朝，有四部完整的戒律被译出：

1. 《十诵律》六十一卷，说一切有部之律。后秦弗若多罗与鸠摩罗什共译前五十八卷，后三卷《善诵毗尼序》是卑摩罗叉翻译的（《开元录》卷十三）。在现存本中《善诵毗尼序》载于第60—61卷。

2. 《四分律》六十卷，法藏部之律。后秦佛陀耶舍、竺佛念译。

3. 《摩诃僧祇律》四十卷，大众部之律。东晋佛陀跋陀罗与法显译，原本是法显从印度抄回的。

4. 《五分律》三十卷，化地部之律。南朝宋佛陀什与竺道生等人译。原本是法显从师子国（今斯里兰卡）取回。

此外还译出大众部、说一切有部、法藏部、化地部的《比丘戒本》、

---

① 唐道宣《四分律含注戒本疏》卷一："通为八十诵大毗尼藏。"宋元照《四分律含注戒本疏行宗记》注："八十诵者，即根本部波离结集一夏九旬八十番诵，故以为号。"此自然是传说，但最初律藏是靠记忆诵出，是可信的。按，前书已会入后书之中，见《续藏经》一·六二·二—5。

② 中国律学称有部、法藏部、化地部、饮光部、犊子部的律是"五部律"。五部，是从根本二部（上座、大众）分出来的。称大众部的律"乃根本大众所传，非是百载五宗主也"。（《续高僧传》卷二十二之论）

《比丘尼戒本》多种，译出饮光部的《解脱戒经》一卷。

在戒律的论书方面，有"律部五论"之翻译，即：

1.《毗尼母论》八卷，失译，《开元录》附西秦录，是说一切有部的律论；

2.《萨婆多部毗尼摩得勒加》十卷，南朝宋僧伽跋摩译，是说一切有部的律论；

3.《善见律毗婆娑》十八卷，南朝齐僧伽跋陀罗译，注释南传巴利文《律藏》的律论；①

4.《萨婆多毗尼毗婆沙》九卷，失译，《开元录》附西秦录，是释《十诵律》的论书；

5.《律二十二明了论》一卷，南朝陈真谛译，是正量部的律论。

一部完整的戒律主要包括两大部分：

1. 戒本（或称戒经），梵文音译是"波罗提木叉"②，是比丘、比丘尼必须受持的戒条，也称"具足戒"。围绕每一戒条叙述当年佛陀制戒的因缘，并说犯不同类别戒条应受到的处治。不同的戒律内容大同，但戒条数目有差异，例如《四分律》规定比丘戒250条，比丘尼戒348条；《十诵律》比丘戒257条，比丘尼戒355条，等等。

2. 犍度部分。"犍度"是梵文的音译，意为"蕴"、"聚"，相当于"类"。这部分是按不同类别叙说有关僧团举行集会、各种仪式以及修行、日常生活等的规定、礼仪。《四分律》有二十犍度，结合当年佛陀制定各项规则时的具体事例，对如何举行授戒仪式，如何举行说戒（布萨，半

---

① 据陈士强《大藏经总目提要·律藏》（尚未最后完成出版），本书是南传巴利文《律藏》的注释。古代由于巴利文《律藏》未传入汉地，内容鲜为人知，故人们一直将被本书当作是《四分律》的注释。近代日本学者高楠顺次郎、长井真琴研究巴利文《律藏》，通过比对发现，本书实际上是5世纪中叶锡兰国（今斯里兰卡国）觉音为《律藏》所作的注疏《一切善见律注》（又名《善见律毗婆沙》、《普悦》）的抄译。其中前一部分的翻译比较忠实于原著，后一部分的翻译与原著存在着不少差异，有些地方还依据《四分律》作了改译，如所记的"波逸提法"作九十条，而不是九十二条；"众学法"中插入有关佛塔信仰的戒法；有些"犍度"的前后位次做了改动等。觉音《一切善见律注》的序言名为《一切善见律注序》，下分"序偈"、"第一合诵"（"合诵"指"结集"）、"第二合诵"、"第三合诵"、"锡兰岛之佛教"五章，载于汉译《南传大藏经》第六十五卷。

② 律学中不少用语是音译的。波罗提木叉，梵文Pratimoksa，意译从解脱、别解脱、无等学等，也译戒本、戒经。实际上在"广律"中第一部分虽可叫戒本、戒经，但与通行的单行本戒本、戒经不同，它除了戒条之外，还有成立因缘、戒条解释等，而后者仅有简单的戒条。

月集会宣说戒本条文)、安居(每年雨季安居三个月)、自恣(安居结束,僧众互相举过和进行忏悔)的仪式,如何举行犯戒僧尼的忏悔仪式,如何制止僧团发生纠纷,僧尼在衣食住及生活礼仪方面应注意什么,等等,都有详细规定。

第一部分侧重警诫个人如何防非止恶;第二部分则强调遵守僧团集体的规则,维持僧团统一协调,制约僧尼按教义生活、修行和传教。此外,有的戒律在最后还有附属的部分,如《四分律》后面有《调部》和《毗尼增一》两章,是对比丘250戒和犍度部的简要说明与补充。南传佛教巴利文律藏后面的"附随"部分,与此相似。这部分当是很晚才形成的。在律学中,一部完整的戒律被称为"广律"。在佛教界最流行是从广律前一部分仅摘录出比丘戒、比丘尼戒的条文,称为"戒本"或"戒经",供每半月举行的布萨仪式上宣读,便于僧尼对照检查。

现将《四分律》"戒本"部分的内容作比较全面的扼要介绍。比丘尼的戒条虽比比丘多,但二者很多内容相同或相似,故这里仅介绍比丘戒。戒条按罪过性质排列,先重罪,次较重罪,后轻罪。如果做到不犯这些罪,即为持戒。

(1)波罗夷罪,4条。波罗夷,意为极恶、重禁、断头、根本罪等,是最重的罪,必须不得违犯。犯者将被剥夺僧侣资格,从僧团中被驱逐出去。称此为"不共住","譬如断人头,不可复起"①。此种罪包括:淫(不净行、非梵行、大淫),指与人、非人(畜生)性交;盗(不与取、大盗),盗窃别人东西价值"五钱"以上者(当时摩揭陀国王法规定盗五钱或值五钱之物者死罪);杀人,包括自杀,教唆人自杀、派人杀等;妄称得悟成道(上人法、妄说过人法、大妄语),自己没有修证到一定境界(宗教体验,"入圣智胜法"),而妄称已经达到,"言知言见,虚诳妄语"。

(2)僧残罪,13条。僧残,梵文的音译是僧伽婆尸沙。道宣《行事钞》卷中一有多种解释。据此,僧残罪是犯戒者通过在僧众面前忏悔除罪,以取得保留在僧团内的罪。据《四分律》卷四十五《人犍度》,犯僧残罪者,如不隐瞒,应僧众前坦白忏悔,经六昼夜(比丘尼半月)后,

---

① 有关解释,可看《四分律》卷一至卷二十一,道宣《四分律删繁补阙行事钞》卷中之"篇聚名报篇"等。

由僧团为他举行"出罪羯磨"仪式，然后才恢复正式僧尼资格和权利。如果隐瞒而不立即坦白，应首先治隐瞒（覆藏）之罪，即按隐瞒的日期给予他与僧众别居（波利婆沙）的处治，然后才许其进行六昼夜忏悔灭罪。13条僧残罪有：手淫出精；心怀淫意与女人身体相触；与女人说淫秽语言；引诱女人以身"供养"；为人做媒和为私通搭桥；有施主资助，在不当处所不按规定造屋；在不当处所自造大房屋；无端诽谤人；以轻谤重，以无说有，诬人犯重罪；执意破坏僧团（和合僧）；支持别人破坏僧团；在某地有丑恶行为，不听规劝离开；不听人劝谏。

（3）不定罪，两条。因需调查情节，一时难确定性质的罪，包括：在背阴隐蔽或室内僻静之处与女人笑谈粗语；在露天地方与女人讲"粗恶语"，被信徒告发，即构成不定罪。经调查后，再按轻重罪论处。

（4）尼萨耆波逸提罪，意译舍堕罪，30条。是指违犯有关衣、食、住、金钱，药品规定的罪，如蓄衣超过限量（称为"长衣"）、示意信徒为自己购置衣服、不按规定材料和尺寸做卧具、亲自受蓄金银、买卖宝物，等等。如果衣服物品超出规定限量，应在僧众（一人乃至四五人）前忏悔，把过量的衣服施舍给僧团或个人；或把自己不应受蓄的金银交"净人"（寺中杂物管理人员、仆役）保管；或把不当使用的物品舍弃（如用蚕丝绵做的卧具，应弃掉）。此皆称"舍"（尼萨耆）。"舍堕"的"堕"字，是说犯此罪不改悔，死后当堕地狱。实际上，对此种罪的处治着重在叫犯者"自责"悔过，在一般情况下，所舍给僧团或个人的衣物在过后要还给本人。

（5）波逸提罪，也作单堕罪，有90条。罪的性质与舍堕罪相同，但因为对犯者无"舍"的要求，故称单堕，包括说谎（小妄语）、骂人、挑拨是非（两舌）、与女人同宿（未发生性关系），与女人说法超过五六语、自手掘地或教人掘地（有杀生之嫌）、在军队中住宿或"观军阵斗战"、故杀畜生、饮用生虫之水、给不满二十岁的人授具足戒、与贼结伴而行，等等。

（6）波罗提提舍尼罪，意为"向彼悔"、"对他说"之罪，是轻罪。犯此罪者应向僧中一人忏悔。有四条，如无病而接受非"亲里"（同乡或亲戚）比丘尼的食品等。

（7）众学法，有百条。是关于日常生活的规则、礼仪，例如对衣服穿着、饮食、姿态、动作仪规、大小便姿势和处所等方面，都有明文规

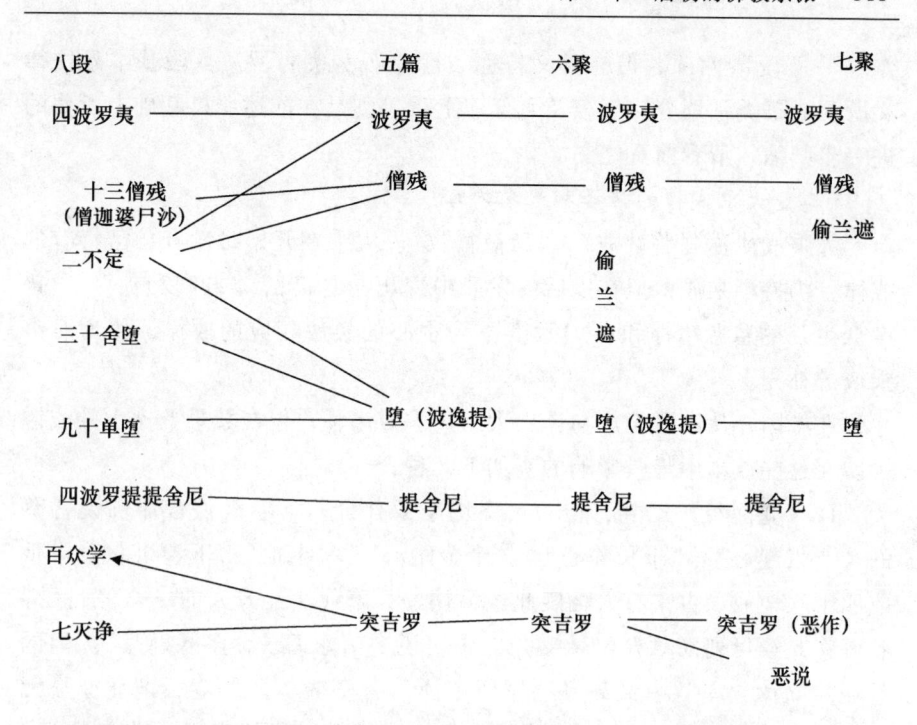

```
八段                    五篇            六聚            七聚

四波罗夷 ──────── 波罗夷 ───── 波罗夷 ───── 波罗夷

十三僧残 ─────── 僧残 ─────── 僧残 ─────── 僧残
（僧伽婆尸沙）                                  偷兰遮

二不定                                  偷
                                        兰
                                        遮
三十舍堕

九十单堕 ───────── 堕（波逸提）── 堕（波逸提）── 堕

四波罗提提舍尼 ──── 提舍尼 ────── 提舍尼 ────── 提舍尼

百众学

七灭诤 ─────────── 突吉罗 ────── 突吉罗 ────── 突吉罗（恶作）
                                              恶说
```

定。凡违犯者得"突吉罗"（与《摩诃僧祇律》说的"越比尼"相当），意为轻罪（原意是"恶作"）。故意犯者需在上座比丘面前忏悔；非故意犯者应自心忏悔。

（8）灭诤法，有七条。是平息僧团中发生纷争事件的做法。规定在处分犯戒事件时当事人应在场；本人可以根据回忆申辩；对精神失常的比丘所犯过错不应责难不已；对犯过错者应"会彼伏罪，然后与罪"；发生纷诤时应向知情者调查等。灭诤的目的是维持僧团的和谐。

以上八项称为"八段"，设立比丘250戒。各部律虽对戒名有不同的称法，但记述的次序大体相同。在律本的波罗夷、僧残二罪的部分，还提到"偷兰遮"罪。这是指二罪的未遂罪，性质虽算重罪，但比波罗夷或僧残二罪稍轻，犯者应忏悔。在一些律书中有所谓"六聚"、"五篇"、"七聚"等说法。据道宣《四分律删繁补阙行事钞》卷中一所说，六聚是："一、波罗夷；二、僧伽婆尸沙（按：僧残）；三、偷兰遮；四、波逸提（按：包括八段中的舍堕、单堕）；五、波罗提提舍尼；六、突吉罗。"所谓五篇则是：波罗夷、僧残、波逸提、提舍尼、突吉罗。这是把前二罪的未遂罪"偷兰遮"去掉。七聚则是把六聚中的突吉罗分为"恶作"、"恶说"两项,但有时又特称"恶作"为突吉罗。八段基本是按律文所列戒条类别划分,五篇及六聚、七聚等则是在前述罪科基础上所作的进一步归纳。请看前页之图。

(二) 大乘戒律的传译和基本内容

大乘戒律称"菩萨戒"、"菩萨律仪"。大乘在开始时没有自己特有的戒律,仍持小乘戒,但在以后的发展中提出与自己的"自利利他"、"普度众生"的慈悲精神和以"六度"为中心的教法相应的戒律,作为对小乘戒的补充。

在中国,从东晋至唐初译出大乘戒本有多种,但在数量上比小乘戒律少。在这些戒本中最具影响的有如下几种:

1.《梵网经》二卷,传为后秦鸠摩罗什译。上卷载卢舍那佛说菩萨的"十发趣心"、"十长养心"、"十金刚心"、"十地";下卷讲菩萨十重戒四十八轻戒。古来有人怀疑此经为伪经。隋代法经等人的《众经目录》卷五将此经目列入"众经疑惑"之中,说"诸家旧录,多入疑品"。但同卷在"众律异译"中又载有鸠摩罗什译《菩萨戒本》一卷,谓北凉昙无谶译《菩萨戒本》一卷与它是同本异译。稍后,费长房《历代三宝记》卷八著录《梵网经》二卷。在此经前所载署"僧肇述"的经序谓弘始八年(406)鸠摩罗什与"三千学士最后出此一品,梵本有一百一十二卷六十一品",译完时弟子道融、昙影等三百人同受"菩萨十戒"[①]。同时还录有鸠摩罗什译《菩萨戒本》一卷。隋朝《仁寿众经目录》,唐代《大唐内典录》、《开元释教录》等,皆沿此说。

2.《菩萨地持经》十卷,北凉昙无谶译;《菩萨善戒经》九卷(另有《菩萨善戒经》一卷,早已分出单行),南朝宋求那跋陀罗等译;《瑜伽师地论·菩萨地》(卷三十五—五十部分),唐玄奘译。这三经基本上是同本异译,但详略不同。《地持经》卷四、卷五的"戒品"与《师地论》卷四十至四十二的"戒品"内容相同,皆有从中分出的《菩萨戒本》流行。它们与《梵网经》不同,只讲四重戒(或称"他胜处"),轻戒虽多有相通之外,但属不同体系。

长期以来,在中国佛教界最流行的大乘戒律是《梵网经》。因此讲中

---

① 此经序现载《梵网经》前,稍异,年代是弘始三年,梵本谓有"一百二十卷六十一品"。

国佛教的大乘戒律，必须首先介绍《梵网经》的内容。所说的十重戒，包括杀、盗、淫、妄语、酤酒（卖酒）、说四众（比丘、比丘尼和男女居士）过、自赞毁他、悭惜加毁（悭吝不施舍，反而辱骂贫穷求乞者）、瞋心不受人悔（愤怒打骂人，又不接受别人悔过和解）、谤三宝（佛法僧）十戒。与小乘戒只重外在行为、语言方面来约束僧众形成鲜明的对照的是，大乘戒是从身、口、意三个方面提出戒规来约束僧俗信徒。《梵网经》在十戒中都相应提出心理要求，如第一杀戒要求"应起常住慈悲心、孝顺心，方便救护一切众生"；第二盗戒要求"应生佛性孝顺心、慈悲心，常助一切人生福生乐"……唐智升《开元释教录》卷十二说："菩萨净戒，唯禁于心；声闻律仪（按：小乘戒），则防身语。"是强调大乘戒更注重从思想上制约信徒。

《瑜伽师地论·戒品》只有四重戒，称四"他胜处法"。"他"指"恶"，"他胜处"即"恶胜处"，意为重罪。不犯他胜处法，即为持戒波罗蜜戒。大体相当于《梵网》十重戒的最后四戒所说的重罪：（1）"为欲贪求利养、恭敬，自赞毁他"；（2）"现有资财，性悭财故，有苦有贫无依无怙正求财者，来现在前，不起哀怜而修惠舍"；（3）因为愤怒，不仅口出粗言，而且打众生，"内怀猛利忿恨意乐"；（4）信解"像似正法"（曲解以至篡改佛法，建立异端教派），并且进行宣传。应当指出，这不是表明《瑜伽戒品》否认《梵网经》其他重戒，而是因为在其"三聚净戒"的"摄律仪戒"中已包括小乘戒，而在小乘戒中已大体包含其他六戒。

四十八轻戒，在《梵网经》中简称"四十八轻"，犯戒属"犯轻垢罪"。其中有不敬师友戒、饮酒戒、食肉戒、食五辛（葱蒜等）戒、心背大乘戒、担任国使戒、放火戒、报仇戒、不供养大乘经典戒、为名利而破坏佛法戒，等等。按戒条细加分析，实际上远不止四十八条。在戒文中反复强调的有"孝顺心"、"慈悲心"等。

《瑜伽戒品》原文并没有明确地讲有多少轻戒。1930年支那内学院校刊的《藏要》本《菩萨戒本》分为四十三轻戒，以内容看，有许多戒条与《梵网》轻戒相同或相近，但自成体系，禁戒范围没有《梵网经》的广。

律学有"遮"、"开"两个概念。"遮"是制止，禁止做；"开"是开戒，在特定条件下可以做而不算违戒。《梵网经》有遮而无开，即要求绝对按戒条去做，而《瑜伽戒品》对持戒的要求有较大伸缩性，遮、开结合，对许多戒条都规定在何种条件下可以不受戒条制约，做而不算违戒。杀、盗、淫、妄语在《梵网经》中属重罪，规定违犯者即是犯波罗夷罪，当失掉僧俗信徒资格。但《瑜伽戒品》却规定在某些场合可以违犯：见人劫财害命，或见人想杀害比丘菩萨，可以杀死此种人；见人盗窃寺塔中的财物，可以强力夺回；在家居士为教化"习淫欲法"之女，令其弃恶从善，可以"随其欲"而行淫；为解救遭难众生，可以"故说妄语"。以上不仅不算犯戒，而且因为对众生有利，还"多生功德"，其他轻戒也有遮有开。

　　大乘佛教为彰显"自利利他"、"普度众生"的菩萨之道，用戒的名义把它的全部教义统摄为一个整体，称为"三聚净戒"。三聚净戒，意为三类净戒，包括摄律仪戒、摄善法戒、饶益有情戒（或摄众生戒）。（1）摄律仪戒，包括比丘戒、比丘尼戒、正学女（式叉摩那，从沙弥尼到比丘尼之间学六法戒者）戒、沙弥戒、沙弥尼戒，"广则无量"（隋慧远《大乘义章》卷十语），概言之，即一切大小乘戒。（2）摄善法戒，修持有助于达到最高觉悟的一切佛法，主要是修持布施、持戒、忍辱、精进、般若（智慧）、禅定六度。（3）饶益有情戒，《地持经·戒品》和《瑜伽戒品》列出十一种，包括引导并协助众生做有益的事；看望并帮助有病众生；向众生施教；知恩报恩；济贫和扬善抑恶；解救苦难众生等。《大乘义章》卷十介绍了修持"饶益众生戒"有多种做法，其中影响大的是所谓"四摄"法，即：布施、爱语（用众生习见乐闻的语言说法）、利行（给众生以利益）、同利（或同事、同行，与众生同甘共苦，随机用大乘佛法进行教化）。实际上，三聚净戒在内容上是互摄互融的。

　　大乘戒是僧俗皆可受持的。在一般情况下，在家信徒可随时受菩萨戒，而出家僧尼必须在受比丘戒或比丘尼戒之后方可受菩萨戒。《梵网经》、《瑜伽戒品》等说有两种受戒方法：一种是在佛、菩萨像前"自誓受戒"；另一种是请受过大乘戒的法师或居士担任戒师为自己授戒。

　　据上所述，大小乘戒律存在多种，译时译地不全相同。在唐以前的相当长的时期内，各地流行的戒律也很不统一。在小乘戒律方面，关内长安一带地方盛行《摩诃僧祇律》，关东河洛一带盛行《四分律》，江南盛行《十诵律》。在大乘戒律方面，《梵网经》与《地持经·戒品》（与《瑜伽戒品》大同）并行，对大乘戒的解释与授受方法有不同的说法。道宣在广泛吸收以往各地学僧戒律研究成果的基础上,建立了以《四分律》为中心的融会大小乘戒律的律学体系,迅速为佛教界接受和采用,为中国佛教正统律学奠定了基础。

二 中国律学体系的创立——道宣的南山律宗

隋唐时期佛教宗派相继成立,有的以一部或几部佛经为主要依据,有的以论书为主要依据。道宣通过诠释《四分律》建立了自己的律学体系。后人把他的律学称这为"律宗",又因他久住终南山,也称为"南山律宗"。

(一)道宣简历与著述

道宣(596—667),俗姓钱,丹徒(今江苏镇江)人,或说是长城(今浙江长兴)人。父钱申,曾任陈吏部尚书。年十五从长安日严寺智頵律师受业,十六岁出家,受具足戒后,唐武德(618—626)年间师从智首学习律学。智首是唐初著名律师,尤精《四分律》学。据载道宣听他讲律二十遍。

道宣后来长期住在终南山,先后住过的寺有白泉寺、崇义精舍、丰德寺、净业寺等。他在这些地方修行、讲律和从事律学撰述。当时大医学家孙思邈(581—682)也隐居终南山,与道宣"结林下之交"(《宋高僧传》卷十四《道宣传》)。唐高宗显庆二年(657)敕建西明寺落成,诏道宣任寺上座。道宣在此寺撰《大唐内典录》、《续高僧传》等。玄奘从贞观十九年(645)到麟德元年(664)在朝廷支持下从事译经事业。道宣曾奉诏协助玄奘译经,"笔受润文,推为上首"(《佛祖统纪》卷二十九)。道宣卒于乾封二年(667)十月三日,年七十二。

从道宣以后的判教和律学著作来看,他早在玄奘回国(贞观十九年,公元645)之前,对小乘《阿含经》、大乘的般若及中观类经典、旧译唯识等佛法已经有相当深入的研究。道宣著述很多,除上面提到的以外尚有《广弘明集》、《古今佛道论衡》、《东夏三宝感通记》、《释迦谱略》、《圣迹见在图赞》、《佛化东渐图赞》、《释迦方志》、《注戒本》、《戒本疏》、《注羯磨》、《羯磨疏》、《行事删补律仪》、《四分律拾毗尼义钞》、《四分比丘尼钞》、《释门章服仪》、《释门归敬仪》、《释门护法仪》等(《大唐内典录》卷五、《佛祖统纪》卷三十)。

现将其中几种重要戒律著作略作介绍:

《行事删补律仪》，即《四分律删繁补阙行事钞》，原三卷或六卷，现分作十二卷，撰于唐高祖武德九年（626），于唐太宗贞观四年（630）再作校订，对《四分律》作了系统论释，围绕持戒行善和僧团行事仪轨，对戒律内容和以往学说，删繁补阙，提出自己的律学理论。宋代元照《四分律行事钞资持记》是对此书的解释。

《注戒本》，即《四分律比丘含注戒本疏》四卷，成书于唐高宗永徽二年（651），广引经律论书，对《四分律比丘戒本》进行论释。其中律文、注文同前书，疏文是对这些文字的进一步论释。此疏宋代被会入元照《四分律含注戒本疏行宗记》之中。

《注羯磨》，即《四分律删补随机羯磨》二卷，道宣于唐太宗贞观九年（635）春在沁部绵上县（在今山西沁源县北）鸾巢村僧坊作，是对《四分律》中犍度篇的"羯磨"①——僧众集会议事和授受戒、说戒、安居、忏悔等仪式的讲解。

《羯磨疏》，即《四分律删补随机羯磨疏》四卷，道宣贞观二十二年（649）应请于终南山丰德寺对上述《随机羯磨》所作之疏，是对《四分律》犍度篇中各种羯磨仪轨的详细论释。此疏宋代被会入元照《四分律羯磨疏济缘记》之中。

以上《戒本疏》、《羯磨疏》和《行事钞》，后世称为律宗的"三大部"。

（二）道宣的四分律学

道宣在《续高僧传》卷二十二"论"中介绍了戒律在中国的流传情况。在唐以前中国各地流行不同部派的戒律，而进入唐朝以后，"普行《四分》之宗"。他又简单地介绍了汉地研究和推广《四分律》的经过。据《续高僧传》卷二十一、卷二十二的诸传和《行事钞》卷上一，对在道宣之前弘传《四分律》的学者与著作进行介绍。早期学者有北魏法聪及其弟子道覆。魏末北齐至隋朝，慧光及其弟子为《四分律》在中国的广泛流传打下了基础。慧光撰有《四分律疏》、《羯磨戒本》；弟子道云撰《四分律疏》、道晖撰《四分律疏》、洪理著《四分律钞》、隋朝法愿著《四分律疏》、《是非钞》。

隋朝著名律师洪遵（530—608）曾从道云、道晖学律，开皇十六年

---

① 羯磨，意为事，办事，办事作法，一般指与戒法有关的各种活动、仪式为羯磨。

(596) 被任为"讲律众主"。当时关内盛行《摩诃僧祇律》，经他宣传，《四分律》才开始在关内流行，著有《大纯钞》五卷。隋朝弘传《四分律》的律僧还有道洪、法胜、洪渊等。

智首（567—635），北齐时出家，师事僧稠的弟子智旻，专学律，又从道洪学律，隋时入大禅定寺。他看到佛教界五部律"混而未分"，见解也不一致，在受戒、持戒等方面也无定规，所谓"海内受戒，并诵法正（按：即法藏部，律为《四分律》）之文，至于行护随相，多委师资相袭，缓急任其去取，轻重互有截断"（《续高僧传》卷二十二《智首传》），于是撰《五部区分钞》二十一卷，在吸收道云《律疏》的基础上，对五部律的同异加以评述，"定其废立"。唐太宗建弘福寺，任他为上座。由于智首的提倡，《四分律》在唐朝更加流行。道宣就是智首的弟子①。

道宣的四分律学是在继承以往学者研究《四分律》成果的基础上建立起来的。道宣通过自己的著述反复强调中国佛教界应当实行法藏部《四分律》，说它与大乘佛教相适应。他不仅对《四分律》中的戒条、仪规等详加注释，而且提出了系统的律学理论。

（三）道宣的判教论——化教和行教（或制教）

隋唐佛教宗派都有自己的判教理论，用以说明本宗教义的意义和历史地位。道宣的律学体系中也有判教理论。道宣《行事钞》卷上一"序"指出：

> 显理之教，乃有多途，而可以情求，大分为二：一谓化教，此则通于道俗，但泛明因果，识达邪正。科其行业，沉密而难知，显其来报，明了而易述。二谓行教，唯局于内众，定其取舍，立其网致。显于持犯，决于疑滞。指事曲宣，文无重览之义。结罪明断，事有再科之愆。然则二教循环，非无相滥。举宗以判，理自彰矣。谓内心违顺，托理为宗，则准化教。外用施为，必护身口，便依行教。②

这是把全部佛法分为两大部分：第一是"化教"，把通过经、论表述的一切大小乘教理，无论出家在家，一切信徒皆可信奉，内容是讲善恶邪

---

① 以上可参考宋元照《行事钞资持记》卷上之上。
② 《大正藏》第40册第3页上、中。

正、因果报应，在关于众生行为业因的理论中有深奥难解之处。第二是"行教"，也称"制教"，指制约规范人的行为（侧重身语二业）之教，即一切戒律，只局限出家僧众遵照实行。何者当行，何时者当禁，有种种戒条，规定明确，对犯戒者处治务求得当。化教叫人从心理上明断是非，行教防护身口、不做违戒之事，不说违戒之话。

道宣进一步把化教分为从低到高三个层次，即性空教、相空教、唯识教。《行事钞》卷中四说：

> 然理大要，不出三种：一者，诸法性空无我，此理照心，名为小乘。二者，诸法本相是空，唯情妄见，此理照用，属小菩萨。三者，诸法外尘本无，实唯有识，此理深妙，唯意缘知，是大菩萨果证行。故《摄论》云：唯识通四位等。……①

第一，性空教，以《阿含经》及阿毗昙诸论为基本经典，只明"人我"空，破我执，而不主张四大、五蕴诸法也空，是小乘教；第二，相空教，是以《般若》等经为理论依据的大乘教，主张诸法皆空，破除"法我"执著；第三，唯识教，主张诸法本无，唯识所造，实主张非空非有的中道。道宣在玄奘赴印求法回归之前已经了解旧译唯识学，在玄奘回国后又奉敕参加玄奘译场协助译经，自然是信奉唯识学说的。他将唯识教置于最高地位，有时称为"圆教"。所谓"唯识通四位等"，是说由领悟唯识教理可通达菩萨阶位的"信乐位"（十信、十住、十行、十回向四十位）、"见位"（初地）、"修位"（二至七地）、"究竟位"（八地至佛地），从菩萨成佛。

此外，道宣在论证戒体（详后）时还提出三宗的说法。三宗大体与三教相应，但只是它的部分内容。三宗是：（1）实法宗，即说一切有部，《十诵律》是其传承的戒律。有很多学者据其论书《杂阿毗昙心论》、《俱舍论》、《阿毗昙毗婆沙论》来论证戒体。（2）假名宗，即小乘空宗，是据《成实论》立论的。道宣认为《四分律》属此宗传承，说"《成论》所辨，正通四分昙无德宗"（《羯磨疏》卷三，见《济缘记》三之五）。有的学者据《成实论》论戒体。（3）圆教宗，即唯识宗。道宣据此宗理

---

① 《大正藏》第40册第96页中。

论提出自己的戒体论①。可见，实法宗只是前述性空教中的一个部派；假名宗本是小乘，但道宣认为它"分通大乘"（部分与大乘相通），因此也把它归于三教中的"相空教"之内。

关于三教、三宗，宋代元照《行事钞资持记》卷中四下解释说："理本是一，何有三者？若权实往分，前二是权，后一是实。若大小相对，前一是小，后二属大。若约开权会小，终归一理。若对三宗，性空局小，唯识局大，相空通大小。"是谓佛法整体，内含低级的权教（权宜之教）和实教（真实之教），三教中的性空教属权教、小乘；相空教属权教，是大乘；唯识教属实教、大乘，但三者归根到底不可分。如果把三教与三宗联系起来看，性空教纯为小乘，唯识教为真正大乘，相空教通大小乘，假名宗属于相空教，自然也通于大小乘。

道宣的判教论是其律学理论的基础。实际上，他的三教、三宗的说法并不完全符合佛教史实，性空、相空并不能真实地概括小乘和大乘教法的基本主张，把唯识学说奉为实教、圆教，也只是反映了唯识一派的观点。

（四）止持与作持——强调止恶与行善并重

戒律是僧团的法纪，是约束僧尼行为的规范。何为持戒、犯戒，对犯戒者应如何处治，是戒律的基本内容。道宣说："律宗其唯持犯，持犯之相实深……"（《行事钞》卷中四）。佛教认为，戒是止恶的，持戒可以防非止恶。道宣认为，仅消极地止恶还是不够的，应当进一步积极主动地行善。他提出了"止持"与"作持"并重的理论。他说：

> 言止持者，方便正念，护本所受，禁防身口，不造诸恶，目之曰止。止而无违，戒体光洁，顺本所受，称之曰持。持由止成，号止持戒。……二明作持。恶既已离，事须修善，必以策勤三业，修习戒行，有善起护，名之为作。持如前解。所以先后者，论云：戒相止，行相作。又云恶止善作，义之次第。（《行事钞》卷中四）②

僧尼受具足戒时，对应持守的戒律心领神会，立誓终生遵守，便在心中形成"戒体"（详后）。如果照此本愿持戒止恶，此为"止持"。持戒

---

① 见《羯磨疏》卷三（元照《四分律删补随机羯磨疏济缘记》卷三之五）。
② 《大正藏》第40册第91页上。

止恶对有志达到解脱的僧尼来说还是初步，应进一步通过身、语、意三个方面积极行善，此为"作持"。作就是行，行善。道宣用这种理论把持戒与积极行善密切联系起来。戒律中的两大部分：僧尼戒条和僧团仪式、规则，即篇聚部分和犍度部分。前一部分即可称为止持戒——诸恶不作；后一部分可称为作持戒——众善奉行。因为按照后一部分的规定去受戒、说戒、忏悔、安居和从事修行、生活，就是行善。如杀、盗是二恶，不杀、不盗为止持戒；不杀的同时以慈心爱人，不盗的同时以施舍给人以恩惠，就是作持戒，属于行善。道宣还提出，止持与作持二者之间是互相融通的，止持中包含有作持，作持中有止持。他举例说：

> 若就修行解止持者，如止杀盗，先修慈少欲等行，以行成故，名为作持；望境不起（按：遇到杀、盗外缘之时，不杀不盗），名止持，即止中有作也。若就修行解作持者，如欲诵戒羯磨（按：举行诵戒忏悔仪式），先止外缘，望离粗过名止，后善行成名作，即作中有止也。（《行事钞》卷中四）①

简单地说就是，修行可使人产生慈心、少欲之心，这样便可止杀盗。所以可把修行解释为止持，但它本身又具有作持行善的含义。同样，如把修行解释为作持，如要参加诵戒仪式而对诸恶持有戒心，在可能犯戒的情况下不犯戒，这样便可成就善行，此即作持中包含着止持。

此外道宣还提出"作犯"和"止犯"的说法。犯戒作有恶的行为，此为"作犯"；不按佛法去修行、行善，此为"止犯"。由止犯必导致作犯。此大体上是止持、作持理论的引申，这里从略。道宣上述理论有助于引导僧尼主动持戒修行，对巩固僧团的统一和谐调内外关系有积极作用，因而受到佛教界的重视和采纳。

（五）道宣的戒体论及其意义

道宣把戒分为四科：戒法、戒体、戒行、戒相，并把对戒体的论证放到构建律学体系的中心地位。

戒法，即与定、慧相对的戒，指一切戒律。"直明此法必能轨成出离

---

① 《大正藏》第40册第91页下。

之道，要令受者信知有此，虽复凡圣，通有此法。"（《行事钞》卷上一）① 认为按戒法规范自己的行为，才能出离生死，达到解脱。不管修行者是否达到圣贤境界，都应修持戒法。

戒体，据说是"纳圣法于心胸，即法是所纳之戒体"（《羯磨疏》卷三，见《济缘记》三之五）。在《行事钞》卷上一是这样说的：

> 明戒体者，若依通论，明其所发之业体。今就正显直陈能领之心相，谓法界尘沙二谛等法，以己要期，施造方便，善净心器，必不为恶，测思明慧，冥会前法，以此要期之心与彼妙法相应，于彼法上有缘起之义，领纳在心，名为戒体。

简单地说，把戒法（前法）领纳于心，便形成支配自己行为的"业体"，即戒体。亦即在受戒时发誓终生受戒，不作恶行，这种意志与戒法相应，便在心中形成一定持戒的意念和决心，此即戒体。用现在人们容易理解的话说，所谓戒体是受戒人通过受戒仪式在头脑中形成的对戒法的忆念、信心和持戒的意志。

戒行，即遵守戒规的行为、语言。《行事钞》卷上一说："既受得此戒，秉之在心，必须广修方便，检察身口威仪之行，克志专崇，高慕前对，持心后起，义顺于前，名为戒行。"

戒相，"威仪行成，随所施造，动则称法，美德光显，故名戒相"（同上）。② 戒相是持戒的具体表现，也指戒律篇聚中所说的波罗夷、僧残、不定、舍堕、单堕、提舍尼、众学等戒条的内容。

可见，戒法是受持的对象，戒体是受持者的主体意志，戒行是表现，戒相是表现的内容。对修行者来说，最重要的是戒体，即对戒律的坚定信念和持戒的意志。如果虽形式上受了戒，但没形成戒体，或当时虽形成戒体，但后来没有守护戒体，随意违犯戒律，那么戒对他也就失去了意义，就不被认为是合格的僧侣。因此戒体问题一向为律学者所重。

道宣在著作中对以往律学者的戒体学说作了批判性的总结，并提出自己的戒体理论。按照传统的说法，戒体包括"作"、"无作"两种。"作"

---

① 《大正藏》第40册第4页中。
② 以上载《大正藏》第40册第4页下。

的原意是指身体动作和言语,受时间与空间的制约。"作戒"是指受戒者在授戒仪式上从师受戒的过程,而"作戒之体"指这种受戒行为的依据、本体。"无作",与作相对,虽无动作、语言表现,却被认为是永恒真实地存在着,所谓"一发续现,始末恒有,四心(按:善、恶及非善非恶的无记),不藉缘办"(《行事钞》卷中一)。①"无作戒"是受戒结束所形成的心理意志;"无作戒体"自然是这种心理意志的根据或本体。在一般场合所说的戒体就是指无作戒体,又往往将无作戒与无作戒体等同。在道宣著作中作与无作戒往往简称"二戒";二戒之体常被简称为作与无作。虽然"无作"本身被赋予无始无终的意义,但又说无作戒产生于作戒结束之后,说"作戒前生,无作后起",即只有到授戒程序结束时,无作戒体才在受戒者心中形成。

南北朝时律学研究开始兴起,但学者对戒体有不同的看法。对戒体的解释或依据说一切有部的论书,或依据被道宣称为"假名宗"的《成实论》。据道宣《羯磨疏》卷三及《行事钞》卷中一的介绍:

第一,以色为戒体。实法宗(有部)的论书《杂阿毗昙心论》、《俱舍论》及《萨婆多毗尼毗婆娑》(《多论》)等认为,作戒与无作戒都以色为体。色相当物质,指地水火风(四大)及由它们所形成的一切东西,包括众生的五根(眼耳鼻舌身)及它们的对境(色声香味触),还有无表相、不可见、无对的"无作色"(或"无表色")。受戒者登坛场受戒,要跪拜佛像、戒师,要发誓终生持戒,据称这是由身(跪拜屈伸等)、口(誓言)二业的作用。身口二业属色蕴(或色聚,即色类)。这样,作戒之体属色。受戒仪式结束,意味作戒已成过去,在受戒者之心中形成所谓"无作戒"。这种无作戒之体,即一般意义上的戒体,性质也属色,但它"不可见,无对"意为没有形象显现,不像五根有五境作对境那样"有对",是所谓"无表色"。色蕴包括的色当中,或属善性或属恶性,或为无记性(非善非恶),然而据称作为作戒之体的色只属善性。同样,无作戒之体的无表色,也"唯局善性"。《羯磨疏》卷三明确指出:"且就身口发无作体,还防身口粗现业非",是谓无作戒体一旦产生,将长期发挥使人持戒防非的作用。

据道宣介绍,南北朝后期以来,以邺(今河南安阳北)为中心的一

---

① 《大正藏》第40册第52页上。

带地方，虽流传法藏部的《四分律》，但却用说一世有部的理论解释戒体，即以色即无表色为戒体。

第二，以非色非心为戒体。道宣把法藏部归于假名宗或空宗之中，又把《成实论》作为本派的重要论书，认为应据此论来论释《四分律》戒体。同样，戒体分作、无作二种。对于作戒之体有三种说法：（一）以色心为体，说受戒者在受戒过程中身体的动作，口发生的声音，属于"色"的作用，但"口业者，非直音声，要以心力助成；身业亦尔"；又说身口不过是行业的器具，不是善恶之体，"如无心杀人，不得杀罪"，"是三种业（按：身、口、思）皆但是心，离心无思，无身口业"，所以作戒应以色心为体（《羯磨疏》卷三）。（二）根据上述心起决定作用的理由，也可以说是"以心为体"（《行事钞》卷中一）；（三）以色声为体，说身业即以四大为体，四大为色，而口业是"四大相击"之声，故以色声为体。但作戒为时短暂，由作戒产生的无作戒却是"一成续现"的。无作戒之体，应是"非色心摄"，意为此体既非色又非心。理由是：此戒从心而起，它的本体就不是色，因为色有形相方所，色分五根、五境、四大，色有青黄赤白及光暗等，色有高下长短方圆等，色相伴有烦恼、毁坏等，色有质碍，色为眼耳鼻舌身五识所感觉认识，然而"无作俱无此义，故不名色"。为什么又说此戒体"非心"呢？心有虑知功能，又有"明暗"（智愚），并有善、恶、无记三性，心还有广略（意根为略，四心六识等为广）之分，心是果报的产物，而无作戒之体没有上述特征，所以属于"非心"。为什么讲要把无作戒之体解释为非色非心呢？据说"由此业体，是非色心，故虽行恶，本所作业，无有漏失"（《羯磨疏》卷三）。认为这样才能解释受戒之后虽发生犯戒作恶的行为，而所受戒体仍然存在，仍可继续警策受戒人持戒行善。

道宣介绍说，东晋以后，江南崇尚《成实论》，佛学界用此论论释《十诵律》戒的戒体，然而认为这种做法并不妥当①。他虽表示依据《成实论》论释《四分律》的戒体是正确的，但却认为唯识学说在理论上更为圆满，更主张按唯识学说论释戒体。

道宣提出的戒体论是主张以唯识学派所说的第八识阿赖耶藏识中的"善种子"为戒体。《羯磨疏》卷三在介绍了以色、以非色非心为戒体的

---

① 以上所据《羯磨疏》之文，见《济缘记》卷三之四及卷三之五。

看法以后，说应当据"圆教"（法相唯识学说）说明戒体，谓：

> 戒是警意之缘也。以凡夫无始随妄兴业，动与妄会，无思返本。是以大圣（按：佛）树戒警心，不得堕妄，还沦生死。故律中云：欲修梵行（按：净行）尽苦源者，便命召之入圣戒数，此根利也。后渐浇浊，不可示本，乃就傍缘，广闻衢路，终依心起，妄分前境。愚人谓异，就之起著，或依色心及非色心。智知境缘，本是心作，不妄缘境，但唯一识，随缘转变，有彼有此。欲了妄情，须知妄业，故作法受，还熏妄心于本识藏（按：阿赖耶识），成善种子，此戒体也。（见《济缘记》三之五）

道宣在这里没有明分作戒与无作戒，实际将二者之体等同。他站在"一切唯识"的立场，认为戒是警策受戒者不可为非作恶的，心识起决定作用；有部以色作为戒体不能成立，即使据《成实论》把色心、非色非心看作是作戒与无作戒之体也是不妥当的（"愚人谓异……"）；实际上一切事物现象（境缘）"本由心作"，如果不接触外境而摄心观想，就会认识到"但唯一识，随缘转变，有彼有此"；正因为心识随妄（情欲烦恼），才造恶业；知此就应受戒（作法受），抑制"妄心"，在根本心识——第八识阿赖耶识（本识藏）中促成善行功能的产生（成善种子）；而这种能导致受戒者持戒行善的精神功能，就是戒体。受戒者通过受戒得到戒体，就能经常记住和持守戒规，防范过错，又反过来不断影响本识，使妄情逐渐消失断灭，达到解脱，所谓："于诸过境，能忆，能持，能防，随心动用，还熏本识，如是展转，能静妄源。"（《羯磨疏》卷三）。

道宣以心识为戒体理论的提出，有两方面的意义。第一，以往都是依据小乘理论解释小乘戒的所谓戒体，道宣首次用大乘唯识学说论释戒体，从而建立了以大乘佛教理论为基础的律学体系。在道宣的论证中，以唯识"圆教"为最高地位的判教理论与以阿赖耶识中的"善法种子"为戒体的理论是互相呼应的。第二，把大乘佛教重视心性修养的精神引入律学，以心识为戒体，强调"依体起用，防边缘非"（《羯磨疏》卷三）和断妄"返本"的心理修行，可引导僧尼把修行与持戒结合起来，对佛教的稳定和发展有利。大乘佛教的"三聚净戒"本身就有持戒与修行、传法相结合的含义。道宣以心识为戒体理论的提出，为大小乘戒律的沟通和结合提供了理论基础。

（六）把小乘戒律纳入大乘佛教体系之中

道宣在提出心识戒体论的同时，把《四分律》作了大乘的解释，又把大乘三聚净戒作为自己律学体系的重要组成部分。

《四分律》本是小乘法藏部所传承的戒律，道宣为了建立与大乘佛教相应的律学，继北齐慧光之后，也把它解释大乘戒律或秉承大乘宗旨的戒律；有时说它的部分内容与大乘相通。所谓"四分一律，宗是大乘"（《行事钞》卷中四），或"通明佛乘"，"分通大乘"（《羯磨疏》卷三）。理由何在呢？道宣依据的是《四分律》中某些同大乘教义相通的词语。在《羯磨疏》卷三他举出五个例证，佛教史书称之为"五义"。现查出原文，对照加以介绍：

1. "沓婆无学，知非牢固也。"《四分律》卷三僧残法"无根谤"戒中说，"时尊者沓婆摩罗子得阿罗汉（按：此即无学果位），在静处思惟，心自念言：此身不牢固，我今当以何方便求牢固法耶？"道宣认为这是对小乘不满足的表示，沓婆要超越小乘最高果位阿罗汉而上求菩萨、佛法。

2. "施生成佛道，知余非向也。"《四分律比丘戒本》最后是回向偈，其中有："施一切众生，皆共成佛道。"道宣解释为把功德施给众生，共同成佛。

3. "相召为佛子，知无异乘也"。《四分律·序》中有"如是诸佛子"、"佛子亦如是"的话。道宣认为，此戒为大乘（佛乘）所有。

4. "舍财用非重，知心虚通也"。《四分律》中对舍堕戒的规定，凡蓄多出常规的衣物，应舍给僧众，然后再由僧众还给本人；如果不还，当事者仅得轻罪（突吉罗）。这意味着，在舍物之前应有"舍心"，有利济他人之心。道宣认为此显示了大乘精神。

5. "尘境非根，晓知识了义也"。《四分律》卷十一单堕法中的"小妄语"戒，律文中有"见者，眼识能见；闻者，耳识能闻；触者，三识能触，鼻识、舌识、身识；知者，意识能知"。道宣认为，说一切有部只讲"眼根"和其他根能见等，而这里讲"眼识"等识能见知，识即是心，故与大乘教义相同。

道宣据上"五义"把《四分律》判为大乘戒律，或"分通大乘"的戒律。实际上，尽管此律定型于部派佛教时期，以后在传承和翻译过程中又受到大乘佛教思想的影响，掺进某些带有大乘色彩的词句，但从基本内容来看，仍属小乘戒律。其中释迦率弟子传教及制戒的记载，比较真实地反映了原始佛教的情况。道宣是出于建立大乘律学的动机才作出以上那种解释的。

道宣以心识为戒体，把《四分律》解释为大乘的戒律，进而提出摄律仪、摄善法和饶益众生三戒互相融通的理论。这种理论始终是为大乘佛教以成佛为最高修行目标服务的。《羯磨疏》卷三在论证戒体是藏识中的"善种"之后说，由此戒体即可修持三戒：常思持戒成善，即摄律仪戒；勤修禅观，"大智由生"，即摄善法戒；断除彼此爱憎之心，护卫众生，即摄众生戒。说"随彼心起，无往不应，犹如水月，任机大小。"只要勤于去妄返本的心性修养，就可常持三戒，达到解脱。因为"心为业本"，"依体起用"，故三戒互相融通。宋代元照解释说，"如杀一戒，具兼三位"，不杀即摄律仪戒；而修善慈之心，即摄善法戒；护命未杀，即饶益有情众生戒（《资持记》卷下四）。道宣本人在解释修持三聚净戒的意义时说，由持摄律仪戒，可修证"法身佛"；由修摄善法戒，可修证"报身佛"；由修摄众生戒，可修证"化身佛"。这不外是强调持戒对达到最后成佛的重要意义。

道宣的律学理论在他生前已有很大影响。据《宋高僧传》卷十四《道宣传》记载，从他受法传教的弟子达千百人。参考其他资料，弟子中著名的有大慈、文纲、名恪、灵崿、周秀、融济等。

文纲的弟子有恒景①、道岸。恒景在荆州当阳玉泉寺，密宗高僧一行就是从他出家的。道岸（654—717）长期在光州（治所在今河南光山）及江南一带传法，因长江以南古来盛行《十诵律》而不知《四分律》，"岸请帝（按：此指唐中宗）墨敕执行南山律宗"，自此道宣的南山律宗开始在江淮广大地区盛行（《宋高僧传》卷十四）②，并逐渐成为中国佛教界的正统律学。

鉴真（688—763）曾从道岸受菩萨戒，请恒景为戒和尚从受具足戒，并从他们学习律学，成为江南以扬州为中心的著名律宗高僧，从天宝元年至天宝十二载（742—753）应日本邀请先后六次赴日传律，其间五次失

---

① 原名弘景。宋朝因避太祖之父赵弘殷之讳改"弘"为"恒"。
② 载《大正藏》第50册第793页下。

败,本人双目失明,直到最后一次东渡成功,是日本律宗的创始人①。

道宣的律学传到宋代后,经允堪、元照的著述阐释而有新的发展。

三 相部宗与东塔宗

唐代佛教律学比较有影响的有三支,在道宣的南山律宗之外,尚有隋至唐初法砺创立的相部宗和比道宣稍后的怀素创立的东塔宗。宋代赞宁《宋高僧传》卷十六《澄楚传》后之论曰:"律有三宗,砺、素、宣是欤。"其中最盛行的是道宣的南山律宗,成为以后中国律学的正统。

这里仅对相部、东塔二宗作概略介绍。

(一)法砺和相部宗

法砺(569—635),俗姓李,原籍赵(在今河北)人,后移至相县(在今河南安阳市西)。从灵裕出家,后跟静洪律师学《四分律》,又从洪遵弟子洪渊学《四分律》大义,此后开讲律学,逐渐出名。他曾到江南学习说一切有部传承的《十诵律》之学,并将北方《四分律》之义介绍到南方。他回到邺(今河北临漳西南)之后,正值隋末战乱。

唐初,法砺在临漳县传授律学,并从事著述,一生讲律四十余遍。著有《四分律疏》十卷(今存,分为二十卷)、《羯磨疏》三卷、《舍忏仪轻重叙》等。弟子有满意、怀素。满意传大亮。大亮的弟子昙一著《发正义记》十卷,阐明南山、相部二派主张的不同,论述诸部律藏的要义②。因法砺长期在相州(治所在邺)日光寺等处传法,故其律学称相部宗。

法砺依据《成实论》论释《四分律》的戒体。据他的《四分律疏》卷一,戒体(也称受体)有作戒、无作戒的两种:"言作戒者,方便身口,造趣营为,称之为作";"无作者,一发续现,四心三性,始末恒有,不借缘办,号曰无作"。可见对二戒的解释与道宣的解释大同。又说,按昙无德宗(实指《成实论》学说)的见解,"无作戒者,定用非色非心为体⋯⋯但作戒者,取文不定:或为取文色心为体,故论文言:口业者,非

---

① 见《宋高僧传》卷十四、日本淡海三船《唐大和尚东征传》、思托《大唐传戒师僧名记大和上鉴真传》逸文。请参考拙著,浙江人民出版社1995年出版《日本佛教史》第一章第五节。

② 《续高僧传》卷二十二《法砺传》、《宋高僧传》卷十四所载怀素、满意、昙一等人传。

直音声，要以心力助成，故知身业亦以心力助成，明知二业色心为体。又引论文，以心为体。故论言：离心无思，无身口业，故知二业，用心为体。"据此，法砺认为"无作戒体"是以非色非心为体。这种戒体在受戒后于心中形成（"纳法在心"、"与余识俱"），长久发挥督促受戒者持戒的作用，而作戒之体，即受戒过程所据之体，不外是决定身口行为、音声的色心或心。道宣在《羯磨疏》中介绍的假名宗戒体论，就是如此。

（二）怀素和东塔宗

怀素（624—697），祖籍南阳（治所在今河南宛县），后迁京兆（今西安西北），唐贞观十九年（645）投到玄奘门下受学，受具足戒后专攻律学，曾到邺州法砺门下学《四分律》之学三年，但认为法砺律学"未能尽善"，便离开而去。他在咸亨元年（670）开始撰述《四分律开宗记》（称《新疏》），至永淳元年（682）完成，共十卷（今存，分为二十卷），批评法砺的《四分律疏》（称《旧疏》）有十六错谬，提出自己的律学理论。

据怀素《四分律开宗记》卷一及卷六，他反对依据《成实论》论释戒体，而主张按说一切有部的《大毗婆沙论》、《俱舍论》等论书解释戒体。他说戒有两种：表戒（即作戒）与无表戒（无作戒）。"所言表者，身语造作，有所表示，令他了知，故名为表"；表戒即登坛受戒的过程，据称其体是色（有色有见有对及有色无见有对等）。"言无表者，因表发生，无见无对，不可表示，体得在身，相续随转，纵入余心，不名失持"；无表戒即通过受戒所形成的对持戒的意念和信心，但认为其体也属于色，但是"无表色"，既不可见，又非像眼相对的色、耳鼻舌相对的声、香、味、触（此四者不可见）那样"有对"。道宣所批评实法宗的戒体论，大致与此相同。为什么怀素要根据说一切有部的论书来解释戒体？《宋高僧传·怀素传》说："以法密部（按：即法藏部）缘化地部出，化地部从有部出，故出受体以无表色也。"

怀素在上元三年（676）回到长安，奉诏住西太原寺（后改称西崇福寺），又听道成律师讲律。他还著有《新疏拾遗钞》二十卷、《四分僧羯磨》三卷、《四分尼羯磨》三卷以及《四分比丘戒本》、《四分比丘尼戒本》各一卷、《俱舍论疏》十五卷等[①]。怀素所住西太原寺有东塔，故其

---

① 《宋高僧传》卷十四、《开元录》卷九等。

律派称东塔宗。

怀素有弟子法慎。法慎弟子义宣著《折中记》六卷，诠释道宣《行事钞》之义（《宋高僧传》卷十五）。

唐代宗大历（766—779）年间佛教界围绕法砺《旧疏》与怀素《新疏》发生争论，诏命律宗三派律师集中"定夺新旧两疏是非"，编成《敕金定四分律疏》十卷奏上。宰相元载（777年卒）重怀素律学，奏在成都宝园寺置戒坛，传《新疏》，命如净撰怀素传记。此后，韦皋镇守成都，撰《灵坛传授毗尼新疏记》，将传授者刊名于石（《宋高僧传·怀素传》等）。唐德宗时敕准新、旧两疏并行①。

大约到唐朝末朝，相部、东塔二律派趋于衰微，只有道宣的南山律宗传承不绝，成为中国佛教汉传系统的正统律学。

第三节　道绰、善导和唐代净土宗

在中国的佛教宗派中，净土宗是最富有民间信仰特色的宗派。净土宗的教义通俗易懂，很少晦涩难以理解的哲学思辨成分，因而在社会各个阶层拥有众多的信徒。但从佛教史书有关记载来看，净土宗在组织上没有严格的师承世系，对历代祖师的说法也很不一致。因此，从严格的意义来说，中国的净土宗没有建立独立的佛教宗派，也可以称为阿弥陀佛净土信仰，是寓于佛教各宗内部的诸佛信仰形态之一。然而由于它拥有相当完备的理论体系，对佛教各宗派和历史文化有较大的影响，一般仍把它作为一个佛教宗派看待，而不轻易地称为"寓宗"。

在净土宗发展史上，东晋慧远（334—416）曾在庐山结社提倡净土念佛法门，被后世奉为净土宗初祖。东魏昙鸾（476—542）在并州玄中寺（在今山西省交城县）倡净土念佛，著《往生论注》、《略论安乐净土义》等，为中国净土念佛理论奠定了基础。唐代是中国佛教的鼎盛时代，前有道绰，后有善导，建立了完备系统的净土念佛理论体系，是中国净土宗的实际创始人。本节以道绰、善导为重点，并联系其他高僧，对唐代净土宗作概要论述。

---

① 见《宋高僧传》卷十五圆照、如净等人传。

一　道绰及其净土思想

(一) 道绰生平

道绰（562—645），俗姓卫，并州文水（原误作"汶水"，在今山西省）人。十四岁出家，学习《大涅槃经》，并前后讲了二十四遍，后来师事精通禅、律的瓒禅师，修学般若空理和禅法。据唐代迦才《净土论》卷下记载，隋大业五年（609）以后，道绰"即舍讲说，修净土行，一向专念阿弥陀佛，礼拜供养，相续无间"。① 据载，道绰专修净土法门是受北魏东魏之际在石壁谷玄中寺昙鸾的影响。道绰住进玄中寺，看到记载昙鸾事迹的碑文，也按昙鸾的修行主张，一心一意修持念佛为主的净土法门。他在寺中为道俗信徒讲《观无量寿经》近二百遍，"并劝人念弥陀佛名，或用麻豆等物而为数量，每一称名，便度一粒，如是率之，乃积数百万斛者"（《续高僧传》卷二○）。这是提倡口称阿弥陀佛之名，每称念一次，用麻子或豆一粒计数，积攒下来数量很大。不过，说"数百万斛"显然有些夸张。道绰还教人把木槵子（《续高僧传·道绰传》作"木栾子"）串在一起统计念佛的数量。此当是后世念珠的起源。据载道绰经常面西坐禅念佛，"才有余暇，口诵佛名，日以七万为限"（《续高僧传·道绰传》）。②

由于道绰的影响，唐初在今山西中部一带地方净土信仰十分盛行。唐太宗游太原，文德皇后长孙氏有病，曾乘辇到玄中寺礼谒道绰。"便解众宝名珍供养启愿"。此后皇后病愈，太宗"因诏天下名山形胜皆表刹焉（按：表刹，指塔上高出的幢竿，此指普建寺塔）。所以报护力，广真谛也"（《大唐太原府交城县石壁寺铁弥勒像颂并序》，载《金石萃编》卷八十四）。道绰着有《安乐集》二卷。

关于道绰的生卒年，各书有不同的记载。《续高僧传·道绰传》中有："曾以贞观二年四月八日，绰知命将尽，通告事相。闻而赴者满于山寺……"，③ 意为道绰在贞观二年（628）曾病危，感得信众来寺探望，但随后痊愈，至"年登七十，忽然口齿新生"，然而未明记逝世年月。宋代

---

① 载《大正藏》第47册第98页中。
② 载《大正藏》第50册第594页上。
③ 同上。

戒珠《净土往生传》卷中谓道绰于唐贞观三年卒，明代袾宏《往生集》卷一作贞观二年卒，看来皆受前引《续高僧传》那段记载的影响。唐代迦才《净土论》卷中明确记载道绰在贞观十九年（645）四月二十四日"于玄忠寺寿终"。道宣编撰《续高僧传》初稿即完成于贞观十九年，《道绰传》结尾有"绰今年八十有四"，正是道绰逝世之年。据此，道绰的生年当为公元562年，即北齐河清元年。

（二）《安乐集》的净土思想

"安乐"是《无量寿经》所说西方阿弥陀佛的佛国净土的名字，在《阿弥陀经》和《观无量寿经》中译为"极乐"，即"极乐世界"。道绰在《安乐集》中广引《观无量寿佛经》（简称《观经》）和其他净土经典、大乘佛教经论几十种，论述专修净土法门，往生弥陀安乐净土的思想。道宣在《续高僧传·道绰传》中称《安乐集》为《净土论》，说：

> 著《净土论》两卷，统谈龙树、天亲，弥及僧鸾（按：昙鸾）、慧远，并遵崇净土，明示昌言，文旨该要，详诸化范。

但今存《安乐集》中并没有论及慧远（包括隋净影慧远）的净土思想。唐迦才《净土论》之序批评说：

> 近代有绰禅师，撰《安乐集》一卷，虽广引众经，略申道理，其文义杂参，章品混淆。后之读者，亦踌躇未决。

尽管如此，道绰《安乐集》中关于圣道门、净土门、念佛与往生净土的论述，无论在唐代还是在以后，都有较大影响。

《安乐集》在结构上分"十二大门"，即按内容分为十二大段，每一门内又分若干层次，在论述中广引佛教经典。中心内容是下述两个问题。

1. 圣道门与净土门，难行道与易行道

这实际是净土宗的判教学说，旨在说明净土教义是适应时代、众生需要的佛法，遵照修行就可以摆脱生死烦恼，达到解脱。

道绰同隋朝三阶教创立者信行（540—594）一样，也认为佛教已度过"正法"、"像法"时代，而进入充满危机，众生素质下降的"末法"的时代。但道绰不同于信行的地方是认为：在末法时代最适合众生需要的佛法是依据弥陀经典的净土念佛法门，而非其他。《安乐集》卷上说：

> 明教兴所由，约时被机劝归净土者：若教赴时机，易修易悟；若教机时乖（按：原作"机教时乖"），难修难入。是故《正法念经》云：行者一心求道时，常当观察时方便，若不得时，无方便，是名为失，不名利。……《大集月藏经》云：佛灭度后第一五百年，我诸弟子学慧得坚固；第二五百年，学定得坚固；第三五百年，学多闻读诵得坚固；第四五百年，造立塔寺，修福忏悔得坚固；第五五百年，白法（按：指善法）隐滞，多有诤讼，微有善法得坚固。又彼经云：诸佛出世，有四种法度众生。何等为四？一者口说十二部经，即是法施度众生；二者诸佛如来有无量光明相好，一切众生但能系心观察，无不获益，是即身业度众生；三者有无量德用、神通道力、种种变化，即是神通力度众生；四者诸佛如来有无量名号，若总若别，其有众生系心称念，莫不除障获益，皆生佛前，即是名号度众生。计今时众生，即当佛去世后第四五百年，正是忏悔修福，应称佛名号时者。若一念称阿弥陀佛，即能除却八十亿劫生死之罪。一念既尔，况修常念，即是恒忏悔人也。①

"时"指时代，认为佛灭后头一个五百年间是正法时代，此后一千年间是近似正法的像法时代，再后的一万年是末法时代，佛法趋于灭亡②。上面引文中所说"今时众生，即当佛去世第四五百年"，即谓进入末法之第一个五百年。"机"指众生，原指众生接受佛法的素质。道绰引《大集经》是为了证明不同的时代，众生接受佛法的素质不同，总的趋势是佛灭后时间越长，众生的素质越下降，所谓"机解浮浅"和"暗钝"就是说的这个意思。据称，在进入末法时代以后，人们靠修习智慧、禅定和读诵佛典等方法已不能达到解脱，只有专心地思念，称颂佛的名号（如"阿弥陀佛"、"南无阿弥陀佛"等），才能灭除无数生积累下的罪业，从

---

① 载《大正藏》第47册第4页上、中。
② 《安乐集》卷下："释迦牟尼佛一代正法五百年，像法一千年，末法一万年，众生灭尽，诸经悉灭。"

生死苦恼中解脱出来。在佛教内部，称念佛的名号并非特指称念阿弥陀佛的名号，还有称念释迦牟尼佛、阿閦佛、药师佛……佛无数，作为佛国的净土也无数，有不少宣说佛国净土的经典或记述。但道绰只提倡称念《无量寿经》等经典所说的阿弥佛陀的名号，称此为"净土门"，谓称念阿弥陀佛的名号在死后可往生到西方净土，即生到"极乐世界"。

与"净土门"相对的是"圣道门"。所谓"圣道"即前述的修习禅定、智慧（理论）及读诵等教法，实指净土宗以外的大小乘教派及其主张。道绰认为，在进入末法时代以后，众生已没有接受圣道的能力，不能通过修习圣道达到解脱。他说：

> 一谓圣道，二谓往生净土。其圣道一种，今时难证。一由去大圣（按：释迦牟尼佛）遥远，二由理深解微。是故《大集月藏经》云：我末法时中，亿亿众生起行修道，未有一人得者。当今末法，现是五浊恶世。唯有净土一门可通入路。（《安乐集》卷上）①

道绰认为末法时代是"五浊恶世"，即《阿弥陀佛经》所说的劫（时代）浊、见（见解，特指邪恶见解）浊、烦恼（贪瞋等情欲）浊、众生（体弱心钝）浊、命（命短）浊充满的时代。他强调在这种时代，众生很难理解并修持圣道，唯有修习净土这一法门。

因为圣道难修，故可称之为"难行道"；而净土易修，故称为"易行道"。早在昙鸾的《往生论注》中已曾引证印度龙树《十住毗婆沙论·易行品》的话，对"难行道"与"易行道"、"自力"与"他力"作了论证。道绰又引述这段话劝人信奉净土教。《安乐集》卷上说，在五浊之世，求证不退转（阿毗跋致）的觉悟境界非常困难，这是因为有"外道"、"恶人"对佛法进行破坏，扰乱修行者；小乘修道者自私自利，不去教化众生；普通众生又颠倒善恶因果；全靠自力修习佛法，而不靠佛菩萨的"他力"。说"譬如陆路，步行则苦，故曰难行道。"与此相对，

> 言易行道者，谓以信佛因缘，愿生净土，起心立德。修诸行业，佛愿力故，即便往生，以佛力住持，即入大乘正定之聚。正定聚者，

---

① 载《大正藏》第47册第13页下。

即阿毗跋致不退位也。譬如水路，乘船则乐，故名易行道也。

什么叫"佛愿力"？即阿弥陀佛的本愿之力。《无量寿经》说阿弥陀佛在成佛之前曾发下四十八个大愿，其中说众生只要相信西方安乐净土，称念阿弥陀佛之名，死后都可往生西方净土。道绰说："在此起心立行，愿生净土，此是自力；临命终时，阿弥陀如来光台（按：指放光的台座，有金刚台、紫金台、莲华台之别）迎接，遂得往生，即为他力。"（《安乐集》卷上）① 可见，"他力"是指阿弥陀佛的神威之力，相对于弥陀他力，凡自己发愿、修行、积累功德，都属自力。

2. 念佛与往生

道绰虽然在《安乐集》中引证《大集月藏经》之文说末法时代"学慧"、"学定"、"多闻读诵"已难能使众生解脱，但实际上并没有把它们完全否定，只是强调称念佛的名号是"正学"，而其他则是"兼学"。因为在弥陀经典中对"善业"的解释里包括上述方面，并把修习这些方面作为往生净土的原因。《观无量寿经》中说修行者应面西正坐，"专心系念一处"，在心中观想西方落日、极乐世界的水、地、树、八池宝水，净土胜景、莲华座、阿弥陀佛及左右胁侍菩萨观世音和大势至，以及想象三个等级（三品）九类人往生净土（统称"九品往生"）的情景。以上共十六个方面，统称"十六观"。其中前十三观的本身就是以观想西方阿弥陀佛净土为内容的禅观，为"念佛"的形式之一。

"念佛"也是禅定的一种，所以也称"念佛三昧"（三昧，是"定"的音译），在《文殊般若经》、《华首经》、《大涅槃经》、《观音授记经》、《般舟三昧经》以及《华严经》等经中都有介绍。比较有影响的有《文殊般若经》中讲的"一行三昧"、和《般舟三昧经》中讲的以七天七夜为期的专念阿弥陀佛的"般舟三昧"。"一行三昧"是要求在禅定中"不取相貌，系心一佛，专称名字，念无休息，即是念中能见过、现、未来三世诸佛"（按：此引文与今本卷下之文稍异）。此种"念佛三昧"也是道绰特别提倡的，但他根据弥陀经典，把"专称名字"解释为专称念阿弥陀佛的名号。《安乐集》卷上说：

---

① 以上见《大正藏》第47册第12页中、下。

若依《涅槃经》，佛性为宗；若依《维摩经》，不可思议解脱为宗；若依《般若经》，空慧为宗；若依《大集经》，陀罗尼（按：意为总持，此指密咒）为宗。今此《观经》（按：《观无量寿经》），以观佛三昧为宗。若论所观，不过依（按：依报，此指佛国环境）、正（按：正报，此指阿弥陀佛及观世音、大势至菩萨及在净土的众生）二报。……（念佛）但能系念不止，定生佛前；一得往生，即能改变一切诸恶，成大慈悲，……若人菩提心中行念佛三昧者，一切烦恼，一切诸障，悉皆断灭。……此念佛三昧即是一切三昧中王故也。

念阿弥陀佛时，……无余心想间杂，或念佛法身，或念佛神力，或念佛智慧，或念佛毫相，或念佛相好，或念佛本愿，称名亦尔，但能专至相续不断，定生佛前。

各宜同志三五，预结言要，临命终时，迭相开晓，为称弥陀名号，愿生安乐国，声声相次，使成十念也。……此命断时，即是生安乐国时。①

可见，所谓"念佛三昧"包含的内容甚为广泛，念佛身、佛祖、佛愿……但也可以最简便的念诵佛的名字代替。说一个人临死前连续称念阿弥陀佛名号十次，死后可以往生西方安乐净土。同佛教普遍主张的生死轮回学说一样，净土宗的往生净土论也是以承认人死灵魂不灭为前提的。"往生"是净土宗常用的术语，相当于"转生"，但又有所区别，特指人死后灵魂由阿弥陀佛和观世音、大势至二菩萨或他们的化身"接引"至安乐净土。

净土宗以末法时代最适合流行的教派自任，特别强调一切凡夫乃至"恶人"皆可往生净土，达到不退堕恶趣、声闻和缘觉二乘的菩萨境地（"大乘正定聚"）。本来在《无量寿经》中是说犯五逆罪（害母、害父、杀罗汉、出佛身血、破僧）及"诽谤正法"者是不能往生的，但在《观无量寿经》中讲"下品"的三种恶人皆可修持念佛之业，"称南无阿弥陀佛"而灭罪往生，并明确地说："下品下生者：或有众生，作不善业，五逆十恶，具诸不善，如此愚人，以恶业故，应堕恶道，经历多劫，受苦无穷。如此愚人，临命终时，遇善知识，种种安慰，为说妙法，教令念佛。

---

① 以上引自《大正藏》第47册第5页上至下、第11页中下。

彼人苦逼，不遑念佛。善友告言：汝若不能念彼佛者，应称无量寿佛。如是至心，令声不绝，具足十念，称南无阿弥陀佛，称佛名故，于念念中除八十亿劫生死之罪。命终之时，见金莲华犹如日轮，住其人前，如一念顷，即得往生极乐世界……"道绰取此中大意，又取《无量寿经》中第十八愿文的个别字句，假托《大经》（即《无量寿经》）之话说：

若有众生，纵令一生造恶，临命终时，十念相续称我名字，若不生者，不取正觉。（《安乐集》卷上）①

是说任何恶人只要称念阿弥陀佛之名，皆可往生净土。又讲"一反念善，罪即消除"，"念念之中，罪灭心净，即便往生"（同上），把念佛名号说成是具有无限神威功能的修行方法，大加提倡。《续高僧传·道绰传》说道绰自己一天口诵佛名七万遍，又劝信徒称念佛名，用麻子、豆计数。净土宗理论简单，修行方法易行，是它在社会上长久普遍流行的重要原因。

此后，善导继之对"恶人往生"和口称念佛的理论有所发展。

二 善导的净土学说

（一）善导及其著作

善导（613—681），俗姓朱，泗州（治所在今江苏宿迁东南）人②，年少出家，唐贞观（627—649）年中至石壁谷玄中寺，看见道绰据《观无量寿经》设立的"九品道场"，讲诵此经，很受启发，高兴地说："此真入佛之津要，修余行业，迂僻难成，唯此观门，速超生死。"从此在道绰门下专修净土法门，"勤笃精苦，昼夜礼诵"（《佛祖统纪》卷二六）。③

此后善导到长安传教，教信徒称念阿弥陀名号，"每入室互跪念佛，非力竭不休"。善导在向人宣传净土法门的同时，勤苦修行，据说三十余

---

① 载《大正藏》第47册第13页下。这段话在《观无量寿经》中无载，当是假托。
② 一般《往生传》皆云"不知何处人"。此据传为唐文谂、少康撰的《往生西方净土瑞应传》。《佛祖统纪》卷二十七另载有临淄人善道之传，笔者认为非此善导。
③ 《大正藏》第49册第263页上。

年"不暂睡卧",不间断地从事念佛,礼佛的活动。他持戒严格,坚持吃素,并且只吃粗恶之食,把别人施舍的钱财用来写经和绘净土画。据载,由他出资,"写《弥陀经》十万卷,画净土变相三百壁"。所谓"净土变相"是根据《无量寿经》等弥陀经典的情节内容绘制的图画。"三百壁"是在三百堵的墙壁上画上净土变相图。净土宗重视观佛像,观想西方安乐净土的美妙景象。此为观想(或观相)念佛的重要程序,也是有利于激励信徒从事口称念佛的。画佛像,雕塑佛像以及据佛经绘制极乐世界图像,是直接为此目的服务的。然而净土宗的这种做法,对中国古代美术和造型艺术产生了很大影响。

由于善导的提倡,长安僧俗中有很多人信奉净土法门,"从其化者,至有诵《弥陀经》十万至五十万卷(按:此经仅一卷,实指读此经十万至五十万遍)者,念佛日课万声至十万声者"。当时信徒把善导的事迹传得十分神奇,说他每念一声佛,"有一光明从其口出"。善导有一首劝人念佛的偈颂:

> 渐渐鸡皮鹤发,看看行步龙钟。
> 假饶金玉满堂,岂免衰残老病。
> 任是千般快乐,无常终是到来。
> 唯有径路修行,但念阿弥陀佛。

是说人生难免一死,只有念佛才能使人往生净土,永享安乐①。

关于善导之死,《续高僧传》卷二十七《会通传》附传没有明记,上面只说:"时在光明寺说法,有人告导曰:今念佛名定生净土不?导曰:念佛定生。其人礼拜讫,口诵南无阿弥陀佛,声声相次,出光明寺门,上柳树表,合掌西望,倒投身下,至地遂死。"这里面的"其人"只能理解为向善导发问的人。但后世一些《往生传》等都说善导相信念佛必得往生,登上柳树向西发愿:"愿佛接我,得生赡养",而投身自绝。关于善导逝世的时间,各书缺载。有的说他从道绰处离开后传法三十余年(《佛

---

① 以上见《佛祖统纪》卷二十六,载《大正藏》第49册第263页上中。此外,《往生瑞应传》、宋戒珠《净土往生传》卷中、宗晓《乐邦文类》卷三、王日休《龙舒增广净土文》卷五、元普度《庐山莲宗宝鉴》卷四、明袾宏《往生集》等,内容大同,可以参考。

祖统纪》卷二十六)。如果从道绰死时的贞观十九年（645）算起，应死于高宗上元元年（674）以后。此书亦记载"高宗知其念佛，口出光明"，赐号其寺曰"光明寺"。日本净土宗创始人源空《黑谷上人语灯录》卷九引《新修往生传》谓善导死于唐高宗永隆二年（681），年六十九。据此，善导当生于隋大业九年（613）。

善导的著作皆为宣说净土教义的，有五部：

1.《观念阿弥陀佛相海三昧功德法门》一卷，引《观无量寿经》、《无量寿经》、《阿弥陀经》及《般舟三昧经》、《观佛三昧经》等，说明各种念佛、忏悔、发愿往生的方法；

2.《安乐行道转经愿往生净土法事赞》二卷，讲设立念佛净土道场的方法及在法会念诵的赞词和偈颂，还有忏罪发愿之文；

3.《往生礼赞偈》一卷，据《无量寿经》、《往生论》及善导本人的著作等，所写的在六时（日没、初夜、中夜、后夜、晨旦、日中）礼赞阿弥陀佛，发愿往生净土的偈颂；

4.《依观经等明般舟三昧行道往生赞》一卷，依《无量寿经》之意所著劝人专修念佛，发愿往生的赞颂；

5.《观无量寿佛经疏》，简称《观经疏》，因有四卷，也称《四帖疏》，分为玄义分、序分义、定善义、散善义四个部分。其中"玄义分"论证《观经》要义，说"以观佛三昧为宗，亦以念佛三昧为宗，一心回愿往生净土为体"；"序义分"是对《观经》序分的解释；"定善义"是对十六观中前十三观的解释；"散善义"是对第十四观至第十六观的解释，是全疏最具特色的部分。《观经疏》比较系统地表述了善导净土思想的基本内容。

（二）善导的净土思想

善导同道绰一样，都主张佛教已进入充满危机的末法时代，只有净土教能被众生接受并引导他们达到解脱。但善导在论证一切"罪恶凡夫"皆可往生和强调口称念佛方面更加细密，提出了比较完备的教义体系，对后世影响也大。

1. 主张"罪恶凡夫"皆可往生

在净土三部经中都有描述现实世界的众生"浊恶不善"的内容：《无量寿经》说"五恶、五痛、五烧"（从杀生、偷盗、邪淫、妄语、饮酒推衍出来）；《阿弥陀经》说现世是"五浊恶世"，五浊是劫浊、见浊、烦恼浊、众生浊、命浊；《观无量寿经》讲佛灭后众生"浊恶不善，五苦（按：指生、老、病、死四苦加上爱别离苦）所逼"，又讲"下品"众生造罪业的情况。实质上这是教人放弃自修自悟的信心，绝对相信阿弥陀佛的巨大"他力"，相信通过念佛可以往生极乐世界。但各经对是否一切人皆可往生净土的说法不完全一致。《无量寿经》说犯"五逆"罪和"诽谤正法"者不能往生；《阿弥陀经》虽没明确地讲，但从全经意思看是一切善恶众生皆可往生；《观无量寿经》在讲"九品往生"时说，下品众生中三种人虽都犯有各种"恶业"，甚至有人造"五逆十恶，具诸不善"，但也可藉阿弥陀佛的灵力往生净土。

善导继承《观无量寿经》（常简称《观经》）众生皆可往生的思想，并作了很大发挥。第一，把上品、中品、下品的九种人皆说成是"凡夫"，称皆可往生净土。原来《观经》中的上品众生有三种：上生，慈心不杀，读诵大乘佛经，修持"六念"（念佛、法、僧、戒、舍、天）等佛法；中生，相信诸法性空等圣谛义，深信因果等；下生，相信因果，不谤大乘。中品众生的三种人是：上生，持五戒八戒，无罪业；中生，若一日一夜持八戒或十戒、具足戒；下生，孝养父母，行仁慈者。下品众生的三种人是：上生，作众恶业，但不诽谤大乘经典；中生，犯五戒、八戒及具足戒和偷盗僧团财物者；下生，作种种恶业，甚至犯五逆、十恶等罪者。据善导的说法，以上九种人只要真诚地信奉阿弥陀佛，修持净土法门，特别是临死前连续念诵阿弥陀佛名号，都可往生净土。善导为了说明净土教是末法众生唯一可行之教，特别强调指出：

　　看此《观经》定善（按：指十六观中前十三观，在禅定中观想西方净土种种景象）及三辈上下文意，总是佛去世后五浊凡夫，但以遇缘有异，致令九品差别。何者？上品三人遇大（按：大乘）凡夫；中品三人是遇小（按：小乘）凡夫；下品三人是遇恶凡夫，以恶业故，临终藉善，乘佛愿力，乃得往生，到彼华开（按：谓乘莲花往生，下品下生人乘的莲花要经十二大劫才开），方始发心。（《观经疏》卷一）①

---

① 《大正藏》第37册第249页上中。

在《观经疏》卷四，善导把上品三生（三种往生者）说成是"修学大乘上善凡夫人"、"大乘次善凡夫人"和"大乘下善凡夫人"；把中品三生说成是"小乘根性上善凡夫人"、"小乘下善凡夫人"和"世善上福凡夫人"；把下品三生说成是"造十恶轻罪凡夫人"、"破戒次罪凡夫人"、"具造五逆等重罪凡夫人"。他把在末法时代信奉大小乘佛法的僧俗信徒、一切修善及为恶的人，统统称为"凡夫"，认为他们虽然善恶程度不同，但皆可借助阿弥陀佛的"愿力"而往生极乐世界。按《观经》本来意思，往生者因生前善恶不同，乘佛愿力往生情况也有异，或由阿弥陀佛及观世音、大势至菩萨亲自迎往净土，所乘为金刚台；或为他们的化身迎接，乘紫金台……或以神光摄取，乘莲华往生。莲华或开或不开，开时长短有异，下品下生者经过十二劫莲华才开，才能听佛法灭罪，发心求觉悟。善导对此加以注释，并在《往生礼赞偈》、《般舟行道往生赞》等著作中加以形象化的描述、赞颂，将着重点放到一切"善恶凡夫"皆可往生净土上。他说：

> 今说《观经》定、散二善，唯以韦提（按：韦提希夫人，阿阇世王之母，请释迦佛讲《观经》者）及佛灭后五浊、五苦等一切凡夫，证言得生……
> 一切凡夫，不问罪、福多少，时节久近，但能上尽百年，下至一日七日，一心专念弥陀名号，定得往生，必无疑也。（以上见《观经疏》卷四）①
> 以佛愿力，五逆之与十恶，罪灭得生，谤法阐提，回心皆往……（《往生净土法事赞》）②

大乘佛教宣称佛有三身：与真如、实相同格的法身，无形无象，无所不在；经无数时间修证而成的报身（以大慧、大定、大悲为体），其数无量，各有自己的佛国净土；应众生根机随时显化传法的应身（或化身）。善导称阿弥陀佛是报身佛，西方极乐世界是"报土"。有人问："彼佛及土既言报者，报法高妙，小圣难阶，垢障凡夫云何得入？"善导回答：

---

① 《大正藏》第37册第271页下、第272页中。
② 《大正藏》第47册第426页上。

"若论众生垢障，实难欣趣，正由托佛愿以作强缘，致使五乘齐入。"① 五乘是指人乘（修持五戒）、天乘（修持十善）及声闻乘、缘觉乘（二者为小乘）、菩萨乘。善导虽着眼于凡夫，宣传一切凡夫皆可往生，但并不否认有达到菩萨境地以上的"圣人"存在和往生，说：

    一切罪恶凡夫尚蒙罪灭，证摄得生，何况圣人愿生而不得去也！（《观念阿弥陀佛相海三昧功德法门》）②

简单说就是：第一，恶人尚能往生，何况善人！这样在逻辑上就把净土教说成是一切人皆可以信奉的教派了。第二，特别强调主观信仰、真实虔诚的精神。原来在《观无量寿经》第十四观的经文中有这样一段话：

    若有众生愿生彼国者，发三种心，即便往生。何等为三？一者至诚心；二者深心；三者回向发愿心。具三心者必生彼国。

善导在解释此三心时作了很大发挥。现仅摘引其要点：
（1）"至诚心"是真诚地厌弃现实世界和人生，以"真实心"去信仰阿弥陀佛及安乐净土，做到"身业礼拜彼佛，口业赞叹称扬彼佛，意业专念观察彼佛"（《往生礼赞偈》）③，不得"内怀虚假"，否则即使"苦励身心"日夜修行也不能往生。
（2）"深心"是"深信之心"，即对下面两点深信不疑：一是"自身现是罪恶生死凡夫，旷劫已来常没，常流转，无有出离之缘"，要人断念于靠自力达到解脱；二是"阿弥陀佛四十八愿摄受众生，无疑无虑，乘彼愿力定得往生"，要人绝对相信弥陀他力。
（3）"回向发愿心"，是指修行的意向、目的，谓自己所做一切善业，所从事的一切修行及所得"善根"和功能，都是为了往生净土（《观经疏》卷四）④。

---

① 《观经疏》卷一，载《大正藏》第37册第251页上。
② 《大正藏》第47册第28页上中。
③ 《大正藏》第47册第438页下。
④ 《大正藏》第37册第271页上中、第272页中。

简言之，"三心"是要求信众对净土法门信仰十分虔诚，始终不渝。其中最重要的是"深信之心"。《观经疏》卷四要求信徒"不为一切别解别行、异学异见异执"所动摇，即使有人乃至菩萨引证佛教经论批评净土往生之说不可信，也"不生一念疑心"。① 由此可以想见，在净土信仰传播过程中也受到佛教内部一些人的怀疑乃至批评。善导强调信心，要信徒不受别的教派和非佛教徒批评的影响。

善导的净土学说强调一切凡夫可以往生净土，以凡夫作为往生净土的主体，是为了争取社会广泛的普通民众信奉净土念佛法门；强调主观信仰，是为了使净土信仰在各种教说和教派互相竞争的环境中稳固地扎下根来，并得到发展。此外，为了使一般民众能接受净土信仰，他又提出以简单易行的口称念佛为主的念佛论。

2. 提倡口称念佛

"念佛"是净土宗提倡的重要修行方法。念佛有种种方法，若据唐怀感《释净土群疑论》卷七的说法，可概括为两种：一是无相念佛，或作实相念佛，即于禅定状态下观想佛的"法身"、"诸法实相"，体悟诸法性空之理；二是有相念佛，即弥陀三部经中反复讲的观想阿弥陀的形象和西方净土胜景的观相念佛（或观念念佛），以及口称阿弥陀佛名号的口称念佛。实际上，净土宗最提倡的是后一种有相念佛，包括观相念佛与口称念佛。善导主张往生的主体是"凡夫"、"罪恶生死凡夫"，故其念佛论更提倡简便易行的口称念佛。他的念佛论具有较为系统的理论，是通过对所谓定散二善、三福三善、正行杂行和三缘等概念的论释加以说明的。

善导在《观经疏》卷四判《观经》净土教义以"念佛三昧"为宗，属于大乘菩萨藏，是顿教。净土法门有两大要点，"即此《观经》定、散二门也。定即息虑以凝心，散即废恶以修善，回斯二行求愿往生也"。② 在禅定中观想落日、西方阿弥陀佛及观世音、大势至二菩萨、净土景象等，从第一观至第十三观，被称为"定善"、意为修禅定之善。《观经》中所讲"三福"（详下）及第十四观至第十六观讲的九品往生，称为"散善"，意为在心处于散动状态（非入定之时）所从事的"废恶修善"的行为。定、散二善可在一般意义上概括佛教的一切修行、功德，但净土宗主

---

① 《大正藏》第37册第271页下。
② 《大正藏》第37册第246页中。

张应将此自力修行和功德作为往生净土的业因，以期乘阿弥陀佛的愿力而往生净土。

所谓"三福"原是《无量寿经》提出的，说："令未来世一切凡夫欲修净业者得生西方极乐国土。欲生彼国者当修三福：一者孝养父母，奉事师长，慈心不杀，修十善业；二者受持三归，具足众戒，不犯威仪；三者发菩提心，深信因果，读诵大乘，劝进行者。如此三事名为净业。……三世诸佛净业正因。"有此三种善业或功德，只要发愿往生弥陀净土，据称皆可如愿。善导在《观经疏》卷四把第一福称为"世俗善根"，第二福为"戒善"，第三福为"行善"，谓"此是发大乘心凡夫，自能行行，兼劝有缘舍恶持心，回生净土"。① 一个人或具此三善，或仅具其中二善、一善、或一善不具，是"十恶邪见阐提人"，但只要发愿往生，称念佛的名号，皆可往生净土。但因原来所具有的"正因"多寡有差，往生的速度、方式及生到净土后所乘莲华展开的时间等，有种种差别。善导按《观经》三品九生的经文，对此详加解释。他在解释中着重说明罪业深重的凡夫（下品的上生、中生、下生）只要诚心念佛名号，哪怕在临死前连续念佛十声，也可往生。

佛教的修行有许多种。善导通过论证"正行"与"杂行"把净土业修行与其他佛教修行区别开来，又在论释"正定之业"与"助业"之中特别提倡口称念佛。他说：

> 行有二种：一者正行，二者杂行。言正行者，专依往生行行者，是名正行。何者是也？一心专读诵此《观经》、《弥陀经》、《无量寿经》等；一心专注思想，观察，忆念彼国二报（按：正报、依报，即佛菩萨、往生者与净土）庄严。若礼，即一心专礼彼佛；若口称，即一心专称彼佛；若赞叹供养，即一心专赞叹供养。是名为正。
>
> 又就此正中复有二种：一者一心专念弥陀名号，行住坐卧，不问时节久近，念念不舍者，是名正定之业，顺彼佛愿故。若依礼诵等，即名为助业。除此正、助二行已外，自余诸善，悉名杂行。若修前正助二行，心常亲近忆念不断，名为无间也。若行后杂行，即心常间

---

① 《大正藏》第 37 册第 270 页中。

断，虽可回向得生，众名疏杂之行。（《观经疏》卷四）①

是说按净土三部经从事的修行，包括读诵此三经，按经意观相念佛，礼佛供养，口称念佛等，皆为正行。此正行又分两种，专心念诵弥陀名号为正定之业，其他读经、礼佛供养等则为助业，即对修行者往生净土起辅助作用。除此正行之外，即从事净土法门之外的一切修行，都属于杂行。这种杂行，只有在修行者有回向往生净土的意愿时才可以作为业因。这样便把口称念佛置于十分突出的地位了。

为什么把称念阿弥陀佛名号看得如此重要，当作超离生死烦恼，达到佛国净土的主要原因呢？善导在解释"三缘"中加以说明。他说：

> 一明亲缘，众生起行，口常称佛，佛即闻之；身常礼敬佛，佛即见之；心常念佛，佛即知之。众生忆念佛者，佛亦忆念众生，彼此三业不相舍离，故名亲缘也。二明近缘，众生愿见佛，佛即应念现在目前，故名近缘也。三明增上缘，众生称念，即除多劫罪，命欲终时，佛与圣众自来迎接，诸邪业系无能碍者，故名增上缘也。……此经定散文中唯标专念名号得生，此例非一也。（《观经疏》卷三）②

这是从整体上对"念佛"的功能加以解释的，说念佛可以作为修行者往生净土的亲缘（亲密的因缘条件）、近缘（切近的因缘条件）、增上缘（有促进作用的因缘条件）。分开来讲，观想与口称念佛、礼佛是亲缘；发愿往生是近缘；口称念佛是增上缘。可见，口称念佛既是亲缘又是增上缘，因而功能最大。

善导虽提倡口称念佛，但并不完全排斥观想念佛，而是认为在口诵佛号的同时也就想念到佛了。此即"心口相应"，"心口称念"，"念念注心，声声相续"（《观念法门》）。因此，"口称念佛"不能写作"口称唸佛"。

中国的净土学说从昙鸾开始，中经道绰，到善导时已建立了完备系统的理论。但中国净土宗没有形成一个独立的宗派，只是作为一种弥陀净土信仰在各宗流行，所依净土经典外的著作也非一家，天台宗的智𫖮、三论

---

① 《大正藏》第37册第272页上中。
② 《大正藏》第37册第268页上。

宗的吉藏、法相宗的窥基等人及后代各宗高僧也有净土著作传世。一个值得进一步研究的问题是：昙鸾、道绰、善导系统的净土宗著作对日本净土宗的形成和发展给予了重大影响，然而在中国，他们的完整著作却在宋以后逐渐消失，现见到的著作是在进入近代以后从日本传入的。

（三）善导的弟子怀感、怀恽

善导有弟子怀感、怀恽，另有净业也可能出自善导门下。

怀感，唐长安千福寺僧，原不信念佛可以往生净土，就到善导处请教。善导问："子传教度人，为信后讲？为渺茫无诣？"意为应先信而后传教。怀感回答："诸佛诚信，不信不讲。"善导告诉他念佛往生不是"魔说"，应当相信，劝他诚心念佛。此后怀感连续三年专心念佛，"便证念佛三昧"（《宋高僧传》卷六）。他著有《释净土群疑论》（也称《决疑论》、《往生决疑论》）七卷。据书前平昌孟铣之序，此书未写完而怀感去世，由师弟怀恽修补而成。全书采用问答体，分为十二科一百一十六章，对净土教义进行说明，其中以引证唯识学说解释净土教义和批评三阶教信行的理论，最具特色。

怀恽（640—701），俗姓张，南阳人，出身官宦之家，唐高宗时于西明寺出家，受具足戒后刻苦修行，"时有亲证三昧大德善导阇梨，慈树森疏，悲花照灼"，宣说净土法门。他便前往投在善导的门下，"一承妙旨，十有余龄，秘偈真乘，亲蒙付属"。善导死后，为建坟墓，在长安南部的神禾（原作"和"）原建灵塔，并在塔旁广建伽蓝，"莫不堂殿峥嵘，远模切利；楼台岌□，直写祇园"。此当即有名的香积寺①。

此后怀恽又在此地造十三级大塔，周围有二百步，朝廷赐以千粒舍利，封置在七珍函笥内令寺供养。武则天永昌元年（689）任怀恽为实际寺（隋建，后称温国寺）主。他在此寺"纲纪僧徒，规模释族"，"每讲《观经》、《贤护》（按：《大方等大集经贤护分》）、《弥陀》等经，每数十遍"。宣传"乘佛愿力"往生净土，超脱生死。他自己在修行中"一心专念阿弥陀佛，愿乘此胜因，祈生净域"。他在念弥陀名号之外，还念"般若神咒"（按：此当即《般若心经》），说如此"能令速证菩提"。他一生诵"大般若咒"四万遍，诵"弥陀真偈"十万余遍。他在寺内建净土堂

---

① 参孙浮生著，日本文化书院，1985年版《中国净土教论集》之《净土源流善导大师香积寺考》。

一所，内造阿弥陀佛及观音、势至二胁侍像。怀恽于武周大足元年（701）去世，年六十二。唐中宗神龙元年（705）追赐"隆阐大法师"之号。有弟子思庄，撰《实际寺故寺主怀恽奉敕赠隆阐大法师碑铭并序》。以上介绍即据此碑文①。

另有长安香积寺僧净业（655—712），也很可能是善导的弟子。据《大唐龙兴大德香积寺主净业法师灵塔铭并序》②，净业，俗姓赵，天水人，后徙长安，父赵迪曾任天马监。净业年二十岁左右在唐高宗忌辰出家，不久即登法座，"《观经》、《疑论》，剖析玄（按：原作'元'）微，命定生因，抑扬理要"。《观经》是《观无量寿经》，《疑论》当即怀感的《释净土群疑论》。据此，净业宣讲的是净土教义。他死于唐睿宗延和元年（712），年五十八，被葬于神禾原善导墓之旁，建有灵塔。弟子有思珦等人。

据上述三人事迹，善导一系的净土宗曾在长安一带地方流行。

三　其他净土高僧：慧日、承远、法照、少康

中国净土宗在佛教史书中被称为"净土教"、"莲宗"，但长期以来对它的历代祖师并没有一个一致的说法。唐代文谂、少康的《往生西方净土瑞应传》是现存最早的一部净土往生史书，记净土信仰者四十八人的传略，但没有提出谁为祖师，也没明记师徒传承关系。此书把东晋慧远置在最前面，可能对后世奉慧远为净土宗始祖产生影响。最早为净土宗确立宗祖的是宋代天台宗僧宗晓（1151—1214）所编《乐邦文类》。此书卷三立慧远为"莲社"始祖，以唐代善导、法照、少康、宋代省常、宗赜为五位"继祖"。此后，志磐所撰《佛祖统纪》在卷二十六设有"净土立教志"，对宗晓的说法稍作改动，所立的莲社七祖是慧远、善导、承远、法照、少康、延寿、省常。在长达六百年的时间内只选择七人作为净土宗祖师，既说明他们在净土信仰传播过程中影响之大，同时也说明直到唐以后净土宗也没形成世代相承的传法世系。

实际上唐代的慧日在净土信仰方面也有较大影响。现把慧日及承远、法照、少康的事迹一并作简要介绍。

---

① 《全唐文》卷九一六，《金石萃编》卷八十六。
② 《全唐文》卷三〇六，《金石萃编》卷七十五。

慧日（680—748），俗姓辛，东莱（治今山东莱州）人，因羡慕义净入印求法事迹，也从海路经南洋入印求法，历经十八年于开元七年（719）回国。在印度时听说修弥陀净土法门"能速见佛"，"必得往生"，回国后盛传净土教义，著《往生净土集》五卷。《宋高僧传》卷二十九《慧日传》说："其道与善导、少康异时同化也。"唐玄宗曾赠"慈愍三藏"之号，故史书多称为"慈愍慧日"①。

承远（712—802），俗姓谢，汉州绵竹县（在今四川）人，最初以僮仆身份师事蜀郡"唐禅师"。唐禅师即处寂（665—732），是弘忍十大弟子之一的智诜的门徒，俗姓唐，人称"唐和尚"。据禅宗史书《历代法宝记》，唐中期传播于四川的净众、保唐禅派的无相、无住法系，即出自唐和尚处寂之后。

承远在处寂门下时大概曾习学"东山法门"的禅法。承远在开元二十三年（735）东下至荆州，投在天台宗僧"兰若真和尚"门下剃发出家。"真和尚"即荆州玉泉寺天台宗僧弘景（宋时避讳，史书改称恒景）的弟子，名惠真②。承远遵师之教到南岳衡山，跟通相和尚受具足戒，学习律学、经书。听说慧日到广州传法，即前往受教，"依《无量寿经》而修念佛三昧，树功德劫，以济群生"。此后专修净土法门，在南岳建寺称"弥陀台"，作为修行道场。他"一食不遇，则茹草而过，敝衲莫完，而岁寒自若"，专心刻苦修行。此后闻名前来求教者日多，另辟建寺宇。弟子中以法照最有名，在代宗时为国师，把承远的事迹奏上，帝赐承远的道场之名为"般舟道场"。德宗贞元年间（785—802承远死前），朝廷赐承远之寺以"弥陀寺"之额，命度僧二十七人，设千僧斋③。据说承远传教是"立中道而教之权，俾得以疾至，故示专念，书途巷，刻溪谷……"（柳宗元《南岳弥陀和尚碑》）④ 是说虽据天台宗中道实相论而传法，但又因人情况而施教（权），或教人念佛，或教人在山谷路旁刻写佛经。承远死于贞元十八年（802），年九十一。有弟子百余人，受其教者万余人⑤。

---

① 关于慧日，另可见《净土往生传》卷中、《佛祖统纪》卷二十七。
② （唐）李华：《荆州南泉大云寺故兰若和尚碑》，载《全唐文》卷三一九。
③ （唐）吕温：《南岳弥陀寺承远和尚碑》，《文苑英华》卷八六六，《全唐文》卷六三〇。
④ 《全唐文》卷五八七。
⑤ 另见《佛祖统纪》卷二十六等。

法照（约卒于777年以后），据宋代延一编《广清凉传》卷中"法照和尚入化竹林寺"的记载，是南梁人。法照曾在南岳承远门下受教。据传他在南岳云峰寺时曾在食钵中看见五台山的灵迹。此后在衡州湘（或作"湖"）东寺入"五会念佛道场"，历时九十天，其间又遥见五台山阿弥陀佛与文殊、普贤菩萨现形，于是决定到五台山巡拜圣迹。法照在唐代宗大历四年（769）与同伴十人向五台山进发，第二年到达。据载他见到佛菩萨显化的"大圣竹林之寺"，见到文殊、普贤二菩萨显圣。文殊对他说："诸修行门，无过念佛，供养三宝，福慧双修。此之二门，最为其要。"又对他说："此世界西有极乐国，彼当有佛号阿弥陀，彼佛愿力不可思议，当须系念谛观彼国，令无间断，命终之后，决定往生彼佛国中，永不退转，速出三界，疾得成佛。"（《广清凉传》卷中）[①] 后来法照在华严寺"入念佛道场"，绝食专修念佛，祈念往生净土。法照在所称见到文殊显化之处建竹林寺。

《广清凉传》卷中"法照和尚入化竹林寺"的记述与《宋高僧传》卷二十一所载法照之传略同，但前者稍详，较多神话因素。我们可以把有关念佛的主张看作是法照个人的见解。他大概是借用当时流行的文殊显化的神话来宣传念佛与供养三宝是最重要的修行方法的。

法照撰有《净土五会念佛诵经观行仪》三卷（现存中下两卷，得自敦煌文书）、《净土五会念佛略法事仪赞》一卷。法照以主张"五会念佛"著称。据此二书，所谓"五会念佛"是在念诵"南无阿弥陀佛"之时，按五种音调和缓急节拍发出声音，如《净土五会念佛略法事仪赞》说：

第一会，平声念南无阿弥陀佛；第二会，平上声缓念南无阿弥陀佛；第三会，非缓非急念南无阿弥陀佛；第四会，渐急念南无阿弥陀佛；第五会，四字转急念阿弥陀佛。

或是：

第一会时，平声入；第二，极妙演清音；第三，盘旋如奏乐；第四，要期用力吟；第五，高声唯速念。闻此五会悟无生。（按：以上

[①] 《大正藏》第51册第1114页下。

为七字一句的偈赞,此为了便于理解,加上标点)

可见净土宗内已出现变单调的念佛为带有音乐节奏的念佛了。法照大约在大历十二年(777)之后去世①。

唐文宗开成五年(840),日本天台宗僧圆仁(794—864)礼五台山竹林寺时,曾参观了当年法照念佛三昧的"般舟道场"(《入唐求法巡礼记》卷三)。圆仁回国时把法照著的《净土五会念佛略法事仪赞》带回(《入唐新求圣教目录》)。此后,他在日本天台宗大本山比叡山"以五台山念佛三昧法授徒,修常行三昧"(日本师炼《元亨释书》卷三)。这是依据《般舟三昧经》等进行的为期九十天以围绕佛像唱念佛号为内容的修行方法。唱念佛号时即用法照的"五会念佛"之法。五台山念佛法是日本净土宗重要源流之一,至今在比叡山仍流行。

少康(?—805),俗姓周,缙云(在今浙江)仙都山人,年七岁出家,到十五岁时已读佛经《法华》、《楞严》等五部,到越州(治今浙江绍兴)嘉祥寺受戒,后在此学律五年。然后到上元(即江宁,今南京)龙兴寺听讲《华严经》及《瑜伽师地论》等。贞元初(785),少康到洛阳白马寺,因看到善导的《行西方化导文》(当即《转经行道愿往生净土法事赞》)而决心信奉净土法门。他接着到长安善导影堂参拜祈愿。在江陵果愿寺遇到一位法师劝他到新定(即下面所说的睦州)传教。他听从此言,到达睦州(治今浙江建德东部),大力宣传净土教。少康先从教小孩念佛开始提倡念佛法门,小孩凡念佛一声即给一钱,后改念佛十声给一钱。这样在一年之后男女念佛者已有很多,他们见到少康就念阿弥陀佛。

此后,少康在乌龙山建净土道场,筑坛三级,"聚人午夜行道,唱赞三十四契,称扬净邦",在斋日时可聚集三千多人。他曾登座叫男女信徒看着他的脸,自称高声念佛时有佛从他口出,谓"汝见佛身即得往生"。少康于唐贞元二十一年(805)去世。当时人们称他是"后善导"(《宋高僧传》卷二十五本传)②。

---

① 法照事迹,还见《净土往生传》卷下,《佛祖统纪》卷二六等。关于承远和法照,日本冢本善隆《唐中期的净土教》(法藏馆,1975年新版)有详细考证,可以参考。

② 另见《往生净土传》卷下,《佛祖统纪》卷二六等。

按照净土宗的教义，修持念佛法门不仅自己可以往生净土，也可追荐祖先亡灵以及"帝王、人王、师僧"，"同得往生阿弥陀佛国"（善导《安乐行道转经愿生净土法事赞》卷下）。中国儒家重孝道，希望祖先亡灵在阴间得到安乐，因此人们对净土宗教义容易理解和接受。在唐代，净土信仰已风靡社会，甚至一些著名文学家、政治家也相信净土往生之教，如李白、白居易、柳宗元等都写过阿弥陀佛净土的赞文。我们通过对净土信仰的考察，可以了解当时佛教流行的情况，并从一个侧面看到当时人们的内心世界。

第四节 华严宗

在隋唐时期成立的佛教宗派中，华严宗是最富有浓厚理论色彩的宗派之一。华严宗是通过论释大乘重要经典《华严经》而建立自己的教义体系的。法藏在继承隋唐之际杜顺、智俨的华严理论的基础上并得到武周、唐朝廷的大力支持正式建立了华严宗，经澄观、宗密二代构建了庞大的教义体系，所阐释弘扬的法界缘起、理事圆融思想不仅对佛教诸宗，而且对中国哲学思想也产生了很大影响。

一　华严五祖和华严宗

唐代华严宗是由法藏继承隋唐之际终南山杜顺、智俨的华严学而发展起来的，经澄观、宗密而发扬光大，拥有比较庞大的教义体系。后世将杜顺、智俨奉为华严宗初祖、二祖，法藏为三祖，而将澄观、宗密奉为四祖、五祖。

（一）祖杜顺

杜顺（557—640），唐雍州万年县（治今西安）人，名法顺，俗姓杜，十八岁出家，后隐居终南山弘传华严经学，还倡导净土念佛法门，并以"神异"声闻朝野，世称他是"文殊菩萨化身"。据传他曾受到唐太宗召见，赐号"帝心"。贞观十四年（640）逝世，年八十四岁。[①] 现存《华严五教止观》、《华严法界观门》据传是他所作，另有弟子智俨撰写

[①] 据《华严五教止观》后附《终南山杜顺禅师缘起》、唐道宣《续高僧传》卷二十五《法顺传》、唐宗密《注华严法界观门》裴休序、清续法《法界宗五祖略记》。

《华严一乘十玄门》一卷，源自杜顺述说。

（二）祖智俨

智俨（602—668），俗姓赵，后因在终南山至相寺、长安云华寺传法，人称至相尊者、云华和尚。长安天水（在今甘肃）人，年十二随终南山杜顺出家，学习佛法，受具足戒后，听读《四分律》、《阿毗昙八犍度论》、《成实论》、《十地经论》、《地持经》、《大涅槃经》等。随后在终南山至相寺随智正学《华严经》，参阅北齐慧光律师的文疏，深入研究《华严经》。遇异僧来访，告之曰："汝欲得解一乘义者，其十地中六相①之义，慎勿轻也。"智俨受到启发，撰写《华严经搜玄记》，立五教，阐释六相，开十玄门。唐高宗显庆四年（659）入住京城云华寺，盛讲《华严经》，声名远扬，前来就学的僧俗弟子日多。智俨于唐高宗总章元年（668）十月二十九日逝世于清净寺，享年六十七岁。

智俨弟子有薄尘、道成、法藏、慧晓、怀济、新罗义湘等人。法藏《华严经传记》卷三《智俨传》说他所撰义疏、解诸经论共凡二十余部，"皆简略章句，剖曜新奇"。著作现存有《大方广佛华严经搜玄分齐通智方轨》（简称《华严经搜玄记》）十卷、《华严五十要问答》二卷、《华严经内章门等离孔目章》（简称《华严孔目章》）四卷，另有《金刚般若波罗蜜经略疏》二卷。

（三）祖法藏——华严宗正式创始人

法藏（643—712），字贤首，唐中宗赐"国一"之号，祖籍康居国（在今哈萨克斯坦国咸海以西锡尔河流域一带），故以康为姓，自祖父时徙居中国，父康谧在太宗朝官授左侍中。法藏自幼奉佛，十六岁时至岐州法门寺舍利塔前"炼一指"（烧指）以作供养。翌年辞亲，入太白山（秦岭一支，毗连终南山）阅读佛经，在回京探亲病期间，得悉智俨在云华寺讲《华严经》，便前往投师就学。此后，二十六岁受菩萨戒。在唐高宗咸亨元年（670），武后之母荣国夫人杨氏去世，武后为追荐冥福，舍宅为太原寺，并敕度僧。智俨弟子道成、薄尘遵师遗托连名推荐法藏为僧，法藏得以正式出家为太原寺僧，不久奉诏任住持。上元元年受具足戒，受赐"贤首"之号，从此在太原寺常讲《华严经》，并从事研究撰述。

---

① 唐译《华严经》卷三十四《十地品第二十六之一》，六相是"总相、别相、同相、异相、成相、坏相"。

当时流行的《华严经》是东晋佛陀跋陀罗所译，有六十卷。法藏认为此译不全。印度僧地婆诃罗（意译日照）于仪凤初年至武周垂拱末年（676—688）奉诏在两京东西太原寺及西京弘福寺翻译佛经，法藏前往请教并参与检校地婆诃罗带来的梵本《华严经》，从中找到晋译《华严经·入法界品》所缺的部分，译出（即《大方广佛华严经续入法界品》）补入晋译本。法藏逐渐受到武后的崇信。于阗僧实叉难陀（意译喜学）从证圣元年（695）至圣历二年（699）奉诏于东都大内大遍空寺、佛授记寺译八十卷《华严经》，法藏担任笔受，武后亲临法座并撰经序。此后，法藏奉诏于太原寺讲新译《华严经》，传说在讲"华藏世界海震动"经文时讲堂及寺宇发生振动，寺具表奏闻，武则天御批"斯乃如来降迹"。此后法藏将新经所缺的地婆诃罗所译"入法界品"中的部分文字补入，为以后新《华严经》的流通本。法藏此后协助义净译《金光明最胜王经》、菩提流志译《大宝积经》等，还奉诏于内道场举办华严法会。在应召为武后讲经时，因武后问六相、十玄门之义，他以殿角金师子为喻讲法界圆融之理，谓"一一毛头各有金师子，一一毛头师子同时顿入一毛中"，受到赞赏，后撰《金师子章》进上。长安四年（704），法藏为大崇福寺主，在内道场讲"岐州舍利是阿育王灵迹"，武后听说后即派凤阁侍郎博陵崔玄玮和法藏、文纲等人到法门寺奉迎佛骨巡礼东西两京，供皇室臣僚参拜供养。武后死后，法藏先后为中宗、睿宗授菩萨戒，受到尊崇。

唐玄宗先天元年（712）十一月十四日，法藏于长安大荐福寺逝世，享年七十岁。玄宗敕赠"鸿胪卿"，葬礼依三品格式，门人请秘书少监阎朝隐撰写碑文。法藏先后为五帝（高宗、武后、中宗、睿宗、玄宗）门师，受到朝臣礼敬，声名极为显赫。法藏门下弟子很多，著名嗣法弟子有宏观、文超、长安华严寺智光、荷恩寺宗一、静法寺慧苑、经行寺慧英等人。

法藏的著作有百余卷，重要的有《华严经探玄记》二十卷、《华严一乘教义分齐章》（《华严五教章》）四卷、《华严经指归》、《华严经文义纲目》、《华严玄义章》、《华严策林》、《华严三昧观》、《华藏世界观》、《修华严奥旨妄尽还源观》①、《华严经义海百门》、《华严金狮子章》、《华严

---

① 有的学者认为此为伪书，参考日本木村清孝《中国华严思想史》（平乐寺书店1992年版）第五章《华严教学的大成》之注释（59）。

经明法品内立三宝章》二卷、《大乘法界无差别论疏并序》、《大乘起信论疏》(《大乘起信论义记》)、《入楞伽心玄义》以及《华严经传记》五卷、《梵网经菩萨戒本疏》六卷等。①

（四）祖澄观

澄观（738—839），俗姓夏侯，名大休，越州会稽（在今浙江绍兴）人。自幼出家学习佛教经论，稍长参访各地名师，探究各宗教义，先后从昙一学南山律；从金陵玄璧、剡州成都寺慧量学"三论"；从淮南法藏学"海东《起信疏义》"，又从杭州天竺寺法诜（诜法师，《清凉国师妙觉塔记》作"东京大诜"）学《华严经》义；在苏州从湛然学天台宗止观学说和《法华》、《维摩》等经疏；从牛头山慧忠及径山道钦学牛头禅法，并到洛阳参谒禅宗无名禅师"咨决南宗禅法，复见慧云禅师了北宗玄理"。②

前述学者可考者有：昙一（692—771）师承律宗相部宗法砺—满意—大亮的法系，撰《发正义记》阐明南山律、相部律的不同，阐发律学旨要。法诜（718—778）是法藏弟子慧苑的弟子③。湛然（711—782）师承玄朗，为隋智顗《摩诃止观》、《法华玄义》等多种著述著述作注疏，中兴天台宗。牛头山慧忠（683—769）师承智威，是以法融为祖的牛头禅派的六祖；径山道钦（714—792）上承智威—玄素，也传牛头禅法，唐代宗赐以国一大师之号。无名（723—793），据从五台山发现的《唐东都同德寺故大德方便和尚塔铭并序》，"初依北祖华严，从渐而入；后讨南宗荷泽，自顿而证"。"北祖华严"是北宗神秀的弟子普寂，因曾住洛阳华严禅苑，被人尊称华严尊者（日本《元亨释书》卷十六《道璿传》）；"南宗荷泽"是慧能的弟子神会，以所住洛阳荷泽寺名为号。据《清凉妙觉塔记》，澄观"参无名大师，印可融宗"；清续法《法界宗五祖

---

① 主要参考唐阎朝隐撰《大唐大荐福寺故大德康藏法师之碑》、新罗崔致远《唐大荐福寺故寺主翻经大德法藏和尚传》、宋赞宁《宋高僧传》卷五《法藏传》（皆载《大正藏》第50册）、清续法《法界宗五祖略记》。

② 《宋高僧传》卷五《澄观传》，载《大正藏》第50册第737页。日本镰田茂雄《中国华严思想史的研究》（东京大学出版会1965年初版，1992年第二次印刷）第四章第二节《澄观传研究的资料》载有柘本《清凉国师妙觉塔记》的录文及有关研究，可以参考。此外，亦可参考《佛祖统纪》卷二十九（载《大正藏》卷四十九第293页）、清续法《法界宗五祖略记》（载《续藏经》第二编乙第七套第三册）等。

③ 参见镰田茂雄《中国华严思想史的研究》第四章第四节。

略记》谓"谒洛阳无名禅师,印可融寂,自在受用"。看来澄观从无名禅师处受到南宗顿教禅法的较大影响。①至于北宗慧云,情况不明,也许是普寂的弟子。②

澄观还广读儒道经史、老庄诸书并研究语言文字、方术等学问。这样,澄观对8世纪后半期中国流行的三论宗、天台宗、禅宗、华严宗以及律宗等都有深入系统了解,积累了广博知识,为以后广泛吸收各宗教理建立自己的华严宗学说奠定了深厚基础。

唐代宗时,澄观曾奉诏入以不空为译主的译场,参与新译经典的润文。大历十一年(776)他在读《华严经·菩萨住处品》时看到记述文殊菩萨住五台山说法的经文,受到感召,于是不远万里到五台山巡礼圣迹,并往传为普贤菩萨传法的道场峨眉山巡礼,然后再回到五台山,住入大华严寺。在此为唐新译八十卷《华严经》撰疏,此即《华严经疏》;后又作注释,撰《华严经随疏演义钞》。贞元七年(791)应河东节度使李自良之请赴太原住崇福寺讲新疏。此后奉唐德宗之诏到长安讲佛法,协助般若翻译四十卷《华严经》(相当《华严经·入法界品》的重译),奉诏撰《贞元华严经疏》(即《华严经行愿品疏》)。澄观在长安先后受到代宗、德宗、顺宗、宪宗、穆宗、敬宗、文宗的敬重,常应召入宫说法,并且与朝廷重臣齐抗、韦渠牟、武元衡、郑絪、李吉甫、权德舆、李逢吉、钱徽、归登以及地方藩镇严绶、孟简、韦皋、韦丹等人建立密切关系。澄观《华严经纲要》、《法界法界玄镜》等就是应他们的请求撰述的。

澄观先后受赐镇国大师、清凉国师、大照国师、大统国师之号,受任"天下大僧录"、"僧统"等僧官荣誉职位。唐文宗开成四年(839)去世③。弟子达千人之多,著名的有海岸、寂光、僧睿、宗密等人。

澄观生活的时代主要在"安史之乱"以后,地方藩镇割据和朝廷内部的宦官专权、朋党之争日渐发展,朝政日益腐败。在江浙、江西、淮南、湖南等地先后发生农民反抗斗争,在剑南、岭南也发生少数民族的反

---

① 《唐东都同德寺故大德方便和尚塔铭并序》,载杨曾文著、中国社会科学出版社2002年版《中国佛教史论》所载《"唐同德寺无名和尚塔铭并序"的发现及其学术价值》后附。

② 《宋高僧传》卷二十六《唐东都相国寺慧云传》所载慧云,从活动时间来看不可能是澄观师事的慧云。

③ 此据《清凉妙觉塔记》,谓"开成己未",即开成四年。《宋高僧传》〈澄观传〉作"元和年卒";《佛祖统纪》卷二十九、金陵刻经处本《法界宗五祖略记》等皆作开成三年去世。

抗斗争。唐朝迅速从盛转衰，社会危机四伏。在思想文化领域，针对佛教、道教在社会上的广泛深入的影响，儒家学者韩愈著《原道》、《原性》等文，强调自尧舜至孔孟以来一脉相承的道统和儒家纲常名教，以维护封建统治的秩序。李翱吸收佛教的心性思想撰写《复性书》，强化对儒家性善论和伦理学说的哲学论证，以维护儒家在国家意识形态中的统治地位。在佛教界，以南宗为主流的禅宗在地方藩镇支持下，以州府所在城市和山林地带的寺院为中心迅速风行社会。这种社会形势和思想文化背景，对澄观的思想产生深刻影响。他在阐释华严思想过程中，特别吸收禅宗心性思想和天台宗止观学说，注重发挥心性思想并且强调宗教实践，所提出的四法界论成为后世华严宗法界思想的典型表述。

澄观的主要著作有《大方广佛华严经疏》（《新华严经疏》）二十卷（现作六十卷）、《华严经随疏演义钞》四十卷（现作九十卷）、《华严经行愿品疏》十卷、《华严法界玄镜》二卷、《华严经略策》等。

（五）祖宗密

宗密（780—841），因曾长期住陕西圭峰草堂寺，也被人称为草堂和尚。俗姓何，果州西充（在今四川）人。幼年学儒学经书，青年时期阅读佛教经论，年二十三入遂州（治今四川遂宁）义学院专攻儒学，本想通过科举入仕，两年后，有道圆禅师至此，因相见投缘，遂从他出家。① 在他为沙弥时，曾随众到府吏任灌家赴斋，受赠《圆觉经》，读过之后很受启悟，决心深入钻研并弘扬此经。受具足戒后，辞别道圆，至益州（今成都）拜谒南印（惟忠）禅师。南印说他宜于传教，劝他到国都去。他到了东都洛阳，会见南印另一位弟子神照禅师，神照赞誉他是"菩萨人也"。

据宗密《中华传心地禅门师资承袭图》（《裴休拾遗问》）、《圆觉经略疏钞》卷四及《圭峰碑铭》，荷泽神会的门下有一支是：

---

① 宗密《圆觉经大疏钞》卷一下记述他从学出家经历，曰："即七岁乃至十六为儒学，十八九、二十一二之间，素服庄居，听习经论，二十三又却全功专于儒学，乃至二十五岁，过禅门，方出家矣。"又："宗密家贯果州，因遂州有义学院，大阐儒宗，遂投诣进业，经二年后，和尚从西川游化至此州，遂得相遇，问法契心，如针芥相投也。"对于道圆的禅法，称是："和尚所传，是岭南曹溪能和尚宗旨也。"裴休《圭峰禅师碑铭》曰："大师本豪family，少通儒书，欲于世以活生灵，偶遇遂州，遂州未与语，退游徒中，见其俨然若思而无念，朗然若照而无觉，欣然慕之，遂削染受教。"

磁州法观寺智如（俗姓王）——成都圣寿寺唯（或作"惟"）忠（俗姓张，亦称"荆南张"、"南印"）——遂州大云寺道圆［俗姓程，长庆二年（822）后被成都信徒迎归圣寿寺］、洛阳神照。

宗密是道圆的弟子。《祖堂集》卷六《草堂和尚传》也记载："磁州如禅师嗣荷泽，益州惟忠和尚嗣磁州如，遂州圆禅师嗣惟忠，草堂和尚嗣圆禅师"。《景德传灯录》卷十三也有这种记载，但其中有明显错讹之处。

胡适曾撰文《跋裴休的唐故圭峰定慧禅师传法碑》（后有补充和修订未完稿，原意未变），认为宗密"存心诈欺，存心攀龙附凤"，伪造自己上承荷泽神会的受法世系。说上述继承荷泽神会的智如和尚当是"宗密捏造出来的"，后来虽看到日本宇井伯寿《禅宗史研究（第二）》第五章《荷泽宗的盛衰》，查到《宋高僧传》卷二九《道齐传》所附的《法如传》，但仍怀疑他的真实性。胡适又据《宋高僧传》卷十一《自在传》所附《南印传》，谓南印是成都净众寺神会（俗姓石）的弟子，净众神会应上承弘忍——智诜——处寂——无相的法系，与南宗慧能——荷泽神会没有直接的传承关系，断定"宗密故意把成都净众寺的神会认作东京荷泽寺的神会"。① 胡适的说法仍缺乏充足的证据。在《宋高僧传》《南印传》中明明记载南印在师事净众寺神会之前已经"得曹溪深旨，无以为证"，才拜谒净众神会，后成为其弟子。那么，南印是从谁受"曹溪深旨"呢？应当认为就是宗密的禅宗著述中的"磁州智如"（即《景德传灯录》中所说的"磁州法如"）。此人当即《宋高僧传》《道齐传》附传的法如（约722—810），他俗姓韩，慈州（磁州旧称）人，在东京出家，"往嵩少间，游于洛邑，遇神会祖师授其心诀"，后到太行山的马头峰下结茅居住传法，此地后建成寺，此即宗密所说的磁州法观寺。磁州地处太行山分布区域，法观寺未必如胡适理解的非置于磁州治所城内不可。宗密虽将他的俗姓误作姓王，并称为"智如"，但仅据这些不足以否定宗密所说自己承继

---

① 胡适《跋裴休的唐故圭峰定慧禅师传法碑》，原载台湾中研院史语所集刊第三十四本，此据日本柳田圣山编，中文出版社1981年再版《胡适禅学案》所载，附后记及未修改完本。

荷泽神会法系的真实性。①

宗密离开洛阳来至襄汉（此指襄阳，今湖北襄樊），在恢觉寺遇到病重的灵峰和尚。灵峰是华严宗四祖澄观（738—839）的弟子，把自己珍藏的澄观所著《华严经疏》、《华严经随疏演义钞》赠给宗密。自此之后，宗密遥尊澄观为师，潜心研读澄观的华严章疏，并向门下众僧讲述。元和六年（811）他离开襄阳到洛阳瞻礼祖师之塔，住永穆寺讲经，听众泰恭竟以断臂来表示对佛法的恳诚和谢师之恩。宗密写信派弟子玄圭、智辉送给在长安的澄观，表示自己对华严义理的理解，并遥叙门人之礼。澄观回信对他能如实理解他的华严撰述表示赞许，但认为泰恭断臂的做法不宜后学效仿，"当断其情虑，勿断其形骸；当断其妄心，勿斩其肢分"。（宗密的信和澄观的回信见载《圆觉经略疏》卷下之二《圭峰定慧禅师遥禀清凉国师书》）宗密此后到长安礼谒澄观，在其身边师事数年，深究华严宗教理。

在元和十一年（816）宗密住终南山的智炬寺，撰《圆觉经科文》、《圆觉经纂要》。此后连续住在山中三年研读大藏经。在元和十四年（819）先后住长安兴福、保寿等寺，撰《金刚纂要疏》二卷、《唯识疏》等。从长庆元年至长庆三年（821—823），退居地处圭峰之下的草堂寺（在今户县），有时住终南山丰德寺，先后撰《华严纶贯》、《四分律疏》、《圆觉经大疏》十二卷、《圆觉经大疏钞》二十六卷（现存已不全）、《圆觉经略疏》、《圆觉经略疏钞》四卷、《圆觉经道场修证仪》十八卷等。此外还撰有《华严经行愿品别行疏钞》六卷、《华严原人论》、《注华严法界观门》，对《大涅槃经》、《大乘起信论》、《盂兰盆经》等也著有注疏。

唐文宗太和二年（828）庆成节（文宗生日，十月十日），宗密应诏入京城内殿说法，受赐紫袈裟，敕号"大德"。前后住京城三年，太和四年（830）底回到草堂寺。② 在此前后，他应裴休之请著《中华传心地禅门师资承袭图》（实即《裴休拾遗问》），大约在太和七年（833）以后，

---

① 参考本书第六章第一节有关部分。南印传，见《大正藏》第50册第772页中；法如传，见第893页下。

② 宗密归圭峰草堂寺时间，正值白居易刚任河南尹之时。刘禹锡《送宗密上人归南山草堂寺 因诣河南尹白侍郎》载《刘梦得文集》卷七，白侍郎即白居易。据《旧唐书》卷十七《文宗纪》，白居易太和二年（828）为刑部侍郎，四年（830）十二月除河南尹。刘禹锡在长安尚能见到他，说明他尚未赴任。宗密大概在年底归山。

集编《禅源诸诠集》，撰《禅源诸诠集都序》。（主要据裴休《圭峰禅师碑铭并序》，载《全唐文》卷七三四与《金石萃编》卷一〇四，及《宋高僧传》卷六、《景德传灯录》卷十三本传、清续法《法界宗五祖略记》）①

宗密于会昌元年（841）正月于长安兴福寺去世，遗体被迁至圭峰荼毗（火化），年六十二。宣宗大中七年（853）追谥"定慧禅师"之号，赐塔额"青莲"。由户部尚书同中书门下平章事（宰相）裴休撰《圭峰禅师碑铭并序》（或作《圭峰定慧禅师传法碑》），大中九年（855）建碑。

下面引证他们的著作，对唐代华严宗的宗旨和教理体系进行概要介绍。

二　华严宗的基本教义

唐代华严宗的宗旨和教理体系主要由判教论、法界观、十玄门和六相圆融、四法界论组成。现对此作概要介绍。

（一）华严宗"五教十宗"的判教论

隋唐成立的佛教宗派都提出自己的判教理论或说法，有的系统，有的比较零散，其中华严宗提出的判教理论是比较系统的。虽然这些判教理论多少受到从南北朝以来佛教界判教学说的影响，然而皆具有时代特色，皆为自己开教立宗的正当性、合理性提供理论基础。

杜顺、智俨在华严著作中已经提出了判教见解，而至法藏进而构建比较系统的判教理论。杜顺在《华严五教止观》中将佛法分为五教，即：1. 法有我无门（小乘教）；2. 生即无生门（大乘始教）；3. 事理圆融门（大乘终教）；4. 语观双绝门（大乘顿教）；5. 华严三昧门（一乘圆教）。智俨在《华严孔目章》中提出小乘、初教、熟教、顿教、圆教，或小乘、

---

① 关于编录《禅源诸诠集》和写《禅源诸诠集都序》的时间，《禅源诸诠集都序》载："舍众入山，习定均慧，前后息虑相继十年"，自注："云先后者，中间被敕追入内，住城三年，方却表请归山也。"（《大正藏》卷48第399页下）此后才着手编书和写《都序》。据宗密《圆觉经大疏钞》卷一之下，宗密于长庆元年（821）退至南山草堂寺，"绝迹息缘，养神炼智"。此即所谓"舍从入山"。此后在太和二年至太和四年（828—830）应敕入京。从长庆元年至太和七年（821—833）除去在京三年，约十年是在草堂度过的。故他编《禅源诸诠集》与写《禅源诸诠集都序》应在太和七年以后。参考镰田茂雄著，东京大学出版会1975年出版《宗密教学的思想史研究》第二章第68页。但镰田据朝鲜本《禅源诸诠集都序》，将宗密"住城三年"作"二年"。

初教、终教、顿教、一乘（圆教）的分类。① 法藏在此基础上提出"五教十宗"的判教论。现据《华严五教章》卷一和《华严经探玄记》卷一相关部分对此略作介绍。

五教

按照佛典所说佛法内容和表述方式来作分类，分为五教：1. 小乘教，也称"愚法二乘教"，包括声闻、缘觉二乘；2. 大乘始教，以《解深密经》判教所说的第二时"空教"（般若空义）、第三时"中道教"（唯识学说）为大乘始教，认为二者"广说法相，小说真性"，皆属"定性二乘"（瑜伽唯识学派所指声闻、缘觉二乘），谓修持此教不能成佛。3. 终教，主张一切众生，包括上述"定性二乘"及无性阐提皆能成佛，"少说法相，广说真性"，发挥"大乘至极实之说"，指《楞伽经》、《宝性论》等经论中所说涅槃佛性学说；4. 渐教，以上二教主张依次渐修，皆属渐教；5. 顿教，"不说法相，唯辩真性"，主张"一念不生即名为佛"，不按次第修证达到顿悟，指《思益经》、《维摩经》等经典所说中道不二思想；6. 圆教，意为圆满、圆融之教，宣说"性海圆融，缘起无碍"，"一位即一切位，一切位即一位"，指《华严经》所说法界缘起，"相即相入，如因陀罗网，重重无际，微细相容，主伴无尽"，初发心即成正觉。圆教又分同教一乘与别教一乘。同教一乘如《法华经》所说一乘可开合为三乘教与佛乘，主张会三归一，实指天台宗；别教一乘，如《华严经》所说超越三乘教的一乘教理，实指华严宗。

十宗

按照佛法义理、思想来分，分为十宗：1. 法我俱有宗，指五乘中的人、天二乘及小乘中的犊子部等，主张人我、法我皆有；2. 法有我无宗，指小乘中萨婆多（说一切有部）等，虽认识人我空，却主张法我（五蕴、三世）有；3. 法无去来宗，指小乘中大众部等主张，认为有现在及无为法，却不承认过去、未来法体实有；4. 现通假实宗，谓小乘说假部等，认为没有过去、未来二世，在现在法中五蕴为实有，而十八界、十二处则为假有，因此认为诸法中假、实是不定的，《成实论》及小乘经部、分别

---

① 前后五教虽名称不同，但意思大同。大体是说：小乘讲实有，初教讲空，熟教或终教讲真如、性实成有，顿教讲一实三昧、不可说，一乘或圆教则"具一切因缘、理事、教义、人法、因果等"。

说部有此主张；5. 俗妄真实宗，小乘说出世部等的主张，世俗法假虚妄不实，而出世法真实不虚；6. 诸法但名宗，小乘一说部等认为"一切我法唯有假名，都无实体"；7. 一切皆空宗，指大乘初教，说诸法性空，无所分别，如《般若经》等所说；8. 真德不空宗，属于大乘终教诸经所说，认为一切法皆为真如、如来藏的显现，"真体不空，具性德故"；9. 相想俱绝宗，是大乘顿教所说，认为理超言绝相，"理事俱泯，平等离念"；10. 圆明具德宗，谓如《华严经》别教一乘，认为真如法界缘起，重重无尽，"主伴具足，无尽自在"，实指华严宗。

不难看出，法藏的判教理论有明显的目的：一是不仅像隋唐各宗一样将小乘（声闻、缘觉）置于佛法中最低地位，而且将其他宗派依据和发挥的大乘各个学派理论也加以贬低，甚至将唐初玄奘、窥基创立的法相宗置于较低的"大乘始教"地位，乃至打入永远不能成佛的"定性二乘"之中；二是论证在一切佛教经论中唯有《华严经》义理最为高深圆满，属于"一乘圆教"和"圆明具德宗"，从而标榜以《华严经》为依据的华严宗具有至高无上的优越地位。

（二）法藏的法界观

华严宗以阐释法界缘起、法界圆融为特色，因此也被世人称为法界宗。法藏在继承杜顺、智俨华严思想的基础上，对法界、法界缘起作了系统论证，形成独具特色的法界圆融思想。现从以下三个方面进行考察和说明。

1. 法界和华严"一乘圆教"

法界这个概念不是华严宗专用名词，但确实在华严宗那里赋予了新的丰富的内涵。法界原是小乘和大乘佛教的通用语汇，是属于"十八界"（眼耳鼻舌身意"六根"与色声香味触法"六境"、眼耳鼻舌身意"六识"）中与意根、意识相对应的"法界"（法境或法处）。据属于小乘的论书《俱舍论》卷一的解释，它包括"五蕴"中的受（感觉）、想（相当于表象）、行（心理意向和活动，有 46 心法和不与心相应的 14 不相应行法）三蕴和"无表色"（在禅定中想象的善色、不善色和由受戒产生的"无作戒体"，即防非止恶的精神功能）、三种"无为法"（指虚空无为、择灭无为——相当于涅槃和非择灭无为——缺缘不生的诸法）。在大乘中也有这种用法，但在分类和意义上有所发展。因为"法"可以包括一切有为法和无为法，所以作为"法界"自然可以包含世界万有，例如小乘说一切有部提出五位七十五法,内含为法(色、心、心所、不相应行四类)、无为法(虚空、择灭、非择灭);大乘唯识学派提出五位百法(见《大乘百法明门论》)等。在大乘佛教的经论中也常把法界与真如、法身、法性等同,把它看作是世界万有的本源、本体或绝对真理,例如在《华严经》、《文殊说般若经》以及《大乘起信论》等经论中就有这种用法。①

应当指出,华严宗高僧并没有改变法界概念的传统含义,只是特别突出了法界所具有的真如、法性和法身的意义,并结合《华严经》思想作了系统的发挥。

下面让我们结合法藏的著作看一看他对法界一词是如何进行说明的。

何为法界?《大乘法界无差别论疏》说:

> 法有三义:一、持义,谓自性不改故。二、轨义,谓轨范生解故。三、对意义,是意识所知故。界亦有三义:一、因义是界义,谓生圣法故,《摄论》云:法界者谓是一切净法因故。《中边论》意亦同此说。二、性义是界义,谓法之实性。《起信论》云:真如者即是一法界大总相法门体。又云:法性真如海。故云也。三、分齐义是界义,谓诸法分齐各不相杂,故名为界。前二(按:指界的因义和性义)皆法之界故,名为法界;后一法即界故,名为法界也。②

在这个解释突出了法界是法性、真如的含义。是说"法"除了有与意根、意识相对应的"法界"意义之外,尚含有自性不变(性,具有体、本质、本体之意)和具有规则能够使人悟解的属性,它与含有因、性二义的"界"组合,便具有法性、真如的意义,是一切清净佛法的本源,是世界万有的共同本性、本体;它若与含有分齐(界限、类别或方面)意义的"界"组合,便具有现在常用的事物、现象、东西等概念的含义。

法界在华严宗那里是有多种含义的。法藏之师智俨在《华严经搜玄记》卷五上《入法界品》中说"法"有十种,即:因、果、行、理、教、

---

① 参中村元《佛教语大词典》,东京书籍会社1975年出版,第1249页"法界"条。
② 《大正藏》第44册第63页中。

义、事、人、法、解。① 可以说包容从真如、法性、佛身到各种教理、教法、修行和众生世界的一切事事物物。

法藏在《华严经探玄记》卷十八《入法界品》在对法界作了如同前面所引述的解释以后，对善财童子所入的法界作了解释，说法界按类来分，有五个领域（五门）包括：

（1）有为法界，特指"本识"，即阿赖耶识，说它含有"诸法种子"（能产生诸法的精神功能、因素），具有"因"义，所以是法界；也包括"三世诸法差别边际"，此指世界万有一切具有差别的事物和现象。

（2）无为法界，包括两个方面：性净门，是指众生本具的佛性，虽在"凡位"，但本性清净，如同真空，无有差别；离垢门，指通过修行"对治"烦恼，使被烦恼覆盖的佛性显现的过程，根据修行程度的深浅有十个阶次。

（3）亦有为亦无为法界，也有二门：随相门，指十八界中的与意识相应的法界，包括受想行识和五种色（此指唯识学派所说的极略色、极迥色、受所引色、遍计所起色、自在所生色）、八无为法（同上，有虚空、择灭、非择灭、不动、想受灭、真如）；无碍门，指《大乘起信论》所说的"一心法界"，包含"心真如门"（指超言绝相的空寂的心的真如本体）和"心生灭门"（处在情欲烦恼之中的真如佛性，实指现实的精神作用），二者"各总摄一切法"。其中，六无为法与心真如门都属于没有生灭的无为法，其他则属于有生灭的有为法，两种法永不分离。

（4）非有为非无为法界，也有二门：形夺门，一切事缘皆为理（真如）的显现（"缘无不理之缘"），所以与理一样属无为法，同时理必定显现为事缘（"理无不缘之理"），这样它便不是无为法，于是便是亦有为亦无为法界；无寄门，法界"离相离性"，既然离相便不是有为法，离性便不是无为法。

（5）无障碍法界，也有二门：普摄门，以上任何一门都可以统摄其他一切法界；圆融门，"以理摄事故，全事无分齐。谓微尘非小，能容十刹；刹海非大，潜入一尘也。以事融理故，全理非无分，谓一多无碍……《舍那品》：于此莲花藏世界海之内，一一微尘中见一切法界。此明一即

---

① 《大正藏》第35册第87页下。

非一也。"① 因为理统摄事相，故一切事相皆是理（的现象）；又因事相皆融摄理而显现，故理必映现于一切事相之中，于是理事相融，非一非异。

我们从以上的引证不难看出，法藏对法界的解释的着眼点是法界所包含的真如、法性义，在论证中贯彻着真如随缘和不变的观点。

在法藏的华严宗教义体系中，关于法界的理论占有重要的地位。在其《华严经探玄记》卷一论证《华严经》"宗趣"（相当于宗旨、意趣）的部分，他列举自南北朝以来的华严学者对《华严经》宗趣的见解，并加以简评，最后基本同意北齐慧光的"以因果、理实为宗"的说法，但认为他对此尚没有充分加以论证说明。他主张《华严经》的思想应"以因果缘起理实法界以为其宗"。他首先借《大方广佛华严经》的经名对此加以说明，说"大方广"即为"理实法界"，而"佛华严"则为"因果缘起"，接着说：

> 因果缘起，必无自性；无自性故，即理实法界。法界理实，必无定性；无定性故，即成因果缘起。是故此二无二，唯一无碍自在法门。故以为宗。②

按照大乘般若中观学派（代表著作有《中论》等）的观点，世界万有不自生、他生、共生，皆为缘起所生法，而缘起本性为空，此即是"无自性"，无自性即为"毕竟空"，此即是真如"理实法界"；真如不守自性，必定随缘而生成万法，此即"成因果缘起"。然而理实（理）法界与因果缘起诸法是相即不二、圆融无碍的，共同构成一个时空无限的重重无尽的缘起法界。此后，法藏又从不同的方面对此加以论述，或"别开摄法界（按，即理实法界），以成因果（按，即因果缘起）"，或"会因果以同法界"，或"法界因果，分相显示"，或"法界因果，双融互离"。总之，作为真如法性的"法界"和作为因果缘起的诸法（包括教法、事法、修行等在内）是相即无碍的，法界即因果，因果即法界。

法藏在阐释"五教十宗"判教理论过程中，将依据《华严经》的华严宗断定为"一乘圆教"和"圆明俱德宗"，在对其教理进行解释的时

---

① 《大正藏》第35册第440页中—441页上。
② 《大正藏》第35册第120页上。

候，特别突出了法界缘起的理论，谓：

> 圆教中所说，唯是无尽法界，性海圆融，缘起无碍，相即相入，如因陀罗网重重无际，微细相容，主伴无尽，十十法门，各称法界。（《华严经探玄记》卷一）①

法藏的类似说法很多，兹不具引。可以说，论说法界缘起重重无尽，理事圆融无碍的理论是华严宗教理的主要组成部分，也是华严宗特色之所在。

2. 真如随缘和法界缘起

从整体上看，华严宗所说的法界缘起就是真如法性缘起，也可简称为"性起"。法藏在论证法界是个时空无限的无所不包的并且缘起无尽的体系时，主要是依据了《大乘起信论》等大乘佛教经典的"一心二门"和真如随缘的理论。有趣的是，他在判教理论中虽然批评了唯识学派的很多主张，但在运用真如随缘的观点论证法界缘起理论时却借用了唯识学派的"三性"学说。

《大乘起信论》说："依一心法有二种门，云何为二？一者心真如门；二者心生灭门。是二种门，皆各总摄一切法。是义云何？以是二门不相离故。"② 以"心真如门"作为心的"体"，以"心生灭门"作为心的"相、用"。前者纯净无染，相当于《楞伽经》所说的如来藏和《摄大乘论》所说的无垢识（九识）；后者相当于具有染净二种成分的阿赖耶（或阿梨耶）识，实指现实的精神主体的功能。前者为体，意为后者所依止的本体；后者为外相和作用，其所藏的精神性种子（精神功能）具有变现世界一切有生有灭的现象的能动功效（生灭心），故它"能摄一切法，生一切法"；从其所含的清净种子来说，具有"觉"的意义，而从其含有染、妄种子来说，意味着"不觉"，人们经过舍妄返净的修行，才可"得见心性"③ 达到觉悟。法藏在《大乘起信论义记》的对"一心法有二种门"

---

① 《大正藏》第35册第116页上。因陀罗网，佛教所说用宝珠编织而成的庄饰帝释天宫殿的网，宝珠光亮相互辉映，彼此相涉相入。
② 《大正藏》第32册第576页上。
③ 《大正藏》第32册第576页中。

的解释中说，"如来藏心"有二义，从"约体绝相"的意义来说，它是真如门，是非染非净，不生不灭，不动不转，是没有任何差别的，是"染净通相"；从"随缘起灭"的意义来说，它是生灭门，是"随熏转动"而形成染净诸法，是"染净别相"①。真如是"泯相显实门"，虽泯相而不坏相，示现"理实"本体；生灭是"揽理成事门"，不坏理而成事相。在两者的关系中，后者摄于前者，因为"生灭起必赖于真"的缘故。

法藏在《华严五教章》卷四的《义理分齐》标题下对华严宗"一乘"的义理从"三性一际义"、"缘起因门六义法"、"十玄缘起无碍法"、"六相圆融义"四个方面进行说明。其中借用真如随缘的理论对"三性一际"的论释最具有特色。"三性"是唯识经典《解深密经》、《成唯识论》等中提出来的，是用"一切唯识"的观点对现象世界所作的总体说明。"三性"包括：依他起性（指心识及其所缘生变现的现象，实指现实世界，称为似有非有）、遍计所执性（把上述缘起现象看作实有的认识，称为妄执、情有理无）、圆成实性（通过体认我法二空，一切唯识，断除妄执所达到的最高精神境界，称为唯识实性或真如）。法藏为了论证他的法界缘起的理论，明确地分别赋予此三性各有二义，即：圆成实性有"不变"、"随缘"二义；依他起性有"无性"、"似有"二义；遍计所执性有"理无"、"情有"二义。随后，他首先从三性的前一义对法界缘起进行论述，说："由真中不变、依他无性、所执理无，由此三义故，三性一际，同无异也。此则不坏末而常本也。"是说，万有现象世界的"无性"、世俗认识领域的"理无"具有与真如法性一样"不变"的空寂本性，它们共同处在一个缘起法界；一切现象，无非真如。按照此理，不必断灭烦恼而证菩提，众生也不必寂灭（原文作"灭"）而涅槃成佛。其次，他从三性的后一义作说明，谓："约真如随缘、依他似有，所执情有，由此三义故亦无异也。此则不动本而常末也。"真如依随不同的因缘形成世界万有种种现象（或染或净），它的这种"随缘"与现象世界的"似有"、世俗认识领域的"情有"属于同一性质，由此构成时空无限和无所不包的缘起法界；真如法性，无非一切现象。据此，除了众生，没有佛，法身佛也在众生之间；世俗社会即是彼岸世界，人间即是净土。

按照唯识学说，三性本来"皆不离心"（《成唯识论》卷八）。所以

---

① 《大正藏》第44册第251页中。

法藏又说，前后三义属于"不二门"（原作"不一门"，从意思看是不通的），所以在缘起的法界里是"真该妄末，妄彻真源，性相通融，无障无碍"的①。这不外是说真如与万法，觉悟与迷妄，佛与众生，此岸与彼岸是融会无间的。此后，法藏还就三性各自具有二义互不矛盾的理由作了说明，最重要的内容是：真如（圆成实性）虽随缘生成或染或净的现象，但它本身并不改变清净的本性，唯其如此，才能成为万法缘起的根本依据；如果体悟现象世界（依他起性）依止的清净本性（真如——真实性、圆成实性）就可达到解脱，而分别和执著现象的虚妄假象（分别性、遍计所执性），便流转于生死。

3. 十玄门和六相——无尽、圆融的法界缘起

法藏认为，法界缘起是重重无尽和圆融无碍的，通过"十玄门"和"六相圆融"的论述对此加以说明。"十玄门"和"六相"虽是继承智俨的学说，但法藏是作了系统周密的发展的。这里不拟对此加以比较，只就法藏的说法作概要介绍。

法藏在《华严五教章》卷四提出，法界缘起是自在无穷的，如果按照大的类别来分，有两种：一是十佛境界，此属"竟究果"，即最高的修行果位。这种境界是"圆融自在，一即一切，一切即一，不可说其状相耳。如《华严经》中究竟果分国土海及十佛自体融义等者"，是不能用普通语言文字加以说明的。二是"随缘约因辨教义"，即为普贤修行的境界（以普贤标示普求一切无上佛法，普度一切众生的教义和修行，实指一切教法、誓愿、修行、境位等）。法藏认为"因分可说，果分不可说"，此属因的方面，是可以用语言文字加以说明的②。但他又表示，对于除"究竟果"之外的与普通因缘相对的果，还是可以说的。

法藏在用十、一的数字为喻，论述缘起诸法有相即、相入之义，说一中有多，多中有一，一即多，多即一，用以说明"圆融法界，无尽缘起"的道理。接着，他提出"十义"：教义（一切大小乘佛法）、理事、解行、因果、人法、境位、师弟法智、主伴依正、根欲示现、逆顺体用自在等。按上述逻辑，这些应是"可说"的"因分"——普贤境界。然后，法藏用所谓"十玄门"，引用《华严经》大量的经文，对此十义进行解释，说

---

① 以上见《大正藏》第 45 册第 499 页上。
② 《大正藏》第 45 册第 503 页上。

明法界缘起是无尽和圆融的。他之所以借用"十"数,是为了显示无尽的意思。

法藏在《华严五教章》卷四所说的"十玄门"与智俨在《华严一乘十玄门》中所说的"十玄门"虽名称相同,但排列次序不同,解释多寡和内容也大不相同;与他稍后所著的《华严经探玄记》卷一所讲的"十玄门"也有稍微差别。这里仅引用《华严五教章》的"十玄门"并进行简要解释。十玄门包括:

(1) 同时俱足相应门。以上十项共同组成一大缘起,诸法之间没有始终前后的差别,同时相应显现。

(2) 一多相容不同门。在十项中任何一项都含有其他各项的因果、理事等等,重重无尽。

(3) 诸法相即自在门。以上诸义,一即一切,一切即一,相互俱足一切法门,"圆融法界,无尽缘起,无一一切,并不成故。此但论法性家实德故,不可说其边量。"从修行来说,"一念即得具足一切教义、理事、因果等如上一切法门",并与无量一切众生"同时作佛";一切修行境位,直到成佛,"同时遍成,无有前后";一念与百千劫无异。

(4) 因陀罗网境界门。如同帝释天宫的因陀罗珠网的颗颗宝珠交相辉映那样,以上诸项也互相映现,互相隐显,重重无尽。在缘起法界,一一微尘之中都容有无数佛国、佛、菩萨和世界、众生。此表现法界(法性)的真实功能(实德),缘起法界是自然无穷的。

(5) 微细相容安立门。以上各项内容在"一念"之中同时或非同时全部俱足,"一切法门,于一念中,炳然同时,齐头显现,无不明了。"

(6) 秘密隐显俱成门。以上诸义或隐覆,或显了,同时成就,没有前后。自己的修行,即为其他人修行;其他人的修行,也就是自己的修行,如《华严经》所说"于此方入正受,他方三昧起";"男子身中入正受,女子身中三昧起"。此隐彼显,正受(坐禅)与起定(结束禅观)可以同时"秘密"而成。

(7) 诸藏纯杂具德门。"此上诸义(按,即诸藏),或纯或杂",例如"人法"这一项,若单就"人"这一门来说,一切皆人,此则为纯;但在人这一门同时含有理事等一切法门,此则为杂。如此纯杂自在,无不俱足。

(8) 十世隔法异成门。所谓"三世"是指过去、现在、未来,说它们各有三世，则为九世，此九世又同时相即相入，成一总体，与九世别体合为"十世"。以上诸义遍布在十世之中，同时显现，长时短时相即相入，互不相碍。如《华严经》所说，在一"微尘"之中可以同时普现三世一切佛刹、一切众生、一切佛事，等等。

(9) 唯心回转善成门。以上各义，都是"如来藏自性清净心"的"自在作用"，是由它变现出来的。这就是"性起"。

(10) 托事显法生解门。以上诸义，通过列举事法，显示深妙的法门道理，包括三乘教理在内，"具足一切理事、教义及上诸法门，无不摄尽。"①

在法藏后来所著的《华严经探玄记》中，把其中的"诸藏纯杂具德门"、"唯心回转善成门"改为"广狭自在无碍门"、"主伴圆明具德门"。从实质内容来说，前述的"十玄门"是包含了这二门的思想在内的。至于没有"唯心回转善成门"，不能解释为法藏的华严思想发生了什么变化。其实"唯心回转"也就是"缘起唯心"或真如随缘的意思，在法藏著作的不少地方都有论述②。

关于"十玄门"或"十玄缘起"，应当指出的是，在十门中反复提到的"十义"当中，不仅包含了法藏首先着眼的大小乘各类佛法，而且也包括一切众生（正、人、师、弟）和作为众生居住的国土环境（依）。这样，自然界和社会，众生和佛菩萨，众生和佛法，佛法和修行、果位等等，都相即相入，互相融通无碍。如果把其中"理"解释为真如法性，把"事"解释为由真如法性随缘生起的"万法"或"一切法"，那么仅理、事一对概念即可概括上述"十义"的所有内容。法藏的法界缘起思想，在其《华严三昧章》等著作中也用不同的形式作了表述。后世澄观在《华严法界玄镜》当中用事法门、理法门、理事无碍法门、事事无碍法门来概述法界缘起的思想，不仅在表述上更加概括集中，而且在对法界的总体意义的解释中吸收禅宗心性论和天台宗止观学将法界直接解释为"一心"、"心体"、"心性"等。

---

① 《大正藏》第 45 册第 505—507 页。
② "缘起唯心"，见《华严经探玄记》卷一，《大正藏》第 35 册第 118 页中；关于一心二门、真如缘起，见《大乘起信论义记》卷上，《大正藏》第 44 册第 249—250 页；《大乘法界无差别论疏》，《大正藏》第 44 册第 62—63 页和第 69—70 页。

法藏还在《华严五教章》的最后用总相（以房舍为喻，相当于整体、一般）、别相（以椽瓦为喻，相当部分、个别）、同相（一致性）、异相（特殊性）、成相（统一性）、坏相（独立性）的"六相"来进一步地论证法界缘起的圆融无碍。意为在法界缘起中，作为总体、一般的事物（真如、理）与作为部分、个体的事物（万法、事）是互为显现，互相作用，是相即相入，圆融无碍的。此即所谓"一乘圆教法界缘起，无尽圆融，自在相即，无碍熔融，乃至因陀罗无穷理事等"①。

4. 法界缘起论在华严宗修行解脱论中的意义

佛教各个学派或宗派的教义理论虽然存在种种差异，但都把最终的着眼点放在如何修行，如何达到解脱的问题上。华严宗也不例外。华严宗的修行解脱论的最显著的特色是以法界缘起相即相入和圆融无碍的理论为依据，认为烦恼与菩提，人世与佛国，众生与佛，修行的初级阶段与最后的觉悟成佛阶段，自己的修行与他人的修行……都是互相容摄，并且是相即不二的。法藏在自己著作的很多地方用不同的语句作了论述。这里主要引用他的《华严经旨归》的《明经益》的话略作说明。这段话是：

> 夫以信向趣入此普贤法，圆通顿益，广大无边。略摄经文，现其十种：一、见闻益；二、发心益；三、起行益；四、摄位益；五、速证益；六、灭障益；七、转利益；八、造修益；九、顿得益；十、称性益。②

普贤法，即借普贤菩萨为名的华严教法，简称"普法"。据称，一切众生皆有佛性，不管曾经信奉何种佛法，最后"究竟无不皆入此法，以此普法，众生俱有故"③。只要信奉此华严普法，就会通过见闻华严义理、发菩提心、修行等得到种种功德利益，如经文上说"初发心时便成正觉"；修行过程中的一切行位即"遍一切行位"；从"十信"、"十住"、"十行"、"十回向"、"十地"直到成佛，"一一位中摄一切位"，各个阶住相即互融；"一证一切证"，可以迅速成佛，所谓"疾得阿耨

---

① 《大正藏》第45册第507页下。
② 《大正藏》第45册第595页下。
③ 《华严经探玄记》卷一，《大正藏》第35册第117页中。

多罗三藐三菩提"①;"一断一切断",可以迅速断灭各种烦恼;自己觉悟,可以迅速利益无量众生;因为"一念则无量劫,无量劫即一念",个人前生所修功德即为今生功德,无量菩萨的功德也即为自己的功德;奉持此华严普法,则使一切众生本具的佛性无不显现。

总之,法界缘起观是构成法藏的华严宗教义体系的重要宗教哲学,法界缘起重重无尽和相即相入、圆融无碍的理论是华严宗的修行解脱论的理论基础。

(三) 澄观的四法界论

法藏生活在玄奘新译系列唯识经典不久的时候,将法相宗教理吸收到华严宗教义思想之中是可以理解的。他将般若中观之"空"、涅槃佛性学说的佛性与法相唯识学说的阿赖耶识等杂糅在一起,运用《大乘起信论》中的一心二门和不变随缘的思想,对华严宗的以法界为中心的教义体系作了全面而富有特色的论证。

然而到澄观的时候,在社会思想界占正统地位的儒家学者开始提出"道统",倡导所谓"性命之道",以维护传统的纲常伦理;佛教中禅宗兴盛,提倡"识心见性"、"即心是佛",主张达到解脱应直探心源;天台宗出现中兴气象,其融会三论中观思想的"一心三观"的止观学说仍相当盛行。受到这种形势的影响,澄观在对法界的解释中特别强调它所具有的心性意义,在法界的总体意义上将它直接解释为"一心"、"心体"、"心性"。因此,他所说的法界缘起实际就是心性缘起、"一心法界"的缘起。

澄观早期的华严宗著作《华严经疏》卷五十四《入法界品》对法界的解释大体上与法藏在《华严经探玄记》卷十八《入法界品》、《大乘法界无差别论疏》中对法界的解释相近,强调法界具有的法身、法性和真如的意义;在稍后所撰《华严经随疏演义钞》卷一在对前著《华严经疏》之序的解释中,从体、相、用三个方面对法界作了论释,以"往复无际"作为法界之用,释文中有:"悟法界而复一心,来也,静也,皆法界用也","返本还源,复本心也";以"动静一源"为法界之体;以"含众妙而有余"为法界之相,提出"以一真法界为玄妙体,即体之相为众妙矣"。所谓"一真法界"自然就是法性。然而在澄观后期所撰《华严经行愿品疏》卷一则明确地说法界即是"一心",曰:

---

① 《华严经探玄记》卷一,《大正藏》第35册第108页下。

> 然其法界,非界非不界,非法非不法,无名相中强为立名,是曰无障碍法界。寂寥虚旷,冲深包博,总该万有,即是一心。体绝有无,相非生灭,莫寻终始,岂见中边。为圣智境,而二智不知;唯证所见,而五目亡照。解之则廓尔大悟,迷之则生死无穷。①

这是说,法界本来超言绝相,不得已为它起名,称为"无障碍法界";它具有《老子》中所说的作为世界万有本源本体的"道"的意义,也就是"一心";它不属于有无,也无生灭,虽可以作为佛菩萨之智的观境,为佛菩萨证悟,但却不可为二智(真实、方便二智)和五眼(肉、天、慧、法、佛五眼)直接知见;佛与众生之别,就在于能否对它解悟。"总该万有,即是一心"这句话,在澄观的弟子宗密的《注华严法界观门》解释"一真法界"时也被引用。此外,澄观在《华严法界玄镜》中在对《大方广佛华严经》经名中的"大"作解释时说:"大者,体大也,则深法界,诸佛众生之心体也。"唐宪宗召他入宫说法,问他何为法界,他答:"法界者,一切众生身心之本体(《佛祖统纪》卷四十一作'性体')也。从本已来,灵明廓彻,广大虚寂,唯一真境而已。无有形貌而森罗大千,无有边际而容含万有……"(《法界宗五祖略记》)也是从法界所具有的心性的意义上讲的。

本来,中国佛教界在隋唐以后随着讲心性的经典的普及和诸宗从本体、本源意义上发挥法性、佛性和本心、心性的思想的传播,人们一般将真如、法性、佛性、本心、自心等概念等同理解和使用,只是应用的场合有所不同罢了。然而,由于中国人长期受到儒家的"穷理尽性"、"性命之理"(《周易》《说卦传》)、"人生而静,天之性也"、"天命之谓性,率性之谓道"(分别见《礼记》《乐记》、《中庸》)等性理说法和说善说恶的人性论,以及道家、玄学的以"道"、"无"为本体的思想的影响,容易对佛教关于心性的说教产生亲近感,并且易于接受。禅宗正是看中这点而在发挥心性问题上大做文章,从慧能《六祖坛经》到其后世弟子的禅法语录,都有谈心性的内容。在他们那里,心或本心、自性、佛性既是觉

---

① 《演义钞》引文见《大正藏》第36册第1页中、2页中;《行愿品疏》引文见西义雄、玉城康四郎监修,日本国书刊行会出版《新纂续藏经》卷5第62页上。

悟的内在基因，也有宇宙本体的含义。澄观师承的学者当中有禅宗南北宗的人，也有牛头宗的人，而且又置身禅宗风行社会的环境，因而在他的后期著作中以及在与皇帝、朝廷士大夫的说法中有意强调法界即心性的思想是可以理解的。

1. 四法界的提出

在人们介绍华严宗的教理时，常将四法界作为它的基本教理之一。实际上，虽然以法界学说作为华严宗的基本教理不是澄观创始的，但明确地将华严宗所论述的法界归纳为四法界却是从澄观开始的。这种分类不仅便于信奉华严宗的僧俗人们理解，也便于用来指导修行。因而澄观的法界理论带有明显的实践性。

何为四法界？它与上述从总体意义上所说的法界有什么关系？先让我们引证有关论述，再分别加以解释。

澄观《大华严经略策》在"法界名体"的章节对法界所作的解释中说：

> 法者，轨持为义；界者有二义：一约事说界，即分义，随事分别故；二者性义，约理法界，为诸法性不变易故。此二交络成理事无碍法界，事揽理成，理由事显，二互相夺，即理事两亡，若互相成，则常事常理。四、事事无碍法界，谓由以理融彼事故。①

《华严经行愿品疏》卷一认为从根本的意义上来说，法界是不能用文字表述的，如果一定要给它起个名，可称为"无障碍法界"，它"总该万有，即是一心"，并说：

> 于此无障碍法界，开为事理二门：色心等相，谓之事也；体性空寂，谓之理也。事理相融，即无有障碍。故于法界略分三种：一、事法界；二、理法界；三、无障碍法界。无碍有二，则分四种法界，谓事、理、[事理]无碍法界、事事无碍法界。古德立五种法界（按，法藏《华严经探玄记》卷十八立下述五种法界）亦不出此，谓：一、有为法界，即事界也；二、无为法界，即理界也；三、亦有为亦无为

---

① 《大正藏》第 36 册第 707 页下。

法界，双具事理；四、非有为非无为法界，双非显理；五、无障碍法界，即第三所摄。从一至五并不出无障碍法界。①

当年杜顺在《华严法界观门》中最早将"法界观"分为三种：真空观（或真空绝相观）、理事无碍观（或事理无碍观）、周遍含容观。澄观在《华严经随俗演义钞》卷十、《华严法界玄镜》当中都对此三观作了解释，认为可将三观分为四门，即四种法界。他在《华严法界玄镜》中的解释最为详细，现引证如下：

> 言法界者，一经之玄宗，总以缘起法界不思议为宗故。然法界之相，要唯有三，然总具四种：一、事法界；二、理法界；三、理事无碍法界；四、事事无碍法界。今是后三。其事法界，历别难陈，一一事相皆可成观，故略不明，总为三观所依体。其事略有十对：一、教义；二、理事；三、境智；四、行位；五、因果；六、依正；七、体用；八、人法；九、顺逆；十、感应。随一一事，皆为三观所依之正体。②

根据以上所引，并参照其他地方的论述，拟从以下几个方面对澄观所说的四法界进行说明。

（1）澄观继承法藏在《华严经探玄记》卷一所说的以"因果缘起、理实法界"为《华严经》教义的根本宗旨，重视对法界的阐述。何为法界？凡有一定的规范、规定性能够给予定义和解释的都可称为"法"，即指一切现象和事物，也包括隐藏在事物背后的本质、本体，甚至也包括想象中的事物③；所谓"界"具有"分限"（有形相差别）和"体性"两方面的含义。二者合起来称为"法界"。从总体上说，法界包括两个方面，一个体现为理，是理法界；一个表现为事，是事法界。理即真如、法性，体性空寂，具有不变和随缘的本性；事是具有分限、形象的万事万物。两

---

① 《新纂续藏经》第 5 册第 62 页上。
② 《大正藏》第 35 册第 673 页下。
③ 前引"法者，轨持为义"。据窥基《成唯识论述记》卷一的解释："轨谓轨范，可生物解；持谓任持，不舍自由……"（《大正藏》第 43 册第 239 页下）"轨"是指有一定的规范、样相可以被人认识；"持"是指具有某种特性或规定性。

者的关系是：理是事的本质、依据；事是理的随缘表现。从理表现为事来说，理就是事，在这种场合，只有理（事亡）；从事是理的体现来说，事就是理，在这种场合，只有事（理亡）。从两者具有相辅相成的关系来说，有理有事，事理交彻，不一不二。

（2）澄观为了便于人们理解华严宗的法界思想，把杜顺的三种法界观、法藏所说的五种法界，归纳为四种法界。那么，什么是事法界？它在四法界中占有什么地位呢？事法界包括"色心等相"，即为一切物质现象和精神现象。他在《华严法界玄镜》中列举的"事相"共有十对，即：教与义；理与事；境与智；行与位；因与果；依与正；体与用；人与法；顺与逆；感与应。从所具的含义上说又绝不是十对，可以说包括了宇宙万事万物，其中也包括了全部佛法。这里的"理与事"中的"理"，相对于超言绝相的法界或真如之理，是用文字表达的理，也可归于事的范围。

澄观认为："事法界，历别难陈，一一事相皆可成观"；"随一一事，皆为三观所依之正体"。这里有三层意思：①认为事法界包括的范围太广太杂，不可能一一详加说明，这是他在《华严法界玄镜》中没有专就事法界详加诠释的理由。②但任何一事，皆可以作为观想法界的对境，例如从教从义，从理从事，从境从智，乃至从它们所属的具体事物，皆可入观，观察理事之间的圆融无碍的关系等。③任何一事都是修持前述杜顺的三观：真空观、理事无碍观、周遍含容观所依的"正体"，自然也是观想四法界所依的"正体"。在这里可以看到，澄观在论述法界和四法界的过程中虽特别强调理与事的圆融无碍关系，但同时强调认识和体悟玄妙的法界思想必须通过对一一事的观察、观想，此即以观想四法界为内容的禅观。

（3）澄观在《华严法界玄镜》中说"真空则理法界"。杜顺《法界观门》的真空观，就是观理法界的。何为真空？不是以"断灭"为空，也不是离开色的空，而是"即有明空"，此空与有相即不二，故称真空。这种真空，就是所谓的理，亦即真如、实相、法性等。他对《法界观门》中所说构成"真空观"的"会色归空观"、"明空即色观"、"空色无碍观"、"泯绝无寄观"四观的解释中，侧重强调色（相当于现在说的物质现象，包括人的身体）的本体空寂，而不是绝对空无（断空），是与具体的万有结合在一起的，所谓"真空必不异色"、"不离色明空"，色空是不二的；空与色，理与事是互相依存的，"以空中无色，由事即理；理绝相故，色必有空"；空与色是彼此"举体全是"的关系，色（事）举体全是空（理），空举体全是色；从最高的认识层次（真谛）来看，真空是超言绝相的，不可形诸任何语言文字，何有"色"、"空"等名相可言。①

在《华严经行愿品疏》卷一对理法界的解释中说：理法界即是性，"真理寂寥，为法之性"，包括二门："一、性净门，谓在凡不染，性恒清洁，遍一切法，不同一切，一味平等……二、离垢门，谓由对治，障尽净显，随位浅深，分十真如（按，《成唯识论》卷九所说菩萨在十地顺次修持施舍、持戒、忍辱、精进、静虑、般若、方便善巧、愿、力、智，断十种障，所得的十种与佛相应的智慧和精神境界）。"所谓"性净门之理"，应是大乘佛教所说的遍现于万事万物的真如法性，而"离垢门"是指众生通过修行断除情欲烦恼而将先天所禀的佛性得以显现出来，此为离垢之理。②

（4）理事无碍法界，是着重讲理与事的圆融无碍的关系的。杜顺在《法界观门》中分十门解释。此十门是：理遍于事、事遍于理、依理成事、事能显理、以理夺事、事能隐理、真理即事、事法即理、真理非事、事法非理。澄观在《华严法界玄镜》中指出以上十门是两两相对：前二者是理与事的"相遍"对，其后分别是理与事的"相成"对、"相害"对、"相即"对、"相非"对，由此而形成理与事之间的圆融无碍的关系。他从理相对于事、事相对于理两个方面对杜顺的原文进行解释，指出"性空真理，一相无相，故不可分，则无分限；事约缘起，故分位万差"，但法性之理遍于一切处、众生、国土之中，"理非事外"；一切事皆与理同，否则就意味着"事有别体"；因为理无二体，故理全在一事；因为事同于理，故事事皆具全理；一事具有全理，不妨其他事也具有全理，因为"理无二故"；真如之理随缘而成事，万事性空即现真理；在理即是事，事即是理，事外无理，或相反理外无事的场合，是互夺，是理事相害；在理即事，事即理的场合，是理事相即；在理非事，事非理的场合，是理事相非。形成理与事圆融无碍的关键是"理无形相，全在相中"，"无尽事法，同一法性"，既然事是依据理而成，事是理的体现，理是事的本体，

---

① 请见《华严法界玄镜》，载《大正藏》第45册第672—673页。
② 《新纂续藏经》第5册第62页中。

自然理事无碍。①

在《华严经行愿品疏》卷一，澄观从三门：相即无碍、形夺无寄、双融俱离性相混然三个方面论述理与事的无碍关系。在论理事相即无碍的场合，谓"一心法界，具含二门：一、心真如门；二、心生灭门"，前者是理，后者是事，二门虽总摄一切法，但二者"亦不相离，亦不杂乱"，意谓理事相即无碍。另外二门分别讲"无事非理"，"无理非事"（相夺）；理事相辅相成，非一非异，相即无碍。②

实际上，澄观在对四种法界的论述中，虽然角度和说法根据情况经常变化，但基本内容是围绕理与事的互相融摄，互相圆融的关系讲的。

（5）事事无碍法界，就是杜顺的周遍含容观的内容。澄观在《华严法界玄镜》中说："事本相碍，大小等殊。理本包遍，如空无碍。以理融事，全事如理，乃至尘毛，皆具包遍。此二相望，成于十门……性融于事，一一事法，不坏其相，如性融通，重重无尽故。"按照事的性质来说本来是事事互相有隔碍的，因为它们有大小等殊之别，但一切事相皆是统一之理的体现，而理是空寂无相的，全部融解在事相之中，因而一事所含之理与其他一切事相之理完全相同，既然事与理是相即不二的，那么事与事之间也具有彼此融通无碍的关系。杜顺《法界观门》以十门阐述周遍含融观（事事无碍法界），即：理如事门、事如理门、事含理事无碍门、通（理遍事、理事非异）局（理不遍事、理事非一）无碍门、广狭无碍门、遍容无碍门、摄入无碍门、交涉无碍门、相在无碍门、普融无碍门。澄观在解释中强调法性之理融于一切事相之中，如同虚空，"普遍一切色非色处"，"理含无外，无有一法出虚空"；理如一切事，"如事之现，如事之局，如事差别，如事大小一多等；一切事如理"，"既一微尘，举体全在一切法中，亦理之不可分也"；既然事含理，事事之本体相同，一切事相皆具理的性质，理与事便不异不一，任何事也"能摄能遍"；一事所含之理与一切事各自所含之理，皆同一理，如此则不仅事与理非异非一，事与事也非异非一，一事可含一切事，亦含一切事之"理事"，一切即一，一即一切，因此事事之间相摄相入，融通无碍。澄观认为从杜顺所说的十门可以推导出"十玄门"，即：同时具足相应门、广狭自在无碍门、

---

① 见《大正藏》第45册第672—680页。
② 《新纂续藏经》第5册第62页中下。

一多相容不同门、诸法相即自在门、秘密隐了俱成门、微细相容安立门、因陀罗网境界门、托事显法生解门、十世隔法异成门、主伴圆明具德门。从这十玄门所论证"事事"的实际内容来说，既有自然现象又有社会现象，既有物质现象又有精神现象，既有佛法也有非佛法，既有佛菩萨也有一般众生……按照这种事事圆融无碍的理论，可以说自然界和社会的一切事物和现象，众生和佛菩萨，众生和佛法，佛法和修行、果位等，都相即相入，互相融通无碍。①

澄观在《华严经行愿品疏》卷一对四法界分别解释之后指出："唯归一无障碍法界而举一全收，随门说异耳。故总即法界，别即事等；同即法界无违，异〔即〕事理相反；成则同办（按，原作'辩'）法界，坏则各住事等。故无碍重重，无尽无尽。"② 按照澄观的华严宗理论，所谓四法界或是杜顺的三法界、法藏的五法界，只不过是统摄宇宙万有的"无障碍法界"（总称"法界"）的分位（随门、别、异、坏）说法，以此法界为本体的缘起世界是重重无尽和圆融无碍的。

澄观在《华严经随疏演义钞》卷一对他为《华严经疏》写的序文作了解释，其中有将"往复无际，动静一源，含众妙而有余，超言思而迥出者"一段文字作为对四法界的描述。他说："约四法界：往复无际，事也；动静一源，具三义也：动即是事，静即是理，动静一源，即事理无碍法界也；含众妙而有余，事事无碍法界也。超言思而迥出，融拂四法界，其唯法界欤！"③ 据此，宇宙万事万物循环往复，没有边缘，事事皆具有动的属性，此为事法界；法性之理具有静的属性，此为理法界；理能随缘成事，与事交彻融通，圆融无碍，此为理事无碍法界；既然一切事皆是理的显现，事与事之间便融通无间，一切与一不一不异，缘起玄妙难以尽述，此为事事无碍法界；然而从真谛的意义上看，岂有四法界可言，如将形诸文字的四法界销融、拂除，则只有超言绝相的唯一法界，亦即前述"无障碍法界"。

2. 澄观的解脱论和三观

镰田茂雄在《中国华严思想史的研究》中认为，澄观曾师事中国禅

---

① 请见《华严法界玄镜》，载《大正藏》第45册第672、673、680—683页。
② 《新纂续藏经》第5册第63页上。
③ 《大正藏》第36册第2页下。

宗南宗的无名、牛头禅的慧忠、道钦及天台宗的湛然等人，他的华严思想受到禅宗和天台宗较大的影响。这是十分正确的。当然，他在吸收禅宗、天台宗的思想的同时，继承以往从杜顺到法藏等人的华严宗教义思想，适应时代和佛教界的形势建立了自己的华严宗教理体系。澄观在《华严经行愿品疏》卷二《第五辨修证浅深》中对当时的禅宗（定学）和其他教派（慧学），特别对禅门中的顿渐禅法详加辨析，说明他对禅宗是十分了解的。他是在华严宗的教理基础上吸收其他教派的思想的。

澄观在《华严经随疏演义钞》卷二在讲述自己以十项宗旨注释新译《华严经》，其中有一段话比较系统地讲述了他对修行和解脱的见解。他的第二项宗旨是"显示心观，不俟参禅"，说：

> 以经虽通诠三学，正诠于定，皆是如来定心所演。故经云：汝所说者，文语非义；我所说者，义语非文。……昔人不贵宗通（按，语出《楞伽经》，与言教相对的内心觉悟、真如、佛性），唯攻言说，不能以圣教为明镜，照见自心；不能以自心为智灯，照经幽旨。玄言理说，并谓雷同，虚己求宗，名为臆断。不知万行令了自心，一生驱驱，但数他宝；或年事衰迈，方欲废教求禅。岂唯抑乎佛心，实乃翻误后学。今皆反此，故制兹疏。使造解成观，即事即行，口谈其言，心诣其理。用以心传心之旨，开示诸佛所证之门。会南北二宗之禅门，撮台衡三观之玄趣，使教合亡言之言，心同诸佛之心，无违教理之规，暗蹈忘心之域，不假更看他面，谓别有忘机之门。使彰乎大理之言，疏文悬解，更无所隐。①

澄观认为，《华严经》虽全面讲述戒定慧三学，但实际是从正面诠释定（禅法）的，因为此经所宣述的是佛在禅定状态下觉悟的至高境界的；这种境界本来是不能用文字语言加以表述的。他批评过去的学者不注重此经所体现的佛的心法（相当"宗通"），只是在语言文字上下工夫，而不是借助经教的启示直探"自心"，领悟经中的要旨，而竟认为那些探究心性的"玄言理说"没有创见，对虚己参究心法宗旨斥之为"臆断"。他指出，这样的学者不知道一切修行的基本宗旨是觉悟"自心"（自性、本

---

① 《大正藏》第36册第16页下—17页上。

性、佛性），虽然每日修行，但脱离自悟的宗旨；有的直到年老才"废教求禅"，然而不仅为时已晚，而且将禅教分离也不符合佛的本意。他表示自己是按照与此不同的见解注疏《华严经》的。

（1）以此疏引导人们做到定慧双修①，禅教并重，解行一致；说若能理解和讲说法性之理，其心即可达到与此理契合的觉悟境界；

（2）用禅宗的"以心传心"的宗旨，宣示佛所证悟的至高精神境界——真如佛性，此即"一心法界"；

（3）会通禅宗南北二宗的禅法，吸收天台宗（天台宗正式创立者智顗曾受法于天台衡山慧思）的止观学说，使禅、教（禅宗外诸教）合一："教"的义理与心法一致，"心"法真正符合佛心——"一心法界"；在不违背经教义理的规程的情况下，遵循以"忘心"（实即"无心"）为最高觉悟境界的旨意，从事注疏，宣述真理。

由此可明显看到，澄观受到禅宗心性论和禅法思想的影响是很大的。

澄观所主张的解脱论集中在对四法界的论述中。以往华严宗的法界学说虽也注重说明理事关系的交涉会通，圆融无碍，但有不便于中国信徒理解的地方，例如杜顺提出的三法界观，其中第一"真空观"、第三"周遍含容观"；法藏提出的"有为、无为、亦有为亦无为、非有为非无为、无障碍"五法界，不仅这些用语不容易为中国人接受，它们表达的含义也很不明确，不容易为人们把握而应用到修行实践中去。澄观将法界归纳为事、理、理事无碍、事事无碍的四法界，不仅容易为人理解，也便于被修行者参照进行禅观修行。他的《华严法界玄镜》正是应徒众的要求撰写的。他在书中经常借用天台宗的空、假、中的"三观"禅法来论述四法界观。天台宗的"三观"或"一心三观"止观思想是智顗在《摩诃止观》中提出来的，认为领悟中道实相的最好方法是在禅定中观心，说"心具三千法"、世间出世间"一切相"，通过观察诸法的空、假（有）、中道的三个融为一体的属性（三谛），领悟三谛圆融的道理，得到最高智慧。此称"一心三观"。澄观曾从天台宗中兴之祖湛然学习天台止观，对这种禅

---

① 澄观在《华严经行愿品疏》卷二《第五辨修证浅深》在介绍禅宗中的顿渐诸门禅法之后，提出："若明能悟，入法千门，不离定慧。故定慧二门，若天之日月，易之乾坤……无定无慧，是狂是愚；偏修一门，是渐是近。若并运双寂，方为正门。成两足尊（按，佛），非此不可。"并顿渐诸门禅法虽有不同，但实际都没有离开定慧二门。（《新纂续藏经》第5册第64页中下）

法是很熟悉的。杜顺在《法界观门》将"真空观"（理法界）分为"会色归空观"、"明空即色观"、"空色无碍观"、"泯绝无寄观"四种观法，并作了解释。对此，澄观在《华严法界玄镜》中详加注释并有所发挥，在对"泯绝无寄观"的解释中套用了般若中观学说的二谛和天台宗的三观模式，说：

> 色空相望，乃有多义：一、融二谛义：初、会色归空，明俗即故真；二、明空即色，显真即是俗；三、色空无碍，明二谛双现；四、泯绝无寄，明二谛俱泯。
> 若约三谛，初即真谛，二即俗谛，后一即中道第一义谛。
> 若约三观，初即空观，二即假观，三四即中道观。三即双照明中，四即双遮明中。虽有三观意，明三观融通，为真空耳。①

意谓色与空相对应具有多重意思，如果从融会般若中观学说所说的二谛的角度来说，"会色归空观"讲色非断空而是真空，"色举体是真空"，妙有即真空，此为融会色、空，谓俗谛即是真谛；"明空即色观"讲真空即是色，"真空必不异色"，"空举体不异色"，真空即妙有，此为融会空、色，谓真谛即是俗谛；"色空无碍观"讲色空相即不二，圆融无碍，此为既现真谛又现俗谛；"泯绝无寄观"讲真空（理）超言绝相，"非言所及，非解所到"，此为真、俗二谛皆亡。对此也可以从三谛的角度来加以解释。

如果仿照天台宗的空、假、中三观的模式来说，"会色归空"相当于空谛——"因缘所生法，我说即是空"；"明空即色"是假谛——"亦为是假名"；"色空无碍"和"泯绝无寄"是中道观——"亦为中道义"。如果进一步分析，第三"色空无碍"是以即色即空，色空不二的正面肯定的方式来表明中道的，而第四"色空无碍"是以非色非空，色空并泯的反面否定的方式来表明中道的。

澄观在注释"理事无碍观"时又用三谛来论述理与事的无碍关系。他说：

---

① 《大正藏》第 45 册第 675 页中。

然事理无碍,方是所观;观之于心,即名能观。此观别说:观事,俗观;观理,真观;观事理无碍,成中道观。又观事兼悲,观理是智,此二无碍,即悲智相导,成无住行,亦即假、空、中道观耳。①

在以"理事无碍"为观想的内容时,观察事是俗谛观(假观),观察理是真谛观(空观),观察事理之间圆融无碍是中道观。因为菩萨观察事相俗谛,深入世俗是为了使众生摆脱苦恼,故此观属悲(悲,意为拔苦),而观察法性之理可以得到智慧,故此属智;悲智相即无碍,悲智双运,便成为菩萨的"无住行"(与性空之理相应的修行,即无追求,无舍弃之行),这也就是修习空、假、中三谛的"三观"。

从上面的论述可以得出这样的结论:澄观认为自己所主张的修行解脱主张与三论宗、天台宗、禅宗并不矛盾,在追求的最高目标方面是基本一致的,都是为了使自己的心达到与中道实相、法性之理完全契合的最高觉悟境界。

然而在澄观的华严宗教理的体系中称中道实相、法性之理为"一心法界"、"法界"、"无障碍法界"等,认为它的本来面貌是超言绝相的,通过观想四法界而达到的最高觉悟境界也应当是语言文字所不能表述的,所谓"二边(按,色空、有无、断常等边见)既离,中道不存,心境两亡,亡绝无寄","言语道断","心行处灭","心与境冥,智与神会"。②澄观在《华严法界玄镜》的最后说:

若圆明在心,依解生行,行起解绝,虽绝而现,解行双融,修而无修。非唯"周遍"一门(按,此指"周遍含容观"——事事无碍法界),实亦三观(按,此指"真空"、"理事无碍"、"周遍含容"三观——四法界)齐致,无心体极,无间常行。何障不消?何法能碍?斯观显现,圣远乎哉?体之则神矣。③

---

① 《大正藏》第 45 册第 676 页上中。
② 《大正藏》第 45 册第 675 页中。
③ 《大正藏》第 45 册第 683 页上。

按照澄观《华严经疏》卷二的解释，"圆明"中的"圆"是"圆寂"；"明"是"智明"，引申具有佛性的意义。这段引文是说，如果相信自具佛性，按照对法界缘起的知解发起修行，此时知解与修行便融为一体，实际是以无修为修，虽修"周遍含容"一观，因为所观理事交彻互融，故亦同时修持三观（实观四法界），由此可以达到体悟"一心法界"（"体极"）的"无心"境界，无间断地处在"心智契合"的"真行"境地，此即成佛。"圣远乎哉？体之则（按，应为'即'字）神"，语出后秦僧肇的《不真空论》，意为体悟法性真空之理即可成佛（圣）。

当然，按照华严宗的"初发心便成正觉"，"一修一切修"，"一断一切断"，"一位即一切位，一切位即一位"（亦即事事无碍）的圆教理论，应当说这种最高觉悟境界是贯彻并表现在平常的点点滴滴的修行、解悟之中的。这种说法是为了强调华严宗教理是具有可实践性的。

三　宗密的《原人论》

在宗密的著作中，有一篇论述以华严宗教理会通三教和大小乘佛教的文章，无论从佛教史角度还是从思想史角度都十分可贵。这篇文章就是约五千字的《原人论》①，从题目看，是探讨人身来源、人之所以为人的原因。

文前有序，称"今我禀得人身而不自知所从来，曷能知他世所趣乎？曷能知天下古今之人事乎？故数十年中，学无常师，博考内外，以原自身，原之不已，果得其本。"意为如不知自身从何而来，怎能知后世轮回的趋向和懂得天下古今的人事。他说自己经长期考察和思考，已经探索到何为人生之本了。指出，对人身的来源，既有儒、道二教的说法，也有佛教内部一些解释，然而皆未能得出圆满的结论。儒、道二教只知道人源于元气、阴阳之所造，而佛教内部有的仅知道人身乃前世业因的报应以及来自身烦恼（惑业）的原因，将阿赖耶识作为生命的根本，却未能讲出更为深刻的道理。

对于儒、释、道三教的关系，他认为，儒、道与佛教相比属于"权"（权宜、非根本、真实之理），而佛教既有"权"又有"实"（真实、根本原则），但二者皆有"惩恶劝善，同归于治"的功能，不能偏废，"三

---

① 载《大正藏》第45册第708页上至710页下。

教皆可遵行"。然而"推万法，穷理尽性，至于本源，则佛教方为决了"。这是指佛教的一切学说、宗派吗？当然不是，他认为只有佛教中的"一乘显性教"，亦即华严宗的教理才能会通内外教之理，对人之本、人之原的问题作出圆满的解答。

《原人论》正文有四部分：斥迷执第一、斥偏浅第二、直显真源第三、会通本末第四。

1. "斥迷执"，是对儒、道二教的批评。谓佛、道二教主张人、畜皆源自"虚无大道"，如《老子》所说"道法自然"，天地万物生于元气，人的愚智贵贱、贫富苦乐，皆先天决定。既然大道、自然为生死贤愚之本，那就意味着"祸乱凶愚不可除也，福庆贤善不可益也"。那么，人们还要老庄周孔之教做什么呢？这岂不是讲天不公平、天不讲道理吗？如果说"祸乱反逆，皆由天命，则圣人设教，责人不责天，罪物不罪命"，是不应当的。他指出儒、道二教的解释皆未能正确解决"原人"的问题，皆属"迷执"（错误见解），故予斥责。

2. "斥偏浅"，是对佛教内部的人天教（"五乘"中的人乘、天乘）、小乘、大乘法相教（法相唯识学）、大乘破相教（般若空义及相关理论）的批评。认为它们在解释人之本原问题上的见解，皆属"偏浅"（片面肤浅），非是"了义（表达正确透彻之义）"。于是，他站在所谓一乘显性教（《华严经》和华严宗）的立场，对此予以批评。

他说人天教属于佛教当中最低层次的说教，只讲"三世业报、善恶因果"，作恶遭恶报，为善得善报，劝人修持类似儒家伦理"五常"的五戒及十善等规范，然而对"谁人造业，谁人受报"等深层次问题却不深究，不了解。

至于小乘教，说身心是因缘和合而成的暂时存在（似一似常），"凡愚"（世俗众生）对此不知，"执之为我"（认为人身实有），于是引发贪欲等烦恼，才有"造业受报"等后果。虽认为"色、心二法及贪瞋痴为根身器界（按：身体及周围世界）之本"，却不了解为什么人身能够世代延续，"如何持得此身，世世不绝"？所以小乘也未能真正了解人生本原。

大乘法相教讲人生来具有八种识，而以第八阿赖耶识为根本，说身体及世界皆由阿赖耶识中种子显现，一切皆"唯识所变"，然而对于人生之本，所说亦属"偏浅"。

大乘破相教宣说一切皆空，强调心境皆空，显示的是"大乘实理"，然而若问：既然"身元是空，空即是本"，那么"心境皆无，知无者谁？又若都无实法，依何现诸虚妄？"……称此教"但破执情，亦未明显真灵之性"，未能对人生之本作出正确回答。

3."直显真源"，是将"一乘显性教"看作是"佛了义实教"，即佛教中最正确最真实之教（实指依据《华严经》的华严宗教理）。主张一切有情众生皆具有"本觉真心"（亦即佛性、如来藏），只因被"妄相"（情欲烦恼）掩蔽，自己不知本来是佛，如果能够体悟本教所说，依之修行，"返本还源，断除凡习，损之又损，以至无为自然"，便可解脱成佛。

4."会通本末"，是依据一乘显性之教，将前述各教义理会通。认为这样便能圆满认识生身本原。说"真性虽为身本，生起盖有因由"，对此"因由"的体悟须有过程。按照大乘破相教的说法，"唯一真灵性（按：佛性），不生不灭，不增不减"，然而由于被烦恼隐覆，称之为如来藏，具有生灭之相。大乘唯识教称此为"不生灭真心与生灭妄想和合，非一非异，名为阿赖耶识"，对心识及所变之境若不知是虚妄不实，便产生"法执"，进而生成一系列贪爱烦恼。在此情况之下，人天教、小乘宣说的教理便能发挥教化作用，劝人行善止恶，持戒修行。

实则各教所说可以会通融合，原来人身是"禀气受质，气则顿具四大（地水火风——色），渐成诸根（身体）；心则顿具四蕴（受想行识——名）渐成诸识（精神）"，形成身心。再深入推断，人身所禀之气即为元气，所起之心即"真一之灵心"；再往下推究，"心外的无别法，元气亦从心之所变"，不过是"阿赖耶相分所摄，从初一念业相，分为心、境之二"，于是身与天地不过是心识所变，所谓"心识所变之境，乃成二分，一分即与心识和合成人；一分不与心识和合，即成天地、山河、国邑"。人之所以为"三才"（天地人）中最灵者，是因为"与心神合"。这样，在对各教的会通中将一乘显性教所说"真灵之性"为生身之本的思想作了充分的发挥。

宗密的结论是："欲成佛者，必须洞明粗细本末，方能弃末归本，返照心源，粗尽细除，灵性显现，无法不达，名法报身；应现无穷，名化身佛。"

以上宗密所说与华严宗的判教理论是一致的，所说"真性"亦即华严宗教理的核心内容法界缘起中的"一真法界"、佛性，既用以论证在重重无尽的法界缘起中形成世界万有，也用以论证观想法界缘起以达到

"返本还源，断除凡习"的修证过程。

宗密所处的时代，禅宗南宗已广泛传播，而且与其他教派以及禅宗内部诸派之间也产生不少分歧。宗密虽为华严宗学僧，同时也是著名禅僧，主张慧能弟子神会的荷泽宗为禅宗正统，自己以直承荷泽宗法系自许。宗密既著书发挥华严宗教理，又撰专著阐述禅宗史论，并且针对当时禅、教彼此争论的形势撰写会通禅、教的著作，在中国佛教史上占有重要地位。他撰写的论述禅宗的著作有《中华传心地禅门师资承袭图》（实即《裴休拾遗问》）、《禅源诸诠集都序》以及《圆觉经大疏钞》、《圆觉经略疏钞》中的部分章节，其中皆有会通禅、教的内容。宗密会通禅教，一是在以荷泽宗为禅门正统的前提下，会通禅宗内部诸宗；二是奉禅宗荷泽宗和华严宗为最高佛法，会通禅、教，强调禅门诸宗一致，禅、教一致。关于这方面的内容，因为笔者已在《唐五代禅宗史》①第七章第五节《宗密及其禅教会通论》中有详细论述，本书不再重述。

唐代华严宗从法藏到宗密五代建立了庞大的教理体系，曾十分盛行，然而在宗密之后，教势长期不振，至宋代虽曾一度出现振兴景象，然而后来还是陷于法系不明，最终衰落下去，然而它的法界缘起、理事圆融的思想，不仅为佛教各宗吸收，而且对中国哲学思想也产生深远影响。

第五节 禅宗的成立和早期发展

在隋唐时期成立的佛教宗派中，禅宗继天台宗、华严宗之后是最富有民族特色的宗派，同时又是拥有鲜明现实主义风格和深远影响，甚至被认为是体现中国佛教"骨髓"和"特质"的宗派②。

关于禅宗的正式成立，在学术界有不同的说法，一种是过去长期流行的传统说法，即以北魏来华的印度僧菩提达摩在嵩山少林寺传法作为中国有禅宗的开始；另一种是基于中国禅宗长期以唐中期慧能开创的南宗为主流的认识，便以慧能为"实际创始人"，以他从弘忍受法回归曹溪传法作

---

① 杨曾文：《唐五代禅宗史》，中国社会科学出版社1999年版，2006年重印。
② 太虚（1889—1947）1943年在其所著《中国佛学》第二章说"中国佛教特质在禅"；第三章说"中国佛法之骨髓，在于禅"。（《太虚大师全书》第一编《佛法总学·源流》，宗教文化出版社2005年版）

为禅宗的正式成立。本书根据中外学者近 80 年来对敦煌禅宗文献的研究成果和自己的反复思索，认为以唐初在黄梅创立"东山法门"的道信、弘忍作为禅宗正式创始人比较妥当。他们正式创立的禅宗，在弘忍去世之后发生分裂，以弘忍弟子神秀、普寂为代表的北宗禅曾长期流行在以东西二京为中心的北方广大地区，而以慧能为代表的南宗禅则流行于南方一带，唐后期逐渐发展成为中国禅宗的主流派。

因为笔者所撰《唐五代禅宗史》已在上世纪末出版①，本书不拟对唐代禅宗重作系统全面的考察和论述，仅有选择地介绍禅宗成立及早期发展的部分内容。

一 禅宗的成立——东山法门

在湖北省黄梅县西的西山，本名破额山，也叫破头山，因有双峰屹立，又名双峰山，现有唐道信传法的道场"四祖寺"。在黄梅县东的东山，原称冯茂山，现有唐弘忍的传法道场"五祖寺"。道信上承菩提达摩—慧可—僧璨法系，禅宗奉为四祖。弘忍嗣法于道信，禅宗奉为五祖。道信、弘忍在这里传授菩提达摩以来的禅法，拥有五百乃至上千人的僧团，对达摩禅法有所发展，正式成立禅宗。人们借用弘忍所在东山的名字把他们所创立的禅宗称为"东山法门"。

（一）道信及其"入道安心"禅法

道信（580—651），河内（治所在今河南省沁阳县）人，俗姓司马，出家后听说舒州皖公山（在今安徽省潜县之西）有"二僧"在静居修禅，便前往归依（此据《续高僧传》卷二十六《道信传》）。据唐杜朏《传法宝记》②，这二僧就是禅宗三祖僧璨与其同学定禅师。道信跟随僧璨学法八九年（《续高僧传》谓十年）。后僧璨南下到罗浮山，道信遵嘱留山一段时间，然后游历各处，随处传法。在隋大业年间（605—617）正式得到官府允许出家，编籍于吉州（治所在今江西省的吉安市）某一寺院。隋末战乱，道信曾到江州（治今江西九江），住入庐山大林寺。唐初武德七年（624）应蕲州（治今湖北黄梅）道俗信徒的邀请，到江北传法，见

---

① 中国社会科学出版社 1999 年第 1 版，2006 年重印。
② 校本载拙编校《敦煌新本六祖坛经》，上海古籍出版社 1993 年版；《新版·敦煌新本六祖坛经》，宗教文化出版社 2001 年版，2011 年 5 月第二版。

黄梅县西双峰山泉秀丽，便在此处造寺作为修行和传法的中心道场。道信在此居住三十多年，"诸州学道，无远不至"（《续高僧传·道信传》），门下弟子最多时达五百余人，其中弘忍比较有名。唐高宗永徽二年（651）八月道信逝世，享年七十二岁，生前示意由弘忍继其后。

据唐净觉《楞伽师资记》的记载，道信著有《菩萨戒法》一本，并有禅法著作《入道安心要方便法门》传授弟子。此书在《楞伽师资记·道信传》中有所记载，其篇幅约占全书的2/5，从文字看像是原文的摘编。

从菩提达摩以来，师徒之间重视南朝宋求那跋陀罗所译《楞伽经》，将其中所说心性思想置于禅法的中心地位。道信《入道安心要方便法门》是应参禅弟子的询问所作出的回答，内容主要有以下三点：

1. 禅法依据："诸佛心第一"和"一行三昧"

道信向弟子表示，他的禅法，即《入道安心要方便法门》，是专为"有缘根熟者"说的。何为"有缘根熟者"呢？自然是愿意信奉他的禅法，并且在修行方面已经达到一定造诣的人。道信在谈到自己禅法的依据时说：

> 我此法要，依《楞伽经》"诸佛心第一"；
>
> 又依《文殊说般若经》"一行三昧"。即念佛心是佛，妄念是凡夫。《文殊说般若经》云：文殊师利言：世尊，云何名一行三昧？佛言：法界一相，系缘法界，是名一行三昧。若善男子、善女人欲入一行三昧，当先闻般若波罗蜜，如说修学，然后能入一行三昧，如法界缘，不退不坏不思议，无碍无相。善男子、善女人欲入一行三昧，应处空闲，舍诸乱意，不取相貌，系心一佛，专称名字，随佛方所，端身正向，能于一佛念念相续，即是念中能见过去、未来、现在诸佛。何以故？念一佛功德无量无边，亦与无量诸佛功德无二、不思议。佛法等无分别，皆乘一如成最正觉，悉具无量功德，无量辩才。如是入一行三昧者，尽知恒沙诸佛法界无差别相。
>
> 夫身心方寸，举足下足，常在道场；施为举动，皆是菩提。

《楞伽经》卷一有曰："大乘诸度门，诸佛心第一。"意为在大乘的各种引导众生解脱的法门中，只有观悟如来藏自性清净心（本有佛性）的法门才是最重要的。众生之心从根本上说等同于诸佛之心，但只有在众生通过观悟自己本有佛性，断除掩覆于本有佛性之上的烦恼情欲之后，才能使清净的佛性显现，从而达到解脱。此后所引的《文殊说般若经》，是南朝梁曼陀罗仙译的。引文大意是说"一行三昧"这种禅法是叫人在禅观中专心观察世界万有的平等无差别的"一相"；为了修持这一禅观，首先应当领会般若空的思想，然后选择一个安静的场所，在那里静心入定，专心观想一佛，称念佛的名号，如此念念相续下去，就能由此一佛看见无数过去、未来和现在的佛；这是因为佛法是等同无二，不存在差别的。这一禅法也叫"一相三昧"，是教人从观想一佛开始，到观察法界实相，达到对世界空寂平等的认识。在《大乘起信论》的"修行止观门"的地方也有对于一行三昧的介绍，说："依是三昧（按：指真如三昧）故，则知法界一相，谓一切诸佛法身，与众生身平等无二，即名一行三昧。"既然世界一切平等没有差别，那么佛与众生也平等无二。因此，如能修持一行三昧，修持念佛，进而观想诸法实相，就是通向成佛之路的入口（"念佛心是佛"），就会进入处处是道场，时时入菩提的自由无碍的境界。

2. 主张"念佛即是念心，求心即是求佛"

道信对在修持一行三昧过程中观想的对象——佛、心、实相等有不同的解释，但最突出的是强调三者等同，说念心也就是念佛、念实相。既然世俗世界的一切烦恼是从"妄想"产生的，那么，修持禅定就应努力从断除妄想、杂念上入手。如何断除它们呢？就应反其道而行之，"端坐念实相"，去掉一切"三毒心、攀缘心、觉观心"，简而言之，就是对一切事物、一切现象都不分别，不思念，对任何东西既不追求，也不舍弃。这种无所思念的心境是与"诸法实相"、"佛"的境界相应的。他在引证了《大品般若经》的"无所念者，是名念佛"之后说，"即念佛心，名无所念；离心无别有佛，离佛无别有心。念佛即是念心，求心即是求佛"。为什么呢？他说这是因为心性是无形的，佛也是无相貌的，从这一点上说，心、佛是相通的。他对弟子说，一个人若能懂得这个道理，就是进入"安心"境地，就不会再起思虑之心，就达到了"泯然无相，平等不二"的认识。他甚至说：

> 即看此等心，即是如来真实法性之身，亦名正法，亦名佛性，亦名诸法实性实际，亦名净土，亦名菩提金刚三昧本觉等，亦名涅槃

界、般若等。

因此可以说，按照道信的说法，修持一行三昧到最高的境界就是达到成佛。

3. 对禅师的要求——"守一"和"看心"

在《传法宝记》的《道信传》中记载这样一段话：

> 每劝诸门人曰：努力勤坐，坐为根本。能作三五年，得一口食塞饥疮，即闭门坐，莫读经，莫共人语。能如此者，久久堪用，如猕猴取栗中肉吃，坐研取，此人难有。

要求弟子专心坐禅，只要有饭充饥，如此坚持三五年，不读经，日久必然有助于达到解脱。那么，坐禅是什么也不凝心观想吗？当然不是。如果有观想，是观想什么呢？自然是自从菩提达摩以来提倡观想自心生来所具有的"真性"、"理"，亦即心、本心、佛性。

在《观无量寿经》中有这样一段话："诸佛如来，是法界身，入一切众生心想中。是故汝等心想佛时，是心即是三十二相，八十随形好（'三十二相、八十随形好'是佛形象的特征）。是心作佛，是心是佛。"道信很重视这段话，在引证此话的大意之后发挥说：

> 当知佛即是心，心外更无有别佛也。略而言之，凡有五种：一者知心体，体性清净，体与佛同；二者知心用，用生法宝，起作恒寂，万惑皆如；三者常觉不停，觉心在前，觉法无相；四者常观身空寂，内外通同，入身于法界之中，未曾有碍；五者守一不移，动静常住，能令学者明见佛性，早入定门。

这是从五个方面来解释"佛即是心"的。从心的本体来说，它明净无染，就是佛；从心的作用、功能来说，它是佛法的本源，虽有动静并生万有，但本质为空，无非真如；从心的警觉思虑功能来说，它虽活动不停，但却是没有形相的；从心观想自身空寂达到的意境来说，它可以感觉到自身融会于万法之中；从处于禅观境地的心来说，坚持"守一"摄心的状态，可以使人"明见佛性"。不难看出，在这里是把真如之心与思虑之心混合来谈的。道信对心所作这种论证的目的是叫人对自己所具本心就是佛产生深刻的认识，从而确立求佛不必外求，而只要向内"求心"就行了。

如何"求心"，如何"明见佛性"？是通过坐禅"守一"来达到。"守一"本来是借用道教的用语，中国早期佛教曾用它来翻译表述禅定、禅观，如东汉严佛调译《菩萨内习六波罗蜜经》把六度中的"禅度"译为："守一得度。"道信引证南朝梁陈时代的神僧傅翕（傅大师）的"独举守一不移"，然后说，首先应当"修身审观，以身为本"，即以身作为禅观的对境，观察此身不外是"四大、五阴之所合"，终归无常，毕竟是空，通过体认一切空寂的道理而进入解脱之门。在禅观过程中不仅可以观身，也可以采取观察任何一物的方法来使心意专一，达到禅观的目的。道信说：

> 守一不移者，以此空净眼注意看一物，无间昼夜时，专精常不动。其心欲驰散，急手还摄来，如绳系鸟足，欲飞还掣取，终日看不已，泯然心自定。《维摩经》云：摄心是道场。此是摄心法……

"以此空净眼注意看一物"，是指用诸法性空的眼光来观察任何一个东西，日夜不停地反复观察，使心意集中（摄心），保持禅定状态，然后或观身，或观心。

（二）弘忍及其"守心"禅法

弘忍（601—674），黄梅人，俗姓周。七岁出家，十二岁师事道信①。性情内向，少言寡语，有时虽受同学欺侮，也不争辩。《楞伽师资记》所引玄赜《楞伽人法志》说弘忍"缄口于是非之场，融心于色空之境。役力以申供养，法侣资其足焉。调心唯务浑仪，师独明其观照。四仪皆是道场，三业咸为佛事；盖静乱之无二，乃语默之恒一。"《传法宝纪》说他"昼则混迹驱给，夜便坐摄至晓，未尝懈倦，精至累年。"是说弘忍在平

---

① 各本传记所载有所不同。《传法宝纪》："童真出家，年十二事信禅师"；《楞伽师资记》引玄赜《楞伽人法志》："七岁奉事道信禅师"；《历代法宝记》："七岁事信大师，年十三入道披衣"；《宋高僧传·弘忍传》谓七岁出家。关于弘忍的身世，从《建中靖国续灯录》卷一说弘忍是"栽松道者后身"，到《嘉泰普灯录》卷一以及《五灯会元》卷一说说弘忍前生是栽松道人，投胎周姓处女而生，皆系神话。

时不爱讲话，远离是非之地，白天勤于体力劳动，晚上专心坐禅观想，认为"道场"与"佛事"并非远离人们的日常生活，无论从事什么活动（四仪是指人的行、住、坐、卧；三业是指人的行为、语言、思想），都能使人达到解脱。在这里，"调心……浑仪"、"坐摄"都是指坐禅。弘忍是非常重视坐禅的。弘忍受道信的指导和影响，不重视读经。《传法宝纪》说他"虽未视诸经论，闻皆心契"。是说他听别人诵读佛经时，能够理解经中所讲的道理。

弘忍在传授禅法时重视言传身教，而不注重文字著述，继承从菩提达摩以来重视《楞伽经》的传统，但他与其他着重对此经注释的"楞伽师"不同，不主张通过"文疏"来解说此经，而教导弟子通过坐禅观想领会此经的要义，曾对玄赜说："此经唯心证了知，非文疏能解。"（《楞伽师资记·弘忍传》）《楞伽经》说诸佛重视"心"法（"诸佛心第一"），提倡通过禅观修行达到心识的转变，使本有的如来藏自性清净心（佛性）显现。弘忍据此思想提倡通过坐禅"守心"而达到见性成佛。

据《楞伽师资记》所引玄赜所撰《楞伽人法志》，弘忍在唐高宗咸亨五年（675）二月去世，享年七十四岁。弟子中著名的有神秀、智诜、刘主簿、惠藏、玄约、老安（惠安或道安）、法如、惠能（慧能）、智德、义方，即禅宗史书所说十大弟子。如果按照《历代法宝记》的说法，去掉义方，换上《楞伽人法志》作者玄赜也称弘忍十大弟子。弘忍的门下被称为"东山法门"。《楞伽师资记》《弘忍传》载：弘忍传妙法，受人尊敬，时"号为东山净门"；"又缘京洛道俗称叹蕲州东山多有得果人，故曰东山法门也"。可见，"东山法门"一是指弘忍所传的禅法，在这个场合也称"东山净门"；二是指弘忍门下，也可以说是指弘忍的法系。同书《神秀传》载，唐大足元年（701）神秀应诏入东都，武则天问曰："所传之法，谁家宗旨？"答曰："禀蕲州东山法门。"在这里所说的"东山法门"是指的前一个意思，意为弘忍在东山所传的禅法。《宋高僧传》卷八《弘忍传》所说："入其趣者，号东山法门欤。"此处的"东山法门"指的是弘忍东山的法系。因为弘忍直接继承道信，所以后世也把道信、弘忍的法系统称为东山法门，如《宋高僧传》卷八《神秀传》说："忍与信俱住东山，故谓其法为东山法门。"①

---

① 《大正藏》第50册第754页中、756页上。

弘忍生前不爱讲话，也不从事撰述，但对佛教义理的理解能力很强。因为弘忍名重当时，门下弟子很多。现存《修心要论》（也称《最上乘论》）当即由弘忍的弟子抄录而展转流传下来的。① 从中可以了解弘忍在继承菩提达摩以来禅法的基础上，提出"守心"的禅法主张，主张人人都有清净的本性，只要通过守心的禅定修行，就可以断除执著自我的"妄念"，达到觉悟解脱。

1. 一切众生本具清净之心，是解脱成佛的内在根据

弘忍通过《修心要论》反复向人们表述，众生生来便具有"清净之心"、"金刚佛性"，这是达到觉悟成佛的内在依据。它说：

> 夫修道之体，自识当身本来清净，不生不灭，无有分别，自性圆满清净之心。此见本师，乃胜念十方诸佛。

这里所说"修道之体"是修道的根本、修行的前提的意思。告诉修行者首先必须认识自身本具清净的，不生不灭的，对一切不作分别思虑的，自性圆满的"清净之心"。此心也就是真如、佛性、法性。因为中国佛教受儒家传统的人性论的影响，在谈到人所具有的真如、佛性时往往称为"真性"、"本性"、"本心"、"真心"、"自心"等。此处的"清净之心"，也是直接受到《楞伽经》的"如来藏自性清净心"的影响。既然人人本具真心佛性，便在本质上与佛没有根本差别。如果修行者认识这点，便找到了真正的师傅，胜念十方诸佛。此后，《修心要论》对"自心"作了进一步解释。

为什么说"自心本来清净"呢？它引《十地经论》说，众生身中具有"金刚佛性"，如同"日轮"一样本来是圆满、明亮的，但由于被构成人身的色受想行识"五阴重云"所覆盖，才使得它显得阴暗无光。具体说来，所谓"五阴重云"是指人所具有的情欲、世俗意念（即"妄念"），它们覆盖自心，使人流转生死，不得解脱。

---

① 日本铃木大拙（1870—1966）在1935年到北京图书馆查阅敦煌文献，把6种禅籍带回国影印出版，书名《敦煌出土少室逸书》，收有《修心要论》，翌年出版《校刊少室逸书及解说》对前书所收文献作了校编刊印和解说。此后铃木大拙根据北京本、大谷大学本和朝鲜《禅门撮要》本及3种斯坦因本对以前所校的《修心要论》进行校订，收录在1951年出版的《禅思想史研究第二》之中。

还说"至亲莫过于心，若识真如守心，即到彼岸；迷者弃之，即堕三涂（按：指畜生、地狱、饿鬼）。故知三世诸佛以自真心为师"。正是清净的佛性、真心才是本有的良师，对他认知并按照"守心"的禅法修行，就能到达解脱的彼岸。

2. "守心"是达到觉悟解脱的根本法门

弘忍的禅法可用《修心要论》中反复强调的"守心"二字来概括。对相关语句加以综合，大体蕴含以下几种含义：

（1）守心既是禅定，又不局限于禅定，是可以贯彻于人的行、住、坐、卧的一切状态之中的修行方法。

（2）从守心的字面意思来看，是守住本心防止它丢失的意思。从其引申之义来看，首先是认识自己本有佛性、"清净之心"，此即"照了心源"；然后通过断除憎爱心、分别心等"妄念"、"我所心"，即灭除不断产生情欲、执著和种种烦恼的心识，使本有的佛性显现，从而超离生死烦恼，觉悟成佛。"我所"是《修心要论》中的一个常用的概念。本来，"我"与"我所"是《阿含经》中常见的一对概念。"我"是指生命的主体，一般认为是由五阴（五蕴）和合而成，故也常把五阴看为是"我"，而把一切认为"是我所有"的心理活动、观念称为"我所"。而由执著"我"、"我所"便引起各种情欲、见解和种种烦恼。这里的"我所心"实际包含对"我"、"我所"的执著，从前后文看，是包括人的一切情欲、烦恼在内的。

（3）从守心可以采取坐禅的方式来说，它与其他禅法有相似之处，也可以认为与道信在《入道安心要方便法门》中所讲的"守一"、"摄心"，即通过观想身心或某一外物达到体认一切皆空的禅法是一致的。《修心要论》建议修行者依照《观无量寿经》所说的方法进入禅定状态，然后凝心观想一轮红日，念念不住，如果其间产生任何意境，面前出现各种幻象，应当"摄心"不要执著，用般若的空寂、不二等思想加以克服，使"妄念不生，我所心灭"。

（4）守心是个渐进的修行过程，不论采取禅定形式或是在日常生活的一切场合，通过持久地守心修行，断除妄念，才能使清净之心显现。这如同磨镜一样，当把尘土污秽磨擦洁净之时，它才会豁然明亮。"磨镜"之喻源自《楞伽经》。此经卷一载，佛在解答大慧菩萨之问时说"净除一切众生自心现流"（指通过修心来清除一切"妄念"、烦恼）是"渐净非顿",如同庵罗果是渐渐成熟的,陶器是渐次制成的,大地万物是渐渐生成的,人学音乐书画是渐渐学会的,皆是渐而非顿,但是在净除众生的"自心现流"之后,便可"顿现无相无所有清净境界"(相当于清净的佛性显现),如同"明镜顿现一切无相色像","日月轮顿照显示一切色像"。在这里表述的是渐修顿悟的思想。"明镜"、"日月"比喻佛性、本心。后来在《楞伽师资记》的《求那跋陀罗传》之中有这样一段话:"大道本来广遍,圆净本有,不从因得。如似浮云底日光,云雾灭尽,日光自现。……亦如磨铜镜,镜面上尘落尽,镜自明净。"这里的"大道"和"日光"、"铜镜"也是指佛性,借磨镜面上的尘垢来比喻断除妄念烦恼的修行。

对于守心禅法在引导修行者达到解脱中的作用,弘忍是充满自信的,说:"欲知法要,守心第一。此守心者,乃是涅槃之根本,入道之要门,十二部经(按:可概释为一切佛经)之宗,三世诸佛之祖。"

弘忍的守心禅法直接被弟子神秀创立的北宗继承,提倡坐禅"观心"、"看净";创立南宗的慧能也从中汲取营养,在其顿教禅法中将"识心见性"置于重要地位。

二 神秀和北宗

中国在宋代以后所说的禅宗,一般是指由慧能开创的南宗禅。然而从禅宗发展历史考察,在唐末以前曾有过南北二宗并行传播的时期,而且至少在弘忍去世(公元674)到"安史之乱"(755—763)结束之前,北宗曾在以长安和洛阳东西两京为中心的广大北方地区十分盛行。直至"安史之乱"之后,南宗得到朝廷的支持,取得正统地位,逐渐发展成为禅宗主流派,北宗逐渐衰微下去。

(一)"两京法主,三帝门师"的神秀及其弟子普寂

在弘忍的弟子中,神秀、法如、慧安和慧能最为有名。其中作为北宗代表人物的是神秀及其弟子普寂、义福。他们由于受到朝廷的崇信,使北宗禅在相当长的时期内盛行于以东西两京为中心的广大北方地区。

1. 神秀与北宗

神秀(?—706),俗姓李,陈留尉氏县(在今河南省)人。幼年出家(尚属私度),曾到江东闽浙地区游历修学,对老庄、《尚书》、《周易》等和大小乘佛教经论、戒律都有研究,受具足戒后"锐志律仪,渐

修守慧"(《传法宝记》)。

神秀四十八岁时慕名前往蕲州东山礼弘忍为师,学达摩禅法。平日,一边从事寺中砍柴担水等杂务,一边从弘忍求道受法。六年期间,在理解禅法要义和修行方面表现突出,受到弘忍称赞。弘忍夸奖说:"我与神秀论《楞伽经》,玄理通快,必多利益。"是说神秀对于《楞伽经》有深入理解。据《宋高僧传》《神秀传》记载,弘忍当面赞誉神秀:"吾度人多矣,至于悬解圆照,无先汝者。""悬解"是指超越文句对禅理整体有深入理解;"圆照"是指通过禅观体悟真如自性的修行。张说《大通禅师碑铭》载,弘忍曾赞叹:"东山之法尽在秀矣。"

《传法宝记》记载,神秀曾一度还俗(原文:"后随迁适,潜为白衣"),在荆州(治所在今湖北江陵)的天居寺隐居十年。唐高宗仪凤年间(676—679)经荆楚高僧数十人举荐,神秀得到朝廷允许正式受度出家,被派到当阳(在今湖北)的玉泉寺担任住持。玉泉寺是隋天台宗创始人智顗所开创的寺院,曾在此宣讲《法华玄义》、《摩诃止观》等著作。与神秀生活在同一个时代的弘景(因避宋太祖之父赵弘殷之讳,一般写为恒景。634—712)在唐初曾跟道宣的弟子文纲学习戒律,后到此寺修持天台止观(详见《宋高僧传》卷五《恒景传》)。可以认为,玉泉寺是有讲习天台宗教义传统的寺院。神秀在此也可能习学天台宗的教义,但他向弟子传授的主要是"东山法门"禅法。神秀的名声日著,前来从他受法的人很多。《传法宝记》记载,在弘忍的另一位弟子法如去世之后,"学徒不远万里,归我法坛,遂开善诱,随机弘济,天下志学,莫不望会"。

武则天在光宅元年(684)临朝执政,五年后改国号为周,称"神圣皇帝",后称"天册金轮大圣皇帝"。在这期间她曾利用佛教。《大云经》、《宝雨经》中"女身"菩萨为王的记载,成为她登基当皇帝的佛法依据。一些御用和尚曾迎合她的意向撰写《大云经疏》,宣称她是弥勒佛"下生",当代唐为国主。武则天即位后尊崇佛教,改变以往把道教置于佛教之前的政策,"令释教在道法之上,僧尼处道士女冠之前"(《旧唐书》卷六《则天皇后本纪》)。她下令在各地建造大云寺,在洛阳城北造大佛像,召请各地名僧进京讲经说法。当时受到她崇信的高僧有翻译八十卷本《华严经》的于阗僧实叉难陀、有从印度求法而归的义净、有翻译《宝雨经》的印度僧菩提流志,还有华严宗正式创始人法藏、禅宗僧神秀、慧安等人。

久视元年（700）武则天派使者迎请神秀入东都洛阳。尚方监丞、左奉宸内供奉宋之问为隆重迎接神秀，特写《为洛下诸僧请法事迎秀禅师表》上奏，赞美神秀"契无生至理，传东山妙法，开室岩居，年过九十，形彩日茂，宏益愈深"；说两京和各地的很多信众都曾受到神秀的教示，在信徒中拥有很高的声望；建议以"法事"迎神秀入城，"焚香以遵法王，散花而入道场"（《全唐文》卷二四〇）。神秀被迎进洛阳之后，立即受到武则天的崇高礼遇，乘轿舆上殿，接受皇帝礼拜，被安置在皇宫内部（内道场）居住，被奉为东西两京"法主"，成为武则天、中宗和睿宗三位皇帝的"国师"。神秀在朝廷受到的优遇无以复加，每当传禅说法之际，帝王与之并坐，后妃临席，周围有大臣、高僧围绕。武则天下诏在神秀曾住过的当阳玉泉寺建成度门寺，在他的故乡尉氏县故宅修建报恩寺。

唐中宗即位后，对神秀继续崇信。神秀几次提出回归玉泉寺，都得不到允准。神龙二年（706）二月二十八日在洛阳的天宫寺去世。中宗派人吊哀，赐谥"大通禅师"之号。歧王李范、张说、徵士卢鸿各撰碑铭。敕宣太子洗马卢正权护送神秀遗体归当阳玉泉寺，在度门寺置塔安葬。

神秀的弟子当中著名的有普寂、义福、景贤等人。据《景德传灯录》卷四，神秀的弟子还有五台山巨方、河中府中条山智封、兖州降魔藏、寿州道树、淮南都梁山全植等十六位禅师。神秀的法系与在南方的慧能法系相对，被称为北宗。

2. 普寂和禅宗祖统说

普寂（651—739），俗姓冯，祖籍长乐信都（在今河北冀县），后世移居蒲州河东（在今山西蒲州镇）。普寂幼年曾习儒学，后想探究佛教，先后学过《法华经》、《唯识论》、《大乘起信论》及戒律等。因对禅宗发生兴趣，先到嵩山少林寺寻访弘忍弟子法如，得悉法如已逝世，便改往当阳玉泉寺拜神秀为师。他在神秀门下学习和修行七年，读过宣讲般若空理的《思益梵天所问经》和宣述如来藏自性清净心的《楞伽经》。神秀对他说："此两部经，禅学所宗要者。且道尚秘密，不应眩曜。"可见北宗是把这两部经思想作为自己禅法的重要理论依据的。

神秀在久视元年（700）应诏入东都，推荐普寂正式受度为僧。长安年间（701—704）普寂被派往嵩山南麓的嵩岳寺，在此修行和传法，逐渐出名。神龙二年（706）神秀去世之后，唐中宗派考功员外郎武平一到嵩岳寺宣诏，在对神秀的德行作了称赞之后，命普寂继承神秀"统领徒众"，授权统辖神秀法系的僧众。唐玄宗开元十三年（725），普寂应诏住入洛阳的敬爱寺。开元十五年（727）唐玄宗西上长安，诏义福随驾，而特命普寂"留都兴唐寺安置"。自此，他以兴唐寺为中心向僧俗信众传授禅法，引导学人通过"摄心"坐禅，"总明佛体"，"了清净因"，摆脱烦恼达到觉悟。

开元二十七年（739）七月普寂对弟子明确诲示：

> 吾受托先师，传兹密印，远自达摩菩萨导于可，可进于璨，璨钟于信，信传于忍，忍授于大通，大通贻于吾，今七叶矣。尸波罗蜜（按：即戒）是汝之师，奢摩他（按：即止、禅定）门是汝依处。当真说实行，自证潜通。不染为解脱之因，无取为涅槃之会。（《大照禅师碑铭》）

这是向弟子宣述自达摩以来的传法世系，自认为是继菩提达摩—慧可—僧璨—道信—弘忍—神秀之后的第七世，以他为首的北宗当然是继承达摩禅法的正统法系。又说应当重视持戒和修习禅定，做到断除烦恼的"不染"和舍弃取舍意向的"无取"就能达到解脱。

禅宗重视传法世系，而最早提出禅宗祖统说的正是北宗。此前，在法如（638—689）死后有人写的《中岳沙门释法如禅师行状》已经提出从菩提达摩至弘忍—法如的传法世系，是以法如作为继承达摩禅法的第七世。普寂是神秀的嗣法弟子，自然要出来修改北宗内部已有的这种说法，把神秀作为直承弘忍的第六世，而自许为第七世传人。由于普寂在当时所处的显赫地位和在佛教界的巨大影响，这种说法在北方十分盛行。李邕《嵩岳寺碑》（《全唐文》卷二六三）、净觉《楞伽师资记》皆以神秀继承弘忍，以普寂继承神秀的。但是，以法如为第六世传人的说法仍有影响，例如在比《楞伽师资记》稍后的北宗史书《传法宝记》中就是以法如为第七代祖的。

此年八月二十四日，普寂在兴唐寺去世，享年八十九岁，诏谥普寂"大照禅师"之号，令归葬嵩岳寺。普寂的弟子有惠空、胜缘等，其侄坚意曾任嵩岳寺寺主。唐密宗高僧、著名天文历法学家一行（673—727）也曾从普寂受传禅法。洛阳大福先寺僧道璇（702—760）曾从定宾学律，从普寂学禅法和华严宗教义,在开元二十三年(736)应日僧普照、荣睿之请在鉴真赴日之前东渡日本传律学、华严宗和北宗禅法。独孤及(725—777)《舒州山谷寺觉寂塔隋故镜智禅师碑铭》(载《全唐文》卷三九〇)说普寂有门徒万人,"升堂者六十有三",有弟子宏正,门人很多,"或化嵩洛,或之荆吴",影响很大。①

(二)北宗的禅法

以神秀、普寂为代表的北宗,继承从达摩以来的强调通过坐禅达到心识转变的禅法,特别直接继承和发展道信的"守一"、"看心"禅法以及弘忍的"守心"的禅法,提出比较系统的以"观心"、"看净"为主旨的禅法,曾在北方地区盛行一时。

在20世纪二三十年代从敦煌遗书中发现大量早期禅宗文献以前,流传于社会上的禅宗典籍对北宗禅法仅有个别的零散的介绍。随着国内外学者对敦煌禅籍的深入调查和研究,从中发现不少属于北宗的史书和传授禅法的语录。其中的《观心论》②、《大乘五方便》③ 等文献,被认为是记述北宗神秀法系的重要禅法著作。依据神秀、普寂等人传记中的有关记载和这些禅法著作,可以对北宗禅法思想有比较系统的了解。

1. 神秀、普寂和北宗禅法

从达摩到弘忍都根据大乘佛教佛性论的观点,认为人生来就具有与佛一样的本性,称为佛性或自性、本心等,它本来是纯洁清净的,只是由于受到情欲妄念的染污才失去它本来的光泽,如果通过专心坐禅修行在内心彻底断除情欲杂念,就可使清净本性显现,达到觉悟解脱。神秀及其弟子普寂等人仍然是按照这种思维模式提出自己的禅法主张的。

关于神秀、普寂的禅法,在《观心论》、《大乘五方便》以外的禅宗

---

① 《景德传灯录》卷四谓普寂有弟子24人,其中第一位惟政禅师的生卒年是公元755—841年,不可能是普寂弟子(普寂卒于739年),故不可信。日本宇井伯寿《禅宗史研究》(岩波书店1939年版)第六章考证普寂有弟子23人,可以参考。

② 《观心论》也称《破相论》。铃木大拙对敦煌写本S2595号本、龙谷大学所藏敦煌本、金泽文库本、朝鲜刊本、《少室六门》所收本,作了五本对校,发表于《校刊少室逸书及解说》(安宅佛教文库1936年出版)所附《达摩的禅法和思想及其他》之后,此后收在《铃木大拙全集》(别卷1)当中。

③ 《大乘五方便》,也称《大乘无生方便门》,是唐代相当流行的北宗禅法著作,从敦煌遗书中发现多种写本。此据铃木大拙的四本校刊本,载《禅思想史研究第三》(《铃木大拙全集》卷三,岩波书店1968年版)。

文献中也有概要的记载。《楞伽师资记》的《神秀传》记载，神秀生前把自己的禅法归结为"体用"二字，称为"重玄门"、"转法轮"；引证《涅槃经》中的"善解一字，名曰律师"（出自南本《大涅槃经》卷三《金刚身品》，文字有异），说"文出经中，证在心内"；问："此心有心不，心是何心？"又云："见色有色不，色是何色？"这里的"体"可解释为"心"、"真如"、"实相"、"佛性"；"用"则是心的作用，也指真如佛性显现的万象，教人借观想"体用"、"心色"等来体悟心、佛性是万有之本、之源。张说《大通禅师碑铭》说：

> 其开法大略，则专念以息想，极力以摄心。其入也，品均凡圣；其到也，行无前后。趣定之前，万缘尽闭；发慧之后，一切皆如。特奉《楞伽》，递为心要。①

是说神秀以《楞伽经》的思想作为禅法的要旨，主张通过坐禅"息想"、"摄心"，摒弃一切情欲和对世界万象所持的生灭、有无、凡圣、前后等差别观念，达到与"实相"或"真如"相契合的精神境界。敦煌本《六祖坛经》所载神秀呈给弘忍的表述自己禅法见解的偈颂是：

> 身是菩提树，心如明镜台。
> 时时勤拂拭，莫使有尘埃。（敦煌本《六祖坛经》）

意为众生皆有达到觉悟（菩提）的素质，先天所秉有的佛性之心如同明镜一般洁净，应当勤加修行，不要使它受到情欲烦恼的污染。张说所写《大通禅师碑铭》最后的铭文中也用"心镜外尘，匪磨莫照"的句子来称颂神秀的禅法。

普寂在禅法上继承神秀。在他最初到玉泉寺投师神秀时，神秀让他阅读《思益梵天所问经》（后秦鸠摩罗什译）和《楞伽经》，说："此两部

---

① 张说《大通禅师碑铭》，现有不同版本。柳田圣山以《唐文粹》卷六四所收本为底本，校之以常盘大定《支那佛教史迹》第四辑所录的拓本图版以及《文苑英华》卷八五六、《张燕公集》卷一四、《隆兴佛教编年通论》卷一四、《佛祖历代通载》卷一二、《全唐文》卷二三一所收本，载在其《初期禅宗史书的研究》（日本法藏馆1967年版）后附之资料二。这里所引的是柳田的校本。

经，禅学所宗要者。"(李邕《大照禅师碑铭》)《思益经》着重讲般若的空和中道的思想；《楞伽经》讲清净心性和心识的转变的问题。普寂长期在洛阳的兴唐寺向僧俗弟子传授禅法，据《大照禅师碑铭》的记载，其禅法要旨是：

> 其始也，摄心一处，息虑万缘。或刹那便通，或岁月渐证。总明佛体，曾是闻传，直指法身，自然获念。滴水满器，履霜坚冰。故能开方便门，示直宝相；入深固藏，了清净因。耳目无根，声色亡境，三空圆启，二深洞明。

大意是说，通过集中精神坐禅，断绝对世界万有的思念，或在极短时间，或用很长时间，便可进入觉悟的境界。修行者首先要对作为自身觉悟的内在依据的佛性，所追求的最高目标——佛身有所了解，然后向着成佛的目标努力修行，便可自然而然地使愿望得到实现。此如滴水不断可使器满，履霜过后隆冬将至那样，是个渐进的过程。修习禅定，引发智慧，此为"开方便门"；由此体悟自身本具佛性（或称如来藏），是觉悟之因；认识诸法性空，心、色（包括耳目、声色等）俱空，从而达到空、无相、无愿（断绝欲望意念）的三解脱门境界，洞达人、法"二无我"之深理。

慧能离开弘忍后到南方传法，开创南宗。他的弟子神会为扩大南宗的影响，到河洛一带地方传法，批评北宗所传禅法是引导人们渐悟的"渐教"，说北宗神秀、普寂的禅法要领是："凝心入定，住心看净，起心外照，摄心内证。"（唐独孤沛《菩提达摩南宗定是非论》）① 华严宗五祖宗密对华严、禅并重，以上承神会自许，在他的禅学著作中对以神秀为代表的北宗禅也有不少的介绍。其《圆觉经大疏抄》卷三之下把北宗禅法的特点概括为"拂尘看净"。在《中华传心地禅门师资承袭图》（《裴休拾遗问》）卷二说："北宗意者，众生本有觉性，如镜有明性，烦恼覆之不见，如镜有尘暗。若依师言教，息灭妄念，念尽则心性觉悟，无所不知，如磨拂昏尘，尘尽则镜体明净，无所不照。"他在《禅源诸诠集都序》中则把北宗归到所谓"息妄修心宗"之内，说此宗主张的禅法是："须依师

---

① 请见胡适校编，台湾胡适纪念馆1968年新版《唐神会和尚遗集》；杨曾文校编，中华书局1996年版《神会和尚禅话录》。

言教，背境观心，息灭妄念。念尽即觉悟，无所不知。如镜昏尘，须勤拂拭，尘尽明现，即无所不照。又须明解，趣入禅境方便，远离愦闹，住闲静处，调身调息，跏趺宴然，舌拄上颚，心住一境。"

据以上所述，神秀、普寂一系的北宗禅法的基本要点是：（1）重视坐禅，在禅定中"观心"、"摄心"、"住心看净"；（2）观心、看净是一个心性修行的过程，通过观空和"息想"、"息灭妄念"（拂尘）等，深入认识自己本具清净的佛性，并循序渐进地灭除一切情欲和世俗观念，达到与空寂无为的真如佛性相应的觉悟境界。

敦煌本《观心论》和《大乘五方便北宗》等早期禅宗文献的发现，使我们能够对上述北宗禅法有更集中更系统的了解。

2.《观心论》的禅法思想

《楞伽师资记》明载神秀生前"不出文记"，那么《观心论》有可能是他的作品吗？正如史书说弘忍生前"不出文记"而有《修心要论》传世一样，神秀也许自己不从事写作，但并不意味着他的弟子没有机会把他传授的禅法记载下来并整理成文书。唐慧琳《一切经音义》卷一百载："《观心论》，大通神秀作。"实际是记述神秀的禅法语录。经考察，《观心论》的思想与现存其他禅宗史书中所零散记载的神秀的禅法主张是一致的。

下面依据铃木大拙的《观心论》五本对校本（以其中的朝鲜本为主），并参照有关神秀的史料，仅对此论的思想仅介绍两点。

（1）认为"心者万法之根本"，唯有"观心"才是达到觉悟的捷径。《观心论》开头载："问曰：若有人志求佛道，当修何法，最为省要？师答曰：唯观心一法，总摄诸行，最为省要。"所谓"观心"，就是以心作为观想内容的禅定。神秀认为"观心"可以统括一切修行，是达到解脱的最简便易行的方法。那么，观心为什么这样重要呢？《观心论》解释说：

> 心者，万法之根本也。一切诸法，唯心所生，若能了心，万行俱备。

认为心既然是世界万物的本源和依据，那么在禅定中观想心，了悟心也可以达到一切修行的目的。如同树根是枝条花果所依附的那样，心也是人的一切行为的根本，"一切善恶，皆由于心"，甚至说"心是众圣之源，心为万恶之主。涅槃常乐，由自心生，三界轮回，亦从心起。心为出世之门户，心是解脱之关津。"是说人的善恶行为是由自己的心决定的，那么最后是在三界的生死苦海中轮回，还是达到觉悟成佛，也完全是由自己的心决定。因此修行者应当着重内在的心识方面的修行，认为通过坐禅观心，可以思索并了悟心对善恶、迷悟的决定作用，运用佛教的智慧，在心中断恶修善，促成心识的转变，最后达到解脱。

（2）通过"观心"从内心灭除一切情欲和世俗观念——"除三毒"和"净六根"。《观心论》认为"无明之心"虽然包括无限数量的"烦恼情欲"和所谓"众恶"，但皆以贪、瞋、痴"三毒"为本源，而贪瞋痴又通过作为人的感觉与思维功能的眼、耳、鼻、舌、身、意的"六根"表现出来。因为"六根"与外境接触而产生"六识"，即形成感觉和认识，使人对外界有所贪恋追求，发生所谓"恶"的行为，形成种种烦恼，所以把"六根"乃至"六识"都称为"六贼"。它说：

> 一切众生，由此三毒及以六贼，惑乱身心，沉沦生死，轮回六趣，受诸苦恼。犹如江河，因小泉源，涓流不绝，乃能弥漫，波涛万里。若复有人，断其根源，则众流皆息。求解脱者，能转三毒为三聚净戒，能转六贼为六波罗蜜，自然永断一切诸苦。

按照佛教一般的说法，人生来就具有恶的本能，这就是贪、瞋、痴。所谓"贪"既包括普通的生理本能和欲望，也包括贪恋人生和追求物质享受与精神享受的心理趋向；"瞋"是指由于处在逆境和失利、所求落空的情况下产生的不满或愤怒感情，由此会发生各种争斗，犯下罪恶；"痴"也就是无明，指不明事理，实际特指不接受或违背佛教教义，称贪、瞋皆因它而发。佛教认为众生由此三个方面而导致不断造恶，轮回生死，不能解脱，故把它们称为"三毒"。又认为人的行为不外乎身、语、意三个方面，它们以人具有感觉和思维——六根与六识为前提，故把它们称为"六贼"，谓它们能引导人们造罪，妨碍达到觉悟。《观心论》所说的观心过程便是以退治、断除"三毒"和净化六根、六识为主要内容，将三毒转为三聚净戒，六贼转为六波罗蜜（度）。[①]

[①] "三聚净戒"是大乘的戒律，包括：摄律仪戒，指遵守各种戒律规定以防止发生恶的行为；摄善法戒，修善做功德；摄众生戒，济度众生。《观心论》解释为"三聚净戒者，则制三毒心"。六度是大乘佛教修行的主要内容，包括布施、持戒、忍辱、精进、禅定、智慧（般若）。

3.《大乘五方便》的禅法思想

《大乘五方便》，也称《大乘无生方便门》，是唐代相当流行的北宗禅法著作，从敦煌遗书中发现很多写本。

（1）所谓"方便通经"。《大乘五方便》的完本应包括五个部分，在结构上与宗密在《圆觉经大疏抄》上的介绍是一致的。何谓"方便通经"？意为借助智慧巧妙地解释经典，主要是通过对《大乘起信论》、《法华经》、《维摩经》、《思益经》、《华严经》五种佛经思想的解释来论述北宗对觉悟解脱和禅法的主张。

第一是"总彰佛体"，依据《大乘起信论》，主要用所谓"离心离色"、"无念"的思想论证何为佛、觉，何为解脱的问题，引导修行者超脱来自物质世界（色）和精神世界（心），来自个人身心的一切执著束缚，体认心色俱空，舍弃所有的世俗观念，取消一切好恶、取舍的意念，就能达到与空寂无为的真如相契合的境界，此即觉悟解脱。例如佛有三个含义，一是觉悟，二是使他人觉悟，三是功德圆满。此文则用"离心"、"离念"作解释，说"离心名自觉，离色名觉他，心色俱离名觉满"；"离心心如，离色色如，心色俱如，即是如来平等法身"。

第二是"开智慧门"，依据《法华经》，主要是用"身心不动"和"从定发慧"等的思想论释开发智慧，解释《法华经》中的开、示、悟、入"佛知见"的问题。从实际内容看，是从另一个角度对前一部分思想的发挥。认为通过坐禅入定，使自己的感觉意识脱离对外境的接触（六根不动），即"身心不动"，就可达到身心"离念"。说这样在遭遇任何顺逆、苦乐的条件时都不会产生是非、爱憎、取舍的感情和意向。例如说"心不动是定，是智，是理；耳根不动，是色，是事，是慧。此不动是从定发慧方便，开智慧门"；"不动为开，闻是示，领解是悟，无间修行是入，开示属佛，悟入属修道人"。

第三是"显不思议解脱"，依据《维摩经》，主张对一切事物，包括修行本身，不应当加以推测和带有任何目的性，不要有意地追求什么和舍弃什么，亦即是"无念"。例如说："以心不思，口不议，通一切法，从诸解脱，至入不二法门"；"瞥起心是缚，不起心是解"（《圆觉经大疏抄》卷三之下）。

第四是"明诸法正性"，引证《思益梵天所问经》的"诸法离自性，离欲际，是名正性"，说修行者摆脱主观意识和情欲就可达到解脱，得到

"诸法正性"。例如说："心不思,心如;口不议,身如;身心如如,即是不思议如如解脱,解脱即是诸法正性"。据称达摩和尚曾说:"心不起是离自性,识不生是离欲际,心识俱不起是诸法正性……如是意识灭,种种识不生。"

第五是"了无异自然无碍解脱"（或简称"了无异门"）,依据《华严经》,论证世界万物相融无间的道理,人的感觉思维功能（六根）与外界的一切（六境或六尘）相即不二,清净与污染也相融无异。宣称从六根入"正受"（禅定）,于六境中起"三昧"（亦即禅定）,意为根尘不二。又说:"眼是无障碍道,唯有知见独存,光明遍照,无尘来染,是解脱道";"一切法无异,成佛不成佛无异……永无染著,是无碍解脱道。"

（2）从看净观空到"心色俱离"、"身心不动"。北宗提倡的坐禅观心看净的修习程序和内容大致如下:在有大和尚主持的集体修禅的重要场合,先要举行发心,发四弘誓愿,礼佛,表示三归依和受三聚净戒,忏悔的仪式,然后由大和尚引导众僧凝心入定,观空看净,在想象中向四方上下仔细观看,看到"虚空无一物",体认一切皆为"虚妄";僧众在这个持续不间断的坐禅看净的过程中"净心地",使心识做到"湛然不动",最后使身心（六根）清净,达到与真如（"如"）相契的解脱境界,此即"一念净心,顿超佛地"。因为真如佛性的本体为空,是本来清净无染的,故观空看净也就是观想体认真如佛性的过程,是显现清净自性的过程。在《大乘五方便》的结尾部分说成佛的根据是"净心体",此"净心体"即是"觉性"（佛性）,它犹如"明镜","虽现万象,不曾染著"。要体悟此"净心体"而解脱,就应学习坐禅（"使心方便"）,"透看十方界,乃至无染,即是菩提路"。

三 慧能和南宗

中国禅宗在弘忍之后,门下分为南北二宗,揭开了中国禅宗史上最富有声色的一幕。以神秀、普寂为代表的北宗直接继承道信、弘忍的禅法,盛行于以长安、洛阳两京为中心的北方广大地区,而由慧能开创的南宗对禅法有重大的革新,开始在南方传播,后来逐渐向北方发展,到唐末取替北宗成为禅宗的主流派。

（一）慧能生平和北上求法历程

慧能（638—713）,俗姓卢,唐贞观十二年（638）二月八日生于新州(今广东新兴)。原籍范阳(治所在今河北涿县),因父遭贬官徙居新州。幼时丧父,由母亲抚养成人。家境贫寒,以打柴做零工维持生活。某日,在市上卖柴,有一位顾客买了柴,命慧能把柴送到旅店。慧能在回来时看见一客在读《金刚般若经》,听后似有所悟,迟迟不愿离去。从客的介绍中得知蕲州黄梅县(在今湖北东南)东冯茂山(或作冯母山)有位弘忍禅师在那里传法,劝道俗信徒读诵《金刚般若经》(《祖堂集》卷二《慧能传》)。慧能从此发愿北上投师,修学佛法。但因为老母在堂,不能立即前往。

唐咸亨元年(670)慧能年三十三岁,母亲已去世。便取道韶州曹溪(今广东韶关)北上求师学习佛法。在曹溪认识村民刘至(或作"志")略,因为情投意合,结为兄弟。刘至略之姑是位出家的比丘尼,名无尽藏,住在当地的山涧寺。慧能白天与刘至略一起参加劳动,晚上听无尽藏比丘读诵《大般涅槃经》。慧能虽不识字,但善于领会经中的大意,经常向无尽藏解释经中的思想。慧能在当地逐渐受到当地佛教依信徒的敬重。当地有座相传建于梁天监五年(506)的寺院名宝林寺。慧能当时虽然没有出家,但受人劝请,在此寺修学佛法三年。慧能此后曾到乐昌县(在今广东北部)的石窟向一位被称为"远禅师"的人学习坐禅;又听惠纪禅师讲授《投陀经》(此当是南朝宋求那跋陀罗所译《十二头陀经》;或为伪经《佛为心王菩萨说投陀经》,有敦煌写本)。

咸亨五年(674)慧能北上投黄梅县冯茂山弘忍的门下学法,年三十七岁。弘忍上承菩提达摩——道信的禅法世系,被人称为"东山法门"。慧能前来求法时,门下已有徒众七百余人(或云千人)。

慧能目不识丁,是岭南一个山野樵夫,常与猎人为伍。当时常有人轻蔑地称这种人为"獦獠"。弘忍初见慧能,也曾戏称为"獦獠",但听完慧能机智灵巧的答问,便对他另眼相看了。敦煌新本《六祖坛经》[①]记载:

> 弘忍和尚问慧能曰:汝何方人,来此山礼拜吾?汝今向吾边,复求何物?慧能答曰:弟子岭南人,新州百姓,今故远来礼拜和尚,不

[①] 《敦煌新本六祖坛经》,上海古籍出版社1993年版;《新版·敦煌新本六祖坛经》,宗教文化出版社2001年出版,2011年5月第二版。本节所引慧能传记资料,本书附编多有载录。

求余物，唯求作佛法。大师遂责慧能曰：汝是岭南人，又是獦獠，若未为堪作佛法。慧能答曰：人即有南北，佛性即无南北，獦獠身与和尚不同，佛性有何差别？

《祖堂集》卷二《慧能传》所载慧能的回答是：

如来藏性遍于蝼蚁，岂独于獦獠而无哉！师云：汝既有佛性，何求我意旨？深奇其言，不复更问。

从以上问答可以看出，慧能是紧紧抓住了《大涅槃经》上的"一切众生，悉有佛性"的道理，说明岭南、岭北之人，和尚与獦獠，皆秉有佛性，皆可修持佛法。这种回答与弘忍的想法是相契合的。记述弘忍禅法的《修心要论》反复强调众生皆有佛性，"众生佛性，本来清净"；要求修道者首先认识自己的本性，说"此是本师"。慧能能够这样回答，说明他对佛性道理是早就有所了解的。

弘忍虽赏识慧能，但鉴于寺中嫉贤害能的风气，暂时打发他到碓房舂米。慧能在碓房舂米共计八个月的时间。在此期间，弘忍曾到碓房对他说法，讲"直了见性"的道理（《历代法宝记》）。也有的资料记载，在弘忍登座说法之时，慧能也曾前往"默然受教"（王维《六祖能禅师碑铭》）。

某日，弘忍召集弟子们到身边，吩咐他们把自己学习佛法的心得各作一偈呈上，以此作为选择嗣法弟子的依据。上座神秀，素为寺僧所重，自写一偈于廊下中间的壁上，曰：

身是菩提树，心如明镜台，
时时勤拂拭，莫使有尘埃。

弘忍看到此偈，虽不十分满意，但因为看到其中有勉励勤苦修行的意思，也叫众人抄写此偈，说依照此偈修行可以得到好的报应。但在私下却对神秀说，他的偈所表述的见解尚未入门，按照这种见解是达不到最高觉悟的，告诉他"要入得门，见自本性"。

慧能虽每天在碓房忙于干活，但似乎也经常考虑人生的解脱问题。当听说弘忍叫门下的人写偈,神秀已经写出被人传诵时,便叫人带领也到廊下,听人读后,立即明白偈的大意。但他并不同意神秀的见解,当即作了二偈,请人写在壁上。第一首偈是:

菩提本无树,明镜亦无台。
佛性常清净,何处有尘埃。

又一首偈曰:

心是菩提树,身为明镜台。
明镜本清净,何处染尘埃。(以上见敦煌本《六祖坛经》)

慧能的这两首偈都是针对神秀的偈作的。神秀认为人身实有,是觉悟(菩提)的当体,而身内所秉的心性如同明镜一般,应当勤于修行除去情欲妄念,以使心性永远明净。这是劝人修善去恶,后人称之为"拂尘看净",归之为渐教禅法。慧能认为,身与心皆不可执著,从根本说来是空无所有,众生所秉佛性本来是清净的,何有尘埃可染?第一首偈的第三句从宋代惠昕本《坛经》开始,一般皆作"本来无一物"。唐裴休在《宛陵录》中记载慧能的四传弟子黄檗希运的语录中有"本来无一物,何处有尘埃"的语句,但未明确地说是来自慧能的得法偈。从般若学说来看,"佛性常清净"与"本来无一物"并无根本的差别。因为在大乘般若学说中,"佛性"也就是"诸法实相"、"法性"、"般若波罗蜜"、"毕竟空"等。"佛性常清净"是从第一义谛(真谛)说的,谓佛性超言绝象,本来是空无一物的。净也就是空。①

按照涅槃佛性学说,众生皆有佛性,但被情欲烦恼覆盖而不能显现。神秀的偈即据此意,认为应当通过勤于修持"观心"禅法断除烦恼,而使清净的佛性显现。慧能则运用般若中观的理论,认为垢净不二,以空扫相,直探心源,故说"佛性常清净(或'本来无一物'),何处有尘埃"。

---

① 《大智度论》卷六十三说:"诸法实相常净……是清净有种种名字,或名如法性实际,或名般若波罗蜜,或名道,或名无生无灭、空无相无作、无知无得,或名毕竟空等";"毕竟空,即是毕竟清净;以人畏空,故言清净。"载《大正藏》第25册第507页上、508页下。

第二首偈原是借用神秀偈的前两句，但把"心"和"身"的次序似乎是有意搞颠倒了。它的后两句与第一首偈的意思是一样的，大意是说，即使从俗谛来说，众生现实之身所具有的先天的佛性，也是清净无染的，无须执意地苦修不已。

从上述分析可见，慧能巧妙地把般若中观学说与涅槃佛性理论结合一起来表述他对修持禅法的基本主张。慧能尽管对佛教的经论没有系统地听学过，但他在曹溪和东山的寺院环境是听别人读诵过一些重要的大乘经典的，由于善于领会佛经的大意，能够把它们的思想融会为一个整体，来思考解脱的依据和修行方法的问题。

弘忍对于慧能的偈是赞赏的，但在众人面前只是说"亦未得了"。在一个夜晚，弘忍把慧能叫到自己的房间，向他讲授《金刚般若经》的要点，传授禅法。"慧能一闻，言下便悟。"弘忍还授给慧能袈裟作为法嗣的信物。

《金刚般若经》一卷，始译于后秦鸠摩罗什，与北魏菩提流支、陈真谛分别翻译的《金刚经》以及唐玄奘、义净各自译的《能断金刚般若经》皆为同本异译。经内"实相者则是非相"，"离一切诸相，则名诸佛"，"应无所住心"以及"无法可说，是名说法"等思想，特别受到禅宗僧人的欢迎。弘忍不重看经、著述，唯重坐禅，提倡简短的《金刚经》是可以理解的。他选中慧能，向他口授《金刚经》的要义和自家的禅法，也在情理之中。至于是否传授祖传袈裟，笔者曾作过考察和思索。在印度曾有过传衣的说法，例如在《付法藏因缘传》卷一、《大唐西域记》卷九载有佛陀嘱咐大迦叶将来把他的袈裟传授给弥勒的传说。弘忍认为慧能根器非凡，对他在南方传播禅法寄予希望，故在授法时把自己的袈裟相赠也是可能的。当然，所传的袈裟未必是"达摩袈裟"。①

慧能从弘忍受法之后，连夜离开东山寺南归。回到南方后，他未能立即传法。这不外是因为：他尚未正式出家受戒；没有官府的支持，并且因为是密受东山付法而担心遭到有关僧众的妒忌，公开传法会遭遇麻烦。慧能大约有三年的时间流亡在广州的新州、四会和怀集三县之间，过着隐遁

---

① 参见《敦煌新本六祖坛经》附编（二）的论文之三及钱穆《神会与坛经》（载1945年7月重庆出版《东方杂志》第41卷批14号，后收入台湾张曼涛主编《现代佛教学术丛刊》之一《六祖坛经研究论文集》，大乘文化出版社1976年版）

的生活，经常与山间的猎人在一起，有时向他们讲述一些佛教的道理。

在广州有一座古寺名叫制旨寺，也叫制止寺，传说建于三国时代，东晋改称王园寺，唐贞观十九年（645）改为乾明法性寺，武后时一度改为大云寺，宋代以后改为报恩光孝寺、光孝寺。唐上元三年（十一月改元仪凤，公元675年）初，慧能来到此寺。当时此寺名法性寺。有位精于戒律的印宗法师（627—712）正在此讲《涅槃经》。时值正月十五日，寺院悬幡，风吹幡动。众僧在堂中议论是风动，还是幡动。一僧说："幡是无情，因风而动"；另僧说："风幡俱是无情，如何得动？"第三僧说："因缘和合故合动。"第四僧说："幡不动，风自动耳。"如此议论不止。慧能在廊下隔壁听众僧议论，大声喊道："幡无如余种动，所言动者，仁者心自动耳。"（《曹溪大师传》）在敦煌本和属于惠昕本的大乘寺本《坛经》皆无这个内容，但兴圣寺本《坛经》和后来的诸本皆有此内容。

印宗听到慧能所说，赞叹不已。印宗也曾到东山参弘忍禅师"咨受禅法"（《宋高僧传》卷四《印宗传》），当听说慧能受衣法于弘忍门下时，对他更加敬重。《曹溪大师传》记载慧能应请向印宗介绍在弘忍门下所学的禅法，着重强调佛性思想，说"唯论见性，不论禅定解脱"；《涅槃经》中所说的佛性是非常非无常，非善非不善，"无二之性即是实性"，"佛性不二之法，即此禅也"。把"佛性不二之法"称为"禅"，强调不二法门，是慧能禅法的重要特点。印宗此后为慧能剃发，依法举行授具足戒仪式，自任戒师。

（二）曹溪传法和六祖地位的确立

印宗依照慧能的意愿送他到曹溪宝林寺。此后，慧能有时应韶州刺史韦璩之请到韶州治所曲江县内的大梵寺向僧俗信众说法。

根据诸本《坛经》，慧能在曹溪一带说法，一是对僧俗信徒共同说的，如说般若波罗蜜法、顿教法门、坐禅、定慧关系、西方净土，以及授无相归依三身佛戒，发四弘誓愿，说无相忏悔，授无相三归依戒，说无相灭罪颂、无相颂等；二是对周围弟子的说法，都带有针对性，如对志诚说戒定慧，对法达讲述《法华经》要义，对智常讲四乘法义，对神会讲佛性，对弟子说三科法门三十六对，临终前授真假动静偈，真佛解脱偈，自性真佛解脱颂及付法嘱托等。其中都包含着对传统禅法特别是北宗禅法的批评。

慧能的名声逐渐远扬，并为朝廷所闻。王维《能禅师碑铭》说武则天、唐中宗"并敕书劝谕，征赴京城"，但慧能辞不奉诏。柳宗元《大鉴禅师碑》说唐中宗派使者迎请慧能入京，慧能推辞不往，但"取其言以为心术"。《曹溪大师传》记载，唐中宗在神龙元年（705）遣中使薛简到曹溪迎请慧能入京，慧能以病辞。薛简回京城以前，根据他所熟悉的传统禅法和北宗禅法，提出有关修行解脱的疑问，向慧能请教，表示要把他的回答带回京城上报皇帝并转告"京城学道者"。慧能作了简要的回答。主要内容有：第一，针对北宗主张通过坐禅达到解脱的观点，指出"道由心悟，岂在坐耶？"说只要体认诸法性空就是坐禅，此即为"如来清净禅"；第二，针对"若不用智慧照生死烦恼，何得解脱？"指出"烦恼即菩提，无二无别"，明与无明，烦恼与菩提……"凡夫见二，智者了达其性无二；无二之性，即是实性"，此即佛性，人人具有佛性，"在凡夫不减，在圣贤不增，在烦恼而不垢，在禅定而不净"；第三，心契真如实相，不区别思虑善恶，对一切事物都没有主观追求的意向，真正做到无念，就可达到解脱。此即为禅法要旨（心要）。《曹溪大师传》还载，中宗神龙三年（707）派使者到曹溪赐给慧能磨纳袈裟一领，绢五百匹。

曹溪宝林寺在中宗时一度改名中兴寺，后敕下韶州重修，赐额法泉寺，三年后改名广果寺，玄宗时改名建兴寺，肃宗时改名国宁寺，宣宗时改名南华寺。中宗下诏在慧能故乡新州将其故宅改建为国恩寺。（《曹溪大师传》并参考《天圣广灯录》卷七《慧能传》）

慧能在先天元年（712）去世，年七十六岁。慧能生前，弟子曾问及是否付法并传袈裟之事。慧能表示，"法不付嘱，亦无人得"，"不得此衣，我法弘盛"（《曹溪大师传》）。慧能从唐咸亨五年（674）从弘忍受法，至去世之时，首尾四十年。从他受法的弟子很多，据惠昕本《坛经》有一千多人。有名的弟子有法海、志诚、法达、智常、志彻、志道、法珍、法如、神会等人。在后世禅宗史上著名的青原行思、南岳怀让、南阳慧忠等人，也从慧能受法。

禅宗北宗在北方比较流行。直到慧能晚年，他的顿教禅法才开始为北方所闻。随着禅宗的流行，从菩提达摩以来的历代祖师的名声也日益提高，于是在禅宗内部开始提出谁是达摩禅法正统继承人的问题。如前所述，北宗最早提出了以菩提达摩为初祖的祖统说，一是达摩—慧可—僧璨—道信—弘忍—法如的六代传承的世系；二是以神秀继承弘忍为第六代祖师。这些说法都发生在慧能生前或死后不久的时候。

慧能的弟子神会（684—758），在慧能死后到北宗盛行的南阳、洛阳一带地方传法，努力扩大南宗的影响。唐玄宗开元二十年（732）在滑台（今河南滑县东）与北宗僧人围绕法统的正、傍和法门顿、渐问题展开辩论，断言北宗"师承是傍，法门是渐"（宗密《禅门师资承袭图》），力辩慧能是继承弘忍之后的六祖，南宗是禅门正统。在"安史之乱"（755—763）进行过程中，神会主持戒坛度僧敛钱供应唐军所需，立下功劳，在朝廷收复两京（757）之后，受到唐肃宗的优遇。神会死后赐谥真宗大师。唐代宗永泰元年（765），在神会的弟子慧空所撰的《神会塔铭》中已经称"达摩传可……忍传惠能"，以神会是继慧能之后的"第七祖"①。唐代宗大历五年（770）敕赐祖堂额，号"真宗般若传法之堂"。唐德宗贞元十二年（796）敕皇太子"集诸禅师楷定禅门宗旨，搜求传法傍正"，通过诏敕"立菏泽大师为第七祖"，在宫中神龙寺铭记，并御制七代祖师赞文（宗密《禅门师资承袭图》）。以神会为禅门七祖，慧能自然是六祖了。②

这样，在朝廷的直接支持下慧能的六祖地位得以正式确立，从此南宗成为禅宗的主流，北宗日益衰微。此后，唐宪宗元和十一年（816）下诏追赐慧能为"大鉴禅师"（见柳宗元《赐谥大鉴禅师碑》、刘禹锡《大鉴禅师碑》），自此南宗更加兴盛。

（三）慧能的禅法思想

慧能在继承从菩提达摩以来重心性觉悟的禅法基础上，形成自己独特的以"识心见性"为核心的禅法理论。这种禅法理论虽然也以大乘佛教的佛性论和般若中观学说为主要依据，然而作了十分灵活的，便于一般民众理解的发挥，特别强调人人可以在生活日用当中通过自修而自悟自己的本性，迅速达到解脱。

---

① 温玉成：《记新出的荷泽大师神会塔铭》，载《世界宗教研究》1984年第2期；洛阳文物工作队《洛阳唐神会和尚身塔铭基清理》、李学勤《禅宗早期文物的重要发现》，载《文物》1992年第3期；杨曾文编校《敦煌新本六祖坛经》附录。

② 本书不再专节介绍神会，请见拙著《唐五代禅宗史》第五章第二节，或拙校《神会和尚禅话录》所附论文，中华书局1996年第1版，2004年、2008年第2、3次印刷。

这里主要依据敦煌本《六祖坛经》和《曹溪大师传》等文献[①]，对慧能的识心见性的禅法思想作简要介绍。

1. 慧能禅法中的"佛性"和"本心"、"自性"

从慧能的经历可见，慧能早年接触较多的是涅槃佛性理论与般若空、中观思想（载《金刚般若经》等），并且善于把这两种思想结合起来思考人生的觉悟解脱问题。他用自己对佛性的理解，取得弘忍弟子的资格；又用贯通空有，表述佛性清净的二首偈颂，争取到弘忍向他传法。慧能在曹溪传法近四十年。现存《六祖坛经》是慧能一生经历和传法的集录。慧能从开始应请在韶州大梵寺说般若法，授无相戒，到根据弟子的不同情况传授禅法，主要用大乘佛教的佛性和般若思想来启发弟子和信众如何认识自己本有佛性，如何自修自悟，即识心见性问题。

慧能在日常传法过程中，为了使一般民众容易理解接受，比较少用佛性这个词汇，而是经常使用心、本心、自心和性、本性、自性等用语。例如《六祖坛经》上的"识心"、"识自本心，是见本性"，"真如本性"、"性本清净"、"性含万法"、"自在法性"、"自性常清净"、"自心自性真佛"、"得悟自性"，等等。很明显，这里的心、本心、性、自性等都是佛性的代名词。慧能通过引导弟子和信徒认识自己具有与佛一样的本性，来树立通过自修达到解脱的信心。

《曹溪大师传》记载，在仪凤元年（676）慧能在广州制旨寺（当时名法性寺）听印宗法师讲《涅槃经》，后来因"风幡之议"受到印宗的礼敬，请慧能介绍弘忍传授言教时，慧能讲的就是佛性的道理。他说，弘忍只论"见性"，而不论"禅定解脱"等，因为这些都不是佛性之法。他引《涅槃经》说：

> 佛性是不二之法，《涅槃经》明其佛性不二之法，即此禅也。……无二之性即是实性。明与无明，凡夫见二，智者了达其性无二。无二之性即是实性。实性无二。

[①] 杨曾文《敦煌新本六祖坛经》（上海古籍出版社1993年版）或《新版·敦煌新本六祖坛经》（宗教文化出版社2001年第1版，2011年第2版）载有据敦煌县博物馆收藏的七七号抄本所校的《六祖坛经》、在日本发现的《曹溪大师传》的校本等。本文所用《六祖坛经》、《曹溪大师传》等主要是依据此书。

慧能引的《涅槃经》大体上是取自北凉译本卷二十二《高贵德王菩萨品》和卷八《如来性品》的有关部分。这段文字特别强调佛性是"不二"之法，并把它称为"禅"，反映了慧能禅法的重要特点。慧能在向信徒讲述佛性时，经常从"不二"的角度把人们在日常生活中发挥作用的心（精神）与佛性等同起来，把世俗社会与理想的彼岸世界、烦恼与菩提、众生知见与佛的境界等互相沟通，让人们相信，不仅人人能够在现实世界成佛，而且并非遥遥无期。

2."佛是自性作，莫向心外求"

慧能的禅法以佛性理论为中心，以引导信众认识和觉悟自性为宗旨。那么，慧能是如何通过自己的传法实践引导信众认识自性，自修自悟呢？《六祖坛经》的主体部分是记述慧能应韶州刺使韦璩等人之请在大梵寺说法。慧能在讲述了自己的经历后，先讲自己的无念禅法，接着向信众授无相戒，包括引导信众归依三身佛、发四弘大愿、无相忏悔、归依三宝，最后是说般若波罗蜜法。在整个过程中，慧能始终围绕佛性问题。

其中授无相戒的部分，是用信众熟悉的佛教法会仪式形象地引导他们认识自性，相信佛在自身，可以自修自悟。无相戒是慧能自己的提法。按照唐代道宣的戒律学说，戒有四科：戒法（泛指一切戒律）、戒体（通过受戒在心中产生的持戒的意志和信念）、戒行（遵循戒律的言行）、戒相（持戒表现，也指五戒、十戒、具足戒等戒条内容）。[①] 慧能所授的无相戒不授任何五戒、十戒、具足戒等具体的戒相，只是引导信徒认识自性（可理解为戒体），所以称无相戒。"无相"常用来指心，因为心无形无相，如《六祖坛经》中将神秀的传法偈称"心偈"，又称"无相偈"。"无相戒"的全名应是"无相心地戒"。

实际上，慧能的无相戒是借用汉地传授大乘戒时普遍依用的《梵网经》中的思想成分。《梵网经》也称《菩萨戒经》，其中说：佛"为此地上一切众生、凡夫、痴暗之人，说我本卢舍那佛心地中，初发心中常诵一戒：光明金刚宝戒，是一切佛本源，一切菩萨本源，佛性种子。一切众生，皆有佛性。一切意识色心，是情是心，皆入佛性戒中"；"是一切众生戒，本源自性清净"。在《六祖坛经》中两次引用的是最后一句的省略

[①] 详见杨曾文《佛教戒律和唐代律宗》，载中国艺术研究院编辑1990年第3期《中国文化》。

句："戒本源自性清净"。

慧能在引导信众归依三身佛时，让大家一起跟着他连唱三次：

> 于自色身归依清净法身佛，于自色身归依千百亿化身佛，于自色身归依当身圆满报身佛。

这是引导人们认识：佛的法身、报身以及化身，都在自身本性之中。认为人生来所具有的清净法性就是法身，自性的思量善恶的功能就是化身，不断念善将有善报，此为报身。如果能认识自身具备佛的三身，"自悟自修，即名归依"。

接着，慧能带领信众发四弘誓愿，三唱：

> 众生无边誓愿度，烦恼无边誓愿断，法门无边誓愿学，无上佛道誓愿成。

词语与传统大乘四弘誓愿并无不同，但慧能作了新的解释：超度生死苦海，"不是慧能度"，"各于自身自性自度"，"迷来正度，愚来智度，恶来善度，烦恼来菩提度"；断除烦恼，是"自心除虚妄"；学无边法门，是"学无上正法"；成无上佛道，是远离迷妄，"自悟佛道成"。

慧能带领信众进行的无相忏悔也叫"自性忏"，是通过忏悔清除一切污染自性的"愚迷"、"矫诳"、"嫉妒"等杂心、恶业，发誓永远不再有恶的行为。

最后是授无相三归依戒。本来有归依象征佛教的"三宝"戒，即信徒入教或在重要的法会郑重表示"归依法，归依佛，归依僧"。但慧能在"三归依"之前特别加上"无相"二字，表示心性，即为心性的三归依戒。他在解释中说："归依觉两足尊，归依正离欲尊，归依净众中尊。"其中的"觉"代表佛，用自心的觉悟代替具有理想人格的佛；"正"代表"法"，用自心的正念代替三藏佛法；"净"代表"僧"，用自心的清净代替弘布佛法的僧。这样，外在的三宝变成了"自性三宝"："佛者，觉也；法者，正也；僧者，净也"。要求信众从"自心"归依"自性三宝"，做到少欲知足，离财离色；念念无邪，断除爱着；不生妄念，自性清净。他批评有的人日日受三归依戒，但却不知道归依自性三宝。他说："自性不归,无归依处。"

慧能说般若波罗蜜法也与一般人的说法不同。"般若波罗蜜"意为借助智能的力量从世俗世界的此岸到达觉悟解脱的彼岸。所依基本经典是《般若经》,主要是讲一切皆空和不生不灭的中道。但慧能讲般若之法是侧重讲心性问题。他说,"心量广大,犹如虚空","性含万法是大,万法尽在自性"。这是从心性是世界本源的角度讲的。同时又讲,心性虽不舍万法,不舍一切善恶诸法,但又"不可染着",做到念念不愚,"常行智能,即名般若行"。劝人修般若之行,说"一念修行,法身等佛";"前念迷即凡,后念悟即佛"。

慧能主张求佛不应当到自身之外去求,而应当认识自性,着眼于觉悟自性。他说:"佛是自性作,莫向心外求。自性迷,佛即是众生;自性悟,众生即是佛。"此是发前人所未发,言前人所未言。他认为自性觉悟清净、慈善,虽是众生,亦可成佛;否则虽是佛,也不异众生。如果自净其心,西方净土就在眼前。

3. 无念禅法和顿悟

如何自修,如何实现识心见性呢?这要在生活日用中实践无念禅法。何谓无念禅法?《六祖坛经》记载,慧能在大梵寺向信众明白宣布:

> 我此法门,以定慧为本。第一勿迷言定慧别。定慧体一不二,即定是慧体,即慧是定用;即慧之时定在慧,即定之时慧在定。善知识,此义即是定慧等。学道之人作意,莫言先定发慧,先慧发定……
> 我此法门从上以来,顿渐皆立无念为宗,无相为体,无住为本……

统观慧能的无念禅法有两大特色,一是强调定慧无别,以慧容摄于定;二是提倡所谓"无念"禅法,寄禅定于日常生活之中。下面对此略加说明。

(1) 关于"定慧等"。传统的大小乘禅法都主张"以禅发慧",即通过坐禅观想来制服情欲,断除烦恼,引发智能,目的是最后达到解脱。在这里,定(三昧,或禅定)与慧(智能)是分开的两种事物,只有在禅定进入一定深度才会产生智能。慧能对此表示反对。他认为,定慧是一个统一的整体,就好像灯与光的关系那样,两者是不可分的。他说定是慧的

"体",慧是定的"用"。当觉悟自性的时候,慧本身就是定,此时没有慧之外的定;同样,当修定的时候,慧就在定,没有定之外的慧。

神秀的弟子志诚到曹溪试探慧能的禅法主张如何,后来表示诚心归依。他应慧能的要求介绍神秀平常所教示的"三学"——戒、定、慧,说:"诸恶不作名为戒,诸善奉行名为慧,自净其意名为定。"显然主张三学不等。对此,慧能表示反对"立戒定慧",解释说:

> 心地无非自性戒,心地无乱自性定,心地无痴自性慧。……得悟自性,亦不立戒、定、慧。……自性无非,无乱,无痴,念念般若观照,常离法相,有何可立?

其中的心地"无非"、"无乱"、"无痴"可以说都是智能的范畴,有此智能,也就不分别设立戒定慧,它本身已经包容统摄了戒定慧。

(2)关于"无念"禅法。大乘佛教的最高实体被称为诸法实相、真如、法性、佛性等,不仅是修行者所追求达到的悟境,也是世界万有的本源和本体。真如佛性就具有无念(无所思虑、意念)、无相(无形无相)、无住(不停滞一处)的特点。大乘佛教主张修行者也应取法于真如佛性,达到与其相应的境界。这种思维方式与儒家取法于"天",道家取法于"道"有相似之处。然而慧能在对无念等的解释中是独具特色的。这就是始终贯彻着不二的精神,简单来说就是无念而不离念,无相而不离相,无住而不离住。据《六祖坛经》记载,慧能认为在无念、无相、无住当中,无念是个总概念,所谓无念不是要求人们逃离现实生活之外去闭目塞听,什么也不想,什么也不念,而是照样生活在现实的社会中,但要求对任何事物都不产生贪取或舍弃的念头,没有执意的是非善恶的观念,所谓"即见闻觉知,不染万境"。无念所要否定的是把事物的两个方面看作绝对对立的见解,并不是连真如本性也不念;这种念是以真如本性为体的。如果认为无念就是取消一切思虑,那么,"一念断即死",此时的"法身"(相当于"神明",指灵魂)就离开身体。慧能说传授这种禅法是诽谤经法的。而所谓无相是不执着于名相(语言概念、形象);无住是对事物不执取固定的见解和产生特定的心理趋向。实际上,二者为无念所包含。无念不仅是指导坐禅的原则和方法,而且是修行所应达到的最高境界,即所谓"悟无念顿法者,至佛位地"。

用无念的观点来看禅定，是怎样的呢？慧能认为，禅定无须固定的程序和方式，不管是在家出家，只要直探心源，没有执着、杂念，那么一切时候和场合都是坐禅。他说：

> 此法门中一切无碍，外于一切境界上，念不起为坐，见本性不乱为禅。何名为禅定？外离相曰禅，内不乱曰定。外如着相，内心即乱；外若离相，心即不乱。本性自净自定，只缘境触，触即乱，离相不乱即定。外离相即禅，内不乱即定。外禅内定，故名禅定。

这样，禅定已经不是原来意义上禅定了，坐禅也不一定采取坐相。其实，"念不起"、"见本性不乱"以及"外离相"、"内不乱"，都是所谓无念的内涵，是特种认识境界。

慧能对北宗的静坐观心看净的禅法进行批评，说他们所看的"心"是"妄"心，本无形象可看，看即是妄；所看之"净"本无形象，却硬立个"净相"去看，反而受缚。结论是："不见自性本净，起心看净，却生净妄。"这样的禅法不仅不能引导人们达到解脱，反而阻碍达到解脱。

慧能称自己的禅法是"顿教法"。那么，顿教的含义何在？北宗神秀、普寂等人的禅法以观心看净为中心。这种禅法是以心与身、净与染等名相的对立为前提的，而且在观心过程中也严格按照前后程序进行的。① 慧能认为这种劝人修持"不动"、"观心"、"看净"的禅法"障自本性"，是见解迟钝的人修持的禅法。慧能的禅法的"顿"就顿在不二法门上。慧能曾说"佛性是不二之法"以及种种关于不二的说法，死前特别教授弟子的"三科法门"、"三十六对"的说法方式，都要求人们在事物对立两方的融通联结上看待世界万物，看待修行解脱问题。在这里，身与心，净与染，烦恼与菩提，生死与解脱，众生与佛等，都是相即不二的。显然，取消差别、次第的观念就是与真如佛性相契合的无念境界。如果修行者能认识自己的本性，立即就达到觉悟，此为"顿见真如本性"，"一悟即至佛地"。

慧能创立的南宗禅法，使佛教进一步趋于现实化，进入生活，标榜

---

① 参见杨曾文《神秀所著〈观心论〉及其禅法思想》，载三秦出版社1990年版《隋唐佛教研究论文集》。

"识心见性，自成佛道"，强调自信、自修、自悟，修行方法简易，不提倡苦读佛经，也不强调坐禅，从而有利于佛教向更广大的范围传播，扩大影响。唐末以后，慧能的南宗迅速取代了神秀、普寂的北宗而盛行全国，发展为中国封建社会后期上层建筑中的一个影响很大的佛教宗派，并成为明代以后中国融合型佛教中的主体流派。

四 南宗的早期传播

8世纪后期至9世纪中后期的一百多年的期间，是慧能创立的南宗迅速兴起的时期。在这期间最引人注目的宗教文化现象是南岳怀让—马祖禅系和青原行思—石头希迁禅系从湘、赣两个流域崛起，迅速传播到各地，并且在各地形成很多传法中心。成为后世禅宗主流的禅门五宗正是从这些传法中心中逐渐产生的。

慧能死后，南宗禅传播的范围逐渐扩大。敦煌本《六祖坛经》记载，慧能"住曹溪山，韶、广二州行化四十余年。若论门人，僧之与俗，约有三五千人，说不可尽"。据《景德传灯录》卷五，慧能弟子有四十三人。日本学者宇井伯寿《第二禅宗史研究》第三章《六祖的诸弟子》，认为至少应有五十人，并对其中重要的弟子三十五人作了考察介绍。① 参考相关记载，可以认定在慧能死后，南宗流行范围大体在今广东、江西、湖南、湖北、浙江、山西、河南、河北、陕西等省。在古代佛教传播的过程中，得到帝王和士大夫的好感和支持十分重要。在慧能的弟子中，除神会到京城传法外，本净（667—762）、南阳慧忠（？—776）也曾到京城传法，得到皇帝和士大夫的赏识，虽然事迹没有神会那样突出，但对南宗禅的迅速传播也起到很大推进作用。然而，在后世南宗禅的传法世系中占据主导地位的是慧能的另两位弟子——青原行思和南岳怀让的法系。

青原行思（？—741），吉州庐陵（今江西吉安）人，俗姓刘。行思从慧能受法后回到故乡吉州的青原山静居寺（或作靖居寺）传法，"四方禅客，繁拥其堂"（《宋高僧传》卷九《行思传》），门下著名弟子似乎不多，仅有石头希迁一人。唐末和五代，从石头希迁的法系形成曹洞宗、云门宗和法眼宗。

南岳怀让（677—744），金州安康（在今陕西省安康地区的石泉县

---

① 宇井伯寿：《第二禅宗史研究》，岩波书店1941年版。

南）人，俗姓杜，年十五岁到荆州玉泉寺以恒景为师出家，跟他学习戒律。怀让在恒景门下学习戒律八年，便在此寺受具足戒，继续学律藏。怀让离开慧能后，到了南岳衡山的般若寺（观音台）传法。据《宋高僧传》卷九《怀让传》，弟子中著名的有道峻、道一。《景德传灯录》卷五《怀让传》，著名弟子六人：常浩、智达、坦然、神照、严峻、道一。这里的严峻，大概就是《宋高僧传》中的道峻。在这些弟子中，只有道一有名。

（一）马祖道一和洪州宗

马祖是中国禅宗史上最有声望的人物之一，他的充满个性的明快而峻烈的禅风一直影响到后世禅宗各派。后世的临济宗、沩仰宗就是出于他的禅系。

马祖道一（709—788），俗姓马，人称马祖，汉州什邡（在今四川省中部）人。童年时期到资州（治所在今四川资中北）从"唐和尚"处寂出家，后来到渝州（治所在今重庆）圆律师处受具足戒。据《圆觉经大疏钞》卷三之下，马祖还曾受法于成都净众寺"金和尚"无相禅师，后住长松山（在成都龙泉驿兴隆镇）。景云元年（710）前后，慧能弟子怀让到南岳般若寺（观音台）传法，逐渐远近闻名。马祖听说怀让传六祖慧能"顿门"之法，便前往归依受学，大约在开元（713—741）后期离开南岳，至开元、天宝之际先到建阳（在今福建省）佛迹岭聚徒传法，然后携弟子离开建阳，到抚州临川（在今江西）的西里山（又名犀牛山）、虔州（治所在今江西赣县）南康的龚公山（今名宝华山）传法，所到之处建寺传法，名声日著。后应洪州刺史、江西观察使路嗣恭（771或772—778年在任）之请至钟陵（今南昌）开元寺期间传法，声名大振，前来参学者日多，如《宋高僧传》卷十一《太毓传》所说："于时天下佛法，极盛无过洪府，座下贤圣比肩，得道者其数颇众。"①

马祖的开元寺与在南岳衡山石头希迁的石台寺，成为当时倾慕南宗的僧俗信徒往来参学的两大禅学中心。唐宪宗时国子博士刘轲在应请为希迁写的碑铭中说："江西主大寂（按，马祖），湖南主石头，往来憧憧，不见二大士为无知矣。"（引自《景德传灯录》卷六《马祖传》之注）禅宗兴起后，禅宗僧人云游四方——"云水"，访师问道参禅，构成唐代中后期地方之间宗教文化交流的一种独特景观。

---

① 《大正藏》第 50 册第 773 页下。

马祖的禅法虽沿袭慧能以来的"识心见性，自成佛道"的宗旨，但确实具有自己鲜明的特性。记述马祖禅法的资料主要有《祖堂集》的《马祖传》、《景德传灯录》的《马祖传》和卷二八的《马祖语录》（原称《江西大寂道一禅师语》）、《古尊宿语录》卷一和《四家语录》卷一的《马祖录》。马祖的禅法语录的篇幅不大，主要围绕着人达到觉悟解脱的心性依据和应当如何对待修行的问题。马祖在对"即心是佛"的阐述中增加了不少新意。《景德传灯录》《马祖传》载，马祖上堂对众僧说：

> 汝等诸人各信自心是佛，此心即是佛心。达摩大师从南天竺国来，躬至中华，传上乘一心之法，令汝等开悟，又引《楞伽经》文，以印众生心地，恐汝颠倒不自信此心之法，各各有之。故《楞伽经》云：佛语心为宗，无门为法门。又云：夫求法者，应无所求。心外无别佛，佛外无别心。……故三界唯心，森罗万象，一法之所印。凡所见色，皆是见心，心不自心，因色故有。①

其中所引两种经，一是当年菩提达摩提倡的《楞伽经》，所引经文是取其大义，而非原文，原经以"一切佛语心"为品名，经偈中有："大乘诸度门，诸佛心第一"，另有很多论述"一切法空，无生，无自性"的文字；二是《维摩经》《不思议品》中的文字："若求法者，于一切法应无所求。"其他则是马祖自己的见解。大意是说，每个人应相信自心是佛，离开自心没有别的佛；世界上的万事万物，都是心之显现，离开物质的世界，也就没有自心。这样，便把自心与佛等同，又说自心、佛与世界万有是相互融通的，皆是"一法（心）之所印"。马祖认为，既然众生不知道自己生来具有与佛一样的本性，到处求法求道，在此情况下不妨告诉他们说"即心是佛"或"自心是佛"，引导他们产生自信，自修自悟。一旦达到这个目的，就应当告诉他们"非心非佛"。因为佛是不可局限于方位、场所的，否则，会出现认心为佛，或如同马祖弟子普愿所批评的"唤心作佛"（《古尊宿语录》卷十二《南泉普愿语录》）那样的现象。在一般情况下，应当告诉信徒，佛"不是物"，应当认真去"体会大道"，即体悟超言绝象的佛教真理——真如、实相或法性、佛性。对此，本来是

---

① 《大正藏》第51册第246页上。

用任何语言都难以表达的。

既然人人都有佛性，佛在自心，不应当向身外求佛求道。那么，是否就否定一切修行了呢？如果还需要修行，应如何修行呢？马祖对此是这样说的：

> 道不用修，但莫污染。何为污染？但有生死心造作趣向，皆是污染。若欲直会其道，平常心是道。谓平常心无造作，无是非，无取舍，无断常，无凡无圣。经云：非凡夫行，非贤圣行，是菩萨行。只如今，行住坐卧，应机接物尽是道。道即是法界，乃至河沙妙用，不出法界。若不然者，云何言心地法门？（《景德传灯录》《马祖语录》）①

这里的"道"是指佛道、觉悟解脱之道，是指大乘佛教所奉的最高真理，而它的最高意义（第一义谛）来说，是超言绝象的真如、法性、佛性，也就是禅宗所说的"自性"、"心"。马祖在通常是指"心"来说的。对于自性、本心，不必有意地从事修行，对治，只要不使它受到"污染"就行了。什么叫"污染"呢？"污染"也就是"造作"，马祖有自己的定义，即凡是有既定目标的追求或舍弃，如认为善的便去追求，认为恶的便予以舍弃，为此从事禅定观空取净，以及其他作为，都属于对真如之心的污染。那么，怎样能够体悟解脱之道呢？马祖告诉人们，应在保持"平常心"的状态下自然地体悟自性，达到解脱。所谓"平常心"是在心中取消一切造作、是非、取舍、断常、凡圣等观念，取消所谓"妄想"，做到"无念"，也就是般若学说的"无所得"的心境。马祖所说的"道不用修"和"平常心是道"是有其特定含义的。不修，不是绝对不修，更不是如同"凡夫"那样的不修，而是在体认自性前提下的放弃取舍意向的自然而然的生活和修行；平常心，就是在这一过程中保持的"无造作"、"无所得"的自然心态。

马祖除有上堂示众的普说之外，对众多弟子采取灵活多样的教诲引导方法，根据场合运用暗示、隐喻、反诘语、动作，甚至棒、喝来启示弟子自修自悟。

---

① 《大正藏》第 51 册第 440 页。

马祖在贞元四年（788）二月去世，年八十。马祖的禅系称洪州宗。《祖堂集》卷十四《马祖传》说马祖"亲承弟子总八十八人出现于世，及隐道者莫知其数"；"说法住世四十余年，玄徒千有余众"。按照这种说法，马祖正式聚徒传法的时间应在进入天宝（742—755）年间以后。《景德传灯录》《马祖传》说马祖的"入室弟子一百三十九人，各为一方宗主，转化无穷"。著名弟子有怀海、智藏、普愿、慧海、镐英、志贤、怀晖、大义、惟宽、道通、隐峰、齐峰等。在《道一禅师塔铭》中也将后来被作为石头希迁嗣法弟子之一的道悟列为马祖的弟子。在居士中以庞蕴（庞居士）最有名，有语录传世。

（二）石头希迁和石头宗

当马祖在洪州盛传南宗禅法，名震大江南北的时候，行思的弟子石头希迁在衡州南岳弘传南宗禅法，也声名远扬。由于他们的弟子互相往来，使这两个中心保持密切的联系，并且把他们的禅法不断地传播到南北各地。在马祖、希迁之后，南宗发展成为中国禅宗的主流派。

希迁（700—790），俗姓陈，端州高要（今广东省肇庆市）人。因在南岳衡山南台寺东巨石结庵修行，人称"石头和尚"。唐中宗神龙三年（707）敕地方政府将慧能在故乡新州（在今广东新兴）的故宅改建国恩寺。慧能在去世的前一年（延和元年，八月改元先天，公元712）九月回新州主持修建国恩寺、塔，未等寺塔修建完成，翌年八月在新州逝世，由弟子奉遗体送归曹溪安葬。高要地处新州和曹溪之间，在慧能回新州修建寺塔的时候，希迁前往礼见并且出家，时仅十三四岁，在受具足戒后曾学习戒律，因读僧肇《涅槃无名论》领悟"法身无量"，物我一体的道理。他听说行思在清凉山（青原山）传法，便前往投师参禅。

大约天宝初（742）希迁南岳的南台寺修行传法，名声远被，门下弟子日多。希迁于唐德宗贞元六年（790）去世，年九十一。门下的主要弟子，据《祖堂集》卷四、卷五载有七人，《景德传灯录》卷十四谓有二十一人，其中著名的有慧朗、道悟、惟俨、天然、大颠，此外还有振朗、尸利、道铣等。

据现存相关资料，希迁传法基本遵循南宗禅法，一是主张人人皆有佛性，"即心即佛"，常将佛性称为"心"、"自心"、"自己心灵体"。《景德传灯录》、《希迁传》记载，一日，他上堂说法，曰：

> 吾之法门，先佛传授，不论禅定精进。唯达佛之知见，即心即佛。心、佛、众生，菩提、烦恼，名异体一，汝等当知。自己心灵体，离断常性，非垢非净，湛然圆满，凡圣齐等，应用无方，离心意识。三界六道，唯自心现，水月镜像，岂有生灭。汝能知之，无所不备。①

是说自己是传授先佛的法门的，不探究如何修持禅定，如何精进，而是通达传述佛的知见：即心即佛；心与佛、众生，烦恼与菩提，虽然名称有别，但在实质上是一样的；每人所秉有的佛性，是超越于一般事物的断、常、垢、净等的属性的，它清净圆满；无论是圣人还是凡人的自性都是一样的；它超越于一般意义上的心、意和诸识的作用；世界万有、众生都不过是自心显现的幻象，不能说有真正的生灭。用现在的话简单地表述，是说人们生来秉有一种觉悟的基因（心灵体、自心），它超越于普通事物之上，是世界的本源和本质。希迁把这个理论应用到论说修行解脱和宇宙生成、本体等一切问题方面。

二是强调理事圆融，物我一体，明显受到《华严经》的心、佛、众生三无差别和华严宗的理事圆融思想的影响。《祖堂集》卷四《希迁传》记载，希迁因为读后秦僧肇的《涅槃无名论》中的"览万像以成己者，其唯圣人乎"，乃叹曰：

> 圣人无己，靡所不己。法身无量，谁云自他？图镜虚鉴于其间，万像体玄而自现。境智真一，孰为去来？

希迁所引僧肇的话，现据影印宋嘉祐本《肇论中吴集解》的文字是："会万物以成己者，其唯圣人乎！"此句前面的文句是："至人空洞无象，而万物无非我造"；后面是："何则？非理不圣，非圣不理。理而为圣者，圣不异理。故天帝曰：般若当于何求？善吉曰：般若不可于色中求，亦不离色中求；又曰：见缘起为见法，见法为见佛，斯则物我不异之效也。所以至人戢玄机于未兆，藏冥运之即化，总六合以镜心，一去来以成体。古今通，终始同，穷本极末，莫之与二，浩然大均，乃曰涅槃。……涅槃之

---

① 《大正藏》第 51 册第 309 页中。

道，存乎妙契；妙契之致，本乎冥一。然则物不异我，我不异物；物我玄会，归乎无极……"其中"天帝曰"、"善吉（须菩提）曰"是引大品《般若经》的经文。这段引文中的至人、圣人具有两重含义：一是佛的法身，在这种场合，它实际上与佛性、涅槃以至心、本心大体同义，具有世界之体，万有之源的意蕴；二是佛的法身的显现（应身或化身），具有至高的智慧。大意是说，既然世界万物皆是佛的法身所造，圣人（佛）与理相即不二，那么体现法身的圣人的身心便能会通万有，圣人的智慧可以预见未来，洞察天地六合，达到内外相融，物我冥一的境界。希迁的那段话可以清楚地看到是在发挥这段文字的思想的。

希迁所作的《参同契》[①]是讲真如佛性与万法、理与事、本与末以及物与我的相互融会的思想。主要是表述：

1. 主张调和融会南北二宗，认为从释迦牟尼佛以来传承于印度、中国心法是统一的，人虽有根基利钝之别，但从佛道的本身来说是不能分南宗北宗，分立南宗祖与北宗祖的。

2. 作为世界本源本体的真如佛性（灵源、理）是清净无瑕的，是无形无象，无苦无乐的，而由它显现的万事万物（枝派、事）是受到污染的（暗流注），形态特色各异，有苦有乐。尽管如此，理事之间，事事（门门）之间是相互融摄，相互会通（回互）的，并且是相即不二的。"暗合上中言，明明清浊句"之中的"暗"字与"回互"大致同义，是指事物的同一性、统一性或共性；第二句开头的"明"字与"不回互"同义，是指事物的差别性、分别性或个性，"上"、"中"、"清"、"浊"是指种种事物和现象，对它们可以从前述"暗"、"明"两个方面来加以认识，既看到事物的共性，也应看到事物的个性。"当明中有暗，勿以暗相遇……明暗各相对，比如前后步"，是说在需要认识事物的差别性或个性（明）时，不应以同一性或共性（暗）来代替它们，相反也是这样，事物的"明、暗"是相对而存在的，应当承认这种相对性。"万物自有功，当言用及处"，是说万物各有自己的功能特性，应知道它们的作用和处所。"事存函盖合，理应箭锋住"，讲的是理事关系：从事来说，万事万物都与理相应（函盖合，容器与盖相适应）；从理来说，清净一统之理必体现在万事万物之中（箭锋住，箭锋必有着落点）。

---

① 载《祖堂集》卷四、《景德传灯录》卷三十。

3. 这种理事、本末之间交汇圆融的境界，是世界的本来面貌，是会通佛与众生，圣与凡的最高境界，被称为"母"、"宗"（宗旨、宗趣）。世界万物的最后归宿是这种境界，人的身体精神最后的理想归宿也是这种境界，此为"归宗"。

4. 修行者应从理事圆融，本末会通的"会宗"、"会道"的立场看待事事物物，而不能片面地仅从理或事的角度来认识问题，并且应当依据这种观点来确定前进的目标，切莫自以为是，虚度光阴。

可见，《参同契》思想与前面所引《肇论》所描述的融通古今、会合主张自悟自心，不需外求的思想是一致的。

石头希迁的法系，学界称为石头宗。从药山惟俨—云岩昙晟的一支形成曹洞宗，从天皇道悟—龙潭崇信—德山宣鉴的一支形成云门宗和法眼宗。宋代临济宗的觉范慧洪（1071—128）在其《林间录》卷上，据所谓唐丘玄素为道悟所撰碑文（《佛祖历代通载》卷十五载此碑文），提出当初在荆州另有天王寺道悟，嗣法于马祖，龙潭崇信是他的法嗣，因此云门、法眼二宗自应属于南岳怀让—马祖的法系。佛教界曾为此发生争论。清初费隐通容（1593—1661）撰《五灯严统》，主要内容虽袭《五灯会元》，但却把青原行思—石头法系的云门、法眼二宗置于南岳的法系，引起禅宗内部的激烈争论。关于这个问题，陈垣《清初僧诤记》卷一考证得十分清楚。

第六节 密宗

密宗也称密教、真言宗、瑜伽密教，发源于印度，是7世纪以后大乘佛教部分学派与印度教、民间信仰相结合的产物，在中国是由唐中期从印度来华的"开元三大士"——善无畏和金刚智、不空正式传入成立的。

在隋唐成立带有鲜明民族特色的佛教宗派中，密宗成立最晚，也是较早失去法系传承而在整体上从社会消亡的宗派。然而，这里所说的"消亡"不意味着从社会完全绝迹，不再产生影响，而是如其他消亡的佛教宗派一样，它的某些经典、思想和仪规等已被其他宗派吸收，成为中国融合型佛教的组成部分。

一 唐朝"开元三大士"与密宗

关于"开元三大士"善无畏、金刚智和不空的生平事迹和译经情况在前面"唐朝的佛经翻译"部分已作详细介绍。

在唐玄宗开元年间（713—741），印度密教高僧善无畏（637—735）和金刚智（669—741）先后来华，先由善无畏译出《大日经》（全称《大毗卢遮那成佛神变加持经》）、《苏悉地经》（全称《苏悉地羯罗经》），此后金刚智与其自幼就生活在唐的弟子不空（705—774）译出广、略二本《金刚顶经》[①]，不空又译出《般若理趣经》（全称《金刚顶瑜伽般若理趣经》）、《大孔雀明王经》等密教经典，此外善无畏的弟子一行（673—727）根据善无畏的面授编撰《大日经疏》，从而把密教正式传入中国。他们受到皇帝和王公贵族的归依，在以长安、洛阳为中心的广大地区弘法，使密教盛极一时。善无畏、金刚智和不空，后世被统称为"开元三大士"（大士，意为菩萨），以他们作为中国密宗的创始人。

唐朝在"安史之乱"（755—763）之后，由于藩镇割据和回纥、吐蕃、吐谷浑、党项等族的武装侵扰，边塞不宁，社会连年动乱。唐肃宗、代宗二帝皆虔信密教，想借助密教的法会、诵经、密咒和举行灌顶仪式来祈祷佛、菩萨和善神的保佑，达到制服敌寇，国泰民安的目的，对不空特别尊崇，支持他译经和修持密教法事，使其地位日益显赫。不空受唐代宗之命，为"福利苍生"、"助宁国土"重译护国经典《仁王般若经》，受赐特进试鸿胪卿、"大广智不空三藏"之号。大历九年（774）受封"开府仪同三司、肃国公、食邑三千户"。在不空所译密教经典中，以《金刚顶经》最为流行，此外《般若理趣经》、《大孔雀明王经》也比较有名。不空的嗣法弟子有五台山金阁寺含光、新罗慧超、长安大兴善寺慧朗、青龙寺昙贞、惠果、保寿寺元皎、觉超，而由慧朗继其后。在中日佛教交流史上影响较大者是长安青龙寺惠果和尚。[②]

[①] 译本的广略二种：金刚智译《金刚顶瑜伽中略出念诵经》为略本，不空译《金刚顶一切如来真实摄大乘现证大教王经》为广本，最流行是后者。

[②] 参见唐圆照《贞元释教录》卷十五、卷十六，载《大正藏》第55册；赵迁《不空三藏行状》、赞宁《宋高僧传》卷一《不空传》，载《大正藏》第50册；不空《大辨正广智三藏和上表制集》卷三《三藏和上遗书》，载《大正藏》第52册；海云《两部大法相承师资付法记》，载《大正藏》第51册。

惠果（746—806）①，俗姓马，京兆府万年县（今西安市）人，自幼出家，跟不空弟子昙贞学佛教经书，后礼不空为师归依密教，先从善无畏弟子玄超受密教胎藏界和苏悉地瑜伽密法，后从不空受金刚界密法以及真言密契等。惠果将金、胎两部密法加以会通，形成自己的"金、胎不二"思想。唐代宗大历十年（775）于青龙寺设置毗卢遮那灌顶道场。惠果常奉敕为皇帝皇室修法祈福，举行祈雨仪式等，被奉为国师，先后为唐代宗、德宗、顺宗三帝和朝廷显贵臣僚主持过密宗灌顶（密宗授法）仪式。

惠果的弟子中著名的有长安大兴善寺惠应、惠则、成都惟尚、河北义圆、青龙寺义满、义明、义操等人。此外，惠果有外国弟子诃陵国（或谓在印度尼西亚的爪哇岛中部，或谓在今马来亚国的吉打）辨弘（也有的谓汴州人）、新罗国惠日、悟真、日本空海等人。②

二 密宗的判教论：密教与显教

唐代密宗学僧没有撰写专门论述判教理论的著作，然而在传为不空译的《菩提心论》及一行编撰《大日经疏》中皆载有类似密宗判教的内容。日本空海的判教著作《辨显密二教论》也可作为参考。

空海（774—835），在日本桓武天皇延历二十三年（唐德宗贞元二十年，804）七月与最澄、留学生橘逸势奉敕搭乘遣唐使的船入唐，年底到达长安，先被安置于西明寺，不久投到青龙寺惠果门下习学密宗。惠果为空海举行授胎藏界、金刚界两部曼荼罗大法的灌顶仪式，并传授密教其他教法和各种仪轨，授空海以"传法阿阇梨"（意为传法导师）之位。唐宪宗元和元年（日本平城天皇大同元年，806年）八月，空海与橘逸势乘遣唐使的船回国，带回佛典注疏等共216部461卷，其中有新译佛经142部247卷，还有梵字真言赞等42部44卷、经论注疏等32部170卷，还有佛菩萨图像、曼荼罗、道具及惠果赠送的佛舍利、佛祖师像和法器等。他在上奏朝廷的《新请来经等目录表》中，说在青龙寺"肘行膝步学未学，稽首接足闻不闻"（《御请来目录》），因此可以说他的《辨显密二教论》

---

① 惠果生卒年月一般作746—805年，然而据《大唐青龙寺三朝供奉大德行状》，惠果卒于唐顺宗永贞元年十二月十五日。此时已进入公历806年。

② 主要依据《大唐青龙寺三朝供奉大德行状》，载《大正藏》第50册；海云《两部大法·相承师资付法记》，载《大正藏》第51册。

和其他著作的重要内容既来自惠果及其他高僧的传授，也来自他对密教经典的理解。至于他结合日本佛教诸宗传播形势奉诏撰写的判教著作《秘密曼荼罗十住心论》（简称《十住心论》）及其简化本《秘藏宝钥》，有的部分也可参考。

在印度佛教史上，释迦牟尼佛创立佛教，提出四谛、八正道等佛法，主要经典存《阿含经》（北传有四部）之中，此后一二百年形成部派佛教，论书（阿毗昙或译阿毗达磨）大兴；公元前后形成大乘佛教，将以往的佛教统贬为小乘，主张四面八方到处有佛，其数无量，大乘经典相继出世。大乘佛教对佛身提出种种说法，一般是说佛有三身：1. 法身，也称自性受用身，实际是佛法的最高象征，与真如、法性同义，被认为无所不在，无时不在，然而无形无相，不能直接说法；2. 报身，也称他受用身，是对经历无数劫（难以计算的长时）往世的修行者的圆满报应之身，拥有感应所得的佛国净土，为进入较高阶位的菩萨或相当菩萨的众生说法；3. 化身，也称变化身、应化身，说是佛为教化济度众生而显现于世间的佛身，数量无限，释迦牟尼佛只是化身佛之一。

密宗直接移植印度的密教，自称教义是来自法身大日（音译"摩诃毗卢遮那"）如来的宣示，不仅超越于以往小乘的声闻、缘觉二乘，也比以往的大乘优越，是义蕴深奥的能普度一切众生的秘密之教，而称以往佛教经教为显教。

《大日经》卷二将称佛教五乘为佛地三昧道、菩萨三昧道、声闻三昧道、缘觉三昧道、世间三昧道，而将密教置于五乘之外，称为真言法教道或真言教法。《菩提心论》称密教为真言法，说凡夫执著名闻利养，"恣行三毒、五欲"；声闻、缘觉二乘虽破人执，仍有法执，难以达到解脱；大乘主张经"三无数劫"才有可能成佛，"所习法散，致有次第"。然而如果修持真言密教，发菩提心，以大悲为怀，誓愿利益安乐一切众生，通过修持"瑜伽胜上法"，能永超外道、二乘境界，"能从凡入佛位者，亦超十地菩萨境界"。[①] 在一行《大日经疏》中，对密教有很多不同的称法，或称如来秘密藏、毗卢遮那宗，或称瑜伽道、瑜伽宗等；称修持密教者为瑜伽行者、瑜伽行人、真言门菩萨、真言行者等。

空海在《辨显密二教论》中，列举大量经典对显教、密教进行论证。

---

① 《大正藏》第 32 册第 573 页中。

他说：

> 佛有三身，教有二种。应化开说名曰显教，言显略逗机；法佛谈话，谓之密藏，言秘奥实。
>
> 问：显密二教，其别如何？答：他受用、应化身随机之说，谓之显也。自受用法性佛说内证智境，是名秘也。①

按照这种说法，密教以外的佛经皆是属于他受用身（报身）佛、应化身佛适应众生的根机而说，教义浅显、浅略，所以名之为显教；由自受用法性佛（法身）为自己眷属所说的亲自证知的智慧境界，教义深奥、秘密，难为一般人理解，称为密教或真言秘密教。

密教所说的自受用法性佛，也就是《大日经》中的大毗卢遮那佛，意译大日佛、大日如来，说他光明遍照，显现于宇宙一切场所，随时显现各种形象，通过身、语、意向众生演示宣说深妙佛法。《大日经》卷一说："毗卢遮那一切身业，一切语业，一切意业，一切处，一切时，于有情界宣说真言道句法。"②

据不空译《金刚顶瑜伽三十七尊出生义》、唐海云集《金胎两界师资相承》、《两部大法相承师资付法记》、造玄增补《胎金两界血脉》及唐赵迁《大唐故大德赠司空大辨正广智不空三藏行状》等著作，并参考空海《十住心论》，密教所奉的传承世系是：大日如来法身佛授法于金刚萨埵（金刚手），约千年之后传于龙猛（即龙树），再过数百年后龙猛传于龙智，又过数百年后龙智传于金刚智和善无畏。

密宗判教理论将法身佛大日如来置于至高无上的本尊地位，又将真言密教置于佛教大小乘教派中最高的地位，目的是宣示密宗是佛教中最为优越的教派。

三　密宗的基本教义

密宗是在大乘佛教发展的后期形成的教派，在教义思想方面既吸收了大乘佛教的中观、唯识学说，又吸收了印度教和印度民间信仰的某些成

---

① 《大正藏》第77册第374页下、第375页上。
② 《大正藏》第18册第1页上中。

分，以重视梵字（真言）咒语、祭祠、各种仪规和富有神秘色彩的教义为特色。在发展中，后期密教甚至吸收印度教性力派的某些做法，形成所谓"左道密教"，日趋堕落。

唐代从印度传入密教基本属于中期密教，后人称为"唐密"。

（一）大日如来和一切佛、菩萨、执金刚

密宗以法身佛大日（音译"摩诃毗卢遮那"）如来为最高本尊，以不同语句描述大日如来与释迦牟尼佛乃至大乘一切佛（一切如来）、菩萨皆一体不二，相即为一，连密教特有的侍奉守护大日佛的"金刚"（执金刚）也是大日佛"心数"（心所，心识的反应、作用）的显现。

大日佛，在一行编撰《大日经疏》中也称为大毗卢遮那、毗卢遮那本地法身、婆伽梵（按：世尊）大毗卢遮那如来、薄伽梵毗卢遮那、大日世尊等。一行《大日经疏》卷一是对"入真言门住心品"的解释，说此品统论《大日经》的大意。其中说：

> 梵音毗卢遮那者，是日之别名，即除暗遍明之义也。然世间日则有方分（按：方位），若照其外不能及内，明在一边不至一边，又唯在昼光不烛夜。如来智慧日光则不如是，遍一切处作大照明矣，无有内外、方所、昼夜之别。……如来日光遍照法界，亦能平等开发无量众生种种善根，乃至世间出世间殊胜事业，莫不由之而得成办。……世间之日不可为喻，但取其少分相似故，加以大名，曰摩诃毗卢遮那也。①

在这里将密教所奉的大日佛或大日如来所蕴含的宗教意义作了比较清楚的解释，虽称作日却又不同于世间的日，是带有比喻性质的"如来智慧日光"，能照彻一切内外各种场所，开发众生"善根"，令其觉悟。又说：

> 薄伽梵，即毗卢遮那本地法身；次云如来，是佛加持身；其所住处，名佛受用身。即以此身，为佛加持住处。如来心王，诸佛住而住其中，既从遍一切处加持力生（按：和尚、修行者），即与无相法

---

① 载《大正藏》第39册第579页上。

身，无二无别，而以自在神力，令一切众生，见身密之色，闻语密之声，悟意密之法，随其根性分种种不同，即此所住名加持处也。①

佛有十大名号，薄伽梵（世尊）、如来是佛的两个名号。"加持"，意为神力佑助或"佛所护念"。"如来心王"，实为法身佛的另一种说法。所谓"本地法身"，即是法身，与真如、实相、法性、佛性同义，是超言绝相的；"本地"相当本原、本体，意为大日法身佛是一切佛、菩萨乃至万物的本原、本体。"佛加持身"，大体相当大乘佛教所说的应身、化身，在密教持指大日佛的显现，形象随缘应机而现，数量难以计算。"佛受用身"也作"受用法身"，在这里是体现大日法身佛的报身佛和净土（身土不二），为大日佛所依托（"所住处"）并借以显示神通，化现佛、菩萨、执金刚等形象，以"自在神力"普入一切众生之间随机宣说密教妙法②，让他们"见身密之色，闻语密之声，悟意密之法"（三密）。这表明，密宗所说的大日佛虽是法身佛，然而同时与加持身、受用身相即不离，亦即法、报、应三身是三位一体的。这个意思在《大日经疏》卷十三对"怛哩三迷"的解释作了明确的表述，谓："三迷者，谓佛三身，谓法、报、化合为一身，教化众生也。"③

密宗认为大日如来是最高的佛，神通广大，无所不能。据《大日经》及《大日经疏》，大日佛所居"广大金刚法界宫"及"大楼阁宝王"皆为大日佛身所变现，所坐"师子座"是"菩萨之身"。在大日佛周围担任侍卫的十九位"执金刚"④，从虚空无垢执金刚到金刚手秘密主"上首"，以及其他难以计算的"十佛刹微尘数众"的执金刚，皆是大日佛"内证功德"（智）、"心数"（心所）所变现的。同样，包括普贤菩萨，慈氏菩萨，妙吉祥（文殊）菩萨及其他无量数的菩萨，也皆是如此。《大日经

---

① 载《大正藏》第39册第580页上。
② 《大日经疏》卷一说大日如来"住于自在神力加持三昧，普为一切众生，示种种诸趣所喜见身，说种种性欲所宜闻法，随种种心行，开观照门。"（《大正藏》第39册第579页中）
③ 《大正藏》第39册第714页中。
④ 简称金刚，也称金刚力士。参考《大日经疏》卷一，执金刚是大日如来眷属，手执金刚杵，在大日如来身边侍卫。最后的"金刚手秘密主"是大日佛身边的"上首"执金刚，《大日经疏》卷一谓"执金刚杵，常侍卫佛，故曰金刚手"，是夜叉王，象征"如来身语意密"，在密教经典中常见他向大日佛提问，然后大日佛回答。

疏》谓：

> 如是毗卢遮那，普于十方一切世界，一一皆现佛加持身，是一一身，各有十佛刹，微尘数等菩萨、金刚大众。
>
> 非但示现佛身充满十方一切世界，所现金刚、菩萨等身，亦复遍一切处也。①

按照这种说法，佛教所说的一切佛、菩萨、执金刚等，皆为大日法身佛的显现。这样更不难理解，在密教经典中，常用"一切如来"来称呼大日如来，因为一切如来为大日如来的显现，彼此是相互融通、相互涉入的。

《大日经》借金刚秘密主的话说，大日如来拥有至高无上的"一切智智"（佛智，相当一切种智），能"为无量众生广演分布，随种种趣、种种性欲、种种方便道，宣说一切智智，或声闻乘道，或缘觉乘道，或大乘道，或五通智道，或愿生天，或生人中及龙、夜叉、乾闼婆（按：司乐神），乃至说生摩睺罗伽（按：蟒神）法。若有众生应佛度者，即现佛身，或现声闻身，或现缘觉身，或菩萨身，或梵天身，或那罗延（按：欲界天之一，又名毗纽天）、毗沙门（四天王之一）身，乃至摩睺罗伽人非人（按：以上人与非人的总称）等身，各各同彼言音，住种种威仪，而此一切智智道一味，所谓如来解脱味"②。这有点像《法华经·观世音普门品》对观音菩萨神通的描述。是说大日如来可以显现为任何形象深入到包括人、非人在内的"无量"众生之中，既可宣说大小乘佛教，也可宣说外道。《大日经疏》卷一称此为"普门应现，教化群生，虽深浅不同，粗细有异，然究其实事，无非秘密加持，各能开示如来清净知见"，解释为大日佛终究是以密法教化众生，令他们"开示如来清净知见"③，达到觉悟。

这样，将以往大乘佛教所奉的具有佛法理念最高象征意义，与法性、

---

① 《大正藏》第 39 册第 583 页下至第 584 页上。
② 《大正藏》第 18 册第 1 页中。
③ 此语来自《法华经·方便品》中"欲令众生开佛知见使得清净故出现于世，欲示众生佛之知见故出现于世，欲令众生悟佛知见故出现于世，欲令众生入佛知见道故出现于世。"

佛性、实相相通的法身作了更加拟人化、神秘色彩的发挥，构成密宗的重要特征之一。

（二）所谓"菩提心为因，悲为根本，方便为究竟"

密宗既然认为比小乘的声闻、缘觉二乘乃至以往的大乘更为优越，那么，它的宗旨是什么呢？《大日经》卷一载，秘密主就大日佛拥有的能够"利乐"诸天、世人的"一切智智"，提问："如是智慧，以何为因，云何为根，云何究竟？"大日佛回答说：

菩提心为因，悲为根本，方便为究竟。①

从三句蕴含的一般意义来看，要修持密教，达到最后解脱成佛，须以"菩提心"为因，以拔除众生之苦为原则的"悲"愿为根本，以修持密教教义、法门、仪规、济度众生和其他各种活动的"方便"为最终要求。问题是这里所提"菩提心"、"悲"、"方便"在密教中到底具有怎样特殊的含义。在《大日经》及《大日经疏》、《菩提心论》等密教经典中对此的解释尽管不十分清晰，然而毕竟也有一些解释。下面对此作简单考察。

菩提心，全称"阿耨多罗三藐三菩提心"，意译为"无上正真道意"，简称"道心"等。信奉大乘佛教者必须首先发此菩提心，誓愿修持大乘，普度众生，修证成佛，一般以发"四弘誓愿"表示，即："众生无边誓愿度，佛道无上誓愿成，法门无尽誓愿学，烦恼无边誓愿断。"大乘佛教将发菩提心置于修行过程的重要地位，如晋译《华严经》卷五十九用很大篇幅讲菩提心的意义，将菩提心加以比喻说成是诸佛种子、良田、大地、净水、净日、明月、大道、良药、金刚等，谓能增长佛法，积累善德，清除各种烦恼，普照一切众生，驱散恶法等，又说"因菩提心，出生一切诸菩萨行，三世诸佛成正觉"。② 然而若就发菩提心本身来分析，最重要的是表达发誓愿者对大乘佛法的信念和济度众生、修证成佛的决心。

那么，密宗所说的菩提心有什么特点呢？《大日经》卷一载大日佛与金刚手秘密主之间的对话：

---

① 《大正藏》第 18 册第 1 页下。
② 《大正藏》第 9 册第 775 页中至第 777 页上。

> 毗卢遮那佛告持金刚秘密主言：……秘密主，云何菩提？谓如实知自心。秘密主，是阿耨多罗三藐三菩提，乃至彼法少分，无有可得。何以故？虚空相是菩提，无知解者，亦无开晓，何以故？菩提无相故。秘密主，诸法无相，谓虚空相。
>
> 尔时金刚手复白佛言：世尊，谁寻求一切智，谁为菩提，成正觉者？谁发起彼一切智智？
>
> 佛言秘密主：自心寻求菩提及一切智。何以故？本性清净故，心不在内，不在外，及两中间心不可得。秘密主，如来应正等觉非青非黄，非赤非白，非红紫，非水精色，非长非短，非圆非方，非明非暗，非男非女，非不男女。秘密主，心非欲界同性，非色界同性，非无色界同性，非天龙、夜叉、乾闼婆、阿修罗、迦楼罗、紧那罗、摩睺罗伽①、人、非人趣同性。秘密主，心不住眼界，不住耳鼻舌身意界，非见，非显现。何以故？虚空相心，离诸分别、无分别。所以者何？性同虚空，即同于心，性同于心，即同菩提。如是秘密主，心、虚空界、菩提，三种无二。此等悲为根本、方便波罗蜜满足。②

按照这段引文，菩提心就是体认自心或自性空寂无相、清净，没有具体方位，既超越三界，又超越于人与非人的一种存在。是心，也是虚空、菩提，据称三者是"无二"的。当然，心亦即是性，心性是相同的。这种说法的目的是引导修持密教者将认识自性、体认一切皆空寂无相置于首位。

一行在《大日经疏》卷一对"菩提心为因"作了如下解释：

> 菩提心为因，悲为根，方便为究竟者，犹如世间种子，籍四大众缘，故得生根，如是次第，乃至果实成熟，名为究竟。然以中智（按：中道之智）观之，毕竟不生不灭，是故因果义成。若法不然，有生灭断常之相，则堕於戏论，皆悉可破，因果义不成也。

---

① 天龙指龙王等，夜叉指能飞的鬼神，乾闼婆指帝释天的音乐神，阿修罗是好斗的战神，迦楼罗为金翅鸟，紧那罗是歌舞神，摩睺罗伽为大蟒神，如果加上天（梵天等天神）则为佛教保护神"天龙八部"。

② 《大正藏》第18册第1页下。

> 今行者观心实相，亦复如是，出过一切戏论，如净虚空，于内证所行，得深信力，萨婆若心（按：佛智，即一切智智或一切种智）坚固不动，离业受生，成就真性生，万行功德从此增长，故曰菩提心为因也。此菩提心，为后二句因。……菩提心，即是白净信心义也。
>
> 云何菩提，谓如实知自心，即是开示如来功德宝所也。……正知心实相故，见一切法悉皆甚深微妙……①

在这里，一行指出菩提心是后面"悲为根本，方便为究竟"之因，也就是与佛智相通的"白净信心"，犹如种子，借助"四大"（地水火风）的环境和条件，达到修行的最高目的。他还以中观思想对菩提心的义蕴作了补充，提出它所体认的空寂无相"毕竟不生不灭"，也就是心的实相、"如来功德宝"。据此，所谓菩提心也就是大乘佛教所说的真如、佛性。

《菩提心论》说菩提心有"三相"：一是行愿，二是胜义，三是三摩地。行愿，即发愿安乐有情众生，誓愿求得"无上菩提"；胜义，谓修持密宗，体悟诸法性空，"知一切法空，已悟法本无生，心体自如，不见身心"。三摩地，原意为定，此为入定观三密平等之法，领悟一切众生本有佛性，但被烦恼束缚，应以善巧之智引导众生入定观想，"照见本心，湛然清净，……亦名觉了，亦名净法界，亦名实相般若波罗蜜海"。从内容上看，与上面所述是一致的。

关于"悲为根本"，一行解释说：

> 为令如是净信心坚牢增长，经中次说大悲为根。根是能执持义，犹如树根执持茎叶花果，使不倾拔也。梵音谓悲为迦卢拏，迦是苦义，卢拏是剪除义。慈如广植嘉苗，悲如芸除草秽。故此中云悲，即兼明大慈也。且如行者修供养时，若奉一花或涂香等，即以遍一切处净菩提心，兴供养，云普作佛事，发起悲愿，回向群生，拔一切苦，施无量乐，由自善根，及与如来加持法界力故，所为妙业皆得成就，即是普于一切智地，乃至无余有情界，皆悉生根也。②

---

① 《大正藏》第 39 册第 586 页下至第 587 页中。
② 《大正藏》第 39 册第 587 页上。

按照一行的解释，经文"悲为根"应为"大悲为根"，并且强调大悲"兼明大慈"，于是"悲为根本"便是以大慈大悲为根本。按照大乘佛教教理，大慈大悲是菩萨行或菩萨道的最高理念，以挽救众生之苦（悲），给予众生安乐（慈）为宗旨。一行的解释没有离开这点，但强调在无量众生中圆满践行大悲既基于自己的"善根"，也靠大日如来"加持（佑助）法界力"。这是密宗的特色。

至于"方便为究竟"，蕴含的内容更为广泛。在大乘佛教中，"方便"与体认空义的"般若"相对，是指在现实世界修行、传法和济度群生等等，按照般若中观学说，属于与真谛相对应的"俗谛"范围。《维摩诘经》说"智度菩萨母，方便以为父"，可见"方便"在佛教中的地位。一行在《大日经疏》中解释说："方便为究竟者，谓万行圆极，无可复增，应物之权，究尽能事，即醍醐妙果、三密之源也。"是将各种各样的方式方法（万行）皆用于传法、修行和普度众生的方面，达到圆满的结果，归结为密宗倡导的身、语、心（意）三密法门之源。密宗盛行的灌顶、修法、供养、护摩（内外护摩）、祈福息灾等做法，皆属方便，然而核心是修持"三密"法门。

（三）修持"三密"与即身成佛

1. 三密：身密门、语密门、心密门

在密宗的一切修持法门中，最重要的是身、语、意三密法门，也称之为身语意三平等句法门、三平等法、三平等之方便等。所谓"平等"，是立足于空、无相之义，说大日佛与其加持受用身平等，大日佛与众生平等，大日佛的身、语、意与众生的身、语、意也平等。

《大日经》卷一说，大日如来以"自在神力"，适应众生的不同情况显化"加持受用身"，对众生予以"加持"（佑助），让他们能够"见身密之色，闻语密之声，悟意密之法"，"以身平等之密印，语平等之真言，心平等之妙观为方便故，逮见加持受用身"①。《大日经疏》卷一说：

> 入真言门略有三事：一者身密门，二者语密门，三者心密门。……行者以此三方便，自净三业，即为如来三密之所加持，乃至

---

① 《大日经疏》卷一，《大正藏》第39册第580页上、第583页上。

能于此生，满足地波罗蜜①，不复经历劫（按：劫，难以计量的"大时"）数，备修诸对治行。②

可见，密宗认为大日如来身、语、意三密可以通过一切众生显现，此为"三密加持"。这样，修行者修持三密便与大日如来的三密契合，相互融通，无须经历遥遥无期的"劫数"，圆满完成菩萨历经"十地"必须修持一切要求，在"此生"即可成佛。

那么，如何修持三密呢？《菩提心论》说：

> 凡修习瑜伽观行人，当须具修三密行，证悟五相成身义也。所言三密者，一身密者，如结契印，召请圣众是也。二语密者，如密诵真言文句，了了分明，无谬误也。三意密者，如住瑜伽相应白净月圆（按：代表菩提心、大日佛），观菩提心。③

"瑜伽"意为相应，亦即禅定，是凝心观想某种事物或道理。密宗修持者称"修习瑜伽观行人"，或瑜伽行者，必须修持三密，证悟"五相成身义"④。

身密，手结印契，简称手印或密印，即用左右手和十指作出各种形状和姿势，既表示佛、菩萨的誓愿，也配合密咒表示特定秘密含义。修持身密是在为了召请佛、菩萨，以求得他们保佑、加护，或以神力帮助达到某种修法的目的。

语密，是口诵梵字真言文句。参照《大日经疏》卷一的解释："真言，梵曰漫怛攞，即是真语如语，不忘不异之音。龙树《释论》（按：《大智度论》），谓之秘密号，旧译云咒，非正翻也。"真言是真实之语，是梵语"漫怛攞"或"曼怛罗"（mantra）的意译，也译为咒、明、神咒、密咒、密语等。密宗所念诵的真言是不翻译的，以汉语音译表示，所

---

① 是指菩萨经历"十地"阶位应修持的十度（波罗蜜）：檀（施舍）、戒、忍辱、精进、禅那、般若、方便、愿、力、智，皆可借修持三密而圆满完成。
② 《大正藏》第 39 册第 579 页下。
③ 《大正藏》第 32 册第 574 页中。
④ "五相成身义"中有五相指通达心、菩提心、金刚心、金刚身、证无上菩提获金刚坚固身。解释从略，请见《菩提心论》。

包含的内容十分广泛，或代表佛、菩萨、天龙八部等的本誓、身份与功能，例如有如来圆光真言、如来顶相真言、释迦牟尼佛真言、一切诸佛真言、一切诸菩萨真言、梵天真言、毗纽天真言、不动尊真言等，还有在修持密法的场合与手结的印契相配合念诵的真言，等等。

　　密宗在对梵文字母（悉昙）的解释中作了很多宗教意义上的诠释和发挥，对"悉昙四十二字门"或"悉昙五十字门"中能从一字转多字的情况称为转字轮①，予以密宗教义上的解释。如《大日经疏》卷十四说："所谓字轮者，从此轮转而生诸字也。轮是生义，如从阿字一字即来生四字，谓'阿'是菩提心，'阿（长）'是行，'暗'是成菩提，'恶'是大寂涅槃，'恶（长）'是方便；如阿字者，当知迦字亦五字，乃至佉等凡二十字，当知亦尔。"②并且认为这种解释是来自大日佛。《大日经》卷二以大日如来的口气说："秘密主，以要言之，诸如来一切智智，一切如来自福智力，自愿智力，一切法界加持力，随顺众生如其种类，开示真言教法。云何真言教法？谓阿字门，一切诸法本不生故；迦字门，一切诸法离作业故；佉字门，一切诸法等虚空不可得故；哦字门，一切诸法一切行不可得故……"明确地将这种对梵字的解释说成是大日佛"开示"的"真言教法"。阿即 a，用以表示一切现象本不生义、不动义，可代表菩提心；它的长音是 ā，意为行、活动；所生暗 am，意为菩提；恶 ah 代表涅槃寂灭。另外，迦即 ka，谓一切事物没有造作及造作者；佉即 kha，意为一切皆空幻无相；哦即 ña，意为一切事物的存在是空不可得的，等等。这些正是密宗要求修行者在确立菩提心过程中应当达到的认识。

　　在一切真言中，阿字地位最高，据称因"一切言音皆从此字为首，若无此阿声，即离一切之语，无有可说"③，所以不仅被看做是象征大日如来的种子乃至大日佛，还代表菩提心、一切诸佛之心、自性清净心，称"阿字门为一切真言之王，犹如世尊为诸法之王"，也是"一切法教之本"。④阿字还代表"五大"中的地，此外，真言嚩字（va）代表水，啰

----

① 《大日经疏》卷七对转字轮有这样的解释："以一字释一切字义，以一切字释一字义，以一字义成立一切字义，以一切字成立一字义，以一字义破一切字义，以一切字义破一字义，如一字一切字者……"（载《大正藏》第39册第656页上）
② 《大正藏》第39册第723页中。
③ 《大日经疏》卷十七，载《大正藏》第39册第754页上。
④ 分别见《大日经疏》卷六、卷七，载《大正藏》第39册第642页下、第651页下。

字（ra）代表火，诃字（ha）代表风，佉字（kha）代表空。密宗认为既然世间事物发生、发展必须借助外缘，那么修持密法也需众缘，众缘中的重要成分就是五大，说"一切智性如来种子"靠"五大"众缘才能发展成"菩提常住妙果"，称此为"一切智门五义"。

何为意密呢？意密也称心密，是在禅定中观与大日如来融通的菩提心，观代表大日如来的阿字、白净圆月等。观菩提心，首先通过观察诸法缘起性空、不生、不动的道理来净化自心，确立菩提心，体认菩提心在修证成佛过程中的决定作用，所谓"一切如来，皆从佛性种子菩提心生，当知一切印（按：手结之印契、代表佛、法各种标帜及佛菩萨所执器具），亦从菩提心生"。因为真言阿字（A）代表大日如来的种子、"大日之体"，又是代表诸佛之心，所以在修持三密过程中，念阿字，心中以各种形象观想阿字，反复体味诸法空寂、不生之义，是十分重要的修证内容。认为通过观想阿字，便能与大日如来相应，得到大日如来的加持，达到修证的最高果位，即解脱成佛，如《大日经疏》卷十二所说"入阿字门故，即能了知真言行之与果也；若了知彼行及果，即是授得无上大果也"，卷十四又说"以入阿字门故，即能究竟自在法身也"。①

密宗认为，修持身、语、意三密虽各有规定，然而修持三密是同时进行的，并且三者是平等的，故称为身口意三平等或三三昧耶（意为平等，另有誓愿、惊觉、除垢障三义）。《大日经疏》卷十七说："自持真言手印，想于本尊，以专念故，能见本尊。本尊者，即是真实之理也。非但见本尊而已，又如实观我之身即同本尊，故名真实也。此有三平等之方便，身即印也，语即真言也，心即本尊也。此三事，观其真实，究竟皆等我。此三平等与一切如来三平等无异，是故真实也。"这里所讲的同时修持平等的三密，强调"身即印也，语即真言也，心即本尊"，说在专念中见到"真实之理"的大日本尊，实现自身三密与大日三密的平等，从而自身也与本尊等同，达到修行的目的。

《菩提心论》在对修持三密的说法中，将修三摩地（禅定）放到重要地位，说："若无势力广增益，住法但观菩提心"，"从凡入佛位者，即此三摩地者，能达诸佛自性，悟诸佛法身，证法界体性智，成大毗卢遮那佛自性身，受用身，变化身，等流身"，是说通过观菩提心，体悟佛性，修

---

① 分别载《大正藏》第 39 册第 677 页下、第 726 页中。

证成与大日佛三身融为一体的最高境界。在"若人求佛慧，通达菩提心，父母所生身，速证大觉位"的偈颂中的"父母所生身，速证大觉位"，讲的是即身成佛。

2. 即身成佛

密宗虽认为自己比传统佛教五乘或三乘优越，然而仍承认普通人从不信佛教到信佛教有个过程。在《大日经》卷二称不信奉佛法，执著"我名我有"的人为"愚童凡夫"，此后产生善心，能持斋素食，进而学会布施，从向父母亲戚行施，扩展到对其他人施舍，再向具有器量的高德者、尊宿行施，再学会守戒，信仰外道，虔诚供养……按照这个顺序形成逐次升高的阶位，称之为"心"，并以花为喻说共有八心，继种子心、牙种心、疱种心、叶种心、敷华心、成果心七心之后，最后第八是婴童心，从所列举修持内容和达到的境界皆未出世间范围，相当五乘中的人天乘。① 第八所谓"婴童心"是讲信奉外道，供养自在天，梵天等，"心怀庆悦，殷重恭敬，随顺修行"，《大日经疏》卷一称为"世间最上心"；"虽未闻佛法，然知此诸天，因修善行，得此善报"。如果进而想求解脱，须认识"空"义，虽尚未离断、常二见，也算前进了一步，此境界则为第九"殊胜心"；如果再进一步便于"空法作证"，则为第十"决定心"。至此虽未入佛教，但已为正式信奉佛教打下了基础。②

按照《大日经疏》卷二的说法，如果修行者在达到第八"婴童心"之后直接归依佛教，亲近善知识（师友），受戒持斋，认识现世因果，持续修习佛法，"于此中殊胜住，有求解脱慧生，思惟观察，生决定想，从此即发声闻菩提初种子心。皆应准傍前文（按：指《大日经》中讲十心的段落）广分别说，乃至三乘一一地，皆具十心，迄第十地，亦具种子、牙、疱、叶、花、果等，有求佛地智生，观毕竟空，得至金刚际也"。意思是说，按照《大日经》将世间法分为十心的思路，众生在信奉佛教后，无论是在声闻乘、缘觉乘还是菩萨乘，也不管是菩萨十地的任何一地，修行者皆要阶阶升进，经历从种子心、牙种心直到婴童心、殊胜心、决定心这"十心"的浅深的次第，直至成佛。

密宗强调，修行者要做到"如实知我"，必须体认诸法性空、自性无

---

① 《大正藏》第18册第2页中。
② 《大正藏》第39册第595页中。

性、一切平等的道理。如要信奉真言密教，应通过观察"十缘生"之句达到这种认识。所谓"十缘生"，是借比喻表述诸法性空的思想，即一切事物皆如"幻、阳焰、梦、影、乾闼婆城、响、水月、浮泡、虚空华、旋火轮"那样皆空幻无实。① 从此开始修持密教，先发菩提心，"直观自心实相"，进入修持以三密为中心的"法明道顿悟法门"。②

传统大乘佛教主张菩萨修行要经过十个阶位，即十地，包括一欢喜地，二离垢地、三发光地、四焰慧地、五极难胜地、六现前地、七远行地、八不动地、九善慧地、十法云地。然而《大日经疏》卷二提出："此经宗，从净菩提心以上十住地，皆是信解中行，唯如来名究竟一切智地。"这是将传统的菩萨十地用所谓"信解行地"（也称"信行地"）统而括之，最后是佛地，即契合大日佛的"究竟一切智地"。此外，《大日经疏》卷十五还提出信行地有"一者信，二者入地，三者五通，四者二乘，五者成佛"五阶位的说法③，这里不拟详述。

实际上，密教在修证佛法方面是主张顿悟并且是即身成佛的。即身成佛与禅宗主张的"即心是佛"是不同的，是指当下自身成佛，是父母所生的肉身成佛。《大日经》卷一说，大日佛通过一切身业、语业、意业，时时处处向有情众生宣说"真言道句法"，又借显现执金刚、普贤、莲华手菩萨等相貌，向十方众生宣说"真言道清净句法"，"所谓初发心，乃至十地次第，此生满足"。何为"真言道清净句法"？即为真言密教，亦即所谓"顿觉成佛神通乘"。《大日经疏》卷一解释说：

---

① 《大日经》卷一，载《大正藏》第 18 册第 3 页下。
② 《大日经疏》卷一，载《大正藏》第 39 册第 590 页上。
③ 原文："入修行，是住信行地也。次升于地位，谓越世间、五神通、佛及缘觉等。悉地有几种者，谓此无上悉地以前，略有五种悉地：一者信，二者入地，三者五通，四者二乘，五者成佛，此是五种悉地也。初信者，谓随分能分净诸根，深信如来秘藏决定不疑，信佛有如是如是方便，若依行者必成菩提，此是地前信行也。次入地者，谓入初欢喜地也。准望声闻法中犹如见谛人也。第三五通者，谓了知世间五通之境，犹如幻梦水月镜像，不可取著，尔时度五通仙人之地，名第三也。第四二乘者，谓观察二乘境界，心得无著心不堕实际，尔时得度二乘境界，尔时到第八地也。五从第九地修菩提行道，转转胜进成如来位也。若秘藏中，义复有异，谓初欢喜地自十心，从初心至第四心，得度五境界，从第五至第八心得度声闻缘觉境界，从第九心一向行菩萨修道，至第十心名为成佛，佛者觉也。谓觉自心性净本来常寂灭相也。"（《大正藏》第 39 册第 738 页中）

所谓清净句者，即是顿觉成佛神通乘也。若余乘菩萨，志求无上菩提，种种勤苦，不惜身命，经无数阿僧祇劫，或有成佛，或不成佛者。今此真言门菩萨，若能不亏法则，方便修行，乃至于此生中速见无尽庄严加持境界，非但现前而已，若欲超升佛地，即同大日如来，亦可致也。①

　　是说，其他乘佛法，虽也以求成佛（无上菩提）为目标，付出种种勤苦，经历难以计量的劫数也不一定成佛，然而修持真言密教的菩萨，却能在"此生"亲眼见到大日如来的显化之身和境界，并且能够超升佛地，等同大日如来。

　　此外，类似说法还有，如《大日经疏》卷一载："今真言行者，于初发心时，直观自心实相，了知本不生故，即时入法戏论净若虚空，成自然觉，不由他悟。当知此观，复名法明道顿悟法门也"；"谓初发心，欲入菩萨位，……乃至满足十地，唯以一行一道，而成正觉。"皆说修行者在最初发菩提心时，体悟自心本不生的实相，已圆满菩萨十地的修行，达到觉悟，所以称真言密教为明道顿悟法门。

　　正因为如此，《菩提心论》所谓通过修持三密，"父母所生身，速证大觉位"的说法，是有根据的。

　　（四）曼荼罗和胎藏界、金刚界二曼荼罗

　　在记载唐代密宗僧人的传记中，可以看到"建立曼荼罗"或"引入金刚界大曼荼罗"② 为某某灌顶授法之类的记述。何谓曼荼罗，什么是胎藏界和金刚界曼荼罗呢？

　　曼荼罗（mandala），或作漫荼罗、曼陀罗、曼拏罗等，意译坛、坛场，也译轮圆具足、聚集等。称坛、坛场，是源自密宗用来举行法事、灌顶、供养和授法仪式的场所；称轮圆具足、聚集，是因为在此坛场要安置或绘制以大日佛为中心的各种佛、菩萨、执金刚、诸天的图像。密宗在传播和发展中，依据经典绘制各种不同内容和形式的曼荼罗像，影响最大的莫过于胎藏界曼荼罗和金刚界曼荼罗。对此，除《大日经》、《金刚顶经》

---

① 《大日经疏》卷一，载《大正藏》第39册第591页中。
② 详见唐赵迁《大唐故大德赠司空大辨正广智不空三藏行状》、《宋高僧传》卷一《不空传》。

等密教经典，日本空海在唐笔录长安青龙寺惠果的传授而撰写的《秘藏记》①，也提供不少重要资料。

胎藏界曼荼罗是依据《大日经》内容和相关要求设置或绘制。《秘藏记》说："胎，理也"，"曼荼罗谓三密圆满具足之意"。意为胎藏界曼荼罗是表示大日佛之理，修持三密圆满。何为理？前面引《大日经疏》卷十七说"本尊者，即是真实之理"，实指大日法身，亦即佛性、心。此与所谓菩提心是相应、相契合的。又，胎藏界曼荼罗表示从发菩提心到修持三密成佛，是从因到果，具有"发生"之意，像从种子至出芽，从胎儿到出生的过程。《大日经疏》说：

> 经云：应发菩提心者，谓生决定誓愿，一向志求一切智智，必当普度法界众生。此心犹如幢旗，是众行导首，犹如种子，是万德根本。若不发此心，亦如未托歌罗罗（按：受胎七日），则大悲胎藏何所养育！自不能建立善根，况复为人师耶？（卷三）

> 漫荼罗是轮圆之义，今既限局名数，似于理未圆，故复问此中漫荼罗者为是何义。凡有二问，世尊答中，初答名、次答义。就答名中，还复申明本旨云：夫漫荼罗者是发生义，今即名为发生诸佛漫荼罗也。下菩提心种子于一切智心地中，润以大悲水，照以大慧日，鼓以大方便（按：包括三密在内的各种修行）风，不碍以大空空，能令不思议法性牙（按：芽）次第滋长，乃至弥满法界，成佛树王，故以发生为称。……次答义中，梵音漫荼罗，是攒摇乳酪成苏之义，漫荼罗是苏中极精醇者，浮聚在上之义，犹彼精醇不复变易，复名为坚；净妙之味共相和合，余物所不能杂，故有聚集义。是故佛言极无比味，无过上味，是故说为漫荼罗也。以三种秘密方便（按：三密），攒摇众生佛性之乳，乃至经历五味，成妙觉醍醐，醇净融妙，不可复增。一切金刚智印，同共集会，于真常不变甘露味中，最为第一，是为漫荼罗义也。（卷四）②

可见，"胎藏"本身带有比喻的意思，将菩提心比喻为菩提种子（觉

---

① 《秘藏记》用1922年北京刻经处编印《弘法大师著述辑要》印本。
② 分别载《大正藏》第39册第611页下、第625页中。

悟因种），在"大悲"或"大慈大悲"的母胎中滋养生长，以修持三密等为助缘，促成最后的成佛。曼荼罗原有"攒摇乳酪成苏之义"，修证成佛犹如从乳酪制成味道最好的醍醐，其中三密发挥了重要作用。将此道理用曼荼罗表示，就是胎藏界曼荼罗，也称大悲胎藏曼荼罗。

在绘制的胎藏界曼荼罗中，处于中间（中台）的有大日佛和四方的阿閦、宝相、无量寿、微妙声四佛，此外有普贤、观自在、文殊、弥勒四菩萨及其他执金刚、诸天等。

金刚界曼荼罗，是据《金刚顶经》内容和相关要求设置或绘制。《大日经疏》卷十七说："金刚者是如来智"，金刚界曼荼罗是表示大日如来之智，以金刚比喻此智坚硬无比，能够摧折一切烦恼、恶魔。相较胎藏界曼荼罗象征的是成佛之因，金刚界曼荼罗表示的是修证之果。据唐海云记《两部大法相承师资付法记上》所说，《金刚顶经》原本有四品：一金刚界品、二降三世品、三遍调伏品、四一切义成就品，皆统属金刚界。这四品皆有曼荼罗（原作"曼拏罗"）表示，除降三世品拥有十曼荼罗外，其他三品的曼荼罗各具六曼荼罗：大曼荼罗、三昧耶曼荼罗、法曼荼罗、羯磨曼荼罗（此四曼荼罗，详下）、四印（大印、三摩耶印、法印、羯磨印）曼荼罗、一印（大日法身之智拳印）曼荼罗。佛部有五：一佛部（毘卢遮那佛为部主）、二金刚部（阿閦佛为部主）、三宝部（宝生佛为部主）、四莲华部（阿弥陀佛以为部主）、五羯磨部（不空成就佛以为部主），另有三十七尊金刚萨埵。

据空海《秘藏记》及其《即身成佛义》①，金刚界曼荼罗有四种曼荼罗，即：1.大曼荼罗，一切佛、菩萨、众生的形象，也包括有关绘画；2.三昧耶曼荼罗，"三昧耶"意为本誓，诸佛与菩萨解救众生的誓愿，通过各种标帜——刀剑、轮宝、金刚、莲华等来表现，这种曼荼罗也包括对这些东西的绘画；3.法曼荼罗，也称种子曼荼罗，代表诸佛、菩萨的真言符号，象征大日如来的"法"或"种子"的是梵文"阿"（a）字；四、羯磨曼荼罗，"羯磨"意为动作，是指诸佛、菩萨等的动作姿态、事业，也包括有关造像。据称这四种曼荼罗（四大类现象）充满宇宙，彼此融通无碍，是大日如来自体的显现。

金刚界曼荼罗表现《金刚顶经》中所描述的大日如来智慧无边，神

---

① 《即身成佛义》，《大正藏》第77册。

通广大，与一切佛互相融通涉入，显化为菩萨、金刚、诸天等形象，出入一切世界，济度众生脱苦得乐。设置或绘制金刚界曼荼罗是用来配合举行灌顶、授法和旨在息灾、增益、庆爱（欢庆祝贺）、调伏（降伏怨敌、恶魔）等密法仪式。

综上所述，唐朝后期以善无畏、金刚智和不空等译经僧为代表，所译佛经以密教经典为主，反映了佛经原典输出国印度及南亚诸国密教盛行的情况。这些经典主要有以下特色：1. 佛经以法身佛大日如来为最高本尊，然而又以不同语句表示大日如来与大乘一切佛一体不二，相即为一；2. 将密教置于佛教大小乘教派中最高的地位，提出胎藏界、金刚界以及围绕金、胎二界的种种佛菩萨名称、教理、真言、仪轨，形成大乘佛教发展过程中一个新的阶段或形态；3. 从所宣述内容来看，仍以传统佛教的教理，特别是大乘菩萨之道的六度、慈悲思想等为中心；4. 以汉字音译的梵语真言密咒、在经文中占有很大比重；5. 在修行方法中，提倡修持身、语、意"三密"，以求与大日如来的三密相应；6. 最高修行目标是即身成佛，所谓"父母所生身，速证大觉位"。

在唐代"安史之乱"以后，国力衰竭，内忧外患相继不断的形势下，因密教拥有大量以密咒、诵经、灌顶、修法等来祈祷护国、禳敌、消灾、求福的内容和仪轨，特别受到朝廷的欢迎和支持，在朝廷和上层社会曾盛行一时，并通过中外交流传到外国。

密宗由空海、最澄传到日本。空海创立日本真言宗，以东寺为中心，其密教被称"东密"。最澄创立日本天台宗，然而主张密宗与天台宗结合，其密教称"台密"。密教曾风靡日本全国，对日本佛教诸宗乃至文化皆产生很大影响。①

第七节 义玄和临济宗

禅宗南宗在唐朝后期传播迅速，成为禅宗主流，至唐末五代时期从中产生五个流派，即从南岳怀让的法系形成临济宗、沩仰宗；从青原行思的

---

① 详见拙著、浙江人民出版社1995年版《日本佛教史》或人民出版社2008年版《新版·日本佛教史》相关章节。

法系形成曹洞宗、云门宗和法眼宗。此即禅门五宗，或称禅门五家。从此，中国禅宗进入五宗迭兴，相继盛行的时期。

唐朝在"安史之乱"以后，藩镇割据日益严重，中央政府直接控制的范围越来越小。从由降唐的安史旧将占据的河朔三镇（今河北、河南和山东一带地方），到内地不少州镇，名义上归属朝廷，实际上是割据一方。由于均田制的破坏，土地兼并愈演愈烈。在政治日益腐败的情况下，以垦田面积和户等高下缴纳赋税的两税法在实行中弊端日增，广大农民承受的赋税杂税和差役极其繁重，生活极端贫困和痛苦。在这种情况下，有很多农民失去土地，或是沦为佃户、庄客，或是逃亡山海。从9世纪中叶以后，不断发生农民起义，其中由王仙芝、黄巢先后领导的农民起义（874—884）规模最大，一度攻占洛阳、长安，最后虽然失败，但唐王朝的统治基础已被基本瓦解，从此名存实亡。此后掌握军政大权的新旧藩镇纷纷称王称帝，互相兼并，最后形成五代十国的分裂局面。

禅宗在唐末兴起的过程中得到各地军政官员以至藩镇的支持。同样，在禅门五宗的成立和发展过程中也得到他们的支持。在禅门五宗当中，义玄创立的临济宗最早，并且是唯一创立于北方的宗派。进入宋代以后，临济宗最为兴盛，并且一直流传至今，影响也大。

一　义玄简历

临济宗创始人义玄的生平事迹和禅法，主要载于唐代慧然集、宋代宗演重编的《临济录》和五代南唐静、筠二禅僧编《祖堂集》卷十九《临济和尚传》、《景德传灯录》卷十二《义玄传》等史传中。

义玄（？—866），曹州南华县（在今山东菏泽市）人，俗姓邢。出家受具足戒之后，先学佛教戒律（毗尼）和经论，后认为这些戒律与经论不能断除世人烦恼，改而游方参禅，至洪州高安县黄檗山寺院，在马祖下二世黄檗希运（？—855）门下参禅三年。

据载，义玄先后三次上堂向黄檗禅师问"如何是佛法的大意"，然而三次遭黄檗棒打。（《临济录·行录》）此后，他遵照黄檗指示到同是马祖二世的高安大愚（嗣庐山归宗智常弟子）和尚处参禅，经大愚巧妙指点而得到开悟，认识到佛法并不深奥神秘，任何人不是天生就会佛法，必须经过一番"体究练磨"功夫才能把握。义玄在大愚门下修禅达十余年。大愚死前曾嘱咐义玄："以后出世，传心第一，莫忘黄檗。"（《祖堂集·

临济和尚传》）他此后自承黄檗希运的法系。

大约在唐武宗会昌五年（845）禁断佛教前后，义玄到达河北的镇州（属成德镇，治今河北正定），先在真定城东南滹沱河北岸的临济院传法，得到成德镇节度使王氏兄弟，特别是拥有"检校右散骑常侍"头衔的王绍懿（王常侍，857—866年在位）的大力支持。

义玄上承南宗慧能—南岳怀让—马祖道一—黄檗希运的禅法。从马祖到希运的洪州禅法在两个方面是基本一脉相承的：

1. 强调人人皆有佛性，说"即心是佛"，扭转将佛性、清净本性说得过于脱离现实世界、普通民众的倾向，着重讲佛性（心）存在于现实世界的一切地方，一切现象之中，所谓"立处皆真"，人人是佛；

2. 主张确立对世俗世界"空寂"的认识，"离一切相"，在心识中断除所有是非、善恶、有无等的差别观念，取消各种取舍的意向，以达到与清净无为的真如佛性相契合的精神境界。

这种禅法主张给人们选择在家还是出家，理解和决定如何修行问题，提供了极大的伸缩性和灵活性空间。义玄不仅继承了洪州禅法，而且在传法过程中有新的发展，形成了具有强烈个性的临济禅法和临济门风。

二 具有现实主义风格的临济禅法

临济义玄的禅法具有鲜明的现实主义风格，具体表现为：要求弟子和信徒必须建立对佛与众生、佛法、解脱和修行的"真正见解"；确立"自信"，相信自己"本心"与佛、祖无别，无须向外求佛求祖，寻求解脱成佛；主张修行不离日常生活，说"只是平常无事"，"平常心是道"，"随处做主，立处皆真"。

（一）要求学佛法者必须建立"真正见解"

临济义玄接引学人虽以"喝"（大声吆喝）著称，但也十分重视正面向门下说法。义玄在说法中常称弟子和前来参禅者为"道流"、"参学道流"，有时也称为"大德"。

《临济录》的主体部分就是临济"示众"说法的语录，在所有不同版本的《临济录》中都基本保留着它的原型。义玄教诲徒众一再要求他们建立"真正见解"：

> 今时学佛法者，且要求真正见解。若得真正见解，生死不染，去

住自由，不要求殊胜，殊胜自至。

道流，切要求取真正见解，向天下横行，免被这一般精魅惑乱。

夫出家者，须辨得平常真正见解，辨佛辨魔，辨真辨伪，辨凡辨圣。若如是辨得，名真出家。

大德，莫错。我且不取你解经论，我亦不取你国王大臣，我亦不取你聪明智慧，唯要你真正见解。①

所谓"真正见解"，是在整体上对佛法具有正确的理解和认识。其内容不外乎是对世间与出世间，烦恼与菩提，修行与解脱，众生与佛、菩萨，空与有，色与心等问题的见解。义玄要求门下在这些方面的见解应当与禅宗宗旨达成一致。当然，义玄所表达的是他自己的禅法见解。义玄不要求弟子懂得多少经论，也不问他们的出身地位如何，也不看他们是否聪明……而只要求他们具有真正见解。他强调说，只有具备真正的见解，才能确立对达到解脱的信心，明确行为的准则，即使处于世俗的环境也不受其制约和影响，才能"去住自由"，不受别人、别的学说的吸引和迷惑。

那么，什么是真正的见解呢？主要有两点：一是发挥大乘佛教的佛性学说，宣述佛在现实人间，佛在每个人的自身自心之中，修行者不必向身外求佛求法，甚至形象地称自身所具有的佛（佛性、本心）是能够自由出入身心的"无位真人"；二是依据般若"空"的思想，认为世界一切事物和现象皆空无自性，不仅不应执著外在事物（色法），连自己的自性及一切感性认识（心法）也不应执著。他要求依据此两点，确立自己修行、传法和处世的原则。

（二）独特的佛在自身论——心中三身佛、"无位真人"和"无依道人"

佛性论是禅宗的重要理论基础之一。这一理论主张人人具有先天的成佛的内在依据，人人可以成佛。然而从《临济录》来看，义玄在向门下说法中极少正面使用"佛性"这个词，更多的是在不同角度用"心"表示这个概念，甚至形象地称为"无位真人"、"无依道人"等。

《六祖坛经》记载，当年慧能通过向信徒授"无相戒"的仪式，让他们相信自身具有"清净法身佛"、"千百亿化身佛"、"当身圆满报身佛"，说此三身佛"从自性上生"。指出求佛不必外求，只要领悟自性，就能

---

① 《大正藏》第47册第497页、第498页上、第502页下。

"自作自成佛道"。义玄在"示众"说法中讲述了与此相似的思想：

> 你要与祖佛不别，但莫外求。你一念心上清净光，是你屋里法身佛；你一念心上无分别光，是你屋里报身佛；你一念心上无差别光，是你屋里化身佛。此三种身，是你即今目前听法底人。只为不向外驰求，有此功用。①

"屋里"是指自身、体内。所谓"一念心上清净光"、"无分别光"、"无差别光"，可以看作是对佛性特征的形象比喻。在大乘佛教中，佛性被看作是自心的本体、本质的方面，具有无生无灭，清净无为和超言绝象的性质。义玄用自心三光来说明人人具有佛的三身，本来与佛没有差别。因此，为达到觉悟解脱，不应向外追求，而应内探心源，领悟自性。由此便可认识佛的三身就是在你的自身。所称"目前听法底（的）人"是指听法僧众的精神（灵魂），或精神的自我。

义玄还说过："佛者，心清净光明，透彻法界，得名为佛。"又说："佛者，心清净是；法者，心光明是；道者，处处无碍光是。"虽说法有异，但同样表达了人人心中有佛这种基本主张；同时也表示，佛、法、道三者没有根本差别，它们皆属心法，皆空寂无相，所以说："真佛无形，真道无体，真法无相。三者混融，和合一处。"② 认为一般的人对此是不能分辨，不能认识的。

禅宗历代祖师都讲佛性，但说法五花八门。义玄对此有更加形象的说法。他把自心所具有的佛（即佛性）称为"无位真人"、无形无相的"目前听法底人"、"无依道人"等。

1. 所谓"无位真人"

《临济录》有这样一段记载：

> 上堂云：赤肉团上有一位无位真人，常从汝等诸人面门出入，未证据者看看。
>
> 时有僧出问：如何是无位真人？

---

① 《大正藏》第 47 册第 497 页中。
② 引文分别见《大正藏》第 47 册第 502 页中、第 501 页下—第 502 页上。

> 师下禅床把住云：道，道！①

"赤肉团"，《祖堂集》《临济传》作"五阴身田"；宋版《景德传灯录》《义玄传》作"肉团心"，是指人的肉体，也可能是指人的心脏。义玄是说，每人自身之内都有一个能够自由出入的"无位真人"。当时有僧站出来询问什么是无位真人时，义玄却回避回答，用"无位真人是什么乾屎橛"的反诘语搪塞过去。

那么，人的身体内有什么东西被认为是依附于肉体或心（实际是大脑及躯体的神经系统），并且可以自由出入身体呢？古人认为人的意识、精神寄托于肉体，依附于心脏（肉团心），便把意识、精神也称为"心"。义玄所说的"无位真人"也就是人的精神，包括人的意识、感觉和一切精神作用。他说："心法无形，通贯十方，在眼曰见，在耳曰闻，在鼻嗅香，在口谈论，在手执捉，在足运奔。本是一精明，分为六和合。"② 这也就是马祖所说的"平常心"。义玄本人也确实引用过"平常心是道"。看来他也反对严格地把"心"分为"真心"和"妄心"，而是侧重从"不二"的角度来谈"心"，"心"即佛性。此"心"虽也包括意识和一切精神作用，但它们作为一个整体——"精明"，是生命的体现，与人的肉体密不可分。古人所称的"神明"，是"心灵"、"灵魂"的不同说法。应当指出，义玄是用形象的比喻向人表示，这位"无位真人"就是人人生来具有的并且与日常生活密不可分的自性，也就是佛性。既然对佛性不能用语言文字加以表述，那么，对于僧人质询就只能避而不答了。

2. "无形无相"的"听法底人"和"无依道人"

义玄在说法中常向徒众说，在你们每人面前那位无形无相的能够理解佛法的"听法底人"，就是佛，就是祖（达摩）。那么，这位"听法底人"是什么呢？稍加分析就会发现，这不过是"无位真人"（亦即佛性、自性）的另一种说法。义玄讲过这样一段话：

> 大德，你但识取弄光影底人是诸佛之本源，一切处是道流归舍处。是你四大色身，不解说法听法；脾胃肝胆，不解说法听法；虚

---

① 《大正藏》第47册第496页下。
② 《大正藏》第47册第497页下。

空,不解说法听法。是什么解说法听法?是你目前历历底勿一个形段孤明,是这个解说法听法。①

所谓诸佛本源是"弄光影底人",自然是大乘佛教所说的人人生来具有的清净本性——佛性。它与无所不在的法身一体不二,是一切修行者所追求的最后归宿——成佛,回归法身的依据。人的肉体及脾胃肝胆等内脏,是由地水火风"四大"组成,既不会说法,也不理解所听的法。只有寄托于身体,没有具体形象的"听法者",这个"弄光影底人",独自清清楚楚地懂得说法听法。显然,义玄把人的思维功能与精神作用,说成是所谓"弄光影底人"和"孤明"的听法者了。

关于"勿一个形段孤明"听法者的称法,《临济录》中多次提到。②为节约篇幅,这里不一一全文引证,仅综合大意略作介绍:

(1) 所谓"今目前孤明历历地听法者"、"现今目前听法无依道人历历地分明"、"无一个形段,历历分明"、"你目前昭昭灵灵鉴觉闻知照烛底"、"听法底人,无形无相,无根无本,无住处,活泼泼地",都是指与门下僧众同时相俱听法,而他们自己感觉不到和看不见的"听法底人"。这到底是什么呢?只能理解是与他们肉体同时存在的精神(心灵、灵魂)——精神的自我。据义玄的描绘,它无形无相(也作"勿一个形段"),但却独自对一切事物"历历地分明"。

(2) 这一听法者可以自由地出入十方、三界任何地方,可以适应不同情况向包括佛、祖、罗汉和饿鬼在内的一切众生说法,实施教化;水火不能害,也不受轮回于地狱、饿鬼、畜生的报应。在这里又赋予"听法者"以"法身"佛的特性。按照大乘佛教的说法,法身佛可以应机显化,以各种身份、形象向一切众生说法。

(3) "目前听法者"虽非"四大"肉体之身,没有形象,没有固定处所,但却能随时驱使肉体之身。这是从精神支配人的行为的朴素的认识推论出来的。

(4) "目前听法者"在性质上属于"无嫌底(的)法"。"无嫌",无

---

① 《大正藏》第47册第497页中。
② 详见《大正藏》第47册第488页下、第498页中下、第499页下、第500页上、第501页上、第502页中。

嫌弃，这里也包括其反面的无贪爱。"无嫌底法"，大概相当于佛教所说的"无为法"、"无漏法"，是与"有为法"、"有漏法"相对的没有爱憎，没有取舍和生灭的事物。这里是将"听法者"作为与真如、法身等同的事物看待的。

义玄也把"目前听法底人"称为"无依道人"，或连称"目前听法无依道人"。"无依"，是无所依属，无所制约，好像当年庞居士所说的"不与万法为侣者"①，是指"真如"、"法身"一类属于真谛范畴的东西。义玄在"目前听法底人"时常加上"孤明"二字，其中"孤"字也就是"无依"的意思，好像道家称"道"为"一"那样，强调它的超越万有的至上地位。义玄说："唯有无依道人是诸佛之母，所以佛从无依生。"又说："却见乘境底人，是诸佛之玄旨。佛境不能自称我是佛境，还是这个无依道人乘境出来。"②据第一段话，既然"无依道人"是"诸佛之母"，它就是真如、佛性或是法身的人格化。据第二段话，无依道人虽是"诸佛之玄旨"，但可以乘境出来为"佛境"规定名称，好像前面他讲过的"且名句不自名句，还是你目前昭昭灵灵鉴觉闻知照烛底，安一切名句"③，又是指人的意识、精神。因为人们是可以通过精神的思虑功能，支配身体的有关器官为事物起名，并可借助语言文字对事物加以表述。

应当指出，"真人"和"道人"本来是道家、道教用来称呼得道者的词语，例如《庄子》、《大宗师》、《天下》诸篇中有"真人"、"道人"的称谓；东汉时期道教经典《太平经》说："第一神人，第二真人，第三仙人，第四道人，皆象天得真道意。"④义玄为了便于听众理解，而用此形象地称呼佛性、法身。尽管义玄在说法中用语不规范，前后有不一致的地方，但在表达人人与"佛祖不别"这一点上是十分明确的。这就是义玄的独特的佛在自身论。

(三) 临济禅法中的"空"的思想和"毁佛毁祖"

源自《般若经》中的"空"的思想是禅宗的另一个重要理论基础。义玄在向门下传授禅法过程中也反复讲"空"，引导徒众以"空"的思想

---

① 《景德传灯录》卷八《庞居士传》，载《大正藏》第51册第263页中。
② 《大正藏》第47册第498页下、第499页上。
③ 《大正藏》第47册第502页中。
④ 王明：《太平经合校》，中华书局1960年版，第709页。

来破除对社会、人生和修行生活中的一切执着，断除心中的好恶、取舍等观念或意向，以达到精神自由的境界。概要说来有两点：一是教导徒众，要使"心"达到清净，必须体悟一切皆空的道理，"歇得念念驰求心"①，断除烦恼，而所谓佛性、法身和"无位真人"、"无依道人"从本质上说都是与心的空、清净方面相应的，而如果"爱圣憎凡"、"心疑"，有种种欲望追求，将被业果相牵在"生死海里浮沉"②；二是依据大乘佛教的心是万有的本源的思想，例如《大乘起信论》所说："心生种种法生，心灭种种法灭"，来论证一切物质的精神的事物，皆是空寂无实的，"但有空名，名字亦空"，连一切佛、菩萨及所谓佛国、净土、各种佛法、教说，也是空的，是不应当执著的。他的结论是："心外无法，内亦不可得，求什么物？""向外无法，内亦不可得"。③按照义玄的逻辑，如果不体认世界万有本空，就会产生对外物的贪爱、追求、喜怒、是非等世俗欲望和分辨认识的活动，招致烦恼丛生，不得解脱。

为此，义玄提出所谓"四无相境"的说法，用以说明"四大"本空的道理。

> 问：如何是四种无相境？
>
> 师云：你一念心疑，被地来碍；你一念心爱，被水来溺；你一念心嗔，被火来烧；你一念心喜，被风来飘。若能如是辨得，不被境转，处处用境。东涌西没，南涌北没，中涌边没，边涌中没，履水如地，履地如水。缘何如此？为达四大如梦如幻故。④

这是个比方。按照佛教的说法，地水火风"四大"及其所造是"色"。山河大地，周围环境，乃至人的身体，皆为"四大"构成。义玄是说，如果不认识"四大"皆空，周围一切环境、现象是空幻无实的，产生种种执著，有疑惑，有贪爱，有嗔恚，有喜乐等世俗感情和意向，就会被"四大"、外物摆布，不得解脱。相反，如果认识"四大如梦如幻"，

---

① 《大正藏》第47册第497页中。
② 《大正藏》第47册第498页上中、第500页上。
③ 《大正藏》第47册第499页中、第500页下。
④ 《大正藏》第47册第498页中。

断除种种情欲和追求等，就"不被境惑，处处用境"，在精神上达到绝对自由，实际是达到佛的境界。

义玄所说的"无位真人"、无形无相"听法者"、"无依道人"，是真如佛性人格化的一种说法。他要求门下弟子取法于它们的空寂的本性而确立自己对"空"的"真正见解"。他说："你若欲得生死去住脱著自由，即今识取听法底人，无形无相，无根无本，无住处，活泼泼地"；"你只今听法者，不是你四大，能用你四大。若能如是见得，便乃去住自由。"① 既然你面前的佛、祖——你自己的精神、心灵、所谓"听法者"（"无依道人"）是空寂无相的，不受"四大"外境外物制约的，你就应当取法于它而自觉地确立"空"观，断除执著烦恼，达到"自由"境地。义玄这里所说的"自由"是解脱的另一种说法。

以空扫相，便认为"四大"空，"六尘"空，心法色法皆空，一切形诸语言文字的佛法也空，最后必然扫到佛、菩萨的头上，得出佛、菩萨也空的结论。禅宗的呵佛骂祖，正是以般若"空"论为理论基础的。义玄在呵佛骂祖方面也是有名的。他曾自称：

> 大善知识始敢毁佛毁祖，是非天下，排斥三藏教，骂辱诸小儿，向逆顺中觅人。②

他呵佛骂祖经常是与批评小乘、传统佛教结合在一起的。归纳起来，他呵佛骂祖有两种情况：

一种情况是发挥般若"空"的思想，论述一切世间、出世间的事物皆空幻无实，既无自性，也无生性，只有空寂之名，连名字也不可执著；一切现象，一切教法，包括各种名称概念，例如菩提、涅槃、解脱等，皆是依托环境或其他事物而产生的，是相对的存在——"依变之境"，所谓佛、菩萨等也是如此。在这种意义上，他宣称："等、妙二觉（按，最高修行阶位当中的二种佛位），担枷锁汉。罗汉、辟支，犹如厕秽。菩提、涅槃，犹如系驴橛"；"莫将佛为究竟，我见犹如厕孔。菩萨、罗汉尽是枷锁，缚人底物"；"三乘十二分教（按，概指传统佛教的一切教法）皆

---

① 皆见《大正藏》第47册第498页下。
② 《大正藏》第47册第499页中。

是拭不净故纸。佛是幻化身,祖是老比丘"①。如果认为佛、菩萨和佛法是永恒的绝对的实有的东西,产生执著,追求不已,势必带来种种烦恼,而影响达到解脱的境界。他说:"只为道流不达三空,所以有此障碍……古人云:若欲作业求佛,佛是生死大兆";"你若求佛,即被佛魔摄;你若求祖,即被祖魔摄。"②

第二种情况是使用诸如"杀佛"、"杀祖"等骇人听闻的语言打比方,讲述一切皆空的思想,以求产生振聋发聩的效应。例如他说:"道流,你欲得如法见解,但莫受人惑。向里向外,逢著便杀:逢佛杀佛,逢祖杀祖,逢罗汉杀罗汉,逢父母杀父母,逢亲眷杀亲眷,始得解脱,不与物拘,透脱自在。"③ 显然,这里所说的"杀"不是真杀,只是一种比方,是指断除执著。大意是说,为了得到"如法见解",不受别人迷惑,应当弃舍、断除一切束缚自己的来自任何方面的执著、观念,才有可能达到真正的解脱。此外,他还说过"造五间业,方得解脱"的话。佛教将杀父、害母、伤害佛的身体("出佛身血")、破坏僧团("破和合僧")、焚烧佛经佛像等行为称为"五逆"罪,认为是招致死后沦于无间(无间断地受苦)地狱的罪业,也称"五无间业"。难道义玄是号召弟子去犯罪吗?显然不是。《楞伽经》卷三曾将断除贪爱、无明,转变"觉境识"(妄识、妄心),除灭烦恼,使五阴不再集聚(意为达到解脱),比喻为"行五间业",说有此五种行为不下地狱。义玄对此稍加改变,将造五间业比喻为从五个方面体认空的思想:"无明是父",一念不起,"随处无事",是杀父;"贪爱为母",领悟"诸法空相",断除贪爱是害母;对"清净法界","无一念心生解",是出佛身血;一念之心认识一切烦恼"如空无所依",是破和合僧;领悟因缘空、心空、法空,是焚烧经像。义玄借此形象生动的比喻来引导弟子断除烦恼和执著,说:"如是达得,免被他凡圣名碍。"④

(四)无修无证,"佛法无用功处"

义玄主张,心灵之我即是佛,佛在自身而非在外;又说内外一切皆

---

① 《大正藏》第47册第497页下、第502页下、第499页下。
② 《大正藏》第47册第497页下、第499页下。
③ 《大正藏》第47册第500页中。
④ 《大正藏》第47册第502页中。

空，同时以"不二"法门将这两种思想沟通。与此相应，在修行方面便反对向身外求法求解脱，主张无修无证，说"佛法无用功处"。他说：

> 道流，是你目前用底与祖佛不别。只么不信，便向外求。莫错。向外无法，内亦不可得。你取山僧口里语，不如休歇无事去。已起者莫续，未起者不要放起，便胜你十年行脚。约山僧见处，无如许多般，只是平常著衣吃饭，无事过时。你诸方来者皆是有心，求佛求法，求解脱，求出离三界。痴人，你要出三界，什么处去？佛祖是赏系底名句。你欲识三界么？不离你今听法底心地。你一念心贪，是欲界；你一念心嗔，是色界；你一念心痴，是无色界，是你屋里家具子。
>
> 大德，四大色身是无常，乃至脾胃肝胆、发毛爪齿，唯见诸法空相。你一念心歇得处，唤作菩提树；你一念不能歇得处，唤作无明树。无明无住处，无明无始终。你若念念心歇不得，便上他无明树，便入六道四生，披毛戴角。你若歇得，便是清净身界。你一念不生，便是上菩提树，三界神通变化，意生化身，法喜禅悦，身光自照。思衣，罗绮千重；思食，百味具足，更无横病。①

"目前用底（的）"，是指正在发挥作用的心、心法。以上所引主要是说，佛在自身，不必外求；内外皆空，无法可修，"不如休歇无事"，过每日穿衣吃饭的正常生活；三界即在自心，自心若有贪、嗔、痴诸种烦恼，三界便在你心中：心贪是欲界，心嗔是色界，心痴是无色界，使你在"六道四生"中轮回；佛界也在你自心，歇心无念，便可达到觉悟解脱，进入逍遥自在的佛国净土，具有广大神通，衣食无虑，福乐无尽。然而从引文的实际内容来说，也并非叫人完全无所作为，难道断除以贪嗔痴为首的情欲烦恼，不是意味着要人在修心，改变心识上下工夫吗？

基于以上思想，义玄又明确地向门下的徒众讲述生活日用即为佛道的观点。他说：

> 佛法无用功处，只是平常无事，屙屎送尿，著衣吃饭，困来即

---

① 《大正藏》第47册第500页下。

卧。愚人笑我,智乃知焉。古人云:向外作功夫,总是痴顽汉。你且随处作主,立处皆真。境来回换不得。纵有从来习气、五无间业,自为解脱大海。

认为佛法不离现实生活,自由自在地生活就是修佛道。"随处作主,立处皆真"在《临济录》中引用两次,其中"立处皆真"是取自后秦僧肇《肇论》、《不真空论》的"不动真际而为诸法立处,非离真而立处,立处即真也"。原意是不动的真如("真际"、"实际",这里侧重表示空、真空)是万有的本体,真如与万有相即融通,真如不离万有,万有即是真如,任何事物都是真如的显现。义玄说的"随处作主,立处皆真"也大致包含了这个意思,要求修行者时时处处相信自己是佛(主人),菩提成佛之道就在日常生活之中。与此相应,所谓修行就是休歇身心,无所追求。他说:"你若能歇得念念驰求心,便与佛祖不别";"无事是贵人,但莫造作,只是平常";"但莫外求"。如果有所追求,"有求皆苦",甚至说:"若人求佛,是人失佛;若人求道,是人失道;若人求祖,是人失祖。"好像南辕北辙一样,离预想目标越来越远。①

义玄在创立自己的禅法过程中,不免要对传统佛教和禅宗界某些现象提出批评。他对前者的批评主要有两点:一是将佛看作是绝对的永恒的"究竟"、"极则"的存在,而根据佛经指出既然释迦牟尼佛在八十岁已在印度"拘尸罗城双树间侧卧而死去",就不能说佛是"究竟","明知与我生死不别"。并且用般若"空"论论证所谓佛的三身、佛国净土等也是相对的有所依托的存在,也是空幻不实的;二是传统佛教的"有修有证"及执著经论的做法,认为照此修行皆是"造业",是招致轮回的业因。②

然而义玄批评最严厉的竟是禅宗内部某些现象。《临济录》中有不少带有谩骂、嘲讽意味的称谓用语,几乎全是针对禅宗内部的禅师的,例如"不识好恶秃奴"、"瞎秃子"、"依草附叶竹木精灵"、"野狐精魅"、"瞎屡生"(屡生,大概是轮回不已,永不超脱的意思)等。他对禅宗内部的批评主要有三点:

---

① 本段引文分别引自《大正藏》第47册第498页上、第500页下、第497页中下。
② 以上关于批评佛、三身为"究竟"的观点,参考《大正藏》第47册第499页下、中;关于批评"有修有证"、"六度万行"部分,参考第499页中。

一是批评门下弟子和参禅者不相信佛在自心，而是执意向外求佛求法，到处参禅问道，所谓"旁家波波地（按，一家挨一家地参访奔波），认名认句，求佛求祖，求善知识意度"，"念念驰求，舍头觅头，自不能歇"。①

二是批评"坐禅观行"是外道之法，并且批评抄写语录奉为至宝的现象。北宗曾提倡"凝心入定，住心看净，起心外照，摄心内证"（参独孤沛编录神会语录《菩提达摩南宗定是非论》）的坐禅方法，以为通过坐禅看净观空，可以达到净心见性的目的。慧能、神会都对此作过批评。但这种源于传统佛教的坐禅方法，直到义玄的时候在禅宗界仍很流行。义玄认为按这种方法"坐禅观行，把捉念漏，不令放起，厌喧求静，是外道法……皆是造作"，说自己的心性——"你如今与么听法底人"是不属于可修，可证，可庄严的东西。他也不主张修持传统的"舌拄上腭，湛然不动"的坐禅，说这是"认他无明为郎主"，忘记自性是佛。他批评抄录、阅读语录好像狗啃枯骨一样，说"你向枯骨上觅什么汁！"②

三是批评当时禅宗界有些禅师不懂装懂，"指东划西，好晴好雨"，乱点迷津，惑乱学人，骂他们是"野狐精魅魍魉"。③

我们通过考察义玄对传统佛教、禅宗内部的批评，对他所谓的"真正见解"，他的禅法主张会有更清楚的了解。

三 所谓"临济门庭"

义玄按照自己的禅法思想接引、教诲弟子和来自各地的参禅者，有一套独特的方式方法，禅宗史书称为"临济施设"、"临济门庭"。

自从临济法系的宋代风穴延沼、首山省念和汾阳善昭在传法中大力举扬玄义当年提出的所谓"四料简"、"三句"、"四宾主"和"三玄三要"等以后，禅宗界几乎将这些传授禅法的方式方法当成了临济禅法的主要特色了。

南宋临济宗杨岐派禅僧智昭所著《人天眼目》六卷，编录禅门五宗

---

① 参见《大正藏》第47册第497页下、第498页中。
② 参见《大正藏》第47册第499页中、第501页上下；神会语录，见杨曾文编校，中华书局1996年出版《神会和尚禅话录》。
③ 参见《大正藏》第47册第500页中、第497页下。

创始人及其后著名禅师的语录、偈颂，介绍禅门五宗各自的禅法思想和传法的独特风格。其中在介绍临济宗的部分，着重介绍义玄的所谓"四料拣（简）"、"三句"和"三玄三要"等，在题为《临济门庭》的部分对临济宗的禅风作了如下概述：

> 临济宗者，大机大用，脱罗笼，出窠臼，虎骤龙奔，星驰电激，转天关，斡地轴，负冲天意气，用格外提持，卷舒擒纵，杀活自在。是故示三玄、三要、四宾主、四料拣、金刚王宝剑、踞地师子、探竿影草；一喝不作一喝用，一喝分宾主，照用一时行。……大约临济宗风，不过如此。要识临济么？青天轰霹雳，陆地起波涛。①

前一部分是说临济禅法非凡绝妙，蕴含巨大禅机（禅智、机锋，具有巧妙昭示解脱之道的功能），可以适应情况不拘一格地运用各种语言、动作等来传递佛法信息，与学人交流思想、悟境（所谓"大用"）；灵活自如，具有断除执著、迷误和烦恼的无限威力。后一部分是讲义玄接引学人，传授禅法采取过的方式方法，即所谓"临济门庭"。这一部分成为此书的主要内容。这样编写虽可作为此书的特色，但却会误导读者认为临济禅法不过如此。实际上，前述才是临济禅法的主要内容，所谓"临济门庭"或"临济施设"不过是传授此种禅法的一些具体做法罢了。

后世禅宗经常引述的"三句"、"三玄三要"、"四料简"、"四照用"、"四宾主"等，到底具有怎样的具体含义？当初义玄并没有作出解释。后世的很多引述者一般也只是用笼统的语言进行发挥，回避具体解释。这大概是认为用越抽象、越使人捉摸不透的语言说禅才是所谓"活句"，否则就是"死句"的缘故吧。下面主要依据《临济录》的思想对此试作解释。

（一）三句

《临济录》中两次提到"三句"，现按照出现次序引录如下：

> 上堂。僧问：如何是第一句？
> 师云：三要印开朱点侧，未容拟议主宾分。
> 问：如何是第二句？

---

① 《大正藏》第48册第311页中。

师云：妙解岂容无著问，沤和争负截流机。

问：如何是第三句？

师云：看取棚头弄傀儡，抽牵都借里头人。

师云：佛者，心清净是；法者，心光明是；道者，处处无碍净光是。三即一，皆是空名，而无实有。如真正学道人，念念心不间断。自达磨大师从西土来，只是觅个不受惑底人。后遇二祖（按，慧可），一言便了，始知从前虚用功夫。山僧今日见处与祖佛不别。若第一句中得，与祖佛为师；若第二句中得，与人天为师；若第三句中得，自救不了。①

《人天眼目》将这两段文字前后次序做了改动，似乎前者"如何是第一句"等是对后者三句的解释。此不足凭信，实际上两段文字没有直接关系。

从内容上看，前段"三句"是说传授禅法时应当注意的三个方面。第一句中的"三要"意为禅法的要点（详后）；"朱点侧"（《景德传灯录》误作"朱点窄"），原指公文中用朱笔点过的文字，是公文的要害部分。大意是说，传授禅法时应抓住要点，使人毋庸置疑地理解问题的主次、先后。据《临济录》，也可将"主"解释为自性（"无位真人"），周围的一切事物（也包括言教、修行程式等）皆可看作是"宾"。时刻不忘自己本来是佛，即是做到"随处作主，立处皆真"，否则就是"奴郎不辨，宾主不分"。这正是临济禅法的要点。第二句中的"无著"是唐代僧人名，曾在大历（766—779）年间到五台山巡礼，据称见到文殊菩萨显化，与他有答问，赠他诗偈②；"沤和"是梵文"方便"、"智巧"音译之略，是适应不同情况向众生施行教化、救济的种种方法；"争负"即"怎负"，怎能辜负；"截流"，当指截止生死轮回之流，"截流机"是说佛法具有断除烦恼，使人超离生死的功能。此句大意是：传授禅法时要适应场所和对象直截了当地宣明解脱之道，使佛法完全发挥引导众生断除烦恼达到解脱的作用。第三句中的"弄傀儡"是演木偶戏。此句以木偶动作全由幕后人操纵的比喻，教导受法者应当从现象入手看到事物的本质、本体

---

① 分别见《大正藏》第 47 册第 497 页上、第 501 页下—第 502 页上。

② 请见《宋高僧传》卷二十《无著传》。

方面，进而体悟支配自己言语行为的本性、心灵之我，以确立自修自悟的信心。

后一段文字所说的三句，与文中所说的"佛者，心清净是……后遇二祖，一言便了"有直接关系。是说：佛、法、道皆属心法，借助文字语言是不能完全表达的，它们只能起某种启示作用，只有通过心的契悟才能把握。据说当年二祖慧可只经达摩一语（第一句）的提示便豁然开悟。义玄接着向弟子表示，有谁能从一句话的提示而领悟解脱之道，便可以与祖佛为师；从第二句领悟，可与人天为师；从第三句领悟，说明他连自己也救不了。显然，这里所说"与祖佛为师"、"与人天为师"等，只是比喻的说法。

（二）三玄三要

在前面第一段文字之后，紧接着是：

> 师又云："一句语须具三玄门，一玄门须具三要，有权有用。汝等诸人，作么生会？"①

如果一句语具有三玄门，每一玄门具有三要，那么一句语共有九要。以前述三句为例，三句应有九玄门、二十七要。能够这样机械地理解吗？玄义曾反复批评"执名句"，"认名作句，向文字中求"，要求"不著文字"，"一切时中，莫乱斟酌"，"休歇自心"，难道会提倡这种烦琐的表达方法吗？显然不可能。后世不少禅师对此作了引用，但极少作具体解释。宋代汾阳善昭（947—1024）"举扬宗乘渠渠，惟以三玄三要为事"，在说法和所作偈颂中对此有不少引述和发挥。此后云门宗禅僧荐福承古（"古塔主"，？—1045）曾对"三玄三要"作了系统解释，例如在引用善昭的偈颂作解释时提出所谓"玄中玄"、"体中玄"、"句中玄"等。② 然而他们二人的解释只是他们自己的见解，不能认为是符合或代表义玄本人的观点的。

义玄自己从未对此作具体解释。据《临济录》推测，义玄的本意是

---

① 《大正藏》第 47 册第 497 页上。
② 这里不拟引用二人的有关语录，请见《古尊宿语录》卷十《汾阳语录》、惠洪《禅林僧宝传》卷十二《荐福古禅师传》，并参见惠洪《临济宗旨》、智昭《人天眼目》有关部分。

说：向弟子、参禅者说法，应力求每句话都抓住要点，切中要害，使人能迅速领悟"真正见解"。在这个场合，"三"表示多，非一；"玄"意为深邃、奥妙，非一般文字能够表达的道理；"要"是要点。"一句语须具三玄门，一玄门须具三要，有权有用。"其中"一句话"是比方，未必特指一句话，是指讲授禅法；"三玄"、"三要"是递进语，"要"是"玄"之要，是强调说法应有深妙内容，并且要句句突出重点。《临济录》说"佛法玄幽"，"心法"是"玄旨"，说无形无相的"乘境底人，是诸佛之玄旨"。据此可以说，义玄所说的"三玄三要"是要求讲授禅法应当突出心法、佛性的内容，不搞烦琐哲学。

（三）四料简

也作"四料拣"。"料"，意为核计、度量；"简"，意为简别、选择，合为衡量择别的意思。"四料简"是义玄根据弟子不同的素质和思想状况所采取的四种旨在消除他们对"人我"（"我"，意为自性、实体、规定性）、"法我"执著的教导方法。二执也称"人执"、"法执"。《临济录》记载：

> 师晚参示众云：有时夺人不夺境，有时夺境不夺人，有时人境俱夺，有时人境俱不夺。
>
> 时有僧问：如何是夺人不夺境？
> 师云：煦日发生铺地锦，婴孩垂发白如丝。
> 僧云：如何是夺境不夺人？
> 师云：王令已行天下遍，将军塞外绝烟尘。
> 僧云：如何是人境两俱夺？
> 师云：并汾绝信，独处一方。
> 僧云：如何是人境俱不夺？
> 师云：王登宝殿，野老讴歌。①

佛教认为人身由色、受、想、行、识"五蕴"组成，它们聚散无常，从而人生无常，充满痛苦，劝人不要迷恋世俗生活，应断除情欲烦恼而追求解脱。这种着重破除对人身的执著，被称为破"人我"。"人我"也简称"人"或"我"。小乘佛教虽也破人我，但对于构成身体的要素"五

---

① 《大正藏》第 47 册第 497 页上。

蕴"及由"四大"所造的山河大地等外境——所谓"法我"（简称"法"）还是承认的。大乘主张人、法两空，以"诸法性空"的般若理论既否认人我，也否认法我。禅宗是大乘佛教在中国发展的形式之一，自然也强调破除人、法二执。义玄提出的四料简，就是以破除人、法二执为宗旨的。所谓"夺"，是指禅师用语言或动作乃至棒喝示意弟子或参禅者破除对人、法的执著。义玄通过偈颂描绘的意境比喻是破斥人我还是法我。

"有时夺境不夺人"，是提示人执（我执，我见）重的人破除对人我的执著。偈颂描绘的是早晨太阳光辉四射，大地似锦（法、境），而出生不久的婴儿却已白发如丝（人），比喻只夺人，未夺境。"有时夺境不夺人"，是提示法执重的人破除对法的执著。偈颂描绘的是疆土达到统一，边境安定的情景（只述法、境），比喻只夺境，未夺人。"有时人境俱夺"，是提示人执、法执都重的人破除二执。偈颂所说并州（唐为太原府，治所在今山西太原）、汾州（治所在今山西隰县）两处（包括土地与民众）割据一方，朝廷政令不行，比喻人、境俱夺。① "有时人境俱不夺"，对于没有人、法二执的人则作出肯定的表示。偈颂描绘的是天下太平，四海升平的景象，用以比喻人、境俱不夺。

（四）四照用

"照"是观照、打量、观察和认识的意思；"用"是作用，特指接引、指导参禅学人时所用的语言、动作，包括棒喝在内。明本《临济录》② 记载：

> 示众云：我有时先照后用，有时先用后照，有时照用同时，有时照用不同时。先照后用，有人在；先用后照，有法在；照用同时，驱耕夫之牛，夺饥人之食，敲骨吸髓，痛下针锥；照用不同时，有问有答，立宾立主，合水和泥，应机接物。若是过量人，向未举已前，撩

---

① 南宋临济宗宗杲（1089—1163）曾用"打破蔡州城，杀却吴元济"比喻既夺境（蔡州城），又夺人（吴元济）。（南宋祖咏《大慧普觉禅师年谱》绍兴十年条）吴元济是唐淮西道节度使吴少阳之子，在父死后擅自继位叛乱，朝廷命宰相裴度督率诸路军讨伐，于元和十二年（817）攻破淮西治所蔡州，生擒吴元济。（《旧唐书》卷一四五《吴元济传》、《通鉴》卷二四〇）日本柳田圣山译注《临济录》指出此与义玄的"并汾绝信"没有关系是对的。义玄的"并汾绝信，独处一方"与宗杲的"打破蔡州城，杀却吴元济"没有直接关系，都是对"人境俱夺"的比喻。

② 《古尊宿语录》卷五。

起便行，犹较些子。

此即"四照用"。义玄说，对于前来参禅者，有四种对待方法：一是"先照后用"，即先打量观察一下他的知解情况，然后再用语言或动作予以引导、启示；二是"先用后照"，即先向对方提出问题，或向他作出某种动作，看他有什么反应，然后对他作出判断，适当地加以指导、教诲；三是"照用同时"，即一边用语句或动作进行试探，一边予以相应的引导、教诲；四是"照用不同时"，即根据学人的情况和参禅的时间、场所，或是"先照后用"，或是"先用后照"。他还对此作出解释，说对人执重的人用"先照后用"的方法；对法执重的人，用"先用后照"的方法；对二执都重的人，则用"照用同时"的方法，严格示意他破除二执，好像"驱耕夫之牛，夺饥人之食，敲骨吸髓，痛下针锥"那样，决不姑息；对某些弟子或参禅者，则采取灵活的形式多样的"照用不同时"的方法。他认为，对那些人、法二执俱无，知解高超的人，就不能套用以上方法了。

（五）四宾主

"宾"（客）是指参禅者、学人，"主"是指受参问的禅师。在一般情况下，受参问者是主，来参者是宾。但在对待佛法问题的认识或悟境上，两者的地位是平等的，谁的见解高，谁就占据主动地位，反之就处于被动的尴尬地位。义玄将这种情况归纳为四种，后人称为"四宾主"。《临济录》载：

> 道流，如禅宗见解，死活循然，参学之人，大须子细。如主客相见，便有言论往来：或应物现形，或全体作用，或把机权喜怒，或现半身，或乘师子，或乘象王。如有真正学人，便喝，先拈出一个胶盆子。善知识不辨是境，便上他境上作模作样。学人便喝，前人不肯放。此是膏肓之病，不堪医。唤作客看主。
>
> 或是善知识不拈出物，随学人问处即夺。学人被夺，抵死不放。此是主看宾。
>
> 或有学人，应一个清净境出善知识前，善知识辨得是境，把得抛向坑里。学人言：大好。善知识即云：咄哉，不识好恶。学人便礼拜。此唤作主看主。
>
> 或有学人被枷带锁，出善知识前。善知识更与安一重枷锁。学人

欢喜，彼此不辨。呼为客看客。①

"死活循然"，大概是指或陷于被动，或陷于主动，情况不定。"应物现形"，是根据双方情况采取的灵活表现。"全体作用"，是采用言语、动作乃至棒喝各种手段。"把机权喜怒"，是适应不同时机作出或喜或怒的表情。"或现半形，或乘师子，或乘象王"，大概是指佛教传说中的菩萨应机行施教化的不同表现，或在空中现出半身，或乘狮子，或骑大象。大意是说，学人参问禅师，双方不免有语言交谈。禅师会采取不同言语、动作来探验学人见解，并且应机对学人以启示；学人为表明自己的想法或悟境，以求得禅师的指点或印可，也会有所表现或提出问题。如此，便会发生如下四种情况：

1. "客看主"或"宾看主"。参禅者高明，为试探禅师（"善知识"）水平高低，先喝一声，提出一个问题或语句（"胶盆子"）。禅师如果对此作出不当的答语或表示，又装模作样显出得意的样子。学人便大喝一声，提示他自省。他如果仍不觉悟，表明他执著严重，不堪就药。此时学人占据主动地位，形成"客看主"的局面。

2. "主看客"或"主看宾"。在相反的场合，禅师针对学人提出的问题或表现，以适当的语句或动作向学人指出他的错误之处，而学人不理解，仍自以为是，形成"主看客"的局面。

3. "主看主"。学人提出一个有关心性的得体的语句（"清净境"）向禅师提问或作试探，禅师当场点破其中奥妙；学人立即会意，致礼示敬。此时双方悟境旗鼓相当，为"主看主"。

4. "客看客"或"宾看宾"。学人提出一个有违禅理的语句（"披枷带锁"），禅师不仅没有看出问题，反而顺着发挥，双方都执迷不悟，彼此高兴，则为"客看客"。

义玄明确地表示："山僧如是所举，皆是辨魔拣异，知其邪正。"② 是说运用以上"四料简"可以辨别正法、邪法，及时发现并剔除门下出现的违背佛法的异端邪说。

在临济义玄的禅法中，上述"三句"、"三玄三要"、"四照用"等

---

① 《大正藏》第47册第501页上。

② 同上。

"临济施设"或"临济门庭",只是义玄在传授禅法过程中适应不同对象、问题进行说法和教诲的方式方法,在临济禅法中并非占据主体地位。但后世临济宗的禅僧似乎对前述临济主要禅法思想缺乏必要的重视和诠释,而对这部分内容却寄予了极大兴趣,作了很多新的发挥和解释。应当指出,他们的解释和发挥是受到他们所处社会的环境和佛教、禅宗风尚的影响,所反映的主要是这些禅僧自己的思想。

第八节　灵祐、慧寂与沩仰宗

沩仰宗是由灵祐、慧寂师徒二人创立的,在唐后期曾在相当现在的湖南、江西和广东的部分地区传播,在佛教界和社会上都产生过较大影响。因为此宗世系在进入宋代之后断绝,故有关此宗活动和所传禅法的资料留存下来的很少。

沩仰宗虽以沩山灵祐、仰山慧寂二人命名,但实际上对此宗兴起发挥重大作用的是慧寂。他前后在袁州、洪州和广州三个地方传法,使此派禅法得到很大发展。与其他禅派一样,沩仰宗在成立与传播过程中也得到当时地方军政官员和士大夫的有力支持。

一　灵祐、慧寂与沩仰宗

灵祐(771—853),福州长溪(今福建省霞浦)人,俗姓赵。年二十岁在本州出家,受具足戒后曾跟钱塘义宾学习戒律,对大小乘佛典都阅读,尤精大乘经典。后对传统佛教深奥教理产生疑惑,试图探求新的修行道路,到江西建昌西南马祖墓塔所在地石门山(在今江西靖安县)泐潭寺,礼马祖弟子怀海为师,专心修习南宗禅法。大约在唐宪宗元和(806—820)末年,灵祐到达潭州(治所在今湖南长沙)西北的大沩山(在今宁乡县西)隐栖修行传法。此处山深林密,经常有野兽出没,荒无人烟。此后渐为山乡远近民众得知,归依者渐多,为他建造寺院,门下僧人已达500多人。①

---

①　记述灵祐生平和禅法资料主要有《祖堂集》卷十六、《宋高僧传》卷十一、《景德传灯录》卷九、《联灯会要》卷七、《五灯会元》卷九、《佛祖历代通载》卷十六所载灵祐传记和语录,以及《潭州沩山灵祐禅师语录》(简称《灵祐录》)。此外在《全唐文》卷八二〇载有唐郑愚撰《潭州大沩山同庆寺大圆禅师碑铭并序》。

裴休（约791—864）从洪州刺史、江西观察使改任潭州刺史、湖南观察使，到潭州（治今湖南长沙）之后，对在沩山的灵祐十分敬信，给予多种支持。在遭遇武宗会昌五年（845）禁毁佛教事件时，灵祐与大安等弟子藏匿民间。据唐武宗《加尊号后郊天赦文》（载《全唐文》卷七八），当时潭州和两浙、宣、鄂、洪、福诸州以及三川等地是消极执行这一政策的地方，对禁毁佛教"姑务宽容"。在宣帝即位恢复佛教时，裴休迎请灵祐出来，"亲为其徒列"，请他再剃发为僧主持沩山寺。（《大圆禅师碑铭》）此后得到山南东道节度使李景让、湖南观察使的裴休与崔慎由等人的支持，经奏请朝廷将沩山寺名为同庆寺①。此后沩山教团迅速发展，灵祐门下人数最多时达1600人。

　　灵祐在大中七年（853）去世，享年八十三岁。弟子有慧寂、大安、智闲等40多人，他们分别到相当现在的湖南、江西、福建、浙江、江苏、湖北、陕西、河南等广大地区传法。

　　慧寂（807—883），俗姓叶，韶州浈昌（今广州南雄）人。十七岁至慧能生前所住之寺南华寺出家，后至吉州（治所在今江西吉安市）礼南阳慧忠弟子耽原真应禅师为师，学得从慧忠传至真应的以画圆相（○）等图形表示佛性和解脱道理的做法。此后到沩山礼灵祐为师，在他身边约有十四五年的时间，成为他的最得力的嗣法弟子。

　　慧寂离开沩山后先至袁州仰山（在今江西省宜春县南）传法，陆希声《仰山大师塔铭》说："居仰山日，法道大行，故今多以仰山为号。"在仰山以慧寂为师的徒众曾达500—700人。在咸通二年（862）前后，慧寂从仰山至洪州的府治所在地南昌的石亭观音院（在今江西新建县）传法②。此后他回故乡韶州东平山居住传法。据宋代余靖《武溪集》卷七所载《韶州重建东平山正觉寺记》，此地原有刘总出家所建之寺，在会昌

---

① 参《旧唐书》卷十八下"宣宗纪下"及卷一八七下《李景让传》。
② 公乘亿《魏州故禅大德奖公塔碑》（载《文苑英华》卷六八、《全唐文》卷八一三）记述临济义玄的弟子存奖在大约咸通元年（860）拜义玄为师后不久，便南下行脚，"后过钟陵，伏遇仰山大师方开法宇，大启禅扃"；"遽闻临济大师已受蒲相蒋公之请"，便离开南昌到河中府（蒲州）。"蒲相蒋公"是蒋伸，他在咸通二年或三年（861或862）至四年以国相之位任河中节度使（《旧唐书》卷一四九、《新唐书》卷一三二《蒋伸传》和《新唐书》卷六十三《宰相表下》、《通鉴》卷二五〇对他出任时间记载不同）。据此估计慧寂至南昌的时间在咸通元年或二年。

毁佛中被毁，慧寂来此重建，"四方来学，缁褐千人"，经其弟子道圆的奏请，乾符二年（875）朝廷赐额弘祖禅院，赐慧寂以"澄虚大师"之号和紫袈裟。①

慧寂于中和三年（883）在韶州东平去世，年七十七。唐昭宗大顺二年（891）敕谥"通智大师"之号，塔额"妙光"。《景德传灯录》卷十二载慧寂的嗣法弟子十人，著名的有光穆、景通、文喜、光涌、新罗顺之（了悟）等人。

据《祖堂集》卷十六《仰山传》，前后有11位身任州道节度使、观察使的官员尊奉慧寂为师，现在可以考证出来其中的韦宙、郑愚、陆希声三人，都曾对慧寂传法给予大力支持。韦宙，有的书误写作韦曹、韦胄，唐宣宗大中十二年（858）以韦丹"有惠政于江西"特命韦宙出任江西观察使。韦宙上任后发兵平定江西部将毛鹤之乱，咸通三年（862）从岭南节度使改任岭南东道节度使（治所在今广州），咸通八年（867）加检校尚书左仆射、同中书门下平章事（国相之位）。郑愚，曾任邕管经略使，咸通三年（862）任广州刺史充岭南东道节度使。陆希声曾任歙州刺史，唐昭宗即位任他为给事中，乾宁二年（895）正月为户部侍郎、同中书门下平章事，在慧寂死后应其弟子这请撰写《仰山通智大师塔铭》。

二 沩仰宗的禅法

灵祐与慧寂师徒二人在禅法上大体继承自马祖——怀海以来的思想，主张修行者应当奉无为"无事"为宗旨，在平常的生活日用当中觉悟自性，自然而然地达到解脱。然而在向弟子和参禅者传授禅法过程中，例如在对顿悟、渐修等概念的解释上，慧寂使用画圆相表达佛性和修行解脱道理等方面，也形成自己的特色。

（一）提倡以无为、无事为宗旨，在自然而然中达到解脱

灵祐上堂对众僧说：

夫道人之心，质直无伪，无背无面，无诈妄心行。一切时中，视

---

① 慧寂的资料，主要载《宋高僧传》卷十二、《祖堂集》卷十八、《景德传灯录》卷十一、《联灯会要》卷八、《五灯会元》卷九、《佛祖历代通载》卷十七等书皆载有慧寂的传记，唐陆希声撰《仰山通智大师塔铭》（载《全唐文》卷八一三）。

听寻常，更无委曲。亦不闭眼塞耳，但情不附物即得。从上诸圣，只是说浊边过患。若无如许多恶觉情想习之事，譬如秋水澄渟，清净无为，淡泞无碍，唤他作道人，亦名无事之人。（《景德传灯录·灵祐传》）①

这是他对弟子的基本要求：一是做一个正直的无邪妄之心的人；二是修行不离日常生活，不必逃避现实社会，但应做到不因周围环境影响而产生好恶、取舍的观念或意向（"情不附物"）；三是应当知道以前贤圣告诫过的种种邪妄情欲的见解（"浊见"、"边见"）的危害，不使这些东西染污自性，达到清净无为，做一个"无事"之人。当年怀海在说法中常以"无求人"、"无事人"作为佛的代称（参《百丈语录》）。

慧寂在沩山时向灵祐发问："如何是佛？"灵祐答：

以思无思之妙，返灵焰之无穷，思尽还源，性相常住，理事不二，真佛如如。（《祖堂集·仰山和尚传》）

"以思无思"，当是以"无思"为思（无念），即舍弃任何特定目标的观想，或不限定任何内容方式的思维。"灵焰"，当指心灵（自性、佛性）的作用。大概是说，应当以不思之思，反思（直观）自性所具有的永恒特质和作用，体悟自性的清净本源（所谓"本来面目"）——"性相常住，理事不二"，达到这种认识之时，就进入契合真如的佛的境地了。据载，慧寂听后"顿悟"，立即向灵祐致礼作谢。慧寂后来在传法中经常向参禅者和弟子引述这段话。

所谓"以思无思"的无念禅法的一个重要要求就是"善恶都莫思量"。对周围环境存在和发生的事物，如果有特定的善恶看法，就会追求自认为善的东西而舍弃恶的东西，于是就会形成好恶感情和取舍的意向，有相应的行为。这样就会产生一系列的烦恼。当初慧能曾对朝廷使者薛简说："善恶都莫思量，自然得入心体，湛然常寂，妙用恒沙。"（《曹溪大师传》）慧寂对此话十分赞赏，常常引用。

---

① 《大正藏》第51册第264页下。原文"恶觉情想"之下有"是"字，参《联灯会要》卷六删。

灵祐据《楞严经》将世界万有概括为想生、相生（按：二者既包括心识，又包括由心识变现的境相）、流注生（按：心识相续不断的活动），指出它们都是掩蔽清净自性（心体）的尘垢，都应当"远离"，使"法眼"（为菩萨所具，谓能彻见诸法实相和一切法门）明净，达到最高觉悟。

（二）顿悟之后仍须修行

当年慧能倡导顿悟，但他并没反对顿悟之后仍需渐修，从他一生经历来看是主张顿悟之后仍要渐修的。他的弟子神会明确地主张顿悟渐修，说："学道者须顿见佛性，渐修因缘。"（《南宗定是非论》）马祖虽说"道不用修"，但接着又说"但莫污染"（《景德传灯录》卷二八《马祖语录》）①；还说："道不属修。若言修得，修成还坏，即同声闻；若言不修，即同凡夫。"（《古尊宿语录》卷一《马祖语录》）。是从不二的观点来说修行的，简言之，不是绝对放弃修行，而是在体认自性的前提下不带取舍意向的自然而然的修行和生活。百丈怀海也基本持这种态度。然而，沩仰灵祐对此有明确的说法。《景德传灯录》《灵祐传》载，有僧问："顿悟之人，便有修否？"灵祐回答：

> 若真悟得本，他自知时，修与不修，是两头语。如今初心虽从缘得，一念顿悟自理，犹有无始旷劫习气，未能顿净，须教渠净除现业流识，即是修也。不道别有法，教渠修行趣向。从闻入理，闻理深妙，心自圆明，不居惑地。纵有百千妙义，抑扬当时，此乃得坐披衣自解作伙计。以要言之，则实际理地，不受一尘；万行门中，不舍一法。若也单刀趣入，则凡圣情尽，体露真常，理事不二，即如如佛。②

大致是说，如果一个人已经顿悟自性，就应当知道说修与不修都是违背中道的"两头语"（边见）。因为顿悟之时仍没有将无数世之前积累下来宿业全部断除，还应当继续在弃舍心识中的执著污染（我执、法执）和改变心识（唯识学所谓转依）方面下工夫，此即需要修行。既然已经

---

① 《大正藏》第 51 册第 440 页上。
② 《大正藏》第 51 册第 264 页下。

顿悟，对于各种教说可以透彻理解，不受迷惑。真如之理是清净无染的，虽对于各种修行都不排斥，但如果能直接从内探心源入手，就可以断灭一切计较凡圣、我他等差别的世俗观念，使真实、永恒的清净心体显现，达到理事圆融不二的法身佛的境地。这是对修行者提出的最高的修行目标。对这一段话，大概在慧寂心里留下非常深刻的印象，在他后来向弟子的说法中经常引用。

（三）"曹溪宗旨，不切看读"

禅宗各派都不提倡读诵大量经典和过多的借助文字语言的传法，但各自的说法并非一致。沩仰宗在这方面如何呢？据现有资料，第一是不重视读诵佛经，第二是不绝对排斥读经。

韦宙去看望慧寂，问："院中多少人？"慧寂答有五百人。又问："还切看读不？"他回答："曹溪宗旨，不切看读。"不重读经，那么重视什么呢？当然是自悟本性的禅法。他告诫弟子"莫记吾语"，教导他们在"识心达本"上下工夫。然而如果认为沩仰宗是绝对反对读佛经的，那也是不符合实际的。灵祐曾经读过大小乘佛经，而对大乘佛典尤其"精阅"。他与慧寂对《华严经》、《般若经》、《涅槃经》以及《楞严经》等是相当熟悉的。是否必要读经？恐怕在他们看来与在顿悟后是否应当修行一样，是应当以"不二"的态度来对待的。

（四）"借色明心，附物显理"

佛教所说的"色"原指地水火风"四大"及其所造的一切东西，一般将山河大地和周围环境皆称为色；"心"指心识，或谓六识，或谓八识。灵祐认为，色心不二，见色即见心，在师徒进行禅语问答时，不可强分何者为心，何者是色。不用说，这里贯彻着《般若经》的"空"与"不二"的思想。一日，灵祐与慧寂一块游山交谈。灵祐说："见色便见心。"慧寂趁机提问："树子是色，阿那个是和尚色上见底心？"灵祐回答："汝若见心，云何见色？见色即是汝心。"（《祖堂集·慧寂传》）灵祐主张见到色，也就是见到心，自己的心与周围的色，是浑然一体，不可分离的。此谓"借色明心"。至于"附物显理"，则是借助画圆相或在圆相内外写上字、符号来表示佛性，或启示如何达到解脱的玄机。

沩仰宗在仰山慧寂至弟子仰山光涌（850—938）两代是其兴盛时期，此后逐渐衰微，进入宋代之后便失去传承。

第九节　良价、本寂与曹洞宗

在禅门五宗中，曹洞宗是仅次于临济宗的一个流传范围广和影响大的宗派。曹洞宗的"曹洞"是取自曹山本寂和洞山良价二人名号的前一个字。曹洞宗虽奉洞山良价为祖，但使此宗盛行于世的是曹山本寂。南宋智昭《人天眼目》卷三说：良价晚年得弟子曹山耽章（本寂之别名）禅师，"深明的旨，妙唱嘉猷，道合君臣，偏正回互，由是洞上玄风播于天下。故诸方宗匠咸共推之曰曹洞宗。"① 清代性统所编《五宗宗旨纂要》卷中说："盖洞山之宗，因曹山而显，故名曹洞宗。立此一宗，自洞山为之始也。"正如其他禅派的兴起得到地方藩镇和官员的支持一样，曹洞宗成为一个有影响的禅派是受到唐末占据江西的钟传（所谓"钟陵大王"、"南州帅南平郡王"，？—906）的大力支持的。

一　洞山良价、曹山本寂和曹洞宗

良价（807—869），俗姓俞，会稽诸暨县（在今浙江省绍兴南）人。幼年在家乡本村的寺院出家，稍长至婺州（治所在今浙江金华）五泄山投到马祖嗣法弟子灵默门下正式剃度学法，至二十一岁到嵩山受具足戒。此后，拜潭州（治今湖南长沙）云岩寺昙晟为师，得以上承石头希迁——药山惟俨至昙晟的法系。昙晟示意他"仔细"、爱护自己的本性，良价长期不知如何理解。当他离开云岩寺走到山下过水溪时，看见映在水中的自己影子，忽然大悟，并作偈一首表达自己的悟境。曰：切忌从他觅，迢迢与我疏，我今独自在，处处得逢渠。渠今正是我，我今不是渠，应须怎么会，方得契如如。② 在这里，"我"是自性，是本具的佛性，有时与所谓"神明"（灵魂）等同；"渠"是他，这里是指映在水中的影子，也可进而理解为自我的"用"（作用，包括行为、语言、思想）。此偈大意是说，修行者切忌到自身之外去求佛求法，而应领悟自己本有的清净本性；虽然"我"（自性）的一切外现的影像和作用（"渠"）也就是"我"，但"我"又不等同于后者（"渠"）；只有这样理解才符合真如

---

① 《大正藏》第 48 册第 313 页下。
② 以上皆见《景德传灯录》卷十五《良价传》，载《大正藏》第 51 册第 321 页下。

（"如如"）之理。我与渠也可引申为理与事的关系。

　　在唐武宗下令禁毁佛教时，良价一度移藏民间，当宣宗即位恢复佛教时又著僧衣，后来到达江西高安，在地处现在宜丰县东北的新丰洞山建寺传法，逐渐名声远扬，门下弟子达五百余人。唐懿宗曾赐寺以"咸通广福寺"之额和钟一口。良价于咸通十年（869）逝世，年六十三岁，敕谥悟本大师之号，塔曰慧觉。

　　《景德传灯录》卷十七载洞山良价有嗣法弟子26人，有语录留下的18人。主要分布在现在的江西、湖南、浙江一带，也有的在河南、江苏、山西、四川等地。其中有较大影响的有洪州云居山道膺、抚州曹山本寂、洞山二世道全、湖南龙牙山居遁、京兆华严寺休静、洞山三世师虔、抚州疏山光仁、澧州钦山文邃等。

　　道膺（？—902），俗姓王，幽州（治所在今北京西南）玉田人。自幼出家，受具足戒后学戒律，后改奉禅宗，听人盛赞洞山禅法，便投到良价门下，受到良价的赞赏，成为洞山"室中领袖"。道膺离开良价后，先到三峰（或云"留云峰"）结庵修行传法，后至建昌县（今江西靖安县）的"冠世绝境"云居山（又称欧山）①修行传法，前来参禅就学的人渐多。

　　道膺既受到藩镇钟传和荆州藩镇成汭（邓禹）的支持，又受到割据江西达30年，洪州节度使、镇南节度使，受封南平郡王钟传的支持。"膺住持三十年，道遍天下，众至千五百人。"②道膺于唐昭宗天复二年（902）正月去世。据《景德传灯录》卷二十，道膺的嗣法弟子有二十八人，著名的有杭州佛日、苏州永光院真禅师、洪州同安丕禅师、庐山归宗寺淡权、云居道简等。曹洞宗虽在道膺、本寂之时迅速兴起，但本寂的法系很快失传，而将曹洞宗传至后世的是道膺的法系。

　　曹山本寂（840—901），俗姓黄，泉州蒲田（在今福建省）人。自幼受儒家思想熏陶，年十九入福州云名山出家为僧，受具足戒后前往新丰洞山寺礼良价为师，在良价身边十余年。据《禅林僧宝传》记载，本寂在离开洞山之际，良价向他密授先师云岩昙晟所付《宝镜三昧》、《五位显

---

　　① 关于云居山，参见宋惠洪《禅林僧宝传》卷六《云居宏觉膺禅师传》、宋王象之《舆地纪胜》卷二十五《景物下》。
　　② 《禅林僧宝传》卷六《道膺传》。

诀》、《三种渗漏》。

本寂先到韶州曹溪参拜六祖慧能之塔，然后自螺川到临川（即抚州，在今江西）荷玉山建寺传法，因仰慕曹溪六祖便将所在之山改名曹山，寺为曹山寺（在今江西抚州市宜黄县北），门下参禅问学者常达两三百人。本寂在曹山传法，受到镇南节度使、南平郡王钟传的仰慕和支持。本寂于唐昭宗天复元年（901）去世，年六十二，谥号元证大师，塔额曰福圆。

据《景德传灯录》卷二十，本寂有嗣法弟子14人，其中著名的有抚州荷玉匡慧、衡州育王山弘通、抚州曹山慧霞等。

二 曹洞宗禅法

现存洞山良价和曹山本寂的传记，如《祖堂集》卷六、卷八；《宋高僧传》卷十二、卷十三；《景德传灯录》卷十五、卷十七；《联灯会要》卷二十、卷二二；《五灯会元》卷十三等史书所载二人的传记当中，记载他们的不少语录。此外，还有南宋惠洪的《禅林僧宝传》卷一《本寂传》引述的据称是云岩昙晟传授给良价，良价又传授给本寂的所谓《宝镜三昧》、《五位君臣显诀》、《三种渗漏》等。所谓《洞山语录》、《曹山语录》的专辑，都是主要依据上述资料辑录的，成书很晚。应当指出，因为《祖堂集》、《宋高僧传》、《景德传灯录》等书成书较早，从《景德传灯录》至《五灯会元》等又基本是前后相承，这些史书中所载洞山、曹山二人传记可信程度较高，是考察他们的禅法思想的基本资料。

曹洞宗禅法主张，仅简要介绍如下四点：

（一）体悟自性是"大事"

自性在禅宗那里与大乘佛教所说的真如、佛性、法性等大体是一个意思，认为是人生来所禀有清净本质、觉悟的基因，在属性上与道家所说的道、自然有极为相似的一面。它是空寂的，清净的，是自然无为的。体悟自性，或"见性"、"识心见性"、"顿见真如本性"、"直了见性"等，到底是什么意思？局外人虽难尽知其妙，但从一些文字的描述中可以推测出其中主要的意趣，即思维意识与上述真如、自性的性格相契合，表现在：体认万有皆空幻无实（空观），弃舍一切计较是非、内外、染净等的差别观念（无念、无相），没有追求和舍弃的意向（无住），在行为上能够以"无事"为事，自然无为。然而禅宗南宗为防止在弟子中形成程式化的思维模式，特别强调"不二"法门，在不同场合对这些基本方面经常作出非常灵活的解释或暗示。禅门五宗在禅法上虽有五花八门的说法，但基本主张大体是一致的。

良价在向弟子传授禅法中也反复提示上述要旨。他将自性称作"主人公"，将领悟自性称为自己的"大事"、"衣线下大事"等，认为是出家人须臾也不可忘记的。

良价在离开其师昙晟时曾问：在和尚"百年"后有人问自己，还记得师父的模样吗？应如何回答？其师说：只向他说"即这个是"；又叮咛他："承当这个事大，须审细。"在这里，昙晟用含糊的词语告诉良价，他的"这个"就是他的本来面目，就是他有模样。意思是说个人的身体相貌是无常的变易的，并不代表自己的本质属性，只有人人相通的自性才是自己的本来面目。这是昙晟在良价将要离开自己时对他所作的最后启示。开始良价不理解其中的奥妙，待走到山下水边见到映到水中的自己影子时才豁然大悟，作偈述自己的悟境，认识到自性不离日用，解脱之道重在觉悟自性（见前引）。他在以后的传法生涯之中一直强调这个思想。

《景德传灯录》《良价传》记载：

> 师问僧：世间何物最苦？僧曰：地狱最苦。师曰：不然。曰：师意如何？师曰：在此衣线下不明大事，是名最苦。
>
> 师问僧：名什么？僧曰：某甲。师曰：阿那个是阇梨主人公？僧曰：见祗对次。师曰：苦哉，苦哉！今时人例皆如此，只是认得驴前马后将为自己。佛法平沉，此之是也。客中辨主尚未分，如何辨得主中主？僧便问：如何是主中主？师曰：阇梨自道取。僧曰：某甲道得即是客中主，如何是主中主？师曰：恁么道即易，相续也大难。①

其中第一段话的意思是：对于世人来说，最苦的是对自身具有的本性（佛性）不知道，对领悟自性的事不懂得；话外之意是，如此则将永远不能摆脱生死轮回，所以是最苦的事。第二段的意思是：从本质上说，现实有名有身能回答问题（"祗对"）之我是虚幻不实的，不是"主人公"——自性，只是自性的作用而已；即使可以通过语言文字表述的自

---

① 《大正藏》第 51 册第 323 页上。

性也只是属于"客中主"（流动变易的万有客体中的自我、自性），真正的"主中主"（超越物我界线和时空的绝对本体——"常乐我净"之我、法身）是超言绝相的；在这种认识的基础上再进一步，即彻悟自性，与真如契合，回归法身则是更难的事。

良价常常教导弟子要善保自性，勤学慎交。他劝勉弟子说：

> 天地之内，宇宙之间，中有一宝，秘在形山（按，此喻身体），识物灵照。内外空然，寂寞难见，其位玄玄。但向己求，莫从他借。借也不得，舍也不堪。总是他心，不如自性。性如清净，即是法身。草木之生，见解如此。住止必须择伴，时时闻于未闻。远行要假良朋，数数清于耳目。故云：生我者父母，成我者朋友。亲于善者，如雾里行，虽不湿衣，时时有润。蓬生麻竹，不扶自直；白砂在泥，与之俱黑。一日为师，终世为天；一日为主，终身为父。玉不琢不成器，人不学不知道。（《祖堂集·洞山和尚传》）

虽语录前后不很连贯，但意思还是清楚的。

本寂也常提示门下弟子应当在"明自己事"上下工夫。他一次上堂向弟子解释自己为什么不爱说法，而在其他禅寺却有人经常说法。说：

> 你见他千经万论，说成底事，不得自在，不超始终，盖为不明自己事。若明自己事，即转他一切事，为阇梨自己受用具。若不明自己事，乃至阇梨，亦为他诸圣为缘；诸圣与阇梨为境。境缘相涉，无有了时，如何得自由？若体会不尽，则转他一切事不去；若体会得妙，则转他一切事向背后，为僮仆着。是故先师云：体在妙处，莫将作等闲。（《祖堂集·曹山和尚传》）

"说成底事"是指说过去的事，当指公案、语句之类。"不超始终"，当与"不超生死"同义。"缘"、"境"在这个场合大体同义：缘是"所缘"，"诸圣"（佛、菩萨）以众生（包括不明自己事的一切人）为济度对象；"境"是"对境"，诸圣永远是众生追求的目标。全句大意是：纵然你能演说千万种经论，说无量多的教理、事例，也不能达到自由自在，超脱生死，原因就是没有晓悟自己本分的事（见性）；如果能够晓悟自己的事，就能获得自由，使世上事事物物为我所用，否则就永远被动；在修行方面，自己只是佛菩萨济度的对象，而佛、菩萨永远是自己追求的目标；关键在于体悟自己的大事，如果能够体悟，就化被动为主动，自己将做主人。

以上所述，虽在洞山、曹山二人语录中所占分量不大，但却在他们的禅法体系中占据中心地位的思想。

（二）提倡"行鸟道"——在思想中确立"空"观

《般若经》中所反复宣扬的一切皆空的思想，是禅宗各派共同提倡的，但说法各有特色。洞山良价用"行鸟道"形象地引导弟子建立空观，确实令人意想不到。鸟可以在辽阔的苍空自由飞翔，空中的任何方位都是它们飞翔穿越的道路。因此，所谓"鸟道"也就是虚空，并被进一步作为"诸法性空"的"空"。"行鸟道"就是认识世界上一切物质的精神的事物和现象都是空寂没有实体的，确立指导自己认识问题和修行的空观。《祖堂集·洞山和尚传》记载，良价在一次"示众"说法中曾明确地将自己的禅法归纳为三点："展手而学，鸟道而学，玄路而学。"大意当是：主张无修无证，此可为"展手而学"；要人确立空观，是"鸟道而学"；说心性"其位玄玄"，强调体悟自性，可谓"玄路而学"。关于"鸟道"，良价还有一些说法，让我们引证之后加以说明：

问：承和尚有言，教人行鸟道。未审如何是鸟道？曰：不逢一人。僧曰：如何是行？师曰：足下无丝去。僧曰：莫是本来人（《景德传灯录·良价传》"本来人"作"本来面目"）也无？师曰：阇梨因什摩颠倒？僧云：学人有何颠倒？师曰：若不颠倒，你因什摩认奴作郎？僧曰：如何是本来人？师曰：不行鸟道。（《祖堂集·洞山和尚传》）

这里用鸟飞在辽阔的空中（"不逢一人"）来比喻空的境界，用鸟的足没有被绳索捆绑可以自由飞翔比喻运用空观断除执著。当这位禅僧认为有此理解即为体认自己的"本来面目"（"本来人"）时，结果却受到良价的批评，说他将主次颠倒，认奴作郎。按照良价的逻辑，对于体认"本来面目"这样的事是属于第一义谛的，不可形诸语言文字；一旦形诸语言文字，就已经陷于另一种执著，所以他马上改说"不行鸟道"才符合"本来面目"。这与当年马祖在说"即心是佛"之后,当看到有人对此执著时,又说"非心非佛"十分相似。

洞山良价弟子居遁在湖南龙牙山传法。有僧问他:"一心不生时如何?"他答道:"什摩时不生心?"此僧进一步问:"与摩时(按,此时)鸟道何分?"答:"正伊摩时,行鸟道。"问:"如何辨?"答:"却须行鸟道。"(《祖堂集》卷八《龙牙和尚传》)可见,在良价的弟子那里,"行鸟道"的重要含义之一就是"一心不生",即按照空观的要求修持"无念"。

良价认为只有个人在心中确立空观,才能使自心与真如之理契合,从而达到觉悟。让我们看几段良价的语录:

> 问:古人有言:以虚空之心,合虚(空)之理。如何是虚空之理?师曰:荡荡无边表。(问):如何是虚空之心?师曰:不挂物。(问):如何得合去?师曰:阇梨与摩道,则不合也。
>
> 心法双亡,性则真……心法双亡,是非心非法也。(以上引自《祖堂集·洞山和尚传》)
>
> 直须心心不触物,步步无处所,常不间断,稍得相应。
>
> 夫出家之人,心不附物,是真修行。(以上引自《景德传灯录·良价传》)①

按照禅宗的理论,心体本来空寂,但被情欲烦恼遮蔽污染,如果确立空观,断除情欲烦恼,就会使虚空的心体显现,而与真如之理契合。真如或佛性、法性、法身在本质上是无边际无内外的,只有使心达到虚空境界才能与之相契。如果要使心境达到"虚空"状态,则必须使心摆脱思虑有无、爱憎、是非、主客等的差别观念,取消一切求取与舍弃的意向,此即所谓"不挂物"、"不触物"、"不附物",也就是慧能在《六祖坛经》中反复强调的"无念",至高境界是达到"心法双亡"。良价认为按照这个基准修行是真正的修行。然而,如果有人将此做法程式化,认定一定要如何如何,又违背禅宗"不二"的思辨方法。例如,前引那位僧听良价解释"以虚空之心,合虚空之理"之后,问"如何得合去"时,良价立

---

① 《大正藏》第51册第322页上、323页中。

即予以否定的表示。对此道理，也只能心会，不可言传的。

如果不能做到"不触物"、"不挂物"，而是有所欲望，有所追求，则称此为心有"瞥起"，说"瞥起是病"。认为在一切必然带来烦恼的追求中，对佛对法的追求最具有危险性，称为最难治的"病"。有人问："古人有言：佛病最难治。佛是病？佛有病？"答："佛是病。"（《祖堂集》《洞山和尚传》）对此虽没有解释，但联系前后的句意，此是将对佛的想象和对佛的追求当作"病"来告诫弟子的。

（三）"正问正答，不从口里道"

认为佛、真如、佛性以及达到觉悟解脱的道理不是语言文字可以完全表述的，任何语言文字的表达都有局限性，都不能代表它们本身，是禅宗各派共同主张的。同样，各派各位禅师对此的说法也各种各样。比较起来，禅宗早期的禅师还经常从正面系统地讲述禅法，而越到后世的禅师越回避正面说法，流传下来的语录显得支离破碎，而且经常是词意含糊，不知所云。良价、本寂及他们的弟子也有不少这方面的语录，这里仅作极为简要的介绍。《景德传灯录》《良价传》记载：

> 师有时云：体得佛向上事，方有些子语话分。僧便问：如何是语话？师曰：语话时阇梨不闻。曰：和尚还闻否？师曰：待我不语话时即闻。僧问：如何是正问正答？师曰：不从口里道。①

所谓"佛向上事"或简称"向上事"是指成佛解脱之道。良价说只有对此道理有所体认才有可说的——说法。然而当有僧问何为"语话"（说话）时，他又回避解答，而且明确地表示"正问正答"是不能从口里说出的。唯其如此，所以他对于门下的弟子或参禅者提出的诸如"何为祖师西来意"、"出离之要"、"沙门行"等问题，皆避免正面回答，或用托词引开，或所答非所问。有人问他："如何是古人百答而无一问？""如何是今时百问而无一答？"他分别以"清天朗月"和"黑云叆叇"代过，也许表示的是今不如古的意思。不管怎样，他对禅宗内流行的面对百问而无一答的现象并不否认。本寂也是这样。有人问他："具何知解，善能对众问难？"他答："不呈言句。"问："既不呈言句，问难个什摩？"他答：

---

① 《大正藏》第51册第322页下。

"刀斧斫不入。"(《祖堂集·曹山和尚传》)无语则无失。只要沉默不语,就可以应付各种质询问难。唐宋禅僧不少人运用这种方法来应付参禅者的提问,这在现存大量语录中可以得到充分证明。

(四) 所谓"偏正五位"和"五位君臣"等曹洞宗"门庭施设"

南宋智昭《人天眼目》卷三介绍所谓"曹洞门庭"说:

> 曹洞宗者,家风细密,言行相应,随机利物,就语接人。看他来处,忽有偏中认正者,忽有正中认偏者,忽有兼带,忽同忽异,示以偏正五位、四宾主、功勋五位、君臣五位、王子五位、内绍外绍等事。
>
> 偏正五位者:正中偏者,体起用也;偏中正者,用归体也;(按,缺"正中来")兼中至,体用并至也;兼中到,体用俱泯也。
>
> 四宾主,不同临济:主中宾,体中用也;宾中主,用中体也;宾中宾,用中用,头上安头也;主中主,物我双亡,人法俱泯,不涉正偏位也。
>
> 功勋五位者,明参学功位,至于非功位也。
>
> 君臣五位者,明有为无为也。
>
> 王子五位者,明内绍本自圆成,外绍有终有始也。
>
> 大约曹洞家风,不过体用、偏正、宾主,以明向上一路。要见曹洞么?佛祖未生空劫外,正偏不落有无机。①

《人天眼目》著于南宋淳熙十五年(1188),在惠洪《禅林僧宝传》之后,书中也选录了《禅林僧宝传》中的部分资料。不管这里所述有多少是真的出自良价、本寂之手,但至少可以说,在南宋的曹洞宗是将这些看作是他们二人的著述,并且归之于曹洞宗禅法的。

很明显,这些门庭施设是针对前来参学者的思想认识状况提出的,以利于因材施教,引导他们认识真如本体(理)与万有现象(事)之间存在的相即融通的关系。从石头希迁以来强调的真如与万法、理与事互相圆融"回互"和物我一体的思想,至曹洞宗出现可以说达到了顶点,形成比较完整系统的理论。这主要体现在推洞山、曹山二人为作者的上述门庭

---

① 《大正藏》第48册第320页下。

施设上。这里仅将《禅林僧宝传》《本寂传》提到的《宝镜三昧》、《五位君臣偈》、《五位君臣旨诀》提到的论理事"回互"和空色、理事关系的思想作简要介绍。

1.《宝镜三昧》中的理事"回互"思想

《宝镜三昧》或《宝镜三昧歌》全文是偈颂体，共 16 首偈。前一偈四句："如是之法，佛祖密付，汝今得之，其善保护"，标明此非出自良价。后面十五首皆是六句偈，或是借助比喻，或是运用艰涩的语句，表述理与事的会通融合的思想，从中大体可归纳出以下最具特色的思想：

一是自然无为的思想，认为天地之间，一切千差万别的现象皆各得其所，所秉性理非言可表，万事万物各含己趣，所谓"类之弗齐，混则知处，意不在言，来机亦赴"。

二是心性之理与万事万物互相会通、融摄，构成以心性为本体的统一的世界。认为心性本来"天真而妙，不属迷悟"，但在一定因缘时节，在静寂的之中"细入无间，大绝方所"。万物是心性之理的显现，如同镜子中的形象是人的映像一样，"汝不是渠，渠正是汝，如世婴儿，五相完具"。参照曹洞宗其他地方对"正、偏"的解释，是以"正"代表空、心性、理；以"偏"代表色、万有、事，认为它们之间是互相交错融通的。如果借用卦相来表示的话，"重离六爻，偏正回互，叠而为三，变尽成五"。参考所称是本寂著的《五位旨诀》①，这里所说的意思是：构成"离"卦的重叠卦相（所谓"重离"）的六爻（☲），如果相应地移动上下卦的爻位重新组合，可以组成"中孚"（☴）、"大过"（☳）的卦相，然后又能恢复"重离"的卦相（☲）；再将"离"的单个卦相（☲）的爻加以拆分组合，可以形成"巽"卦（☴）和"兑"卦（☱）的卦相。此即"叠而为三，变尽成五"。卦相的阳爻（—）代表上述的"正"方，阴爻（--）代表"偏"方。偈颂以组成"重离"卦相的阳爻、阴爻的互相交错组合可以产生不同的卦相、事物来表示心与物、理与事、空与色之间互相融摄会通，构成千差万别的世界。这也是对所谓"偏正五位"的一种论证。

三是认为真如、心性之理"不去不来，不起不住"，"真常流注"，即它是永恒的，空寂清净的，但又通过随缘显现为万物而迁流不息。它虽然

---

① 《大正藏》卷 47 第 533 页中。

超言绝相，但又不是绝对排斥语言，所谓"为物作则，用拔诸苦，虽非有为，不是无语"。修行者应当取法于它的本性来思想和修行。如果心性受外在影响而有追求、取舍，则会使心性污染，烦恼交会丛生，所谓"动成窠臼，差落顾伫，背触皆非，如大火聚，但形文采，即属染污"。修行者应当如臣民对待君主那样尊奉真如之理，通过断除世俗情识自然而然地使自心与真如之理契合，达到解脱，所谓"非情识到，宁容思虑；臣奉于君，子顺于父"；"不顺非孝，不奉非辅。潜行密用，如愚如鲁。但能相续，名主中主"。前面提到，"主中主"与"客中主"相对，是指超越于万有客体的法身，此当指修行最高境界——回归法身。

2. 《五位君臣偈》与《五位君臣旨诀》、《君臣五位显诀》——论空色、理事的关系

《禅林僧宝传》《本寂传》中所载《五位君臣偈》虽未讲作者，但从紧接在《宝镜三昧》之后来看，也是把它与《君臣五位显诀》一样看作是良价从云岩昙晟那里继承下来并又把它传给本寂的。然而在后世编的洞山、曹山语录中，皆将二者看作是良价个人的作品。至于《五位君臣旨诀》，据《禅林僧宝传》《本寂传》则是本寂对某僧参问的回答。

《五位君臣旨诀》说：

> 正位即空界，本来无物。偏位即色界，有万形象。偏中至者，舍事入理。正中来者，背理就事。兼带者，冥应众缘，不随诸有，非染非净，非正非偏，故曰虚玄大道，无著真宗。从上先德，推此一位最妙最玄，要当审详。
>
> 辨明君为正位，臣是偏位，臣向君是偏中正，君视臣是正中偏，君臣道合是兼带语。
>
> 问：如何是君？曰：妙德尊寰宇，高明朗太虚。
>
> 问：如何是臣？曰：灵机弘圣道，真智利群生。
>
> 问：如何是臣向君？曰：不堕诸异趣，凝情望圣容。
>
> 问：如何是君视臣？曰：妙容虽不动，光烛本（按，或作"无"字）无偏。
>
> 问：如何是君臣道合？曰：混然无内外，和融上下平。
>
> 又曰：以君臣偏正言者，不欲犯中，故臣称君，不敢斥言是也。

此吾宗之宗要。作偈曰：

学者先须识自宗，莫将真际杂顽空，
妙明体尽知伤触，力在逢缘不借中，
出语直教烧不着，潜行须与古人同，
无身有事超歧路，无事无身落始终。①

现先将引文前部的意思略加简化：

正—君—空—理—本来无物；
偏—臣—色—事—万有形象；
偏中至—偏中正—臣向君—舍事（色）入理（空）；
正中来—正中偏—君视臣—背理（空）就事（色）；
兼带—君臣道合—冥应众缘……虚玄大道，无著真宗。

　　这是曹洞宗的一种观察世界与思考修行解脱问题的程序和方法，也是用来评价禅僧学人禅悟意境的标准。华严宗澄观（738—839）继承从杜顺至法藏以来的法界学说提出四法界说，即：事法界、理法界、理事无碍法界、事事无碍法界，论证以一真法界（真如、佛性）为本体、本源的缘起世界是重重无尽和圆融无碍的。上述曹洞宗的五位君臣说从内容上看，与华严宗的四法界颇为相似，也许即是受华严宗法界学说的影响而提出的。即：正（君）、偏（臣）二位，相当于华严宗的理法界与事法界；偏中至（臣向君）与正中来（君视臣），综合起来相当华严宗的理事无碍法界；最后的兼带，相当华严宗的事事无碍法界。

　　首先，从观察世界的程序和思考问题的方法来说，世界万有，包括一切物质的现象和精神现象在内，从大的方面来分，可用代表本质的"理"与代表现象的"事"这两大范畴加以概括。所谓"理"，空寂无象，是在不同意义上称谓的佛性、心、自性、本性、法身以及空、体、本、道、理、实相等，而所谓"事"是万有现象，在不同场合是指五蕴、十八界、

---

　　① 此摘自1982年江苏广陵古籍刻印社据清光绪常熟刻经处重印本影印的《禅林僧宝传》卷一《本寂传》，与大正藏本《人天眼目》卷三所载在文字上稍有差别。引文中的"灵机弘圣道"中的"弘"原作"宏"字，"光烛本无偏"中的"本"原作"不"字，皆参照《人天眼目》改。

四大、六道、三界、十二因缘、有、色、用、末、事、幻（有），甚至也包括大小乘佛法在内。此即是上述的正位——君位和偏位——臣位。依据真如（或心性）缘起的理论，世界万有无不是真如之体的显现，真如随缘（条件）而生成为世界万有，借用唐代天台宗湛然《金刚錍》的话来说就是："万法是真如，由不变故；真如是万法，由随缘故"[①]。前者是从万有到真如，是所谓"舍事就理"，是"偏中至"或"偏中正"，是"臣向群"；后前者从真如到万有，是所谓"背理就事"，即"正中来"或"正中偏"，是"君视臣"。如果进一步将这两位综合起来考察，就会认识到理、事之间，真如本体与世界万有之间是彼此交会，互相融通的，色空相即，理事无间，达到相即不二的中道的至高认识境界。此即所谓"冥应众缘，不随诸有，非染非净，非正非偏，故曰虚玄大道，无著真宗"，是"兼带"或"君臣道合"。

其次，从它作为考虑修行解脱问题的方法来说，是要求首先承认真如心性是本体以及与它相应的世界万有（包括众生），进而认识二者之间的所存在的本体与现象的相互关系，最后要求达到泯灭一切差别，使自心与真如之体契合的精神境界。

至于后面那些偈颂等，不外是对上述含义和重要意义的补充说明。

《五位君臣偈（或作"颂"）》曰：

> 正中偏，三更初夜月明前，莫怪相逢不相识，隐隐犹怀昔日嫌。偏中正，失晓老婆逢古镜，分明觌面更无真，休更迷头犹认影。正中来，无中有路出尘埃，但能不触当今讳，也胜前朝断舌才。偏中至，两刃交锋要回避，好手还同火里莲，宛然自有冲天气。兼中到，不落有无谁敢和，人人尽欲出常流，折合终归炭里坐。

这里的五位是将正位与偏位排除在外，而只是按照它们的相互关系排列的。参照《人天眼目》卷三所载署名曹山的《五位君臣图》和《五位功勋图》，是将"正中偏"为君位，可理解为真如是万法，平等理体中有差别现象；"偏中正"是臣位，意为万法是真如，差别现象中有平等理体；"正中来"是君视臣，意为真如显现为万法，静中有动；"偏中至"

[①] 《大正藏》第46册第782页下。

（《五位君臣图》和其他解释文字多作"兼中至"，此据《禅林僧宝传》）是臣向君，是万法体现真如，动中有静；"兼中到"是君臣道合，是真如与万法相即不二，非空非有，理事融合，动静一如。偈颂是以比喻来表述上述意境的，这里不拟解释。

关于《君臣五位显诀》，现存《解释洞山五位显诀》，谓是曹山本寂著。另有《重编曹洞五位显诀》，署名为唐曹山撰，后曹山慧霞编，宋广辉释，现有13世纪高丽晦然补充重印本。① 其中被认为是良价本文的部分篇幅很短，曰：

> 正位却偏，就偏辨得，是圆两意。偏位虽偏，亦圆两意。缘中辨得，是有语中无语。或有正位中来者，是无语中有语。或有偏位中来者，是有语中无语。或有相兼带来者，这里不说有语无语。这里直须正面而去。这里不得不圆转，事须圆转。然在途之语，总是病。夫当人先须辨得语句，正面而去，有语是怎么来，无语是怎么去。作家中不无言语，不涉有语无语。这个唤作兼带语，兼带语全无的的也。

其中本寂的解释用"曹山拣云"和"别时拣云"。不难看出，此是前述《君臣五位旨诀》的一种运用，是着重用来评判禅的语句的。所称曹山的"拣云"的解释，也是以此为重点。以下据所谓曹山"拣云"及广辉的释语，略作说明。

（1）正位（空、理）。"正中无用，为偏；全用为圆，是圆两意"，是从真如之体具有的本来功能（未发生作用和发生作用）讲的。用于禅语之例：百丈禅师语："我有语独脱物外，起于众圣之前。"

（2）偏位（色、事），偏位也属用（作用）。"用处不立的（按，不设定目标、意向）；不立的则真，不常用也"；"用中无物，不触"，于是也有偏、圆两意，虽有语也同于无语。用于禅语，如："洞山问僧：你名什么？僧云：请和尚安名。师却称：良价。僧无对。"

（3）正位中来者（背理就事），是"无语中有语"。是"正位中来，明正位不涉缘（按，缘指事、色、用等）"，"句句无语，不立尊贵"。禅

---

① 《解释洞山五位显诀》，载《大正藏》第47册第541—542页。《重编曹洞五位显诀》载《续藏经》第二辑甲集第十六套第二册，蓝吉富主编《禅宗全书》第93册载有其影印本。

语如:"药山云:我有一句子,未曾向人说。"

(4)偏位中来者(舍事入理),是"有语中无语"。是"兼缘","就物明理"。禅语如:"如今往来底(的),唤作什么即得?无对。先师(洞山)自代云:不得,不得。"

(5)相兼带来者,"不说有语无语","事须圆转"。解释谓:"语势不偏不正,不有不无,如全不全,似亏不亏,唯得正面而去也。去则不立的;不立地则至妙之言,境不圆常情之事。"当年无著禅师到五台山巡礼,据称见到文殊菩萨显化,招待他吃茶,文殊举碗问:"彼中还有这个也无?"答:"无。"文殊云:"既无,寻常将什么吃茶?"无著无对。洞山后来代云:"莫道有,莫道无。"但展两手云:"惜取这个,看得么?"所谓曹山的"拣云"即以洞山的"但惜取这个……"作为"兼带语"的例句。

《宋高僧传》《本寂传》确有:本寂"特为毳客标准,故排五位,以铨量区域,无不尽其分齐也。"前面提到的《君臣五位旨诀》和这里为所谓洞山的《君臣五位显诀》当中有多少是本寂的东西?笔者难以判断。

笔者认为对曹洞宗的禅法,首先应把握前面介绍的重自性觉悟、提倡空观、强调语言表述的局限性等方面,然后才是借偏正五位等门庭施设表述理事关系的做法。从石头希迁开始,直到曹洞宗,这一法系比较重视运用和发挥《华严经》和华严宗的理事圆融思想,唐宋曹洞宗偏正、君臣等门庭施设的提出和流行,可以看作是这一传统的表现。然而这一做法所带来的脱离现实,追求玄奥和语句晦涩的倾向,必将导致活泼气息的禅语走向形式化,日趋陈腐,是不应提倡的。

主要参考书目

《宋书》，（梁）沈约撰，中华书局1974年版。
《南齐书》，（梁）萧子显撰，中华书局1974年版。
《梁书》，（唐）姚思廉撰，中华书局1973年版。
《北史》，（唐）李延寿撰，中华书局1974年版。
《隋书》，（唐）魏征等撰，中华书局1973年版。
《旧唐书》，（后晋）刘昫等撰，中华书局1975年版。
《新唐书》，（宋）欧阳修、宋祈等撰，中华书局1975年版。
《文苑英华》，（宋）李昉等编。中华书局1966年版。
《资治通鉴》，（宋）司马光编著，元胡三省音注，中华书局1956年版。
《通典》，（唐）杜佑编，中华书局1988年版。
《唐会要》，宋溥撰，中华书局1955年版。
《唐律疏议》，（唐）李林甫等奉敕撰，中华书局1983年版。
《唐六典》，（唐）李林甫等撰、陈仲夫点校，中华书局1992年版。
《武溪集》，（宋）余靖撰，载台湾商务印书馆《影印文渊阁四库全书》集部二十八《金石续编》，清陆耀遹编，上海古籍出版社1995年版。
《中国史纲要（修订本）》，翦伯赞主编，人民出版社1995年版。
《中国史稿》第四册，中国史稿编写组著，人民出版社1982年版。
《唐代律令制研究》，郑显文著，北京大学出版社2004年版。
《唐代长安和西域文明》，向达著，生活·读书·新知三联书店1957年版。
《魏晋户调制及其演变》，唐长孺撰，生活·读书·新知三联书店1955年版。

《西域史地丛稿初编》，张广达著，上海古籍出版社 1995 年版。
《中国历史大辞典·历史地理》，上海辞书出版社 1996 年版。
《中国历史地名大辞典》，史为东主编，中国社会科学出版社 2005 年版。
《高僧传》，（梁）慧皎著，载《大正藏》第 50 册。
《续高僧传》，（唐）道宣著，载《大正藏》第 50 册。
《宋高僧传》，（宋）赞宁撰，范祥雍点校，中华书局 1987 年版。
《新修科分六学僧传》，（元）昙噩撰，《续藏经》乙·六·三一五。
《佛祖统纪》，（宋）志磐著，《大正藏》第 49 册。
《弘明集》，（梁）僧佑编撰，载《大正藏》第 52 册。
《广弘明集》，（唐）道宣编撰，载《大正藏》第 52 册。
《国清百录》，（隋）灌顶编，载《大正藏》第 46 册。
《法苑珠林》，（唐）道世撰，载《大正藏》第 53 册。
《大宋僧史略》，（宋）赞宁撰，载《大正藏》第 54 册。
《祖堂集》，（五代南唐招庆寺）静、筠二禅德编著，日本中文出版社 1974 年再版。
《祖堂集》，吴福祥、顾之川点校，岳麓书社 1996 年版。
《楞伽师资记》，（唐）净觉撰，金久经校编《姜园丛书》，沈阳，1934 年版。
《景德传灯录》，（宋）道原编著，载《大正藏》第 51 册。
《禅林僧宝传》，（宋）惠洪撰，江苏广陵古籍刻印社 1992 年据常熟刻经处刻本影印。
《太平经合校》，王明校，中华书局 1960 年版。
《众经目录》，法经等人编撰，载《大正藏》第 55 册。
《众经目录》，彦琮等人编撰，载《大正藏》第 55 册。
《历代三宝记》，（隋）费长房编撰，载《大正藏》第 49 册。
《大唐内典录》，（唐）道宣编撰，载《大正藏》第 55 册。
《古今译经图纪》，（唐）靖迈撰，载《大正藏》第 55 册。
《大周刊定众经目录》，（唐）明佺编撰，载《大正藏》第 55 册。
《开元释教录》，（唐）智升编撰，载《大正藏》第 55 册。
《大唐西域记校注》，季羡林等编著，中华书局 1985 年版。
《大唐西域求法高僧传校注》，王邦维撰，中华书局 1988 年版。

《入唐求法巡礼行记校注》，[日] 圆仁原著，小野胜年校注，白化文等修订校注，花山文艺出版社1992年版。

《隋唐佛教史稿》，汤用彤著，中华书局1979年版。

《中国佛教史》第一、二、三卷，任继愈主编，中国社会科学出版社1982—1988年版。

《中国佛学源流略讲》，吕澂著，中华书局1979年版。

《中国佛教思想史》，郭朋著，福建人民出版社1994—1995年版。

《汉唐佛教思想论集》，任继愈著，人民出版社1981年版。

《中国佛教史》五、六卷，[日] 镰田茂雄著，东京大学出版会1994、1999年版。

《新·中国佛教史》，镰田茂雄著，日本大东出版社2001年版。

《大乘止观法门之研究》，圣严撰，台湾东初出版社1993年版。

《玄奘年谱》，杨廷福撰，齐鲁书社1986年版。

《玄奘论集》；杨廷福撰，中华书局1988年版。

《释氏疑年录》，陈垣著，台北鼎文书局1977年翻印本。

《隋唐佛教史的研究》，[日] 山崎宏著，法藏馆1980年第三次印刷。

《佛教文化与历史》，苏晋仁著，中央民族大学出版社1998年版。

《中国佛教史籍概论》，陈垣著，中华书局1962年版。

《大藏经》，[日] 大藏经会编，百华苑1964年版。

《三阶教之研究》，[日] 矢吹庆辉撰，日本岩波书店1927年版。

《三阶教的研究》，[日] 西本照真撰，春秋社1998年版。

《唐中期的净土教》，[日] 冢本善隆撰，法藏馆1975年新版。

《中国华严思想史的研究》，[日] 镰田茂雄撰，东京大学出版会1965年版。

《宗密教学的思想史研究》，[日] 镰田茂雄著，东京大学出版会1975年版。

《中国华严思想史》，[日] 木村清孝撰，平乐寺书店1992年版。

《中国禅宗史》，印顺著，台北正闻出版社1983年版。

《中国禅宗通史》，杜继文、魏道儒著，江苏古籍出版社1993年版。

《胡适禅学案》，[日] 柳田圣山编，中文出版社1991年再版。

《禅思想史研究第二》，[日] 铃木大拙著，岩波书店1951年版，修改本载《铃木大拙全集》卷一。

《禅宗史研究》，［日］宇井伯寿著，岩波书店1939年版。
《第二禅宗史研究》，［日］宇井伯寿著，岩波书店1942年版。
《初期禅宗史书的研究》，［日］柳田圣山著，法藏馆1967年版。
《中国禅学思想史》，［日］忽滑骨快天著，朱谦之译，上海古籍出版社2002年版。
《中国禅宗史的研究》，［日］阿部肇一著，研文出版社1986年版。
《鸣沙余韵解说》，［日］矢吹庆辉著，岩波书店1957年版。
《校刊少室逸书》，［日］铃木大拙著，安宅佛教文库1935年版。
《校刊少室逸书及解说》，［日］铃木大拙著，安宅佛教文库1936年版。
《修心要论》，（唐）弘忍述，《铃木大拙全集》卷二载有五本对校本。
《观心论》，（唐）神秀述，朝鲜《禅门撮要》载有此论，《铃木大拙全集》卷一有五本对校本。
《大乘五方便北宗》，《铃木大拙全集》卷三，有四本对校本。
《敦煌出土六祖坛经》，［日］铃木贞太郎、公田连太郎校订，东京森江书店1934年版。
《坛经校释》，郭朋著，中华书局1983年版。
《敦煌新本·六祖坛经》，杨曾文校写，上海古籍出版社1993年版。
《新版·敦煌新本六祖坛经》，宗教文化出版社2001年版、2011年第二版。
《敦煌写本坛经原本》，周绍良编著，文物出版社1997年版。
《兴圣寺本六祖坛经》，［日］铃木贞太郎、公田连太郎校订，森江书店1934年版。
《韶州曹溪山六祖坛经》，［日］铃木大拙校订，岩波书店1942年版。
《禅的语录4·六祖坛经》，［日］中川孝著，筑摩书房1976年版。
《六祖大师法宝坛经》，（元）宗宝编，《嘉兴藏》本。
《六祖法宝坛经笺注》，丁福宝著，1919年刊。
《六祖坛经诸本集成》，［日］柳田圣山编，中文出版社1976年版。
《六祖坛经研究论集》，载张蔓涛编《现代佛教学术丛刊I》，台北大乘出版社1976年版。
《慧能研究》，［日］驹泽大学禅宗史研究会编，大修馆1978年版。

《神会和尚遗集》（附胡适晚年校刊和论文），台湾胡适纪念馆 1968 年版。

《敦煌出土荷泽神会禅师语录》，〔日〕铃木贞太郎、公田连太郎校订，森江书店 1934 年版。

《神会和尚禅话录》，杨曾文编校，中华书局 1996 年版，2004 年、2008 年第二、第三次印刷。

《临济录》，〔日〕入矢义高译注，岩波书店 1997 年第五次印刷。

《禅的语录 10·临济录》，〔日〕秋月珑珉校译，筑摩书房 1979 年第三次印刷。

《临济录》，杨曾文编校，中州古籍出版社 2001 年版，2006 年第二次印刷。

《宗密教学的思想史研究》，〔日〕镰田茂雄著，东京大学出版会 1975 年版。

《藏要》第一辑，金陵刻经处出版。

《中华大藏经》，中华大藏经编辑局编，中华书局 1997 年版。

《大正新修大藏经》，〔日〕大正一切经刊行会出版。

《新纂大日本续藏经》，〔日〕西义雄、玉城康四郎监修，国书刊行会出版。

《大藏经补编》，蓝吉富主编，台北华宇出版社 1986 年版。

《禅宗全书》，蓝吉富主编，台湾文殊出版社出版。

《中国佛寺史志汇刊》，台湾明文书局出版。

《释氏疑年录》，陈垣著，台北鼎文书局 1977 年翻印本。

《禅学大辞典》，〔日〕驹泽大学禅学大辞典编纂所编，大修馆书店 1978 年版。

《望月佛教大辞典》，〔日〕望月信亨等编，1973 年第八版。

《中华佛教百科全书》，蓝吉富主编，中华佛教百科文献基金会 1994 年版。

《二十二种大藏经通检》，童玮编，中华书局 1997 年版。